ISBN 978-1-332-47607-7
PIBN 10332625

JAHRBÜCHER

für

wissenschaftliche Botanik.

Herausgegeben

von

Dr. N. Pringsheim.

Dreiundzwanzigster Band.
Mit 36 lithographirten Tafeln.

Berlin, 1892.
Verlag von Gebrüder Borntraeger
Ed. Eggers.

Inhalt.

Alphabetisch nach den Namen der Verfasser geordnetes Inhaltsverzeichniss.

Verzeichniss der Tafeln.

Ein neuer Inhaltskörper der Pflanzenzelle.

Von

J. H. Wakker.

Mit Tafel I.

In der Pflanzenzelle sind bekanntlich seit langer Zeit eine ganze Menge Inhaltskörper bekannt und es gelingt nur sehr selten, selbst bei Durchmusterung vieler Zellen in den verschiedensten Alterszuständen, einen bisher unbeschriebenen aufzufinden. Ist solches aber der Fall, so zeigt der betreffende Körper sich entweder in einer seltenen oder fast unbekannten Pflanze und wird in zahlreichen anderen, selbst nahverwandten, vergebens gesucht, oder er findet sich nur in gewissen Theilen oder Altersstadien.

Die Bedeutung der Entdeckung eines solchen Körpers ist schon deshalb natürlicherweise nicht so gross, als wenn er allgemein verbreitet wäre, doch an und für sich wichtig genug für das Studium der Lebensverrichtungen der Zelle, um ihn zu untersuchen und seine Zusammensetzung und Function zu studiren und wenn möglich aufzuklären.

Letzteres ist leider, eben weil es sich um einen gewissermaassen seltenen Gegenstand handelt, nicht immer möglich und oft mit grossen Schwierigkeiten verbunden.

In den nächstfolgenden Seiten werde ich die Beschreibung geben eines solchen von mir gelegentlich einer anderen Untersuchung, über welche schon ausführlich Bericht erstattet ist[1]), aufgefundenen Körpers.

Die Pflanze, in deren Zellen ich es fand, führt den Namen: Tecophilea cyanocrocus. Es ist eine kleine Amaryllidee, welche im Monat März mit grossen, schön blauen Blüthen blüht und zu gleicher Zeit einige wenige schmale lange Blätter zeigt.

Blätter und Blüthenstiel werden getragen von einer kleinen, zu dieser Zeit in schnellem Wachsthum begriffenen Knolle, welche in den Scheiden der Blätter gehüllt ist und sich unter der Erdoberfläche befindet. Sie trägt an ihrer Unterseite einen Kranz dünner Wurzeln, von welchen jedoch eine viel dicker als die übrigen und äusserst wasserreich ist. Solche Wurzeln finden sich bekanntlich bei vielen Knollen- und Zwiebelgewächsen: sehr deutlich zum Beispiel bei Oxalis spp. und Crocus sativus.

Diese junge wachsende Knolle hat sich sammt den aus ihr hervorsprossenden Theilen als Knospe entwickelt aus einer älteren, grösseren, mit welcher sie zur Blüthezeit an ihrer Basis noch fest verbunden ist. Bei unserer Pflanze war letztere noch weiss und hart, zeigte jedoch eine deutlich unebene Oberfläche, welche jedenfalls ein Beweis war, dass die Entleerung schon einigermaassen vorgeschritten war.

Die alte Knolle ist umgeben von einer sehr widerstandsfähigen, zähen, fast weissen Hülle, welche jedenfalls die Scheide des innersten Blattes des vorigen Jahres darstellt. Wurzeln trägt sie nicht. Wie alle Knollen sind auch jene der Tecophilea kurzlebig; nach der Blüthe werden sie gänzlich entleert, sterben und werden von der jungen, oder weil die meisten mehr als eine Knospe entwickeln, welche ebenfalls zu Knollen werden, von den jungen ersetzt.

Aus alle dem oben Gesagten erhellt, dass die Lebensgeschichte mit Ausnahme der Wurzelbildung im Grossen und Ganzen mit derjenigen der gewöhnlichen Crocusarten übereinstimmt.

Im peripherischen Gewebe der soeben beschriebenen alten Knolle fand ich den neuen Inhaltskörper der Pflanzenzelle, welcher Hauptgegenstand der jetzigen Untersuchung ist, und zwar in allen Zellen der Oberhaut, jedoch auch stellenweise im hypodermalen Parenchym,

---

1) Contributions à la pathologie végétale, VI; Archives Néérlandaises T. XXIII, p. 390.

nie aber in von der Oberhaut getrennten Zellschichten. Später fand ich ihn noch in anderen Theilen der Pflanze; obwohl nachher ausführlich davon die Rede sein wird, so will ich doch jetzt schon mittheilen, dass er sich auch hier ausschliesslich auf die Oberhaut beschränkt.

Betrachten wir jetzt die alte Knolle etwas näher in anatomischer Hinsicht, so entdecken wir leicht, dass die grosse Mehrzahl der Zellen noch mit Stärke überfüllt ist. Nur die peripheren Schichten des Parenchyms und die Oberhaut machen eine Ausnahme. Erstere zeigen sehr verschiedenartige Zellen. Einige enthalten gar keine Stärke, sondern einen Rhaphidenbündel, welcher in üblicher Weise von einer schleimigen Substanz umgeben ist, oder zeigen ein deutliches netzförmiges Plasma mit zahlreichen kleinen Vacuolen. Diese letzteren Zellen haben eine durch Wasser stark aufquellende Wand, welche solcherweise eine Art Gummi bildet. Andere enthalten feine Stärkekörnchen in deutlichen Amyloplasten und sehr verschieden grosse Kugelchen, welche lebhaft an den bekannten Darwin'schen Niederschlag erinnern und auch wohl damit identisch sind. Eine vierte Art schliesslich führt ausser öfters beträchtlichen Mengen Stärke unseren neuen Inhaltskörper, welcher ebenfalls, und gewöhnlich viel schöner ausgebildet und wegen des geringeren Stärkegehalts besser wahrnehmbar, in allen Oberhautzellen zu finden ist. Er hat in allen Zellen die Gestalt eines äusserst dünnen Fadens oder Stäbchens, welcher nach den beiden Enden fein zugespitzt ist (man vergleiche die Fig. 1, 3 u. 7 der zugehörigen Taf. I), doch zeigt er sich wohl niemals in derselben Haltung. Bald ist er fast gerade oder leise geschlängelt, bald auch hufeisen- oder strickartig gekrümmt, selbst rein kreisförmig.

Bisweilen ist er ganz und gar deutlich zu sehen; bisweilen dagegen ist ein Theil, zum Beispiel ziemlich oft die fein zugespitzten Enden, durch das Plasma verdeckt (Fig. 1). Oefters zeigte er eine feine aber deutliche Längsstreifung. Aeusserst selten aber ist er in einer Zelle in der Mehrzahl vorhanden (Taf. I, Fig. 2).

Ebenso wie die Gestalt ist die Länge ziemlich wechselnd, die fast niemals fehlenden Krümmungen setzen einer genaueren Messung unüberwindliche Schwierigkeiten entgegen. Ich fand öfters 60 μ. Das Verhältniss der Maasse wird am besten durch eine Betrachtung der Figuren klar. Die Dicke ist in der Mitte ungefähr 4 μ.

Ich werde den fadenförmigen Körper aus Gründen, welche ich erst am Ende dieser Abhandlung auseinandersetzen kann, weiter mit dem Namen Rhabdoïd belegen.

Wir wollen jetzt versuchen die Natur des Rhabdoïds festzustellen, seine Eigenschaften und Zusammensetzung kennen zu lernen und den Ort aufzufinden, wo es sich ausbildet. Der Wichtigkeit auch für die anderen Fragen halber fangen wir mit der Betrachtung der letzten an.

Ich versuchte anfangs Gewissheit zu bekommen nach der früher ausführlich beschriebenen Methode der Trennung der Vacuole vom Plasma durch 10 % Salpeterlösung, welche mit Eosin roth gefärbt war[1]). Als ich diese Flüssigkeit auf einem Präparat einer Tecophilea-Oberhaut einwirken liess, hatte dies den üblichen Erfolg: in den meisten Zellen starb das Plasma plötzlich und färbte sich roth, während ein, zwei oder drei Vacuolen als gespannte Blasen mehr oder weniger deutlich zum Vorschein traten. Während dieses stattfand, waren aber alle Rhabdoïde ziemlich schnell spurlos verschwunden. Aus diesem Resultat konnte natürlich nichts beschlossen werden über den Bildungsort des Rhabdoïds, dagegen zeigte es sich löslich in starken Salzsolutionen. Ich glaube das Resultat hier verallgemeinern zu können, indem ich Salzlösungen statt Salpeterlösung sage, denn abgesehen davon, dass sich nachher zeigen wird, dass das Rhabdoïd auch in anderen salzreichen Flüssigkeiten löslich ist, ist es doch hier kaum möglich, an eine specifische Wirkung des Salpeters zu denken. Das Verschwinden des betreffenden Körpers war jedenfalls eine Thatsache, welche die Untersuchung nicht gerade erleichterte, ja leider theilweise unmöglich machte, obwohl sie mich nicht gänzlich unvorbereitet fand. Hatte sich doch früher bei der Untersuchung nach dem Bildungsort der Eiweisskrystalle des Endosperms der Sparganiumarten gezeigt, dass auch diese in starken Salzlösungen sich lösen, wenn sie noch jung sind und beträchtlich quellen, wenn sie weiter ausgebildet sind. Durch Vergleichung mit den analogen Gebilden der Musa sanguinea gelang es mir damals jedenfalls sehr wahrscheinlich zu machen, dass auch die Eiweisskrystalle von Sparganium sich innerhalb der Vacuole ausbilden[2]),

1) Studien über die Inhaltskörper der Pflanzenzelle. Diese Jahrb. Bd. XIX, p. 423.

2) l. c. p. 159.

doch für den Fall, mit welchem wir uns jetzt beschäftigen, liegt, weil es sich um etwas ganz neues handelt, keine Analogie vor.

Es fragt sich jetzt, was können wir aus der Entdeckung des eigenthümlichen Verhaltens des Rhabdoïds über seine Natur schliessen? Wenn wir einen neuen Inhaltskörper der Zelle finden, drängt sich immer zuerst die Frage auf: ist es ein Theil des Plasmas, das heisst, ist es ein Organ der Zelle, welchem, wie den Chlorophyllkörnern, eine Function beauftragt ist, oder ist es ein Product des Plasmas, hervorgegangen aus irgend einer Wirkung, welche im Plasma stattgefunden hat, wie Stärke oder Oel? Für die Lösung dieser wichtigen Frage ist das Resultat der Trennung von Plasma und Vacuole von der grössten Wichtigkeit: zeigt sich nämlich der betreffende Körper als innerhalb der Vacuole gebildet, so ist es unzweifelbar ein Product, wie z. B. oxalsaurer Kalk; findet er sich dagegen im Plasma, so müssen erst weitere und zwar hauptsächlich mikrochemische Untersuchungen über die Natur entscheiden helfen.

Durch das Verschwinden in der 10 % Salpeterlösung wird nun meines Erachtens äusserst wahrscheinlich gemacht: 1. dass das Rhabdoïd kein Organ, sondern ein Product des Plasmas ist und 2. dass es aus eiweissartigen Stoffen besteht.

Der erste Ausspruch beruht hauptsächlich darauf, dass die bisher bekannten Organe des Plasmas (Kerne, Chromatophoren u. s. w.) zwar von starken Salzlösungen öfters desorganisirt, aber nicht gelöst werden und der zweite auf die Analogie mit den Eiweisskrystallen der Sparganiumarten.

Leider kann ich die Richtigkeit des ersten Ausspruches, weil die vielbewährte Trennung von Plasma und Vacuole hier versagt, nicht beweisen. Für den zweiten werde ich es mit Hülfe der mikrochemischen Reactionen und Färbungsmethoden in den nächstfolgenden Zeilen versuchen.

Jodjodkaliumlösung. Dieser Stoff verursacht ein ebenso rasches Schwinden des Rhabdoïds als Salpeterlösung, wenn wir lebende Zellen der Knollenoberhaut damit übergiessen. Er giebt uns also ebensowenig Aufschluss über die chemische Natur als letztere über den Bildungsort, doch zeigte sich hierbei in sehr überzeugender Weise, dass unser Körper kein Organ der Zelle sein kann, weil diese nie verschwinden in der obengenannten Jodlösung, welche wir im Gegentheil benutzen um die zarten, äusserst vergänglichen Amyloplaste deutlich hervortreten zu lassen.

Alkoholische Jodlösung. Es ist durch die Einwirkung dieser Flüssigkeit, dass ich meine Ansicht, dass das Rhabdoïd aus eiweissartigen Stoffen besteht, noch näher stützen möchte. Nachdem es während einiger Zeit damit in Berührung gelassen war, zeigte es sich ausnahmslos, wenn das Präparat in Alkohol oder Glycerin untersucht wurde, dunkelgelb gefärbt.

Schon durch diese Wahrnehmung wurde die Wahrscheinlichkeit meiner Meinung grösser; sie wurde aber fast zur Gewissheit, nachdem ich beobachtet hatte, dass die in der soeben beschriebenen Weise behandelten Präparate, nach Entfernung des Jod und des Alkohols, in wässerigen Salpeterlösungen eine beliebige Zeit untergetaucht werden konnten, ohne dass ein Verschwinden des Rhabdoïds dadurch verursacht wurde.

Alkoholische Sublimatlösung. Diese zur Fixirung von Eiweissstoffen in der Pflanzenhistologie allgemein benutzte Flüssigkeit wirkte in genau derselben Weise wie die Jodlösung. Auch die Rhabdoïde wurden, wie die übrigen Theile der Zelle in schönster Weise fixirt, denn nach Entfernung des Alkohols und des Quecksilbersalzes zeigten sie sich völlig unlöslich in wässerigen Flüssigkeiten.

Alkohol. Später zeigte sich mir, dass auch der Alkohol ohne Jod oder Sublimat die Eigenschaft besitzt, das Rhabdoïd unlöslich zu machen. Eine Folge hiervon ist, dass man Pflanzentheile oder Präparate, welche solche Körper enthalten, in reinem Alkohol aufbewahren kann. Sie werden sich dann nicht nur lange Zeit erhalten, sondern sind auch wegen ihrer Unlöslichkeit viel geeigneter zur Untersuchung.

Natürlich kommen Farbstoffe hier in erster Linie in Betracht. Die Resultate waren in jeder Hinsicht befriedigend, wie aus den nachfolgenden Mittheilungen zu ersehen ist.

Färbungsversuche an Alkoholpräparaten. Die Rhabdoïde solcher Präparate werden ebenso deutlich gelb in Jodjodkaliumlösung als in alkoholischer Jodlösung, deutlich roth in eosinhaltiger 10 % Salpeterlösung oder in reiner Eosinlösung und schön blau in wässerigem Anilinblau. Ich habe nach dieser Methode zahlreiche Dauerpräparate gemacht, welche in verdünntem oder fast concentrirtem

Glycerin aufbewahrt wurden und jetzt, also beinahe zwei Jahre nachdem sie angefertigt wurden, noch nichts von ihrer Deutlichkeit verloren haben.

Ausser den genannten Färbungsmethoden besitzen wir noch die rein chemischen, auch in der Mikrochemie benutzten Eiweissreactionen. Ich versuchte auch durch diese meine Meinung über die Natur des betreffenden Gegenstands noch näher zu begründen.

Die Xanthoprotein-, die Millon'sche und die Trommer'sche Reaction versagten, zu wiederholten Malen versucht, sowohl an lebendigem wie an durch Alkohol fixirtem Material. Es zeigte sich hierbei nur, dass unsere Stäbchen ebensowenig löslich waren in Salpetersäure wie in sauren salpetersauren Salzen. Es ist jetzt die Frage, ob die Eiweisstheorie durch dieses durchaus negative Resultat nicht gänzlich gestürzt wird. Meines Erachtens ist dieses nicht der Fall.

Erstens sind die Rhabdoïde immer so zart und dünn, dass man sich sehr gut denken kann, dass die immer in Vergleich zu jenen der Anilinfarbstoffe sehr schwachen Farben der Eiweissreactionen bei den eigenthümlichen Beleuchtungsverhältnissen unter dem Mikroskop gar nicht hervortreten würden und zweitens ist es eine wohl allgemein anerkannte Thatsache, dass alle drei die Reactionen auch in vielen anderen Fällen, in der Mikrochemie wenigstens, versagen. Zumal findet solches statt, wenn die untersuchten Zellen nicht sehr eiweissreich sind.

Poulsen sagt zum Beispiel von dem Trommer'schen Reagens: „Der Zellinhalt wird schön violett gefärbt, doch nur in jüngeren Zellen. In älteren tritt die Reaction gar nicht auf“ [1]) und von dem Millon'schen: „Es muss jedoch hinzugefügt werden, dass die Reactionen nicht immer eintreten; das Reagens ist zu wenig empfindlich (Nägeli)“ [2]).

Uebereinstimmende Aussprachen finden wir bei Behrens [3]). Heisst es hier doch: „das letzte (d. h. das Millon'sche Reagens) ist nach Pfeffer jedoch nicht sehr empfehlenswerth, ebenso ist Kupfersulfat und Kali zu verwerfen.“ Bei Strasburger fand ich

1) Botanische Mikrochemie, deutsche Uebersetzung 1881, p. 34.

2) l. c. p. 35.

3) Hülfsbuch zur Ausführung mikroskopischer Untersuchungen, p. 326.

ausser den Färbemitteln im Gegentheil nur das Millon'sche Reagens genannt.[1])

Alles zusammen ist meines Erachtens Beweis genug, dass die chemischen Eiweissreactionen bei Zellenstudien nur geringen Werth haben.

Kalilauge. Bei der Einwirkung dieser Flüssigkeit zieht sich das Rhabdoïd zurück, schlängelt sich, quillt bedeutend und schwindet völlig, indem es sich löst. Die Lösung schreitet oft regelmässig und langsam von einem Ende bis zum anderen fort (Fig. 9).

Ammoniaklösung. Ich untersuchte die Wirkung dieser Flüssigkeit nur an Präparaten, welche vorher mit Salpetersäure behandelt waren. Sie brachte die Stäbchen auch zum Quellen und Auflösen und rief die bereits beschriebene Schlängelung hervor.

Fassen wir die Ergebnisse der mikrochemischen Untersuchung zusammen, so bleibt wohl wenig Zweifel an der Eiweissnatur möglich. Die Veränderung der Löslichkeit durch Alkohol, die Löslichkeit in Salzlösungen und Basen und die Unlöslichkeit in Salpetersäure, das Speichern von Jod, Eosin und Anilinblau der vorher fixirten Körper machen eine andere Annahme, trotz den negativen Resultaten der chemischen Eiweissreactionen, so gut wie unmöglich. Kohlehydrate, Salze, Fette und ätherische Oele, Gerbsäure u. s. w. sind alle selbstverständlich ausgeschlossen.

Es ist jetzt Zeit so viel wie möglich die Lebensgeschichte näher zu beleuchten. Ich untersuchte von der theuren und seltenen Pflanze nur drei Exemplare, allerdings zu verschiedenen Jahreszeiten.

Die obenbeschriebenen Untersuchungen wurden ungefähr Mitte Februar, also vor der Blüthezeit ausgeführt. Die Pflanze musste natürlich der Untersuchung geopfert werden und das Schicksal der alten Knolle und der in deren Zellen enthaltenen Substanzen konnte demnach nicht weiter verfolgt werden. In den oberflächlichen Geweben der einzigen jungen Knolle fand ich noch keine Stäbchen. Bei der Vergleichung der Oberhaut der genannten Pflanze mit jener des zweiten Exemplares, welches während der Ruheperiode, nämlich im Sommer, untersucht wurde, fand ich keinen Unterschied. Es schien also, dass bei der anfangenden Entleerung der treibenden

---

1) Bot. Prakt. 1884, p. 34.

Knolle die Rhabdoïde keine Veränderungen, weder in Anzahl noch in Grösse und Gestalt zeigen.

Die dritte Pflanze wurde Anfang April, also am Ende der Blüthezeit untersucht. Die Hauptknolle war schon etwas zusammengeschrumpft; nur in einigen wenigen Zellen konnte ich das Rhabdoïd wiederfinden. Corrodirte Stäbchen habe ich nicht gefunden. In der Oberhaut der beiden jungen Knöllchen zeigte die grosse Mehrzahl der Zellen je ein äusserst feines, fadenförmiges Rhabdoïd (Fig. 4 u. 5). Nur an der Spitze, wo die Zellen noch in Theilung begriffen waren, fanden sich einige ohne solchen, während sich in anderen die jüngsten Stadien zeigten (Fig. 6). Bei dieser Pflanze fand ich es auch in allen Zellen der langen farblosen Blattscheiden (Fig. 8). Während die Zellen der Knollenoberhaut sowie des hypodermalen Parenchyms immer ungefähr ebenso breit als lang sind, sind jene der Blattscheiden immer länglich-rechteckig. Diesem Formunterschied entsprechend sind auch die Rhabdoïde der beiden Theile einander nie ganz ähnlich. Ich fand die Rhabdoïde der Blattscheiden immer dünner und länger, öfters peitschenförmig gekrümmt und zurückgebogen, bisweilen allerdings auch kreisförmig.

Ich fand hier nie grössere Dicken als ungefähr 1 μ, während die Länge immer schwierig zu bestimmen und wie diejenige der Knollenstäbchen äusserst wechselnd war.

Nach der Seite hin, wo die farblose Blattscheide allmählich in der grünen Spreite überging, wurden die Rhabdoïde seltener und im letztgenannten Theile habe ich sie nie gefunden. Ebensowenig gelang mir solches in Wurzeln oder Stengeln. Blüthentheile habe ich nicht untersucht.

Aus diesen Erfahrungen erhellt, dass wir mit einem Eiweisskörper zu thun haben, welcher sich während des Wachsthums der Knolle im Frühling in deren oberflächlichen Zellen ablagert und bei der Entleerung im nächsten Winter und Frühling zu gleicher Zeit mit den Reservestoffen, vielleicht auch etwas früher, schwindet. Demzufolge liegt der Gedanke natürlich nahe, dass wir das Rhabdoïd auch als einen eigenthümlichen Reservestoff betrachten müssen. Die sehr geringe Masse, welche alle Rhabdoïde einer Knolle zusammen haben und die Thatsache, dass sie sich auch in den Blattscheiden finden, wo von einer Ablagerung eines Reservestoffes bei einem Knollengewächs doch kaum die Rede sein kann, macht diese Annahme aber wieder unwahrscheinlich.

Eher konnte man vielleicht denken, dass die betreffenden Körper zum Schutze gegen die Angriffe irgend welcher Thiere dienten und also eine ähnliche Bedeutung hatten, welche nach Stabi[1]) den Rhaphiden und vielen anderen Inhaltsstoffen der Pflanzenzelle zukommt.

Ihre oberflächliche Lage und das ausschliessliche Vorkommen in unterirdischen Organen wäre dann zu gleicher Zeit erklärt.

Beim Auffinden eines so ausserordentlichen Gebildes wie das bisher betrachtete ist es natürlich die Frage, ob vielleicht in der botanischen Histologie gleiche oder ähnliche Körper schon beschrieben worden sind. Ich fand bisher nur einen, welcher jedenfalls eine sehr grosse Uebereinstimmung mit den Stäbchen der Tecophileazelle zeigt. Er wurde von Gardiner aufgefunden bei Drosera dichotoma[2]), und zwar in den Drüsenzellen der Tentakeln.

Er nennt es anfangs Plastoïd, doch ändert er nachher den Namen in Rhabdoïd, welches Wort ich seiner Abhandlung entlehnt habe, um auch meine Entdeckung bei Tecophilea zu bezeichnen.

Die schon oben angedeutete Uebereinstimmung erhellt am besten aus seinen Mittheilungen, welche ich hier übersetzt jetzt folgen lasse.

„Dazu findet sich noch ein Körper, welcher gewöhnlich spindel- oder nadelförmig ist, in der Zelle. Er liegt hier diagonalisch mit den beiden Enden im Plasma. Ich belege ihn vorläufig mit dem Namen Plastoïd, weil er in mikrochemischer Hinsicht einige Uebereinstimmung zeigt mit den Plastiden. Vielleicht kann dieser Name nicht behalten bleiben. Das Plastoïd wird einigermaassen fixirt durch absoluten Alkohol und Chromsäure. In verdünntem Alkohol quillt es und verschwindet. Durch Jodlösung wird es desorganisirt und kuglig. Es wird am besten fixirt durch eine Pikrinsäurelösung in Wasser und färbt sich schnell mit Hoffmann's Blau."

„Wenn die Bewegungen des Protoplasmas anfangen schneller zu werden, wird das Plastoïd gewöhnlich gebogen und zieht sich dann entweder zusammen und bekommt eine unregelmässige Gestalt oder theilt sich in zwei oder mehr Stücken, welche alle linsenförmige Gestalt annehmen. Später zieht es sich immer mehr zu-

1) Jenaische Zeitschrift Bd. XXII, N. Fl., XV.

2) On the phenomena accompanying stimulation in the gland-cells of Drosera dichotoma. Proceedings Roy. Soc. Vol. 39, p. 229.

sammen und wird durch die Strömungen des Plasmas mitgeführt. Je mehr die Zelle ihren Turgor einbüsst, je mehr das Plastoïd sich der kugelförmigen Gestalt nähert. Stellt man aber den Turgor wieder her, so kann es seine längliche Spindelform wieder zurückerlangen."

Nach lang andauernder Reizung wird das Plastoïd sowohl bei Dionaea als bei Drosera bedeutend kleiner.

Schliesslich ist für uns noch von Interesse, dass „auch bei Drosera rotundifolia und anderen Arten Plastoïde sich finden, welche jenen der Drosera dichotoma ähnlich sind."

Es geht aus diesen Mittheilungen deutlich hervor, dass hier ein Körper vorliegt, welcher ohne Zweifel grosse Uebereinstimmung zeigt mit unseren Tecophileastäbchen. Die mikrochemischen Reactionen stimmen theilweise überein und die Gestalt scheint bei den zwei Körpern ganz gleich zu sein. Weil bei unseren Knollen keine Protoplasmabewegung wahrgenommen werden konnte und von einer Reizung des Plasmas natürlich nicht die Rede sein kann, so ist die Vergleichung nicht weiter durchzuführen. Die Beschreibung der Erscheinungen, welche dabei eintreten, ist meines Erachtens ein genügender Beweis, dass der betreffende Körper bei Drosera nicht in der Vacuole liegen kann, und dieses wäre, falls die beiden Stäbchen identisch wären, auch für unsere Untersuchung von Wichtigkeit. Schliesslich will ich noch bemerken, dass beide zu gleicher Zeit oder in dem nämlichen Gewebe auftreten mit dem bekannten, auch vorher schon erwähnten Darwin'schen Niederschlag.

Als die Abhandlung Gardiner's erschien, versuchte ich gleich das Rhabdoïd bei der einheimischen Drosera rotundifolia aufzufinden, dieses gelang mir aber nicht und auch in den ausführlichen Studien von de Vries[1]) über Aggregation findet sich nichts über den Gardiner'schen Körper.

Dessen Natur und Eigenschaften sind demzufolge noch gar nicht genügend aufgeklärt und über seine Bedeutung muss wohl das erste Wort noch gesagt werden. Leider ist dieses auch einigermaassen mit dem Gegenstand der vorliegenden Untersuchung der Fall.

Oudshoorn bei Leiden, im October 1890.

---

1) Ueber die Aggregation im Plasma von Drosera rotundifolia. Bot. Zeit. 1886, No. 1—4.

Erklärung der Tafel.

Tecophilea cyanocrocus.

Alle Figuren sind mit der Camera lucida gezeichnet und mit Ausnahme der Fig. 6 beobachtet mit Zeiss, Oc. 2, Obj. D. Nur für Fig. 6 wurde Obj. F. benutzt.

Fig. 1. Stück der Epidermis einer ruhenden Knolle im Sommer; nach einem Alkohol-Eosin-Präparat. Die meisten Zellen enthalten ein deutliches Rhabdoïd und vereinzelte Stärkekörner. Die Stomazellen sind mit letzteren überfüllt. In einigen Zellen, welche rings herumliegen, finden sich keine Stäbchen. In zwei Zellen ist das eine Ende der Stäbchen durch das Plasma verdeckt.

Fig. 2. Eine Epidermiszelle wie oben, welche ausnahmsweise zwei Stäbchen enthält.

Fig. 3. Ebenfalls eine Zelle wie oben, mit einem zierlich gebogenen Rhabdoïd.

Fig. 4. Stück der Epidermis einer jungen, wachsenden Knolle im April. Nach einem Alkohol-Anilinblau-Präparat.

Fig. 5. Zwei Zellen wie oben. Seltene Formen des Rhabdoïds.

Fig. 6. Die jüngsten der beobachteten Entwickelungsstadien des Rhabdoïds. Epidermis von der Spitze der jungen wachsenden Knolle im April. Es ist in einigen Zellen noch nicht entwickelt. Nach einem Alkohol-Anilinblau-Präparat.

Fig. 7. Drei Zellen aus dem hypodermalen Parenchym einer Knolle während der Sommerruhe. Die Zellen sind sehr stärkereich und zeigen jede ein kreisförmiges Rhabdoïd. Nach einem Alkohol-Anilinblau-Präparat.

Fig. 8. Stück der Epidermis einer Blattscheide im April, nach einem Alkohol-Anilinblau-Präparat.

Fig. 9. Einwirkung von Kalilauge auf ein Alkohol-Präparat. Das Stäbchen, welches ursprünglich gerade war, schlängelt sich, quillt, zieht sich zurück und löst sich allmählich, an der Seite anfangend, wo das Reagens zufliesst. Die Richtung der Strömung ist durch den Pfeil angedeutet.

Monographie der Zwangsdrehungen.

Von

Hugo de Vries.

Mit Tafel II—XI.

I. Theil.

Dipsacus silvestris torsus.

Erster Abschnitt.

Die Gewinnung einer erblichen Rasse.

§ 1. Methodisches.

Die Untersuchungen über Bildungsabweichungen treten in den letzten Jahren mehr in den Vordergrund wie früher. Ihrer allgemein anerkannten morphologischen Bedeutung schliesst sich jetzt auch das Interesse an, welches sie für die Fragen der Erblichkeit gewähren. In beiden Hinsichten scheint es mir aber zeitgemäss, an die Stelle des bisherigen Verfahrens, überall wo dies nur möglich ist, die experimentelle Methode einzuführen.

Weitaus die meisten Untersuchungen auf diesem Gebiete beschränken sich auf das Studium und die Beschreibung zufällig aufgefundener Gegenstände. Es leuchtet aber, auch bei oberflächlicher Kenntniss der vorliegenden Literatur, ein, dass der wissenschaftliche Werth der Mittheilungen in hohem Grade von der Vollständigkeit des studirten Materiales abhängig ist. Fast jede Monstrosität tritt uns in den mannigfachsten Graden der Ausbildung entgegen, und eine volle Einsicht wird nur gewonnen, wenn diese so zahlreich wie nur irgendwie möglich berücksichtigt werden. Die teratologische Literatur ist äusserst reich an kurzen Beschreibungen einzelner Fälle, und der Natur ihres Vorwurfes gemäss kann sie solcher nicht entbehren. Daneben aber bilden die ausgedehnteren und eingehenden Erforschungen von in sich geschlossenen Gruppen von Bildungsabweichungen die Quellen gründlicher Erkenntniss, welche die Grundlage für die wissenschaftliche Einsicht in die ersteren abgeben.

Solchen umfangreicheren Studien könnte man den Namen von teratologischen Monographien geben.

Um für derartige Monographien das erforderliche Material zu gewinnen, möchte ich nun die Methode der Herstellung erblicher Rassen empfehlen. Ich habe mich durch eine lange Reihe von Culturversuchen mit den verschiedensten Bildungsabweichungen überzeugt, dass diese im Allgemeinen erblich sind und sich, bei richtiger Behandlung, mehr oder weniger leicht fixiren lassen. Schon ein geringer Grad von Fixirung liefert aber bereits sehr reichliches und oft ausreichendes Material für die morphologische Untersuchung, und eine Cultur von wenigen Jahren dürfte diesem Zwecke in den meisten Fällen genügen.

Die vorliegende Abhandlung hat zur hauptsächlichsten Aufgabe, die Zweckmässigkeit der vorgeschlagenen Methode an einem klaren Beispiele zu zeigen. Zwangsdrehungen sind an zahlreichen Pflanzenarten und in den verschiedensten Graden der Ausbildung aufgefunden worden; eine wissenschaftliche Erklärung wurde vor fast einem halben Jahrhundert von dem berühmten Morphologen Braun aufgestellt, und dennoch ist eine klare Einsicht in das Wesen dieser Erscheinung und in die Merkmale, welche sie von den übrigen Torsionen trennen, noch bei Weitem nicht erreicht worden.

Um dazu zu gelangen, bedarf es erstens eines viel reicheren Materiales zu vergleichend morphologischen Studien und zweitens der Verfügung über die nöthigen lebenden Individuen zu physiologischen Experimenten. Beides kann wohl nur mittelst der Methode der erblichen Rassen erreicht werden.

Aber ein geringer Grad der Fixirung genügt, wie bereits hervorgehoben. Meine Rasse von Dipsacus silvestris torsus lieferte in dritter Generation, bei einem Erblichkeitsgrade von nur etwa 4 %, alles zur vorliegenden Untersuchung erforderliche Material.

Und ich glaube, dass ich in den wesentlichen Punkten hinreichend vollständige Reihen von Beobachtungen und Versuchen gesammelt habe. Darüber wird aber der Leser selbst urtheilen können.

§ 2. Geschichte meiner Rasse.

Seit vielen Jahren cultivirte ich, zu anderen Zwecken, im botanischen Garten von Amsterdam, unter vielen anderen Gewächsen auch Dipsacus silvestris. Und zwar stets als zweijährige Pflanze. Allerdings wird diese Art in verschiedenen Floren als einjährig angegeben[1]), ich fand aber in meiner Cultur, unter mehreren Tausenden von Individuen, nie ein einjähriges.

Im Jahre 1885 fand ich in meinem Beete zufällig zwei tordirte Exemplare. Bevor diese zu blühen anfingen, liess ich die sämmtlichen übrigen entfernen. Von den beiden gesparten Pflanzen war der Hauptstamm der einen nach rechts, der anderen nach links tordirt. Die Samen dieser beiden Stammeltern meiner Rasse wurden im folgenden Jahre auf zwei grossen Beeten ausgesäet. Als die Pflanzen im Juni 1887 emporschossen, zeigte sich, dass unter 1643 Exemplaren wiederum zwei tordirte waren. Diese waren beide im Hauptstamm nach rechts gedreht, das eine in drei ganzen Windungen bis nahe an den Gipfel des Stengels, das andere viel schwächer und nur im unteren Theile zu etwa $1^1/_2$ Schraubenumgang.

Nur diese beiden Individuen liess ich zur Blüthe gelangen. Ihre Samen sammelte ich im October und zwar von jedem getrennt.

Unter den nicht tordirten Exemplaren von 1887 fanden sich zwei mit dreigliedrigen Wirteln, die übrigen hatten die normale, decussirte Blattstellung. Sie wurden im Juni zur Hälfte ausgerodet, zur Hälfte dicht über dem Wurzelhals abgeschnitten. Die letzteren trieben darauf, aus den Achseln der Wurzelblätter, zahlreiche und kräftige Sprosse, welche ich gleichfalls nicht zur Blüthe gelangen liess, welche aber ein reichliches Material von kleineren Torsionen und weiteren Bildungsabweichungen lieferten.

Im Jahre 1888 fing meine dritte Generation an. Ich wählte dazu nur die Samen von einer der beiden tordirten Pflanzen von 1887 und zwar von der am schönsten gedrehten. Sie wurden auf

1) Koch, Synopsis Florae Germanicae et Helveticae; Grenier et Godron, Flore de France.

vier Beeten gesäet. Im Mai 1889, als die Pflanzen zu schiessen anfingen, waren die tordirten leicht zu erkennen. Sie waren 67 an der Zahl. Daneben 46 Exemplare mit dreigliedrigen Wirteln und 1503 mit decussirten Blättern. Im Ganzen also 1616 Exemplare, von denen somit 4,1 % tordirt waren. Die Anzahl der tordirten wechselte auf den einzelnen Beeten und erreichte im höchsten Falle 7,6 %.

Die Drehung war in einigen Stämmen eine rechtsläufige, in anderen linksläufig. Ich untersuchte dieses, nachdem 11 Exemplare zu anderen Zwecken verwandt waren und fand 29 rechts- und 27 linksgedrehte. Also waren beide Richtungen in annähernd gleicher Anzahl vertreten.

Von den tordirten Exemplaren wurden mehr als die Hälfte während des Wachsthums des Stammes abgeschnitten oder zu Versuchen benutzt. Von den übrigen wählte ich, kurze Zeit vor der Blüthe, die vier besten Individuen als Samenträger aus. In diesen erstreckte sich die Torsion des Stammes bis zum höchsten Blatte, und waren an einigen Seitenzweigen gleichfalls Zwangsdrehungen, wenn auch nur in geringem Grade, ausgebildet. Von den Samenträgern schnitt ich vor der Blüthe alle normalen Seitenäste ab und an den übrigen alle noch ganz jungen Nebenknospen. Es gelangten nur die gipfelständige Inflorescenz des Hauptstammes, die Köpfchen zweiten Grades und einige dritten Grades zur Blüthe.

Während der Blüthe der Samenträger gelangte kein anderes Exemplar zur Blüthe. Es wurde dadurch die Gefahr einer Kreuzung vermieden. Die Samen reiften im September 1889 und wurden von den vier Samenträgern getrennt, und ferner getrennt von den Inflorescenzen ersten, zweiten und dritten Grades eingesammelt.

Um aus diesen vier Samenträgern von 1889 denjenigen mit der grössten Erbkraft zur Fortsetzung der Rasse zu wählen, befolgte ich die Methode Vilmorin's. Ich säete im Jahre 1890 von jedem einen Theil der Samen auf ein besonderes Beet; zwei von diesen Beeten lieferten 10 %, die beiden andern 1 % und 5 % tordirter Individuen; die beiden ersteren sollen somit allein zur Fortsetzung der Rasse dienen.

Ich habe jetzt noch über die atavistischen Individuen von 1889 zu berichten. Von diesen wurde im Mai ein Theil ausgerodet, ein grösserer Theil aber dicht am Boden abgeschnitten, um, wie in der vorigen Generation, aus der Wurzelblattrosette neue Triebe zu bilden.

Der Erfolg war der erwartete und zwar, dem Fortschritt der Rasse entsprechend, ein besserer als in 1887. Die Ernte lieferte in 1887 auf 1845 und in 1889 auf 820 Zweigen:

1887 20 % Seitenäste mit Abweichungen in der Blattstellung,
1889 29 % solcher Seitenäste,
1887 1—2 % Seitenäste mit localer Zwangsdrehung,
1889 9 % solcher Seitenäste.

Somit ein sehr reichliches Material zu weiteren Studien.

Die Zweijährigkeit meiner Rasse würde zur Folge haben, dass ich jedesmal nur im zweiten Jahre Material zur Erforschung der Zwangsdrehung hätte. Ich habe deshalb auch in den Jahren 1887 und 1889 Aussaaten gemacht, um diesem Uebelstande vorzubeugen. Diese Aussaaten lieferten das, namentlich zu physiologischen Experimenten noch gewünschte Material, wurden aber nicht zur Ausbildung der Rasse benutzt.

Durch die beschriebene Cultur ist bewiesen, dass die Zwangsdrehung von *Dipsacus silvestris* eine erbliche Erscheinung ist, welche sich durch Zuchtwahl fixiren lässt.[1]) Ferner sieht man, dass in drei Generationen ein ausreichendes Material für Untersuchungen gewonnen werden kann. Ich habe im Laufe der vier letzten Jahre etwa 90 gedrehte Hauptstämme, weit über 100 Seitenzweige mit localer Zwangsdrehung und nahezu 1000 Seitenzweige mit sonstiger abweichender Blattstellung geerntet.

§ 3. Beschreibung der typischen Exemplare.

Zwischen den Individuen mit dem höchsten Grade der Zwangsdrehung und den Atavisten kommen Uebergänge in allen Stufen der Ausbildung vor. Für das morphologische Studium sind diese viel wichtiger als die Erben selbst; letztere werden daher im Folgenden in den Hintergrund treten. Ich möchte deshalb hier eine kurze Beschreibung der typischen Erben entwerfen, um zu zeigen, wie weit sich meine Rasse in der dritten Generation ausgebildet hat.

Die Erben sind in den ersten Monaten ihres Lebens von den Atavisten nicht zu unterscheiden. Sie haben gewöhnlich zwei, bisweilen drei Cotylen, und decussirte, bisweilen in dreigliedrigen Wirteln

1) Vergl. meine vorläufige Mittheilung in den Berichten der deutschen botanischen Gesellschaft 1889, Bd. VII, Heft 7, S. 291.

gestellte Wurzelblätter. Häufig fängt die spiralige Stellung der Blätter schon im ersten Sommer an, doch habe ich darauf leider in 1888 noch nicht geachtet. In der in 1889 gekeimten Nebencultur habe ich aber bereits im ersten Jahre, theils im Hochsommer, theils im Herbst, Rosetten mit spiraliger und dreizähliger Blattstellung ausgewählt und alle übrigen ausgerodet. Aus ihnen erhielt ich im Jahre 1890 Stämme mit Zwangsdrehung und mit dreigliedrigen Wirteln, daneben aber auch Rückschläge. Der erste Anfang der spiraligen Blattstellung wird, je nach den Individuen, früher oder später sichtbar. In der Aussaat von 1890 war die spiralige Anordnung der Blätter im ersten Herbste schon sehr allgemein eingetreten.

Ich habe in der jetzigen vierten Generation die erste Auswahl der tordirten Exemplare bereits im Winter vorgenommen und hoffe, solches in späteren Generationen schon im ersten Sommer thun zu können und dadurch im zweiten Jahre stets bedeutend an Raum zu ersparen. Je früher die spiralige Blattstellung sichtbar wird, um so grössere Ansprüche hat die Pflanze offenbar, um als Samenträger gewählt zu werden.

Die in der Rosette der Wurzelblätter aufgetretene spiralige Blattstellung erhält sich, abgesehen von Rückschlägen, bis zur Inflorescenz. Dementsprechend wird der Stengel tordirt, indem die sich streckenden Internodien an ihrer Dehnung gehindert werden. Die Blätterspirale wird theilweise entwunden und dabei steiler, um so mehr, je bedeutender das Wachsthum der Internodien ist. Auf den ersten Windungen folgt bisweilen ein völlig entwundener Theil der Blattspirale; hier stehen die Blätter in gerader Zeile einseitwendig. Jedoch war dieses bei meinen Samenträgern noch nicht der Fall.

Zu den Rückschlägen rechne ich auch das in 1889 häufig beobachtete Auftreten eines geraden, gestreckten Internodiums unterhalb der drei obersten Blätter, wie dieses auf Taf. II in Fig. 3 abgebildet worden ist. In den vier Samenträgern war aber eine solche Unterbrechung der Zwangsdrehung nicht vorhanden, die Blätterspirale war eine ununterbrochene. Das Internodium, welches die Inflorescenz trägt, war stets gestreckt und nicht tordirt.

Schon Anfang Mai waren die tordirten Exemplare leicht von den übrigen zu unterscheiden. Ein Umstand, der dazu wesentlich beiträgt, ist folgender. Die Blätter verwachsen in einer Spirale; dadurch unterbleibt die Bildung jener Trichter, welche in regnerischen Zeiten mit Wasser gefüllt sind. An solchen Tagen fallen die wasserlosen Exemplare sofort in die Augen. Mitte Mai, bei einer Stammeslänge von etwa einem halben Meter, sind die Erben noch nahezu gleich hoch wie die Atavisten, von da an bleiben sie aber zurück und Ende Mai fallen sie, als Zwerge, zwischen den hoch aufschiessenden Atavisten schon in grosser Entfernung auf. Dieser Unterschied nimmt bei fortdauernder Streckung der normalen Exemplare stark zu, bis Ende Juni die Atavisten fast zwei Meter Höhe erreicht haben und die Erben, bei einer Stammeslänge von wenig über einem halben Meter, ihre Seitenzweige nur etwa bis zu einem Meter Höhe emporheben.

Die Seitenzweige der tordirten Exemplare waren in der ersten und zweiten Generation normal, oder wenigstens nicht tordirt. In der dritten Generation verhielten sich viele Erben ebenso, an einigen trat aber auch in den Zweigen Zwangsdrehung, wenn auch nur in geringer Ausbildung, auf. Die vier Exemplare, in welchen diese Erscheinung am schönsten entwickelt war, wurden zu Samenträgern ausgewählt. Unter ihnen hatte ein Individuum zwei Zweige mit schöner Torsion, die übrigen nur solche mit geringer Drehung. Daneben hatte jedes einige Zweige mit abweichender Blattstellung. Es zeigte sich dabei, dass sowohl die unteren, wie auch die höchsten Seitenzweige stets normal waren, nur die mittleren trugen die erwähnten Abweichungen. Solches war, soweit ich dieses untersuchen konnte, an allen Erben, und auch an den dreizähligen Exemplaren und den Atavisten die Regel.

Vor der Blüthe schnitt ich von den Samenträgern alle normalen Zweige, wie erwähnt, ab, und liess ihnen nur die 5 bis 11 mittleren Aeste. Ich hoffe, dadurch die Aussichten auf Verbesserung meiner Rasse erhöht zu haben.

Bei der Ausbildung einer neuen Rasse muss man bekanntlich von vornherein ein bestimmtes Ideal vor Augen haben, nach welchem man seine Samenträger wählt. Ununterbrochene Torsion am Hauptstamm und an allen Seitenzweigen gehört zum Bilde des Monstrums, das ich erreichen möchte.[1]) Eine spiralige Blattstellung in der

1) Die Zwangsdrehung muss sich, in meinem Ideal, bis an die Inflorescenz erstrecken, diese muss von ihr nicht durch ein gestrecktes Internodium getrennt

Rosette von den Cotylen an und eine Erblichkeit von nahezu 100 % sind gleichfalls als Anforderungen zu stellen. Nach meinen bisherigen Erfahrungen an anderen Monstrositäten hoffe ich, diesem Ideal in drei bis vier weiteren Generationen schon ziemlich nahe kommen zu können, aber um es völlig zu erreichen, wird wohl noch eine längere Reihe von Jahren erforderlich sein.

Von den in 1889 geernteten Samen der oben beschriebenen vier Exemplare habe ich in 1890 nur einen Theil ausgesät. Eine Probe habe ich meinem verehrten Freunde, Herrn Professor Magnus, zur Cultur im botanischen Garten in Berlin gesandt. Meine diesjährige Cultur (1890—1891) hat eine Beurtheilung der Erbkraft der einzelnen Sorten der 1889 geernteten Samen gestattet, und ich werde jetzt gerne Proben den Herren Fachgenossen zur Verfügung stellen. Bei etwaigen Anfragen bitte ich zu berücksichtigen, dass einstweilen nur auf etwa 10 % tordirter Exemplare zu rechnen ist, dass die Culturen somit einen ziemlich grossen Raum erfordern, um Aussicht auf Erfolg zu haben.

Zweiter Abschnitt.

Die Blattstellung der erblichen Rasse.

§ 1. Die decussirte und die quirlige Blattstellung.

Die normalen Pflanzen von Dipsacus silvestris und die Atavisten meiner Rasse haben decussirte Blattstellung. Diese fängt mit den Cotylen an und erhält sich unverändert bis in die Inflorescenz. Im Stengel des zweiten Jahres ist sie genau decussirt, wie z. B. aus Fig. 7 auf Taf. III ersichtlich ist. In der Rosette des ersten Jahres würde eine solche Stellung die Blätter in vier Zeilen übereinander stehen lassen und wäre sie somit der Function dieser Organe höchst schädlich. Dieser Gefahr entweicht die Pflanze, indem sie die aufeinanderfolgenden Blattpaare um einen kleinen

---

bleiben. Dass dieses erreichbar ist, zeigte mir ein Seitenzweig eines dreizähligen Individuums im Sommer 1890. Die Blätterspirale schloss hier direct an die unterste Schuppe des Involucrums an; die Zwangsdrehung selbst war allerdings noch unterbrochen, das oberste Blatt und die unterste Schuppe waren aber durch eine schmale, aber deutliche Flügellinie über die ganze Länge des kurzen, sie trennenden Internodiums verbunden.

Winkel dreht. Ich habe dieses in Fig. 8 meiner vorläufigen Mittheilung abgebildet.[1])

Die Blattpaare von Arten mit normaler decussirter Blattstellung werden bisweilen, durch longitudinale Verschiebung, aufgelöst. Dabei bleibt, wie Delpino lehrte, die Decussation erhalten. Man erkennt dieses häufig ohne Weiteres, oder aber in der horizontalen Projection der Insertionsstellen der Blätter. An den Seitenzweigen der Atavisten meiner Rasse war diese Erscheinung nicht gerade selten; einen sehr deutlichen Fall habe ich in Fig. 2 auf Taf. VII dargestellt. Zwischen zwei normalen Blattpaaren sieht man hier zwei einzeln stehende Blätter. Denkt man sich aber das trennende Internodium weg, so bilden sie zusammen ein Paar, welches genau mit den beiden anderen decussirt ist. Wegen der Bedeutung, welche solche Fälle für die richtige Beurtheilung der normalen Blattstellung unserer Pflanze haben, verweise ich auf Delpino's bekanntes Werk: Teoria generale della Fillotassi.

Die erwähnte Figur zeigt uns zu gleicher Zeit eine andere Erscheinung, welche in Aesten mit spiraliger Blattstellung viel häufiger auftritt, hier aber in ihrer einfachsten Form zu erkennen ist. Ich meine die Knickung des Stengels an den beiden einblättrigen Knoten. In den gewöhnlichen Knoten bleibt der Stengel gerade, hier biegt er nach der dem Blatte entgegengesetzten Seite aus. Die Veränderung der Richtung erreicht im unteren Knoten etwa 35°, im oberen etwa 40°. Aber in anderen Fällen, und namentlich bei spiraliger Blattstellung, kann die Knickung so weit gehen, dass das obere Internodium fest gegen das untere angedrückt wird, die Umbiegung im Knoten also fast 180° beträgt. Eine ganz ähnliche Knickung des Stengels an einblättrigen Knoten kommt bekanntlich bei den Varietates tortuosae vor, z. B. bei Ulmus campestris tortuosa und bei Robinia Pseud-Acacia tortuosa, und ist von Masters für Crataegus oxyacantha[2]) abgebildet. Den Mechanismus dieser Erscheinung habe ich nicht untersucht, doch dürfte Dipsacus silvestris torsus zu solchen Studien ein geeigneteres Material abgeben, als die namhaft gemachten, anscheinend sehr constanten Handelsvarietäten.

---

1) Ber. d. d. bot. Gesellsch. Bd. VII, Taf. XI.

2) Masters, Vegetable Teratology, S. 317.

Im ersten Abschnitt habe ich des Vorkommens von Individuen mit dreiblättrigen Wirteln Erwähnung gethan. Auch in diesem Falle ist die Blattstellung bisweilen über den ganzen Stamm dieselbe, indem die Pflanze mit drei Cotylen keimt und die Blätter, sowohl der Rosette als des Stengels, zu je drei zu Wirteln vereinigt sind. Die Blattstellung eines solchen Exemplares habe ich in Fig. 2 auf Taf. III im Querschnitt in geringer Höhe oberhalb des Vegetationspunktes des wachsenden Stengels, zur Vergleichung mit der nachher zu besprechenden spiraligen Anordnung, dargestellt.

Auch viergliedrige Blattwirtel kommen bisweilen vor, aber nur vereinzelt, an Hauptstämmen oder Seitenzweigen. Fünf- und sechsgliedrige Quirle fand ich bis jetzt nur an verbänderten Zweigen (vergl. Abschnitt VII, § 1).

Zur Untersuchung der Blattstellung in der Endknospe der Rosette und wachsenden Stengel benutzte ich eine Methode, welche ihrer Einfachheit wegen sich für ähnliche Fälle empfehlen dürfte. Die Knospen werden, nach Entfernung der äusseren Blätter, in Alkohol gehärtet und darauf in Glycerin-Gelatine eingebettet, um die Zwischenräume zwischen den jungen Blättchen zu füllen und diese in ihrer normalen Lage aneinander zu befestigen. Die mit Alkohol durchtränkten Knospen werden dazu einfach in die erwärmte, flüssige Mischung gebracht, worauf ich den Alkohol mittelst einer Luftpumpe ein Paar Male aufkochen lasse. Dadurch wird die Flüssigkeit zwischen den Blättern, sowie etwa noch vorhandene Luft entfernt, beim langsamen Oeffnen des Hahnes dringt das warme Glycerin-Gelatin in die sämmtlichen Zwischenräume ein. Man giesst nun aus, lässt erkalten und bringt die Knospe in eine Mischung von etwa gleichen Theilen Alkohol und Glycerin. Ist die Gelatine hierin hinreichend entwässert, so klebt sie nicht mehr an das Messer, ist aber noch so weich, dass sie sich, mit sammt der Knospe, sehr leicht schneiden lässt. Mit einem Handmicrotom werden jetzt Schnitte von 0,1 bis 0,2 mm Dicke gemacht, welche, reihenweise auf Objectträgern aufgeklebt und mit Glycerin überdeckt, dem Zwecke völlig genügen. Nach solchen Präparaten sind die meisten Zeichnungen auf den Tafeln III—V mit der Camera lucida entworfen worden.

Zu bemerken ist noch, dass ich die Injectionen in einem dickwandigen Röhrchen von der Grösse eines gewöhnlichen Reagenzrohres vornehme. Dieses steht durch ein Rohr von Kautschuk mit dem

Hahne der Luftpumpe in Verbindung und wird während der Operation in ein Glas mit warmem Wasser gestellt. Mittelst eines Stückchens Messinggases werden die Knospen in der Mischung untergehalten. Man kann gleichzeitig mehrere Knospen injiciren.

Auch kann man die injicirten Knospen mittelst Glycerin-Gelatine auf flache Korke kleben und darauf in Alkohol-Glycerin härten. Kleine Knospen sind dann leichter zu handhaben. Klebt man einige Knospen neben einander, so kann man sie gleichzeitig schneiden.

§ 2. Die spiralige Blattstellung.

Eines der Hauptresultate meiner Untersuchung ist der Satz, dass Zwangsdrehungen bei meinem Dipsacus silvestris torsus nur an Achsen mit spiraliger Blattstellung auftreten, und dass diese Anordnung bereits in der Knospe, lange vor dem ersten Anfange der Torsion, obwaltet.

Dass an den tordirten Zweigen die erwachsenen Blätter in einer Spirale stehen, leuchtet, bei kräftiger Ausbildung der Zwangsdrehung, stets auf dem ersten Blick ein; für die Fälle geringerer Drehung werde ich diesen Punkt im vierten Abschnitt besprechen. Aber die Spirale am tordirten Stengel ist nicht mehr die ursprüngliche, denn sie ist gerade durch die Drehung theilweise entwunden. Es ist somit notwendig, sie zuerst in ihrem anfänglichen Zustande zu studiren, um zu erforschen, wie sie sich verhält, bevor sie durch die Torsion verändert wird.

Dieses ist die Aufgabe des vorliegenden Paragraphen. Er zerfällt in zwei Theile, deren einer die spiralige Blattstellung in den Rosetten der Wurzelblätter behandelt, während der zweite dieselbe Erscheinung in den Endknospen der sich streckenden Stämme des zweiten Jahres verfolgt.

In meiner Nebencultur von 1889 habe ich im Laufe des Sommers und des Herbstes in mehreren Rosetten von Wurzelblättern eine Aenderung der anfänglich decussirten Blattstellung in die spiralige beobachtet. Wenn man einmal darauf aufmerksam geworden ist, lässt sich die neue Anordnung leicht ermitteln. An einem Individuum, welches mit drei Cotylen keimte, beobachtete ich im Juli 1889 die erste Andeutung der spiraligen Blattstellung, nachdem fünf dreigliedrige Wirtel ausgebildet waren. Ich maass auf dem Felde die Wirtel zwischen den drei Blättern, welche bei ungeänderter

Blattstellung den sechsten Quirl gebildet haben müssten. Ich fand aber $^2/_5$ eines Umkreises (also etwa 144°), was der Blattstellung $^5/_{13}$ für eine so ungenaue Messung hinreichend entspricht. Die Spirale war eine linksläufige. Die Anordnung blieb eine spiralige bis in den nächsten Frühling, der aufschiessende Stengel aber trug nur dreigliedrige Blattwirtel.

Im weiteren Laufe desselben Sommers bis in den Herbst trat die spiralige Blattstellung noch in zehn Rosetten auf, welche mit decussirten Blättern angefangen hatten. Die Anordnung entsprach wieder der Formel $^5/_{13}$. Mehrere von diesen Exemplaren hatten in 1890 tordirte Stämme.

Für die Untersuchung der Blattstellung in der Endknospe tordirender Stämme war ich in der Lage, ein ziemlich bedeutendes Material zu opfern. Einige Exemplare untersuchte ich sofort, von einem Dutzend brachte ich im Mai 1890 die Gipfel in Alkohol, um davon im Winter vollständige Schnittserien herzustellen. Von diesen waren sechs links- und sechs rechtsgedrehte. Sie waren so weit entwickelt, dass wohl alle Blätter angelegt waren, in einigen war bereits der erste Anfang der Anlage der Blüthenknospe in den betreffenden Präparaten sichtbar. Ferner legte ich im Frühling 1890 einige tordirende Stämme mit ihren sämmtlichen Blättern in Alkohol ein, sowie einige andere zu besonderen Zwecken. Endlich nahm ich zu dieser Untersuchung einige Rosetten mit spiraliger Blattstellung.

Mit einer einzigen Ausnahme (Fig. 9 auf Taf. III) erhielt sich in allen diesen, und namentlich in elf zu vollständigen Schnittserien verarbeiteten Exemplaren, die spiralige Anordnung bis in die jüngsten noch zu erkennenden Blattanlagen (vergl. Taf. III, Fig. 1, 3, 4, 5, Taf. IV, Fig. 1 A, 2 u. s. w.). Auch war der Blattwinkel, nach Augenmaass, überall derselbe, und zwar von den jüngsten Anlagen an bis zu jenen Blättern, an deren Basis die Torsion des Stengels gerade anfing.

Um den Blattwinkel möglichst genau kennen zu lernen, wählte ich aus den namhaft gemachten elf Schnittserien die Schnitte, welche gerade den Vegetationskegel des Stammes enthielten. Ich maass den Winkel zwischen einer der jüngsten Anlagen, meist der dritten bis fünften, und einem der ältesten Blättchen, und wählte diese beiden derart, dass sie eine möglichst sichere Messung gestatteten. In der Spirale zählte ich nun die Blattwinkel und die

Umgänge zwischen diesen beiden Endpunkten; aus diesen Werthen lässt sich offenbar die mittlere Grösse des Blattwinkels berechnen.

Ich erhielt die folgenden Zahlen:

A. Links gedrehte Individuen.

	Zahl der Blattwinkel.	Gesammtgrösse.	Mittlere Werth.
No. 1	8	$3 \times 360^\circ + 25^\circ$	138° 8′
No. 2	10	$4 \times 360^\circ - 55^\circ$	138° 30′
No. 3	10	$4 \times 360^\circ - 65^\circ$	137° 30′
No. 4	9	$3 \times 360^\circ + 160^\circ$	137° 45′
No. 5	11	$4 \times 360^\circ + 75^\circ$	137° 40′
No. 6	—	—	137° 13′

B. Rechts gedrehte Individuen.

	Zahl der Blattwinkel.	Gesammtgrösse.	Mittlere Werth.
No. 7	11	$4 \times 360^\circ + 90^\circ$	139° 6′
No. 8	10	$4 \times 360^\circ - 75^\circ$	136° 30′
No. 9	8	$3 \times 360^\circ + 40^\circ$	140° 0′
No. 10	4	$2 \times 360^\circ - 165^\circ$	138° 45′
No. 11	8	$4 \times 360^\circ - 25^\circ$	138° 30′

Der mittlere Blattwinkel ist somit 138° 10′.

Vergleichen wir diese Zahl mit den bekannten Werthen der sogenannten Hauptreihe der Blattstellungen[1]):

$$^1/_2 = 180^\circ$$
$$^1/_3 = 120^\circ$$
$$^2/_5 = 144^\circ$$
$$^3/_8 = 135^\circ$$
$$^5/_{13} = 138\,^6/_{13}$$
$$^8/_{21} = 137\,^1/_7$$
$$\text{Grenzwerth} = 137^\circ\ 23'\ 28''.$$

Wir dürfen daraus folgern, dass die Blattstellung unserer tordirten Exemplare, von Anfang der Drehung, der Formel $^5/_{13}$ hinreichend genau entspricht, um diese zu ihrer Bezeichnung zu wählen.

Ich habe dieses Resultat auf Taf. III in den Fig. 3—5 bildlich dargestellt. Sie sind drei verschiedenen Individuen entnommen, Fig. 3 und 4 rechts, Fig. 5 links gedreht. Der Schnitt Fig. 3 ist 1,4 mm oberhalb des Vegetationspunktes aus der betreffenden Serie

1) Vergl. Hofmeister, Allgemeine Morphologie, S. 447.

gewählt; Fig. 5 enthält diesen Theil in seiner Mitte. In dem Stengel, welchem die Fig. 4 entnommen worden ist, war, wie man sieht, die Anlage des Blüthenköpfchens schon angefangen. Auf die Anordnung der Bracteen habe ich nicht geachtet.

Der Winkel zwischen den jüngsten aus obiger Tabelle ausgeschlossenen Blattanlagen lässt sich nicht so genau messen. Es war aber wichtig, zu entscheiden, ob er in runder Zahl annähernd 140°, entsprechend $^5/_{13}$, oder 120°, entsprechend dem Winkel im dreigliedrigen Blattquirl war. Dieses war leicht zu beobachten. Ich maass ihn für sieben Individuen zwischen der jüngsten und der zweiten und zwischen der zweiten und der dritten Anlage und fand ihn stets annähernd = 140°. In einigen dieser Stämme war das Capitulum eben angelegt, in anderen aber noch nicht.

Die spiralige Blattstellung in den Rosetten des ersten Jahres ist dieselbe, wie die in der Endknospe des wachsenden Stengels. Auf Taf. III ist in Fig. 1 das Centrum einer solchen Rosette abgebildet. Die Spirale war eine linksläufige, die Pflanze sehr gross und schön entwickelt. Sie wurde Ende December 1889 aus dem Beete genommen und in Alkohol eingelegt. Die Figur ist aus einer Serie von Microtomschnitten gewählt. Der Winkel zwischen den Blättern No. 3 und No. 16 ist $\frac{5 \times 360 + 20}{13} = 140^{\circ}$, stimmt also hinreichend genau mit der Formel $^5/_{13}$ überein.

Die spiralige Anordnung der Blätter in der Endknospe der tordirenden Individuen erhielt sich in allen untersuchten Fällen, mit der erwähnten Ausnahme (Taf. III, Fig. 9; vergl. den folgenden §) bis zum Gipfel. Vergleichen wir mit dieser Thatsache den Befund an denjenigen tordirenden Individuen, welche ich bis zur vollen Entwickelung ihres Hauptstammes auf den Beeten stehen liess. Ihre Zahl betrug 35 (Mitte Juni 1889).

Unter diesen Individuen erstreckte sich die Zwangsdrehung ununterbrochen bis in das höchste Blatt in zehn Fällen, während in 24 anderen Exemplaren sich eine Unterbrechung zwischen dem dritten und vierten Blatte (von oben herab gezählt) zeigte. Aber auch hier standen alle Blätter in spiraliger Anordnung, und war die Torsion bis zur Unterbrechung schön entwickelt. In einem Individuum folgte auf dem tordirten Stammtheile ein gestreckter Gipfel von über 1 m Länge mit vier echten dreigliedrigen Quirlen.

Dieses entsprach somit dem in Fig. 9 auf Taf. III abgebildeten Falle.

Wir dürfen nun wohl schliessen, dass die Anordnung der Blätter in der Endknospe der gesparten Individuen dieselbe war wie in den auf's Geradewohl herausgegriffenen mikroskopisch untersuchten Exemplaren. M. a. W. die am tordirten Stamm spiralig gestellten Blätter sind am Vegetationspunkt gleichfalls in spiraliger Anordnung, und zwar mit $^{5}/_{13}$-Stellung, angelegt worden.

Dieser von Braun theoretisch gefolgerte, von Klebahn in einem Falle, bei Galium Mollugo bestätigt gefundene Satz bildet bekanntlich die Grundlage der mechanischen Erklärung der echten Zwangsdrehungen. Wir werden ihn im vierten Abschnitt zur Herleitung der zahlreichen Typen localer und unterbrochener Zwangsdrehung benutzen.

§ 3. Das Wechseln der Blattstellung an demselben Individuum.

An normalen Pflanzen von Dipsacus silvestris erhält sich die decussirte Blattstellung bekanntlich von den Cotylen bis in die Inflorescenz und in allen Zweigen. Dasselbe gilt selbstverständlich von den vollkommenen Atavisten meiner Rasse.

In allen übrigen Individuen meiner Rasse fehlt diese Gleichförmigkeit der Blattstellung. Fast ohne Ausnahme wechselt sie im Laufe der Entwickelung der Hauptachse wenigstens einmal, und ebenso ändert sie sich beim Uebergang des Stammes auf die Zweige und in diesen selbst. Es ist sowohl für die Beurtheilung des jetzigen Entwickelungsgrades meiner Rasse, als für die klare Einsicht in die morphologischen Verhältnisse, welche die geringeren Grade der Zwangsdrehung aufweisen, von Interesse, diesen Satz durch einige Beispiele und Einzelangaben zu erläutern. Ich werde dabei die drei namhaft gemachten Fälle besonders besprechen und fange mit dem Wechseln der Blattstellung am Hauptstamme selbst an.

Einige solche Fälle sind bereits im vorigen Paragraphen erwähnt worden, sollen hier aber genauer beschrieben werden.

Die Samen meiner Rasse keimen in der Regel mit zwei Samenlappen. Die jungen Pflanzen entwickeln in diesem Falle ihre ersten Blätter ohne Ausnahme in decussirten Blattpaaren, auch wenn sie später wirtelige oder spiralige Blattstellung haben werden. Diese

Veränderung kann, wie bereits hervorgehoben, im ersten Sommer anfangen. Unter 50 Rosetten, welche Mitte Juli 1889 noch genau decussirte Blätter hatten, fand ich im October sieben dreizählige Individuen und zehn mit spiraliger Blattstellung; die neue Anordnung erhielt sich in den meisten Exemplaren im nächsten Jahre bis an die Inflorescenz. Unter 80 Rosetten eines anderen Beetes, welche damals (October 1889) noch ganz decussirt waren, entwickelte im folgenden Frühling eine Pflanze einen tordirten und eine andere einen dreizähligen Stamm.

Bisweilen, aber wie es scheint im Ganzen selten, geht die einmal erreichte spiralige Blattstellung später wieder verloren. In solchen Fällen traten dreiblättrige Wirtel an ihre Stelle. Ein Beispiel giebt die Fig. 9 auf Taf. III, welche aus einer Serie von Schnitten durch die Endknospe eines im Mai 1889 in Alkohol gebrachten, von der Basis bis zur Knospe tordirten Individuums gewählt wurde. Es ist dieses die im vorigen Paragraphen einige Male genannte Ausnahme. Die vier äusseren, unteren Blätter stehen in spiraliger Anordnung mit dem üblichen Divergenzwinkel, die übrigen aber in dreigliedrigen Quirlen, deren ersterer die Blätter 5, 6 und 7, deren zweiter die Nummern 8, 9 und 10 umfasst. Das Grenzblatt 5 ist gespalten, die kleinere Hälfte steht dort, wo der Anschluss an Blatt 4, die grössere dort, wo der Anschluss an Blatt 6 dieses fordern würde.[1]) Im Ganzen sind ausser dem Grenzwirtel vier dreigliedrige Quirle angelegt worden.

Genau denselben Fall beobachtete ich an einer erwachsenen, kurze Zeit vor der Blüthe ausgerissenen Pflanze. Die Pflanze war 1,40 m hoch, der tordirte Theil des Stammes 30 cm, der gestreckte 110 cm lang. Die Blätterspirale lief rechts um den Stengel herum, der gestreckte Theil hatte einen Grenzquirl und vier völlig normale dreigliedrige Blattquirle in etwa gleichen gegenseitigen Entfernungen.

Aehnlich wie diese beiden Beispiele verhielten sich noch einige andere Exemplare.

Keimpflanzen mit drei Samenlappen pflegen auch ihre ersten Blätter in dreigliedrigen Quirlen zu stellen. Ich beobachtete eine, welche nach vier solcher Quirle zur Decussation zurückkehrte und

---

1) Der Winkel zwischen 4 und der benachbarten Blatthälfte von 5 beträgt etwa 140°, der zwischen 6 und der anderen Blatthälfte von 5 etwa 120°.

eine andere, welche nach sechs Quirlen zur spiraligen Anordnung schritt, diese bis in den Winter erhielt, im nächsten Frühling aber einen dreizähligen Stamm hervorbrachte. Keimpflanzen mit einem gespaltenen Cotyl entwickelten bis jetzt nur decussirte Blätter.

So viel über den Wechsel der Blattstellung am Hauptstamm.

Wenn es erlaubt ist, in Hinsicht auf den Zweck meiner Cultur, die wirtelige Blattstellung als eine niedrigere Stufe der Variation zu betrachten als die spiralige, so lässt sich über die Blattstellung der Zweige in Bezug auf die Hauptachse sagen, dass sie fast stets mehr oder weniger zurückschlägt. Decussation ist an ihnen die Regel, sowohl bei tordirenden als bei dreizähligen Stengeln; dreizählige Zweige sind an beiden Arten von Individuen verhältnissmässig selten, und solche mit ausschliesslich spiraliger Anordnung habe ich bis jetzt noch nicht gefunden. Für die Seitenzweige tordirter Stämme habe ich die beiden Verhältnisse in den Nebenfiguren 6 u. 8 auf Taf. III abgebildet, dasselbe erhellt aus mehreren Figuren auf Taf. IV.

Die Zweige selbst haben häufig wechselnde Blattstellung und zwar in den mannigfachsten Gruppirungen. Sehr gewöhnlich fangen sie an ihrer Basis mit decussirten Blättern an und schreiten dann höher hinauf zur wirteligen oder zur spiraligen Anordnung, um diese meist, doch nicht immer, bis zu ihrem Gipfel zu behalten. Ich habe ausgedehnte Tabellen über diesen Wechsel gemacht, halte es aber für überflüssig sie hier zu reproduciren.

Dritter Abschnitt.

Der innere Bau des tordirten Stengels.

§ 1. Die gürtelförmigen Gefässstrang-Verbindungen der Blätter.

In normalen Pflanzen von Dipsacus silvestris sind die Blätter jedes einzelnen Blattpaares mit einander durch breite Flügel zu jenen bekannten Behältern des Regenwassers verwachsen. Jedes Blatt umfasst dabei den halben Umfang des Stengels.

In dreizähligen Exemplaren verbinden sich die drei Blätter des Quirls in derselben Weise; jedes Blatt umfasst ein Drittel des Stengels.

Bei spiraliger Anlage der Blätter am Vegetationspunkt verwachsen die benachbarten Blätter auf dem kürzesten Wege gleichfalls und wiederum in genau derselben Weise mit einander. Jedes Blatt umfasst nun $^5/_{13}$ des Stengelumfanges und wird dabei durch die Verbindung mit dem nächstunteren und dem nächstoberen Blatte ein wenig schiefgestellt. Die Verwachsung ist hier, wie bei den decussirten und dreigliedrigen Individuen, eine congenitale.

Es leuchtet ein, dass diese Verhältnisse zur Folge haben müssen, dass die sämmtlichen, am Vegetationskegel in spiraliger Anordnung angelegten Blätter zu einem einzigen Bande verwachsen. Man sieht dieses am schönsten, wenn man während des Wachsthums die sämmtlichen Blätter eines Stammes in einer horizontalen Ebene in der Höhe des Vegetationspunktes durchschneidet. Die Fig. 5 auf Taf. V stellt ein solches Präparat in natürlicher Grösse dar. Der Flügel ist zwischen dem ersten und dem zweiten Blatte oberhalb der Verbindung getroffen, von Blatt 2 bis 11 in dieser, in den jüngsten Blättern wiederum oberhalb der hier erst eben angelegten Flügelverbindung. In den Figuren auf Taf. III u. IV sind die Blätter gleichfalls zumeist oberhalb dieses Theiles geschnitten.

Die Verwachsung der Blätter zu einer ununterbrochenen Spirale übt selbstverständlich auf den Bau des Stengels einen tiefgreifenden Einfluss aus. Zwei Punkte fallen dabei besonders auf und sollen deshalb in diesem und dem nächsten Paragraphen besprochen werden. Es sind dieses die Gefässbündelverbindungen der benachbarten Blätter und die Diaphragmen der jetzt aufgelösten Knoten.

Die gürtelförmigen Gefässstrangverbindungen, welche namentlich bei den Dipsaceen, Valerianeen und Rubiaceen vorkommen, sind von Hanstein ausführlich beschrieben und auch für die normalen Stengel von Dipsacus silvestris abgebildet worden[1]). Bei dieser Art sind sie nach Hanstein besonders leicht zu sehen und sehr vollkommen ausgebildet, die Blattscheiden enthalten zahlreiche Nebenstränge aus der Seitenverbindung zwischen den beiden benachbarten Blättern. Die gegenseitigen Verbindungen der Stränge eines und desselben Blattes im Gürtel nennt er Rückenstücke des Gürtels.

---

1) J. Hanstein, Ueber gürtelförmige Gefässstrangverbindungen im Stengelknoten dikotyler Gewächse. Abh. d. k. Akad. d. Wiss. Berlin 1857, S. 77—98, Taf. I—IV. Für Dipsacus silvestris siehe S. 85 und Taf. III, Fig. 26 u. 27.

Eine genaue Kenntniss dieser Verhältnisse ist namentlich für das Studium der Unterbrechungen erforderlich, welche so häufig in den Zwangsdrehungen der Hauptstämme und der Aeste auftreten. Ich will sie deshalb hier eingehend schildern. Sie sind für die tordirenden Individuen nicht wesentlich anders als für die normalen.

Auf Taf. V habe ich in Fig. 2 eine Projection des Gürtels für ein normales Blattpaar nach einer Serie von Querschnitten entworfen. Bei *m* und *m'* sieht man die dicken mittleren Nerven, der innere Kreis, welcher diese verbindet, soll den von den höheren Knoten herabsteigenden Kreis von Gefässbündeln andeuten.

Ausser dem medianen treten in jedes Blatt noch einige weitere Stränge über, welche einander parallel im fleischigen Mittelnerven emporsteigen. Diese sind mit *a*, *b* und *c* bezeichnet; *c* sind die randständigen Gefässbündel jenes Nerven. Die Bündel *a* und *b* sind bisweilen unter sich verbunden, bisweilen aber nicht. Die Randbündel *c* sind stets unter sich vereinigt und geben ferner den Strangbogen ab, welcher von einem Blatte bis zum anderen geht, und aus denen die feineren Nerven des Flügels entspringen.

Diese Verhältnisse erscheinen noch deutlicher in der Seitenansicht. In Fig. 3 auf derselben Tafel ist in natürlicher Grösse die Verbindung der Basen zweier Blätter von einem tordirenden Stamme abgebildet. Die Blätter waren noch jung, hatten etwa ihre halbe endgültige Länge erreicht, die Torsion hatte an ihrem Grunde schon angefangen. Sie bildeten einen Theil einer nach links gedrehten Spirale; *p* ist somit die obere Kante des Mittelnerven des unteren, *q* die untere Kante des Nerven des oberen Blattes. Zwischen *p* und *q* ist der dünne Flügel ausgebreitet.

Die medianen Nerven *m*, *m'* sind frei und nicht mit den übrigen verbunden. *a* und *a'* sind die benachbarten, wie in Fig. 2 nach oben gespaltenen Stränge, *c* und *c'* die Randbündel. Diese sind unter sich mit *a* und *a'* durch starke Bogen vereinigt, welche zusammen den Gürtel bilden. Aus dem Gürtel entspringen die secundären Randbündel in den fleischigen Mittelnerven, sowie die feinen Stränge im Flügel.

Diese Verbindungen sind bereits angelegt und zu bedeutender Stärke herangewachsen, bevor die Torsion im Stengel anfängt. Man sieht dieses an Präparaten aus jüngeren Blättern. Ich stellte dazu Tangentialschnitte der Blattbasen aus Alkoholmaterial her, und machte diese mit Kreosot durchsichtig. Einem solchen Schnitte ist die Fig. 9 auf Taf. V entnommen. Um das Alter der Blätter genau zu kennen, machte ich dieses Präparat aus dem Stengel, dessen Blättergruppirung in der Fig. 5 auf derselben Tafel dargestellt worden ist. Ich wählte die als No. 12 und 13 bezeichneten Blätter; an ihrem Grunde hatte der Stengel noch keine Spur von Torsion. Man sieht die Stränge und ihre Verbindungen zwar in einfacherer Ausbildung wie in Fig. 3, aber doch der Hauptsache nach vollendet.

Auf den Querschnitten meiner Mikrotomserien traf ich die gürtelförmige Verbindung zwischen den Blättern der tordirenden Stämme regelmässig an. Sie ist z. B. in Fig. 12B auf Taf. V bei s' abgebildet worden. Es war in diesen Präparaten stets deutlich zu erkennen, dass die Gürtel ausserhalb des Gefässbündelkreises des Stengels liegen und somit noch zu den Blättern zu rechnen sind. Es ist dieses von Wichtigkeit für die experimentelle Beantwortung der Frage nach ihrer Bedeutung für das Zustandekommen der Torsion (vergl. Abschn. V, § 2).

Zum Schlusse verweise ich noch auf die Fig. 10 auf Taf. V. Sie ist nach einem Spiritus-Präparate in natürlicher Grösse gezeichnet. Das Präparat war ein tordirender Stengel, der während des kräftigsten Wachsthums abgeschnitten worden war. Er wurde in der Richtung der spiralig verlaufenden Längsreihen aufgeschnitten, die sämmtlichen Blätter dicht an ihrer Basis entfernt, und darauf das Ganze in Wasser von 90° C. getödtet und erschlafft. Er liess sich jetzt leicht entwinden und flachlegen und wurde nun, zwischen zwei Glasplatten geklemmt, in Alkohol gehärtet. Der mit 0,02 Theilen Salzsäure versetzte Spiritus machte das Präparat völlig weiss und liess die Gefässbündel deutlich hervortreten.

In der Zeichnung sind die Achselknospen als dunkle Kreise eingetragen. Von ihnen läuft ein dicker, medianer Blattspurstrang herab bis zum nächsten Schraubenumgange. Die Linie, in der die Blätter abgetrennt sind, machte ich wellig, um die den einzelnen Blättern, sowie die den Flügelverbindungen entsprechenden Theile deutlicher erkennen zu lassen. Die gürtelförmigen Gefässstrangverbindungen mit ihrem eigenthümlichen Formenreichthum springen sofort in die Augen.

§ 2. Das Diaphragma der Knoten.

Der Stengel von Dipsacus silvestris ist hohl, die Höhlung in jedem Knoten von einem Diaphragma unterbrochen. Dieses letztere enthält keine Gefässbündel.

Schneidet man tordirte Stämme auf, so sind sie gleichfalls hohl, die Höhlung ist aber eine ununterbrochene. Dagegen läuft eine ins Innere hervorspringende Leiste als eine Wendeltreppe den Seiten des Hohlcylinders entlang. Sie entspricht genau der Insertion der Blätterspirale und ist somit als die Vereinigung der Diaphragmastücke der einzelnen Blätter zu betrachten.

Noch schöner als im ausgewachsenen Stengel ist diese Erscheinung auf Schnitten aus den Gipfeln noch wachsender Exemplare zu beobachten. Es empfiehlt sich dabei, nicht einen genau medianen Längsschnitt zu machen, sondern in tangentialer Richtung auf einer Seite soviel wegzunehmen, dass die Höhlung gerade überall erreicht wird. Ein solches Präparat ist in natürlicher Grösse in Fig. 7 auf Taf. V dargestellt worden. Die Blätterspirale war eine linksläufige. Man sieht das schraubige Band in der Höhlung, auf der vorderen Seite der Windungen vom Schnitt getroffen, auf der hinteren Seite im Grunde des hohlen Stengels. Man erkennt deutlich, wie die Windungen der Schrauben nach oben allmählig weniger steil werden und wie sie der äusseren Blattspirale genau entsprechen.

In den Querschnitten des wachsenden Gipfels zeigt sich die Diaphragmenleiste als eine hervorragende Partie, deren breiteste Stelle in der Mediane eines Blattes liegt, wenn dieses gerade in der Mitte seiner Insertion getroffen wurde. Man erkennt dieses in den Figuren 6 und 8 auf Tafel V. Vergleiche auch die einer jüngeren Partie entnommene Fig. 8 auf Taf. IV.

Ich möchte hier die Blätterspirale unseres Dipsacus silvestris torsus mit den normalen spiraligen Blattstellungen anderer Pflanzen vergleichen. Ich wähle dazu als Beispiel die Umbelliferen. Hier trägt jeder Knoten nur ein Blatt. Dieses aber umfasst den Stengel und schliesst seine beiden Ränder aneinander an, statt sich mit seinen beiden Nachbarn zu verbinden. Dementsprechend entsteht das Diaphragma als quere Wand im Stengel und können die Internodien sich ungehindert strecken.

Genau so verhält es sich bei unserem Dipsacus, wenn die Blattpaare aufgelöst werden, ohne Aufhebung der decussirten Blattstellung. Ich habe diese Erscheinung bereits oben (Abschn. II, § 1) beschrieben und verweise auf die dort citirte Fig. 2 auf Taf. VII. In diesem Zweige sind allerdings die betreffenden Blätter bei Weitem nicht stengelumfassend, auch fehlten in der Höhlung des Stengels die ihnen entsprechenden Querwände. Da aber der gegenseitige Verband der beiden Blätter aufgehoben ist, hat sich das zwischengeschobene Internodium strecken können und hat es keine Torsion erfahren.

Die spiralige Blattstellung an sich bedingt somit offenbar noch keine Zwangsdrehung, dazu ist überdies die Verwachsung der Blätter, wie sie bei Arten mit opponirten Blättern üblich ist, aber den Pflanzen mit gewöhnlichen zerstreuten Blättern fehlt, wie es scheint, unerlässlich.

Vierter Abschnitt.

Die unterbrochene Zwangsdrehung.

§ 1. Beschreibung und Herleitung dieser Erscheinung.

In den beiden ersten Abschnitten wurde der Umstand erwähnt, dass viele gedrehte Stämme meiner Cultur unterhalb der drei obersten Blätter ein gestrecktes Internodium hatten. Zwischen jenen drei Blättern wiederholte sich dann aber die Torsion in grösserem oder geringerem Grade. Man kann das gestreckte Internodium somit als eine Unterbrechung der Zwangsdrehung betrachten.

Solche Unterbrechungen kommen auch sonst häufig vor, namentlich in den Aesten. Einen sehr schönen Fall eines Hauptstammes habe ich auf Taf. II in Fig. 1 dargestellt. Die Unterbrechung liegt hier fast genau in der Mitte. Oberhalb und unterhalb der beiden gestreckten Internodien (*a, g, f*) ist die Zwangsdrehung im vollsten Maasse ausgebildet, auf der oberen Seite sogar bis zur völligen Aufrichtung der Blattspirale zu einer geraden Längszeile.

Bei diesen Unterbrechungen ist die Richtung der Blätterspirale stets oberhalb und unterhalb jener Stelle dieselbe, wie auch in der citirten Figur ersichtlich ist. Ich hebe dieses besonders hervor, weil in anderen Fällen von Torsionen, welche keine Zwangsdrehungen im Sinne Braun's sind, die Unterbrechung ganz gewöhnlich mit einer Umdrehung der Richtung zusammenfällt und in dieser letzteren ihre Ursache hat.

Viele Beispiele von unterbrochenen Zwangsdrehungen werde ich in den folgenden Paragraphen dieses Abschnittes zu erwähnen haben. Um sie zu begreifen und die sie begleitenden Bildungsabweichungen zu verstehen, scheint es mir unerlässlich, sich eine klare Vorstellung zu machen, wie sie zu Stande kommen.

Zwangsdrehungen kommen bei meinem Dipsacus nur vor an Stengeln mit spiraliger Blattstellung, und diese Blattstellung tritt, soweit meine Untersuchungen reichen, schon bei der ersten Anlage am Vegetationskegel auf, wie in Abschnitt II, § 2 dargethan wurde. Wir haben uns somit die Frage vorzulegen, was aus einer Endknospe mit spiraliger Anordnung der Blätter werden kann. Ich verweise dabei wiederum auf die Fig. 3, 4 und 5 auf Taf. III.

Betrachten wir zunächst den typischen Fall von Zwangsdrehung, aber ohne Unterbrechung. Am Vegetationskegel fehlt die Torsion, die Blätter sind hier in der beschriebenen Weise unter sich zu einer Spirale mit dem Divergenzwinkel $^5/_{13}$ verbunden. Die Drehung fängt erst an, sobald die Internodien sich bedeutend zu strecken beginnen. Die Torsion entwindet dabei die Blätterspirale mehr oder weniger vollständig, und das Wachsthum des Stengels dehnt die Insertionen der Blätter mehr oder weniger aus, ohne sie aber von einander zu entfernen. Die Riefen des Stengels stellen sich dabei um so schiefer, je kräftiger an der betreffenden Stelle das Längenwachsthum ist und je vollständiger die Blätterreihe entwunden und aufgerichtet wird.

Auf die ursächlichen Beziehungen dieses Vorganges werde ich erst im folgenden Abschnitt einzugehen haben, hier möge die gegebene, möglichst objectiv gehaltene Darstellung genügen.

Ich komme jetzt zu den möglichen Abweichungen in diesem Vorgang und erinnere nochmals, dass ich dabei stets die spiralige Anordnung der Blattanlagen in der Knospe als gegeben voraussetze.

Nehmen wir zunächst an, dass an irgend einer Stelle die Verbindung zwischen zwei benachbarten Blättern verfehlt werde. Oberhalb und unterhalb dieser Stelle wird die Zwangsdrehung sich in der üblichen Weise ausbilden. An der Fehlstelle selbst wird aber keine Ursache zu irgend welcher Abweichung vom normalen Wachsthum vorhanden sein. Hier wird somit der Stengel sich in der üblichen Weise strecken können und es wird ein gewöhnliches Internodium entstehen.

Nach diesem Prinzipe finden die Unterbrechungen in den Zwangsdrehungen eine sehr einfache Erklärung.

Doch ist es keineswegs für ihre Entstehung erforderlich, dass die Verbindung zweier Nachbarblätter in der Knospe vollständig fehlschlage. Es reicht offenbar aus, anzunehmen, dass diese Verbindung nur an der fraglichen Stelle schwächer sei, als die Kräfte, welche gerade dort die Streckung des Stengels herbeiführen würden.

Wo diese Annahme zutrifft, wird offenbar die einmal angelegte Verbindung beim Wachsthum zerrissen oder doch in ungewohnter Weise ausgedehnt werden. Vielleicht wird sie auch anfangs gedehnt und nachher zerrissen werden.

Welche Folgen wird dieser, vorläufig nur hypothetisch angenommene, Vorgang haben, und woran wird er im ausgewachsenen Sprosse noch zu erkennen sein?

Erstens die einfache Ausdehnung. Zwischen den beiden Partien der Zwangsdrehung wird sich ein mehr oder weniger gestrecktes Internodium finden. Auf diesem werden aber die beiden Blätter, welche durch sein Wachsthum von einander entfernt wurden, noch verbunden sein. Der Blattflügel wird sich vom einen bis zum anderen erstrecken. Und zwar, wenn das Internodium nicht gedreht ist, in einer geraden Linie, welche die anodische Seite des unteren mit der katodischen Seite des oberen Grenzblattes vereinigt. Der Dehnung entsprechend wird der Flügel nur schmal sein.

Solche Flügel nun waren in meiner Cultur im Sommer 1889 keineswegs selten, namentlich wenn das zwischengeschobene Internodium kein sehr langes war.

Viel häufiger muss aber der Flügel zerrissen werden, da er offenbar nicht für eine solche Ausdehnung angelegt wird. Die Zerreissung kann nun, a priori, entweder spät oder früh stattfinden. Bei später Zerreissung erstreckt sich der Flügel entweder von einem oder von den beiden Grenzblättern bis in grösserer oder geringerer Entfernung über das gestreckte Internodium, wie solches z. B. in den Fig. 2 (*a b*) und 3 (*a c*) auf Taf. VI zu sehen ist. Eine Linie wird ihre beiden Enden verbinden; diese wird sich entweder als sehr feine, oft zerrissene Flügelleiste (z. B. Taf. II, Fig. 1 bei *d c b*), oder als eine Risslinie präsentiren. Das erstere, wenn der Flügel in der Mitte eigentlich nur bis zur Unkenntlichkeit gedehnt oder erst spät zerrissen; das zweite, wenn er schon früh wirklich zerrissen wurde. Im letzteren Falle wird häufig auch die Verbindung der breiteren Flügeltheile mit dem Internodium, wegen des überherrschenden Wachsthums des letzteren verbrochen, und hängt der Flügel lose neben dem Stengel herab. Auch dieses ist z. B. in der erwähnten Fig. 3, Taf. VI zu erkennen.

Bei früher Zerreissung kann jede übermässige Verbreiterung des Flügels unterbleiben und eine einfache Risslinie an dem gestreckten Internodium die beiden Grenzblätter verbinden. Solche Risslinien waren in meinem Material eine ganz gewöhnliche Erscheinung.

Bis jetzt habe ich angenommen, dass die Fehlstelle in der gegenseitigen Verbindung der Blätter dort lag, wo gewöhnlich die Ueberbrückung der gemeinschaftlichen Grenze durch den im vorigen Abschnitt beschriebenen Gefässbündelbogen stattfindet, also z. B. zwischen *c* und *c'* in Fig. 3 auf Taf. V.

Betrachten wir aber diese Figur etwas näher, so sehen wir, dass das Gürtelband sich zwar von *a* bis *a'* ununterbrochen erstreckt, aber zwischen *a* und *m*, sowie zwischen *a'* und *m'* fehlt. Mit anderen Worten, es sind im Mittelnerven jedes Blattes zwei schwache Stellen gegeben, von denen wir erwarten dürfen, dass sie einer dehnenden Kraft geringeren Widerstand entgegensetzen werden, wie der Gefässbündelbogen zwischen *a* und *a'*. Diese beiden Stellen liegen zwischen dem medianen Strang des fleischigen Nerven und seinen beiden ersten Nachbarn, also so dicht an die Mitte des Nerven gerückt, wie nur möglich.

Denken wir uns jetzt, dass die Gewebeverbindung zwischen *m* und *a* in irgend einem Blatte einer Knospe mit spiraliger Blattstellung schwächer ausfällt, als die Kräfte, welche das Längenwachsthum des Stengels an jener Stelle verursachen.[1]) Das Gewebe zwischen *m* und *a* wird dann offenbar zerrissen werden, die Entfernung dieser beiden Punkte wird zunehmen, und der Riss wird sich zwischen den beiden Gefässbündeln aufwärts vergrössern, ohne einem unüberwindlichen Widerstand zu begegnen. Zwischen den beiden Hälften des Mittelnerven eines und desselben Blattes wird jetzt ein gestrecktes Internodium eingeschoben.

1) Es soll damit nicht entschieden werden, ob die Gewebeverbindung schwächer als gewöhnlich, oder die zuletzt angedeuteten Kräfte grösser oder anders combinirt sind als sonst im tordirten Stengel. Ueberhaupt ist in obiger Erörterung kein Versuch zu einer mechanischen Erklärung gemacht worden.

Ein Blick auf die Fig. 4 auf Taf. VII und 1 und 7 auf Taf. VI zeigt sofort, dass solche Verhältnisse thatsächlich vorkommen. Auch waren sie nicht gerade selten. Ich möchte nun keineswegs behaupten, dass das Fehlen einer Gefässbündelverbindung die einzige Ursache ihres Auftretens ist; dass sie aber dazu wesentlich beitrug, liegt auf der Hand, namentlich wenn man berücksichtigt, dass das Aufreissen wohl stets in unmittelbarer Nachbarschaft des medianen Stranges des Nerven stattfand.

Ich werde solche Blätter, um eine kurze Bezeichnung zu haben, zweibeinige nennen. Sie lassen die Wundlinie stets deutlich erkennen, nicht nur an der aufgerissenen Kante des Blattnerven, sondern auch am Stengel. Auf diesem sind die beiden Beine des Blattes stets durch eine, oft breite und braune, Wundlinie verbunden.

Sehr einzelne Male streckte sich ein Internodium zwischen den beiden Hälften eines Blattnerven, ohne diesen zerreissen zu können. Das Blatt wurde dann gedehnt, das Internodium an der Verbindungslinie am erstrebten Wachsthum gehindert. Die gegenüberliegende Seite streckte sich frei, dadurch wurde das Internodium gekrümmt. Die convexe Seite war glatt, die concave von queren Falten reichlich bedeckt.

Mehrere andere Fälle, deren Erklärung sich leicht aus unserem Schema ableiten lässt, habe ich beobachtet, doch lohnt es sich nicht, sie hier zu beschreiben.

Bis jetzt habe ich eine einmalige Unterbrechung in der ganzen Blattspirale einer Knospe angenommen. Es leuchtet ein, dass die Erscheinung sich wird wiederholen können. Die Zwangsdrehung kann an zwei oder mehreren Stellen zwischengeschobene Internodien mit denselben Nebenerscheinungen aufweisen, wie sie oben beschrieben wurden.

Die Wiederholung der Unterbrechung kann aber soweit gehen, dass dadurch die ganze Blätterspirale in einzelne kleine Gruppen von Blättern aufgelöst wird. Solche Gruppen können dann noch sehr deutliche Zwangsdrehung aufweisen, wie z. B. in den in Fig. 1, 3, 7 (Taf. VI) u. s. w. dargestellten Zweigen, oder aber dazu zu wenig Blätter umfassen. Im letzteren Falle entstehen Gruppen von 1—4 Blättern, welche ich als Scheinwirtel bezeichnen werde. Diese Scheinwirtel verdienen eine eingehende Erörterung, da sie den extremen Fall von unterbrochener Zwangsdrehung bilden. Sie sind von echten Quirlen dadurch zu unterscheiden, dass ihre Blätter nicht genau auf derselben Höhe stehen, nicht rings um den Stengel um gleiche Winkel von einander entfernt sind, und dass sie mit den nächstunteren und nächstoberen Scheinwirteln in der Regel durch deutliche Risslinien verbunden sind.

Ich werde daher diesen Scheinwirteln einen besonderen Paragraphen widmen, diesem aber eine Behandlung der localen Zwangsdrehungen und des dabei stattfindenden Anschlusses an die decussirte oder wirtelige Blattstellung folgen lassen. Mehrere Beispiele von Risslinien auf zwischengeschobenen Internodien und von zweibeinigen Blättern werde ich dabei zu erwähnen haben.

Am Schlusse dieser deductiven Behandlung der Vorgänge der unterbrochenen Zwangsdrehung möchte ich hervorheben, dass es mir noch nicht gelungen ist, die Unterbrechungen während ihrer Entstehung zu beobachten. Doch glaube ich, dass die äusserst vielfältigen Erscheinungen, welche ich an ausgewachsenen, oder doch im Wachsthum bereits wesentlich vorgeschrittenen Hauptstämmen und Aesten gesehen habe, eine andere ebenso einfache Deutung nicht zulassen. Die spiralige Anordnung der Blätter kann selbstverständlich nicht, für die betreffenden Sprosse, durch Untersuchung des Vegetationskegels festgestellt werden, doch ist sie an den erwachsenen Sprossen in der Regel noch mit solcher Sicherheit zu erkennen, dass dieses auch überflüssig wäre.

Hauptsache ist, dass es sich hier nicht um vereinzelte Ausnahmen, sondern um häufige und durch ein reichhaltiges Material von Einzelbeobachtungen belegte Variationen auf einem und demselben Thema handelt.

§ 2. Die Scheinwirtel.

Bei einer Durchmusterung von vielen Hunderten von solchen Seitenzweigen, welche nach dem Abschneiden des Hauptstengels atavistischer Individuen aus dem Stengelgrunde hervorgewachsen waren, fand ich, sowohl im Jahre 1887 als in 1889, sehr zahlreiche Aeste mit Scheinwirteln. Meist war es nur der obere, seltener waren es einige der oberen oder ein oder mehrere tiefer gelegene Knoten, welche einen solchen Quirl trugen. Die übrigen Knoten trugen dann Blattpaare oder dreiblättrige Wirtel vom normalen Bau.

Auch am Hauptstamm tordirender Exemplare kamen Scheinwirtel nicht selten vor. Sie bilden dann den obern oder die beiden obern, durch gestreckte Internodien hoch über den zwangsgedrehten Theil des Stengels erhobenen Quirle. Beispiele habe ich abgebildet auf Taf. II in Fig. 2 u. 3. Für die beiden oberen Scheinwirtel von Fig. 2 habe ich Projectionen gezeichnet, welche das Wesen eines solchen Gebildes noch besser erläutern können. Man findet diese auf Taf. VII in Fig. 5 u. 6, welchen Zahlen die neben den beiden Knoten in der Hauptfigur gestellten Ziffern entsprechen. Die grössere Entfernung eines Blattes vom Stengel deutet an, dass es am Knoten tiefer inserirt war. Die Flügelverbindungen sind leicht kenntlich; wo ein Flügel frei absteht, erstreckte er sich als solche oder als Risslinie am nächstunteren Internodium abwärts; wo der Flügel an den Stengelquerschnitt angeschlossen gezeichnet ist, lief er am Stengel aufwärts. Die Zahlen 1—5 weisen die Anordnung der Blätter in der genetischen Spirale an. Zu bemerken ist nur noch, dass der Knoten 5 eine starke Zwangsdrehung zeigte, daher er im Querschnitt abnormal gross erscheint; Knoten 6 war nur äusserst schwach tordirt.

Auch der Scheinwirtel in Fig. 3 auf Taf. II war durch eine Risslinie an das oberste Blatt der Zwangsspirale angeschlossen; die Insertionshöhe seiner drei Blätter differirte aber wenig.

Nach diesen beiden Beispielen wird die folgende allgemein gehaltene Beschreibung leichter verständlich sein.

Die Scheinwirtel sind auf dem ersten Blick leicht mit den echten Wirteln der dreizähligen Exemplare zu verwechseln. Bei genauerer Untersuchung bemerkt man aber sofort eine wesentliche Differenz. Denn die Winkel zwischen den Medianen ihrer Blätter sind unter sich nicht gleich, wie es bei echten Quirlen sein sollte. Ein Winkel pflegt grösser zu sein als die übrigen. Bei genauerer Untersuchung stellt sich dann heraus, dass die Blätter unter sich nicht allseitig mit ihren Flügeln verwachsen sind, sondern dass in dem grossen Winkel diese Verbindung fehlt. In den übrigen ist sie mehr oder weniger deutlich ausgebildet.

Ferner sieht man, dass die Blätter nicht genau in derselben Höhe stehen, sondern in einer schwach aufsteigenden Spirale. Das unterste und das oberste Blatt dieser Spirale sind einerseits durch die übrigen Blätter zu einem Schraubenbande verbunden, auf der andern Seite des Stengels aber nicht unter sich vereinigt. Und zwar fällt auf die letztere Seite in der Regel jener oben genannte grösste Blattwinkel.

Kommen zwei oder mehrere von gestreckten Internodien getrennte Knoten mit Scheinwirteln vor, so pflegen diese letzteren unter sich durch Risslinien verbunden zu sein, welche vom höchsten Blatt des einen zum untersten des nächstoberen Knoten verlaufen.

Alle diese Thatsachen lassen leicht erkennen, dass, abgesehen vom späteren Längen- und Dickenwachsthum des Astes, die Blätter in spiraliger Anordnung stehen. Eine Horizontalprojection würde eine Spirale ergeben, deren successive Winkel allerdings nicht gleich wären, deren wechselnde Grösse sich aber aus dem grösseren Dickenwachsthum des Stengels an der offenen Seite in jedem Knoten würde erklären lassen.

Am häufigsten sind dreiblättrige Scheinwirtel. Doch fehlen auch zweiblättrige und vierblättrige nicht. Von ersteren ist ein Beispiel auf Taf. V in Fig. 11, von letzteren auf Taf. VI in Fig. 3 abgebildet. Im letzteren Falle ist aber die Zwangsdrehung schon sehr ausgeprägt und Gleiches gilt natürlich von den grösseren, durch gestreckte Internodien vereinzelten Blättergruppen.

Endlich besteht offenbar die Möglichkeit, dass durch wiederholte Streckungen ein einzelnes Blatt aus einer Knospe mit spiraliger Anordnung isolirt werden wird. Ich komme auf diesen Fall bald zurück.

Zunächst aber noch Einiges über die Entstehung der Scheinwirtel. Dass sie thatsächlich aus Blättern gebildet werden, welche am Vegetationspunkt mit dem Divergenzwinkel $^5/_{13}$ angelegt werden, würde im zweiten Abschnitt für einen bestimmten Fall bewiesen. Es war dieses das auf Taf. II in Fig. 3 abgebildete Vorkommen eines dreiblättrigen Scheinwirtels am oberen Ende eines tordirten Hauptstammes, eine in meiner Cultur von 1889 sehr häufige Erscheinung. Aus dem Umstande, dass in den mikroskopisch untersuchten Endknospen die $^5/_{13}$-Stellung fast stets ununterbrochen bis zur Inflorescenz ging, haben wir abgeleitet, dass diese Scheinwirtel in solcher Weise angelegt worden sein müssen. Wir dürfen nun ohne Zweifel dieses Ergebniss auch auf die Aeste übertragen, und somit allgemein die Entstehung der Scheinwirtel aus Theilen von Blattspiralen nach der Formel $^5/_{13}$ annehmen.

Wenn zwei oder mehrere Scheinwirtel auf einander folgen, so pflegen diese unter sich durch eine der ganzen Länge des Internodiums entlang gehende Risslinie verbunden zu sein. Oft sind sie auch in dieser Weise mit den benachbarten normalen Blattpaaren und Blattwirteln vereinigt.

Die Scheinwirtel geben oft Veranlassung zu Torsionen, oft aber auch nicht. Solche Torsionen sind der Hauptsache nach beschränkt auf den kleinen Stengeltheil, welcher den betreffenden Wirtel trägt. Ob und in welchem Grade der Ausbildung die Drehung entsteht, hängt offenbar davon ab, ob die sehr kurzen Internodien zwischen den Insertionen der einzelnen Blätter desselben Scheinquirles eine Streckung erfahren oder nicht. Fehlt die Streckung, so unterbleibt die Torsion, je erheblicher die erstere, um so deutlicher wird auch die zweite sein. Die Fig. 2 auf Taf. II giebt in den beiden, oberhalb der eigentlichen Zwangsdrehung befindlichen Scheinwirteln geringe Grade von Drehung, die Fig. 3 auf Taf. VI eine sehr bedeutende Torsion im Scheinwirtel zu erkennen.

Um eine Vorstellung von der Häufigkeit dieser Scheinwirtel mit geringer Zwangsdrehung zu geben, möchte ich hier die folgende Beobachtung beschreiben. Im Juni 1887 schnitt ich, wie im ersten Abschnitt erwähnt, von mehreren Hunderten von atavistischen Exemplaren die Stengel dicht am Boden ab, lange bevor sie ihre Streckung vollendet hatten. Aus den Stammstümpfen trieben sie zahlreiche Zweige, welche Mitte September blühreif waren und abgeschnitten wurden. Es waren im Ganzen 1845 grossentheils secundäre, theils aber auch tertiäre Zweige von 514 Exemplaren. Unter diesen fand ich:

1.	Normale, völlig decussirte Zweige	1470
2.	Dreizählige Zweige	34
3.	Wechselnde Blattstellung ohne Torsion	80
4.	Schön ausgebildete, vielblättrige Zwangsdrehungen . .	26
5.	Geringe Torsion in Scheinwirteln	235
	Summa:	1845

Die fünfte Gruppe enthielt folgende Fälle:

a)	Nur der obere Knoten mit Scheinwirtel und geringer Torsion, Scheinwirtel zweiblättrig	115
b)	Ebenso, doch der Scheinwirtel dreiblättrig	56
	Latus:	171

	Transport:	171
c)	Ebenso, doch der Scheinwirtel vierblättrig	23
d)	Ein tieferer Knoten mit Scheinwirtel und Torsion . .	7
e)	Zwei oder mehrere Knoten mit Scheinwirtel und Torsion	34
	Summa:	235

Wir haben also auf 1845 Zweigen 261 mit Zwangsdrehung, also etwa 14 % und von diesen etwa 12,5 % locale Zwangsdrehungen in Scheinwirteln[1]).

Bei einem ganz ähnlichen Versuche in 1889 mit etwa 800 solchen Zweigen erhielt ich ähnliche Zahlen.

Auch an Individuen, deren ganzer Hauptstamm dreigliedrige Blattwinkel trug, fand ich Seitenzweige mit einzelnen Scheinwirteln und mit meist geringfügiger Torsion. Ebenso an Exemplaren mit tordirtem Hauptstamm.

Eine auffallende und auf dem ersten Blick anscheinend unerklärliche Thatsache ist der Umstand, dass in Scheinwirteln die Torsion häufig nicht genau auf den blättertragenden Theil der Achse beschränkt ist, sondern sich aufwärts und abwärts noch eine Strecke weit verfolgen lässt und nur allmählich aufhört. Beispiele dieser Erscheinung liefern die Fig. 2 u. 3 auf Taf. II und Fig. 11 auf Taf. V.

Zwei Ursachen dürften, theils jede für sich, theils in Zusammenwirkung diese Erscheinung bedingen. Die erstere ist die im vorigen Paragraphen erwähnte Risslinie. Wir haben uns einfach vorzustellen, dass der fragliche Scheinwirtel als ein Theil einer grösseren Gruppe von nach der Formel $^5/_{13}$ angeordneten Blättern entstanden ist. Nach unseren Auseinandersetzungen wird dann das untere Blatt des Scheinwirtels mit dem vorhergehenden, das obere mit dem nächstfolgenden, durch eine Risslinie verbunden sein, auch wenn beide durch lange, gestreckte Internodien von ihm getrennt sind. Stellen wir uns nun die Entstehung der Risslinien als Folge der Streckung jener Internodien etwas eingehender vor, so liegt auf der Hand anzunehmen, dass der Riss am frühesten etwa in der Mitte des Internodiums entstehen wird, dass die Zerreissung an seinen beiden Enden

1) Dieser Versuch wurde im ersten Abschnitt S. 17 bereits erwähnt; zu bemerken ist, dass dort als Torsionen nur die hier sub 4 angegebenen bedeutenderen Fälle berücksichtigt wurden.

am letzten wird stattfinden, dort aber auch vielleicht wird unterbleiben können. Thatsächlich beobachtet man nicht gerade selten Internodien, deren Risslinie auf den grössten Theil ihrer Länge völlig genesen ist und nur als eine blassgrüne Linie, aber ohne Narbe, sich verfolgen lässt. In der Nähe der Scheinwirtel tritt dann an ihre Stelle eine feine Narbe, eine eigentliche Wundlinie. Und in unmittelbarer Nähe jener Wirtel laufen die Blattflügel, bisweilen sogar die Blattmittelrippen eine Strecke weit auf- resp. abwärts, als Fortsetzung und Anschluss der beschriebenen Risslinie.

Der am Internodium auf- oder absteigende Blatttheil bildet somit einen allmählich schwächer werdenden Theil jener verwachsenen Blattspirale, welche Braun als die Ursache der Zwangsdrehung betrachtet. Es ist dann aber selbstverständlich, dass diese letztere sich so weit vom eigentlichen Knoten auf- oder abwärts erstrecken wird, als jene und dass sie, wie diese, langsam sich ausgleichen wird.

Genau in derselben Weise sind die an einblättrigen Knoten bisweilen zu beobachtenden geringen Grade von Zwangsdrehung zu erklären.

Die Richtigkeit dieser Deutung geht auch noch aus einer anderen Beobachtung hervor. In Abschnitt II, § 1 habe ich die auseinander geschobenen Blattpaare beschrieben, welche oft am oberen Ende der Zweige meiner Rasse gesehen werden (vergl. Taf. VII, Fig. 2). Hier haben wir also einblättrige Knoten, welche in ganz anderer Weise entstanden sind und deren Blättern in der Regel die gegenseitige Verbindung zu einer Spirale durch eine Risslinie fehlt. Solchen Knoten fehlt dann aber auch stets jede Spur von Drehung.

Die zweite mögliche Ursache ist das Vorkommen von geotropischen Torsionen, welche sich, namentlich am Grunde längerer Internodien, an die echte Zwangsdrehung anschliessen können.

Durch die Zwangsdrehung werden die Längslinien der Internodien schief oder fast horizontal gestellt; ohne Geotropismus würde sich somit das auf ihr folgende Internodium in jener schiefen Richtung weiter entwickeln. Die erwähnte Eigenschaft sucht nun den Stengel, wo er dem Zwange der Blätter nicht unterliegt, geradauf zu stellen. Da er aber am Gipfel meist schwer belastet ist, wird dieses aus bekannten mechanischen Gründen sehr leicht zu Torsionen Veranlassung geben.[1])

§ 3. Oertliche Zwangsdrehungen.

Sowohl am Hauptstengel wie an den Seitenzweigen meiner Rasse wechselt die Blattstellung nicht gerade selten. Zwei- und dreigliedrige Wirtel wechseln mit einander, und diese wiederum mit spiralig angeordneten Blättern. Diese Verhältnisse haben wir bereits in Abschnitt II, § 3 besprochen.

Die spiralige Blattstellung ist, wie wir gesehen haben, die erste Bedingung der Zwangsdrehung. Wo somit spiralige und quirlige Anordnung an demselben Zweige vorkommen, wird nur ein Theil diese Drehung erfahren können. Wir haben dann eine örtliche Zwangsdrehung.

Dieser Fall kommt in den Seitenzweigen meiner Rasse sowohl bei tordirten Individuen als bei Atavisten ziemlich häufig vor. Meist ist dann der untere Theil quirlig, der obere gedreht. Bisweilen folgen auf der Zwangsdrehung auch noch eine oder mehrere Quirle.

Ich möchte hier diese örtlichen Zwangsdrehungen etwas eingehender behandeln. Einerseits in methodologischer Hinsicht, andererseits wegen der Risslinien und zweibeinigen Blätter, welche so häufig dort gefunden werden, wo die spiralige Blattstellung sich an die quirlige anschliesst.

In methodologischer Hinsicht geben die örtlichen Zwangsdrehungen eine Warnung, deren Nichtbeachtung leicht zu Irrthümern führen könnte. Das Wechseln der Blattstellung an einer und derselben Achse ist im Pflanzenreich allerdings nicht gerade selten, in dem Grade wie beim Dipsacus silvestris torsus hat es aber doch etwas Unerwartetes. Wenn man nun, um die Blattstellung an einer örtlichen Zwangsdrehung zu erforschen, die nächsthöheren, jüngeren Theile berücksichtigen wollte, — sei es, dass hier die Anordnung klarer und einfacher hervortritt, sei es, dass die Theile noch ganz jung sind und die Anordnung der Blätter somit noch nicht von der Streckung der Internodien beeinflusst sein kann, —

1) Vergl. Arbeiten d. bot. Instituts Würzburg, Bd. I, S. 265—267 und Sachs, Lehrbuch der Botanik, 4. Aufl. S. 833.

so würde man offenbar einen Fehler machen. Denn die Möglichkeit ist nicht von der Hand zu weisen, dass die Blattstellung im jüngeren Theile ursprünglich eine andere sei als die im gedrehten.[1] Man ist also, falls keine vergleichenden Untersuchungen über die Anordnung der Blätter am Vegetationskegel selbst gemacht werden können, auf die Analyse des gedrehten Theiles selbst beschränkt.

Die Richtigkeit dieses Satzes leuchtet am klarsten dort ein, wo der Wechsel der spiraligen Anordnung mit der quirligen nicht der einzige ist, sondern wo auch zwei- und dreiblättrige Quirle abwechseln. Die Annahme einer Constanz der Blattstellung ist an solchen Zweigen selbstverständlich ausgeschlossen.

Zur näheren Beleuchtung des Erörterten gebe ich hier in einer kleinen Tabelle eine Beschreibung von einigen im September 1887 gesammelten Zweigen. Sie waren aus den gelassenen Stammtheilen der im Juni abgeschnittenen Atavisten meiner Cultur entstanden und blühreif. Unter fast zweitausend solcher Zweige fand ich, wie Seite 42 bereits erwähnt, 26 mit schöner, wenn auch oft kleiner Zwangsdrehung. In fünf von diesen war die Blattstellung oberhalb und unterhalb der Torsion decussirt, in fünf anderen unterhalb der Torsion decussirt und oberhalb dreizählig quirlig. In sechs Zweigen nahm die Zwangsdrehung den höchsten beblätterten Theil ein, während die übrigen wiederum andere Abweichungen zeigten.

Ich wähle nun die folgenden Fälle als Beispiele heraus und gebe die Zahl der Blätter im tordirten Theil (T), dieselbe Zahl im höchsten Knoten unterhalb dieser Strecke (A) und oberhalb in einem oder zwei Knoten (B′ und B″).

Zweig	A	T	B′	B″
No. 1	3	7	3	
No. 2	3	3	2	1
No. 3	2	4	3	3
No. 4	2	5	3	
No. 5	2	6	3	
No. 6	2	7	2	3
No. 7	2	4	2	1

---

1) Vergl. hierzu Magnus in den Sitzungsber. d. botanischen Vereins der Provinz Brandenburg, Bd. XIX, S. 118, 1877.

Es leuchtet ein, dass man in solchen Fällen aus den benachbarten Theilen keinen Schluss auf die Blattstellung des tordirten Abschnittes ziehen darf.

Die Analyse des gedrehten Theiles selbst weist aber stets deutlich auf dieselbe spiralige Anordnung, welche auch am tordirten Hauptstamm obwaltet und deren Entstehung in der $^5/_{13}$-Anordnung für diesen im zweiten Abschnitt bewiesen wurde.

Ich komme jetzt zu der Erörterung der Frage, in welcher Weise eine Blätterspirale sich an einen Quirl anschliessen wird. Ich wähle als Beispiel den einfachsten und häufigsten Fall, dass auf ein gewöhnliches Blattpaar eine Spirale folgt. Versuchen wir aus der Anordnung der Blattanlagen am Vegetationskegel abzuleiten, welche Fälle hier zu erwarten sind.

Zunächst sei das Blattpaar ganz normal und beiderseits in sich geschlossen. Es fehlt dann der Anschluss für das erste (unterste) Blatt der Spirale. Sein katodischer Rand würde somit frei sein; thatsächlich schliesst er sich wohl stets einem Rande des Blattpaares an. Dieses fordert, dass ein Blatt jenes Paares sich auf einer Seite an zwei Blätter anschliesse, und zwar an das ihm gegenüberliegende desselben Paares und an das erste der Spirale. Solches habe ich denn auch nicht selten beobachtet.

Zweitens können die Blätter des Paares unter sich nur einseitig verbunden sein, während das obere von ihnen mit seinem anderen Rande an das untere Blatt der Spirale anschliesst. Dann bleibt aber der eine Rand des anderen paarigen Blattes über, und diesen fand ich in solchem Falle nicht selten am Stengel herunterlaufend bis an den nächsten Knoten. Es dürfte ein solches „Uebergangspaar" wohl die häufigste Form des Anschlusses sein. Nur die Divergenz $^1/_2$ berechtigt uns die Blätter zusammen als ein Paar zu betrachten.

Als drittes Beispiel wähle ich den in Fig. 9 auf Taf. III abgebildeten Fall. Auf der Spirale folgen dreigliedrige Quirle mit einem bereits früher besprochenen, gespaltenen Grenzblatte. Die Figur ist einem Schnitte aus einer mit dem Mikrotom angefertigten Serie entnommen; aus den successiven Schnitten lässt sich also die Art und Weise des Anschlusses entnehmen. Der rechte (katodische) Rand des gespaltenen Blattes 5 schliesst an 4 an, und zwar hatte das zwischenliegende Internodium, über welches diese Verbindung lief, bereits eine Länge von 3,2 mm; würde sich somit wohl bedeutend gestreckt haben. Der andere Rand von 5 schliesst an 6; Blatt 5, 6 und 7 bilden den ersten dreigliedrigen Quirl. Der freie, nach 5 gestreckte Rand von 7 (x) lief gleichfalls am Internodium hinab bis 4. Ebenso liefen die beiden mittleren Flügel (x und x) des gespaltenen Blattes (5) am Internodium bis zum nächsten Blatte abwärts.

Es scheint überhaupt eine ziemlich allgemeine Regel zu sein, dass Blattränder, welche den Anschluss an einen anderen Rand verfehlen, am Internodium bis zum nächst unteren Blatte abwärts laufen. Aehnlich wie die herablaufenden Ränder bei anderen Pflanzen, z. B. bei Verbascum. Vielleicht gelingt es einmal, eine Variation zu finden, der die Anschlüsse gänzlich abgehen; sie würde bei spiraliger Blattstellung gar keine Zwangsdrehung haben.

Monstrositäten in den Anschlüssen sind nicht gerade selten. Ich beobachtete einmal einen Fall, wo die vier Ränder eines Blattpaares, bei genau opponirten Medianen und Insertion in genau derselben Höhe den gegenseitigen Anschluss verfehlt hatten und alle als vier breite Flügel am Internodium herunterliefen. Allmählig schmäler werdend, erreichten sie das um 7 cm tiefer gelegene Blattpaar. Auch andere ähnliche Fälle fand ich in meinen Culturen bisweilen vor.

Eine Form des Anschlusses, welche gleichfalls ziemlich oft vorkommt, ist diese, dass die zwei oder drei oberen Blattpaare resp. dreigliedrigen Quirle, welche der Spirale vorangehen, in derselben Weise modificirt sind, als sonst das letzte Paar. Sie sind dann unter sich durch mehr oder weniger deutliche Risslinien verbunden, welche ihre sämmtlichen Blätter zu einer einzigen allerdings unregelmässigen Schraubenlinie vereinigen.

Ich komme nun zu der Beschreibung von einzelnen Beispielen von Anschlüssen von Spiralen an Quirle, und fange mit einigen, durch ihre zweibeinigen Blätter auffallenden Zweigen an.

Zunächst wähle ich den auf Taf. VII in Fig. 4 abgebildeten Ast. Ich fand ihn im Juli 1889 unter den Zweigen, welche aus dem Stammesgrunde der abgeschnittenen atavistischen Exemplare hervorgetrieben waren. Er bildet das schönste Beispiel von Zwangsdrehung, das ich in meinen Culturen bis jetzt an Seitenzweigen gefunden habe, d. h. er hat die grösste Blätterzahl in der Spirale und die grösste Abweichung in der Richtung der Längsriefen von der longitudinalen.

Bis zum Knoten a b war der Ast normal. Von dem Blattpaare dieses Knotens war aber das eine, in der Figur zum Theil abgebildete Blatt mit seinem hinteren Rande am Stengel aufwärts angewachsen. Es schloss damit an die Blätterspirale an, welche die Zwangsdrehung verursachte, welche aber bis *e* auf deren hinterer Seite in fast genauer Längszeile emporstieg und somit in der Figur nicht sichtbar ist. Erst oberhalb *e* bis *f* sieht man die Basis der aneinander anschliessenden Blätter nebst ihren Achselsprossen. In der Höhe von *e* war der Stengel stark aufgeblasen; dieser Theil ist, wie man sieht, scharf vom unteren, weniger gedunsenen Theile abgesetzt.

Das Anschlussblatt *b* sitzt auf einem nicht tordirten, etwas gestreckten Internodium. Durch das Wachsthum dieses Stengeltheiles ist seine Basis auseinander gerissen. Man sieht in seinem Mittelnerven den Spalt, der zu einem Dreiecke erweitert worden ist. Der Nerv ist dicht neben seinem medianen Gefässbündel aufgerissen, also dort, wo das Gürtelband der Stränge fehlt, wie wir im dritten Abschnitt gesehen haben. Eine breite, in der Figur nicht dargestellte Narbe läuft am Stengel vom einen Bein zum andern.

Aus derselben Cultur stammt der auf Taf. VI in Fig. 7 abgebildete Ast. In diesem war nur der Theil *c e* tordirt; *a* ist der obere Knoten des normalen, decussirten Theiles. Auf *e* folgte ohne weitere Vermittelung der Stiel der Inflorescenz. Die Blätterspirale steigt links an, ist aber fast in ihrer ganzen Länge zu einer Längszeile aufgerichtet; diese sieht man in der Figur von der Rückenseite.

Die beiden Blätter 1 und 2 des Blattpaares *a* stehen genau opponirt; 1 sieht man von der Vorder-, 2 von der Rückseite. Der rechte Flügel von 2 ist mit dem linken Flügel des Uebergangsblattes 3 verbunden, welches das erste Blatt der Spirale bildet, und selbst unmittelbar an 4, und durch dieses an die weiteren Blätter der Spirale 5—10 anschliesst. Das Uebergangsblatt (3) verhält sich wie im vorigen Beispiel. Es war dem Stengeltheile *a c* der Länge nach angewachsen, hat aber seiner Streckung keinen genügenden Widerstand leisten können und ist somit von seiner Basis aus im Mittelnerven aufgerissen worden. Auch hier wiederum neben dem medianen Gefässbündel, wo das Gewebe durch keine Querbündel verstärkt ist. *c b* und *b d* sind die beiden Seiten des Risses; am Internodium ist die Linie *d c* als deutliche, aber in der Figur nicht sichtbare vernarbte Linie gezeichnet.

Von secundären Monstrositäten zeigte dieser Zweig zwei, welche ich hier kurz erwähnen will, da sie in der Figur sofort sichtbar sind, obgleich sie eigentlich zum Gegenstand des sechsten Abschnittes gehören. Erstens ist das Uebergangsblatt 3 am Gipfel gespalten und zweitens trägt es auf seiner Rückseite, am Mittelnerven bis zu etwa halber Höhe angewachsen, ein kleineres Blättchen, dessen freier Gipfel bei *o* gesehen wird. Dieses Blättchen kehrt dem Tragblatte 3 seinen Rücken zu und hat seine Insertion am Knoten *a*, und ist von *d* bis *b* dem gespaltenen Theil des Mittelnerven von 3 angewachsen.

Einen dritten, ähnlichen Fall aus derselben Cultur zeigt uns Fig. 1 auf derselben Taf. VI. Die Zwangsdrehung ist hier auf die Strecke beschränkt, welche die Blätter 6—8 trägt. Der Knoten *a* trägt einen normalen dreigliedrigen Blattwirtel, die Blätter 1 und 2 zeigten nichts Auffallendes und sind dicht am Grunde abgeschnitten. An das dritte Blatt des Wirtels 3 schloss sich die Blätterspirale 4—8 an, und zwar merkwürdiger Weise so, dass das Uebergangsblatt 4 mit seiner Bauchseite fast bis zum Gipfel an die Bauchseite des Blattes 3 angewachsen ist. Die Vereinigung beschränkt sich auf die beiden Mittelnerven. Um sie im Bilde deutlich hervortreten zu lassen, habe ich das Blatt 4 nach links zurückgeschlagen, es nimmt sich jetzt als ein doppelter Flügel am Mittelnerven von 3 aus.

Das Uebergangsblatt (4) ist wiederum zweibeinig. Zwischen *a* und *s* hat sich der Stengel gestreckt, und die beiden Seiten des Blattgrundes, wie in den beiden vorher beschriebenen Fällen, auseinandergerissen.

Mehrere andere Beispiele von zweibeinigen Blättern auf der Grenze zwischen Quirlen und Spiralen habe ich in meiner Cultur, namentlich in den Jahren 1887 und 1889, vorgefunden und einige davon photographirt; es scheint mir aber überflüssig, ihre Abbildungen und Beschreibungen hier zu reproduciren.

Von anderen Anschlüssen beschreibe ich zunächst einen Fall, der, wenigstens theilweise, in Fig. 3 auf Taf. VI abgebildet ist. Die Zwangsdrehung war in diesem Zweige auf die kleine Strecke *a b* beschränkt, sonst trug der Zweig decussirte Blattpaare. Das Internodium unterhalb *a* hatte eine Länge von etwa 12 cm. Sein unterer Knoten trug das oberste Blattpaar, welcher aber bereits nicht mehr normal war. Es bestand allerdings aus zwei opponirten Blättern, von denen das eine, theoretisch untere, ganz normal war. Das andere war zweigipflig und bis unten zweinervig, einerseits in üblicher Weise mit dem opponirten Blatte verbunden, aber auf der nach rechts ansteigenden Seite nicht nur mit jenem Blatte, sondern ausserdem mit dem Uebergangsblatte der Spirale vereinigt. Dieses stand am Stengel um etwa 2 cm höher als das Blattpaar, war wiederum zweibeinig, und nach oben mit breitem Flügel dem Stengel angewachsen. Offenbar war dieser Flügel in der Jugend und während der ersten Streckung mit dem Flügel *c* des untersten Blattes unserer Figur verbunden gewesen. Durch das Wachsthum des Stengels, welches hier, im Gegensatz zu den drei oben beschriebenen Beispielen, oberhalb des Anschlussblattes noch ein sehr starkes war, war jene Verbindung zerrissen und der Flügel beiderseits abgetrennt; man sieht bei *c* deutlich, wie er vom Stengel losgerissen ist. Eine Risslinie verband die beiden Blätter am Stengel entlang.

Bisweilen war auch die Risslinie oberseits der Zwangsdrehung ausgebildet und erstreckte sie sich bis zum nächstoberen Blattquirl. So z. B. an einem am 25. Juli 1889 gesammelten Zweige, der eine Blattspirale von vier Blättern mit schöner Torsion trug (Taf. VI, Fig. 6). Diese schloss unterseits unmittelbar, d. h. ohne Einschaltung eines gestreckten Internodiums, an einen dreigliedrigen Quirl (Blatt 1, 2, 3) an, dessen Verbindung auf der Seite aufgehoben war, wo das eine Quirlblatt (3) sich in das erste spiralige (4) fortsetzte. Oberseits lag zwischen dem gedrehten Theile und dem nächsten dreiblättrigen Quirle ein Internodium von 8 cm Länge mit deutlicher Wundlinie, welche den anodischen Rand des obersten spiraligen Blattes (7) mit dem entsprechenden Rande von einem der Quirlblätter verband.

Einen ähnlichen Fall, an einem oberhalb und unterhalb des gedrehten Theiles zweizähligen Zweige fand ich in derselben Cultur. Die Zwangsdrehung hatte eine Höhe von 4 cm, umfasste vier Blätter und schloss nach oben und nach unten mit Risslinien an die nächsten Blattpaare an.

Die Fig. 2 auf Taf. VI zeigt eine Zwangsdrehung mit fünfblättriger, fast ganz aufgerichteter Spirale. Das untere Blatt 1 läuft bis *b* mit breitem Flügel an dem gestreckten, ungedrehten Theil des Stengels herab; von *b* erstreckte sich eine deutliche Risslinie bis zum nächsttieferen Blatte. Das obere Blatt 7 der Spirale ist, der dortigen Streckung des Stengels zufolge, zweibeinig und schliesst an das untere Blatt 8 des Scheinwirtels 8, 9, 10 an.

Endlich giebt uns die Fig. 5 das Bild von einem der häufigsten Fälle von örtlicher Zwangsdrehung. Sie ist beiderseits von den benachbarten Quirlen durch lange Internodien getrennt, an welchen mehr oder weniger deutliche Risslinien zu sehen sind.

Ich verzichte auf die Beschreibung weiterer Fälle, ohne Abbildung sind sie nicht leicht verständlich zu machen, und ich würde das erlaubte Maass weit überschreiten, wollte ich meine sämmtlichen Photographien dieser Arbeit beigeben. Ich hoffe aber durch das Mitgetheilte das Princip klargelegt zu haben, auf dem die einzelnen Fälle eine fast unendliche Reihe von Variationen bilden.

Fünfter Abschnitt.

Die Mechanik der Zwangsdrehung.

§ 1. Der Vorgang des Tordirens.

Die Cultur einer erblichen Rasse von zum Theil tordirten Individuen liefert nicht nur ein reichliches Material für morphologische und entwickelungsgeschichtliche Untersuchungen, für physiologische Experimente ist sie geradezu unentbehrlich. Und eine experimentelle Behandlung der Torsion ist der einzige Weg, um zur vollen Gewissheit über ihre Mechanik zu gelangen. Bis jetzt hat man stets versucht, aus dem Baue der erwachsenen Theile abzuleiten, wie sie sich gedreht haben dürften und welchen Ursachen dieses zuzuschreiben sei. Unter den vielen Schwierigkeiten, auf welche solche Erklärungsversuche stossen, möchte ich hier namentlich hervorheben, dass man nicht weiss, in welchem Stadium der Entwickelung die Drehung angefangen hat, und dass man somit Irrthümern ausgesetzt ist in der Annahme der Umstände, welche in jenem Stadium herrschten und denen die Erscheinung somit möglicherweise zugeschrieben werden könnte.

Die Beobachtung des Vorganges der Drehung selbst soll hier somit in den Vordergrund der Behandlung gestellt werden.

Die Methode der Beobachtung war die von Darwin für die Untersuchung der Circumnutation erdachte[1]). Als im Mai 1889 die Hauptstämme meiner Pflanzen deutlich zu tordiren angefangen hatten, umgab ich die, für diesen Versuch bestimmten Individuen je mit einem Viereck von starken, fest in den Boden eingetriebenen Pfählen, deren Köpfe durch Eisendraht verbunden wurden. Die Pfähle waren so weit vom Stamm entfernt, dass sie die Bewegung der Blätter möglichst wenig hinderten und so hoch, dass eine grosse Glasplatte, auf sie aufgelegt, genau horizontal über den Blattspitzen lag. Auf diese Platte wurde zunächst die Lage der vier Pfähle aufgetragen, dadurch wurde es möglich, sie von Tag zu Tag genau an dieselbe Stelle zu bringen, ohne sie den Tag über auf dem Felde lassen zu müssen. Um nun auf einer solchen Platte die Lage eines Blattes anzugeben, stellte Darwin das Auge in die Verlängerung der Blattachse und markirte nun auf der Platte den Punkt, in der sie von dieser Verlängerung getroffen wurde. Ich verfuhr in derselben Weise und markirte die Lage von allen durch die Platte sichtbaren Blätter. Dieses wiederholte ich nun jeden zweiten Tag, bis die am Anfang des Versuchs jüngsten Blätter durch ihre Streckung die Platte erreicht hatten und eine Fortsetzung unmöglich machten. Im Anfange des Versuchs hatte ich die Lage der Stammachse in derselben Weise auf der Platte angegeben.

Es handelte sich nun darum, aus diesen Daten die Bewegung der einzelnen Blätter zu berechnen. Dazu wurden die Punkte zunächst auf Papier übergepaust und darauf sämmtlich durch gerade Linien mit dem Orte der Stammachse, also dem Mittelpunkte der Drehung verbunden. Nach dieser Vorbereitung liessen sich offenbar die Winkel, um welche die einzelnen Blätter in je zwei Tagen gedreht worden waren, ohne Weiteres messen.

Die Fig. 1 auf Taf. V giebt das Resultat eines solchen Versuches in etwas geänderter Form. Die Winkel sind hier übertragen auf ein System von Kreisen mit etwa gleichen gegenseitigen Entfernungen. Und zwar entspricht der äussere Kreis dem ältesten Blatte, der zweite dem nächst jüngeren u. s. w., bis der innerste Kreis die Drehung des jüngsten Blattes aus dem Versuche angiebt.

---

1) Movements of plants, p. 6.

Ich gebe jetzt die beobachteten Winkel für diesen Versuch in tabellarischer Form. Vorher gehe aber die Bemerkung, dass es bei dieser Methode der Beobachtung offenbar nur auf die Hauptzüge der Erscheinung, nicht auf grosse Genauigkeit der Einzelheiten ankommt.

Dauer des Versuches zehn Tage. Anfang am 11. Mai 1889. Die Spalten 2—6 enthalten die durchlaufenen Winkel in den zweitägigen Beobachtungsperioden.

	13. Mai	15. Mai	17. Mai	19. Mai	21. Mai	Blattlänge am 16. Mai
Blatt No. 1 . . .	0	—	—	—	—	erwachsen
„ No. 2 . . .	20°	0	—	—	—	„
„ No. 3 . . .	36	0	—	—	—	„
„ No. 4 . . .	31	22°	0	—	—	—
„ No. 5 . . .	26	32	8°	0	—	—
„ No. 6 . . .	45		20	0	—	—
„ No. 7 . . .	20	20	42	12°	0	—
„ No. 8 . . .	85		20	15	0	—
„ No. 9 . . .	45	80	30	30	12°	23 cm
„ No. 10 . . .	95	100	110		45	17 cm
„ No. 11 . . .	110		45	50	50	—

Der Stengelabschnitt unter dem Blatte 9 bis zum nächsten Umgang der Spirale maass am 16. Mai, den Rippen entlang, etwa 1,5 cm.

Es leuchtet ein, dass der totale, von jedem einzelnen Blatte zurückgelegte Weg durch die Torsion des ganzen unter ihm befindlichen, noch in Drehung begriffenen Theiles des Stengels bedingt wird. Dementsprechend nehmen die Zahlen in unserer Tabelle vom ältesten bis zum jüngsten Blatte zu und zwar so stetig, wie die unvermeidlichen Fehler der Beobachtung dieses nur gestatten. Denn die seitlichen Krümmungen der Blätter und ihre circumnutirenden Bewegungen verringern oft die Genauigkeit der Beobachtungen sehr wesentlich. Ich hoffe später, durch etwas abgeänderte Methode, zu besseren Resultaten gelangen zu können, einstweilen möge das Vorhandene genügen. Denn nur während weniger Wochen im ganzen Jahre ist das Material für diese Studien geeignet.

Die Divergenzwinkel der Blätter nehmen während der Torsion des Stengels ab. Um ein Bild davon zu entwerfen, berechne ich die totalen Drehungen während der zehntägigen Versuchszeit und finde durch Subtraction jedes Werthes vom nächstfolgenden die entsprechende Abnahme der Winkeldivergenz. Um diese Rechnung für zweitägige Perioden durchzuführen, dazu genügen meine Zahlen nicht, auch muss ich die Beobachtungen am Blatt 6, sowie an den beiden jüngsten Blättern als nicht hinreichend sicher ausschliessen. Ich erhalte dann:

	Totale Drehung in 10tägiger Periode	Verminderung des Divergenzwinkels
Blatt No. 2	20	20
„ No. 3	36	16
„ No. 4	53	17
„ No. 5	66	13
„ No. 6 u. 7 . .	94	je 14
„ No. 8	120	26
„ No. 9	197	77

Bei einer Blattlänge von 23 cm und einer Internodiallänge von etwa 1,5 cm wird die Divergenz vom nächst älteren Blatte in zehn Tagen somit um 77°, also um mehr als die Hälfte seines ganzen Werthes (138°) verringert. Dann nimmt die Bewegung allmählich ab, um erst etwa gleichzeitig mit dem Wachsthum zu erlöschen.

Berechnen wir die Abnahme des Divergenzwinkels zwischen Blatt 9 und 8 in viertägigen Perioden, so finden wir:

11.—15. Mai	15.—19. Mai	19.—21. Mai
40°	25°	12°

Also auch hier abnehmende Geschwindigkeit.

Für die Ableitung weiterer Folgerungen reicht aber die Genauigkeit des Versuchs nicht aus.

In einem zweiten Versuch, gleichzeitig mit ersterem angestellt, erhielt ich in einer Periode von acht Tagen folgende Zahlen. Es waren für die betreffenden Blätter die acht letzten Tage der Drehung, wie am zehnten Tage constatirt wurde.

	Totale Drehung beobachtet	Verminderung des Divergenzwinkels berechnet	Länge des Blattes
Blatt No. 1	0	0	erwachsen
„ No. 2	77	77	—
„ No. 3	106	29	
„ No. 4	—	je 52	—
„ No. 5	210		
„ No. 6	260	40	22 cm

Die Länge des Blattes 6 wurde am fünften Tage des Versuchs gemessen. Die Länge der medianen äusseren Blattspur dieses Blattes bis zum nächsten Umgang der Spirale war an jenem Tage etwa 1 cm.

In einem dritten Versuch, bei sechstägiger Versuchsdauer:

	Totale Drehung	Blattlänge am zweiten Versuchstage
Blatt No. 1	20	—
„ No. 2	51	
„ No. 3	48	—
„ No. 4	73	—
„ No. 5	96	—
„ No. 6	155	15 cm

Die Länge der Blattspur von Blatt 6 war am zweiten Versuchstage etwa 1 cm, gemessen wie oben. Während des Versuchs traten noch zwei weitere Blätter No. 7 u. 8 aus der Knospe aus; ihre Drehung konnte somit nur theilweise beobachtet werden. Ihre Länge war am zweiten Versuchstage 10 und 8 cm.

So ungenau alle diese Zahlen auch sind, so zeigen sie doch:

1. dass die Blätterspirale während des Wachsthums entwunden wird;

2. dass ein sehr bedeutender Theil der Torsion stattfindet, nachdem das betreffende Blatt bereits eine ansehnliche Länge (15 bis 20 cm) erreicht hat. In den drei obigen Versuchen fand ich die Länge der medianen äusseren Blattspur, bis zum nächstunteren Umgang der Spirale, für die gemessenen Blätter etwa = 1 bis 1,5 cm. Also ist bei dieser Internodiallänge die Torsion noch sehr energisch. Sie erlischt erst etwa gleichzeitig mit dem Ende der Streckungsperiode.

Es ist von Magnus die Ansicht aufgestellt worden, dass die Zwangsdrehung „auf der Hemmung des Längenwachsthums beruhe, welche der Stengel in der Jugend in Folge des Druckes der umgebenden Blätter erfährt.“ Ohne hier auf eine Kritik dieser Ansicht eingehen zu wollen — eine solche bleibe für den zweiten Theil dieser Monographie erspart —, möchte ich hier doch die Druckverhältnisse besprechen, welche während der Torsion in den oben erwähnten Versuchen geherrscht haben.

Es leuchtet nun ein, dass meine ganze Versuchsanordnung fordert, dass die zu beobachtenden Blätter nicht mehr als Knospe zusammenschliessen. Sie müssen sich bereits gerade gestreckt haben und sich frei von einander bewegen. Ersteres ist Bedingung für das Eintragen der Verlängerung ihrer Achse auf die Glasplatte; das zweite ergiebt sich unmittelbar aus der ungleichen Winkelgeschwindigkeit. Im dritten Versuch hatte das jüngste Blatt, als es durch die Platte hindurch sichtbar wurde, eine Länge von 8 cm, sein Internodium (bis zum nächstunteren Umgang der Blattspirale) etwa 1 cm; das Blatt drehte sich um 40° in zwei Tagen. Das Blatt war gerade und hatte sich eben aus der lose geschlossenen Blättergruppe der Endknospe losgelöst. Die ältesten, noch drehenden Blätter sind schon nahezu ausgewachsen und weit vom Stengel abstehend.

Es ist somit klar, dass in meinen Versuchen die Drehung wenigstens zu einem bedeutenden Theile in Stengeltheilen stattfand, auf denen die Blätter frei abstanden, und welche also von diesen keinen hemmenden Druck erfahren konnten. Nur die Verbindung der Blattbasen zu einer Spirale konnte hier, der Ansicht Braun's entsprechend, eine Hemmung ausüben. Darüber jedoch werde ich im nächsten Paragraphen Versuche mittheilen.

Einen weiteren Versuch habe ich mit sechs tordirenden Individuen angestellt. Ich theile daraus nur die Drehung eines der am schnellsten drehenden Blätter für jedes Exemplar, unter Angabe der Blattlänge und der Entfernung seiner Insertion vom nächstunteren Umgange der Blätterspirale mit. Die Messungen fanden am Anfange der viertägigen Periode statt.

---

1) Frühlingsversammlung des botanischen Vereins der Provinz Brandenburg in Freienwalde a. O., Sitzung vom 1. Juni 1890. Nach einem mir von Herrn Prof. Magnus freundlichst zugesandten Zeitungsberichte. Vergl. auch die während des Druckes meiner Monographie erschienene Abhandlung desselben Forschers in Verhandl. d. Bot. Ver. d. Prov. Brandenburg XXXII, S. VII.

Pflanze	Blatt	Intern.	Totale Drehung in 4 Tagen
A	15 cm	2 cm	125°
B	16 „	2 „	135°
C	16 „	2 „	70°
D	16 „	2 „	45°
E	19 „	2 „	90°
F	20 „	3 „	60°

Also bei einer Internodiumlänge von 2—3 cm stets noch bedeutende Drehung. Dasselbe fand ich in einigen weiteren Versuchen bestätigt.

Ich habe zum Ueberflusse versucht, den vermutheten Druck der Blätter auf den tordirenden Stengeltheil aufzuheben oder doch zu vermindern. Zum ersten Zwecke schnitt ich die Blätter während des Drehens am drehenden Stengeltheil dicht über ihrer Basis ab, und zwar von unten herab bis zu einer Blattlänge von 8—11 cm. Diese Operation übte auf den Vorgang der Torsion keinen merklichen Einfluss aus. Zum zweiten Zwecke habe ich eine Anzahl tordirender Exemplare auf dem Felde völlig verdunkelt, ich hoffte durch das Etiolement der Blätter deren Festigkeit und somit ihr Vermögen, einen Druck auszuüben, zu schwächen. Auf das Tordiren des Stengels hatte auch diese Behandlung keinen Einfluss. Die sämmtlichen Versuche wurden Mitte Mai gemacht, als die Gipfel der tordirenden Stämme noch kaum alle Blätter am Vegetationskegel angelegt hatten.

Die auf S. 54 f. beschriebenen Versuche lassen die letzte Periode und das Ende der Drehung erkennen, nicht aber den Anfang. Ich hätte diesen vielleicht nach derselben Methode bestimmen können, wenn ich die äusseren Blätter der Endknospe entfernt und in dieser Weise ein Blatt kurze Zeit vor Anfang der Drehung freigelegt hätte. Ich hoffe auch im nächsten Jahre solche Versuche anstellen zu können[1]).

Es lässt sich diese Frage aber noch in einer anderen Weise beantworten. Denn man braucht dazu offenbar nur an einem tordirenden Sprosse die jüngste Stelle aufzusuchen, an der noch eine Neigung der Stengelrippen kenntlich ist.

Ich wählte zu diesem Versuch im Mai 1889 eine junge, sich streckende und sich kräftig tordirende Pflanze, an deren

1) Das Material dazu ist mir leider im Winter erfroren, 4. Mai 1891.

Vegetationspunkt noch nicht sämmtliche Blätter angelegt waren, suchte die jüngsten schon tordirten Theile auf und maass hier die Länge der Blätter, die Länge der von demselben Blatte herabsteigenden medianen äusseren Blattspur bis zum nächsten Umgang der Spirale und die Neigung dieser Mediane, d. h. den Winkel, den sie mit der Längsrichtung des Stammes machte. Ich fand

	Länge der Blattspur	Länge des Blattes	Neigung der Blattspur
Blatt No. 1 . .	20 mm	16,5 cm	30°
„ No. 2 . .	16 „	11,0 „	30°
„ No. 3 . .	10 „	7,5 „	30°
„ No. 4 . .	7 „	5,0 „	20°
„ No. 5 . .	4 „	4,0 „	0°

Es fängt in diesem Beispiele die Torsion somit an bei einer Blattlänge von 4,0 cm und einer Blattspurlänge von 4 mm. An zahlreichen anderen Individuen fand ich einen ähnlichen späten Anfang der Drehung.

Der Anfang der Torsion lässt sich auch auf dem Querschnitte ermitteln, wenn dieser nur nicht auf die jüngsten, sich noch nicht tordirenden Theile beschränkt wird. Ich durchschnitt dazu Mitte Mai die ganze Blättergruppe junger Stämme in einer horizontalen Ebene in der Höhe des Vegetationspunktes, legte eine Glasplatte auf die Pflanze auf und zeichnete auf diese die Lage der Blätter in natürlicher Grösse. Eine solche Figur findet man in Fig. 5 auf Taf. V.

Ich maass nun die Divergenzwinkel der gezeichneten Blätter und fand in zwei Individuen folgende Zahlen:

Winkel zwischen	A	B
Blatt 1—2 . . .	133°	132°
„ 2—3 . . .	134°	132°
„ 3—4 . . .	134°	130°
„ 4—5 . . .	134°	125°
„ 5—6 . . .	129°	125°
„ 6—7 . . .	120°	120°
„ 7—8 . . .	110°	122°
„ 8—9 . . .	115°	128°
„ 9—10 . . .	115°	128°
„ 10—11 . . .	130°	138°
„ 11—12 . . .	130°	138°

Winkel zwischen		A	B
Blatt 12—13	. . .	132°	138°
„ 13—14	. . .	138°	138°
„ 14—15	. . .	138°	—
„ 15—16	. . .	138°	—

No. 1 ist das älteste, No. 14—16 sind die jüngsten Blätter. Die Pflanze B ist diejenige, der die Fig. 5 auf Taf. V entnommen ist.

Es ergiebt sich, dass die Blätter A 13—16 und B 10—14 noch den normalen Divergenzwinkel der Vegetationskegel haben, dass von Blatt 13 resp. 10 an die Winkel, offenbar durch die Torsion des Stengels, geringer geworden sind. Hier ist also der erste Anfang der Drehung.

Um zu erfahren, welcher Länge der Blattspur hier dieser Anfang entspricht, habe ich an dem Individuum B, nachdem die Zeichnung gemacht worden war, diese Länge für die betreffenden Blätter gemessen. Ich fand diese Länge für die mediane äussere Blattspur, den Rippen entlang gemessen, bis zum nächsten Umgange der Blattspirale:

		Länge der Blattspur	
für Blatt No. 9	. . .	14 mm	Neigung deutlich,
„ „ No. 10	. . .	10 „	„ schwach,
„ „ No. 11	. . .	6 „	„ äusserst schwach,
„ „ No. 12	. . .	5 „	„ nicht sichtbar.

Es zeigt sich, dass die ersten Spuren der Torsion hier an der Neigung der Rippen noch etwas früher sichtbar sind als an der Abnahme des Divergenzwinkels. Die Länge der Blattspur, welche eben anfängt sich zu tordiren (5—6 mm), stimmt mit jener des auf voriger Seite mitgetheilten Versuches (4—7 mm) hinreichend genau überein.

In anderen Individuen fand ich die ersten Spuren der Torsion noch nicht bei 3 cm Blatt- und 2 mm Blattspurlänge, wohl aber beim nächstfolgenden Blatt mit 4 cm Blatt- und 3 mm Blattspurlänge.

Die Versuchspflanzen hatten eine Stammhöhe von 10—15 cm, ihre Blätter erhoben sich bis zu etwa einem halben Meter.

Fassen wir die Ergebnisse aller dieser Versuche und Beobachtungen zusammen, so finden wir:

1. Die Drehung fängt bei einer Blattspurlänge von 3—6 mm, welche einer Blattlänge von etwa 4 cm entspricht, an.

2. Sie ist anfangs langsam, in dem Augenblicke, wo die Blätter den Verband der Knospe verlassen, sehr schnell (bei einer Blattgrösse von etwa 15—20 cm und einer Blattspurlänge von etwa 10—15 mm) und erlischt dann nur langsam mit dem Aufhören der Streckung des betreffenden Stengeltheils. Die Drehung zeigt somit eine „grosse Periode", welche mit derjenigen der Streckung zusammenfallen dürfte; jedoch bedarf dieses noch besonderer Untersuchung.

3. Jedenfalls findet aber die Torsion hauptsächlich gleichzeitig mit der bedeutenden Streckung des betreffenden Stengeltheiles statt.

§ 2. Versuche über die Mechanik des Tordirens.

Die erste, experimentell zu beantwortende Frage ist die, ob die Gürtelverbindungen der Gefässbündel der Blätter einen Einfluss auf das Zustandekommen der Torsion haben.

Diese Gürtelverbindungen stellen, wie früher beschrieben wurde, ein ununterbrochenes Schraubenband um die junge Stengelspitze dar. Sie sind in unseren Fig. 3, 9 u. 10 auf Taf. V deutlich zu erkennen. Sie liegen, wie Fig. 12 B auf derselben Tafel zeigt, in dem Blattgrunde, ausserhalb des Stengels. Daraus geht hervor, dass es leicht gelingen muss, sie zu entfernen, wenn man die Verbindung der benachbarten Blattflügel am Stengel wegschneidet oder abkratzt, wenn man nur Sorge trägt die äusseren Theile bis in das Rindengewebe oder bis an den Gefässbündelring des Stammes abzutragen.

Die Fig. 9 auf Taf. V bezieht sich auf die Blätter 12 u. 13 der Fig. 5. Und erst zwischen den Blättern 9 u. 10 fing der Divergenzwinkel an merklich geringer zu werden. Eine schiefe Neigung als erste Andeutung der Torsion war, wie wir oben gesehen haben, an den Blattspuren des Blattes 12 noch nicht sichtbar. Die Gürtelverbindungen sind somit völlig angelegt, bevor die Torsion anfängt.

Dennoch üben sie auf diesen Process keinen merklichen Einfluss aus. Ich habe an fünf Pflanzen Ende Mai und Anfang Juni, während der kräftigen Streckung des unteren Theiles des sich tordirenden Stammes, alle Gürtelverbindungen über mehrere Umgänge der Blätterspirale vorsichtig abgetragen. Und zwar für jede einzelne Verbindung vor oder im allerersten Anfang der Torsion; die einzelnen

Operationen an demselben Stengel wurden somit an successiven Tagen ausgeführt. Aber die Torsion ging in ganz normaler Weise vor sich. Die untere Hälfte des in Fig. 1 auf Taf. VII photographirten Stengels war eines dieser Versuchsobjecte, die Operationen erstreckten sich etwa bis *b*. Man sieht, dass die Torsion hier einen ganz gewöhnlichen Grad der Ausbildung erreicht hat. Ebenso verhielten sich die übrigen Versuchspflanzen.

Es sei gestattet, hier daran zu erinnern, dass es viele Arten mit schönen Zwangsdrehungen giebt, welche keine Gürtelverbindungen haben. Doch komme ich hierauf im nächsten Abschnitt zurück.

Eine zweite zu beantwortende Frage ist die nach dem Einflusse des schraubenförmigen Diaphragma im Innern des hohlen Stengels auf die Entstehung der Torsion. Obgleich dieses keine Gefässbündel enthält, so könnte es doch als continuirliches Band die Hemmung bedingen, welche nach Braun's Auffassung die Drehung herbeiführt. Um die Continuität dieses Bandes aufzuheben, machte ich von aussen in den Stengel hinein Einschnitte zwischen je zwei Blättern, dadurch wurde gleichzeitig das ganze Blätterband in Stücke getrennt.

Auch diese Versuche hatten aber das erwartete Ergebniss nicht. Erstrecken sich die Schnitte nicht wesentlich aufwärts oder abwärts von der Insertionslinie der Blätter, so geht die Drehung ungestört weiter.

Ein Einfluss auf die Erscheinung wird erst erzielt, sobald die Einschnitte sich eine kleinere oder grössere Strecke weit von jener Insertionslinie ausdehnen. Es ist dabei erforderlich, wie wohl selbstverständlich, die Operation an Stellen vorzunehmen, wo die Drehung noch nicht angefangen hat oder eben anfängt, denn je weiter die Torsion bereits vorgeschritten, um so geringer wird der Erfolg der Einschnitte sein können. Die Drehung fängt aber, wie im vorigen Paragraphen gezeigt wurde, dort an, wo die Blätter etwa 4 cm, die Blattspuren etwa 4 mm Länge erreichen.

Den Erfolg dieser Versuche habe ich in meiner vorläufigen Mittheilung mitgetheilt und abgebildet[1]). Es gelang hier die Drehung stellenweise völlig aufzuheben, während sie oberhalb und unterhalb der Versuchsstrecke eine äusserst kräftige blieb. Die beiden durch die Spalte getrennten Blätter wurden dabei durch das

1) Ber. d. d. bot. Gesellsch., Band. VII, S. 294, Taf. XI, Fig. 6.

Wachsthum des Stengels in vertikaler Richtung auseinandergeschoben; die Verschiebung erreichte in einem Falle etwa 2 cm. Der betreffende Stengeltheil war gerade gestreckt, die Insertionen der Blätter standen nahezu quer zur Stengelachse. Dieselben Resultate erhielt ich mit mehreren Versuchspflanzen in 1889; in 1890 habe ich diese Versuche wiederholt und die Ergebnisse bestätigt gefunden. Die Schnitte, welche eine deutliche Verschiebung der beiden benachbarten Blätter aus der Spirale herbeiführten, hatten, nachdem der Stengel ausgewachsen war, eine Länge von 2—3 cm, bei einer Blattspurlänge von 4—5 cm, sie erstreckten sich also um etwa $^1/_4$ der Blattspurlänge von der Insertionslinie aufwärts und abwärts. In dieser Weise ausgedrückt, gilt das angegebene Maass selbstverständlich auch für den Tag der Operation. Kleinere Schnitte hatten in der Regel keinen merklichen Erfolg.

Ich schritt nun zu grösseren Operationen. Denn in der vorigen Versuchsreihe waren eigentlich nur die Ränder der Schnitte von der Torsion verschont geblieben, es handelte sich jetzt darum, grössere Strecken gerade zu erhalten. Diesem Versuche wurden im Juni 1890 drei im unteren Theile bereits schön tordirte Hauptstämme geopfert. Von diesen sind zwei auf Taf. VII in Fig. 1 u. 7 abgebildet. Das Princip dieser Versuche war, die Einschnitte länger und zahlreicher zu machen und sie derart in Entfernungen von einer oder zwei Blattinsertionen von einander anzubringen, dass sich ihr Einfluss auf die zwischenliegenden Partien des Stengels summiren könnte.

Es gelang mir in dieser Weise längere, gerade gestreckte und völlig ungedrehte Stengelstücke entstehen zu lassen an Stellen, welche ohne die Operationen ohne Zweifel sich tordirt haben würden, da die benachbarten nicht behandelten Partien sowohl auf der Unterseite als auf der Oberseite der operirten Strecke die Drehung im üblichen Grade der Ausbildung zeigten. Vergl. Fig. 1 zwischen Blatt 1 und Blatt 5 und Fig. 7 zwischen Blatt 1 und Blatt 6.

Die Operationen wurden im Juni 1890 vorgenommen an jenen Stellen des noch jugendlichen Stammes, an denen die Torsion eben anfing sichtbar zu werden. Die Pflanzen blieben bis in den Herbst auf dem Beete und wurden somit im völlig ausgewachsenen Zustande geerntet und photographirt.

Das erste in Fig. 1 (Taf. VII) abgebildete Exemplar hatte drei

Einschnitte. Es sind dies *d e* zwischen Blatt 1 u. 2; dieser Schnitt erstreckte sich nur wenig unterhalb der Insertionslinie, aufwärts aber über etwa $^2/_3$ der Blattspur des Blattes 4. In der Figur sind die Blätter am leichtesten an ihren Achseltrieben kenntlich, derjenige des Blattes 1 war am Grunde abgeschnitten. Zwischen Blatt 2 u. 3 ist keine Operation zu erwähnen. Zwischen Blatt 3 u. 4 liegt der grösste Schnitt; da er in der Figur auf der Hinterseite liegt, ist sein Umriss nicht leicht zu erkennen. Er ist durch g, g', g'', c'', c' bezeichnet und durchläuft den Stengel nach oben und nach unten bis zum nächsten Umgang der Blattspirale. Zwischen Blatt 4 und Blatt 5 liegt der Schnitt f, f', h', h, der sich abwärts nur etwa um eine halbe Blattspurlänge, aufwärts aber bis zum nächsten Umgang der Spirale erstreckt.

Die nächsten Folgen dieser Einschnitte sind, dass der Stengelstreifen von Blatt 7 abwärts über Blatt 4 bis zu Blatt 1, sowie der Doppelstreifen von Blatt 5 u. 6 abwärts zu Blatt 2 u. 3 völlig von einander isolirt sind. Nur ein kleiner Arm, zwischen *e* und *f* verbindet sie, dieser ist durch ihre Streckung quergestellt worden und hat dadurch die gegenseitige Entfernung der beiden Streifen, welche in der Figur so auffallend ist, herbeigeführt. Der Doppelstreifen aber hat sich derart mit beiden Rändern einwärts gebogen, dass er an sich ein fast cylindrisches Stengelstück mit scheinbar einfachem Längsriss darstellt. In den Riss passt aber der Streifen 7, 4, 1 hinein.

Nach dieser etwas umständlichen Beschreibung, deren Verständniss leider durch unsere Figur nicht in demselben Grade erleichtert wird, wie wenn ich meinen Lesern das Object selbst vorlegen könnte, kehre ich zum Hauptergebniss zurück. Es ist dieses:

Die von zwei parallelen Schnitten isolirten Streifen haben keine Torsion erfahren. Es gilt dieses sowohl, wenn sie die Breite von zweien Blattinsertionen haben, als wenn sie sich nur über die Breite eines einzelnen Blattes erstrecken. Mit dem Fehlen der Drehung ist eine bedeutende Streckung verbunden, welche fast das Doppelte von der während der Torsion erreichbaren Länge beträgt.

Das in Fig. 7 (Taf. VII) abgebildete Object wurde genau in derselben Weise behandelt. Die Einschnitte lagen zwischen den Blättern 1 u. 2 (auf der Rückenseite in der Figur), 2 u. 3 ($a, a'', a''', a^{IV}, a^{V}$) und 3 u. 4 ($b, b', b''$). Sie erstreckten sich sämmtlich aufwärts bis zum nächsten Umgang der Spirale. Die drei von ihnen isolirten Stengelstreifen haben ihre Ränder möglichst einwärts gekrümmt, sind aber sonst gerade geblieben.

Im dritten Exemplar erstreckten sich die Einschnitte von einem Blatte bis zum zehnten darauf folgenden und somit über 3½ Umgänge der ursprünglichen Blattspirale. Sie lagen zwischen den Blättern 1 u. 2, 3 u. 4, 4 u. 5, 5 u. 6, 6 u. 7 und waren somit fünf an der Zahl. Da sie sich jede bis zum nächstoberen Umgang der Spirale erstreckten, erreichte die letzte fast das zehnte Blatt. Die operirte Strecke war 18 cm lang und nicht tordirt, die Blätter bildeten eine Schraube von fast 3½ Umgänge und hatten somit, soweit die Verzerrung durch die Wunden dieses erlaubte, die ursprünglichen Divergenzen beibehalten.

Die beiden Versuche bestätigen also die aus dem ersteren abgeleiteten Folgerungen.

Diese auf dem Felde ausgeführten Operationen haben somit, trotz ihrer unvermeidlichen Rohheit, zur Aufhebung der Torsion und entsprechenden Streckung der Glieder des Stengels geführt. Sobald es gelingt, feiner zu arbeiten, wird man offenbar einen Dipsacus-Stengel herstellen können mit spiraliger Anordnung der Blätter, aber ohne Torsion, mit einer Blattstellung also, wie sie bei gewöhnlichen Pflanzen mit zerstreuten Blättern obwaltet.

Als Schlussergebniss zeigt sich, dass als mechanische Ursache der Torsion nicht allein die spiralige Verwachsung der Blattbasen mit ihren Gürtelverbindungen und dem Diaphragma in der Höhlung des Stengels betrachtet werden muss, sondern die spiralige Anordnung der Blattbasen nebst den von ihren Blattspuren durchlaufenen Abtheilungen des Stengels (für jedes Blatt bis zum nächst unteren Umgang der Spirale gerechnet). Erst wenn oder soweit diese Abtheilungen von einander losgelöst werden, bleibt die Drehung aus.

Offenbar ist diese Auffassung des Mechanismus mit dem Satze Braun's keineswegs in Widerspruch, sondern kann als eine Präcisirung dieses Satzes betrachtet werden.

Weitere Versuche werden, von diesem neuen Gesichtspunkte ausgehend, ohne Zweifel unsere Einsicht in das Wesen der Zwangsdrehung noch bedeutend vertiefen. Es ist mir völlig klar, dass meine Experimente dazu nur einen ersten Schritt bilden und dass namentlich die im vierten Abschnitt gegebene deductive Beschreibung der Unterbrechungen der Zwangsdrehungen nicht auf den Namen eines Versuches zur mechanischen Erklärung Anspruch machen kann. Aber bis jetzt stand mir nicht mehr Material zur Verfügung, ich habe ohnehin schon eine ganz bedeutende Anzahl von tordirenden Individuen diesen Studien geopfert.

Jedem, der sich für diese und andere Fragen über die Erscheinungen der Zwangsdrehung interessirt, werde ich gerne Samen meiner Rasse zu eigenen Versuchen zur Verfügung stellen[1]).

Sechster Abschnitt.

Suturknospen und Suturblättchen.

§ 1. Accessorische Achselknospen.

Neben dem normalen Achselspross tragen die Stengel von Dipsacus silvestris bisweilen kleine, collaterale Knospen. Diese wurden bereits von Braun gesehen. Er sagt darüber: „Sehr kümmerliche Nebensprösschen neben dem Hauptspross, meist nur auf einer Seite, habe ich in diesem (1874) und dem verflossenen Jahre an mehreren Exemplaren in mittlerer Stengelhöhe von den Trichtern der verbundenen Blätter versteckt beobachtet“[2]). Auf eine weitere Beschreibung geht er aber nicht ein.

An meinen tordirten Exemplaren waren diese collateralen Achselknospen sehr häufig und oft auf demselben Stengel in grosser Anzahl und üppiger Entwickelung vorhanden. An decussirten und dreizählig-wirteligen Pflanzen sah ich sie selten; hier gelang es mir aber ihre Ausbildung durch einen Kunstgriff zu veranlassen. Ich schnitt dazu, als die Pflanzen etwa anderthalb Meter Höhe erreicht hatten, den Gipfel und sämmtliche normale Achselsprosse weg, die letzteren stets unterhalb ihres ersten Blattpaares. Die Folge war, dass in vielen Achseln accessorische Knospen hervorbrachen und sich zu kleinen Sprösslein entwickelten. Meist in jeder Achsel nur eine, oft aber auch zwei. Im Laufe des Sommers gingen diese Sprösschen aber meist wieder zu Grunde.

Denselben Versuch stellte ich, und zwar mit gleichem Erfolg, mit einer Anzahl tordirter Exemplare im Sommer 1890 an.

1) Vergl. auch S. 20.

2) A. Braun, Sitzungsber. d. Gesellsch. Naturf. Freunde, Berlin 14. Juli 1874, S. 77.

Die collateralen Achselknospen der tordirten Karden von 1889 sind in einer Reihe von Beispielen auf Taf. IV in Fig. 5, 6, 7 u. 11 und in Fig. 8 auf Taf. V dargestellt.

Fig. 5 u. 11 geben ihre normale Stellung in der Jugend und im vorgeschrittenen Alter an, wenn ihre Ausbildung nicht durch künstliche Eingriffe gefördert worden ist. Fig. 5 ist einem linksgedrehten Exemplare entnommen und senkrecht auf die Rippen des Stengels, also parallel der Blattspirale geschnitten. Der normale Achselspross war 5 mm lang und trug bereits eine Anlage eines Blüthenköpfchens. Auf der einen Seite sieht man eine, auf der andern zwei collaterale Knospen. Letztere sind vermuthlich als Spaltungsproducte einer fasciirten Knospe aufzufassen (vergl. Fig. 7 und weiter unten im Text). Gefässbündelanlagen konnte ich an diesen Knospon noch nicht sichtbar machen.

Es ist deutlich, dass die collateralen Knospen hier neben, nicht auf dem Hauptachselsprosse stehen. Ebenso verhielten sie sich in den übrigen untersuchten Fällen junger Anlagen.

Beim weiteren Wachsthum des mittleren Achselsprosses ändert sich aber diese gegenseitige Lage. Die Ursache davon ist das Anschwellen des Sprossgrundes zu einer dicken, runden Geschwulst. Diese ist fast kugelig, aber breiter als hoch. Auf ihr sitzen, wie Fig. 11 in natürlicher Grösse zeigt, die collateralen Knospen seitlich. So zeigen sie sich auf den erwachsenen tordirten Stengeln dem unbewaffneten Auge.

Eine ganz gewöhnliche Abweichung, der diese collateralen Knospen unterliegen, ist die Fasciation. Sie sind häufig mehr oder weniger verbreitert und zwar parallel der Insertionslinie des betreffenden Blattes. Ein Beispiel aus vielen ist in Fig. 7 auf Taf. IV abgebildet, eine normale collaterale Knospe dagegen in Fig. 6.

Die Fasciation giebt sich theilweise durch die Verbreiterung der ganzen Anlage, theilweise durch die Zahl der Glieder im ersten Blattwirtel zu erkennen. Ich beobachtete in mikroskopischen Schnitten durch junge, noch wachsende tordirte Stengel nicht selten vierblättrige und achtblättrige Wirtel, während die Fig. 7 einen fünf- und einen sechsblättrigen Quirl erkennen lässt. Auch siebenblättrige habe ich gesehen. Bisweilen führen diese Wirtel auch mehr oder weniger tiefgespaltene Blattanlagen, wie solches aus der Vergleichung successiver Mikrotomschnitte hervorgeht.

§ 2. Suturknospen.

Ausser den im vorigen Paragraphen beschriebenen collateralen Achselknospen bildet Dipsacus silvestris noch andere Knospen. Diese stehen nicht in den Blattachseln selbst, sondern mitten zwischen den Insertionsstellen zweier Blätter, genau an dem Punkte, wo diese sich berühren. Solche „interfoliare" Knospen scheinen im Pflanzenreich selten zu sein; sie sind z. B. für die Inflorescenzen von Asclepias bekannt, wo Eichler sie „interpetiolar" nennt[1]). Sie sind in vielen Exemplaren meiner Rasse zahlreich und schön ausgebildet, und zwar wesentlich nur an den Individuen mit durchaus tordirtem Hauptstamm. An atavistischen Pflanzen habe ich sie seltener gesehen, doch konnte ich hier ihre Ausbildung, wie diejenige der accessorischen Achselknospen, durch Abschneiden des Gipfels und sämmtlicher normaler Achselsprosse, befördern. Auf diesen Versuch komme ich weiter unten zurück.

Ich werde diese Knospen „Suturknospen" nennen; sie stehen auf der Sutur zwischen zwei benachbarten Blättern. Diese Bezeichnung weist sofort auf die Uebereinstimmung ihrer Stellung mit den in den beiden nächsten Paragraphen zu behandelnden Suturblättchen hin.

Suturknospen habe ich auf Taf. IV in Fig. 8, 12, 13 B, 13 C abgebildet. Sie finden sich, sowohl an tordirten als an atavistischen Exemplaren, nicht selten zwischen Blättern, deren wenigstens eins auf der Seite der Suturknospe eine accessorische Achselknospe trägt. An tordirten Exemplaren sieht man sie bisweilen an den Suturen einer ganzen Reihe aufeinanderfolgender Blätter. Bisweilen führt dieselbe Sutur zwei Knöspchen (Taf. IV, Fig. 13 C), welche vielleicht ebenso wie die doppelten collateralen Achselknospen, als Spaltungsproducte einer fasciirten Knospe betrachtet werden müssen. Doch habe ich auf die Neigung dieser Gebilde zur Fasciation bald zurück zu kommen.

Die Gefässbündel der Suturknospen gehen, wie in successiven Mikrotomschnitten ersichtlich, gerade abwärts, bis sie die Gefässbündel des Stammes (Taf. V, Fig. 12 A u. B bei s) unter sich treffen und vereinigen sich dann mit diesen.

---

1) Eichler, Blüthendiagramme I, S. 255.

Für gewöhnlich bilden sich die Suturknospen nicht weiter aus, als es in Fig. 12 auf Taf. IV in natürlicher Grösse abgebildet ist. Die beiden Achselsprosse der Blätter 1 und 2 waren nahezu ausgewachsen, das Bild ist der linksaufsteigenden Blattspirale eines tordirten Hauptstammes entnommen, nachdem die Blätter und Achseltriebe dicht über ihrer Basis weggeschnitten waren.

Wie bereits erwähnt, ist es mir gelungen ihre weitere Entwickelung dadurch zu veranlassen, dass ich im Juni 1890 den Gipfel und sämmtliche Achselsprosse kräftig wachsender Exemplare wegschnitt. Es war dies derselbe Versuch, in welchem ich auch das weitere Wachsthum der accessorischen Achselknospen beobachtete. Wie jene, gingen auch die meisten Sutursprosse, sowohl an atavistischen als an tordirten Individuen im August wieder ein, ohne eine bedeutende Grösse zu erreichen. Eine Ausnahme bildeten nur drei Suturtriebe, welche sich in drei Wirteln eines sehr kräftigen, dreizähligen Exemplares entwickelt hatten. Es waren die mittleren Wirtel des anderthalb Meter hohen Stammes. Die Triebe sassen genau zwischen den beiden benachbarten Blättern, entwickelten Blüthenköpfe, wurden aber vor der Samenreife mit sammt dem Stamme abgeschnitten und getrocknet, um aufbewahrt zu werden.

Ich lasse jetzt eine kurze Beschreibung dieser drei Sutursprosse folgen und fange mit dem obersten an.

Dieser erreichte eine Länge von 30 cm und sass, wie die beiden anderen, mit dickem Geschwulst dem Stengelknoten auf. Unten war er im Querschnitt rund, flachte sich nach oben aber allmählich ab, bis er fast doppelt so breit wie dick war. Die Verbreiterung fand, wie stets, parallel der Insertionslinie der benachbarten Blätter des Hauptstammes statt. Am Gipfel trug er ein bis etwa zur Mitte gespaltenes, also unvollständig verdoppeltes Köpfchen. Er trug zwei Blattwinkel, jeder von fünf Blättern; jedes Blatt mit einem normalen blühenden oder verblühten Achselspross.

Der folgende Sutursspross war bereits unten oval im Querschnitt und trug einen Quirl von sieben Blättern, unter denen sechs mit blühendem Achseltrieb. Dann spaltete er sich, gleich oberhalb jenes Quirls, in zwei kräftige Aeste von je etwa 35 cm Länge, welche nach einem vier- resp. dreigliedrigen Blattquirl in ein normales Blüthenköpfchen endeten.

Der dritte untere Sutursspross war klein, mit einem fünfblättrigen Blattwirtel und einem Blüthenköpfchen.

Die Neigung zur lateralen Verbreiterung (Fasciation) war also in allen diesen drei Fällen hinreichend deutlich ausgeprägt.

§ 3. Freie Suturblättchen.

An den nämlichen Stellen, wie die Suturknospen, kommen an kräftig tordirten Hauptstämmen bisweilen kleinere oder grössere Blätter vor. Die kleinsten dieser Gebilde stehen frei vom Stengel ab, die grösseren kehren ihren Rücken dem Stengel zu und sind an diesen und gewöhnlich auch an eines der nächsthöheren Blätter mehr oder weniger weit angewachsen. Diese Organe nenne ich Suturblätter; die angewachsenen werde ich im nächsten Paragraphen, die freien in diesem besprechen.

Die freien Suturblättchen können mit oder häufiger ohne Knospen auf derselben Sutur vorkommen.

Ich wähle zur Erläuterung der zahlreichen möglichen Vorkommnisse drei typische Fälle aus, welche ich auf einem tordirten Stamme beobachtet habe. Dieser Stamm ist auf Taf. VII in Fig. 3 abgebildet; es ist derselbe, welcher, von der anderen Seite gesehen, in meiner vorläufigen Mittheilung in Fig. 7 dargestellt worden ist. Die Suturblättchen, welche in beiden Figuren sichtbar sind, sind mit denselben Buchstaben *u*, *u''*, *u'''* bezeichnet. *u'* aus der genannten Fig. 7 ist auf Taf. VII nicht sichtbar. u^{IV} ist ein angewachsenes Blättchen und wird also im nächsten Paragraphen besprochen.

Ich wähle zunächst das Blättchen *u*. Ich habe es in Fig. 10 auf Taf. IV, in natürlicher Grösse und vom Rücken gesehen, abgebildet; es steht genau auf der Sutur der beiden Blätter 1 u. 2, welche dicht über ihrem Grunde abgeschnitten sind; *p* ist die gleichfalls durchschnittene Flügelverbindung dieser Blätter. Das Suturblättchen besitzt nicht einen dickeren Mittelnerv, wie die normalen Blätter, es ist überall gleich dünn. Es hat zwei Nerven, welche nur nach ihrer Aussenseite Zweige abgeben.

In seiner Achsel führt dieses Blättchen zwei kleine Knospen, Suturknospen, wie wir auch im vorigen Paragraphen Verdoppelungen

---

1) Berichte d. d. bot. Ges., Bd. VII, Taf. XI.

von Suturknospen haben kennen gelernt. Ich habe die gegenseitige Lage dieser Organe in Fig. 13 C gezeichnet, welche insoweit schematisch ist, als die Umgebung der kleinen Gruppe einem Mikrotomschnitte aus einem anderen Präparate entnommen ist. In derselben Weise sind auch die Fig. 13 A und B, wie man sofort sieht, schematisch.

Als zweites Beispiel wähle ich das nächsthöhere freie Suturblättchen auf demselben Stengel. Es war vom ersteren nur durch ein Blatt getrennt und ist l. c. Taf. XI, Fig. 7 in *u'* abgebildet. Es ist in unserer Fig. 3 auf Taf. VII nicht sichtbar, dafür aber in Fig. 13 B auf Taf. IV im Grundriss eingetragen. Es führte eine einzige Suturknospe, diese war aber zwischen ihm und der Blätterspirale eingeschaltet. Dementsprechend kehrte das Blättchen seinen Rücken dem Stengel zu, war aber, wohl in Folge von Geotropismus, um etwa 180° tordirt und kehrte dadurch in seinem oberen Theil die Oberseite wieder nach oben, die Unterseite wieder nach unten.

Das dritte Beispiel ist in Fig. 13 A im Grundriss eingetragen. Seine Insertion steht quer zur Blätterspirale. Es hatte keine Suturknospe, doch sah ich eine solche in einem anderen Falle, wo sie neben dem quergestellten Suturblättchen eingepflanzt war. Das Blättchen war, wohl geotropisch, um etwa 90° tordirt.

Häufig sind die Suturblättchen kleiner und schmäler. Solche sind auf Taf. IV in Fig. 9 in natürlicher Grösse und l. c. Taf. XII in Fig. 6 bei *u* dargestellt.

In den meisten Fällen sind die freien Suturblättchen nicht von Knospen begleitet.

Die freien Suturblättchen waren am häufigsten auf dem mittleren Theile der Blätterspirale kräftig tordirender Stämme. Sie können hier bisweilen fast auf allen Suturen vorkommen. Nennt man im Stamme Taf. VII, Fig. 3 die Sutur des Blättchens u''' No. 1, so führten hier die Suturen No. 2, No. 5 und No. 6 gleichfalls freie Suturblättchen, während No. 4 ein angewachsenes (u^{IV}) trug und nur No. 3 leer war. Es zeigt dieses, dass die Suturblättchen nicht etwa als Glieder der Hauptspirale zu betrachten sind. Vielleicht hat man sie als Vorblätter der Suturknospen aufzufassen.

§ 4. Angewachsene Suturblätter.

Viel häufiger als die kleinen freien Suturblättchen sind an tordirten Hauptstämmen grössere überzählige Blätter, deren Deutung, trotz der Untersuchung zahlreicher Fälle, noch grössere Schwierigkeiten macht als die Erklärung jener. Ich fasse sie vorläufig als Suturblätter auf, welche mehr oder weniger hoch mit dem Stengel verwachsen sind. Ein Beispiel habe ich auf Taf. VII in Fig. 3 bei u^{IV} dargestellt.

Betrachten wir aber zunächst die Fig. 13 B auf Taf. IV. Man kann sich hier leicht vorstellen, dass das Suturblättchen mit seinem Rücken an den Stengel anwächst. Die Verwachsung kann sich mehr oder weniger hoch erstrecken, was namentlich auch von der Grösse des Blattes abhängig sein wird. Erreicht sie die nächstobere Windung der Blattspirale, so kann sie sich selbstverständlich nur auf dem Rücken des dortigen Blattes fortsetzen. Das Suturblatt wird sich dann als eine rückenständige Verdoppelung dieses Blattes ausnehmen.

Aus dieser deductiven Betrachtung lässt sich leicht ableiten, mit welchem Blatte und Blatttheile die erwähnte Verwachsung stattfinden wird. Wir betrachten dazu z. B. die einer Serie von Mikrotomschnitten entnommene Fig. 3 A auf Taf. IV. Das Suturblättchen *s* steht zwischen den Blättern 1 u. 2 und ist dadurch mit seinem Rücken dem Blatte 4 angedrückt, und zwar seitlich von dessen Medianebene auf der nach dem nächsthöheren Blatte 5 gekehrten Seite. Nennen wir diese Seite die anodische, so ergiebt sich die Regel, dass angewachsene Suturblättchen, wenn sie eine hinreichende Grösse haben, dem Rücken des drittnächsten Blattes anodisch von dessen Mediane aufsitzen. Ich habe auf diese Lage in sehr zahlreichen Fällen, sowohl an ausgewachsenen Stämmen als auf Serien von Mikrotomschnitten durch wachsende Gipfel tordirter Stengel geachtet und keine Ausnahme von dieser Regel gefunden. Auch kehren die angewachsenen Suturblätter ausnahmslos ihren Rücken dem Stengel und dem Tragblatte zu.

Die Verwachsung ist eine congenitale: die später verwachsenen Theile treten als solche aus dem Vegetationskegel heraus. Die Untersuchung jugendlicher Zustände lehrt also in dieser Hinsicht nicht mehr als das Studium ausgewachsener Blätter. Doch hat sie in anderer Rücksicht einen wesentlichen Vorzug.

Denn die Anlage der Blätter und somit auch jene der Suturblätter findet vor dem Anfange der Torsion statt; in der Jugend sehen wir also wie sie sich ohne deren Einfluss verhält. Die Verwachsungslinie steht einfach der Achse des Stengels parallel, das Blättchen steigt an diesem senkrecht auf. Ich beobachtete dieses sowohl auf Mikrotomschnitten als an ganzen Stengelgipfeln, an denen ich die jüngsten angewachsenen Suturblättchen mit dem unbewaffneten Auge in jener Region finden konnte, wo die Torsion noch nicht angefangen hatte.

Durch die Torsion werden die Rippen des Stengels schiefgestellt und spiralig gedreht. Ein angewachsenes Suturblättchen ist mit einem solchen Rippen der ganzen Länge nach verbunden, es erfährt somit dieselbe Drehung und geht dadurch in jenen Stand über, welchen es in der zuerst erwähnten Figur (Taf. VII, Fig. 3 u^{IV}) zeigt. Es ist dies eine nothwendige und erfahrungsgemäss stets zutreffende Folge der Torsion.

Die beiden Blätter, zwischen denen das Suturblatt steht (z. B. 1 u. 2 in Fig. 3 A auf Taf. IV) sind stets mit ihren Flügeln gerade so verwachsen, als ob kein überzähliges Blättchen vorhanden wäre. Die Flügel des angewachsenen Suturblattes laufen an der betreffenden Stelle bis an die Hauptspirale herab, endigen hier aber ohne Anschluss. Eine Suturknospe fand ich an ihnen bis jetzt nie.

Die angewachsenen Suturblätter erreichten nur in wenigen Fällen die nächstobere Windung der Hauptspirale nicht. Es mag dieses damit zusammenhängen, dass die später so bedeutende Entfernung der benachbarten Windungen am Vegetationskegel nahezu fehlt. Ich beobachtete den fraglichen Fall einmal an einem erwachsenen Stamme und einige Male an Serien von Mikrotomschnitten. Bisweilen erreichte die Verwachsungsstrecke mehr, bisweilen aber auch weniger als die halbe Entfernung der beiden Windungen der Blattspirale.

Meist sind die angewachsenen Suturblätter wenigstens mit der Basis des drittoberen Blattes verwachsen, wie in Fig. 3 bei u^{IV} auf Taf. VII. Sehr häufig erreichen sie die Hälfte oder mehr auf diesem Blatte und sind dann grosse, dem Auge sofort auffallende Gebilde, welche man auf dem ersten Blick für Verdoppelungen des betreffenden Blattes nehmen würde. Ihre Spitze ist wohl stets auf grösserer oder geringerer Länge frei. Ein einziges angewachsenes Suturblatt fand ich zweispitzig.

Die grossen Suturblätter haben stets einen dicken Mittelnerv und auch sonst einen ganz ähnlichen Bau wie die normalen Blätter. Die Art und Weise ihrer Verwachsung habe ich in den Mikrotomschnitten Fig. 1 A—D und Fig. 2 auf Taf. IV abgebildet. In Fig. 1 sieht man dieses Organ bei *s* in verschiedenen Höhen getroffen, und zwar in Fig. 1 A dicht unterhalb seines Gipfels in einem Schnitte, welcher 2,8 mm oberhalb des Vegetationspunktes lag. Der Schnitt Fig. 1 B lag um 0,6 mm tiefer als der erstere, dementsprechend erscheint der Nerv dicker, die Spreite breiter. Auch erkennt man, dass das Blättchen sich zwischen beiden Ebenen gedreht hat, indem es, wohl geotropisch, sich in seiner freien Spitze mit der Oberseite nach dem Stengel zugekehrt hat. Noch 1,0 mm tiefer, in der Ebene von Fig. 1 C, war die Verwachsung mit dem Tragblatte 4 getroffen. Die beiden Mittelnerven sind vereinigt, und zwar anodisch von der Medianebene des Blattes 4. Der letzte Schnitt, 1,6 mm tiefer als C, trifft das Suturblatt unterhalb des Blattes 4, wo es also mit dem Stengel verwachsen ist (Fig. 1 D); man erkennt noch den Mittelnerv und die beiden herablaufenden, verhältnissmässig schmalen Flügel.

Die Blätterspirale in Fig. 1 ist rechtsgedreht; einen ähnlichen Fall in einer linksgedrehten Spirale bietet uns die Fig. 2.

Fig. 3 auf Taf. IV zeigt uns Querschnitte eines wachsenden Gipfels eines tordirenden Stammes und in diesem ein kleines Suturblättchen (*s*), welches nun dem Stengel bis an die Basis des nächstoberen Blattes angewachsen ist. Die obere Grenze der Verwachsung beobachtete ich 0,2 mm unterhalb der Basis des Blattes 4; der Schnitt B ist etwas höher, der Schnitt A nahe an der Spitze des Suturblättchens gewählt.

In Fig. 4 sehen wir zwei Suturblätter, *s* und *s'*. Der Schnitt lag 1,8 mm unterhalb des Vegetationspunktes. Noch 2 mm tiefer war *s* mit Blatt 3 verwachsen, und erst 0,5 mm weiter abwärts traf ich, etwas (0,2 mm) unterhalb der Insertion des Blattes 6, die Verwachsung des Blättchens *s'* mit dem Stengel. Dieses war also mit dem Blatte 6 selbst nicht verbunden.

Endlich ist in Fig. 14 auf derselben Tafel bei *s* ein Suturblättchen abgebildet, welches nur eine sehr kurze Strecke hinauf dem Stengel angewachsen war. Es ist kurz oberhalb dieser Stelle und verhältnissmässig weit unterhalb des nächstoberen Blattes (dem die Nummer 4 zukommen würde) getroffen.

Ich habe in meinen Serien von Mikrotomschnitten für sechs verschiedene Suturblätter den Winkel der beiden Nachbarblätter gemessen und diesen verglichen mit dem mittleren Winkel, berechnet aus der Blattstellung von meist 8—10 aufeinanderfolgenden Blättern. Ich fand in einem Falle den ersteren Winkel etwas grösser, in einem anderen etwas kleiner (145° und 130°), meist aber hinreichend genau mit dem mittleren Blattwinkel übereinstimmend (135°—140°). Es geht hieraus hervor, dass die Suturblätter auf die Blattstellung in der Hauptspirale keinen wesentlichen Einfluss haben.

Ich verlasse jetzt die tordirten Hauptstämme, um noch ein Beispiel einer ähnlichen Bildung zu beschreiben, welches ich an einem Seitenzweige ohne Torsion beobachtete. Ich meine den in Fig. 4 auf Taf. V abgebildeten Fall. Es ist ein Stück eines Zweiges mit zwei Stengelknoten, deren unterer *a c* zwei normale Blätter trug, während der obere *d e* drei auf ungleicher Höhe eingepflanzte hatte. Das in der Figur hintere Blatt (2) des Knotens *a c* ist durch einen langausgezogenen Flügel *c d* mit dem unteren (3) des Knotens *d* verbunden, ebenso ist das höchste Blatt (5) dieses Knotens mit dem nächstfolgenden vereinigt, doch ist dieses in der Figur nur theilweise sichtbar. Hauptsache ist für uns aber jetzt das Blättchen *b*, welches dem ganzen Internodium *c d* angewachsen ist, mit seiner Spitze aber frei absteht. Es dreht dem Zweige seinen Rücken zu. Seine beiden Flügel laufen am Internodium bis *a* hinab und treffen hier auf die Sutur zwischen den beiden dortigen Blättern (1 u. 2), welche, wie wir sahen, nur auf dieser Seite mit einander verbunden sind. Es verhält sich also genau wie die angewachsenen Suturblätter der tordirenden Hauptstämme. Ich vermuthe für die fünf Blätter der beiden Knoten *a c* und *d* eine ursprüngliche Anlage nach $^5/_{13}$, mit späterer Zerreissung der Spirale und Zwischenschiebung des ringsherum gleichmässig gestreckten Internodiums *c d*. Diese Vermuthung findet ihre Bestätigung in dem Umstande, dass das Blättchen 6, welches auf der Sutur zwischen den Blättern 1 u. 2 eingepflanzt ist, dem Rücken des Blattes 4 und zwar anodisch von dessen Mediane angewachsen ist. Es folgt also in jeder Hinsicht den oben für die Suturblättchen der tordirten Stämme gegebenen Regeln (vergl. z. B. Fig. 3 auf Taf. IV).

Zuletzt sei hier an ein Paar Abbildungen von adhärirenden Blättern erinnert[1]), welche anscheinend nach einem anderen Principe

1) Vergl. Abschn. IV, § 3, S. 49—50.

verwachsen sind, zu deren genauer Untersuchung mein Material aber bis jetzt noch nicht reichlich genug war.

Taf. VI, Fig. 7 zeigt uns den ersteren Fall. Der Knoten *a* trug zwei opponirte Blätter 1 u. 2 und das Blatt *o*, welches mit seinem Rücken dem Rücken des Blattes 3 angewachsen war. Vielleicht ist *o* nur als ein Flügel von Blatt 2 aufzufassen. Das Blatt 3 haben wir früher als zweibeinig kennen gelernt, es führt auf die Zwangsdrehung *c e* hinüber.

Taf. VI, Fig. 1 enthält eine ähnliche Erscheinung. Das Blättchen 4 ist aber mit seiner Bauchseite der Bauchseite des Blattes 3 angewachsen. Blatt 4 ist zweibeinig und steht wie in Fig. 7 zwischen einem fast normalen Blattquirl und einer kleinen Zwangsspirale, welche hier gleichfalls links gedreht ist. Es scheint somit, dass das Blatt 4 mit dem nächstunteren Blatt (3) verwachsen ist und dass damit die bauchständige Vereinigung zusammenhängt.

Siebenter Abschnitt.

Sonstige Bildungsabweichungen der Rasse.

§ 1. Gespaltene Blätter und Achseltriebe.

Gespaltene Blätter bilden in meiner Cultur von Dipsacus silvestris torsus eine ganz gewöhnliche Abweichung. Sie waren schon im ersten Jahre, als ich die Stammeltern der jetzigen Rasse auffand, an den decussirt-blättrigen Exemplaren desselben Beetes nicht selten und sind seitdem jährlich beobachtet worden. Aber bis jetzt fast nur im zweiten Lebensjahre des Individuums am sich streckenden Stamm und seinen Zweigen.

Am häufigsten sind sie stets am Hauptstamm und den kräftigen Seitenzweigen zweizähliger Individuen gewesen. Im Sommer 1889 habe ich 13 Atavisten bis kurze Zeit vor der Blüthe auf dem Felde stehen gelassen, sie trugen an ihrem Hauptstamm sämmtlich gespaltene Blätter und zwar von vier bis acht pro Individuum, zusammen mehr als 80. Die meisten dieser Blätter waren zweispitzig, andere dreispaltig, meist war auf einem Knoten nur ein Blatt gespalten, nicht selten aber auch beide. Alle Grade von Spaltung waren vorhanden. Nur die oberen Hälften der etwa anderthalb Meter hohen Stämme trugen diese Abweichungen.

Auch die früher erwähnten Versuche, in denen ich im Mai oder Anfang Juni die atavistischen Exemplare dicht über der Wurzel abschnitt, und in denen sie demzufolge zahlreiche, über meterhohe Triebe aus den Achseln der Wurzelblätter bildeten, lieferten reichliches Material von gespaltenen Blättern. Die Ernte von 1887 lieferte z. B. 40 solche Organe, jene von 1889 noch mehr.

Auch an den sonstigen Seitenzweigen der zweizähligen Exemplare wurden gespaltene Blätter vielfach beobachtet.

An dreizähligen Individuen sah ich bis jetzt am Hauptstamm nie gespaltene Blätter, obwohl ich zahlreiche Stämme, namentlich in 1889 und 1890 genau darauf prüfte. Dagegen sind ihre Achseltriebe zwar meist zweizählig, häufig aber auch dreizählig und mit vielen Uebergängen. Ganz allmählich führten hier gespaltene Blätter zu drei- oder vierblättrigen Quirlen, je nachdem ein oder beide Blätter eines Paares gespalten waren.

An tordirten Hauptstämmen waren gespaltene Blätter bis jetzt sehr selten. In 1889 sah ich sie an meinen sehr zahlreichen Exemplaren gar nicht, in 1890 an zwei Pflanzen je eins. Das eine war bis zur Hälfte, das andere vom Gipfel herab über etwa 3 cm gespalten. Die Achseltriebe tordirter Individuen sind dagegen reich an zweigipfligen Blättern.

Beispiele von solchen Abweichungen habe ich auf Taf. VIII in Fig. 5 u. 6 abgebildet. Fig. 5 zeigt an den beiden unteren Knoten je ein zweispitziges Blatt, das untere ziemlich tief, das obere weniger tief gespalten. Fig. 6 zeigt sie an allen Knoten des Stammes, am mittleren mit sehr geringer, die beiden anderen mit ziemlich tiefer Spaltung. Auch sieht man hier wie die Seitenzweige theils zwei-, theils dreiblättrige Quirle tragen.

Delpino hat in seiner Teoria generale della Fillotarsi eine vollständige Reihe von Blattspaltungen in allen Graden abgebildet[1]. Ich besitze in meinem Material von Dipsacus die vollständigsten Beispiele zu dem von ihm gegebenen Schema, achte es aber überflüssig, dieses noch weiter zu beschreiben.

Das erwähnte Schema Delpino's führt vom zweiblättrigen zum dreiblättrigen Quirl ganz allmählich über, erstreckt sich aber auch auf die Achselknospen. Auch diese können mehr oder weniger tief

1) S. 206, Taf. IX, Fig. 60.

oder auch vollständig gespalten sein. Auch davon lieferten mir meine Kardenpflanzen ein sehr vollständiges Material, aus welchem die wichtigsten Stufen in den erwähnten Fig. 5 u. 6 der Taf. VIII zu erkennen sind. Fig. 6 zeigt links oben, in der Achsel eines gespaltenen Blattes, einen Spross mit gespaltenem Blüthenköpfchen, links unten aber, gleichfalls von einem zweigipfligen Blatt getragen, einen Trieb, der bis auf wenige Centimeter über seiner Basis verdoppelt war. Das untere Ende war breit und beiderseits von einer Rinne überzogen, welche von dem Grunde bis zur Spaltung führte. In Fig. 5 trägt das zweispitzige Blatt des mittleren Knotens einen verbreiterten Achselspross von genau derselben Ausbildung wie der zuletzt beschriebene, mit der einzigen Ausnahme, dass die Spaltung sich nur über wenig mehr als die Hälfte erstreckt.

Zahlreiche Zwischenstufen zwischen diesen drei Beispielen habe ich auf vielen anderen Individuen in verschiedenen Jahren gesammelt.

Bisweilen führt ein zweispitziges Blatt zwei getrennte Achselknospen, und dieses kommt sowohl bei tief- als bei nur wenig tiefgespaltenen Blättern vor. Die in geringerer oder grösserer Höhe gespaltenen Achseltriebe pflegen von ihrer Basis an flach und von fast doppelter Breite zu sein, diese Breite bleibt dann bis zur Spaltung dieselbe. Die Blattquirle auf dem verbreiterten Theil sind häufig mehrgliedrig, nicht selten bis sechsblättrig.

In geringeren Graden der Spaltung ist nur das Köpfchen getroffen, und auch von diesem Fall habe ich eine Reihe von Stufen geerntet. Köpfchen mit querem, kammförmigem, über 2 cm breitem Gipfel, im Ganzen also von keilförmigem Längsschnitt, wie z. B. in Fig. 2 auf Taf. VIII, andere dreieckig mit etwas eingedrückter oberer Seite, also fast zweispitzig, weitergehende Spaltungen bis zur Hälfte oder fast bis zum Grunde des Köpfchens (Fig. 6), zwei Köpfchen in einem Involucrum und endlich zwei Köpfchen mit getrenntem Involucrum auf der Spitze eines fast nicht gespaltenen Stieles.

§ 2. Becherbildung.

An meiner Rasse kommen sowohl ein- als zweiblättrige (mono- und diphylle) Becher vor. Erstere sind selten, letztere, wie aus der normalen Verwachsung der Blattflügel sich erwarten lässt, verhältnissmässig häufig.

Von monophyllen Bechern habe ich zwei Beispiele zu erwähnen, welche auf Taf. VIII in Fig. 3 u. 4 abgebildet sind. Das Exemplar Fig. 4 wurde Ende Juli 1889 gefunden an einem aus der Achsel eines Wurzelblattes hervorgewachsenen über Meter langen Zweig eines atavistischen Individuums, dessen Stamm im Juni dicht am Boden abgeschnitten worden war. Der Zweig war über seiner ganzen Länge normal decussirt, trug aber an einem der mittleren Knoten nur ein Blatt *(d)*, welchem gegenüber der kleine Becher *c* eingepflanzt war. Dieser sass auf langem Stiel, der seine Natur als Mittelrippe an den zahlreichen kleinen nach unten gerichteten Dornchen erkennen liess. Im Becher entsprach die Innenseite der Oberseite eines normalen Blattes.

Der Stiel war etwas unterhalb des Knotens mit dem Stengel verbunden und zwar in *b*, statt in *a*. Von *b* bis *a* sah ich aber eine Risslinie; der Becher war also in der Jugend am Knoten selbst eingepflanzt gewesen und später bis *b* abgerissen.

Viel grösser war der auf derselben Tafel in Fig. 3 in halber natürlicher Grösse dargestellte monophylle Becher, welcher an einem ähnlichen Zweige im Aufschlag der abgeschnittenen Atavisten Ende Juli 1889 gefunden wurde. Der Zweig *p c* trug am Knoten *q* zwei Blätter mit den beiden Achselknospen *d* und *e*. Dann ein gestautes Internodium und an dessen Knoten nur ein Blatt mit einer einzigen Spitze. Es war am Grunde mit seinen beiden schmalen Flügeln derart um die junge Endknospe herumgewachsen, dass diese, um sich zu befreien, den Becher seitlich aufreissen musste. Man sieht den Riss von *b* bis *a*, der hervorgebrochene Gipfeltrieb ist in *c* abgeschnitten. Dieses seitliche Aufreissen ist übrigens bei den jetzt zu besprechenden diphyllen Bechern eine ganz gewöhnliche Erscheinung.

Diphylle Becher waren sehr häufig im Aufschlag der atavistischen, im Juni 1887 und 1889 dicht am Boden abgeschnittenen Individuen. Sie bilden fast stets das untere Blattpaar der neuen Triebe. Sie unterscheiden sich von normalen Blattpaaren zunächst durch ihre Form, denn sie sind unten röhren-, oben trichterförmig. Ich habe solche Fälle in meiner vorläufigen Mittheilung in Fig. 3 u. 4[1]) und auf der beifolgenden Taf. VI in Fig. 4 abgebildet. In

1) Ber. d. d. bot. Gesellsch. Bd. VII, Taf. XI.

der zweitgenannten Figur tritt die Endknospe aus der Oeffnung des Trichters hervor, in der letztgenannten aber befreit sie sich seitlich mittelst eines Risses. Beides kommt sehr häufig vor.

Alle denkbaren Uebergänge leiten von diesen Becherbildungen zu den normalen Blattpaaren hinüber. Aber auch mit dem einblättrigen Becher Fig. 3 auf Taf. VIII sind sie durch Zwischenstufen verbunden, in denen die Mittelnerven der beiden Blätter mehr oder weniger hoch verschmolzen sind. Der Becher ist dann einnervig, aber zweispitzig. Oft aber auch einnervig und drei- oder gar vierspitzig. Denkt man sich die Verwachsung der beiden Mittelnerven bis zur Spitze vollkommen, so hätten wir einen dem erwähnten ähnlichen einblättrigen Becher.

Die Uebergänge von den Bechern zum normalen Blattpaare zeigten sich durch geringere Ausbildung bis zum völligen Mangeln des Trichtertheiles aus. Auch diese sind häufig drei- oder vierspitzig, die beiden Blätter mehr oder weniger tief getrennt.

Auch dreizählige und tordirte Exemplare entwickeln solche Gebilde an den Achselzweigen ihrer unteren Blätter, was ich auch im Frühjahr 1890 beobachtet habe. Einmal fand ich auch eins der ersten Blattpaare einer jungen Keimpflanze zu einem trichterförmigen, zweiblättrigen Becher umgebildet.

Die Achseltriebe dieser diphyllen Ascidien sind ganz gewöhnlich monströs; ich habe sie durch Abschneiden des Zweiges dicht oberhalb des Bechers zahlreich zur Entwickelung gebracht. Ihre Missbildungen sind im Allgemeinen dieselben wie die der oben (Abschn. VI, § 1) besprochenen collateralen Achselknospen und Suturknospen. Seitliche Verbreiterung der Basis, welche sich mehr oder weniger hoch erstreckt, mehrgliedrige Blattquirle, Spaltung des Zweiges in zwei runde oder flache Theile, oben verbreiterte, im Längsschnitt keilförmige Blüthenköpfchen u. s. w. Man kann sich in dieser Weise, durch das Abschneiden der Stämme und Zweige, eine ganze Demonstrationssammlung von Verwachsungen, Spaltungen und echten Fasciationen herstellen.

Aus dieser ganzen Reihe erwähne ich nur folgenden Fall. Ein Achselzweig eines diphyllen Bechers war am Grunde rund, nach oben verbreitert und dann, gerade in der Höhe eines Knotens, gespalten. Der Knoten trug zwei getrennte Blattquirle, von denen je ein Blatt genau in der Gabelung des Sprosses stand. Diese beiden Blätter waren bis dicht an ihren Spitzen mit dem Rücken ihrer Mittelnerven mit einander verwachsen; die vier halben Blattspreiten standen von dieser Säule in Form eines X ab. Dieses merkwürdige Vorkommniss rücklings verwachsener Blätter in der Gabelung gespaltener Zweige habe ich auch bei Robinia Pseud-Acacia und bei Evonymus japonicus beobachtet.

II. Theil.

Untersuchungen über die verschiedenen Typen der Zwangsdrehungen im Sinne Braun's.

Erster Abschnitt.

Uebersicht und Methode.

§ 1. Einleitung.

Im Jahre 1854 hat Braun jene auffallenden Torsionen, welche bei vielen Pflanzen eintreten, wenn die normalpaarige oder quirlständige Anordnung der Blätter in eine spiralige übergeht, unter dem Namen Zwangsdrehung zusammengefasst und den übrigen Verdrehungen gegenübergestellt[1]). Ob der Name von ihm selbst für diese Gruppe gebildet worden ist, habe ich leider nicht ermitteln können. In demselben Jahre aber wurde das Wort von Schimper in einer viel weiteren Bedeutung benutzt. Denn in einer kurzen Aufzählung von Beispielen von Zwangsdrehung (biastrepsis) nennt er nicht nur die typischen und allbekannten Fälle von Galium und Dipsacus, sondern auch Heracleum Sphondylium[2]), welche keine decussirte oder quirlige Blätter hat und somit wohl keine eigentliche Zwangsdrehung im Sinne Braun's gebildet haben wird.

Seitdem sind die Meinungen der Autoren über die Anwendung des Namens verschieden geblieben. Magnus und viele Andere benutzen das Wort in dem weiteren Sinne Schimper's, Penzig in seiner neuen Pflanzenteratologie (I, S. XX) betont, dass es wünschens-

1) Bericht über die Verb. d. k. preuss. Acad. d. Wiss., Berlin 1854, S. 440.

2) Flora 1854, S. 75.

werth wäre, den Ausdruck auf die von Braun gewollten Fälle zu beschränken, und ihn so von der viel häufigeren Torsion einzelner Internodien zu unterscheiden.

Ich schliesse mich in der vorliegenden Abhandlung der letzteren Auffassung an, namentlich auch, weil durch die Benutzung des Wortes in der weiteren Bedeutung die Angaben der Autoren oft unverständlich sind. So z. B. bezieht sich die Angabe von Bennet über Dianthus barbatus, welche mehrfach zu den Zwangsdrehungen im Sinne Braun's gestellt wird, dem Wortlaute der Beschreibung nach auf eine Torsion ohne Aenderung der Blattstellung[1]). Wenn ich also von Zwangsdrehungen spreche, so meine ich stets die der Braun'schen Gruppe zugehörigen, sonst werde ich die Bezeichnung einfache Torsion oder Verdrehung benutzen.

Bei den älteren Autoren war die Verwirrung eine noch grössere, da hier oft nicht zwischen Fasciation und Torsion unterschieden wurde, und die Folgen dieser Verwechselung sind auch bei einigen neueren Schriftstellern merklich. Ich werde aus diesem Grunde manche Erscheinungen erwähnen müssen, welche nach unseren jetzigen Begriffen ziemlich weit von den echten Zwangsdrehungen entfernt sind. Diese werde ich aber alle im letzten Haupttheile dieser Abhandlung zusammenstellen.

Auch Schraubenwindungen werden nicht selten mit echten Torsionen zusammengeworfen.

Diese Sachlage hat, wie erwähnt, zur Folge, dass kurze Angaben über die betreffenden Monstrositäten meist unverständlich sind, und dass es häufig sogar aus ausführlichen Beschreibungen nicht gelingt zu erkennen, welcher Fall gemeint ist. Listen von tordirten Pflanzen, welche nur deren Namen angeben, sind aus den erwähnten Gründen völlig unbrauchbar[2]).

Eine weitere schädliche Folge der herrschenden Verwirrung ist die Schwierigkeit, welche sie einer klaren Einsicht in die Ursachen der verschiedenen Torsionen entgegenstellt. Auch aus diesem Grunde glaube ich hier eine möglichst vollständige Uebersicht aller hierhergehörigen oder doch von verschiedenen Forschern hierhergestellten

---

1) Gard. Chron. 1883, I, S. 625 und Bot. Jahresber. XI, I, S. 446. Vergleiche auch Penzig, Pflanzenteratologie I, S. 290.

2) So z. B. leider die Liste in Masters' Vegetable Teratology, S. 325, vergl. z. B. S. 90 Note 1 der vorliegenden Abhandlung.

Beobachtungen über gedrehte Pflanzentheile geben zu sollen. Dabei ist es aber durchaus nothwendig, schon von vornherein die einzelnen Gruppen möglichst scharf aus einander zu halten. Ich unterscheide daher zunächst drei Fälle:

1. Krümmungen in flacher Ebene;
2. Schraubenwindungen, bei denen die Achse des Organes in einer Schraubenlinie gedreht ist;
3. Torsionen, bei welchen die Achse des Organes gerade bleibt, und von den Längsstreifen der Oberfläche in Schraubenlinien umwunden wird.

Die Torsionen aber zerfallen wiederum in zwei Gruppen:

1. Die Zwangsdrehungen, welche nach Braun eine mechanische Folge der Verwachsung sämmtlicher Blätter eines Stengelabschnittes zu einer zusammenhängenden Spirale sind und welche namentlich dann eintreten, wenn die paarige oder quirlständige Anordnung der Blätter in eine spiralige übergeht;
2. die einfachen Torsionen, denen obige Blätterklemme fehlt. Sie sind wahrscheinlich bedingt durch ein bedeutendes oder länger anhaltendes Längenwachsthum der peripherischen Gewebe in Bezug auf das Mark.

Es ist bekanntlich das Verdienst Braun's, eine vollständige und einfache Erklärung der Zwangsdrehung gegeben und die betreffenden Fälle scharf aus der Menge der übrigen Torsionen hervorgehoben zu haben[1]). Und dass seine Erklärung auf die sonstigen, von anderen Forschern gleichfalls Zwangsdrehung genannten Fälle sich nicht anwenden lässt, ist zu wiederholten Malen von Magnus betont worden[2]).

Aber die Grenzen der beiden Gruppen zu ziehen, und den einzelnen bekannten Missbildungen ihren Platz in ihnen anzuweisen, wurde bis jetzt noch nicht versucht. Es lässt sich dieses nur erreichen durch eine möglichst vollständige Liste aller, auf terato-

---

1) A. Braun in Bericht üb. d. Verhandl. d. k. preuss. Akad. d. Wiss. Berlin 1854, S. 440.

2) P. Magnus, Sitzungsber. d. bot. Vereins d. Provinz Brandenburg XIX, 1877, S. 117 und Verhandlungen d. bot. V. Brandenb. XXI, 1879, S. VI.

logischem Gebiete beschriebenen Zwangsdrehungen und einfachen Torsionen. Ich habe daher aus der mir zugänglichen Literatur eine solche Uebersicht zusammenzustellen versucht[1]).

§ 2. Uebersicht der möglichen Fälle.

Die Braun'schen Zwangsdrehungen sind dadurch ausgezeichnet, dass die Blätter auf einer kürzeren oder längeren Strecke des Stengels zu einem einzigen zusammenhängenden spiraligen Bande vereinigt sind. Die Drehung der Achse ist auf diesen Abschnitt beschränkt; wo die Blattstellung wiederum die normale wird, hört auch die Drehung auf.

Da nun ein solches Band in sehr verschiedener Weise entstehen kann, so sind auch verschiedene Typen von Zwangsdrehungen denkbar.

Zunächst kann die decussirte Blattstellung in zweierlei Weisen in die spiralige übergehen. Erstens dadurch, dass durch sogenannte zufällige Variation die Anordnung sprungweise durch eine rein spiralige, nach einer der bekannten Formeln ersetzt wird. Die Glieder der sogenannten Hauptreihe $^2/_5$, $^3/_8$, $^5/_{13}$ u. s. w. kommen dabei zunächst in Betracht. Von Braun scheint für die decussirten Pflanzen nur diese Möglichkeit berücksichtigt zu sein.

Dieser Fall lässt sich zweckmässig in zwei Typen zerlegen, je nachdem das Spiralband der Blätter wenig oder bedeutend gedehnt wird, während die Achse sich dreht. Denn je geringer die Dehnbarkeit des Bandes, um so kräftiger wird die Torsion, um so auffallender die Aufbauchung des Stengels.

Die Decussation kann aber auch in anderer Weise zur spiraligen Anordnung leiten, wie von Delpino in seiner Teoria della Fillotassi ausführlich dargethan wurde. Es geschieht solches durch einfache Verschiebung der Blätter parallel der Achse des sie tragenden Sprosses. Die Blattpaare werden dadurch „aufgelöst". In der Horizontalprojection bleibt die Decussation erhalten; auf dem Stengel stehen die Blätter aber spiralig. Diese Verschiebung ist an variirenden Individuen keineswegs selten, die Blätter bleiben in der genetischen Spirale und behalten ihre ursprünglichen Divergenzen. Weiteres hierüber im nächsten Paragraphen.

---

1) Vergl. die beiden letzten Hauptheile dieser Abhandlung.

Auf die Möglichkeit dieses Vorganges als Ursache von Zwangsdrehungen hat Suringar hingewiesen; Beispiele dazu scheinen aber in der Literatur nicht beschrieben zu sein[1]).

Die Arten mit normal-wirteliger Blattstellung bilden einen weiteren Typus, vielleicht sogar zwei verschiedene, je nach der Art und Weise in der die Wirtel in die Spirale übergehen. Ich hatte aber nicht die Gelegenheit, die Gattungen Equisetum, Casuarina und Hippuris zu untersuchen und muss mich auf einen einzelnen Fall, Lupinus luteus, beschränken.

Diesen Fällen schliessen sich nun noch zwei ganz andere Möglichkeiten an. Erstens kann ein einzelnes Blatt durch sogenanntes Dédoublement in ein kleines, zweiblättriges Band verändert werden. Und wenn dabei diese beiden Theile parallel der Achse des Stengels auseinandergeschoben werden, so kann das Band als eine Hemmung auf das Längenwachsthum der Achse an dieser Stelle wirken und eine locale Torsion verursachen. Ich beobachtete diesen Fall namentlich an Crepis biennis, und werde ihn als besonderen Typus beschreiben und uneigentliche Zwangsdrehung nennen.

Zweitens kann uneigentliche Zwangsdrehung durch seitliche Verwachsung zweier oder mehrerer benachbarter Blätter bei normal-spiraliger Blattstellung entstehen. Die Mechanik ist dann dieselbe wie im vorigen Falle, die tordirte Strecke gleichfalls nur klein. Ich beobachtete dieses nur einmal, nämlich beim Buchweizen.

Dieser Auseinandersetzung gemäss komme ich zur Aufstellung der folgenden Typen. Jeder Nummer füge ich die von mir untersuchten Species bei:

---

1) Vergl. Suringar in seiner Abhandlung über Valeriana officinalis (Ned. Kr. Arch. Bd. I, S. 327). Zur Entscheidung zwischen den beiden im Text erwähnten Möglichkeiten führt der letztgenannte Forscher eine Beobachtung von Duchartre (Ann. Sc. nat. Bot., 3. Serie, T. I, p. 293) an, nach welcher bei Galium aus dem Verlauf der Riefen im tordirten Stengel auf eine ursprünglich decussirte Anordnung mit longitudinaler Verschiebung der Blatter, somit mit Auflösung der Blattpaare zu schliessen wäre. Eine abnliche Angabe findet sich auch bei Masters für Dipsacus. In beiden Fällen haben die Beobachter sich auf die Wahrnehmung des ungefähren Laufes der Riefen über eine Windung beschränkt; hätten sie sie über wenigstens zwei Windungen verfolgt, so wäre ihnen der wahre Sachverhalt nicht entgangen. Dieses geht wohl aus meiner später mitzutheilenden Untersuchung der von Suringar beschriebenen Valeriana hervor (vergl. den zweiten Abschnitt dieses Theiles).

A. Eigentliche Zwangsdrehungen. An Arten, deren Blätter in normalen Individuen decussirt oder wirtelig gestellt sind.

A′. Durch Aenderung der Divergenz.

1. Typus: Dipsacus. Blattstellung $^2/_5$ u. s. w. Spirale wenig gedehnt. Valeriana officinalis, Rubia tinctorum.

2. Typus: Weigelia. Blattstellung $^2/_5$ u. s. w. Spirale stark gedehnt, Achse nicht auffallend dicker als normal. Weigelia amabilis, Deutzia scabra.

3. Typus: Lupinus. Blattwirtel in eine Spirale verändert. Lupinus luteus.

A″. Ohne Aenderung der Divergenz, durch longitudinale Verschiebung.

4. Typus: Urtica. Spirale entstanden durch Auflösung der Blattpaare. Divergenzen $^1/_2$-$^1/_4$-$^1/_2$-$^3/_4$. Urtica urens, Lonicera tatarica, Dianthus Caryophyllus.

B. Uneigentliche Zwangsdrehungen. Arten mit zerstreuten Blättern.

5. Typus: Crepis. Blattklemme durch Dédoublement entstanden. Crepis biennis, Genista tinctoria.

6. Typus: Fagopyrum. Blattklemme durch Verwachsung normal-spiraliger Blätter entstanden. Polygonum Fagopyrum.

§ 3. Ueber das Variiren der decussirten Blattstellung.

Eine grosse Schwierigkeit, welche viele Forscher davon zurückgehalten hat, die Braun'sche Erklärung der Zwangsdrehung als richtig zu erkennen, ist die dabei nothwendige Annahme einer durch sogenannte zufällige Variation aufgetretenen Ersetzung der decussirten Blattstellung durch eine spiralige. Die Thatsache, dass die Blätter am erwachsenen Object in einer Spirale angeordnet sind, schien ihnen einer ganz anderen Erklärung zu bedürfen.

Die Annahme Brauns ruhte allerdings nicht auf directer Beobachtung. Dafür aber stand dem grossen Morphologen eine so reiche Kenntniss der Gesetze der Blattstellung zur Verfügung, wie wohl wenigen der seine Theorie bezweifelnden Forscher. Auch hat er eine Reihe von Fällen herbeigezogen, um die Möglichkeit der von ihm angenommenen Variation und der dieser zugeschriebenen Bedeutung für das Zustandekommen von Zwangsdrehungen zu beweisen.

Im ersten Theile dieser Abhandlung haben wir gesehen, dass seine Ansicht für unseren tordirten Dipsacus thatsächlich richtig ist. Es handelt sich also jetzt darum, ihre Berechtigung im Allgemeinen, also auch für die übrigen bekannten Fälle von Zwangsdrehung zu begründen.

Es soll somit in diesem Paragraphen meine Aufgabe sein, zu zeigen, dass der von Braun angenommene sprungweise Uebergang der decussirten Blattstellung in eine spiralige, im Pflanzenreich eine ziemlich allgemeine Erscheinung ist, so allgemein, dass die Annahme ihres Vorkommens bei irgend einer gegebenen Pflanzenart an sich gar nichts Unwahrscheinliches hat.

Variationen der decussirten Blattstellung sind überhaupt keine seltenen Erscheinungen. Ganz allgemein sind an solchen Pflanzen Zweige mit dreigliedrigen, bisweilen sogar mit viergliedrigen Blattwirteln beobachtet worden, wie z. B. bei Weigelia amabilis, aber auch spiralige Blattstellung ist nicht gerade selten.

Diese kann in zweifacher Weise erreicht werden. Entweder kann plötzlich eine $^2/_5$ Stellung, oder irgend eine andere der gewöhnlichen spiraligen Blattstellungen auftreten, wie wir dieses auch bei Dipsacus gesehen haben. Solches pflegt an neuen Zweigen unvermittelt vor sich zu gehen, kann aber auch im Laufe der Entwickelung eines und desselben Sprosses geschehen. Oder die Blattpaare werden einfach aufgelöst, indem zwischen ihre beiden Glieder ein kürzeres oder längeres Internodium eingeschoben wird; die Blattstellung, in der vertikalen Projection betrachtet, bleibt dabei aber ungeändert. Dieser, durch Delpino's maassgebende Untersuchungen gründlich bekannt gewordene Fall ist im Pflanzenreich weit verbreitet, anscheinend allgemeiner als der andere[1]). Er tritt sowohl normal, als teratologisch, vielfach auch subteratologisch auf.

---

1) Dieser Fall, für Dipsacus auf Taf. VII in Fig. 2 abgebildet, führte dort nicht zur Zwangsdrehung.

Beide Fälle führen zu spiraliger Anordnung der Blätter, beide können somit, nach Braun's Theorie, auch zur Zwangsdrehung leiten.[1])

Als Beispiele von Arten mit decussirten Blättern, welche bisweilen auch dreigliedrige Wirtel oder in einer Spirale angeordnete Blätter[2]) haben, nenne ich zunächst, aus Braun's Listen: Myrtus communis ($^{4}/_{11}$), Helianthus tuberosus ($^{2}/_{5}$), Punica Granatum ($^{2}/_{5}$), Cornus sanguinea ($^{2}/_{5}$), Lythrum Salicaria ($^{2}/_{7}$), Phylica buxifolia ($^{2}/_{5}$, $^{2}/_{7}$ und viergliedrige Wirtel) u. s. w.[3])

Als weitere Beispiele von Aesten mit decussirten und bisweilen ternaten und quincuncialen Zweigen führt Delpino Olea europaea und Coriaria myrtifolia an, bei denen namentlich die aus der Stammesbasis hervortreibenden Sprosse vielfach diesen Aenderungen unterliegen, und sie nicht selten an demselben Zweige tragen, Silphium Hornemanni, Ageratum conyzoides, bei welchen auch die $^{3}/_{8}$-Stellung gesehen wurde, Lippia, Lantana, Budleya u. s. w.[4])

An den kräftigen Trieben, welche aus dem Stumpfe einer grossen umgehauenen Esche (Fraxinus excelsior) unweit Hilversum hervorschossen, beobachtete ich gleichfalls, neben den gewöhnlichen ternaten, auch einen mit dreigliedrigen Wirteln, und einige mit quincuncialer Blattstellung. Ihre Internodien waren gerade, wohl ausgebildet und ohne jegliche Torsion.

Blattpaare und Blattwirtel, welche durch einfache Verschiebung der Blätter in einer der Achse des Sprosses parallelen Richtung in Spirale verändert sind, sind nicht selten. Die Erscheinung wurde von Braun bei Banksia verticillata, Veronica sibirica und Helianthus giganteus studirt[5]), und ist an den unteren Stengeltheilen von Lysimachia vulgaris, Convallaria verticillata und vielen anderen Arten eine ganz gewöhnliche Erscheinung. Bei

---

1) Vergl. S. 84 des vorigen Paragraphen.

2) In Klammern gebe ich die übliche Bezeichnung der beobachteten Spirale an.

3) Braun, Ueber die Ordnung der Schuppen am Tannenzapfen, Nov. Act. Phys. med. Ac. C. L. Nat. Cur., T. XV, Par. I, S. 301, 304. Eine lange Liste von Arten mit decussirter Blattstellung, welche gelegentlich dreigliedrige Wirtel haben, vergl. l. c. S. 356 u. 357.

4) Delpino, Teoria generale della Fillotassi 1883, p. 192.

5) Braun, l. c. S. 355.

Atriplex hastata, A. patula, A. littoralis stehen die Blätter am unteren Stengeltheile decussirt, in der Inflorescenz aber vereinzelt, durch Zwischenschiebung von Internodien, ohne seitliche Verschiebung[1]). Für Eucalyptus Globulus u. a. Sp. hat Delpino ausführlich nachgewiesen, wie auch die zerstreuten Blätter der älteren gestieltblättrigen Bäume genau nach demselben Schema angeordnet sind, wie die ungestielten decussirten Blätter der jungen Pflanzen. Diese Entdeckung bestätigt sich auch in teratologischen Fällen. Ich untersuchte z. B. die Zweiglein, welche zahlreich aus einem Stamme hervorbrachen, dessen Krone abgehauen war. Hier fand ich sowohl an Zweigen mit zwei- als an solchen mit dreigliedrigen Wirteln die Blätter der unteren Wirtel nicht selten auseinander geschoben. Uebrigens gehörten diese Zweige sämmtlich dem Typus der jungen Pflanze an.

Aehnliches kommt, wenn auch nicht normal, sondern subteratologisch vor bei Coriaria myrtiflora, Rhamnus, Evonymus, Punica Granatum, Epilobium montanum, Olea europaea und vielen anderen Arten[2]).

Leicht findet man die Erscheinung an der Basis kräftiger Triebe, so sah ich sie z. B. bei Lythrum Salicaria nicht nur an decussaten, sondern auch an ternaten und quaternaten Sprossen, und bei derselben Art ist sie in der Inflorescenz leicht zu beobachten. Nicht selten ist sie auch an Zweigen, welche aus ruhenden Knospen nach dem Beschneiden hervorbrechen; in dieser Weise fand ich sie z. B. bei Syringa persica und Ligustrum vulgare.

§ 4. Abnormal spiralige Blattstellungen ohne Zwangsdrehung.

Eine solche spiralige Anordnung, in der einen oder der anderen Weise verursacht, wird nun keineswegs immer auf das Wachsthum des Stengels einen hemmenden Einfluss üben. Erstens offenbar nicht, wenn die Blätter an ihrer Basis nicht mit einander verwachsen sind, und also der Verschiebung keinen Widerstand leisten. Solches ist in allen den bis jetzt mitgetheilten Beispielen eigentlich ohne Weiteres einleuchtend, ich möchte diesen Satz aber an zwei Fällen,

1) Delpino, l. c. S. 242.
2) Delpino, l. c. S. 243—246.

welche in der Literatur über Torsionen mehrfach citirt worden sind[1]), etwas eingehender behandeln.

Die erste Pflanze ist Lilium Martagon. Kros erhielt dieses Individuum von N. Mulder.[2]) Der Stengel hatte vier Blattwirtel, der untere war normal, der zweite gleichfalls, mit Ausnahme von zwei Blättern, welche ein wenig hinaufgeschoben waren. Der folgende Wirtel war zu einer Schraubenwindung auseinander gezogen, das letzte Blatt stand dabei fast senkrecht oberhalb des ersteren. Der zweite Wirtel war gleichfalls in eine Spirale umgebildet, diese aber viel steiler, dazu wenigblättrig.

Im Juli 1888 beobachtete ich im botanischen Garten zu Amsterdam eine ähnliche Abweichung an einem Individuum derselben Art. Die beiden unteren Wirtel waren je in eine Schraubenwindung umgewandelt, somit an einer Stelle aufgelöst und hier in vertikaler Richtung auseinander geschoben. Auch hatte die Zahl der Blätter bedeutend zugenommen. Der Stamm flachte sich nach oben ab und war in der Inflorescenz bandförmig, breit, die Zahl der Blüthen dadurch stark vergrössert. Da die Blätter an ihrem Grunde nicht unter sich verbunden waren, so hatte die Umwandlung der Wirtel in Spiralumgänge weiter keine Folgen: die gegenseitigen Entfernungen der Blätter waren einfach etwas grösser geworden, der Stengel aber nicht tordirt.

Die zweite Pflanze ist die von G. Vrolik beschriebene und abgebildete durchwachsene Lilie, welche jetzt allgemein käuflich ist als Lilium candidum flore pleno.[3]) Statt der Blüthen trägt sie lange aufrechtwachsende Zweige, welche mit zahllosen weissen Petalen besetzt sind. Diese stehen in spiraliger Anordnung und ziemlich weit von einander entfernt. Es ist bei unseren jetzigen Kenntnissen unbegreiflich, wie dieses und ähnliche Beispiele früher mit den Torsionen zusammengeworfen werden konnten.

---

1) Z. B. von Kros, de Spira S. 75 und von Morren, Bull. Belg. XVIII, S. 31. Beide Arten sind auch in der Liste von Masters l. c. S. 325 aufgeführt.

2) Kros, l. c. S. 95.

3) Gerardus Vrolik, Over een rankvormige ontwikkeling van witte leliebloemen. Verhandl. k. Nederl. v. Instituut Wet. Amsterdam I, 1827, p. 295 bis 301, mit Tafel. Die Originalpräparate dieser Arbeit befinden sich in meiner Sammlung.

Zweitens wird die spiralige Anordnung der Blätter keine Zwangsdrehung herbeiführen können, wenn sie an einem sich nicht streckenden Stengel auftritt.

Als Beispiel für diesen Satz, und somit als eine wichtige Grundlage für seine Theorie der Zwangsdrehung, wurde von Braun die Gattung Pycnophyllum hervorgehoben[1]). Diese südamerikanischen, von Rohrbach bearbeiteten Gewächse boten eine bis dahin einzig dastehende Erscheinung dar.

Rohrbach fand bei Pycnophyllum tetrastichum, P. Lechnerianum und P. bryoides[2]), dass die gewöhnlich decussirt distichen am Grunde verwachsenen Blattpaare der Rosetten sich nicht selten in $^2/_5$ Stellung auflösen, und aus dieser weiter in $^3/_8$ ja bis in $^5/_{13}$ Stellung übergehen. Bei diesem Uebergang in die Spiralstellung sind sie mit ihren membranösen Rändern entsprechend dem kurzen Wege der Spirale verwachsen.

Da die Achse der Rosette sich nicht zu strecken brauchte, hatte diese abnormale Blattstellung und dieses Verwachsen der Blattbasen zu einer ununterbrochenen Spirale weiter keinen Einfluss auf das Wachsthum der Pflanze.

Denkt man sich aber den Fall, dass in einer Rosette von Pycnophyllum die Achse sich zu strecken hätte, so würde sie bei normalen Individuen einfach in einen decussirten Stengel übergehen. Bei spiraliger Verwachsung der Blätter könnte aber die Streckung nur dann stattfinden, wenn sie im Stande wäre, die Blätter von einander loszureissen. Anderenfalls würde die Verlängerung nothwendiger Weise zu einer Entrollung der Blätterspirale und zu einer Einrollung der einzelnen Internodien führen.

Die Heranziehung dieses Beispiels durch Braun hat nun eine vollständige Bestätigung gefunden in meinen Beobachtungen an den einjährigen Individuen meines Dipsacus silvestris torsus. Die Blätter stehen in der Rosette spiralig angeordnet und zwar nach $^5/_{13}$, ihre Basen sind nach dem kurzen Wege verbunden; die Achse der Rosette zeigt keine Spur von Torsion. Sobald aber im zweiten

1) Braun, Bot. Ztg. 1873, S. 31. Rohrbach, Bot. Ztg. 1867, S. 297 und Linnaea, Vol. 36, S. 652 und Vol. 37, S. 214; aus den beiden letzteren Stellen ist für unseren Zweck nur die Berichtigung der Artnamen in der Bot. Ztg. zu entnehmen.

2) Nicht aber bei P. molle, vergl. Note 1.

Sommer der Stengel sich zu strecken anfängt, tritt die Zwangsdrehung ein; sie ist um so kräftiger, je bedeutender das Längenwachsthum der betreffenden Internodien ist.

§ 5. Ueber die Ermittelung der Blattstellung an Pflanzen mit Zwangsdrehung.

An dieser Stelle möchte ich einige Betrachtungen auseinandersetzen, welche es, meiner Meinung nach, in vielen Fällen ermöglichen, noch am ausgewachsenen, tordirten Stengel die ursprüngliche Stellung der Blätter am Vegetationspunkt zu ermitteln. Denn Vegetationspunkte von tordirten Stengeln sind bis jetzt nur von Galium Mollugo durch Klebahn, von Dipsacus silvestris, Rubia tinctorum[1]) und Weigelia amabilis[2]) untersucht worden[3]), und häufig geht ein tordirter Stengel nach oben in einen nicht tordirten Gipfel über.

Ich setze voraus, dass an dem zu untersuchenden Object die Blattinsertionen sich abzählen lassen und dass die Riefen oder sonstige Linien den Lauf der Gefässbündel mit hinreichender Schärfe angeben. Es kommt nun darauf an, zu ermitteln, welchen Lauf diese Blattspuren nach der Hypothese Braun's haben müssen und welchen sie aufweisen würden, im Falle die decussirte Blattstellung am Sprossgipfel erhalten gewesen wäre.

Nehmen wir zunächst Braun's Hypothese. Aus der einfachen Betrachtung einer schematischen Darstellung der $^2/_5$-Blattstellung ergiebt sich, wie Jedermann weiss, dass die mittlere Blattspur des sechsten Blattes ungefähr auf die Mitte des ersten Blattes treffen wird, falls sie parallel mit der Achse verläuft. Sie wird dabei die Blattspirale einmal schneiden und zwar in einer Entfernung von $2^1/_2$ Blattbasis sowohl vom sechsten als vom ersten Blatt abgerechnet. Nehmen wir nun an, dass in der jungen, noch wachsenden und noch

1) Vergl. Kruidkundig Jaarboek Dodonaea 1891, Bd. III.

2) Vergl. den folgenden Abschnitt.

3) Herr Dr. Anton Nestler in Prag hatte während des Druckes der vorliegenden Abhandlung die Freundlichkeit mir brieflich mitzutheilen, dass er einen gedrehten Stengel von Stachys palustris untersucht habe und eine $^2/_5$-Blattstellung an Stelle der decussirten Anordnung habe nachweisen können. Er wird darüber demnächst in der Act. Ac. Caes. Leop. IV C. berichten.

nicht tordirten Spitze des Stengels die Blätter nach $^2/_5$ angeordnet sind und wählen wir eine Riefe des Stengels, welche genau von der Mitte eines Blattes abwärts läuft. Diese Riefe muss dann die soeben für die Blattspur entwickelten Eigenschaften haben. Denken wir uns nun, dass der Stengel während seiner Streckung, aus irgend einem Grunde, tordirt wird, so wird offenbar die Riefe diese Eigenschaften behalten müssen. Ihre Länge kann um das Hundertfache und mehr zunehmen, ihre Richtung kann um fast 90° gedreht werden, aber die morphologischen Orte, an denen sie die beiden nächstunteren Umläufe der Blätterspirale schneidet, sind offenbar einer Aenderung nicht fähig.

Jetzt kommen wir zur decussirten Blattstellung. Nach den ausführlichen Untersuchungen und musterhaften Erörterungen Delpino's lässt sich leicht der Lauf der medianen Blattspuren und Riefen ermitteln[1]). Ich wähle die Fig. 77 auf Taf XII seines Werkes. Es steht hier das fünfte Blatt oberhalb des ersteren. Denn je zwei Blattpaare bilden einen Cyclus und jeder Cyclus fängt auf derselben Seite an. Es gilt dieses sowohl, wenn die Blätter thatsächlich decussirt sind, als auch, wenn die Blattpaare, durch Einschaltung eines kürzeren oder längeren Internodiums, mehr oder weniger aufgelöst sind; im letzteren Fall sieht man die Grundspirale aber ohne Weiteres.

Die Blattspur des fünften Blattes durchsetzt offenbar das nächstuntere Blattpaar, bevor sie an das erste Blatt gelangt. Sie thut dieses zwischen zwei Blättern und an einem Punkte, welcher von ihrem einen Ende um $2^1/_2$, vom anderen aber um $1^1/_2$ Blattinsertionen entfernt ist. Auch hier kann sie diese Eigenschaften, während der Torsion des Stengels, offenbar nicht verlieren, und müssen sich diese, bei der Erforschung der Riefen, ermitteln lassen[2]).

Nach dieser etwas längeren Erörterung spitzt sich unsere Frage nun folgendermaassen zu. Bei $^2/_5$-Blattstellung trifft die mediane Riefe eines Blattes abwärts auf das sechste, bei decussirter Stellung aber auf das fünfte, wenn in beiden Fällen das Blatt, von dem man ausgeht, als erstes bezeichnet wird. In beiden Voraussetzungen

1) F. Delpino, Teoria generale della Fillotassi, Atti della R. Universita di Genova, Vol. IV, Pars. II, 1883.

2) Eingehender werde ich diesen Gegenstand im nächsten Abschnitt § 4 an einem bestimmten Beispiele, der Zwangsdrehung von Urtica urens, schildern.

durchschneidet die mediane Riefe dabei die Blätterspirale einmal, bevor sie dieses Ziel erreicht.

Wir haben jetzt noch die höheren Blattstellungen aus der Reihe zu betrachten. Zunächst $^3/_8$. Die Riefe des ersten Blattes trifft auf das neunte, nachdem sie zweimal die Spirale geschnitten hat. Bei der zweiten Schneidung aber geht sie zwischen dem sechsten und siebenten Blatte durch, kann somit höchstens mit der $^2/_5$-Stellung, nicht aber mit der decussirten verwechselt werden. Jetzt folgt $^5/_{13}$. Die Riefe des ersten Blattes schneidet die Spirale zum zweiten Male zwischen dem sechsten und siebenten Blatte und endet, nach vier Schneidepunkten, am 14. Blatt. Auch sie kann also wohl mit der $^2/_5$ und $^3/_8$-Stellung, nicht aber mit der decussirten verwechselt werden. Aehnliches gilt von den höheren Blattstellungen der Hauptreihe.

Wenn es sich also nicht darum handelt, genau die Blattstellung zu ermitteln, sondern nur zu entscheiden, ob diese eine decussirte oder eine spiralige ist, so reicht es hin, einer Riefe abwärts von einem Blatte zu folgen, bis sie zum zweiten Male die Blätterspirale erreicht. Trifft sie hier das fünfte Blatt, so waren die Blätter ursprünglich decussirt, trifft sie das sechste in seiner Mitte oder ein wenig vorbei seiner Mitte, so war die Anordnung am Vegetationspunkt eine spiralige.

Es ist offenbar jetzt die wichtigste Aufgabe, die Gattung Valeriana in dieser Richtung zu erforschen. Von den Pflanzen mit decussirten Blättern, welche bis jetzt Zwangsdrehung zeigten, steht Valeriana mit 15 Funden voran, ihr folgen Galium mit zehn und Dipsacus mit sieben Funden, während die übrigen Gattungen je nur eines bis zwei Beispiele aufweisen. Bei Galium ist die Frage durch Klebahn, für Dipsacus durch die im ersten Theil beschriebenen Beobachtungen entschieden, es liegt somit jetzt hauptsächlich daran, das thatsächliche Verhältniss auch für Valeriana festzustellen.

Mein hochverehrter Lehrer und Freund, Prof. W. F. R. Suringar in Leiden, hatte die Güte, mir zu diesem Zwecke das von ihm beschriebene Exemplar[1]) zur Verfügung zu stellen. Es reichte zur vollständigen Beantwortung der gestellten Frage völlig aus.

---

1) Vergl. den dritten Hapttheil dieser Abhandlung.

Zwar waren die Blätter verschwunden, ihre Insertionen waren aber noch deutlich zu erkennen. Leider ist solches auf der von Suringar veröffentlichten Abbildung[1]) nicht der Fall, doch da damals die Möglichkeit, auch in tordirten Stengeln die ursprüngliche Blattstellung an erwachsenen Exemplaren zu ermitteln, noch nicht erkannt war, so wurde offenbar auf eine genaue Darstellung der Einzelheiten der Blattinsertionslinie kein Werth gelegt.

Jedes Blatt ist durch die Punkte vertreten, an denen die Gefässbündel aus ihm in den Stengel treten. Der mittlere stärkere ist überdies durch ein rundes, von markartigem, vertrocknetem Gewebe erfülltes Loch bezeichnet, welches in der Richtung der Riefen auf seiner Oberseite liegt und offenbar die Insertionsstelle der Achselknospe ist. Am oberen Rande des ganzen Kegels sind etwa sieben Achselsprosse noch erhalten; sie bestätigen die gegebene Deutung. Es wechseln also auf der Blattspirale mediane Blattspuren jedesmal mit zwei seitlichen ab.

Die Blattspirale umfasst glücklicher Weise vierzehn deutliche Blätter, auf welche, am oberen Rande, noch einige weitere folgen, die aber, da der Rand (wie in der citirten Abbildung deutlich zu sehen) stark in die Höhlung hinein gedrückt ist, für meinen Zweck nicht gut brauchbar waren. Vom obersten der vierzehn Blätter folgte ich nun die deutlich hervorspringende, mediane Riefe abwärts, bis sie gerade auf die Mitte einer Blattinsertion traf.

Von ihrem Anfangspunkte abgerechnet, durchschnitt sie die Blätterspirale, so genau solches sich ermitteln liess, in folgenden, nach Blattinsertionen gerechneten Entfernungen.

		Diff.
Zum 1. Mal	$2^5/_8$	$2^5/_8$
„ 2. „	$5^1/_4$	$2^5/_8$
„ 3. „	$7^3/_4$	$2^4/_8$
„ 4. „	$10^3/_8$	$2^5/_8$
„ 5. „	13	$2^5/_8$

Mit anderen Worten, sie erreichte nach fünf Umläufen das dreizehnte Blatt, wenn man das Anfangsblatt nicht mitzählt. Die einzelnen von ihr getrennten Abschnitte der Spirale waren dabei, anscheinend, gleich gross.

1) Ned. Kruidk. Archief, Bd. I, Taf. XVII, Fig. 1.

Die ursprüngliche Blattstellung war somit $^{5}/_{13}$ gewesen. Es entspricht dies einem der Glieder der Hauptreihe $^{2}/_{5}$ $^{3}/_{8}$ $^{5}/_{13}$ u. s. w., von welcher wir ausgegangen sind.

Es sei mir gestattet, Herrn Prof. Suringar hier meinen verbindlichsten Dank für seine freundliche Mithülfe auszusprechen.

Dasselbe Resultat ergab die Untersuchung des unten zu erwähnenden[1]), in meiner Sammlung aufbewahrten Prachtexemplares von Vrolik. Dieses war etwa zur Blüthezeit auf Spiritus gebracht, die Blattbasen aber zum grössten Theile noch vorhanden, ihre Achselknospen deutlich. Der becherförmige Stengel war im Alkohol hinreichend durchsichtig geworden, um dem Lauf der Gefässbündel leicht und sicher folgen zu können. Die Blattstellung ergab sich wiederum als $^{5}/_{13}$. Dasselbe war der Fall mit einem dritten im nächsten Abschnitt zu beschreibenden Stengel von Valeriana. Ich finde somit in den drei mir zugänglichen tordirten Stengeln von Valeriana dieselbe, der Braun'schen Annahme entsprechende spiralige Anordnung der Blätter. Es wird danach wohl gestattet sein, anzunehmen, dass sich auch andere Objecte ähnlich verhalten werden.

Zweiter Abschnitt.

Specielle Untersuchungen.

§ 1. Typus Dipsacus.

Valeriana officinalis.

Im Herbst des vergangenen Jahres (1889) wurde im hiesigen botanischen Garten (Amsterdam) ein vertrockneter, am unteren Ende verfaulter und nahezu völlig entblätterter Stengel dieser Art gefunden. Er war 18 cm lang und stark gedreht. Im unteren Drittel machte die Linie der Blattinsertionen etwa eine halbe Schraubenwindung, von da an stieg sie nahezu senkrecht empor bis zur Spitze. Diese war, mit Ausnahme eines kleinen Loches, geschlossen und trug noch ein ungedrehtes Internodium von normaler Dicke, unterhalb der Inflorescenz. Der gedrehte, aufgeblasene Theil war konisch und erreichte in der Nähe seines Gipfels eine maximale Breite von nur 4 cm. Das Ganze war hohl, dünnwandig und gespalten. Der Spalt

1) Vergl. die Literaturübersicht im dritten Theile.

lief den Stengelriefen parallel und traf an seinen beiden Enden genau auf die Insertionslinie der Blätter. Er fing in der Mitte eines Blattes an, durchschnitt die Blätterspirale in einer Entfernung von $2\,{}^{5}/_{8}$, und erreichte sie wieder in einer Entfernung von $5\,{}^{1}/_{4}$ Blattinsertion. Von hier aus liessen sich die Riefen weiter verfolgen; sie erreichten noch zweimal die Blätterspirale und zwar jedesmal in derselben Entfernung. Es kommen also auf $10\,{}^{1}/_{2}$ Blattinsertionen vier Umgänge und dieses entspricht der Blattstellung ${}^{5}/_{13}$, deren Uebereinstimmung mit den an den beiden anderen Stengeln gefundenen Werthen bereits auf voriger Seite erwähnt wurde.

Auch sonst variirt Valeriana officinalis in ihrer Blattstellung. Stengel mit dreigliedrigen Wirteln sind nichts seltenes; ich fand sie sowohl im Freien, als auch in derselben Cultur, der der beschriebene tordirte Stamm entstammt. Ich fand auch Stengel mit der Blattstellung ${}^{1}/_{2}$, namentlich unweit Ankeveen und Harderwyk in Holland. Diese Anordnung reichte vom Rhizom bis an oder sogar bis in die Inflorescenz. Die Stengel waren gerade, nicht gedreht, von normaler Länge und normaler Internodienzahl, trotz der einblättrigen Knoten.

Diese Stengel geben Veranlassung zu der folgenden Beobachtung. Ihre Blätter sind am Grunde stengelumfassend und zwar derart, dass die beiden Ränder über eine Höhe von einigen Millimetern miteinander verwachsen sind (Taf. XI, Fig. 1). Die Blattbasis ist hier also doppelt so breit wie beim decussirten Stande; dennoch sind die Ränder verwachsen. Man darf somit annehmen, dass jede Blattbasis sich seitlich verbreitert, bis sie eine andere Blattbasis erreicht, und dass sie dann mit dieser verwächst. Es würde sich lohnen, den Mechanismus dieses Vorganges zu erforschen. Vorläufig dürfen wir diesen Fall aber der Verwachsung der Blattbasen auf tordirten Stengeln (also bei der Blattstellung ${}^{5}/_{13}$) an die Seite stellen und zur Erklärung dieser heranziehen.

Die Verwachsung der Blattbasen findet bei Valeriana statt unter Bildung einer gürtelförmigen Gefässstrangverbindung[1]). Die beiden seitlichen Gefässbündel in der Blattscheide sah ich bei

---

1) Beschrieben und abgebildet in der klassischen Abhandlung von Hanstein, Ueber gürtelförmige Gefässstrang-Verbindungen im Stengelknoten dikotyler Gewächse, Abh. d. k. Akad. Berlin 1857, S. 84 und Taf. II.

V. officinalis sich vor ihrem Eintritt in den Stengel spalten; der eine Ast trat in diesen über, der andere bog sich seitlich, um sich mit demjenigen des benachbarten Blattes zu einem Bogen zu vereinigen. An diesen Bogen setzten sich einige feinere Bündelzweige der beiden Blattscheiden an. Ich beobachtete diese Verhältnisse im normalen Stengel, fand sie aber auch in dem tordirten Exemplare Vrolik's wieder und überzeugte mich, dass sie auch in den stengelumfassenden Blattscheiden der oben erwähnten einblättrigen Knoten (Taf. XI, Fig. 1) in derselben Weise zu Stande kommen.

Rubia tinctorum.

Im Mai 1890 erhielt ich von Herrn B. Giljam in Ouwerkerk unweit Zierikzee eine Sendung gedrehter Krappstengel. Es waren 13 Stück nebst vier fasciirten Stengeln. Die Stengel waren Stecklinge, sogenannte Keime, wie sie zum Verpflanzen verwandt werden. Sie waren 10—20 cm lang und am Rhizom abgebrochen; die unteren 3 cm waren braun, von der Erde bedeckt gewesen.

Mit Ausnahme eines einzigen, dessen untere Blätter in Quirlen standen, waren sie von oben bis unten gedreht und mit einer ununterbrochenen Blätterspirale besetzt. Letztere war im braunen Theile und ein wenig oberhalb sehr wenig steil, wurde nach oben steiler und in einem Stengel sogar zur longitudinalen Seitenlinie aufgerichtet. Die Blätterspirale stieg in acht Sprossen links, in den fünf übrigen rechts an, die stark hervorspringenden Riefen des Stengels waren in entgegengesetzter Richtung gedreht. Die Stengel waren $^1/_2$—1 cm dick, offenbar der Drehung zufolge geschwollen, wenn auch nicht sehr erheblich.

Wenige Tage später erhielt ich auch von Herrn J. C. van der Have in Ouwerkerk eine Sendung gedrehter Krappstengel. Es waren vier Keime, am Rhizom abgerissene, zum Pflanzen geeignete Sprosse. Sie hatten eine Länge von 15—20 cm, ihre Blätter standen von unten bis oben in ununterbrochener Spirale und zwar in allen linksansteigend. Die Spirale war am Grunde wenig steil, nach oben steiler und im jüngsten ausgewachsenen Theil zu einer Längslinie mit einseitswendigen Blättern aufgerichtet. Die stark hervortretenden Riefen stiegen in entgegengesetzter Richtung auf; die Stengel waren $^1/_2$ bis fast 1 cm dick. Also schöne Zwangsdrehungen in vollem Maasse ausgebildet.

Nach einer gefälligen Mittheilung des Herrn van der Have finden sich die gedrehten Stengel auf denselben Stöcken mit normalen, und werden sie auch nicht selten im Herbste beim Ausgraben der Rhizome gefunden. Beweisstücke dazu erhielt ich von demselben Herrn Ende November 1890. Es waren sieben ausgegrabene, kräftige und reich bewurzelte Pflanzen, deren jede, unter zahlreichen aus dem alten Stock, der Krone, hervorgesprossten normalen Trieben einen gedrehten Stengel trug. Die Stengel waren gestorben, bleich, die tordirten theilweise bereits verwest. Fünf hatten ihre Riefen nach rechts, zwei nach links tordirt. Es herrschte also hier dieselbe Richtung vor, wie bei der obenerwähnten Frühjahrssendung aus dem nämlichen Geschäft, wenn auch nicht so ausschliesslich. Die Sprosse waren vom Grunde aus gedreht, in den oberen Theilen war die Blätterspirale zu einer Längszeile aufgerichtet.

Die Exemplare wurden im hiesigen botanischen Garten gepflanzt, um zu erfahren, ob die Erscheinung sich auf ihnen wiederholen wird, und um womöglich Samen zur Veredelung der Rasse zu gewinnen.

Der Sendung war ein fasciirter Spross beigefügt, ähnlich wie die in der Sendung des Herrn Giljam erwähnten (vergl. den letzten Theil der vorliegenden Abhandlung).

Die im Mai 1890 von den beiden genannten Herren erhaltenen Keime sind, mit Ausnahme von zwei Individuen, welche als Muster aufbewahrt wurden, im botanischen Garten gepflanzt. Sie sind fast alle kräftig bewurzelt und gewachsen, haben aber bis zum Winter nur normale, keine gedrehten Zweige hervorgebracht. Sie sollen im nächsten Sommer weiter beobachtet werden.

Vor dem Pflanzen habe ich das seltsam reiche Material einer morphologischen Untersuchung unterworfen und zwei der schönsten Exemplare photographirt. Eine ausführliche Beschreibung und Abbildung findet man im Botanisch Jaarboek van het Kruidkundig Genootschap Dodonaea in Gent, Bd. III (1891), S. 4, Taf. IV. Einige Punkte aus dieser Beschreibung glaube ich hier noch anführen zu sollen.

Zunächst die Gürtelverbindungen der Gefässbündel, welche hier, wie bei Galium, zu einem continuirlichen Bande vereinigt sind. Dieses Band sieht man, namentlich an Alkoholpräparaten, schon mit unbewaffnetem Auge. Es läuft unterhalb der Blattinsertionen in einer Spirallinie um den Stengel. Auf ihm stehen die Hauptnerven der Blätter, sowie einige feinere Seitennerven; die ersteren steigen, das Band kreuzend, im Stengel abwärts.

Ferner ermittelte ich an zwei Sprossen die Blattstellung, indem ich die Riefen von der obersten (ersten) Achselknospe abwärts mit chinesischer Tusche markirte. Nach zwei Umgängen schnitt diese Linie die Blätterspirale zwischen der sechsten und der siebenten Achselknospe; auch weiter nach unten hatten die von ihr abgeschnittenen Stücke der Blattspirale eine Länge von etwa $2^5/_8$, wenn man die Entfernung zweier benachbarter Achselknospen $=$ 1 setzt. Dieses entspricht der Blattstellung $^5/_{13}$, welche also als die ursprüngliche für diese Krappstengel betrachtet werden muss.

Die Richtigkeit dieser Folgerung habe ich controlirt durch die Untersuchung der Stellung der jüngsten Blätter in der noch wachsenden Endknospe gedrehter Stengel. Ich schnitt dazu von vier Exemplaren die Endknospe ab, indem ich die Achse dort durchschnitt, wo die Neigung der Riefen des Stengels eben angefangen hatte, doch noch sehr steil war. Die Knospen wurden durch Härtung in Alkohol, Injection in Glycerin-Gelatine und abermalige Härtung in Alkohol-Glycerin in der früher für Dipsacus ausführlich beschriebenen Weise behandelt und geschnitten.

An den so gewonnenen Mikrotomschnitten zeigte sich, dass die spiralige Anordnung der Blätter sich bis zum Vegetationspunkt erhielt. Auch die jüngsten sichtbaren Blattanlagen waren in dieser Weise gruppirt. Ich untersuchte drei Pflanzen mit rechtsaufsteigender und eine mit linksaufsteigender Blattspirale. Auf dem Vegetationskegel waren die Windungen flacher und weniger reich an Blättern als am erwachsenen Stengel, wo sie ja gerade durch die Torsion grossentheils, stellenweise auch ganz, abgewickelt sind.

In der erwähnten Abhandlung habe ich zwei Schnitte abgebildet, welche kurz unterhalb des Vegetationspunktes gewählt waren[1]. Solche Bilder sind lehrreicher wie jene, welche die äusserste Stengelspitze gerade in sich aufnehmen. Die eine Figur ist einer rechts-, die andere einer linksgedrehten Pflanze entnommen.

Die oben am erwachsenen Spross ermittelte Formel für die Blattstellung ($^5/_{13}$) weist aus, dass auf jeden Umgang ursprünglich

1) Dodonaea, Bd. III, 1891, Taf. IV, Fig. 4 u. 5.

$5^{1}/_{5}$ halbe Blattentfernungen entfallen. Und da an meinen Exemplaren die Blattscheiben in der Regel abwechselnd eine Achselknospe besitzen, so darf man, in Rücksicht auf den Bau der normalen Blattwirtel von Rubia tinctorum, die Entfernung zwischen zwei benachbarten Blattscheiben für eine halbe Blattentfernung rechnen. Wir dürfen somit auf jeder Windung ursprünglich $5^{1}/_{5}$ Scheibe erwarten. So verhalten sich auch, in jeder der beiden citirten Figuren, die beiden jüngsten Umgänge, und die ursprüngliche spiralige Blattstellung ist damit ausser Frage gestellt.

In den äusseren Umgängen meiner Präparate war die Anzahl der Blätter etwas grösser und dieses weist darauf hin, dass die Entwindung der Spirale und somit die Torsion des Stengels hier bereits angefangen hatte. Dieses entspricht der directen Beobachtung über den Ort, an welchem ich die Endknospe vom Stengel abtrennte und an welchem, wie oben erwähnt, die Neigung der Riefen eben angefangen hatte.

Fassen wir diese Beobachtungen zusammen, so ergiebt sich, dass die Drehkeime bereits vor jedem Anfang der Drehung eine spiralige Blattstellung nach $^{5}/_{13}$ besitzen. Die Torsion kann somit nicht die Ursache dieser Blattstellung sein, nur wird diese durch sie allmählich insoweit geändert, dass die Umgänge steiler und dementsprechend blattreicher werden. Umgekehrt kann aber die Vereinigung aller Blätter zu einem spiraligen Bande sehr wohl, der Braun'schen Theorie entsprechend, bei der Streckung des Stengels dessen Torsion bewirken.

§ 2. Typus Weigelia.

Weigelia amabilis.

Zwangsdrehungen sind bis jetzt, soviel mir bekannt geworden, bei Sträuchern und Bäumen nicht beobachtet. Doch habe ich solche von der Weigelia zu verschiedenen Zeiten gesammelt oder geschenkt bekommen, und zwar 1871 in dem Garten meiner Eltern im Haag, 1886 in einem Garten unweit Hilversum in mehreren Exemplaren und aus Amsterdam im Jahre 1885. Ob die betreffenden Sträucher etwa aus derselben Baumschule entstammen, vermag ich leider nicht zu ermitteln.

Ich gebe zunächst die Beschreibung der einzelnen Zweige. Vergl. Taf. IX, Fig. 1—6.

Das erste Exemplar, aus Haag, war ein Ast von über 50 cm Länge (Fig. 2 u. 3), an welchem sämmtliche Blätter in einer Linie sassen, welche auf einer Seite dem Zweige entlang lief. Die Zahl der erwachsenen Blätter in meinem Präparate ist 15; ihre mittlere Entfernung etwa 3 cm. Die wirklichen Entfernungen wechseln zwischen 2 und 5 cm. Die Blattinsertionen stehen longitudinal; ihre Achselknospen somit nicht über, sondern neben ihnen. Von der anodischen Seite jedes Blattes geht eine erhabene Leiste bis zur kathodischen des nächstfolgenden; offenbar dieselbe Leiste, welche auch die beiden Blattbasen eines normalen Paares bei decussirter Blattstellung verbindet, welche aber hier bedeutend in die Länge gezogen ist. Sie ist scharf abgesetzt und erhebt sich um etwa $^1/_2$ mm aus der Oberfläche des Zweiges. Dieser ist nicht dicker als sonst, stark verholzt und trägt seine Längsstreifen in schraubiger Richtung und zwar rechts aufsteigend.

Die ursprüngliche Blattstellung ist nicht ganz genau mehr zu ermitteln, da ich das Exemplar zu anderen Zwecken an verschiedenen Stellen quer durchschnitten hatte. Auch erschwert die longitudinale Insertion der Blätter diese Untersuchung sehr. Dagegen treten die Längsriefen scharf und deutlich hervor. Verfolgt man aber die mediane Spur eines Blattes, so erreicht diese die Blätterlinie zum zweiten Male etwa in der Mitte des sechsten Blattes, wenn der Ausgangspunkt als erstes Blatt bezeichnet wird. Dieses schliesst also die Annahme einer Decussation mit aufgelösten Blattpaaren aus und lässt auf $^2/_5$ oder eine höhere spiralige Stellung schliessen.

Im September 1886 fand ich in einem Garten unweit Hilversum vier tordirte Zweige an einigen Sträuchern, welche überdies auch Aeste mit dreigliedrigen und solche mit viergliedrigen Quirlen trugen. Zwei Zweige waren über 13 resp. 16 cm tordirt, ihre 10—11 Blätter sämmtlich in einer Längslinie, in Entfernungen von 8—20 mm. Die Verbindungslinie war deutlich und erhaben, die Achselknospen gross und neben ihren Tragblättern gestellt. Die Zweige holzig und nicht verdickt. Die Längsriefen, ihrer Schraube nach, von einem Blatte (No. 1) abwärts verfolgt, erreichten die Blätterspirale erst vorbei dem Blatte No. 4 und zum zweiten Male vorbei No. 7. Es entspricht dieses also nicht den Verhältnissen des Haager Exemplares, sondern vielmehr aufgelösten, dreigliedrigen

Blattwirteln. Jedoch reichte das Material zu einer genauen Untersuchung leider nicht aus.

Von diesen beiden Zweigen hatte der eine, unterhalb der Torsion, die Blätter in viergliedrigen Quirlen. Der andere endete nach oben mit normalen, nicht gedrehten Internodien und dreigliedrigen Blattwirteln. Der dritte tordirte Zweig zeigte die Erscheinung nur über eine Länge von 5 cm; unterhalb dieser war er decussirt; die Torsion verhielt sich wie bei der anderen. Ich habe diese Zweige gesteckt, aber nur aus dem dreigliedrigen Gipfel des zweiten Exemplares eine gute Pflanze erhalten; diese hat aus einem Achsel eines dreiblättrigen Wirtels einen kräftigen, zweizähligen Spross gemacht, alle übrigen, gleichfalls zweizähligen Zweige sind weggeschnitten worden. Bis in den Herbst 1890 erhielt sich diese Pflanze normal.

Während in den beschriebenen Beispielen der tordirte Theil bereits ausgewachsen war, als er zur Beobachtung gelangte, verhielt sich in dieser Beziehung der vierte Ast günstiger. Deshalb habe ich diesen in der Fig. 1 auf Taf. IX abgebildet, und die Divergenzwinkel seiner Blätter durch einfache Projection parallel der Achse des Zweiges auf eine flache Spirale übertragen. Man sieht diese auf derselben Tafel in Fig. 4.

Man sieht zunächst im unteren Theile einen dreigliedrigen, schraubig geordneten Blattwirtel; Blatt 3 steht etwa 1 cm oberhalb No. 1. Auf Blatt 3 folgt ein Internodium von 6,5 cm, welches eine erhabene Leiste trägt, welche von der anodischen Seite von Blatt 3 bis zur kathodischen von Blatt 4 reicht. Jetzt folgen die Blätter einander in einer Schraubenlinie, welche aber, soweit die Blätter erwachsen sind, sehr steil ist und dann allmählich flacher wird.

Es bilden, wie auch in der Horizontal-Projection deutlich zu sehen ist,

Blatt	No. 4—10	den	ersten Umlauf
„	No. 11—15	„	zweiten „
„	No. 16—18	„	dritten „

Und die Länge der Blätter beträgt:

No. 1—3 und 4—10	12 cm (ausgewachsen)
No. 11	11 „
No. 12	9 „
No. 13	7 „

No. 14	$2^1/_2$ cm,	noch zusammengefalten
No. 15 u. 16 . . .	± 1,3 „	„ „
No. 17 u. 18 . . .	± 0,5 „	„ „

Somit finden wir im ersten Umlauf der Spirale sieben ausgewachsene Blätter, im zweiten Umlauf fünf kräftig wachsende und im dritten Umlauf drei ganz junge Blättchen.

Die Höhe des unteren Umlaufes ist 4,5 cm; die des folgenden 1,5 cm, während die Internodien des oberen noch in der sich entfaltenden Knospe verborgen sind.

Es deuten diese Verhältnisse offenbar darauf hin, dass die Blätterspirale während der Streckung der Internodien abgerollt und somit in eine viel steilere umgewandelt wird. Wir dürfen ruhig annehmen, dass an unserem Sprosse, wenn er nicht zur Untersuchung abgeschnitten wäre, auch die jüngeren Strecken im erwachsenen Zustand eine sehr steile Blätterspirale getragen haben würden. Unsere Beschreibung stimmt also völlig mit der Vorstellung Braun's und mit meinen Befunden an Dipsacus silvestris überein.

Der abgebildete Zweig war nicht dicker als die normalen. Die erhabene Leiste, welche die Blattbasen in der Spirale verbindet, war sowohl zwischen Blatt 1—3, wie zwischen 3 und 4, und namentlich zwischen allen höheren Blättern deutlich zu sehen. Sie bildete das Schraubenband, welches die Blätter vereinigte und die äusserlich sichtbare Ursache der Zwangsdrehung war. Dieses Band war zwischen Blatt 3 und 4 sehr stark ausgedehnt, zwischen 4 und 5 noch ziemlich beträchtlich verlängert, höher hinauf aber nur wenig gedehnt. Doch ist die gegenseitige Entfernung von je zwei benachbarten Blättern in der Spirale stets grösser als in einem normalen Knoten, eine natürliche Folge der passiven Dehnung.

Die Längsriefen des Stengels stiegen in rechtsläufiger Schraube an. Vom Blatte 10 abwärts verfolgt gelangte die mediane Spur, als sie zum zweiten Mal die Blattspirale erreichte, auf die Mitte des Blattes No. 4. Dieses entspricht also der Blattstellung $^2/_5$, derselben, welche ich auch am Haager Exemplar beobachtete.

Ob aber die Blattstellung genau $^2/_5$, oder eher einem höheren Werthe entspricht, lässt sich weder am ausgewachsenen Spross, noch am sich streckenden Sprossgipfel genau entscheiden. Dazu ist die Untersuchung der Endknospe selbst erwünscht. Ich habe deshalb diese von meinem Präparate abgetrennt und in derselben Weise wie für Dipsacus beschrieben, in Glycerin-Gelatine eingeschlossen und nach gehöriger Härtung geschnitten. Einen queren Schnitt durch die Knospe in kurzer Entfernung oberhalb des Vegetationspunktes (Taf. IX, Fig. 5) zeigt die ursprüngliche Blattstellung dieses Zweiges. Es ist klar, dass sie nicht $^2/_5$, sondern $^5/_{13}$ oder einem noch höheren Werthe der Reihe entspricht. Jedenfalls stehen aber die Blätter weder decussirt, noch in dreigliedrigen Wirteln.

Tiefere Schnitte (Taf. IX, Fig. 6) lassen die Verbindung der benachbarten Blätter mit einander, vor angefangener Torsion, erkennen, doch wegen der geringen Höhe des Wulstes in jedem Schnitt nur zwischen je zwei oder drei Blättern.

Gürtelförmige Gefässstrangverbindungen fand ich an den normalen Blattpaaren von Weigelia amabilis nicht. Ich untersuchte den Gefässbündelverlauf an in Alkohol gehärteten und mit Kreosot durchsichtig gemachten Präparaten: Hanstein erwähnt in seiner oben citirten klassischen Abhandlungen das Fehlen dieser Verbindungen bei manchen Caprifoliaceen[1]).

Der dritte Fundort tordirter Zweige von Weigelia war ein Garten zu Amsterdam. Ich erhielt zwei tordirte Aeste durch die Freundlichkeit meines damaligen Assistenten, Herrn Dr. H. W. Heinsius. An einem Zweig bildeten fünf Blätter eine Schraubenlinie von etwa $^3/_4$ Windung und 6 cm Länge; die Linie stieg links auf, die Riefen des Stengels waren somit rechtsläufig gedreht. Der Zweig war durch Spaltung eines fasciirten Astes entstanden; der andere Spaltast hatte dreigliedrige Quirle. In dem zweiten Exemplare war an einem sonst dreizähligen Aste ein Wirtel zu einer Schraubenlinie von 2 cm Höhe auseinander gezogen. Die drei Blätter waren durch ihre Basis zu einem ziemlich stark gedehnten Bande verbunden, der Ast an dieser Stelle, und auch nur hier, tordirt. Die Torsion erreichte etwa 140°. Das untere der drei Blätter war monströs, es hatte zwei Gipfel und an seiner kathodischen Seite noch einen dritten kleineren Zipfel.

Der Strauch, dem diese beiden Zweige entnommen waren, trug im nächsten Sommer (1888) keine tordirten Zweige, wohl aber mehrere gespaltene Blätter.

---

1) Abhandl. der Akad. Berlin 1857, S. 86.

Ich habe bereits erwähnt, dass ich von Weigelia auch drei- und vierzählige Zweige fand; sie sind keineswegs selten. Ich fand, unweit Hilversum, auch solche mit einblättrigen Knoten und der Blattstellung $^1/_2$.

Deutzia scabra.

An einem Strauche des hiesigen botanischen Gartens, welcher nicht selten Zweige mit einblättrigen Knoten und der Blattstellung $^1/_2$, und, oft damit verbunden, gespaltene Blätter trug, fand ich im September 1887 den auf Taf. X, Fig. 1 theilweise abgebildeten Zweig. Er trug fünfzehn Blattpaare oder deren Vertreter, und war in seinem unteren und oberen Theile decussirt. Der mittlere Theil, welcher das vierte bis siebente Blattpaar und deren Vertreter umfasst, ist in der Figur dargestellt; alles übrige war normal, nur dass die unteren Blattpaare ihre Blätter nicht genau in gleicher Höhe trugen. Dieses war im unteren Knoten der Figur in sehr ausgeprägtem Maasse der Fall, das eine Blatt stand um 5 mm höher als das andere. Ich bezeichne diese beiden Blätter als No. 1 u. 2 (vergl. Fig. 1 und den Grundriss Fig. 2).

Statt der beiden folgenden Blattpaare finde ich nun fünf Blätter (No. 3—7), deren beiden unteren weit von einander entfernt sind, während die drei oberen noch mit ihren Basen zusammenhangen. Nur an dieser Stelle ist der Stengel tordirt. Auf No. 7 folgt ein normales Blattpaar (No. 8 u. 9), und weiter hinauf bleibt der Spross decussirt.

Die Torsion beträgt etwa 180°. Demzufolge stehen die Blätter oberhalb dieser Stelle in denselben sich kreuzenden Ebenen, wie unterhalb jener. Aber das untere Blatt jedes Knotens steht jetzt auf derjenigen Seite, auf welchen im unteren Theile das obere steht.

Die Torsion erstreckt sich über etwa 2,5 cm. Die mediane Blattspur von Blatt No. 7 endet ziemlich genau oberhalb der Mitte des Blattes No. 2. Es deutet dieses für die Blätter 3—7 auf die Blattstellung $^2/_5$. Das Blatt 7 liegt aber, wie die Figur zeigt, genau auf der entgegengesetzten Seite wie No. 2, dieses ergiebt die soeben genannte Torsion von etwa 180°, welche sich auch unmittelbar aus dem Laufe der Längsriefen in der Höhe der Blätter 5—7 feststellen lässt.

In Fig. 2 habe ich die Blattstellung des betreffenden Theiles dieses Zweiges in horizontaler Projection abgebildet. Die Zeichnung ist für den detordirten Zustand entworfen, zeigt die Blattstellung somit so, wie sie sein würde, wenn keine Torsion stattgefunden hätte. Die ausgezogenen Linien beziehen sich auf gestauchte, die punktirten auf gestreckte Internodien.

Das Blatt No. 5, das untere des festen Spiralbandes, war abnormal. Es trug an seiner kathodischen Seite einen kleinen Zipfel.

Es leuchtet ein, dass die Verbindung der drei Blätter No. 5—7 zu einer auch ausserhalb des Stengels zusammenhängenden Schraubenlinie, ihre Stellung nach $^2/_5$ und die Streckung der zwischen ihnen liegenden Internodien, die Ursachen der Torsion waren. Diese war also, obgleich nur schwach entwickelt, dennoch eine echte Zwangsdrehung im Sinne Braun's.

Gürtelförmige Gefässstrangverbindungen der Blattstielbasen fand ich bei Deutzia scabra nicht.

§ 3. Typus Lupinus.

Lupinus luteus.

In einem Garten in Ermelo, unweit Harderwyk, beobachtete ich ein kleines Feld Lupinen, welches für die Samenernte angebaut worden war. Es war Ende Juli in voller Blüthe und zeigte auf etwa zweitausend Pflanzen eine verhältnissmässig grosse Anzahl von Blüthentrauben mit spiraliger Anordnung der Blüthen und entsprechender Zwangsdrehung der Achse. Allerdings war die Drehung stets nur schwach ausgebildet. Nach einer rohen Schätzung war diese Erscheinung wenigstens in 3—5 % der Trauben zu finden. Ich untersuchte an dreissig Trauben die Richtung der Blüthenspirale, und fand sie in 13 Fällen rechtsansteigend, in 17 linksläufig, es scheint somit, dass beide Richtungen annähernd gleich stark vertreten waren.

Die normalen Trauben dieses Beetes tragen ihre Blüthen meist in 10—12 Quirlen, jeder Quirl ist gewöhnlich fünfblüthig. Die spiraligen Trauben haben annähernd dieselbe Anzahl von Blüthen und annähernd dieselbe Länge, wie die normalen. Nur selten sind sie in ihrer ganzen Länge spiralig, meist bilden sie zunächst einen bis vier Wirtel und erst auf diesen folgt die Spirale, welche sich dann bis zum Gipfel erstreckt.

Ich zählte an einigen bis zum Gipfel blühenden Trauben die Zahl der Wirtel und der Schraubenwindungen und fand

Traube	Wirtel	Windungen	Blüthenzahl berechnet
No. 1 . . .	1	7	75
No. 2 . . .	2	6	70
No. 3 . . .	3	4	55
No. 4 . . .	4	4	60
No. 5 . . .	4	4	60
No. 6 . . .	4	5	70
No. 7 . . .	5	3	55

Je grösser die Zahl der Wirtel, um so geringer ist somit die Zahl der Windungen. Rechnet man für diese letzteren im Mittel zehn Blüthen pro Windung (gegen fünf pro Wirtel), so erhält man die in der letzten Spalte angegebenen Zahlen, welche mit der Blüthenzahl einer normalen Traube 5 × (10—12) = 50 — 60 genügend übereinstimmen, um den Schluss zu gestatten, dass die Variation nur in der geänderten Anordnung der Blumen, nicht etwa in einer Vermehrung oder Verminderung von diesen bestehe.

An einer weiteren Traube fand ich zwei Wirtel mit je fünf Blüthen und fünf Schraubenwindungen mit 44 Blüthen. Also im Ganzen 54 Blüthen, was wiederum hinreichend genau mit der Zahl der Blüthen an normalen Trauben übereinstimmt.

Die bis zum Gipfel blühenden spiraligen Trauben sind, nach einiger Uebung, schon in ziemlicher Entfernung kenntlich, da die Blüthen in der Spirale dichter aneinander anschliessen wie in den Wirteln, und die Windungen zwischen sich einen weiten leeren Raum von der Höhe einer Blüthe lassen. Die Blüthen bilden zusammen eine schöne, sanft ansteigende Wendeltreppe, wie auch aus unserer Fig. 7 auf Taf. IX ersichtlich ist.

Die Zahl der Blüthen auf einer Windung der Spirale wechselt in den meisten untersuchten Trauben zwischen acht und elf. Als ich nun spiralige Trauben untersuchte, deren höchste Blüthen noch junge Knospen waren, fand ich zuerst, dass die Spirale sich auch hier stets bis zum Gipfel fortsetzte, zweitens aber, dass die jüngste Windung stets nur sechs Knospen umfasste. Die Länge dieser Knospen war 5—10 mm, die eine Blüthe unmittelbar vor dem Oeffnen meist etwa 18 mm. Es gelang mir aber auch Trauben zu finden, welche noch jüngere Blüthenknospen enthielten und an denen ich dennoch auf dem Felde schon die spiralige Anordnung erkennen konnte.

Von diesen habe ich die Spitzen, nach Härtung in Alkohol und Injection, in Glycerin-Gelatine in der früher beschriebenen Weise behandelt und geschnitten. Aus zwei Trauben habe ich je einen der höchsten Schnitte unterhalb des Vegetationspunktes auf Taf. XI in Fig. 7 u. 8 bei geringer Vergrösserung gezeichnet. Die Bracteen, in deren Achsel die Blüthen stehen, sind hier wegen der Kleinheit der Blüthenknospen relativ gross und ragen weit über diese hinaus. Man erkennt ihre spiralige Anordnung bis in den jüngsten im Schnitt sichtbaren Anlagen. Beide Blüthenspiralen sind linksläufig. Die Zahl der Bracteen auf einer Windung ist auch hier stets sechs. Es darf diese Zahl somit als die ursprüngliche, vor Anfang der Torsion der Achse vorhandene, betrachtet werden.

Wir wollen jetzt untersuchen, was sich aus den mitgetheilten Verhältnissen, in Bezug auf die Torsion des Stengels, ableiten lässt. Kurz zusammengefasst, lautet das festgestellte Ergebniss folgendermaassen. Die jüngsten untersuchten Schraubenwindungen enthalten je sechs Knospen, die erwachsenen meist 8—11 Blüthen. Es kann dieses im gegebenen Falle offenbar nur auf einer Torsion der Achse beruhen. Die ursprüngliche Spirale muss dabei theilweise entwunden werden; ihre Windungen werden dadurch steiler, blüthenreicher, aber weniger zahlreich. Da die Zahl der Blüthen pro Windung fast um das Doppelte zunimmt, muss selbstverständlich die Zahl der Umgänge fast auf die Hälfte abnehmen. Für jede Windung, welche verloren geht, wird aber die Achse um eine Windung tordirt werden müssen.

Die Torsion der Achse ist nun leicht zu beobachten und zwar an den erhabenen Rippen, welche von jeder Blüthe abwärts bis zum nächsten Umgang der Schraube laufen. Diese sind als mediane äussere Blattspuren der Bracteen zu betrachten. Sie laufen an normalen, quirligen Trauben gerade abwärts. An den spiraligen aber in steiler Schraubenrichtung, welche selbstverständlich der der Blüthenspirale entgegengesetzt ist. Ihre Neigung ist keine einheitliche, meist in ihrer oberen Hälfte grösser als in der unteren, am grössten in der unmittelbaren Nähe der Blüthen, von der sie herablaufen. Sie bilden eine Schraube, deren Windungszahl demselben Werthe für die Blüthenspirale complementär sein muss. Ich fand z. B. auf zwei Umgängen mit 18 Blüthen eine Torsion der Achse von etwa 360°. Denkt man sich die Achse entwunden, so würde die Blüthenspirale drei Umgänge bilden und es kämen auf jeder sechs Blüthen, was mit den jüngsten von mir beobachteten Theilen der Blüthenspirale, vor Anfang der Torsion, übereinstimmt. An einer anderen Traube zählte ich auf $1\frac{1}{4}$ Umgang der Blüthenspirale bei $\frac{3}{4} \times 360°$ Torsion der Achse zwölf Blüthen. Es ergiebt sich also, nach Detorsion, zwölf Blüthen auf zwei, oder wiederum sechs Blüthen auf einer Windung u. s. w.

Eine wichtige Frage ist die, wann die Torsion anfängt. Ich konnte mehrere Trauben untersuchen, deren Mitte tordirt war, während der Gipfel noch Knospen von bis 5 mm Länge trug. Es zeigte sich, wie bereits erwähnt, dass die Blüthen auch in diesem Jugendstadium in einer Spirale angeordnet waren. Die Torsion aber fing erst viel später an. Dieser Anfang ist einerseits zu sehen an der Neigung der Rippen, andererseits an der Zunahme der Zahl der Knospen pro Windung. Ich fand an drei Trauben

Zahl der Knospen	No. 1	No. 2	No. 3
in der jüngsten Windung . .	6	6	6
in der zweiten Windung . .	9	7	7
in der dritten Windung . .	9	7	7
Blüthen in der vierten Windung	9	7	—

Es muss somit die Torsion bereits beim Anfang der zweiten Windung angefangen haben. Die Länge der Blüthenknospen ist hier etwa 1 cm, die Entfernung der zweiten von der dritten Windung gleichfalls etwa 1 cm. Beim weiteren Wachsthum steigt diese Entfernung auf etwa 3—4 cm.

Die Neigung der Rippen lässt sich aus der Torsion der Achsen berechnen. Am unteren Ende der zweiten Windung wird sie in den drei genannten Beispielen bedingt durch die Vermehrung der Zahl der Blüthen pro Windung um drei resp. eine, also durch die Verschiebung der unteren Blüthe dieser Windung von $\frac{3}{6} \times 360°$, resp. $\frac{1}{6} \times 360°$ um die Achse herum. Also um 180 resp. 60°. Die Beobachtung entspricht, wie zu erwarten, der Rechnung, und bestätigt, durch die deutliche Neigung der Rippe, das Ergebniss unserer Ermittelung des Ortes, wo die Torsion anfängt. Es dürfte sogar der geringeren Neigung der Rippen der benachbarten jüngeren Knospen entsprechend, die Torsion noch etwas früher anfangen.

Die Lupinentraube wird schon lange vor der Blüthe nicht mehr von umhüllenden Blättern eingeschlossen. Ihre Knospen schliessen nur lose aneinander. Die Annahme, dass auf die Achse während oder auch nur beim Anfang der Drehung ein Druck durch umhüllende Theile ausgeübt würde, ist hier somit ausgeschlossen.

Nach der Theorie Braun's muss auch hier die Ursache der Torsion in der Umschnürung der Achse mit der Blätterspirale gesucht werden. Als Blätter sind hier die Bracteen zu betrachten, in deren Achsel die Blüthen sitzen. Diese Bracteen sind klein (5—6 mm lang), mit schmaler Basis der Achse eingepflanzt; sie vertrocknen kurz vor der Blüthe und fallen bald nachher ab. Sie sind unter sich nicht verwachsen und haben keine Bedeutung als mögliche Ursache der Torsion.

Anders aber ihre Basen, welche nach ihrem Abfallen erhalten bleiben. Diese sind unter sich durch eine äusserlich als erhabene Leiste wahrnehmbare Linie verbunden. In den Quirlen schliessen sie dicht an ihre Nachbaren an, in der Spirale sind sie ein wenig von einander entfernt, die Leiste meist nicht zerrissen, sondern nur gedehnt. Offenbar ist der Verband dieser Basen kein so fester, wie bei Dipsacus. Dementsprechend wird die Spirale der Blüthen bei geringer Entwindung bereits bedeutend gedehnt. In einer Traube mass ich in der fast ausgewachsenen Partie eine Windung mit neun Blüthen. Die Windung hatte eine Länge von 40 mm, der Stiel einen Umfang von 12 mm. Es kamen somit auf sechs Blüthen etwa 27 mm. Hätten diese einen Quirl um den Stiel gebildet, so wäre ihre Entfernung somit etwas kleiner als die Hälfte der jetzigen gewesen.

Bisweilen ist die Spirale stärker auseinander gerissen. Solches beobachtete ich namentlich auf der Grenze der Quirle und der Spirale. Hier fand ich nicht selten Wirtel, welche durch eine geringe longitudinale Verschiebung schraubig geworden waren, welche sich aber noch nicht aneinander angeschlossen hatten. Auch andere Uebergangsformen finden sich vor.

Die Pflanzen des Feldes waren stark verzweigt und trieben namentlich aus dem Wurzelhalse kräftige, aufsteigende Aeste, welche fast dieselbe Höhe erreichten wie der Stamm und fast gleichzeitig mit diesem blühten. Aus dem Bau der Haupttraube war nun ein Schluss auf diese Nebentrauben nicht gestattet. War erstere spiralig, so konnten letztere rein quirlig sein; war erstere normal, so fand ich unter der letzteren nicht selten spiralige Anordnung der Blüthen.

Ich hatte nicht die Gelegenheit, Versuche über die Ursache der Torsion anzustellen. Ich habe aber später Samen von vier der gedrehten Trauben erhalten, und hoffe durch diese zu einer Fixirung der Erscheinung zu gelangen.

Die spiralige Anordnung der Blüthen bei Lupinus luteus scheint übrigens keineswegs selten zu sein. Ich fand sie gleichfalls auf einem Beete, welches ich im Jahre 1890 im hiesigen botanischen Garten bestellt hatte mit Samen, welche von Herrn Vilmorin-Andrieux et Co. in Paris bezogen waren. Auf mehreren hundert Individuen beobachtete ich hier etwa ein Dutzend Exemplare mit spiraliger Traube. Auch Wittmack hat dasselbe beschrieben[1]), und in der später zu beschreibenden Sammlung von Magnus finden sich Beispiele dazu (vergl. den folgenden Theil).

Zur weiteren Beurtheilung der beschriebenen Zwangsdrehung von L. luteus mag hier das Verhalten von L. polyphyllus beschrieben werden, wie ich es im Juni 1890 an den Exemplaren des hiesigen botanischen Gartens beobachtete. Die in voller Blüthe prangenden Trauben waren nicht tordirt; ihre Blüthen waren aber theils in Quirlen, theils in einer ziemlich unregelmässigen Schraubenlinie angeordnet. Das letztere war der häufigere Fall. Einzelne Trauben trugen nur Quirle von meist 6—8 Blüthen; die Quirle weit von einander entfernt und also auffällig, aber jede entweder zu einer kleinen Schraubenwindung oder zu einer schiefen Ellipse gedehnt. Andere Trauben trugen nur an der Basis solche Quirle, höher hinauf eine Schraube, deren Windungen nicht auffällig scharf geschieden waren. In vielen Trauben war endlich nur eine solche Schraubenlinie vorhanden. Die Richtung der Schraube war eine wechselnde, bisweilen in derselben Inflorescenz.

Die Zahl der Blüthen war für eine Schraubenwindung stets annähernd dieselbe wie für einen Quirl, meist 6—8, dieses entspricht dem Fehlen jeglicher Torsion.

---

1) Sitzb. d. Bot. Ver. d. Prov. Brandenburg XXVII, 1885, p. XX.

Die Blüthenstiele sind auf kleinen erhabenen, von ihren Nachbarn scharf getrennten Polstern eingepflanzt; dieser Umstand mag der Verwachsung bei der vorliegenden Art ungünstig sein.

Spiralige Anordnung der Blüthen findet sich nach der Zusammenstellung in Penzig's Pflanzenteratologie bisweilen gleichfalls bei Lup. arboreus und L. varius.[1])

§ 4. Typus Urtica.

Urtica urens.

Ende Juli 1890 fand ich bei Ermelo, unweit Harderwyk, eine Gruppe von Pflanzen, unter denen ein Hauptstengel an seinem Gipfel eine kleine Abweichung aufwies. Sonst waren die Exemplare, so viel wie ich sehen konnte, normal. Die Abweichung beschränkte sich auf die Blattstellung.

Die unteren Blätter waren in gewöhnlicher Weise decussirt, ebenso die oberen noch wachsenden. Auf der Grenze des wachsenden Theiles des Stengels, innerhalb der Inflorescenz, fand ich aber vier Blätter, welche nicht decussirt standen, sondern in einer Spirale. Die theils blühenden, zum Theil bereits verblühten Partialinflorescenzen in ihren Achseln habe ich vorsichtig entfernt und darauf den betreffenden Theil des Stengels photographirt. Vergl. Taf. X, Fig. 5. Um die Blattstellungsverhältnisse völlig klar zu legen, habe ich in Fig. 6 auf derselben Tafel einen Grundriss des Stengels im tordirten Zustand entworfen. Die Zahlen weisen in beiden Figuren dieselben Blätter an und zwar

a1, a2 — a3, a4 zwei decussirte Blattpaare,
b1, b2 — b3, b4 die darauf folgende Spirale,
c1, c2 — c3, c4 die hierauf folgenden Blattpaare,
d1, d2 — d3, d4 noch zwei weitere Blattpaare.

Dieser Bezeichnung, sowie der jetzt folgenden Beschreibung lege ich die Theorie Delpino's über die normale Decussation zu Grunde. Nach dieser bilden bekanntlich je zwei aufeinander folgende Blattpaare einen Cyclus; alle Cyclen einer Achse sind einander gleich und fangen auf derselben Seite an. Es sind somit *a, b, c, d* die einzelnen hier in Betracht kommenden Cyclen, und bei normaler

1) O. Penzig, Pflanzenteratologie, Bd. I, S. 377.

Decussation würden die Blätter *b1, c1, d1* auf demselben Radius des Diagramms liegen wie a1 u. s. w. Die einzelnen Cyclen sind von einander um $^3/_4$ des Stengelumfanges entfernt, m. a. W. in der hier linksansteigenden genetischen Blätterspirale *a1, a2, a3, a4, b1* u. s. w. ist der Winkel zwischen *a4* und $b1 = {}^3/_4 \times 360^0$. Ebenso zwischen *b4* und *c1*, zwischen *c4* und *d1*. In dieser Beziehung bietet mein Stengel nichts Abweichendes.

In den einzelnen Cyclen sind die Entfernungen bekanntlich

$$a1 - a2 = {}^1/_2 \times 360^0$$
$$a2 - a3 = {}^1/_4 \times 360^0$$
$$a3 - a4 = {}^1/_2 \times 360^0$$

und dieses trifft selbstverständlich hier für die normalen Cyclen *a*, *c* und *d* zu.

Nur der Cyclus *b* ist abweichend gebaut. Statt in zwei Blattpaaren stehen seine vier Blätter in einer linksansteigenden Spirale. Diese macht vom ersten bis zum vierten Blatt (*b1* bis *b4*) nur $^3/_4$-Windung; sie hat dabei eine Höhe von 7 mm. Das Internodium unterhalb *b1* misst 10 mm, dasjenige oberhalb *b4* nur 5 mm, doch haben diese Zahlen nur geringen Werth, da dieser ganze Theil noch im Längenwachsthum begriffen ist. Das Anfangsblatt (*b1*) der Spirale steht decussirt mit dem vorhergehenden Blattpaare, das Schlussblatt (*b4*) decussirt mit den nächstjüngeren Blättern; die Anschlüsse sind normale, und die Abweichung beschränkt sich auf den inneren Bau des Cyclus *b*.

Zwischen den Blättern der Spirale ist der Stengel tordirt und zwar in entgegengesetzter Richtung, also rechts ansteigend. Von jedem Blatte pflegt eine deutliche Rippe bis zum nächsten Knoten herunterzulaufen. Folgte ich der Rippe von *c2*, so drehte sie sich, bis sie genau auf *b2* traf, sie schnitt dabei die Delpino'sche Spirale zwischen den Blättern *b4* und *c1*, wie sich auch in unserem Diagramm, wo diese Rippe als ausgezogene Linie eingetragen wurde, erkennen lässt. Von *b2* heruntergehend, drehte sie sich nochmals um etwa $^1/_4$ des Stengelumfanges und erreichte den Knoten *a3, a4* genau zwischen diesen beiden Blättern und oberhalb *a2*. Die zweite Hälfte der ausgezogenen Linie giebt diesen Sachverhalt an. Die übrigen Rippen verhielten sich entsprechend.

Aus diesen Daten lässt sich nun die ursprüngliche Blattstellung berechnen.

Die Torsion des Stengels betrug . . .	$^1/_2 \times 360^0$
Die Entfernung von *b1* bis *b4*	$^3/_4 \times 360^0$
Der Anschlusswinkel *b4* bis *c1*	$^3/_4 \times 360^0$
Summa:	2×360^0

Ein normaler Cyclus fordert $(^1/_2 + ^1/_4 + ^1/_2 + ^3/_4) \times 360^0 = 2 \times 360^0$. Denkt man sich somit den Stengel detordirt, so würde der abnormale Cyclus genau denselben Theil der ganzen Blätterspirale einnehmen wie ein normaler, die Cyclen oberhalb und unterhalb von ihm würden also in ihrer gegenseitigen Stellung nicht gestört sein.

Nachdem der Stengel durch Abwelkenlassen hinreichend erschlafft war, habe ich ihn versuchsweise detordirt. Das Ergebniss stimmte mit der Rechnung überein, abgesehen von der zu geringen Entfernung der Blätter *b 2* und *b 3*, welche sich in so einfacher Weise nicht verändern liess.

Denkt man sich die Detorsion im Diagramm Fig. 6 ausgeführt, so erhält man dasselbe Resultat. Die ausgezogene Linie *c 2*, *b 2*, *a 2* soll dabei eine Gerade werden, und zwar mit dem Radius durch *a 2* zusammenfallen. Man hat also die Scheibe innerhalb des Kreises *c1*, *c 2* um 180^0 zu drehen und die Kreise *b1*, *b2* und *b3*, *b 4* entsprechend zu verzerren. Die beiden äusseren Kreise bleiben unverändert; *b1* behält seine Lage in Bezug auf diese, *b 4* seine Lage in Bezug auf den mittleren Theil. *b2* gelangt bei dieser Operation an den Punkt x, *c 2* an den Ort, wo jetzt *c1* liegt u. s. w. Es ist leicht sich zu überzeugen, dass durch diese Operation die Decussation im ganzen Diagramm eine normale wird.

Mit anderen Worten: Nach Aufhebung der Torsion stehen sämmtliche Blätter, auch die der Spirale, decussirt. Allerdings muss man dabei absehen von der longitudinalen Entfernung der Blätter *b1* bis *b 4* und von der etwas zu grossen horizontalen Annäherung von *b 2* und *b 3*.

Nach Analogie der Verhältnisse bei Dipsacus, Rubia, Weigelia und Lupinus ist es erlaubt anzunehmen, dass die Torsion erst nach der Anlage der Blätter am Vegetationskegel angefangen hat. Daraus ergiebt sich aber die weitere Folgerung, dass die Anlage auch der spiraligen Blätter in decussirter Anordnung stattgefunden haben muss.

Die Insertionen der vier Blätter des spiraligen Cyclus stehen schief, der Richtung der Schraube folgend. Dieses ist bei *b1*, *b2* und *b3* deutlich ausgeprägt, bei *b4*, welches etwas weiter entfernt ist, aber nur schwach. Die Verbindungslinie der Blätter wird namentlich deutlich durch die Stipeln, welche noch erhalten und auf derselben Linie inserirt sind. Ohne Zweifel ist eine hinreichend feste Verbindung der Blattbasen in der Spirale vorhanden, um als Ursache der Torsion gelten zu können, welche demnach eine wahre Zwangsdrehung im Sinne Braun's ist.

Eine sehr merkwürdige Bestätigung erfahren die theoretischen Erörterungen, welche erforderlich waren, um meine Beschreibung deutlich zu machen durch die folgende kleine Missbildung. Die vier Blätter der Spirale haben jede ihre beiden Stipeln, die benachbarten Stipeln von *b2* und *b3* sind aber unter sich verwachsen und bilden eine Stipel von doppelter Breite mit ungetheilter Spitze. Es ist diese Thatsache deshalb merkwürdig, weil *b2* und *b3* zu zwei verschiedenen Blattpaaren gehören, aber nach Delpino's Theorie nur um $^1/_4$ des Stengelumfanges von einander entfernt sind. Die übrigen Entfernungen sind $^1/_2$ und $^3/_4$. Somit hat nur bei der geringsten theoretischen Entfernung eine Verwachsung der Stipeln stattgefunden.

Lonicera tatarica.

Ein Strauch des hiesigen botanischen Gartens, der alljährlich bedeutend in seiner Blattstellung variirt, trug im Juli 1889 den auf Taf. X in Fig. 3 u. 4 abgebildeten Zweig. In seinem unteren Theile trug er vierblättrige, alternirende Wirtel, doch war hier sonst normal. Der obere dieser Wirtel ist in der Figur dargestellt, er war ein wenig auseinandergeschoben (Blatt 1—4). Darauf folgt ein Knoten mit drei Blättern (5—7) in fast gleicher Höhe, darauf einer mit gleichfalls drei Blättern in schwach ansteigender Schraube (8—10), während die höheren Blätter zerstreut sind. Die auf verschiedenen Knoten sitzenden Blätter sind unter einander nicht durch eine erhabene Leiste verbunden, wohl sind dieses die Blätter eines und desselben Knotens. Die Längsriefen des Zweiges sind sehr deutlich; sie laufen vom anodischen Rande von No. 4 am kathodischen von No. 5 entlang; in der Horizontalprojection würde also No. 5 unmittelbar neben No. 4 sitzen Dasselbe gilt von No. 7 u. 8, von No. 10 u. 11 und gleichfalls von den höheren Blättern. Alle bilden somit in jener Projection (Fig. 4) eine ununterbrochene Spirale.

Tordirt ist der Stengel nur in der Höhe von No. 8—10 und zwar um etwa 180°, wie in der Figur deutlich zu sehen ist. Die Riefen steigen rechts auf, der Richtung der Blattspirale entgegengesetzt. Es ist deutlich, dass die Torsion in derselben Weise wie bei Deutzia durch die Anordnung der Blätter in aufsteigender Spirale, die Verbindung ihrer Basis und die Streckung der Internodien verursacht wurde und somit eine echte Zwangsdrehung ist. Zwischen Blatt 5—7 trat keine Torsion ein; diese Blätter stehen in derselben Höhe. Zwischen den übrigen Blättern tordirt sich der Stengel gleichfalls nicht, offenbar weil er hier keinen Widerstand von zusammengewachsenen Blattbasen erfuhr; er konnte sich dementsprechend strecken.

Auch dieser Art fehlen die gürtelförmigen Gefässstrangverbindungen, wie ich an Kreosotpräparaten fand, und wie übrigens Hanstein (l. c. S. 83) bereits für die Gattung Lonicera angiebt.

Auffallender Weise finde ich an diesem Zweige nicht eine spiralige Ordnung der Blätter nach der Hauptreihe, sondern eine spiralige Stellung durch einfache Verzerrung der Wirtel zu Schrauben. In der Horizontalprojection Fig. 4 erkennt man drei und einen halben alternirenden, vierblättrigen Wirtel (1—4, 5—8, 9—12, 13—14), sie sind hier für den torsionslosen Zustand meines Zweiges gezeichnet. Durch gezogene Linien sind die Blätter verbunden, welche in annähernd gleicher Höhe stehen, durch unterbrochene Linien sind die gestreckten Internodien angedeutet.

Durch künstliche Detorsion würde man hier also wie bei Urtica die wirtelige Blattstellung zurückerlangen. Leider war der Zweig, als ich ihn auffand, bereits verholzt und der Versuch somit nicht ausführbar.

Dianthus Caryohpyllus.

Im Juli 1890 fand ich auf den Gütern des Herrn Dr. jur. J. H. Schober, in der Nähe von Putten, die beiden auf Taf. X in Fig. 7 u. 8 theilweise abgebildeten Zweige. Sie zeigen zwischen sonst völlig normalen, decussirten Blattpaaren an einer kleinen Stelle, auf der vier Blätter, offenbar zu zwei Blattpaaren gehörig, stehen, eine Zwangsdrehung. Diese ist in dem einen Sprosse (Fig. 7) stark, in dem andern (Fig. 8) nur wenig aufgeblasen.

Von den Blättern eines normalen Paares trägt in den beiden Zweigen stets nur ein Blatt einen Achseltrieb, der entweder eine Blüthenknospe oder eine kleine Gruppe von solchen trägt. Diese Regel erhält sich in der ganzen Inflorescenz bis zur Endblüthe. Die Laubblätter unterhalb der Inflorescenz haben aber keine Achseltriebe.

Im Zweige Fig. 8 fällt die Zwangsdrehung in der vegetativen Region, im Zweige Fig. 7 in der Inflorescenz. Hier führt dementsprechend auch jedes der beiden Blattpaare nur einen Achseltrieb, und zwar ist es hier in der linksansteigenden Zwangsspirale jedesmal das untere Blatt des Paares, dessen Achsel bevorzugt ist. In meinen Figuren habe ich die zum selben Paar gehörigen Blätter und Achseltriebe mit denselben Buchstaben belegt. So ist z. B. *b1* das untere Blatt des Blattpaares *b1 b2*, während der Trieb b′ in der Achsel von b1 steht. Ebenso für c1 mit c′ und c2, d1 mit d′ und d2.

Durch diese Stellung der Achseltriebe ist es ganz ausser Zweifel, dass die Gruppen *b1 b2* und *c1 c2* als Blattpaare mit ursprünglich decussirter Blattstellung betrachtet werden müssen, und nicht als zu einer Blattspirale nach einer der Formeln der Hauptreihe gehörig. Mit andern Worten, dass diese Zwangsdrehungen zum Typus Urtica gehören.

Doch weichen sie in untergeordneten Punkten von den bei Urtica urens beschriebenen Verhältnissen ab. Erstens durch die auffallende Aufbauchung in Fig. 7. Dann aber dadurch, dass die beiden Blätter *b1* und *b2* in gleicher Höhe auf einem normalen Knoten eingepflanzt sind. Sie sind beiderseits mit ihren Rändern verwachsen, ihr Quirl ist ein geschlossener. Nur der Quirl *c1, c2* ist geöffnet, der kathodische Rand von *c1* läuft am tordirten Stengel abwärts bis zum anodischen Rand von *b2*, der anodische von *c2* läuft eine kleine Strecke aufwärts. Nur die Missbildung dieses Blattpaares bedingt somit die Stauchung des tragenden Internodiums und die Torsion des Stengels an dieser Stelle. Die Riefen des Stengels steigen, entsprechend der linksgedrehten Blätterspirale, rechts auf; sie sind leicht und deutlich zu erkennen.

Im Zweige Fig. 8 sind die beiden Blattpaare *b1 b2* und *c1 c2* geöffnet und zu einer in der Mitte gedehnten Spirale verbunden.

Das gestauchte Internodium zwischen ihnen ist stark gekrümmt und tordirt (*o, p, q*).

§ 5. Uneigentliche Zwangsdrehungen.

A. Typus Crepis.

Crepis biennis.

Seit mehreren Jahren cultivire ich eine Rasse dieser Species mit prachtvollen Fasciationen. Sie zeigt gelegentlich und nicht gerade selten die üblichen Nebenerscheinungen dieser Missbildung und namentlich auch mehr oder weniger tiefgespaltene Blätter. Bisweilen schreitet die Spaltung bis zum völligen Dédoublement. Solches kommt wie bei andern Arten so auch hier sowohl bei verbänderten als bei atavistischen Zweigen vor. In den letzteren führt er bisweilen zu kleinen örtlichen Zwangsdrehungen. Von diesen werde ich hier das klarste, bis jetzt vorgefundene Beispiel beschreiben.

Ich habe diesen Zweig von zwei entgegengesetzten Seiten photographirt und die Zwangsdrehung mit ihrer nächsten Umgebung aus den Photographien auf Taf. XI in Fig. 9 u. 10 wiedergegeben. Zwischen zwei langen, gestreckten Internodien, von denen das obere 11 cm maass, lag eine Gruppe von vier Blättern, welche zu einer deutlichen rechtsaufsteigenden Spirale verbunden war. In Fig. 9 sieht man diese Spirale von der Aussenseite, in Fig. 10 von der Vorder- oder Innenseite. Die Blätter 1 u. 4 hangen nur mit ihrem Grunde mit 2 und 3 zusammen; diese beiden aber sind offenbar durch fast vollständiges Dédoublement aus einem Blatte hervorgegangen. Denn erstens sind ihre Mittelnerven bis zu einer Höhe von etwa 1 cm mit einander verwachsen, zweitens aber führen sie zusammen nur einen Achseltrieb. Dieses ist der merkwürdige, noch jugendliche Spross o. Er ist der Insertionslinie der Blätter parallel abgeflacht, unten fast 2 cm breit und bis zu seiner aus zahlreichen Köpfchen gebildeten Infloresceuz auch nur etwa 2 cm lang. Wäre er nicht der Längsachse parallel rinnenförmig eingerollt, so würde sein oberer Theil sich in der Fig. 10 viel breiter ausnehmen. Seine Insertion erstreckt sich etwa von der Mitte der Insertion des Blattes 1 bis zum anodischen Rand der Insertion 3. Das Blatt 1 hat sonst keine Achselknospe, das Blatt 4 hat seinen eigenen normalen, in der Figur nicht dargestellten Achselspross.

Es ist somit wohl erlaubt zu vermuthen, dass auch Blatt 1 ein Product des Dédoublement desselben (theoretischen) ursprünglichen Blattes ist wie 2 u. 3 und vielleicht gilt sogar dasselbe vom Blatte 4. Doch fehlt es mir an einem Principe, um solches in diesem sehr schwierigen Fall zu entscheiden.

Auch der Knoten am oberen Ende des Internodiums *p* (Fig. 9) trug ein gespaltenes Blatt.

Soweit sich der Einfluss der Blätterspirale 1—4 erstreckte, war der Stengel tordirt. Es ist dieses auch in den Figuren am schiefen Lauf der Riefen zu erkennen. Die Riefen stiegen links an, sie stehen in unmittelbarer Nähe der Spirale sehr schief auf diese, mit einer Neigung von fast 45° zur Achse des Stengels. Mit zunehmender Entfernung verliert sich ihre Neigung allmählich, sowohl aufwärts als abwärts, um am unteren und am oberen Ende der Insertionslinie unserer Blättergruppe sich fast gänzlich zu verlieren.

Da die beiden angrenzenden Internodien nicht tordirt sind, so ist es klar, dass zwischen der Torsion und der vierblättrigen Spirale eine ursächliche Beziehung obwalten muss. Und da nun die Torsion schwerlich das Dédoublement bedingen kann, so bleibt nichts anderes über als anzunehmen, dass hier eine der Braun'schen Zwangsdrehung analoge Erscheinung vorliegt.

Hoffentlich wird meine Rasse in späteren Generationen Material zur experimentellen Beweisführung in dieser Frage liefern.

Genista tinctoria.

Einen ganz ähnlichen Fall wie der oben beschriebene bot mir im Sommer 1890 ein Ast von Genista tinctoria. Der Ast erhob sich 40 cm über den Boden, war in der unteren Hälfte stielrund, flachte sich von der Mitte an allmählg ab und spaltete sich 10 cm unter seinem Gipfel in zwei Gabelzweige. Sowohl der stielrunde als der verbreiterte Theil trugen hier und dort gespaltene Blätter und völlig dédoublirte Blätter mit einziger Achselknospe; die beiden Gabelzweige waren aber normal. Es lag hier also offenbar ein Fall von Fasciation vor.

In einer Höhe von 5 cm über dem Boden zeigte der Spross eine kleine örtliche Zwangsdrehung von ähnlichem Bau wie bei Crepis. Die gedrehte Stelle war 1,5 cm lang, die Torsion betrug etwa 90°. Die Riefen des Stengels waren links gedreht, die zweiblättrige, offenbar durch Dédoublement entstandene Spirale rechts aufsteigend[1]).

B. Typus Fagopyrum.

Polygonum Fagopyrum.

Im Juli 1890 fand ich unweit Ermelo auf einem Buchweizenfelde eine Pflanze, an der dicht unterhalb des Gipfels zwei aufeinander folgende Blätter mit ihren Ochreae auf einer Seite des Stengels verwachsen waren. Demzufolge waren die Stipelbildungen geöffnet, statt in sich geschlossen, und war das zwischenliegende Internodium gestaucht und tordirt.

Diesen Zweig habe ich auf Taf. XI in Fig. 4 abgebildet. Von den beiden verwachsenen Blättern, 1 und 2, sieht man nur die Blattstiele und die Achseltriebe 1a und 2a (eine Partial-Inflorescenz wie 3a). In der Region der höheren Blätter 3, 4 u. s. w. war der Spross normal. Zwischen o p q liegt die Zwangsdrehung. Vom Knoten o läuft die Achse horizontal, im Knoten p biegt sie sich aufwärts und über, wodurch sie sich weiter hinauf in die Verlängerung des untersten Internodiums stellt.

Die Ochreastipel des Blattes 1 ist hinter dem Sprosse mit jener des Blattes 2 zu einem einheitlichen Gebilde verwachsen; vorne (in der Figur) erhebt sich die andere Stipel des Blattes 2 (*p*) am tordirten Stengeltheile ein wenig aufwärts. Die beiden Blätter bilden somit eine kleine rechtsansteigende Spirale, das gestauchte Internodium ist dementsprechend schwach, aber deutlich mit links aufsteigenden Riefen bedeckt.

Verkürzte Internodien sind auch sonst beim Buchweizen keineswegs selten. Aber gewöhnlich ist die Verkürzung nicht von einer Verwachsung der Blätter und einer Torsion begleitet.

Dritter Abschnitt.

Braun's Theorie der Zwangsdrehungen.

§ 1. Die Theorie Braun's.

Es soll jetzt meine Aufgabe sein, zu zeigen, in wie weit die in diesem und dem vorigen Haupttheile meiner Abhandlungen

1) Während des Druckes beobachtete ich eine ähnliche uneigentliche Torsion in einer stellenweise fasciirten Inflorescenz von Rheum Emodi.

mitgetheilten neuen Thatsachen mit dem bereits vorhandenen Erfahrungsmaterial zu einer Beweisführung für die von Braun aufgestellte Erklärung ausreichen.

Ich beschränke mich dabei auf die eigentlichen Braun'schen Zwangsdrehungen, und schliesse die uneigentlichen (Crepis, Fagopyrum) aus, da diese von Braun nicht berücksichtigt worden sind. Ebenso schliesse ich selbstverständlich diejenigen Fälle aus, welche zwar von Schimper, Magnus und Anderen, nicht aber von Braun selbst zu den Zwangsdrehungen gerechnet worden sind. Von diesen handelt der letzte Haupttheil meiner Arbeit.

Endlich bemerke ich noch, dass ich den Erklärungsversuch Braun's nicht als eine vollendete mechanische Theorie der eigentlichen Zwangsdrehungen betrachte und dass ich mir klar bewusst bin, dass auch meine eigenen Experimente eine solche aufzustellen nicht erlauben. Vieles bleibt auf diesem Gebiete noch zu erforschen übrig.

Es fragt sich nur, in wie weit Braun's Ansicht von den jetzt bekannten Thatsachen gestützt wird.

Es sei mir gestattet, die ganze Erörterung, mit welcher der grosse Morphologe in seinem berühmten Aufsatz über den schiefen Verlauf der Holzfaser und die dadurch bedingte Drehung der Bäume[1]) den Begriff der Zwangsdrehung in die Wissenschaft eingeführt hat, hier wörtlich anzuführen.

„Zu den abnormen Drehungen, welche dem kurzen Weg der Blattstellung folgen, gehört die Zwangsdrehung, welche bei vielen Pflanzen eintritt, wenn die normal paarige oder quirlständige Anordnung der Blätter in eine spiralige übergeht. Wenn nämlich in solchen Uebergangsfällen die in spiraliger Ordnung sich folgenden Blätter an der Basis einseitig, der Spirale folgend, zusammenhängen, so muss der Stengel, in seiner allseitigen Streckung behindert, durch ungleiche Dehnung eine spiralige Drehung annehmen, die so weit gehen kann, dass die Blätter mit senkrecht gestellter Basis eine einzige Reihe bilden. Der im Längenwuchs behinderte Stengel dehnt

---

1) Berichte üb. d. Verhandl. d. k. preuss. Acad. d. Wiss. Berlin 1854, S. 432.

sich dabei oft stark in die Dicke und erscheint dann monströs aufgeblasen. Viele derartige Fälle sind von den Autoren beschrieben worden, jedoch ohne Einsicht in den Grund dieser Missbildung[1]).“

Versuchen wir jetzt, zu zeigen, wie weit das jetzt vorhandene Beobachtungsmaterial zum Beweise dieses vor fast vierzig Jahren aufgestellten Satzes reicht. Ich werde dazu die einzelnen Theile des Satzes nach einander den Thatsachen gegenüber zu stellen haben.

1. Zwangsdrehung kommt nur bei Arten mit quirlständigen oder decussirten Blättern vor. Von ersteren kannte Braun Equisetum, Casuarina, Hippuris und einige andere Gattungen. Von letzteren nennt Braun Dipsacus, Galium, Valeriana, Mentha; diesen sind Rubia, Weigelia, Deutzia, Urtica und die ganze Reihe der im nächsten Haupttheil zusammengestellten Arten beizufügen, welche sämmtlich decussirte Blätter haben. Die kritische Prüfung der Angaben über Arten mit zerstreuten Blättern wird uns im letzten Haupttheil zeigen, dass diese nicht die Zwangsdrehung im Sinne Braun's besitzen[2]).

Die uneigentliche Braun'sche Zwangsdrehung von Crepis und Fagopyrum scheint äusserst selten zu sein und erfordert ganz bestimmte teratologische Abweichungen (Spaltung oder Verwachsung von Blättern).

2. Die normal paarige oder quirlständige Anordnung der Blätter ist in den Zwangsdrehungen in eine spiralige übergegangen. Directe Beweise für diesen Satz lieferte die Untersuchung des Vegetationspunktes von Galium Mollugo durch Klebahn, die zahlreichen von mir geschnittenen Vegetationspunkte tordirender Stengel von Dipsacus silvestris, sowie das Studium von Rubia tinctorum, Lupinus luteus und Weigelia amabilis. Bei Dipsacus ist die Spirale der Blätter, vor dem Anfang der Torsion, sowohl in den Rosetten des ersten Jahres, als während des Emporschiessens der tordirenden Stengel ohne Weiteres sichtbar.

---

1) l. c. S. 440. Dieselbe Erörterung, nur wenig erweitert, findet sich in den Sitzber. d. Ges. naturf. Freunde, Berlin 1872; vergl. Bot. Zeitung 1873, S. 31.

2) Vergl. § 4—8.

Aber auch an den erwachsenen Stengeln lässt sich, in tordirten Exemplaren, eben so gut wie an normalen Stengeln die ursprüngliche Blattstellung ermitteln, wie im ersten Abschnitt dieses Theiles § 4 auseinandergesetzt wurde. Ich konnte in dieser Weise die ursprüngliche Blattstellung bei Valeriana officinalis in drei tordirten Stengeln, bei Weigelia amabilis in mehreren, bei Rubia tinctorum in einigen, und bei Deutzia scabra an einem tordirten Zweige untersuchen. Sie ergab sich jedesmal als eine spiralige, gewöhnlich nach der Hauptreihe (meist $^5/_{13}$), bisweilen nach schraubenförmig aufgelösten Wirteln (Lonicera) oder Blattpaaren (Urtica urens, Dianthus Caryophyllus).

In Bezug auf die übrigen Arten ist erstens hervorzuheben, dass Variationen der decussirten und wirteligen Blattstellung keineswegs seltene Erscheinungen sind und dass namentlich bei Deutzia scabra und Lonicera tatarica die Zwangsdrehungen gerade an Individuen beobachtet wurden, deren Blattstellung fast in jeder Richtung variirte. Solches ist auch bei Dipsacus, Valeriana und Weigelia der Fall, und bei Galium beobachtete schon Kros der Stengelachse parallele Verschiebungen der Glieder in den Blattwirteln[1]).

Der Uebergang der decussirten Blattstellung in eine spiralige ist also für eine Reihe der wichtigsten Fälle der Zwangsdrehung bewiesen und darf für die übrigen, aus Analogie, jedenfalls so lange angenommen werden, bis auch bei ihnen sich die Gelegenheit zur directen Entscheidung bietet.

3. Die in spiraliger Ordnung sich folgenden Blätter hängen an der Basis einseitig, der Spirale folgend, zusammen. Diese Thatsache leuchtet bei Dipsacus silvestris ohne Weiteres ein[2]). Doch es kommt hier offenbar nicht auf die Verwachsung der breiten aber dünnen Blattflügel an, welche selbstverständlich einem Zuge keinen Widerstand leisten würden. Ebenso wenig auf die Gefässbündelverbindungen der Blattbasis, deren mögliche Bedeutung in dieser Beziehung zuerst Klebahn betont hat. Seine Figuren lassen diese Verbindungen sowohl im normalen als im gedrehten Stengel erkennen[3]) und genau dasselbe ergab die anatomische Untersuchung für Dipsacus und Rubia.

---

1) S. Kros, De Spira l. c. S. 95.

2) Vergl. unsere Tafel V, Fig. 5.

3) Ber. d. d. bot. Ges., Bd. VI, Taf. XVIII, Fig. 9—11.

Doch auch ohne gürtelförmige Gefässbündelverbindung kann der Zusammenhang der Blattbasen hinreichend gross sein, um die Zwangsdrehung zu veranlassen. Solches ist sogar bei den meisten Gattungen, welche diese Erscheinung gelegentlich zeigen, der Fall.

Auch das schraubenförmige Diaphragma im Innern hohler, zwangsgedrehter Stengel bildet an sich die Klemme nicht. Ebenso verhält es sich nach meinen im ersten Theil, Abschnitt V, § 2 beschriebenen Versuchen an Dipsacus silvestris mit der ganzen Insertionslinie der Blätterspirale. Denn zur vollen Aufhebung der Zwangsdrehung gelangte ich erst, als ich die einzelnen Blätter mit sammt dem ihnen zugehörigen Theil des Stengels (ihre Blattspuren bis zum nächstunteren Umgang der Blätterspirale umfassend) von einander isolirte.

4. Durch die Blattspirale ist der Stengel in seiner allseitigen Streckung behindert.

Findet keine Streckung statt, so führt die Spirale trotz der Verwachsung der Blattbasen nicht zur Torsion. Als Beweis führte Braun Pycnophyllum an; ebenso überzeugend und in unmittelbarer Beziehung zu der Hauptfrage sind die einjährigen Exemplare von Dipsacus silvestris torsus, deren spiralige Blattstellung gleichfalls ohne Einfluss auf die Achse ist.

Noch wichtiger aber ist die Thatsache, dass bei unserem Dipsacus, im zweiten Vegetationsjahre, die Torsion gleichzeitig mit der Streckung der Internodien anfängt. Die jugendliche Stengelspitze, soweit ihre Internodien noch nicht die Länge von etwa 5 mm überschritten haben, ist ganz gerade und ungedreht, trotz der spiraligen Verwachsung ihrer Blätter.

5. Der Stengel muss, durch dieses Hinderniss zu ungleicher Dehnung gezwungen, eine spiralige Drehung annehmen, die so weit gehen kann, dass die Blätter mit senkrecht gestellter Basis eine einzige Längsreihe bilden.

Auf die geometrische Richtigkeit dieser Folgerung brauche ich wohl nicht einzugehen. Sie ist ohne Weiteres klar. Nur dadurch, dass die Blattspirale möglichst entrollt wird, erhalten die zwischen ihren Windungen befindlichen Abschnitte des Stengels den erforderlichen Raum zu ihrer Streckung.

Die Entrollung der Blattspirale habe ich bei Dipsacus silvestris direct beobachtet. Sie fängt an, sobald die Streckung der

Internodien anhebt und dauert, bis diese ausgewachsen sind. Sie ist um so erheblicher, je grösser dieses Längenwachsthum. Bei maximaler Streckung werden die Blätter in eine gerade Längsreihe gestellt, bei geringerer Streckung wird die Spirale nur zum Theil entrollt. Jedes einzelne Blatt wird dabei in tangentialer Richtung verschoben, diese Bewegung nimmt Anfangs zu, erreicht aber etwa gleichzeitig mit dem Maximum des Längenwachsthums im entsprechenden Internodium ihren grössten Werth, um von da an wieder abzunehmen. Als grösste Geschwindigkeit beobachtete ich eine Drehung des Blattes um 180° in vier Tagen[1]).

Eine eingehende Betrachtung der Blattstellung an einem tordirten Aste von Weigelia amabilis, in dessen jüngsten Internodien die Torsion eben anfing, führte zu ganz ähnlichen Schlüssen[2]). Ebenso bei Rubia und Lupinus.

6. Der Widerstand der Blätterspirale gegen die Streckung des Stengels ist die einzige Ursache der Zwangsdrehung. Die Richtigkeit dieses Satzes, der wohl den eigentlichen Kern der Braun'schen Theorie bildet, ist offenbar nur auf experimentellem Wege darzuthun. Es muss der Beweis geliefert werden, dass nach Aufhebung jenes Widerstandes der Stengel sich nicht dreht, sondern gerade aus wächst. Es gelang mir dieses bei Dipsacus silvestris, indem ich die Blätterspirale, gerade in dem Momente, wo die Torsion anfangen würde, durchschnitt. Es müssen dabei nicht nur die Blätter, sondern auch die zugehörigen Internodialstücke des Stengels von einander isolirt werden. Die so operirten Stengeltheile blieben gerade, während unterhalb und oberhalb die nicht operirten Internodien sich in üblicher Weise drehten[3]).

Die Pflanzen machen gar oft dasselbe Experiment. Sie durchreissen die Spirale und das betreffende Internodium wächst, oft zu bedeutender Länge, ohne Torsion, aus. Es trägt dann auf einer Seite eine Wundlinie, welche die Blattspirale der oberen und unteren Theile verbindet. Eine auffallende Form dieser Erscheinung sei hier erwähnt, in der die Spirale mitten in dem Fusse eines Blattes auf-

---

1) Vergl. auch Ber. d. d. bot. Ges., Bd. VII, 1889, S. 291—298 und Taf. XI, Fig. 2.

2) Vergl. oben II, § 2, S. 101 ff.

3) Ber. d. bot. Ges. l. c. Taf. XI, Fig. 6 und unsere Taf. VII, Fig. 1 u. 7.

gerissen wird, und dieses dann, wie mit zwei weit abstehenden Beinen, den beiden Enden des gestreckten Internodiums aufsitzt[1]).

7. Der im Längenwuchs behinderte Stengel dehnt sich dabei oft stark in die Dicke und erscheint dann monströs aufgeblasen. Jeder Stengelabschnitt sucht im gedrehten Sprosse dieselbe Länge zu erreichen, welche er am normalen Individuum angenommen haben würde. Arten mit kurzen Internodien haben daher nur in geringem Grade verdickte Zwangsdrehungen, wie z. B. Mentha, solche mit sehr langen Gliedern aber werden bei der Zwangsdrehung monströs aufgeblasen, becherförmig, tympanitisch. Beispiele dazu sind Rubia, Dipsacus und im höchsten Grade Valeriana. Saftige Stengel scheinen in der Ausdehnung ihrer Internodien weniger behindert zu werden als fester gebaute; dies erklärt wohl den Unterschied in der Form der gedrehten Stengel der beiden letztgenannten Gattungen. Auch das Fehlen einer Anschwellung bei Weigelia und Deutzia wird zum Theil dem Holzreichthum ihrer Stengel zuzuschreiben sein. Doch scheint auch die Dehnbarkeit der Blattbasen, in der Richtung der Spirale hier ins Gewicht zu fallen, da meine tordirten Zweige von Weigelia ganz auffallend verbreiterte Blattinsertionen besitzen. Ebenso verhält sich Lupinus.

An jedem einzelnen Sprosse wechselt die Dicke des aufgeblasenen, tordirten Theiles offenbar im Zusammenhang mit dem Grade der Streckung der betreffenden Stengelabschnitte in normalen Individuen.

Durch die angeführten Thatsachen glaube ich für Dipsacus silvestris einen lückenlosen Beweis für die Braun'sche Theorie geliefert zu haben. Aber auch in Bezug auf die übrigen Arten ist das vorhandene Beobachtungsmaterial bereits ein solches, dass an der Richtigkeit der Erklärung wohl kein redlicher Zweifel mehr obwalten kann. Vollständig wird der Beweis selbstverständlich erst dann werden, wenn so viele Arten wie möglich einer experimentellen Forschung unterworfen sein werden. Dazu muss aber erst die Zwangsdrehung in jedem einzelnen Falle in ähnlicher Weise fixirt werden, wie in unserem Dipsacus silvestris torsus[2]).

1) Vergl. Taf. VI, Fig. 1 u. 7.

2) Versuche in dieser Richtung habe ich u. A. mit Valeriana officinalis und Rubia tinctorum angefangen.

§ 2. Einwände gegen die Theorie Braun's.

Es ist nicht leicht, eine klare Einsicht zu erlangen in die Einwände, welche von verschiedenen Forschern gegen die Theorie Braun's hervorgehoben worden sind. Es rührt dieses von der wechselnden Bedeutung des Namens Zwangsdrehung her. Denn mehrere Schriftsteller haben, bei dem Studium von Verdrehungen, welche gar nicht zu den Braun'schen Zwangsdrehungen gehören, ihre Ergebnisse als Einwände gegen diese Theorie betrachtet. Es hat in dieser Weise die Benutzung des Wortes in einem anderen Sinne als von Braun geschehen ist, vielfach zu Verwirrungen und Missverständnissen geführt.

Wenn man das im Anfang des vorigen Paragraphen abgeschriebene Citat Braun's genau liest, so ist es klar, dass er den Namen auf eine ganz bestimmte, eng umschriebene Gruppe beschränkt. Ihr Merkmal ist die abnormal spiralige Anordnung der Blätter. Torsionen an nackten Stengeln oder einzelnen Internodien sind somit keine Braun'sche Zwangsdrehungen. Verkürzung und Aufbauchung des Stengels kommen oft vor, sind aber kein sicheres Merkmal. Sie kommen, wie wir sahen, bei Weigelia, Lupinus u. s. w. nicht vor und fehlen gleichfalls in mehreren von Braun in seiner Sammlung eigenhändig als Zwangsdrehung bezeichneten Fällen[1]).

Es ist nun offenbar äusserst zweckmässig, die verschiedenen Erscheinungen mit verschiedenen Namen zu belegen. Und da weder die Mechanik der Braun'schen, noch die Art und Weise, wie die übrigen sogenannten Zwangsdrehungen zu Stande kommen, hinreichend genau erforscht worden ist, so muss man sich bei der Trennung der Gruppen nach äusseren, leicht kenntlichen Merkmalen umsehen. Es soll damit überhaupt nichts über ihre später zu entdeckenden Ursachen ausgesagt werden.

Nach dieser Erörterung beschränke ich mich in diesem Paragraphen auf die echten Braun'schen Zwangsdrehungen; die einfachen Torsionen werde ich im letzten Hauptheil dieser Abbandlung besprechen.

---

1) Vergl. hierüber den folgenden Theil, Abschnitt II.

Die zu behandelnden Einwände zerfallen in drei Gruppen: 1. das Einrollungsschema, 2. die Erklärung der typischen Zwangsdrehungen, 3. die Ermittelung der Grenzfälle.

Eine Reihe von kleineren, von verschiedenen Autoren gemachten Einwänden sind durch die seitdem gefundenen Thatsachen von selbst widerlegt und brauchen daher nicht besonders besprochen zu werden.

Ich komme jetzt zu der Besprechung des wohl nur aus historischen Rücksichten bemerkenswerthen Einrollungsschema.

Mehrfach wurde folgende Vorstellung von der Zwangsdrehung gegeben[1]). Wenn man einen normalen Stengel der Länge nach aufschneidet und zu einem flachen Bande abplattet, so kann man ihn nachher in schiefer Richtung aufrollen und dabei sorgen, dass jedes Blattpaar genau an das vorhergehende angepasst wird. Denkt man sich nun die einzelnen Windungen dieses spiraligen Bandes mit ihren Rändern verwachsen, so entsteht das Bild einer wirklichen Zwangsdrehung. Umgekehrt könnte man einen tordirten Stengel zu einem solchen spiraligen Bande aufschneiden und dieses in querer Richtung in der Form eines normalen Stengels aufrollen.

Offenbar kann diese Vorstellung nur als Mittel zur geometrischen Orientirung betrachtet werden und nicht den Anspruch einer entwickelungsgeschichtlichen Hypothese machen. Sie würde aber nur für jene Fälle zutreffen, in denen die spiralige Anordnung der Blätter durch Auflösung der Blattpaare mittelst longitudinaler Verschiebung erreicht worden wäre, wie Suringar annahm[2]). Dieses ist nun, wie wir gesehen haben, zwar bei einzelnen Arten, nicht aber bei den wichtigsten Gattungen wie Dipsacus, Galium und Valeriana der Fall.

Würde man das Auf- und Einrollungsexperiment mit solchem Stengel durchführen, so würde man offenbar bei $^2/_5$ abwechselnd zwei- und dreiblättrige Knoten erhalten, bei $^5/_{13}$ Knoten mit 3, 2, 3, 3, 2 u. s. w. Blättern. Man würde somit niemals zu einem normalen Stengel kommen, wie die Autoren vermutheten, sondern zu Widersprüchen, welche nur mit Hilfe sehr complicirter Hypothesen

1) z. B. De Candolle, Monstruosités végetales, p. 17; Masters, l. c. S. 321; Suringar, Kruidk. Archief I, S. 328.

2) Vergl. Haupttheil II, Abschnitt I.

zu lösen wären[1]). Thatsächlich hat bis jetzt keiner sein Object einem solchen Versuche geopfert; der auf Taf. V, Fig. 10 abgebildete, aufgeschnittene und flach gelegte Stengel von Dipsacus silvestris torsus zeigt aber deutlich, was man in solchen Fällen gefunden haben würde.

In Bezug auf den zweiten Einwand, den Zweifel der Richtigkeit der von Braun für die Zwangsdrehung gegebenen Erklärung, ist folgendes zu bemerken. Die Torsion des Stengels kann nicht wohl als die mechanische Ursache der spiraligen Anordnung und Verwachsung der Blätter betrachtet werden. Denn überall, wo die Entwickelungsgeschichte untersucht wurde (Galium, Dipsacus, Rubia, Weigelia, Lupinus), ergab sich, dass letztere bereits vor Anfang der Torsion vorhanden ist. Die Annahme, dass die Torsion in allen den zahlreichen echten Braun'schen Zwangsdrehungen zufällig von spiraliger Blattstellung begleitet sei, ist gleichfalls keine sehr befriedigende. Dagegen kann die spiralige Anordnung und die Verwachsung der Blätter (und ihrer Internodialstücke) wohl die Torsion bedingen.

Solange somit nicht das Gegentheil bewiesen ist, bleibt die Erklärung Braun's die einfachste und natürlichste. Nur soll man sie nicht auf andere Fälle (Schimper'sche und Magnus'sche Zwangsdrehungen) anwenden wollen.

Magnus sucht die Ursache der Braun'schen Zwangsdrehungen in „der Hemmung des Längenwachsthums, welche der Stengel in der Jugend in Folge des Druckes der umgebenden Blätter erfährt.“ Er meint, dass in meinen Versuchen, in denen ich „die am Grunde verwachsenen Blätter durch Einschnitte trennte und dadurch die Zwangsdrehung aufhob, dabei zugleich mit den Verbindungslinien auch die umhüllenden Blätter durchschnitten und dadurch der Druck aufgehoben sei“[2]). Ich habe demgegenüber im ersten Theil, Abschn. V, § 1 u. 2 gezeigt, erstens, dass die Torsion grossentheils stattfindet, nachdem die betreffenden Internodien und Blätter bereits aus dem Verband der Knospe herausgetreten sind und zweitens, dass meine

1) Die Unrichtigkeit jener Hypothese ist auch schon von Magnus betont worden, Sitzb. Brandenburg XIX, S. 122.

2) Citirt nach einem Zeitungsberichte über die Frühlingsversammlung des botanischen Vereins der Prov. Brandenburg am 31. Mai 1890.

Einschnitte nicht innerhalb der Knospe, sondern erst beim Austritt der Theile aus dieser gemacht wurden.

Der von Magnus vermuthete Druck ist somit experimentell nicht nachweisbar.

Nochmals möchte ich betonen, dass gar kein Grund vorliegt, weshalb die Ursache der Zwangsdrehung von Dipsacus dieselbe sein sollte, wie die der von Magnus am Schafte von Taraxacum beschriebenen Drehung [1]).

Gehen wir jetzt zu dem dritten zu behandelnden Einwande über. Dieser findet seinen Ursprung in der grossen Bedeutung, welche der Spiralrichtung in früheren Zeiten in der botanischen Morphologie zugeschrieben wurde. Hat man doch bisweilen die Spiraltendenz als eine ganz besondere Kraft in den Vordergrund stellen zu müssen geglaubt! Schauer äussert sich, nach Aufzählung der Zwangsdrehungen und anderen Torsionen, folgendermaassen: „Alle Verdrehung aber entspringt aus einem Uebermächtigwerden des Bildungstriebes nach einer Richtung hin, in Folge dessen die allen Fasern ursprünglich innewohnende spiralige Richtung nun übermässig stark und somit in regelwidrigen Bildungen hervortritt“ [2]).

Diese Betrachtungsweise kann seit langer Zeit als überwundener Standpunkt angesehen werden, sie mag aber wohl am meisten dazu beigetragen haben, dass die rein mechanische Erklärung Braun's so wenig Eingang gefunden hat. Ihre Schuld mag es hauptsächlich sein, dass so viele Forscher eine scharfe Trennung der Zwangsdrehung von den übrigen Torsionen nicht haben anerkennen wollen.

Unter Denjenigen, welche bei der Zwangsdrehung wie bei den einfachen Torsionen die Drehung des Stengels als das Primäre ansehen, ist Magnus wohl der Einzige, der seine Meinung in neuester Zeit ausführlich erörtert und begründet hat [3]). Ich habe schon zu wiederholten Malen darauf hingewiesen, wie er mit vollem Rechte

1) Eine Abbildung dieses Schaftes verdanke ich der Freundlichkeit des Herrn Prof. Magnus.

2) Uebersetzung von Moquin-Tandon's Pflanzenteratologie, S. 167. Aehnliches bei Kros, de Spira, l. c. und bei Morren, „Spiralisme tératologique“, l. c.

3) Sitzungsber. d. bot. Ver. d. Prov. Brandenburg XIX, 1877, S. 118 (Dipsacus silvestris) und Verhandl. desselben Vereins XXI, 1879, S. VI (Phyteuma).

eine Anwendung der Braun'schen Theorie auf die Drehungen von Stengeln mit zerstreuten Blättern, wie Phyteuma und Campanula, zurückwies, dass aber die Grenze zwischen den Fällen, auf welche seine Erklärung passt, und derjenigen, welche im Sinne Braun's zu deuten sind, meiner Ansicht nach anderswo zu ziehen ist, als er behauptet.

Es erübrigt mir also nur den Grenzfall näher zu besprechen. Dieser wird, nach ihm, von denjenigen Zweigen von Dipsacus silvestris gebildet, welche die Torsion nur in geringem Grade der Ausbildung besitzen. „In solchen Fällen erkennt man, schreibt er, dass die Drehung der Längsriefen des Stengels auch ohne Verwachsung der Blätter auftritt.“ An einem Exemplar fand er diese Riefen an dem letzten Blattpaare unter dem abschliessenden Blüthenknopfe stark links gedreht und den Stengel etwas aufgebauscht. Die Blätter standen nach der minder gewölbten Seite des Stengels einander genähert, während sie der Höhe nach auseinandergerückt waren. Magnus betrachtet diese Stellung der beiden Blätter als die Folge der Torsion des Stengels, aber wenigstens mit gleichem Rechte kann man sie als deren Ursache betrachten. Meiner Ansicht nach bildeten die Blätter einfach einen kleinen Theil einer Spirale, nach $^{5}/_{13}$ oder einem andern Werthe der üblichen Reihe; daher wären sie nur auf einer Seite verbunden, wenn hier auch nicht sichtbar verwachsen; daher stünde das eine höher als das andere, und daher verhinderten sie die Streckung des Stengels auf der Seite ihrer Verbindung, und führte das Längenwachsthum somit zur Torsion und Auftreibung auf der gegenüberliegenden Seite. Ich habe solche Fälle in grosser Anzahl in meinen Händen gehabt[1]) und sie häufig in dieser Richtung geprüft, stets ergab sich mir aber die Braun'sche Erklärung als die einzig richtige.

Selbstverständlich ist eine endgültige Entscheidung nur von der Entwickelungsgeschichte zu erwarten. Da aber an den Seitenzweigen der tordirten Dipsaci decussate, ternate und spiralige Blattstellungen in bunter Mannigfaltigkeit abwechseln, so dürfte es schwer sein, in einem bestimmten Falle zu einem gegebenen fertigen Zustande den Jugendzustand derart zu finden, dass Zweifel an beider Identität

1) Abgebildet habe ich sie in dem Ber. d. d. bot. Ges., Taf. XI, Fig. 5 und in dieser Abhandlung z. B. auf Taf. VI, Fig. 3.

unmöglich sind. Da aber die verschiedenen Blattstellungen sowohl an Vegetationspunkten wie an erwachsenen Zweigen zu finden sind, ist es offenbar das Einfachste für jede im erwachsenen Zustand sich darbietende Stellung die entsprechende Anordnung am Vegetationspunkt als Jugendform zu wählen. Wenigstens bis in einem Falle das Gegentheil direct erwiesen ist.

Betrachtet man die Torsion des Stengels als das Primäre, so ist nicht einzusehen, weshalb diese an einblättrigen Knoten nicht vorkommen sollte; ist die Verbindung der Blätter die Ursache der Torsion, so dürfen einblättrige Knoten nie tordirt sein, vorausgesetzt dass sie nicht durch Zerreissung der Blattspirale einblättrig geworden sind. An Zweigen zweiter und dritter Ordnung stehen nun, bei meinem *Dipsacus silvestris torsus* die obersten Blätter häufig alternirend, die Knoten sind dann stets ohne Torsion.

Gestreckte Stengeltheile mit localen Torsionen sind gar nicht selten. Wären diese von den Blättern unabhängig, so müssten sie über Knoten und Internodien gleichmässig vertheilt sein. Dem ist aber nicht so; die Torsionen sind stets am Grunde der Blätter am stärksten, um so kräftiger, je länger die ununterbrochene Reihe der Blätter ist. Gestreckte Internodien sind, auch mitten im tordirten Stengel, gerade.

Allerdings erstrecken sich die Torsionslinien auf den gestreckten Internodien vom oberen und unteren Blatte aufwärts und abwärts eine Strecke weit. Doch stets mit abnehmender Neigung. Offenbar sind dieses nur Uebergangsstellen, an denen vielleicht häufig äussere Ursachen die Drehungen sich weiter hinziehen lassen, als der directe Einfluss der hemmenden Blattspirale dies erwarten lassen würde[1]).

Magnus hebt hervor, dass seine Ansicht nicht anzugeben vermag, warum die Drehung nie einen stärkeren Grad erreicht, sodass sie das jüngere Blatt an dem älteren vorbeiführen würde. Nach *Braun's* Vorstellung ist die gerade Längszeile selbstverständlich die äusserste Grenze der Entrollung der Spirale.

Ein letztes Argument führt *Magnus* in der Thatsache an, dass die Blätter über der Zwangsdrehung stets wieder in der normalen Stellung sich kreuzender Paare stehen. In meinem Material herrscht in dieser Hinsicht grössere Abwechselung. Dreigliedrige Quirle sind

1) Vergl. hierüber *Sachs*, Lehrb. d. Bot., 4. Aufl., S. 833, Alin. 2.

an den Hauptstämmen oberhalb der tordirten Strecke viel gewöhnlicher als decussirte; an den Seitenzweigen sind beide häufig, auch viergliedrige Wirtel und alternirende Blätter nach $^{1}/_{2}$ sind nicht selten. Dass die Blattstellung variabel ist, wenn Zwangsdrehungen auftreten, habe ich auch für Valeriana, Weigelia und andere Arten nachgewiesen. Und dass die echte spiralige Anordnung ausserhalb der tordirten Theile nicht gefunden wird, liegt einfach daran, dass sie die Torsion mit Nothwendigkeit bedingt. Dies lehren ja auch die Fälle, in denen die Blätterspirale von den sich streckenden Internodien zerrissen wurde.

Ich habe die Ansichten meiner Gegner möglichst ausführlich besprochen, da ich hoffe die obwaltenden Meinungsverschiedenheiten dadurch ausgleichen zu können, und für die Theorie Braun's auch bei ihnen volle Anerkennung zu gewinnen. Noch mehr lag mir aber daran zu zeigen, wie reichhaltig und belehrend das von ihnen angehäufte Beobachtungsmaterial ist, und wie viel ich ihnen in dieser Hinsicht verdanke.

III. Theil.

Uebersicht der bis jetzt bekannten Fälle von Braun'scher Zwangsdrehung.

Erster Abschnitt.

Literatur.

Zwangsdrehungen sind so auffallende Erscheinungen, dass sie wohl selten von Botanikern gesehen sein werden, ohne ihre Aufmerksamkeit auf sich zu lenken. Namentlich wird dies der Fall sein, seitdem Braun's Erklärungsversuch ein allgemeines wissenschaftliches Interesse in sie wachgerufen hat. Und wenn die folgende Liste auf Vollständigkeit in diesem Umfange wohl keinen Anspruch machen kann, so muss es doch auffallen, dass die Reihe der bis jetzt beschriebenen Beispiele eine so sehr kleine ist.

Aus diesem Grunde stelle ich zunächst die mir bekannt gewordenen Fälle zusammen. Die in Klammern beigefügten Zahlen geben die Anzahl der Einzelfunde an.

Arten mit wirteliger Blattstellung:

Equisetum Telmateja (7), E. palustre (1), E. limosum (5).
Casuarina stricta (1).
Hippuris vulgaris (2).

Arten mit decussirten Blättern[1]):

A. Mit gürtelförmigen Gefässstrangverbindungen:

Dipsacus silvestris (2), D. fullonum (4), D. Gmelini (1).
Valeriana officinalis (10 + 1 neuer), V. dioica (2), V. montana (1).
Galium Mollugo (2), G. verum (3), G. palustre (1), G. Aparine (1), G. sp. (3), Aparine laevis (1).
Rubia tinctorum (2).

B. Ohne gürtelförmige Gefässstrangverbindungen.

Crassula ramuliflora (1).
Dianthus barbatus (1).
Dracocephalum speciosum (1).
Mentha aquatica (1), M. viridis (1)[2]).
Thymus Serpyllum (1).
Hyssopus officinalis (1).

Aus dieser Liste geht hervor, was schon von verschiedenen Autoren betont wurde: 1. dass die Zwangsdrehung nur bei Arten mit wirteliger oder decussirter Blattstellung bekannt ist; 2. dass einzelne Gattungen und in diesen wiederum einzelne Arten in dieser

---

1) Braun nennt als Arten, bei denen Zwangsdrehung „von den Autoren beschrieben worden" ist, noch Zinnia verticillata und Gentiana, jedoch ohne nähere Angaben (Ber. Verhandl. k. preuss. Akad. d. Wiss. Berlin 1854, S. 440). Vergl. hierüber den folgenden Abschnitt. Ebenso nennt Reinsch Elatine Alsinastrum und Phylica-Arten (Flora 1858, p. 76 und 1860, p. 740; über die Blattstellung von Phylica vergl. Braun, Nov. Act. Ac. C. L. Nat. Cur., T. 15, 1831, S. 340). Aus welchen Quellen er diese Angaben geschöpft hat, konnte ich leider nicht ermitteln. Clos sagt, an einer von Penzig (Pflanzen-Teratologie I, S. 351) citirten Stelle, von Phylica nur „disposition spiralée s'accusant aux feuilles" (Mém. Acad. Toulouse, 7. Serie, T. III, 1871, S. 94).

2) Mentha micrantha und Galeopsis Ladanum, von Magnus beschrieben, werde ich nicht in diesem, sondern im dritten Abschnitt besprechen.

Beziehung auffallend bevorzugt sind. Morren formulirt diesen letzteren Satz in der Weise, dass er den bevorzugten Arten eine „prédisposition à ce spiralisme“ zuschreibt. Er lässt darauf aber folgen „Quelle est la cause de cette prédisposition?“ [1]) Und es scheint mir, dass eine Antwort auf diese Frage jetzt noch ebensowenig gegeben werden kann als zu seiner Zeit.

Ich schreite jetzt zu einer möglichst vollständigen Uebersicht der fraglichen Missbildungen und werde darin einerseits die Fundorte und die Art des Vorkommens und andererseits jene Angaben zusammenstellen, welche eine Einsicht in den Bau und die Entwickelung dieser Gebilde geben.

Equisetum Telmateja, von älteren Verfassern unter dem Namen *E. fluviatile* aufgeführt [2]).

1. Vaucher in seiner Monographie des Prêles nennt unter den von ihm beobachteten Missbildungen dieser Art einen Stengel, in welchem „les verticilles sont contournés en spirale depuis le bas de la plante jusqu'à son sommet“ und bildet den oberen Theil dieses Stengels auf Taf. III A ab [3]). Man sieht sechs Schraubenwindungen, links aufsteigend, die einzelnen Blätter stehen einander ebenso nahe, wie in den Wirteln der normalen Pflanze. Die Längsriefen des Stengels, in einem Internodium gezeichnet, weisen eine Neigung von etwa 45° gegen die Achse auf. Dieses Exemplar wurde von Herrn Trog in der Nähe von Thun gefunden und Herrn De Candolle geschenkt, welcher es in seiner Organographie végétale erwähnt [4]).

2. Dieselbe Missbildung beobachtete van Hall in den Niederlanden bei Vreeswyk im Jahre 1832 [5]).

3. Von A. de Jussieu wurde sie bei Meudon gefunden [6]), auch hier waren sämmtliche Blattwirtel in eine Spirale umgewandelt.

---

1) Bull. Acad. Roy. Belg., T. XVIII, 1. Part., p. 29 (1851).

2) Milde in Nov. Act. Ac. C. L. Nat. Cur., Vol. 26, S. 430.

3) Mémoires d. l. Soc. d. phys. de Genève I, 1. Partie, 1821, S. 364.

4) De Candolle, Organographie végétale I, 1827, S. 155.

5) Het Instituut, of Verslagen en Mededeelingen v. h. Kon. Nederl. Instituut 1841, S. 85 und S. Kros, De spira in plantis conspicua, Diss. Groningen 1845, S. 73.

6) Moquin-Tandon, Tératologie végétale 1841, S. 181.

4. Milde sammelte bei Neisse in Schlesien ein Exemplar, welches an einem normalen Hauptstengel einen drei Zoll langen Nebenstengel trug. Um letzteren gingen die zu einem continuirlichen Rande verwachsenen Blattscheiden in einer weitläufigen Spirale von links nach rechts viermal herum. Oberhalb dieser Spirale folgen mehrere normale Wirtel. Soweit die Scheiden spiralig verwachsen sind, ist der Stengel in entgegengesetzter Richtung tordirt, wo die Spirale aufhört, hört auch die Torsion auf. Die Neigung der Längsriefen erreicht auch hier etwa 45|°. Der Ast ist auf Taf. 56 in Fig. 40 abgebildet[1]). Dieses Exemplar soll nach einer Angabe von Reinsch im Berliner königl. Herbar. aufbewahrt werden[2]).

5. An demselben Orte sammelte Milde später noch zwei kleinere Beispiele von Zwangsdrehung (l. c. Taf. 56, Fig. 41 u. 42). Das eine war ein Seitenast, dessen Spitze durch eine Blätterspirale zur Torsion gezwungen war (Fig. 42), das andere ein Stengel, dessen Spitze eine zweimal in einer Spirale um sie herumgehende, bandförmige Scheide und oberhalb dieser zwei Aeste trug, an denen sich dieselbe Erscheinung in geringerem Grade wiederholte.

6. An einem quelligen Jurakalkabhang bei Erlangen fand Reinsch einen gedrehten Stengel von Equisetum Telmateja[3]). Dieser war in seinem unteren und oberen Theile normal, trug aber in seiner Mitte eine Spirallinie von 203 seitlich mit einander verwachsenen Blättern, welche nahezu drei Umläufe um den Stengel herum machte und beiderseits an die normalen, etwa 30blättrigen Wirtel ansetzte. Soweit die Spirale reichte, war der Stengel tordirt und sogar ein wenig angeschwollen. Die Blätterspirale steigt von links nach rechts auf. Der gedrehte Theil ist auf Taf. III in Fig. 3 abgebildet.

7. Derselbe Verfasser fand später am Berge Hetzles bei Erlangen im mittleren Lias ein anderes tordirtes Exemplar derselben Art[4]). Auch hier trug der untere Theil des Stengels mehrere normale Scheidenwirtel. Darauf folgte aber ein ununterbrochenes, sechs

1) J. Milde, Beiträge zur Kenntniss der Equiseten. Nov. Act. Ac. C. L. Nat. Cur., Vol. XXIII, Pars 2, 1852, S. 585, 594 und ibid., Vol. XXVI, S. 429.

2) Flora 1858, S. 76, Note.

3) Flora 1858, S. 75.

4) Flora 1860, S. 739.

Umgänge machendes spiraliges Band von 269 verwachsenen Blättern. Dieser Fall ist nicht abgebildet.

Alle diese Beispiele von Zwangsdrehung von Equisetum Telmateja wurden an sterilen Stengeln beobachtet. Sie zeigen, dass Stengel und Aeste über Strecken von sehr verschiedener Ausdehnung der Zwangsdrehung unterworfen sein können.

Equisetum palustre.

Milde beschreibt einen, von ihm im königl. Berliner Herbar. gesehenen Fall von Zwangsdrehung[1]). Dieser Stengel trug unten und oben normale Wirtel, in kurzer Entfernung von seiner Spitze aber, über die Länge eines Zolles, eine spiralige Scheide. An derselben Stelle hatte auch der Stengel selbst eine Drehung erlitten; diese fehlte dort, wo er normale Blattwirtel trug. Abgebildet auf Taf. 56, Fig. 44.

Equisetum limosum.

1. Vor Auras fand derselbe Monograph der Equiseten eine eigenthümliche Abänderung der fraglichen Monstrosität bei dieser Art[2]). Ein über der Aehre befindlicher kurzer Stengeltheil war nämlich spiralig gewunden und von den zu einem continuirlichen Bande verwachsenen Scheiden bis über seine Spitze ganz umhüllt (l. c. Taf. 56, Fig. 45).

2. Einen zweiten ähnlichen Fall beobachtete Milde an einem sterilen Stengel derselben Art[3]).

3. An demselben Fundorte (Auras) fand Milde später noch mehrere, theilweise gedrehte Stengel von E. limosum[4]). Bei einem Exemplar befand sich ein spiraliges, den Stengel umwindendes Scheidenband 7″ unterhalb der Spitze des sterilen Stengels; bei einem anderen dicht unter dieser Spitze. Vergl. Taf. 36, Fig. 55, welche Figur eine auffallende Aehnlichkeit mit Braun's bald zu erwähnender Abbildung von Casuarina hat. Bei beiden ging die Spirale von rechts nach links; bei einem dritten Individuum sass

---

1) Nova Acta Ac. C. L. Nat. Cur., Vol. XXIII, Pars 2, 1852, S. 600.

2) Ibidem S. 601. Vergl. auch S. 606, IX.

3) Ibidem, S. 603.

4) Ibidem, Vol. XXVI, Pars 2, S. 450.

das Spiralband an der Spitze des Stengels auf einer Aehre und ging von links nach rechts.

4. Rohrbach sah im Herbar. des Herrn Prof. A. Braun E. limosum mit Zwangsdrehung und sagt darüber „bald rechts, bald links gewunden, bald nur stellenweis spiralig und im übrigen normal“[1]).

5. van Hall fand einen ähnlichen Fall in Holland[2]).

Hippuris vulgaris.

1. Braun erwähnt einen Fall von spiraliger Stellung der Blätter mit Drehung des Stengels aus der Sammlung des Dr. Schimper[3]).

2. Hegelmaier zeigte in der Generalversammlung des Vereins für vaterländische Naturkunde in Württemberg im Juni 1877 einen Spross des Tannenwedels vor, in welchem die Wirtelstellung der Blätter von einer gewissen Höhe an durch fortlaufende Schraubendrehung ersetzt wurde[4]) und sandte einige derartige Exemplare an Braun[5]). Der Stengel war in ähnlicher Weise gebaut wie in den entsprechenden Fällen bei Equisetum und Casuarina.

Casuarina stricta.

In der bereits citirten berühmten Abhandlung über die Ordnung der Schuppen an den Tannenzapfen erwähnt Braun einige Zweige dieser Pflanze, welche von Dr. Bischoff von einem im Heidelberger botan. Garten befindlichen Baum in verschiedenen Jahren gepflückt waren[6]). Er bildet einen solchen Ast auf Taf. XXXV, Fig. 5, 6 und 7 ab.

---

1) Botan. Zeitung 1867, S. 299.

2) S. Kros, De spira in plantis conspicua, Diss. Groningen 1845, S. 74.

3) A. Braun, Ordnung der Schuppen am Tannenzapfen. Nova Act. Ac. C. L. Nat. Cur., Tom. XV, Pars 1, S. 351 (1831).

4) Württembergische naturw. Jahreshefte XXXIV 1, 1878, S. 95.

5) Verhandlungen d. bot. Ver. d. Prov. Brandenburg XVII, 1875, S. 65. Auch citirt von Magnus, Sitzungsber. des bot. Vereins d. Prov. Brandenburg 1876, S. 92. Vergl. auch E. Lankester Brit. Association 1848 Transactions p. 85 „Hippuris vulgaris, in which the leaves were arranged alternately in a spiral upon the stem“ (ohne weitere Andeutungen).

6) Nova Acta, Tom. XV, Pars 1, S. 351 (1831). Was über diesen Fall von Bischoff selbst (Lehrbuch I, S. 200, Fig. IV) mitgetheilt wird, konnte ich leider nicht nachschlagen.

Das Aestchen trägt unten einige normale Wirtel, in seiner oberen Hälfte ein spiraliges Band von verwachsenen Blättern, welches sieben Umläufe macht. Diese steigen von links nach rechts empor. In dieser Gegend ist der Stengel stark gedreht und merklich angeschwollen. Seine Riefen sind um etwa 45° gegen die Achse geneigt.

Ich komme jetzt zu den Arten mit decussirter Blattstellung und fange mit der im ersten Theile dieses Aufsatzes ausführlich studirten Species an.

Dipsacus silvestris.

In der Sitzung des botanischen Vereins der Provinz Brandenburg vom 31. August 1877 legte Magnus eine Reihe von Exemplaren dieser Art vor, welche er von Herrn E. Ule erhalten hatte und welche die von Braun als Zwangsdrehung bezeichnete Missbildung in verschiedenen Graden der Ausbildung zeigten[1]. In den ausgebildeten Fällen waren die Blätter zu einer längeren Spirale verwachsen und die betreffenden Stengeltheile stark gedreht und bauchig angeschwollen. In dreien dieser Exemplare war die Blattspirale rechts aufsteigend, während sie in zwei anderen links aufstieg. In weniger ausgebildeten Beispielen erkannte man, „dass die Drehung der Längsriefen des Stengels auch ohne Verwachsung der Blätter auftritt.“ Die Einwände, welche Magnus aus diesem Material gegen Braun's Erklärung der Zwangsdrehung ableitete, habe ich im letzten Abschnitt des zweiten Theiles besprochen.

Zwangsdrehung bei Dipsacus silvestris wird auch von C. Schimper erwähnt, aber ohne nähere Angaben[2].

Merkwürdigerweise sind dieses die einzigen Angaben, welche ich in der Literatur über die Zwangsdrehung von Dipsacus silvestris finden konnte. Viel häufiger wurde sie bei der folgenden Art gesehen.

Dipsacus fullonum.

1. Schlechtendahl erhielt aus der Gegend von Halle, wo die Weberkarde häufig cultivirt wird, einen einzigen, vertrockneten

---

1) Sitzungsber. d. bot. Ver. d. Prov. Brandenb. XIX, S. 118, August 1877.

2) Bot. Zeitung 1847, S. 67; vergl. auch Bot. Ztg. 1856, S. 73.

blätter- und zweiglosen Stengel mit Zwangsdrehung und suchte später auf den Aeckern vergeblich nach einem zweiten Exemplare[1]).

2. Masters erhielt einen ähnlichen auf einem Acker gefundenen Stengel und bildete ihn in seiner Vegetable Teratology ab. Die Abbildung, sowie die ausführliche Beschreibung in den Sitzungsberichten der Linnean Society zeigt zur Genüge die völlige Uebereinstimmung dieses Gebildes mit den im ersten Theile beschriebenen Stengeln von D. silvestris. Diese Beschreibung zeichnet sich vor den meisten übrigen Darstellungen von Zwangsdrehungen dadurch aus, dass der Lauf der Längsriefen des Stengels in Bezug auf die Insertion der Blätter angegeben worden ist. Leider ist diese Angabe aber nicht hinreichend ausführlich, um zu entscheiden, ob die Blattstellung des tordirten Zweiges ursprünglich zum Typus $^2/_5$ gehörte, oder decussirt war[2]).

3. Fleischer beschreibt zwei sehr ausgezeichnete Fälle von „Tympanitis“ der Weberkarde, welche aus der Gegend von Metzingen stammen und in der Sammlung der land- und forstwirthschaftlichen Akademie zu Hohenheim aufbewahrt sind. Beide sind Stücke von Stengeln; der eine ist nach links, der andere nach rechts gedreht. Das eine Exemplar ist 15 Zoll lang, stark aufgeblasen und trägt eine ununterbrochene Spirale von 47 Blättern Im unteren Drittheil des Präparates, der Stengelbasis, liegen zwei wenig steil aufsteigende Spiralumläufe, in den beiden oberen Dritteln zusammen nur ein Umgang mit 36 Blättern. Im zweiten Exemplar erreicht die Zwangsdrehung nur eine Länge von sieben Zoll. Beide zeigen die merkwürdigen Einbuchtungen, welche auch in unserer Fig. 4 auf Taf. VII abgebildet worden sind.

4. A. Wiegand erwähnt in seinen Beiträgen zur Pflanzenteratologie einen tordirten Stengel von Dipsacus fullonum, deren

---

1) Schimper in Flora 1854, S. 75.

2) Proceedings Linnean Society, Vol. II, 1855, S. 370. Hier heisst es: „When the course of the fibres is traced from the base of any of the branches, the spiral will be found to terminate about the base of the second branch above that from which the line is started“. In der Vegetable Teratology steht statt about: at the base of the second stalk (S. 321). Doch glaube ich weder hierin, noch in der von Masters gegebenen Erklärung einen Widerspruch mit Braun's Ansicht finden zu können.

3) Fleischer, Ueber Missbildungen verschiedener Culturpflanzen, Programm d. Akad. Hohenheim, August 1862, S. 61—64.

beide oberste Glieder verdickt und nach links gedreht sind; Blätter in einer Längszeile zu einem breiten Flügel verwachsen[1]).

Dipsacus Gmelini.

Ein im botan. Garten zu Halle gezogenes, von Schlechtendahl beschriebenes Exemplar hatte an seinem Hauptstengel, nicht weit unter dem Endkopfe, eine aufgeschwollene, spiralig gedrehte Stelle, welche ein in einer Schraubenlinie aufsteigendes Band von sieben zum Theil am Grunde mit einander verwachsenen Blättern trug. Oberhalb dieser Strecke stand ein normales Blattpaar. Die Riefen des Stengels liefen im gedrehten Theile fast horizontal[2]).

Valeriana officinalis.

Diese Art ist am häufigsten mit Zwangsdrehung beobachtet worden; von ihr existiren die meisten Abbildungen. Sie zeichnet sich durch die auffallende, umgekehrt kegelförmige Gestalt ihrer gedrehten Stengel und den fast horizontalen Verlauf der Längsriefen aus, eine Eigenthümlichkeit, welche sie der grossen Länge und Weichheit ihrer Internodien verdankt.

In den Sitzungsberichten der Gesellschaft naturforschender Freunde zu Berlin hat Braun 1872 die ihm bekannten Funde gedrehter Valeriana-Stengel zusammengestellt[3]). Es sind die folgende:

1. Ein als V. maxima bezeichnetes, von S. Reisel in den Ephem. Acad. Caes. Leop. nat. cur. Dec. III Ann. 3, Obs. XXII, S. 24 beschriebenes und in Fig. II abgebildetes Exemplar. Die Abbildung stimmt mit der unten zu beschreibenden Vrolik'schen Pflanze in meiner Sammlung sehr gut überein; die Zwangsdrehung umfasst wie in dieser den ganzen Stengel von seiner Basis an. Gefunden bei Stuttgart im Juli 1695.

2. Ein von Gilbert beobachtetes, in Moquin-Tandon's Tératologie végétale (S. 181) erwähntes, wahrscheinlich derselben Species angehöriges Exemplar.

---

1) Botan. Hefte II, 1887, S. 98. Citirt nach dem Botan. Jahresber. XV I, S. 601.

2) Botan. Zeitung 1847, S. 67.

3) Ibidem 1873, S. 11.

3. Aehnliche Missbildungen aus dem Département de l'Allier et de la Loire von Lapierre de Roane beschrieben (Mém. Soc. Linn. de Paris. Vol. III, S. 39).

4. Ein Exemplar von Prof. Nolte bei der Versammlung Deutscher Naturforscher in Kiel 1847 (Amtl. Bericht S. 197) vorgezeigt.

5. Eine bei Tilft von Ed. Morren gefundene und in dem Bull. de l'Acad. r. d. Sc. de Belgique, T. XVIII, S. 35 beschriebene und daselbst auf der Tafel bei Fig. 1 abgebildete Pflanze. Die Drehung umfasst nur den oberen Theil des Stengels.

6. Ein von Braun in Dr. Lessert's Sammlung zu Paris gesehenes Individuum.

7. Ein von Hartweg im Bois de Vincennes 1832 gefundenes und in Braun's Sammlung aufbewahrtes Exemplar. Die Zwangsdrehung grenzt nach oben und unten an geraden Stengeltheilen, deren ersterer decussirte Blätter führt, während der obere zwei dreigliedrige Wirtel trägt.

8. Ein im Jahre 1863 im Berliner Universitätsgarten gefundenes Exemplar.

9. Ein von Herrn Müller in Bitterfeld 1872 Herrn Braun geschenktes Individuum.

Seit dieser Mittheilung Braun's scheint dieselbe Missbildung nur noch einmal beschrieben worden zu sein. Auch ist eine Abhandlung über diesen Gegenstand dem Berliner Forscher entgangen. Ich habe somit seiner Liste zwei bereits veröffentlichte Fälle anzureihen.

10. Im Juli 1845 erhielt der hiesige Professor der Botanik, der berühmte Mediziner Gerardus Vrolik, ein becherförmig aufgetriebenes Exemplar von Valeriana officinalis, welches von Herrn Drost, Züchter medicinaler Gewächse in Surhuisterveen, gefunden worden war. Es wurde von Vrolik der Akademie der Wissenschaft vorgelegt und in deren Sitzungsberichten beschrieben und abgebildet[1]). Die Tafel zeigt die in vollem Blätterreichthum eingesammelte Pflanze von zwei Seiten, wodurch der Lauf der Blätter-

1) G. Vrolik, Aanmerkingen over een bekervormige ontwikkeling by Valeriana officinalis. Tydschrift voor Wis. en Natuurk. Wetensch. v. h. kon. Ned. Instituut v. Wetensch., Deel I, 1848, S. 185—196, Plaat III.

spirale vollständig zu erkennen ist. Das Original ist in Spiritus aufbewahrt und bildet jetzt eine Zierde der Sammlung von Bildungsabweichungen in meinem Laboratorium.

Die Uebereinstimmung mit dem von Reisel gesammelten und abgebildeten Falle von Zwangsdrehung bei derselben Art springt in die Augen und wurde auch vom Verfasser hervorgehoben.

Der Stengel ist bewurzelt und zeigt an seiner Basis bei normaler Dicke drei nach oben zu immer steiler werdende, nach rechts aufsteigende Umgänge der Blattspirale. Seine Form ist die eines umgekehrten Kegels von 20 cm Höhe und oben etwa 8 cm breit und offen. Auf den drei erwähnten folgt noch ein ganzer Umgang, welcher bis zu 6 cm Höhe reicht, von hier aus geht das ununterbrochene Band der Blattbasen zunächst senkrecht, dann aber in vorübergeneigter, somit linksläufiger Richtung bis zum Rande des hohlen Kegels. Zweiglein finden sich nur in den Achseln der oberen Blätter, wie dieses auch sonst beobachtet wurde und wie es auch der Verzweigung des normalen Stengels entspricht.

Die Längsriefen des Stengels laufen in der Nähe der Blätterspirale ziemlich schief empor, auf der gegenüberliegenden Seite des Stengels aber nahezu horizontal.

Aus demselben Rhizome entspringt in diesem Präparate auch ein normaler Stengel.

Ich habe die Blattstellung dieses Exemplares im vorigen Theile, Abschnitt I § 4 besprochen.

11. In der Versammlung des Niederländischen botanischen Vereins, im Juli 1873, zeigte Suringar einen tordirten Stengel von Valeriana officinalis vor, den Dr. Treub bei Voorschoten, unweit Leiden, im trockenen und entblätterten Zustande aufgefunden hatte[1]). Der Gegenstand wurde im Sitzungsberichte auf Taf. XVIII von zwei Seiten und von oben abgebildet. Er war kurz kegelförmig, oben offen und völlig hohl. Die Blattinsertionen bildeten eine ununterbrochene Linie, welche im unteren, schmalen Theile zwei Schraubengänge beschrieb und nach oben in eine fast senkrechte Linie überging. Im Innern des hohlen Stengels sah man die Querwände, welche die Höhlung des Stengels sonst in den Knoten unterbrechen, zu einer einzigen Spirale verbunden, welche der Linie der

äusseren Blattinsertionen genau folgte und nur wenig in die Höhlung hervorsprang.

Auch über dieses Exemplar habe ich bereits oben Näheres mitgetheilt.

Valeriana dioica.

1. Ein tordirtes Exemplar, im botanischen Garten zu Pavia erwachsen, wurde von Viviani abgebildet; die Blätter standen auf einer Seite in einer senkrechten Linie[1]).

2. Vivian-Morel erwähnt eine „Torsion vésiculeuse" bei derselben Pflanze[2]).

Valeriana montana.

A. P. und Alph. De Candolle geben eine Beschreibung und Abbildung eines bewurzelten Exemplares dieser Art, das im Jahre 1835 auf dem Berge Salève unweit Genève gefunden war[3]). Der Stengel hat an seiner Basis zwei normale Internodien mit normalen Blattwirteln, darauf folgt eine Blätterspirale, welche von rechts nach links aufsteigt, 1½ Umläufe macht und dann in eine senkrechte Linie übergeht. Die Form des kegelförmig aufgeblasenen Stengels ist im Wesentlichen dieselbe wie bei Valeriana officinalis. Oben ist er geschlossen und trägt hier mehrere kleine Partialinflorescenzen.

Galium Mollugo.

1. Duchartre erhielt im Sommer 1843 aus Sérignac (Lot) einen gedrehten Sprossgipfel dieser Art[4]). Er war aufgeblasen und trug seine Blätter in einer Längsreihe, aus deren Achseln sechszehn Zweiglein senkrecht aufwärts wuchsen. Die Riefen des Stengels beschrieben um ihn herum eine Spirale. Duchartre's Erklärung dieses Falles haben wir bereits früher erwähnt. (Vergl. S. 85 Note.)

2. Klebahn untersuchte einen ähnlichen, im Neuenlander Felde bei Bremen im Juni 1888 gesammelten Stengel, dessen unterster

1) Moquin-Tandon, Tératologie végétale, p. 182.

2) Ann. Soc. bot. Lyon 5, Année 1876/77, p. VI, citirt von Klebahn, Ber. d. d. bot. Ges. 1888, Bd. VI, S. 348.

3) Aug Pyr. et Alph. de Candolle, Monstruosités végétales, p. 16, Pl. 6.

4) Ann. Sc. nat. Bot., 3. Serie, T. I, 1844, p. 292.

Theil nur schwach gedreht war, der aber im oberen Theile stark aufgeblasen und tordirt war und seine Blätter und Seitensprosse auf einer Längslinie trug[1]). Klebahn untersuchte die Anordnung der Blätter am Vegetationspunkt und constatirte zum ersten Male ihre spiralige Stellung daselbst. Er beschreibt auch die gürtelförmigen Gefässbündelverbindungen der Blätter[2]).

Galium verum.

1. E. von Freyhold legte in der Sitzung des Botanischen Vereins der Provinz Brandenburg im Juni 1876 ein in der Nähe von Sakrow bei Potsdam gesammeltes Exemplar vor, an welchem zwei Sprosse die Zwangsdrehung zeigten[3]). Beide waren an ihrem Gipfel über eine Länge von 5—6 cm bis zu 1 cm Dicke aufgeblasen und trugen ihre Blätter in einer Längsreihe. Die spiralige Drehung des Stengels selbst war sehr deutlich und entsprach völlig den von Braun beschriebenen Fällen und der von ihm gegebenen Erklärung.

2. Massalongo beschreibt einen ähnlichen, in Italien gefundenen Spross, mit spiraliger Torsion des Stengels und einseitiger Stellung der Blätter und der Achselzweige, wie solches von Masters abgebildet wurde[4]).

3. C. Schimper nennt unter den Beispielen von Zwangsdrehung: „Galium verum, zwei Exemplare von 1848, übereinstimmend mit einem Exemplare Galium Mollugo, das einst Herr von Leonhardi bei München fand[5]).“

Galium palustre.

A. Treichel hat von dieser Art einen Fall von Zwangsdrehung bei Vetschau beobachtet[6]).

---

1) Berichte d. d. bot. Gesellsch., Bd. VI, 1888, S. 346 und Taf. XVIII.

2) Diese sind für Galium und verschiedene andere Rubiaceen auch bereits beschrieben und abgebildet von Hanstein in Abh. d. k. Akad. Berlin 1857, S. 77, Taf. I.

3) Sitzungsber. 30. Juni 1876, Bot. Zeitung 1877, S. 227.

4) C. Massalongo, Contribuzione alla teratologia vegetale, Nuovo Giornale botanico italiano, Vol. XX, 1888, No. 2, p. 289.

5) Flora 1854, S. 75.

6) Sitzungsber. Brandenburg, Juni 1876, Bot. Zeitung 1877, S. 230.

Galium Aparine.

1. Drehung des Stengels, von Schlechtendahl gesehen, ohne Beschreibung [1]).

2. Hierher gehört auch wohl die Aparine laevis fasciata von Georg Frank, die älteste bekannte Zwangsdrehung [2]). Er fand sie im März 1677 in einem Garten unweit Heidelberg [3]). Er nennt die Pflanze sowohl Aparine laevis als A. vulgaris. (Aparine laevis Park = Galium spurium L. = Galium Aparine var. spurium Koch.) Der Abbildung nach ist die Pflanze wohl eine einjährige. Von der Wurzel bis zur Spitze ist der Stengel gedreht und stehen die Blätter und Achselzweige in einer Längsreihe. Die Abbildung lässt keinen Zweifel darüber, dass wir hier einen Fall echter Zwangsdrehung vor uns haben.

Galium spec.

Ohne Angabe des Artnamens sind noch folgende Zwangsdrehungen von Galium in der Literatur erwähnt:

1. Das bekannte in Masters Vegetable Teratology auf S. 323, Fig. 173 abgebildete Exemplar, welches er von Darwin erhalten hatte.
2. Einige ausgezeichnete Beispiele in der Sammlung A. Braun's [4]).
3. Eine Pflanze von Vivian-Morel erwähnt [5]).

Rubia tinctorum.

Beim Auspflanzen des Krapps im Frühling wurden früher in der Niederländischen Provinz Zeeland nicht gerade selten gedrehte Stengel gefunden [6]). Ein solches Exemplar wurde nach dem botanischen Garten von Francken übergepflanzt und später im Herbar des Prof. Nic. Mulder aufbewahrt [7]).

---

1) Botan. Zeitung 1850, S. 70.

2) Misc. Cur. s. Ephem. Med. Phys. Germ. Ac. Nat. Cur. Decuriae II, Ann. I, 1682, Obs. 28, p. 68, Fig. 14.

3) Ibid., Fol. 3, No. 11.

4) Bot. Ztg. 1873, S. 31.

5) Ann. Soc. Bot. Lyon 1874/75 No. 2, cit. nach Bot. Jahresb. IV, p. 617.

6) Zeeuwsche Volksalmanak 1843, S. 106.

7) S. Kros, De spira, l. c. S. 72.

Crassula ramuliflora.

Ascherson legte in der Hauptversammlung des Botanischen Vereins der Provinz Brandenburg am 26. October 1878 einen frischen Zweig dieser Pflanze vor, welchen er aus dem botanischen Garten in Greifswald erhalten hatte[1]). Der Stengel war in der ganzen blüthentragenden Region spiralig nach links gewunden, die Blätter waren nicht, wie bei normalen Exemplaren dieser Art, decussirt, sondern bildeten eine einzige Zeile, welche in einer steilen, fast senkrechten Spirale den Stengel umzog. Die Insertionsebene der Blätter und die Lage ihrer Achselproducte war in die Richtung dieser Spirale verschoben. Der Stengel war aber weder blasig aufgetrieben, noch verdickt, stimmt sonst aber mit den von Braun beschriebenen Fällen von Zwangsdrehung überein.

Offenbar gehört dieser Fall zu dem im vorigen Theile beschriebenen Typus-Weigelia. Es ist dieses um so bemerkenswerther, weil nur wenige Beispiele von Zwangsdrehungen aus der Literatur diesem Typus angehören.

Nach einer Mittheilung Goeze's waren alle Inflorescenzen der Exemplare des botanischen Gartens zu Greifswald ebenso umgebildet. Herr C. Bouché hatte früher im Berliner botanischen Garten dieselbe Missbildung beobachtet.

Dracocephalum speciosum.

Ch. Morren giebt eine Beschreibung und Abbildung einer Zwangsdrehung dieser Pflanze, welche er bei Herrn Haquin, Kunstgärtner in Lüttich, gesehen hat[2]). Am normalen Stengel sind die Blätter decussirt; am tordirten Exemplare stehen die Blätter in einer Zeile, welche als steile rechtsläufige Spirale um den Stengel emporsteigt; dieser war vom Grunde bis in die Nähe seiner Spitze gewunden; die Richtung der Drehung war an den Riefen deutlich zu erkennen.

---

1) Verhandl. d. Bot. Vereins d. Provinz Brandenburg XX, 1878, S. LIII.

2) Ch. Morren, Bull. d. l'Acad. Roy. Belg., T. XVIII, 1. Part., p. 37 und Fig. 3.

Mentha aquatica.

De Candolle bildet einen Zweig mit Zwangsdrehung in seiner Organographie végétale ab, ohne darüber nähere Angaben zu machen[1]). Die Blätter stehen bis zur Spitze in einer Längszeile.

Mentha viridis.

Eine von van Hall im Jahre 1839 gefundene und in den botanischen Garten in Groningen versetzte Pflanze[2]).

Der Stengel war am Grunde viereckig, etwas höher, sechskantig und mit dreigliedrigen Blattwirteln, im oberen Theil spiralig gedreht und mit den Blättern nahezu in einer Längsreihe.

Thymus Serpyllum.

Von Meisner beobachtet[3]). Der Stengel war zweimal so dick wie gewöhnlich und sah aus, als hätten sich seine Seitenzweige um die Mittelachse herumgewunden; die Blätter nicht mehr decussirt, sondern zerstreut. Bei der Inflorescenz hörte die Abnormität auf.

Hyssopus officinalis.

Eine Zwangsdrehung, nur den oberen Theil des Stengels mit der Inflorescenz umfassend, beobachtete Schlechtendahl[4]).

Dianthus barbatus.

„Zwangsdrehung (Briastrepsis) bei seitlich verketteter Cohärenz der Blätter — eine fusslange, höchst elegante Schraube, gefunden 1853," wird von C. Schimper erwähnt[5]). Ob eine von Gaj beobachtete Pflanze Zwangsdrehung aufwies, blieb mir unbekannt[6]).

---

1) Aug. Pyr. de Candolle, Organographie végétale, T. I, p. 155 und Taf. 26.

2) van Hall, Het Instituut, l. c. 1841, p. 84. S. Kros, De spira, l. c. p. 73.

3) In seiner Uebersetzung von De Candolle's Organographie végétale, Bd. II, p. 241; citirt in Schauer's Uebersetzung von Moquin-Tandon's Tératologie, S. 166.

4) Bot. Zeitung 1856, S. 73.

5) Flora 1854, S. 75.

6) Bull. Soc. Bot. France, T. III, 1856, p. 406.

Ich schliesse hiermit mein Verzeichniss ab. Ohne Zweifel werden mir einzelne Angaben über Zwangsdrehung in der Literatur entgangen sein. Auch werden manche Beispiele, welche in Sammlungen aufbewahrt werden, noch unveröffentlicht sein. Ich möchte aber an dieser Stelle um die Veröffentlichung solcher Fälle bitten oder um gefällige persönliche Mittheilung, am liebsten unter Angabe des Fundortes und des Datums, sowie einer kurzen, die von Braun hervorgehobenen Momente enthaltenden Beschreibung. Samen von tordirten Individuen (mit Ausnahme von Bäumen und Sträuchern) sind mir gleichfalls, zu Culturversuchen, sehr erwünscht.

Zweiter Abschnitt.

Die Zwangsdrehungen aus der Sammlung Alexander Braun's.

Durch die Liberalität der Direction des königlichen botanischen Museums in Berlin erhielt ich von April bis Juni 1890 die Sammlung Braun's zur Ansicht, mit der Erlaubniss, sie an dieser Stelle zu beschreiben. Die Mappe enthielt 26 Arten, auf 38 Bogen aufgeklebt.

Aus Braun's Aufsatz in der Bot. Zeitung 1873 geht hervor, dass er die Absicht hatte, selbst eine Beschreibung und Bearbeitung dieser Sammlung zu veröffentlichen. Leider ist ihm dieses unmöglich geworden, da er kurze Zeit nachher der Wissenschaft entfallen ist. Ich beabsichtige nicht, die Aufgabe des grossen Morphologen zu übernehmen, sondern werde einfach eine Liste mit kurzen Diagnosen geben, um zu zeigen, wie reichhaltig dieses Material ist, und an welchen Arten Braun die Zwangsdrehung beobachtet hatte. Viele dieser Arten sind entweder nicht oder nur dem Namen nach veröffentlicht worden.

Es sei mir gestattet, an dieser Stelle dem Director des königl. botanischen Museums, Herrn Professor Dr. Engler, meinen tiefgefühlten Dank abzustatten.

Leider ist die Blattstellung an gepressten Stengeln im zwangsgedrehten Theile in vielen Fällen nicht mit hinreichender Sicherheit zu ermitteln. Auch wird diese Operation durch das Aufkleben der Exemplare nicht erleichtert. An Zwangsdrehungen, wie die von Valeriana und Galium, stösst die Untersuchung meist nicht auf unüberwindliche Schwierigkeiten, doch ist gerade hier die Frage bereits hinreichend entschieden. In kritischen Fällen bietet das getrocknete Material meist keinen hinreichend sichern Anhalt zur Entscheidung der aufgeworfenen Frage und ist man auf grössere oder geringere Wahrscheinlichkeit beschränkt.

Ich fange meine Liste mit denjenigen Gattungen an, welche sich den bekanntesten Fällen am nächsten anreihen.

Valeriana officinalis. Die Sammlung enthält die drei von Braun in der Botan. Zeitung 1873 S. 11, 13 u. 30 beschriebenen, aus Bitterfeld, dem Bois de Vincennes und dem Berliner Universitätsgarten stammenden Exemplare, für deren Beschreibung auf Braun's Mittheilung und den S. 142 gegebenen Auszug zu verweisen ist.

Galium Mollugo. „Zwangsdrehung, Marsfeld bei München 1830, C. Schimper communicavit 1848." Ein 9 cm langer, über die ganze Länge als typische Zwangsdrehung ausgebildeter Spross. Blätter einseitswendig, in ununterbrochener Reihe. Stengel geschwollen, 1 cm dick; Riefen linksläufig. Der Stengel ist in spiraliger Richtung, parallel den Riefen gespalten. An einer Stelle geht der Spalt zweimal um den Stengel herum und schneidet somit zwei Blättergruppen aus der Blattspirale heraus. Die eine Gruppe trägt drei, die andere zwei Achselsprosse. Wir haben somit, soweit die Entscheidung möglich ist, fünf Blätter auf zwei Umgängen, was der Blattstellung $^2/_5$ (oder einem höheren Werthe derselben Reihe) entspricht.

Galium silvestre. „Zwangsdrehung", gesammelt von Braun selbst. Ein sehr hübsches Zweiglein von 7 cm; der untere, 4 cm lange Theil bildet ein gestrecktes, ungedrehtes Internodium. Darauf folgt eine wurmförmig gewundene, 3 cm lange und bis zur Stengelspitze reichende Strecke, welche ihre Blätter in einer Längszeile trägt. Die Riefen des Stengels rechtsläufig gewunden. Die Blattbasen einander unmittelbar berührend. Die Zahl der einzelnen Blattscheiben in der Spirale beträgt weit über 50.

Rubia tinctorum. „Monstros., Berliner Universitätsgarten 1870." Ein Spross von 15 cm Länge, dessen Gipfel über einer Länge von etwas über 3 cm wurmförmig gedreht ist und seine Blätter in einer einzigen ununterbrochenen Längszeile trägt. Zahl der einzelnen Blättchen etwa 20. Riefen des Stengels linksläufig. Eine echte Zwangsdrehung von demselben Baue wie bei Galium.

Ich habe dieses Zweiglein beschrieben und abgebildet in Kruidkundig Jaarboek Dodonaea 1890, Bd. III, S. 74, Taf. IV, Fig. 3.

Crucianella stylosa. „Prager Garten 1863, keine Fasciation, sondern Zwangsdrehung." Zwei Sprosse, auf einem Blatte aufgeklebt. Beide sind im unteren Theile normal, im oberen über 2 resp. 2½ cm tordirt. Der tordirte Theil, wie bei Galium, aufgeblasen, mit den Blättern in ununterbrochener Längszeile, fast einseitswendig; die Riefen in beiden links aufsteigend.

Urtica urens. „Schöneberg bei Berlin, Aug. 1852, mit spiraliger Blattstellung und Zwangsdrehung." Eine ganze, bewurzelte Pflanze von etwa 25 cm Höhe. An den unteren Knoten standen die Blätter decussirt, in der oberen Hälfte spiralig, grossentheils einseitswendig, während die Riefen des Stengels linksläufig gedreht sind. Die Blätter stehen in der Spirale nicht genähert, sondern in gegenseitigen Entfernungen von meist etwa 1 cm; dementsprechend ist die Zwangsdrehung nicht aufgeblasen. Vermuthlich nach dem im vorigen Theile für Urtica urens beschriebenen Typus gebaut.

Dianthus Caryophyllus. „Zwangsdrehung, Berlin 1863." Ein 30 cm langer, blüthentragender Spross. Auf zwei Knoten mit normaler decussirter Blattstellung folgt noch ein normales Internodium, darauf die 1½ cm lange gedrehte Strecke und dann ein gerader, in einer Blüthe endigender Gipfel mit zwei kleinen decussirten Blattpaaren.

Der gedrehte Theil trägt fünf Blätter, welche in einer Längszeile stehen und ohne Zwischenräume an einander grenzen. Ihre Länge nimmt vom untersten bis zum obersten stetig ab (6—5,5—4—3,5 und 2 cm). Mit Ausnahme des zweiten trägt jedes in seiner Achsel einen Blüthenspross. Der gedrehte Theil ist in seiner Basis senkrecht zur Stengelachse seitwärts gebogen, seine Längsriefen laufen schief um ihn herum, wie in anderen Zwangsdrehungen. Auch ist er merklich angeschwollen und etwa doppelt so dick wie das nächst ältere, gestreckte Internodium.

Die Stengelriefen machen im gedrehten Theile zwei rechtsläufige Spiralumgänge um die Achse. Dieses und die Fünfzahl der Blätter deutet auf eine Blattstellung von $^2/_5$ als Ursache der Zwangsdrehung. Das Internodium unterhalb der Zwangsdrehung (6 cm lang) trägt am oberen und am unteren Ende je eine Wunde; beide

Wunden laufen in der Richtung der Mitte spitz zu und scheinen darauf hinzudeuten, dass das erste Blatt der Spirale mit dem höchsten des decussirten Paares am Grunde des Internodiums ursprünglich verbunden war, dass die Verbindung aber durch die Streckung dieses Internodiums zerrissen worden ist.

Man vergleiche die anscheinend nach anderem Typus gebauten Zwangsdrehungen derselben Art im vorigen Theile S. 117 und auf Taf. X, Fig. 7 u. 8.

Viscaria purpurea. „Zwangsdrehung, Tegel 9. Mai 1856." Ein bewurzeltes, blühendes, völlig normales Exemplar, welches aber auf demselben Rhizom einen tordirten Spross trägt. Dieser ist in eine 2 cm lange, 1 cm breite, hohle Blase umgewandelt, welche auf kurzem Stiele dem Rhizome aufsitzt und an ihrem Gipfel die gestielte, etwas reducirte Inflorescenz trägt. Die Blätter auf der Blase in einer Längszeile mit breit verwachsenen Basen zusammenhängend, im stark gedunsenen Theile fünf an der Zahl; die Riefen der Blase fast quer, rechts aufsteigend. Blase am oberen Ende mit weiter Oeffnung, wie solches bei Valeriana so oft vorkommt.

Cerastium perfoliatum. „Drehung durch Verwachsung aufeinanderfolgender Blätter veranlasst." Zwei Sprosse, auf einem Blatte aufgeklebt, im gleichen Entwickelungsstadium, mit reifen Früchten und offenbar von demselben Funde. Beide etwa 25 bis 30 cm unterhalb der Endblüthe abgebrochen, im unteren Theile mit gestreckten Internodien und zwei decussirten Blattpaaren, dann mit kleiner gedunsener Zwangsdrehung, dessen Gipfel das nackte, 12 bis 14 cm lange ungedrehte Internodium unterhalb der eigentlichen Inflorescenz trägt. Die gedrehte Strecke ist in beiden Objecten 2 cm lang, 1/2 resp. 1 cm dick und somit stark aufgeblasen und von einer Spirallinie verwachsener Blätter umzogen. Die Anzahl dieser Blätter ist 5 resp. 7; im ersteren Falle ist die Spirale linksläufig, im zweiten rechtsläufig, in beiden macht sie etwa eine Windung. Die Riefen des Stengels sind in entgegengesetzter Richtung gedreht und laufen stellenweise quer um die Achse herum. Die kleinste der beiden Zwangsdrehungen ist beim Wachsthum stellenweise zerrissen und verzerrt.

Gentiana germanica. „Strophomanie, München, C. Schimper", „Zwangsdrehung". Ein reich blühendes 25 cm langes Exemplar.

Die unteren 6 cm bilden eine schöne, bis zu einer Dicke von $^1/_4$ cm aufgeblasene Zwangsdrehung mit rechts aufsteigenden Riefen und einseitswendigen Blättern und von demselben Bau, wie dieser für Galium und andere Arten so oft beschrieben wurde. Namentlich ist die, seitlich von der Blätterlinie verlaufende Reihe von Achselsprossen schön ausgebildet. Leider ist das Exemplar in der Zwangsdrehung abgebrochen und fehlt deren unteres Ende. Auf zwei Windungen der Riefen zählte ich je $3^1/_2$ Blattinsertion, was einer $^2/_7$-Stellung entsprechen würde, doch liess sich, ohne Aufweichung, Weiteres nicht feststellen. Am geraden Stamm oberhalb der Zwangsdrehung stehen die Blätter in dreigliedrigen Quirlen.

Dieses Exemplar zeigt die merkwürdige Erscheinung secundärer Torsionen und zwar im gestreckten Internodium des Stammes oberhalb der Zwangsdrehung und in dem unteren Internodium fast jeden auf der Zwangsdrehung stehenden Achselsprosses. Alle übrigen Internodien des Stammes und der Zweige sind ungedreht. Im Stamminternodium, welches 1 cm lang ist, ist die obere Hälfte um 360° tordirt, und zwar in entgegengesetzter Richtung wie die Zwangsdrehung, in der unteren Hälfte liegt der stark in die Länge gezogene Wendepunkt. In den Achselsprossen ist gleichfalls die Richtung der Torsion eine wechselnde; sie sind am Grunde in entgegengesetzter Richtung tordirt wie etwas weiter hinauf. In den einzelnen Fällen ist die Torsion in sehr verschiedenem Grade ausgebildet. Am Grunde ist die Richtung meist linksläufig, bisweilen rechtsläufig. Diese tordirten Internodien haben eine Länge von 2—8 cm.

Mesembryanthemum emarginatum. „Zwangsdrehung, Hortus Berolinensis, 1860." Ein reich verzweigtes, 11 cm langes, auf allen Zweigen blühendes, wohl nur den oberen Theil der Inflorescenz umfassendes Object. Die Hauptachse in der unteren Hälfte normal, mit decussirten Achselsprossen, in der oberen Hälfte über einer Länge von 2 cm als Zwangsdrehung ausgebildet. Diese trägt neun Blätter in ununterbrochener, einseitswendiger Längsreihe; die Blattbasen verwachsen. Der Stengel nur wenig aufgeblasen, die Riefen unter einem Winkel von 30°—40° links aufsteigend.

Achyranthes. „Hortus Berolinensis, 1871." Ein kleines Zweiglein einer stark behaarten Art mit weit von einander entfernten spiralig gestellten Blättern. Die Blattinsertionen theils fast longitudinal gestellt, mit ihren Achselknospen neben ihnen, theils fast quer.

Der Stengel nicht geschwollen, seine Riefen spiralig rechts aufsteigend.

Gomphrena globosa. „Zwangsdrehung." Ein blühender Spross, offenbar dicht am Boden abgebrochen, etwa 23 cm lang, mit sieben Blüthenköpfchen. Am Grunde zwei decussirte Blattpaare, begrenzt von drei gestreckten Internodien. Dann über einer Länge von 8 cm vier vereinzelte Blätter, alle vier auf derselben Seite des Stengels und von gestreckten Internodien (von etwa 1, 4 und 3 cm Länge) getrennt, jedes mit blüthentragendem Achselspross. Jedes der drei von diesen Blättern begrenzten Internodien ist tordirt und zwar linksläufig, mit nicht ganz einem halben Umgange. Die Detorsion der $^2/_5$-Spirale in eine gerade Zeile würde 144° entsprechen; dieses stimmt also, soweit die Beobachung am getrockneten und gepressten Object zu entscheiden zulässt.

Die tordirten Internodien sind nicht aufgeblasen, sogar nicht dicker als die normalen. Die Blattinsertionen sind, wie bei Weigelia (vergl. S. 101) durch eine ebenso erhabene, jedoch nicht sehr scharf markirte Linie verbunden. Auf die Zwangsdrehung folgt der nackte, nicht tordirte Blüthenstiel des Endköpfchens.

Sambucus nigra. „Zwangsdrehung, Pseudo $^2/_7$, eigentlich $\frac{1 + {}^1/_2}{2}$." Ein 33 cm langer Spross, dessen Blätter zumeist einige cm über ihrem Grunde abgeschnitten sind. Die Blätter in steiler, rechtsläufiger Spirallinie, welche etwa drei Umläufe macht, zwölf an der Zahl, mit Ausnahme der jüngsten, noch in der Knospe zusammenschliessenden. Ihre Insertionen schief, bisweilen longitudinal gestellt, ihre Entfernungen von 1—7 cm wechselnd; die Basen zweier benachbarter Blätter, ähnlich wie bei Weigelia, durch eine erhabene Leiste über die ganze Länge des Internodiums verbunden. Der Stengel mit linksläufigen Riefen, von normaler Dicke.

Somit eine echte Zwangsdrehung mit gestreckten Internodien.

Auf einem anderen Blatte in demselbem Umschlag findet sich ein Ast mit einer Infloresceuz mit reifer Beere und höchst unregelmässiger spiraliger Blattstellung „von einem Baume mit Fasciationen und mehrblättrigen Quirlen, 1832." Die Riefen in der Rinde deuten aber keine Torsion an.

Knautia (Scabiosa) arvensis. „Meudon bei Paris, 8. Juli 1832 von Le Plaie gefunden. Die Halbquirle sind sehr räthselhaft."

Spross über 25 cm lang, am Rhizom abgerissen, im unteren Theile normal, in der Mitte mit einer gedrehten Stelle, welche auf dem ersten Blick wie eine doppelte Knickung aussieht. Am unteren und am oberen Ende dieser Knickung je ein Halbquirl, aus je vier Blättern gebildet; im oberen Halbquirl eins dieser Blätter bis nahe am Grunde gespalten. Die Entfernung der Halbquirle ist 2 cm, der zwischenliegende Stengeltheil gedunsen und mit schiefen, linksansteigenden Riefen. Auf diese Knickung folgt ein 11 cm langes Internodium, welches die Inflorescenz trägt. In dieser ist der unterste Blattquirl wiederum ein Halbquirl, aus vier Blättern gebildet.

Ich glaube die folgende Erklärung vorstellen zu dürfen. Die Blätter der verschiedenen Halbquirle seien am Vegetationspunkt in einer Spirale angelegt worden und in dieser mit einander verwachsen. An einzelnen Stellen fehle diese Verwachsung der Basen zweier benachbarter Blätter, oder würde sie nachträglich zerrissen; hier könnten sich die Internodien theilweise oder ganz strecken, wie ähnliches auch bei Dipsacus vorkommt. Wir hätten somit eine unterbrochene Zwangsdrehung vor uns.

Zinnia grandiflora (elegans). „Zwangsdrehung". Ein 35 cm langer, fast unverzweigter blühender Spross mit zwei decussirten Blattpaaren an der normalen unteren Hälfte und darauf folgender Spirale von zehn Blättern, in etwa zwei Windungen. Das untere Blatt der Spirale frei, die übrigen mit ihren Basen verwachsen, zwischen den Spreiten eine erhabene Leiste bildend. Spirale rechtsläufig, Riefen des Stengels in entgegengesetzter Richtung gewunden. Der gedrehte Theil nur wenig verdickt. Die Windung des Stengels erstreckt sich, wie stets, nur soweit, als die Blätter verwachsen sind, die obere Strecke unterhalb des Blüthenkopfes ist ungedreht und trägt zwei vereinzelte, einander fast gegenüberstehende Blättchen.

Zinnia verticillata. „Jardin des plantes, Ende August 1832." In diesem Umschlage sechs blühende Sprosse, wahrscheinlich demselben Funde entstammend. Ausserdem ein Exemplar aus „Hortus Carlsruhe", mit jungem Endköpfchen. Ueber letzteres Exemplar sagt die beigefügte Notiz „Spirale mit kleinen Divergenzen durch Zwangsdrehung aufgerichtet." Der Spross ist etwa 27 cm lang und trägt drei von einander entfernte Blättergruppen, die untere von zwölf, die mittlere von sieben, die obere von etwa sechszehn Blättern, an das Involucrum der Inflorescenz anschliessend. Die Blätterspirale ist linksläufig und macht nur etwa zwei Umläufe, stellenweise ist sie so steil aufgerichtet, dass sie der Achse des Stengels parallel läuft. Im unteren Theile sind zwei benachbarte Blätter etwa bis zur Mitte mit einander verwachsen. Die Blattbasen wie üblich schief oder longitudinal inserirt, unter einander durch eine erhabene Leiste verbunden.

Die übrigen Exemplare zeigen ganz ähnlichen Bau. Blätterspirale in vier Sprossen links ansteigend, in den beiden anderen rechts ansteigend. Riefen entgegengesetzt gedreht. Spirale meist stellenweise unterbrochen, in verschiedener Neigung, oft über eine längere Strecke der Achse parallel. Eine Notiz sagt „mit spiraliger Blattstellung und Zwangsdrehung." Die Stengel sind gerade, nicht verdickt, gestreckt, die Blätter mehr oder weniger entfernt. Also Zwangsdrehung nach dem Typus von Lupinus.

Siegesbeckia orientalis. „Zwangsdrehung durch Loxophyllose." Ein etwa 30 cm langer samentragender Spross mit spiraliger Blattstellung und schiefem Verlauf der Riefen. Die Blätter von einander weit entfernt, mit etwas schiefer Insertion, der Stengel nicht angeschwollen. Riefen rechtsläufig angeschwollen.

Die Zwangsdrehung nach dem für Weigelia beschriebenen Typus ausgebildet, jedoch ziemlich unregelmässig.

Eupatorium maculatum. „Jardin des plantes, Aug. 1832." Ein 35 cm langes Stück aus einem Sprosse, oben und unten abgeschnitten, etwa 1/2 cm dick. Die Blätter sämmtlich (etwa 22) in einer rechts aufsteigenden Spirale, in wechselnden Entfernungen von einander. Ihre Basen durch eine erhabene Leiste verbunden, wie bei Weigelia; ihre Insertionen in der Richtung der Spirale gestellt und mit dieser von fast longitudinal bis zu einer Neigung von etwa 45° wechselnd. Im ersteren Falle ihre Achselknospen neben ihnen. Die Blätterspirale macht im Ganzen etwa drei Umläufe, von denen zwei wenig steil sind und auf das untere Drittel kommen, während der obere Umgang sehr steil ist und sich über zwei Drittel des Objectes erstreckt. Die Riefen des Stengels in entgegengesetzter Richtung gewunden.

Somit eine typische, gestreckte Zwangsdrehung.

In normalen Exemplaren dieser Art stehen die Blätter verticillirt.

Scrophularia nodosa. Eine Sammlung von acht, theils zusammengehörigen Stengelstücken, welche bei Berlin in 1855 und 1865 gesammelt worden sind. Sie sind sämmtlich von **Braun** als „Zwangsdrehung“ bezeichnet. Das auffallende an diesen Sprossen ist die bedeutende Streckung der Internodien zwischen den einzelnen, einblättrigen Knoten. Es sieht ganz aus, als ob die Torsion des Stengels das Primäre, die Spiralstellung der Blätter das Secundäre wäre. Wer aber diese Vermuthung hegen wollte, würde sich sofort wiederlegt finden durch die deutlich hervortretende, wenn auch stark gedehnte Verbindungslinie der Blattbasen, welche genau in derselben Weise ausgebildet ist, wie ich solches für **Weigelia** (vergl. S. 101 ff.) beschrieben habe.

Die Riefen laufen an einigen Sprossen in links-, an anderen in rechtsaufsteigender Spirale, aber meist sehr steil. Die Zwangsdrehung erstreckt sich nahezu über die ganzen Stengel, vom Rhizom aufwärts bis zur Inflorescenz; die Spirale der Blätter ist so steil, dass sie auf dieser ganzen Länge nur einige wenige Umläufe macht.

Veronica latifolia. „Mit Spiralstellung und Zwangsdrehung.“ Ein fast 40 cm langer Spross. Im unteren Drittel stehen die Blätter in Paaren, jedoch unregelmässig; vier unter ihnen tragen in ihren Achseln lange, blühende Trauben. Der mittlere Theil bildet die Zwangsdrehung, seine Blätter tragen keine Achselsprosse. Im Gipfel ist der Spross wieder normal, decussat.

Die Zwangsdrehung hat 14 Blätter, in stellenweise unterbrochener Spirale, welche über 13 cm etwa zwei rechts aufsteigende Umläufe bildet. Die Blätter von einander entfernt, in sehr ungleichen Abständen, ihre Basen aber durch eine deutliche, erhabene Linie verbunden. Der Stengel nicht dicker wie die normalen Strecken, seine Riefen undeutlich schief gestellt.

Ausser echten Zwangsdrehungen enthielt die Mappe noch:

1. *Phlox.* „Knickung, C. **Schimper** 1835.“ Ein 8 cm langer, in der Mitte geknickter Sprossgipfel.

2. *Brassica oleracea.* „Sonderbare Verwachsung der Blätter mit Stengelknickung.“ Junger Seitenzweig mit Blüthenknospen, in 7 cm Entfernung von seiner Spitze abwärts geknickt, in Folge einer longitudinalen Verwachsung eines Blattes mit dem Stengel.

3. *Orchis maculata L.* „In der Mitte des Stengels in der Länge eine Blattscheide(?) gedreht, bei Engelsbach in Thüringen, leg. **Alb. Linz**, comm. Dr. **Thomas**, 9. Juni 1872.“

4. *Orchis maculata L.* „Der mittlere Theil des Stengels stark gedreht (rechts). Aus welcher Ursache? Scheurershütte bei Ohrdruf, 10. Juni 1872, Dr. Thomas.“

5. *Plathanthera bifolia.* „Heringsdorf.“ Ein Exemplar mit reifen Früchten, welches oberhalb der beiden grossen Blätter auf einer tordirten Strecke des Stengels zwei kleinere trägt.

6. *Saxifraga mutata.* „Solothurn, Zwangsdrehung? legit C. Schimper, Juni 1837.“ Eine Inflorescenz, etwa 10 cm unterhalb der Endblüthe abgebrochen und mit tordirter Hauptachse.

Dritter Abschnitt.

Die Sammlung des Herrn Prof. P. Magnus.

Herr Prof. Magnus hatte im Frühjahr 1890 die Freundlichkeit, mir seine Sammlung von tordirten Pflanzentheilen auf einige Zeit zum Studium zu übersenden. Sie bestand hauptsächlich aus getrocknetem, zum Theil aber auch aus in Alkohol conservirtem Material (Lupinus luteus).

Das Studium dieser Sammlung war für mich von grösster Bedeutung, weil sie die von Magnus beschriebenen oder doch gelegentlich erwähnten Objecte enthält, auf welche dieser Forscher seine Einwände gegen Braun's Theorie der Zwangsdrehung stützt. Nur die tordirten Stämme und Zweige von Dipsacus waren mir, aus leicht ersichtlichen Gründen, nicht geschickt worden.

Ich hoffe durch das Studium dieses wichtigen Materiales etwas zur Entscheidung der schwebenden Fragen beigetragen zu haben und sage meinem verehrten Collegen für seine grosse Gefälligkeit besten Dank.

Mit wenigen Ausnahmen lassen sich sämmtliche Objecte in die Gruppen der Zwangsdrehungen im Sinne Braun's und der einfachen Torsionen unterbringen. Die Ausnahmen aber sind Gegenstände, welche für ein eingehendes Studium nicht ausreichten [1].

Ich spalte somit meine Liste in zwei Theile:

1. Zwangsdrehungen,
2. Einfache Torsionen.

An dieser Stelle habe ich nur die ersteren zu besprechen. Für

1) z. B. Hydrangea arborescens.

die Behandlung der übrigen verweise ich auf den letzten Theil dieser Abhandlung, für die Begründung der Unterscheidung aber auf den letzten Abschnitt des zweiten Theiles.

Valeriana officinalis. „Monströs, Gegend von Bern (Aardamm am Belpmoos?) 13. Juni 1885 comm. Ed. Fischer.“ Ein Spross, welcher am Gipfel eines normalen, gestreckten und im Objecte nur theilweise (etwa 10 cm) erhaltenen Internodiums eine Zwangsdrehung trägt. Kurz vor der Blüthe abgeschnitten. Die gedrehte Stelle 8 cm lang, 2 cm breit, stark gedunsen; die Blätter in einer steilen, links ansteigenden Spirale, die oberen mit Achselzweiglein, welche die Partialinflorescenzen tragen. Der Gipfel des Stengels geschlossen, dünn, mit Endinflorescenz von normaler Ausbildung. Die Riefen des Stengels rechts ansteigend, stellenweise fast quer zur Achse liegend.

Das merkwürdigste an diesem Objecte ist der Umstand, dass die Blätterspiralen im oberen Theile vorübergebogen ist. M. a. W. sie ist nicht nur gerade aufgerichtet, sondern noch weiter gedreht. Dasselbe ist der Fall an dem S. 142 beschriebenen, in meiner Sammlung befindlichen Exemplare von Vrolik. Die Vorüberbiegung beträgt etwa eine halbe Windung.

Ich ermittelte den Lauf einer Riefe über zwei Windungen und fand die Entfernungen, in denen sie die Blätterspirale durchschnitt, zu $2^5/_8$, was einer Blattstellung von $^5/_{13}$ entspricht. Es ist dieses dieselbe Blattstellung, wie in den übrigen von mir untersuchten gedrehten Stengeln von Valeriana officinalis.

Valeriana sambucifolia. „Zwangsdrehung, cult. bei Haage und Schmidt in Erfurt, legit Reinerke, 28. Aug. 1881, comm. Fr. Thomas.“ Ein ganzer, wohl dicht am Boden abgeschnittener, 13 cm hoher, blühender Stamm, der namentlich in seiner oberen Hälfte stark aufgeblasen war. Am Gipfel trug er die Inflorescenz und war hier durch einen kleinen Riss geöffnet. Die Blätter unten in steiler, linksansteigender Spirale, oben zu einer Seitenlinie aufgerichtet, die Achse hier etwa 3,5 cm dick. Ich ermittelte den Lauf einer Riefe über drei Windungen und fand dieselbe Blattstellung ($^5/_{13}$), welche ich in den gedrehten Stengeln von Valeriana officinalis beobachtete.

Dieses Object war nicht gepresst und eins der schönsten Beispiele von Zwangsdrehung, welche mir vorgekommen sind.

Galium Mollugo L. Beim Mähen von Gerste auf Aeckern bei Kowalomks, unweit Nemirow in Podolien, gefunden und von Herrn F. Bartels eingesandt, Juli 1882. Eine prachtvolle, leider unten im gedrehten Theil abgebrochene Zwangsdrehung mit den Blättern und Achselzweigen auf einer Seite, bis in den Gipfel gedreht. Riefen des Stengels rechts ansteigend. Das Exemplar entspricht genau dem Bilde in Masters' Vegetable Teratology.

Casuarina sp. „Spiralige Verwachsung der Blattwirtel an der Hauptachse. Die Wirtel sind unter eigenthümlicher monströser Drehung zur Spirale umgebildet. Berlin, im botanischen Garten, legit A. Rehder, Sommer 1885." Diese 3 cm lange Zwangsdrehung zeigt die Blätter in linksansteigender Spirale. Die Spirale ist im unteren Theil so steil, dass sie in eine Längslinie umgebildet ist, darauf folgen deutliche Windungen, welche nach dem Gipfel stetig weniger steil werden. Die Achse ist gedunsen, im unteren Theile liegen ihre Riefen fast quer; zwischen den Windungen der Blätterspirale sind sie entsprechend steiler gerichtet. Der gedrehte Spross ist der Gipfel eines stark verzweigten Astes, trägt aber selbst keine Seitenzweige. Das Object entspricht genau den vor vielen Jahren (vergl. S. 139) von Braun gegebenen Abbildungen. Es ist merkwürdig, dass die Erscheinung sich nach so vielen Jahren (1831 bis 1885) wiederholt hat. Vielleicht ist sie an bestimmten Individuen nicht eben selten.

Lupinus luteus. „Blüthen durch Drehung des Stengels in eine Spirale geordnet, ohne unter einander verwachsen zu sein." Zwei in Alkohol aufbewahrte Trauben; die meisten Blüthen sind abgefallen; die Achsen etwa 15 cm unterhalb des Gipfels abgeschnitten. Die eine trägt unten einen Quirl von Blüthen; der folgende Quirl ist aber zu einer Schraubenlinie auseinander gezogen, welche etwa 1½ cm oberhalb des unteren, vollständigen Wirtels anfängt. An diese Schraubenwindung schliessen sich die folgenden in ununterbrochener Linie an, im Ganzen fünf Umgänge bildend, welche nach oben immer steiler werden. Die Insertionslinien der Bracteen, in deren Achsel die Blüthen standen, sind deutlich zu erkennen und fliessen zu einer continuirlichen Schraubenlinie zusammen. Diese Schraube steigt nach rechts an, die Riefen des Stengels sind dementsprechend, wenn auch nur wenig, nach links geneigt.

Der untere, vollständige Quirl trug fünf Blüthen, die beiden untersten Umgänge der Schraube aber zusammen 14. Nimmt man an, dass ursprünglich jeder Umgang sechs[1]) Blüthen umfasst hat, so würde zu folgern sein, dass die Schraube durch Detorsion während des Längenwachsthums etwas steiler geworden ist, und zwar um etwa $^2/_6 \times 360^0 = 120^0$ pro Windung. Diesem Vorgange entspricht die linksgerichtete Neigung der Längsriefen des Stengels, welche bereits genannt worden ist. Der vierte Umgang der Schraube umfasst neun Blüthen und ist dementsprechend viel steiler.

Die zweite Inflorescenz trägt unten zunächst drei Wirtel, von denen der obere ein wenig aufgelöst ist. Dann folgen die Blüthen in einer Schraube, welche hier aber nach links ansteigt. Die Insertionen der Bracteen sind wiederum zu einer ununterbrochenen, aber stellenweise etwas ausgedehnten Schraubenlinie vereinigt. Im Ganzen sind zwei Windungen mit 19 Blüthen vorhanden; sie erstrecken sich über 7 cm; die Riefen des Stengels sind hier entsprechend schwach, doch deutlich nach rechts geneigt.

Wir haben hier den Fall einer Zwangsdrehung bei wirteliger Blattstellung, genau so wie ich ihn oben für die nämliche Art ausführlich beschrieben habe. Dass hier die schraubige Stellung der Blüthen das Primäre ist, geht aus der a. a. O. erwähnten Untersuchung der jüngsten Zustände ohne Weiteres hervor. Nur die steile Aufrichtung der Spirale muss als eine Folge der Torsion betrachtet werden.

Mentha micrantha. „Stengel mit Zwangsdrehung, Weissenburg an Wiesengräben, August 1868 legit F. Schulz; Riefen des Stengels in rechtsläufiger Spirale ansteigend.“ Ein 13 cm langer Spross, wohl dicht am Boden abgebrochen. Die Blätter stehen nicht paarig, sondern in einer Spirale, welche linksläufig um den Stengel heransteigt. Diese Spirale ist ziemlich steil, die einzelnen Blattinsertionen dementsprechend schief oder fast longitudinal gestellt, ihre Achselzweige somit neben ihnen. Die Blattbasen durch eine erhabene Leiste verbunden, aber von einander entfernt, nicht selten um fast 1 cm. Der Stengel, dessen rechtsläufige Riefen scharf hervortreten, dementsprechend nicht geschwollen.

---

1) Vergl. S. 107 ff. und Taf. IX, Fig. 7, Taf. XI, Fig. 7 u. 8.

Die beiden unteren Windungen umfassen etwa 7 cm, die beiden folgenden zusammen nur 3 cm; im jüngeren, nicht ausgewachsenen Theil sind die Riefen nicht sicher zu verfolgen.

Eine schöne Zwangsdrehung wohl nach dem früher (vergl. S. 101) für Weigelia beschriebenen Typus.

Magnus führt in den Sitzungsberichten des botanischen Vereins der Provinz Brandenburg (Bd. XIX, S. 120, 31. Aug. 1877) dieses Exemplar sowie Galeopsis Ladanum (vergl. unten) als einen Beweis dafür an, dass „die Drehung der Längsriefen des Stengels nicht aus der Verwachsung der Blätter resultirt, sondern im Gegentheil durch die Drehung der Längsriefen des Stengels die Blätter nach einer Seite genähert werden.“ „Dieses tritt am jungen Stengel mit noch kurzen ungestreckten Internodien ein; die jungen Blätter, die nach einer Seite verschoben werden und nur durch noch ganz kurze Internodien getrennt sind, oder vielmehr mit ganz kurzen Internodien nahe beisammenstehen, verwachsen in Folge dessen mit einander.“ „Die Verwachsung stellt sich also als eine Folge der durch die spiralige Drehung der Längsriefen des Stengels bewirkten Annäherung der Blätter heraus.“

Dieser Annahme steht jedoch im Wege, dass an den betreffenden Exemplaren von Mentha und Galeopsis das thatsächliche Verhältniss sich nicht ermitteln lässt, während in meinen Culturen von Dipsacus die Verwachsung der Blätter schon längst beendet ist, bevor die Torsion der Internodien anfängt.

Auch fehlt in diesen Individuen von Mentha und Galeopsis, soweit sich nach dem getrockneten und gepressten, grossentheils erwachsenen Material urtheilen lässt, die Verwachsung der Blätter keineswegs. Allerdings sind die Blätter viel weiter von einander entfernt, wie in den Zwangsdrehungen von Dipsacus und Valeriana, ihre Basen sind aber durch eine deutliche Linie verbunden, ihre Insertionen stehen schief oder longitudinal, was doch wohl nicht durch eine einfache Torsion des Stengels bewirkt werden kann[1]).

1) Man denke sich auf einen Cylinder (z. B. von Kautschuk) die fraglichen Linien aufgetragen und nun diesen künstlich tordirt. Es werden bekanntlich die Längslinien zu Spiralen, Schraubenlinien werden steiler oder weniger steil, die quer zur Achse stehenden Kreise aber behalten Form und Lage.

Ueberhaupt fügen sich die beiden Gegenstände den für Weigelia beschriebenen und abgebildeten Verhältnissen so völlig, dass es mir kaum zweifelhaft erscheint, dass sie derselben Categorie[1]) angehören.

Ganz anders verhalten sich die beiden anderen, von Magnus angeführten Beispiele, Rumex Acetosa und Campanula Trachelium. Hier ist ohne Zweifel die Drehung des Stengels das Primäre. Aber die Blätter verwachsen auch nicht mit einander. Vergleiche hierüber die Beschreibung dieser Objecte im letzten Abschnitte des letzten Theiles.

Galeopsis Ladanum („latifolia“). Eine am Boden im gedrehten Theile abgebrochene Pflanze, deren Stengel, oberhalb der 3 cm langen gedrehten Stelle, sich senkrecht emporhebt und etwa 30 cm hoch wird. Dieser ganze Theil ist von normalem Bau mit decussirten Blättern. Die Pflanze während der Blüthe gesammelt und getrocknet. Der gedrehte Theil zeigt die Riefen des Stengels in linksaufsteigender Spirale und zwar unten fast horizontal, nach oben steiler werdend und allmählich in den normalen Stamm übergehend. Er trägt vier Blattinsertionen, deren Blätter abgefallen sind, deren Achselzweige noch vorhanden sind.

Diese Blattinsertionen liegen in rechtsansteigender Spirale, aber in zwei Paaren, welche um etwa 1 cm von einander entfernt sind, während die Achselsprosse desselben Paares nur 1—2 mm von einander abstehen. Das untere Paar steht fast parallel der Stengelachse, die Riefen liegen hier fast quer. Das obere Paar steht nur wenig schief, die Riefen dementsprechend steil. Oberhalb des oberen Paares setzt sich die Drehung noch über 1 cm fort, dieser eine Centimeter bildet den Grund des ersten gestreckten, $7^1/_2$ cm langen Internodiums.

Man könnte vielleicht meinen, dass hier die gegenseitige Annäherung der Zweige eines Paares nach der einen Seite des Stengels etwa eine Folge der spiraligen Drehung des Stengels sein dürfte. Dieser Meinung kann ich aber nicht beipflichten, weil ich nicht einsehen kann, wie durch eine Drehung eine einseitliche Näherung der Zweige eines Paares stattfinden könnte. Für einen solchen Vorgang ist es durchaus erforderlich, dass die Blätter von vornherein in einer Spirale angeordnet sind.

---

1) Oder vielleicht dem Typus Urtica?

Ich betrachte somit dieses Object als eine echte Zwangsdrehung im Sinne Braun's, nach dem Typus Urtica, bedingt durch spiralige Anordnung der Blätter unter Verwachsung der Blattbasen in der Richtung der Spirale. Die Entfernung der beiden Blattpaare betrachte ich als eine Folge der nachherigen Zerreissung dieser Verwachsungslinie, wie solches bei Dipsacus thatsächlich so häufig vorkommt.

Sucht man in dieser Ueberzeugung nach jener Verwachsungslinie, so findet man sie als eine rothe, mit der Lupe deutlich kenntliche Linie, welche die beiden Blattpaare so weit verbindet, wie es der zerbrochene Zustand des Gegenstandes zu beurtheilen erlaubt. Dieselbe Linie verbindet die beiden Blattinsertionen in den Paaren und erstreckt sich oberhalb des oberen und unterhalb des unteren Paares.

Der Stengel ist im gedrehten Theil zu etwa doppelter Dicke angeschwollen.

Dieses Exemplar ist von Prof. Magnus in den Sitzungsberichten des botanischen Vereins der Provinz Brandenburg Bd. XIX, 1877, 31. Aug., S. 120 besprochen worden und zwar gleichzeitig mit der oben behandelten Mentha micrantha.

Teucrium fruticans L. „Taormina auf Sicilien, 28. März 1881, legit P. Magnus". Fünf Exemplare, 20—30 cm hoch, während der Blüthe gesammelt. Ein Spross mit dreigliedrigen, ein anderer mit viergliedrigen Blattquirlen. Die drei übrigen stellenweise gedreht über eine 3—9 cm lange, dicht unterhalb der Inflorescenz liegende Strecke. Hier die Blätter in einer Spirale und zwar links ansteigend sehr steil, die Riefen des Stengels in entgegengesetzter Richtung gedreht. Die Richtung der Drehung war in den drei Sprossen dieselbe.

Die gedrehten Theile nicht oder doch kaum merklich angeschwollen; die Blattinsertionen von einander entfernt, aber durch eine deutliche Linie verbunden, fast longitudinal gestellt mit den Achselknospen neben ihnen.

Echte Zwangsdrehung, vielleicht nach dem Typus von Urtica.

Silphium ternatum. „Mit geringer Zwangsdrehung, Berlin, im botanischen Garten, 11. October 1880, legit P. Magnus." Ein über 40 cm langes, oben und unten abgebrochenes Zweigstück mit 14, in einer steilen, linksläufigen Spirale geordneten Blättern. Die

Entfernungen der Blätter äusserst wechselnd, bisweilen berühren sie einander mit ihrer verbreiterten Basis, bisweilen 3—10 cm von einander abstehend. Die Blattinsertionen schief, fast longitudinal bei geringeren Entfernungen zu einer zusammenhängenden Linie verbunden.

In der unteren Hälfte bilden acht Blätter eine deutlich zusammenhängende Spirale von etwa einer Windung. Hier ist der Stengel in entgegengesetzter Richtung, aber entsprechend steil gedreht. Höher hinauf ist die Spirale zerrissen, und laufen die Riefen des Stengels der Achse parallel. Der Stengel im gedrehten Theil von normaler Dicke.

Zwangsdrehung wohl nach dem Typus von Weigelia.

Vierter Abschnitt.

Systematische Zusammenstellung.

Durch die Sammlungen von Braun und Magnus wird unsere Kenntniss der Verbreitung der Zwangsdrehungen im Pflanzenreich sehr wesentlich bereichert. Die auf S. 135 gegebene, aus der Literatur zusammengestellte Liste wird durch die Aufnahme dieser Beiträge fast doppelt so gross. Es scheint mir daher zweckmässig, die sämmtlichen in dieser Abhandlung angeführten Arten mit eigentlichen Braun'schen Zwangsdrehungen an dieser Stelle übersichtlich zusammenzustellen.

Ich wähle dazu die Gruppirung nach natürlichen Pflanzenfamilien.

Die in den einzelnen Abschnitten dieses Theiles behandelten Fälle sind durch folgende Buchstaben angedeutet:

L Literaturverzeichniss,
B Braun's Sammlung,
M Magnus' Sammlung,

während die von mir selbst beobachteten Fälle durch d. V. angewiesen sind. Jeder Art ist die betreffende Seitenzahl beigefügt.

A. Kryptogamen.

Equisetaceen.

Equisetum Telmateja L. S. 136. — E. limosum L. S. 138. — E. palustre L. S. 138.

B. Dikotylen.

Scrophularineen.

Scrophularia nodosa B. S. 157. — Veronica latifolia B. S. 158.

Labiaten.

Dracocephalum speciosum L. S. 148. — Galeopsis Ladanum M. S. 164. — Hyssopus officinalis L. S. 149. — Mentha aquatica L. S. 149. — M. micrantha M. S. 162. — M. viridis L. S. 149. — Stachys palustris L. S. 92. — Teucrium fruticans M. S. 165. — Thymus Serpyllum L. S. 149.

Gentianeen.

Gentiana germanica B. S. 153.

Rubiaceen.

Aparine laevis L. S. 147. — Crucianella stylosa B. S. 152. — Galium Aparine L. S. 147. — G. Mollugo L. S. 145, B. S. 151 und M. S. 160. — G. palustre L. S. 146. — G. silvestre B. S. 151. — G. verum L. S. 146. — G. sp. L. S. 147. — Rubia tinctorum L. S. 147, B. S. 151, d. V. S. 98.

Caprifoliaceen.

Sambucus nigra B. S. 155. — Lonicera tatarica d. V. S. 116. — Weigelia amabilis d. V. S. 101.

Valerianeen.

Valeriana officinalis B. S. 151, M. S. 160, L. S. 142, d. V. S. 96. — V. dioica L. S. 145. — V. montana L. S. 145. — V. sambucifolia M. S. 160.

Dipsaceen.

Dipsacus silvestris L. S. 140, M. S. 132, 159, d. V. S. 13. — D. fullonum L. S. 140. — D. Gmelini L. S. 142. — Knautia arvensis B. S. 155.

Compositen.

Siegesbeckia orientalis B. S. 156. — Silphium ternatum M. S. 165. — Zinnia grandiflora B. S. 156. — Z. verticillata B. S. 156. — Eupatorium maculatum B. S. 157.

Amarantaceen.

Achyranthes sp. B. S. 154. — Gomphrena globosa B. S. 155.

Casuarineen.

Casuarina stricta L. S. 139. — C. sp. M. S. 161.

Urticineen.
Urtica urens B. S. 152, d. V. S. 113.

Caryophyllaceen.
Cerastium perfoliatum B. S. 153. — Dianthus Caryophyllus B. S. 152, d. V. S. 117. — D. barbatus L. S. 149. — Viscaria purpurea B. S. 153.

Aizoaceen.
Mesembryanthemum emarginatum B. S. 154.

Crassulaceen.
Crassula ramuliflora L. S. 148.

Philadelpheen.
Deutzia scabra d. V. S. 106.

Hippurideen.
Hippuris vulgaris L. S. 139.

Papilionaceen.
Lupinus luteus M. S. 161, d. V. S. 107.

IV. Theil.
Zwangsdrehungen nach Schimper und Magnus.

Erster Abschnitt.
Allgemeines.

§ 1. Einleitung.

Als Braun den Begriff der Zwangsdrehung aufstellte, und damit zum ersten Male die in den vorigen Theilen dieser Abhandlung beschriebenen Fälle zu einer einzigen Gruppe zusammenfasste, betonte er klar, dass nicht sämmtliche Torsionen dazu gehören. Er hebt hervor, dass „es mancherlei Drehungen des Stengels bei nicht windenden Pflanzen“ gebe, und dass von diesen die Zwangsdrehung nur einen Fall bilde[1]). Ein zweites Beispiel liefern die ausführlich von ihm behandelten Drehungen der Baumstämme, welche gleich-

1) Braun, Ueber den schiefen Verlauf der Holzfaser und die dadurch bedingte Drehung der Bäume. Verhandl. d. k. pr. Akad. d. Wiss., Berlin 1854, S. 440.

falls früher nicht scharf unterschieden wurden und auch später noch wohl mit den übrigen Torsionen zusammengeworfen worden sind[1]).

Den Braun'schen Zwangsdrehungen und den gedrehten Baumstämmen gegenüber nenne ich eine Gruppe von Erscheinungen, in denen die Organe, bei gerade bleibender Achse, mehr oder weniger gedreht sind, ohne dass dabei ihre ursprüngliche Blattstellung eine Aenderung erlitten hätte, einfache Torsionen. Sie können vorkommen an Blättern, einzelnen Internodien und grösseren unbeblätterten Stengeltheilen und schliesslich auch an beblätterten Sprossen. In den drei ersteren Fällen springt ihre Unabhängigkeit von der Blattstellung ohne Weiteres in die Augen, im letzten müssen offenbar die Blätter durch die Drehung seitlich verschoben werden, aber eine sonstige Aenderung der Blattstellung findet nicht statt. Namentlich bleiben Blattpaare und Blattwirtel als solche vorhanden.

Viel häufiger als die Zwangsdrehungen sind im Pflanzenreich die einfachen Torsionen. Ich beabsichtige nicht, von ihnen eine vollständige Liste zu geben, sondern werde nur eine Reihe der wichtigsten Fälle hervorheben. Mehrere neue Beispiele aus meiner Sammlung werde ich den bekannten zuzufügen haben.

Die einfachen Drehungen sind sehr häufig mit Zwangsdrehungen verwechselt oder doch wohl geradezu als solche bezeichnet worden. So beschreibt z. B. von Seemen in den Verhandlungen des bot. Vereins d. Prov. Brandenburg, Bd. XXV, 1883, S. 218 in einer kleinen Mittheilung unter dem Titel „Zwangsdrehung bei

1) Vergl. Braun, l. c. S. 432—484 (1854) und einen Nachtrag in der Botan. Zeitung 1870, S. 158 (Sitzungsber. d. Ges. naturf. Freunde, Berlin, 21. Dec. 1869). Die von S. Kros, De spira (l. c.), S. 74 unter den Beispielen von spiraliger Faserrichtung genannten Punica Granatum und Pyrus torminalis sind ohne Zweifel hierher zu rechnen; beide Arten sind in Braun's Verzeichniss, l. c., S. 473 aufgezählt. Ueber die letztere Art, deren Drehung schon von Goethe besprochen wurde (Braun, l. c., S. 434), machte Jäger in der Allgem. Gartenzeitung von F. Otto No. 47 einige Mittheilungen, welche wohl in demselben Sinne aufzufassen sind. Vergl. Bot. Zeitung 1844, S. 239. Doch findet sich dieselbe Art in der Vegetable Teratology von Masters (S. 325) mit anderen Bäumen in derselben Liste wie Valeriana, Galium und Equisetum. Vergl. auch ibid. S. 319. Nur eine schärfere Trennung der verschiedenen Fälle von Drehung würde hier erkennen lassen, was an den übrigen, in dieser Liste nur namentlich angeführten Arten beobachtet worden ist. Doch wollen wir nicht vergessen, dass Masters' unübertroffenes Werk vom Jahre 1869 herrührt und dass es ein Leichtes wäre, darauf jetzt Kritik auszuüben.

Oenanthe fistulosa L." einen Stengel, dessen oberes Internodium der Länge nach gespalten war und sich zu einem flachen, etwa 1/2 cm breiten, spiralförmigen Bande in drei Windungen aufgerollt hatte. Die „Monstrosität" umfasst die beiden, das Internodium begrenzenden Knoten nicht, auch sonst ist der Stengel normal. Sie wird aber als ein Beweis gegen die von Braun gegebene Erklärung der echten Zwangsdrehungen angeführt!

A. W. Bennet beschreibt einen Fall von „Zwangsdrehung" an der Bartnelke, bei welcher die kreuzweis decussirte Blattstellung nicht alterirt wurde[1]).

In diesen beiden Beispielen reicht die Beschreibung zur Beurtheilung der erwähnten Missbildung aus. Welche Verwirrung die Anwendung des Namens Zwangsdrehung im weiteren Schimper'schen Sinne verursachen kann, geht am klarsten aus den beiden folgenden Citaten hervor:

a) „M. J. Gay présente un échantillon monstrueux de Dianthus barbatus, qui lui a été adressé de Bordeaux par M. Durieu de Maison-neuve.

M. Moquin-Tandon considère cette monstruosité comme une fascie avec torsion.

M. Duchartre rappelle qu'il a décrit un phenomène analogue observé par lui sur un pied de Galium Mollugo." (Bull. Soc. Bot. France T. III, 1856, S. 406.) Duchartre's Galium zeigte die echte Braun'sche Zwangsdrehung (vergl. oben S. 145), von Dianthus sind sowohl Zwangsdrehungen als einfache Verdrehungen ohne Aenderung der Blattstellung bekannt. Es ist aus obigen Angaben nicht zu entscheiden, welche Monstrosität Herr Gay der Gesellschaft vorgelegt hat.

b) Bruhin (Verhandl. d. Zool. Bot. Gesellsch. Wien Bd. XVII, 1867, S. 95) sagt, „dass bandartige Stengel in der Regel auch gedreht sind, wie aus dem Verzeichnisse ersichtlich ist." Dieses enthält:

Hippuris vulgaris (bandartig-)spiralig,
Pinus Abies, bandartig-spiralig,
Asparagus officinalis, bandartig-spiralig,
Equisetum Telmateja (bandartig-)spiralig u. s. w.

---

1) Vergl. z. B. Bot. Jahresb. XI, I, S. 446, No. 26. Siehe auch Dammer's Uebersetzung von Masters' Pflanzenteratologie, S. 367.

Hat hier nicht eine Verwechselung mit der echten Braun'schen Zwangsdrehung von Hippuris und Equisetum stattgefunden?

Ich werde aus den angeführten Gründen die Zwangsdrehungen im Sinne von Schimper und Magnus im Folgenden nicht mit diesem Namen belegen, sondern sie einfach Torsionen oder Verdrehungen nennen.

§ 2. Zur Mechanik der einfachen Torsionen.

Ein weiterer Grund für die im letzten Satze des vorigen Paragraphen gewählte Bezeichnung ist auch der, dass ein „Zwang" bei den einfachen Torsionen nicht nachgewiesen worden ist.

Zwar vermuthet Magnus, „dass die Ursache dieser Drehungen der Längsriefen des Stengels in einem Widerstande zu suchen sein möchte, den der junge Stengel in der Richtung seines Längenwachsthums erfährt, in Folge dessen die Streifen des im Längenwachsthum behinderten Internodiums seitlich ausweichen"[1]. Aber es sind bis jetzt noch keine Versuche gemacht worden, die Existenz dieses Widerstandes zur Zeit der Entstehung der Torsion experimentell nachzuweisen. Würde dieses gelingen, so würde es sich vielleicht empfehlen, die betreffenden Fälle in eine besondere Gruppe zusammenzufassen und sie als Druckdrehungen zu bezeichnen. Denn bei den echten Braun'schen Zwangsdrehungen fehlt, wie ich für meinen Dipsacus nachgewiesen habe, zu der Zeit des kräftigsten Tordirens jede Spur von „Druck der umgebenden Blätter"[2] oder äusserem Widerstand gegen das Längenwachsthum des Stengels. Die vermuthlichen Druckdrehungen sollten also gerade aus Kraft dieser Vermuthung nicht mit den Zwangsdrehungen zusammengeworfen werden.

Wenn ich mich nicht täusche, wünscht Magnus nicht, wie viele andere Autoren, einfach alle teratologischen Verdrehungen Zwangsdrehungen zu nennen. Er beschränkt, wenn ich ihn richtig verstehe, diesen Namen auf die Braun'schen Zwangsdrehungen und auf jene von Braun ausgeschlossenen Fälle, in denen die tordirte Achse Verkürzung und Aufbauchung aufweist. Denn diese beiden

1) Verhandl. d. bot. Ver. d. Prov. Brandenburg XXI, 1879, S. VI.

2) Frühlingsversammlung d. bot. Ver. d. Prov. Brandenburg, 1. Juni 1890, nach dem mir vorliegenden Zeitungsberichte.

Erscheinungen deuten einerseits hin auf eine Uebereinstimmung mit vielen, obgleich bei weitem nicht mit allen echten Zwangsdrehungen, andererseits aber auf den vermuthlichen, der Streckung entgegenwirkenden äusseren Druck. Solche Verkürzungen und Aufbauchungen sind von Magnus an gedrehten Stengeln und Schäften von Phyteuma[1]), Statice Armeria[2]) und Taraxacum officinale[3]) beschrieben worden.

Ich hatte leider nicht die Gelegenheit die Entstehungsweise solcher Verdrehungen zu beobachten.

Weitaus die meisten teratologischen einfachen Torsionen zeigen aber weder Verkürzung noch Aufbauchung. Und für diese habe ich mich, wenigstens in einem bestimmten Fall, überzeugen können, dass zur Zeit der Entstehung der Torsion jeglicher äussere Druck fehlt. Dieser Fall bezieht sich auf Crepis biennis, und ich möchte ihn hier etwas ausführlicher beschreiben, da er wiederum zeigt, wie wichtig für das Studium von Monstrositäten die Herstellung und Cultur erblicher Rassen ist.

Crepis biennis.

Im Jahre 1886 fand ich unweit Hilversum auf einem Graslande mehrere Exemplare mit schönen, einfachen Torsionen. Die stärkste Ausbildung zeigte die Torsion in den beiden folgenden Beispielen. In dem ersteren fing sie etwa 25 cm über der Stengelbasis an und erstreckte sich über die übrigen 50 cm. Sie machte hier $2^1/_2$ Umläufe und bewirkte, dass alle Blätter mit ihren Achselzweigen auf derselben Seite standen, wodurch die Pflanze mir schon in einiger Entfernung auffiel. In dem anderen Exemplare machten die Längsriefen gleichfalls $2^1/_2$ Schraubenumgänge, diese erstreckten sich nur auf die oberen 30 cm des Stengels; die Torsion war hier also stärker. Beide Stengel waren völlig gerade; ihre Zweige nicht merklich tordirt.

Ich sammelte von diesem Fundort Samen und hatte in 1888 und 1890 im botanischen Garten in Amsterdam in zweiter und

---

1) Verhandl. d. bot. Ver. d. Prov. Brandenburg XXI, 1879, S. VI.

2) Vergl. den letzten Abschnitt.

3) Verhandl. d. bot. Ver. d. Prov. Brandenburg, Bd. XXXII, 1890, S. VII. Die Arbeit war zur Zeit, als ich Obiges schrieb, noch nicht erschienen, doch hatte Herr Prof. Magnus die Freundlichkeit, mir die Abbildung zuzusenden.

dritter Generation zahlreiche tordirte Pflanzen. Im Mai des letztgenannten Jahres, als die Pflanzen bereits hoch emporgeschossen waren, aber in der oberen Hälfte des Stengels ihr Längenwachsthum noch nicht beendet hatten, wählte ich einige Individuen zu einem Versuche aus[1]). Am 16. Mai bezeichnete ich an ihnen denjenigen Knoten, der auf der Grenze des tordirten und des noch torsionslosen Theiles des Stengels lag. Unterhalb dieses Knotens waren in jedem Individuum mehrere Internodien stark und deutlich tordirt; oberhalb folgte zunächst ein fast ausgewachsenes ungedrehtes Internodium und darauf einige jüngere, die jungen Inflorescenzknospen tragend. Alle diese Theile ragten völlig frei empor; eine geschlossene Blattknospe war am Gipfel nicht vorhanden; die jungen Blüthenköpfchen lagen nur in einzelnen kleinen Gruppen noch aneinander an. Von einem äusseren Drucke auf die wachsenden Internodien konnte somit keine Rede sein.

Im Laufe der folgenden 8—14 Tage trat an fünf Individuen eine kräftige Torsion oberhalb des markirten Knotens auf, an den übrigen meist nur eine geringe Drehung. Die Torsion erreichte 90—180° und erstreckte sich über die ältesten 10—20 cm oberhalb jenes Knotens.

Es geht hieraus hervor, dass bei Crepis biennis die einfache Verdrehung des Stengels[2]) am Ende der Streckung der betreffenden Stengeltheile stattfindet, wenn diese von jedem äusseren Zwange völlig frei sind.

Mit anderen Arten habe ich bis jetzt nicht experimentirt. Sollte einer meiner verehrlichen Leser mir Samen von tordirten Individuen geeigneter Species senden können, so würde ich gerne Culturen in dieser Richtung unternehmen.

Es seien zum Schlusse noch folgende allgemeinere Bemerkungen gestattet.

Einfache Drehungen entstehen theils aus äusseren[3]), theils aus

---

1) Kruidkundig Jaarboek Dodonaea Bd. III, 1890, S. 76.

2) Uneigentliche Zwangsdrehung fasciirter Exemplare und tordirte Fasciationen kommen in derselben Rasse vor. Vergl. über erstere den zweiten Theil, Abschn. II, § 5.

3) Vergl. über solche Fälle meine Versuche im zweiten Heft der Arbeiten des botan. Instituts in Würzburg 1871, S. 272.

inneren Gründen. Ferner sind sie oft normale, oder doch unter bestimmten äusseren Verhältnissen regelmässig auftretende Erscheinungen, oft aber subteratologischer oder teratologischer Natur. Für sämmtliche aus inneren Gründen entstehende Torsionen gilt wohl der Hauptsache nach die folgende Erörterung, welche von Sachs für die normalen Fälle aufgestellt wurde[1]).

Nach diesem Forscher entsteht die Torsion während des Längenwachsthums und in den genauer untersuchten Fällen am Schluss dieses. Da nun die Seitenlinien des gedrehten Körpers seine Achse schraubig umlaufen, so müssen sie länger sein als diese. Die Torsion kann somit durch stärkeres oder doch länger dauerndes Wachsthum der äusseren Theile erklärt werden. Eine Neigung zum Wachsthum in schiefer Richtung braucht nicht angenommen zu werden, denn sobald durch die erwähnte Differenz in der Streckung eine Spannung entstanden sein wird, wird der leiseste Anstoss genügen, diese Spannung durch Drehung wieder soweit möglich auszugleichen. Je grösser die Differenz des Längenwachsthums zwischen Achse und Peripherie, um so stärker wird aber die Torsion sein.

Als bekannte Beispiele normaler Drehungen nenne ich erstens diejenigen der Schlingpflanzen, namentlich wenn sie nicht schlingen, zweitens die der durch Etiolement übermässig stark verlängerten Sprosse, drittens die Characeen und ferner Chamagrostis, Spiranthes, Acacia decurrens[2]), Vaccinium Myrtillus u. s. w.

Zweiter Abschnitt.

Die von verschiedenen Autoren zu den Zwangsdrehungen gerechneten Erscheinungen[3]).

§ 1. Einfache Torsionen.

Einfache Torsionen finden sich sowohl an Stengeln als an Blättern vor. Von beiden Arten möchte ich hier vorzugsweise jene

1) Sachs, Lehrbuch der Botanik, 4. Aufl., S. 832.

2) Braun, Ordnung der Schuppen im Tannenzapfen, Nov. Act. Phys. med. Ac. C. L. Nat. Cur., T. XV, 1831, S. 266 und Braun, Verhandl. d. k. pr. Akad. Berlin 1854, S. 440.

3) Es sei mir erlaubt zu wiederholen, dass bei Drehungen die Achse gerade bleibt, bei Biegungen und Krümmungen sich in einer Ebene krümmt, und bei Schraubenwindungen selbst zu einer Schraubenlinie wird. Die peripherischen Theile werden bei Drehungen in Schraubenrichtung gestellt (vergl. oben II, I, § 2).

Beispiele aus der Literatur vorführen, welche mit Zwangsdrehungen verwechselt worden sind. An diese werde ich einige neue Beobachtungen anschliessen. Ich fange mit den Blättern an.

Die Torsionen der Blätter sind in einer ausführlichen und ausgezeichneten Abhandlung von Wichura zusammengestellt worden[1]. Seine Liste umfasst mehrere Hunderte von Arten. Ich nenne als die bekanntesten Alstroemeria und Allium ursinum.

Einige Beispiele gedrehter Blätter sind gelegentlich in der teratologischen Literatur mit Zwangsdrehungen und anderen Torsionen zusammengestellt worden. So z. B. von den Gräsern, deren Laubblätter nach Wichura gar häufig gedreht sind, Triticum repens[2]) und Avena[3]). Ferner Scolopendrium vulgare var. spirale und Salix babylonica annularis[4]), bei welchen Varietäten die spiralige Drehung der Blätter eine constante Eigenschaft ist. Einen Blattstiel von Sagittaria sagittifolia fand Kros[5]), einige Hülsen von Gleditschia triacanthos fand Godron gedreht[6]).

Ein sehr schönes Beispiel teratologischer Drehung zeigten einige Blattstiele von Dioscorea japonica im botanischen Garten zu Amsterdam im Juni 1886. An zwei aus Samen gewonnenen Exemplaren waren einzelne Internodien sowie einzelne Blattstiele mehr oder weniger abgeflacht und gedreht. Ein Blattstiel von 3 cm Länge zeigte $1\frac{1}{2}$ Umgänge (Taf. XI, Fig. 6), ein anderer von 5 cm aber nur einen. An Beiden waren die Blattscheiben verdoppelt. Die übrigen Blattstiele und Blätter dieser Pflanzen waren normal.

Sehr bekannte Drehungen bieten ferner die Blätter von Codiaeum variegatum (Croton interruptum), welche Pflanze diese Erscheinung wenn nicht regelmässig, so doch gar häufig zeigt[7]). Ein reiches Material erhielt ich vom Universitätsgärtner Herrn A. Fiet in Groningen. Blätter von einer Länge von 20—25 cm

---

1) M. Wichura, Ueber das Winden der Blätter. Flora 1852, No. 3—7. Tafel II.

2) Schlechtendahl, Bot. Ztg. 1843, S. 493; Kros, de Spira, S. 75.

3) Masters, Vegetable Teratology, S. 319.

4) Masters, l. c. S. 326.

5) Kros, de Spira, S. 63.

6) Godron, Mélanges de tératologie végétale, Mém. Soc. nat. d. Sc. nat. de Cherbourg, T. XXI, 1877/78, S. 254.

7) Masters, l. c. S. 326.

zeigten sich in ihrer Mitte gedreht wie eine Wendeltreppe oder richtiger wie eine Archimedes'sche Schraube mit zwei Spiralen. Bisweilen hatte ein Umgang nur eine Höhe von 2,5 cm, bei einem Strahle von 5 mm, meist waren sie steiler. In den schönsten Fällen war das Blatt genau einmal um seine Achse gedreht, Basis und Gipfel kehrten ihre Oberseite nach oben. Es kommt solches sowohl an unterbrochenen als an ununterbrochenen Blättern vor; in ersteren fällt oft ein grösserer Theil der Torsion auf den nackten Theil der Mittelrippe. Es liegt auf der Hand anzunehmen, dass die Torsion hier durch stärkeres Längenwachsthum der Blattränder im Vergleich zur Mittelrippe verursacht wird; dafür sprechen auch die welligen Ränder mancher nicht oder schwach tordirter Blätter. Die Häufigkeit der Erscheinung macht diese Art zu experimenteller Entscheidung dieser Frage geeignet; ich möchte sie dazu empfehlen[1]).

Triticum vulgare. Im Mai 1890 erhielt ich von Herrn Dr. E. Giltay in Wageningen aus den Gärten der landwirthschaftlichen Schule daselbst zwei Halme eines Bastardes „squarehead ♀ × Zeeuwsche ♂." Sie waren am Stock abgebrochen und etwa 40 cm lang. Einige Blattscheiden waren gedreht, ihre Spreiten flach, normal. An einem Spross war die untere Scheide normal, die zweite, 17,5 cm lange, um 90° gedreht und zwar nach rechts, die dritte wieder normal; der Stengel innerhalb der Scheiden ungedreht. Am zweiten Spross zeigte die dritte, 16 cm lange Scheide eine Drehung und zwar nach links und um etwa 360°. Demzufolge schien die Stellung der Spreite ungeändert. Die nächsthöhere Spreite zeigte eine Drehung von 180°. Der Stengel ungedreht. In den gedrehten Scheiden war es hauptsächlich der obere, aus den übrigen hervorragende Theil, der die Erscheinung zeigte.

Ich komme jetzt zu den tordirten Stengeln und stelle unter diesen die unbeblätterten voran.

Torsionen blattloser Stengel sind eine sehr häufige Erscheinung. Sie wurden vor Braun's Arbeiten ganz gewöhnlich mit den echten

1) Ich möchte hier auch die Aufmerksamkeit lenken auf die Cryptomeria spiraliter contorta des Handels. Die jungen Zweige dieses Bäumchens sehen aus wie tordirt, da ihre Blätter in schwach aufsteigenden Schraubenlinien um die Achse gebogen sind. Das Ganze macht den Eindruck eines sehr stark gedrehten Seiles. Diese Erscheinung ist, soviel ich weiss, von botanischer Seite noch nicht untersucht worden, verdient aber offenbar ein genaues Studium.

Zwangsdrehungen verwechselt. So unterschied z. B. Ch. Morren zwischen Spiralismus und Torsion, und rechnete zu ersterem sowohl die echten Zwangsdrehungen von Valeriana und Dracocephalum wie auch einen Zweig von Scabiosa arvensis, den wir jetzt in erster Linie behandeln wollen[1]).

Die Pflanze war auf einer Wiese bei Droixhe unweit Lüttich gefunden. Der obere, völlig blattlose Theil des Stengels war in einer Länge von mehr als einem Fuss gedreht; die Drehung fing gerade oberhalb der obersten Verzweigungsstelle des Stengels an und reichte bis an das Blüthenköpfchen. Die Riefen des Stengels liefen in einer Schraubenlinie mit einer Neigung von etwa 60° aufwärts und bildeten mehrere Schraubenumgänge. Ihre Richtung war nach der beigegebenen Figur eine rechtsläufige.

Der gedrehte Stengel war völlig gerade und offenbar durch die Drehung nicht verkürzt.

Marchesetti fand bei Zaule zwei Exemplare von Plantago altissima[2]), welche je einen normalen und einen unterhalb der Aehre erheblich tordirten Blüthenstiel trugen. Kros erwähnt eine Sagittaria sagittifolia, welche er bei Leeuwarden gefunden hatte und deren Blüthenstiel spiralig gedreht war[3]). Gordon nennt ein Exemplar von Primula japonica, dessen Schaft kräftig entwickelt war und über einander drei Schirme von Blüthen trug. Von seiner Basis bis zum untersten Schirme war der Schaft tordirt, somit über einer Länge von 16 cm. Die Richtung war von links nach rechts. Er beobachtete die Pflanze in den Gärten des Herrn Bertier[4]).

Nach Buchenau sind Torsionen des nackten Schaftes sowie des über die Inflorescenz hinausragenden Blattes von Juncus effusus und verwandter Arten um Bremen nicht eben selten[5]). Er fand einmal einen Stengel von Juncus conglomeratus, an welchem bis nahe unter der Inflorescenz ein in der Achsel des obersten grundständigen Niederblattes entstandener Seitenspross seiner ganzen Länge

1) Bull. de l'Acad. Roy. Belg., T. XVIII, 1. Partie, S. 36.

2) Boll. d. Soc. Adriat. di Sc. nat. in Trieste, Vol. VII, 1882, p. 270.

3) Kros, de Spira, S. 74.

4) Mém. Soc. nat. Cherbourg, T. XXI, 1877/78, p. 253.

5) Abhandl. d. naturw. Vereins zu Bremen, Bd. II, 1871, S. 365 und Taf. III, Fig. 1.

nach angewachsen war. Auch dieser Schaft war tordirt und zwar sowohl im doppelten als im oberen, einfachen Theile und in dem gipfelständigen Laubblatt. Auf einen an derselben Stelle und zur selben Zeit gefundenen windenden Stengel werde ich in § 3 zurückkommen.

Hierher gehört wahrscheinlich auch „un chaume de Scirpus lacustris, assez régulièrement tordu sur lui-même," den Moquin-Tandon[1]) in Adr. de Jussieu's Sammlung gesehen hat.

Die folgenden Beispiele entnehme ich meiner eigenen Sammlung:

1. *Allium Moly.* Im Jahre 1880 fand ich im botanischen Garten in Amsterdam auf einem grossen, blühenden Beete dieser Pflanze zahlreiche Inflorescenzstiele tordirt. Die Achse war gerade, die scharfen Kanten liefen in mehreren steilen Windungen von der im Boden versteckten Basis bis zum Blüthenschirme. Die Höhe einer Windung war etwa 6—7 cm in den am meisten ausgesprochenen Fällen.

2. *Jasione montana.* Einen gedrehten Stiel einer blühenden Inflorescenz erhielt ich 1886 aus Leiden von Herrn Dr. J. M. Janse. Der abgepflückte Stiel hatte eine Länge von etwa 10 cm und war im unteren Theile gerade, nach oben erst in linksläufiger, dann in rechts aufsteigender Richtung tordirt. In jeder Richtung wurde eine volle Windung beschrieben, welche sich über etwa 2 cm erstreckte.

3. *Hypochoeris radicata.* Einen tordirten Blüthenstiel fand ich im Juni 1886 in Horstermeer unweit Amsterdam. Die Torsion war schwach ausgebildet, die Richtung an verschiedenen Stellen wechselnd.

4. *Hieracium Pilosella.* Einen tordirten Blüthenstiel sammelte ich auf der Haide zwischen Loosdrecht und Hilversum in demselben Monat. Die Torsion erstreckte sich über die oberen 6 cm, war ziemlich stark, setzte aber in ihrer Richtung in der Mitte um.

5. *Plantago lanceolata.* Tordirte Blüthenstiele dieser Art scheinen nicht gerade selten zu sein. Ich fand sie sowohl in meinen eigenen Culturen bei verschiedenen Variationen, als auch im Freien an verschiedenen Orten in der hiesigen Gegend. Sie waren meist schwach, erreichten aber bisweilen einen solchen Grad der

---

1) Tératologie végétale, S. 181.

Ausbildung, dass sie Einen Umgang auf etwa 2 cm machten. Sie erstreckten sich meist nur über den oberen Theil des Schaftes.

6. *Narcissus poeticus.* Die über ein halbes Meter langen Blüthenstiele scheinen nicht selten eine geringe Torsion zu haben. Ich beobachtete in mehreren Exemplaren im vergangenen Sommer eine Torsion von bis 270°.

7. *Pyrola minor.* Unter einigen hundert verblühten Exemplaren dieser Art fand ich am 19. Juli 1890 an der Strasse zwischen Harderwyk und Ermelo etwa ein Dutzend Stengel mit deutlicher Torsion und daneben viele mit mehr oder weniger sicheren Andeutungen derselben Erscheinung. Die stärkste Drehung zeigte ein Stengel, dessen Rippen auf 11 cm Länge etwa 2¼ Umgang machten. Die Drehung war eine linksläufige und erstreckte sich von der Rosette bis an die Inflorescenz. Der Stengel war gerade und von normaler Dicke. In den übrigen Exemplaren war die Torsion bald rechts-, bald linksläufig, für jeden einzelnen Stengel aber mit constanter Richtung. Sie war oft in der Mitte oder an der Basis bedeutend stärker ausgeprägt als in den übrigen Theilen desselben Stieles.

Tordirte Exemplare von Pyrola minor wurden auch von Herrn H. J. Lovink unweit Zutphen gefunden, der mir im Juli 1890 eine Sammlung von etwa 40 solcher Pflanzen sandte. Etwa die Hälfte waren links-, die übrigen rechtsgedreht. Nur ein Stengel hatte zwei Windungen, zwei hatten etwas mehr als eine Windung, alle übrigen weniger. Oft war die Torsion in der oberen Hälfte des Traubenstieles am stärksten ausgeprägt, oft aber auch in der unteren am schönsten oder überall gleichmässig ausgebildet.

Die wichtigsten Beispiele für eine klare Einsicht in das Wesen der einfachen Torsionen sind aber die Stengel mit decussirten Blättern. Ich habe deshalb auf Taf. XI in Fig. 3 einen Stengel von Lysimachia thyrsiflora abgebildet, welche eine solche Torsion zeigte. Ich fand diesen im Juni 1887 unweit 's Graveland. Es war ein schwaches Exemplar. Die unteren Internodien waren gerade, gestreckt und normal, die Blattstellung war genau decussirt. Nur das siebenste der in der Figur sichtbaren Blattpaare wich insofern ab, als das eine Blatt um 3 mm höher sass als das andere. Jetzt folgte das tordirte Internodium (*a, b*); die Drehung betrug 270°. Demzufolge war das von ihm getragene Blattpaar (8), das sonst normal war, nicht mit dem siebenten decussirt, sondern stand in derselben Ebene wie dieses.

Der übrige Theil des Stengels war nicht entwickelt, offenbar durch irgend eine Wunde in der Jugend zerstört. Es folgte nur noch ein Blattpaar, ohne gestrecktes Internodium; die beiden Blätter dieses Paares waren der Mitte nach bis an die Basis gespalten, wohl durch dieselbe Wunde. Die Achselknospen des achten Blattpaares waren zu langen Trieben herangewachsen.

Es war in diesem Stengel somit nur ein Internodium tordirt; die Decussation der Blätter oberhalb und unterhalb dieser Stelle aber erhalten.

Torenia asiatica. Wie viele andere Pflanzen mit decussirten Blättern tordirt diese Art ihre Internodien[1]) an den horizontalen oder nahezu horizontalen Aesten um etwa 90°, um ihre Blätter sämmtlich in horizontaler Ebene ausbreiten zu können. An einem Exemplare im hiesigen botanischen Garten fand ich aber im Mai 1890 horizontale Zweige mit einzelnen weit stärker tordirten Internodien. In einem unteren Internodium eines Seitensprosses erreichte die an den rippenförmig hervortretenden Kanten des viereckigen Stengels so leicht sichtbare Torsion etwa 360°, bei einer Länge von 8 cm; in anderen Internodien dieses und anderer Zweige nicht selten 180°. Es waren stets die ältesten Internodien, welche diese Erscheinung zeigten, den jüngeren fehlte auch die normale Drehung.

Häufiger sind aber die Beispiele von gedrehten Stengeln bei alternirender Blattstellung. Ich stelle in den Vordergrund den von Magnus beschriebenen Fall von Phyteuma[2]). Mehrere Stengel dieser Pflanze, welche Magnus bei Herrn E. Lauche beobachtete, zeigten die Längsriefen stark gedreht ohne Verwachsung der hier nur schmal inserirten Blättchen. Die Richtung der Drehung ist zwar in manchen, aber nicht in allen Stengeln über die ganze Länge dieselbe; sie schlägt dann meist in der Mitte um[3]).

Bei Campanula Trachelium sah derselbe Forscher einen kleinen Theil des Stengels gedreht, die Blätter dadurch nach der einen Seite genähert, ohne mit einander verwachsen zu sein. Bei

1) Vergl. Arb. d. bot. Instituts Würzburg I, S. 273.
2) Verhandl. d. bot. Vereins d. Prov. Brandenburg XXI, 1879, S. VI.
3) Vergl. ferner den folgenden Abschnitt.

Rumex Acetosella waren die Internodien der Infloresceuz derart gedreht, dass die Aeste nach derselben Seite abgingen[1]). Eine Drehung des Stengels von Phleum pratense sah van Hall und eine Pflanze von Epipactis palustris, deren Stengel im unteren Theile spiralig gedreht war, fand Kros auf der Insel Ameland[2]). Hierher gehört auch wohl eine Bambusa, welche im British Museum aufbewahrt wird[3]), sowie die von Camus erwähnten Torsionen von Poterium Sanguisorba[4]) und von Lolium perenne[5]).

Diesen Beispielen möchte ich die folgenden anreihen:

1. *Oenanthe Lachenalii.* Drei Sprosse mit ihren Seitenzweigen, im Ganzen acht Aeste tordirt. Torsion bald links-, bald rechtsläufig, bisweilen an demselben Spross umsetzend, der Wendepunkt im Knoten liegend. Die Drehung umfasst bisweilen nur ein, bisweilen 2—4 Internodien desselben Sprosses und ist meist stark und deutlich ausgeprägt; in einem besonders langen, oberen Internodium derart, dass dieses etwas aufgeblasen erscheint. Hier sind die Windungen niedrig, in anderen Internodien steiler (oft 2—3 cm pro Windung) oft auch viel steiler.

Die Achselsprosse von Blättern, welche zwischen stark gewundenen Internodien stehen, sind oft völlig ungedreht.

Die Insertionen der Blätter stehen, wie stets bei den einfachen Torsionen, quer zur Achse; sie haben keinerlei Aenderung erfahren.

Die tordirten Sprosse waren verhältnissmässig niedrig und diejenigen, welche vom ganzen Stock am frühesten blühten. Juni 1890 im botanischen Garten in Amsterdam.

2. *Oenanthe fistulosa.* Im Juni 1890 zeigte ein Spross unter Hunderten des hiesigen botanischen Gartens eine Torsion. Diese war auf das obere Internodium, den Stiel des Schirmes, beschränkt und namentlich in dessen unterer Hälfte entwickelt. Die Torsion war linksläufig, die Riefen machten $2^1/_2$ Windung über eine Strecke von 6 cm.

---

1) Sitzungsber. Brandenburg, l. c. XIX, S. 120. Vergl. auch im folgenden Abschnitt die nähere Beschreibung dieser Gegenstände.

2) Beides nach Kros, de Spira, S. 74.

3) Masters' Vegetable Teratology, S. 324.

4) Atti d. Soc. d. Naturalisti, Modena, Rendi conti, Ser. III, Vol. II, 1884, citirt nach Bot. Jb. XII, I, p. 638.

5) Ibidem S. 130; nach Bot. Jb. XIV, I, S. 758.

3. *Hieracium vulgatum.* Im Juli 1888 bei Hilversum gefunden; die Stengel gerade, wenig verzweigt, im oberen Theile über eine Länge von etwa 30 cm in steilen Windungen tordirt.

4. *Chaerophyllum hirsutum* aus dem botanischen Garten in Amsterdam, Juli 1887. Mehrere Stengel und einige Blattstiele tordirt. Im höchsten Grade der Ausbildung machten die Riefen zwei Umgänge auf einem Internodium von 9 cm Länge. Die Erscheinung hat sich an demselben Stocke in ausgeprägter Weise im Sommer 1889 wiederholt.

§ 2. Ueber tordirte Fasciationen.

Vielfach sind in der teratologischen Literatur mit den echten Zwangsdrehungen Fasciationen verwechselt worden, und in manchen Fällen gelingt es aus den gegebenen Beschreibungen nicht zu entscheiden, welche von beiden Missbildungen dem Verfasser vorgelegen hat[1]). Namentlich bei Arten mit decussirter Blattstellung ist solches der Fall, erstens weil die Möglichkeit einer Zwangsdrehung nicht abzuweisen ist und zweitens weil hier auch auf den fasciirten Zweigen die Decussation aufgehoben wird und eine spiralige Anordnung der Blätter auftritt.

Dazu kommt, dass Zwangsdrehungen erst später entdeckt worden sind als Verbänderungen, und dass man während mehr als einem Jahrhundert neben vielen Beispielen von letzterer Missbildung nur ein oder einige wenige Beispiele von ersterer kannte. Es lohnte sich nicht, für diese seltenen Ausnahmen eine eigene Categorie aufzustellen, und so wurden sie ohne Weiteres der Gruppe der Fasciationen einverleibt.

Die berühmte, 1683 beschriebene Zwangsdrehung von Aparine laevis[2]), wurde unter dem Namen A. laevis fasciata aufgeführt, und der Verfasser, Georg Frank, sagt als Erklärung dazu „caulibus in scapum vermiformem confasciatis, ut accurate cognoscitur ex icone“ und führt dann eine Reihe von weiteren Beispielen aus der Literatur an, welche sich aber auf gewöhnliche, flache Verbänderungen beziehen[3]).

---

1) Vergl. z. B. das Citat Bruhin's auf S. 170.

2) Vergl. oben S. 147.

3) z. B. Ephem. Germ. curios. Dec. I, Ann. VII, Obs. 239, wo die Abbildung eine gewöhnliche Fasciation eines beblätterten Stengels eines Hieraciums (Pilosella fasciata) erkennen lässt.

Ebenso sagt De Candolle über die Zwangsdrehung von Valeriana montana[1]. „Il parait que c'est une tige fasciée, composée de rameaux soudés en une bandelette, laquelle est elle-même contournée et soudée en un cornet."

Die durch diese mangelhafte Unterscheidung entstandene Verwirrung ist bei späteren Schriftstellern durch zwei Umstände noch vergrössert worden. Erstens durch die bekannten Krümmungen in Form eines Bischofsstabes, welche manche Fasciationen an ihrem oberen Ende tragen[2]) und zweitens durch die echten Drehungen, welche andere verbänderte Stengel aufweisen und welche am besten mit den oben behandelten gedrehten Blättern verglichen werden können[3]).

Einige Beispiele möchte ich hier anführen.

1. *Dioscorea bulbifera.* Wenn Schlingpflanzen fasciirt werden, so liegt die Möglichkeit vor, dass auch ihre fasciirten Stengel geneigt sein werden, sich zu tordiren. Davon bot mir obige Pflanze im verflossenen Sommer im botanischen Garten zu Amsterdam ein hübsches Beispiel. Ein Zweig war am Grunde rund, nach oben verbreitert und abgeflacht und hatte über mehr als 120 cm eine Breite von 4—6 mm, bei einer Dicke von kaum 1 mm. Er war links tordirt, wie die normalen Sprosse dieser Art und hatte im Ganzen 3½ Windung. Grössere Strecken waren ungewunden und nur am Rande wellig gebogen.

2. *Oenothera biennis* kommt in den Niederlanden häufig mit schönen, breiten, verbänderten Stengeln vor. Herr von Breda de Haan sandte mir ein solches, bei Zandvoort gesammeltes Exemplar, welches im oberen, breitesten Theile ziemlich stark tordirt war. Die Erscheinung war an jenem Fundorte keine seltene.

---

1) Vergl. oben S. 145.

2) Hierher gehören wohl die Missbildungen von Fraxinus communis, welche Kros (de Spira, S. 73) erwähnt und die Sambucus nigra, caule contorto, foliis simplicibus verticillatis $^1/_5$, vel spiralibus secundum formulam $^2/_5$, welche Kirschleger in der Flora 1844, S. 729 beschreibt und welche Clos (Mém. Acad. Toulouse, 5. Serie, T. VI, p. 53) auf einer Linie mit den echten Zwangsdrehungen von Mentha und Galium citirt. Kirschleger's Beschreibung macht aber mehr den Eindruck, sich auf die jetzt in Gärten verbreitete Form S. nigra fasciata zu beziehen.

3) z. B. Mûrier blanc, Moquin-Tandon, Tératologie végétale, S. 180.

3. Einen verbänderten Blüthenschaft von *Primula denticulata* erhielt ich aus dem botanischen Garten in Groningen durch die Güte des Herrn A. Fiet. Er war von der Wurzelrosette bis zur Inflorescenz verbreitert und tordirt. Länge 9 cm, Breite 5 mm. Die Torsion war in der unteren Hälfte gering; in der oberen Hälfte machten die Riefen einen ganzen Umgang.

4. *Rubia tinctorum.* Unter den S. 99 erwähnten fasciirten Krappstengeln, welche ich von Herrn B. Giljam in Ouwerkerk erhielt, waren zwei, welche an ihrem Gipfel eine Torsion zeigten. Diese war offenbar eine Folge verschiedenen Längenwachsthums, indem die Kanten des bandförmigen Stengels sich stärker verlängerten als der mittlere Theil. Als die Stengel durch Welken erschlafft waren, gelang es die Drehung auszugleichen und den Gipfel flach zu legen. Einen ähnlichen fasciirten und tordirten Spross erhielt ich von Herrn J. C. van der Have in Ouwerkerk.

Merkwürdig an diesen vier 25—30 cm langen, unten runden und nach oben bis zu einer Breite von 1½—2 cm abgeflachten Stengeln war es, dass die Blattwirtel gar nicht auseinandergeschoben waren. Sie waren mehrblättrig, mit bis 40 und mehr Spreiten, aber ohne die longitudinale Verschiebung, welche sonst an fasciirten Stengeln üblich ist.

Zum Schlusse erwähne ich noch eine tordirte Fasciation von Syringa Josikaea, welche ich im Juni 1889 durch Herrn Garten-Inspector A. Fiet aus dem botanischen Garten in Groningen erhielt. Auf einem 1,3 cm breiten, flachen Zweige von 1888 sassen einige fasciirte Aeste von 1889; von diesen war einer 14 cm lang, 1 cm breit und in seiner unteren Hälfte um etwas mehr als 180° tordirt. Ausserdem trug dieser Strauch eine Inflorescenz mit 20 cm langer, nach oben bis 1 cm verbreiteter, flacher Hauptachse.

Von solchen tordirten Fasciationen, welche entweder von ihren Entdeckern oder gelegentlich von anderen Schriftstellern mit echten Zwangsdrehungen zusammengestellt wurden, oder deren Deutung auch jetzt noch unsicher ist, möchte ich hier die folgenden anführen:

1. *Asparagus officinalis,* abgebildet in Masters' Vegetable Teratology[1]), zeigt im unteren Theile des fasciirten Stengels eine

1) Masters' Vegetable Teratology 1869, S. 14, Fig. 6 und in der Liste auf S. 325.

schöne Torsion, während der obere flach ist. Schon Schlechtendahl hat den Gegensatz zwischen dieser Erscheinung und den später sogenannten Zwangsdrehungen klar hervorgehoben[1]; er nennt als tordirte Fasciationen nebenbei auch Beta und Rumex, welche gleichfalls in Masters' Liste der Torsionen aufgezählt sind.

2. *Zinnia*, von der das nämliche gilt. Die Angabe bezieht sich offenbar auf folgende Stelle aus Moquin-Tandon's Tératologie: „Herr Decaisne hat mir eine von starker Drehung begleitete Verbänderung von Zinnia beschrieben, an welcher die Blattorgane auseinandergerückt und in eine einzige, vom Grunde des Stengels bis zu seiner Spitze fortlaufende Spirale gestellt waren“[2]. Ob dennoch keine Verbänderung, wie die in Braun's Sammlung aufbewahrten Exemplare derselben Art?

3. *Veronica*. Von dieser Gattung sind hier drei Arten zu nennen:

Veronica longifolia. Schauer erwähnt in seiner Uebersetzung des citirten Werkes[3] eines abgeplatteten, stark gewundenen Stengels dieser Art, wo die Blätter, an die Kanten gedrängt, eine ziemlich regelmässige Spirale bildeten.

Veronica amethystea. Fresenius erwähnt in seinem Abschnitte über bandförmige Stengel einen Fall, wo ein Stengel, ohne bandförmig zu sein, spiralig gedreht war, und wo die meisten Blätter dadurch den Schein von foliis monostichis angenommen hatten[4]. Ob vielleicht echte Zwangsdrehung? Das Object wird in der Sammlung der Senckenbergischen naturforschenden Gesellschaft aufbewahrt.

Veronica latifolia. Clos fand über die 45 unteren Centimeter eines Sprosses 60 Blätter, welche in regelmässiger Spirale standen und ungefähr fünf Schraubenwindungen bildeten[5]. Die Blätter waren je 6—10 mm von einander entfernt und hatten jedes eine Knospe in der Achsel. „Sur l'écorce se montraient aussi des stries de torsion.“ Die Spitze trug eine normale Inflorescenz. Die An-

---

1) Botan. Zeitung 1856, S. 73.

2) S. 182 des ursprünglichen Werkes und S. 167 der Uebersetzung.

3) l. c. S. 165.

4) G. Fresenius, Ueber Pflanzenmissbildungen, Abhandl. d. Senckenberg. naturf. Gesellschaft, II. Band, 1837, S. 46, Taf. IV.

5) Mémoires de l'Acad. Toulouse, 5. Série, T. VI, p. 52 (1862).

gaben reichen, wie man sieht, nicht hin, um eine Einsicht in die Natur dieser Missbildung zu geben.

Die Gattung Veronica bleibt also einer näheren Erforschung in hohem Grade bedürftig, um so mehr, als in Braun's Sammlung ein Zweig mit offenbarer Zwangsdrehung aufbewahrt wird.

§ 3. Einige Fälle von Schraubenwindungen.

Echte Schraubenwindungen, bei denen die Achse selbst zu einer Schraubenlinie geworden ist, sind bisweilen gleichfalls mit Zwangsdrehungen verwechselt worden[1]). Ich möchte aus diesem Grunde hier einige solche Erscheinungen zusammenstellen, um den Gegensatz klar zu bezeichnen und eine schärfere und consequentere Unterscheidung für die Zukunft herbeizuführen.

Die Schlingpflanzen geben die ersten Beispiele ab; diese bilden nicht selten freie, nicht um eine Stütze herumgehende, nach dem Aufhören des Wachsthums bleibende Schraubenwindungen[2]). So z. B. Akebia, Dioscorea und Menispermum, deren korkzieherartig gewundene, offenbar krankhaft entwickelte Sprossgipfel fast den Eindruck teratologischer Bildungen machen.

Hierher möchte ich auch den von Wittmack gefundenen Stengel von Convolvulus arvensis stellen[3]). Dieser unterirdische, aus grosser Tiefe senkrecht bis etwa 30 cm unterhalb der Grasnarbe im Boden aufsteigende Stengel hatte sich in seinem oberen Theile über eine Länge von etwa 110 cm in dichten Windungen aufgerollt. Diese waren theilweise nach rechts, theilweise nach links gedreht, offenbar weil die Spitze im Boden festgehalten wurde, wie bei einer an ihrer Spitze befestigten Ranke. Es ist klar, dass dieser Fall nur eine sehr entfernte und oberflächliche Aehnlichkeit mit den Zwangsdrehungen im Sinne Braun's hat.

Normale Schraubenwindungen bei nicht schlingenden Pflanzen kennt Jeder in den Blüthenstielen mehrerer Arten von Cyclamen und von Vallisneria spiralis.

---

1) So z. B. der unten zu erwähnende Fall von Convolvulus arvensis.

2) Vergl. meine Zusammenstellung in den Arbeiten des bot. Instituts in Würzburg I, S. 325.

3) Wittmack in den Verhandl. d. bot. Ver. d. Prov. Brandenburg XXIV, 1883, S. IV; vergl. auch Bot. Jahresb. X, I, S. 538.

Ferner kommen solche bei der in Gärten bisweilen cultivirten Varietät Juncus effusus spiralis vor. Eine solche Pflanze zeigte im Jahre 1888 im hiesigen botanischen Garten mehrere Stengel, welche in ihrer ganzen Länge korkzieherartig gewunden waren. Ich bewahre einen Stengel mit fünf Windungen von etwa 4 cm Durchmesser und einen mit $7^1/_2$ Windungen von etwa 1—2 cm Diameter. Beide erreichten eine Höhe von wenig mehr als 10 cm. Ein schönes Exemplar eines Juncus mit spiralig gedrehten Halmen ist in der Uebersetzung von Masters' Pflanzenteratologie (S. 363) abgebildet.

Ein dritter Fall eines windenden Stengels aus dieser Gruppe ist von Buchenau beschrieben worden, unterschied sich aber von den vorhergehenden dadurch, dass der Stengel abgeflacht, etwa doppelt so breit als dick und um andere Stengel herumgewunden war[1]). Es war ein Juncus conglomeratus, bei Bremen im Juni 1867 von ihm gefunden. Der Stengel machte bis zur Inflorescenz $4^1/_2$ Windungen um zwei andere herum; die Scheinfortsetzung des Stengels (das Laubblatt) war weit stärker gedreht und zwar in $3^1/_2$ Windungen. Es scheint dieser Fall zu den am selben Orte beobachteten echten Torsionen in naher Beziehung zu stehen[2]).

Juncus effusus. Herr Dr. H. W. Heinsius schenkte mir einige Exemplare dieser Art, welche er unter Groeneveld unweit Baarn im Juni 1890 gefunden hatte. In einer grösseren Gegend zeigten fast alle Individuen mehr oder weniger deutliche Zeichen von Torsion oder von spiraliger Drehung, an einer im letzten Frühling umgegrabenen Stelle war die Erscheinung aber besonders stark ausgeprägt.

Die Sprosse zeigten alle Uebergänge zwischen einer steilen Schraube und einem fast geraden, tordirten Zustande. Die Richtung war in jedem Sprosse constant, in einigen links-, in anderen rechtsläufig. Ein Spross von 50 cm Länge war zu einer steilen Schraube mit fünf Umgängen und etwas über 0,5 cm Strahl ausgebildet, die übrigen mit weniger und steileren Windungen, bis diese ganz in Torsionsumläufen übergingen.

In zwei Fällen war der Spross etwas flach, im Querschnitt elliptisch. Die eine Kante war nun gerade geblieben, die andere lief in einer Schraubenlinie um diese herum und zwar in beiden

1) Abh. Bremen, l. c. S. 365.

2) Vergl. S. 177.

Fällen linksläufig (Taf. XI, Fig. 5). Die Zahl der Umgänge betrug 12 bei 60 cm, resp. 7 bei 35 cm Länge des ganzen Sprosses, mit Einschluss der über der Infloresceuz hervorragenden Scheide. Ueberhaupt war letztere stets im gleichen Sinne und in gleicher Weise tordirt wie die eigentliche Achse.

Es zeigt dieser Fall deutlich, dass wenigstens hier die Schraubenwindungen und die Torsion Aeusserungen derselben Variation sind.

Aehnliches findet man bisweilen, als seltene Monstrosität, bei Scirpus lacustris. Einen solchen Fall sammelte ich am Horstermeer, unweit Amsterdam, am 3. September 1886. Es war ein einziger, in seiner ganzen Länge in Schraubenform gewundener Stengel unter mehreren Hunderten von normalen Individuen. Er bildete sechs Umgänge mit einem Durchmesser von 6—10 cm und erreichte eine Höhe von etwas mehr als einen halben Meter. Die Schraube stieg von rechts nach links auf.

Auch bei Wurzeln kommen Schraubenwindungen von Zeit zu Zeit vor[1]). Oberförster Volkmann fand zu Lanskerofen, Kreis Allenstein, im Jahre 1881 eine Menge von einjährigen Sämlingen Quercus pedunculata, deren Pfahlwurzel korkzieherartige Windungen mit etwa zwei Umläufen hatte[2]). Aehnliche Erscheinungen hatte er auch früher beobachtet. Umeinandergedrehte Wurzeln von Daucus Carota bildet Masters ab[3]); ich besitze einen ähnlichen Fall von derselben Pflanze aus hiesiger Gegend und von Oenothera Lamarckiana aus meinen eigenen Culturen. Moquin-Tandon nennt die „Rave tortillée" und den „Raifort en tire-bouchon" als bekannte Beispiele spiralig gewundener Wurzeln[4]).

Ein letztes Beispiel möchte ich meiner eigenen Sammlung entnehmen. Es ist dies eine Hauptwurzel einer Keimpflanze des Pferdezahnmais, welche in Brunnenwasser angekeimt wurde und frei über Brunnenwasser aufgehängt im Wärmeschrank bei einer constanten Temperatur von 25° C. sich während sechs Tagen weiter entwickeln konnte (April 1889). Während Hunderte von Maiswurzeln in diesen Versuchen geradeaus wuchsen, bildete diese Eine eine Spirale. Vergl.

---

1) Vergl. Sachs in den Arb. d. bot. Instituts Würzburg und Darwin, Movements of plants.

2) Schriften der phys.-ök. Gesellsch. zu Königsberg XXIII, 1882, I, S. 42.

3) Vegetable Teratology, S. 53, Fig. 23.

4) Tératologie Végétale, S. 182.

Taf. XI, Fig. 2. Die Schraubenlinie hatte etwas mehr als fünf Umgänge; die oberen Windungen hatten eine Weite von etwa 6, die unteren von etwa 3 mm.

§ 4. Zusammenstellung.

Ich stelle jetzt die in diesem und den vorigen Theilen dieser Abhandlung besprochenen und einige wenige andere Fälle in der Form einer Tabelle zusammen, einerseits um die Uebersicht zu erleichtern, andererseits um den Gegensatz der verschiedenen, mehr oder weniger mit den Zwangsdrehungen verwandten Erscheinungen in ein möglichst scharfes Licht zu stellen. Mit wenigen Ausnahmen wurden sie bis jetzt alle einfach als Torsion zusammengefasst[1]), weil ja oft die Bezeichnung Zwangsdrehung als gleichbedeutend mit Torsion angesehen wurde. Manche von ihnen sind nur deshalb angeführt, weil sie in der Literatur mit echten Zwangsdrehungen verwechselt worden sind, manche aber auch aus Analogie.

Die echten Zwangsdrehungen habe ich im vierten Abschnitt des dritten Theils, S. 166, in tabellarischer Form aufgeführt.

Auf Vollständigkeit macht diese Uebersicht selbstverständlich keinen Anspruch.

I. Einfache Torsionen.

1. Von Blättern und Blattstielen, S. 175:
   Alstroemeria, Allium ursinum, Avena, Codiaeum variegatum, Dioscorea japonica (Taf. XI, Fig. 6), Salix babylonica annularis, Scolopendrium vulgare spirale. Hierher auch die Hülsen von Gleditschia triacanthos und zahlreiche von Wichura (l. c.) zusammengestellte Fälle. Ferner Triticum vulgare, S. 176.
2. Von nackten Stengeln:
   Allium Moly S. 178, Hieracium Pilosella S. 178, Hypochoeris radicata S. 178, Jasione montana S. 178, Juncus conglomeratus S. 177, J. effusus S. 177, Narcissus poëticus S. 179, Plantago altissima S. 177, P. lanceolata S. 178, Primula japonica S. 177, Pyrola minor S. 179, Sagittaria sagittifolia S. 177, Scabiosa arvensis S. 177, Scirpus lacustris S. 178.

1) Masters, Vegetable Teratology S. 325; Frank, Pflanzenkrankheiten S. 236.

3. Von beblätterten Stengeln:
Campanula Trachelium S. 180, Chaerophyllum hirsutum S. 182, Crepis biennis (erbliche Torsion) S. 172, Dianthus barbatus S. 170, Epipactis palustris S. 181, Hieracium vulgatum S. 182, Lolium perenne S. 181, Lysimachia thyrsiflora S. 179 (Taf. XI, Fig. 3), Oenanthe fistulosa S. 181 und O. Lachenalii ibid., Phleum pratense S. 181, Phyteuma S. 180, Poterium Sanguisorba S. 181, Rumex Acetosella S. 181, Torenia asiatica S. 180.
4. Von fasciirten Stengeln:
Asparagus officinalis S. 184 und 170, Dioscorea bulbifera S. 183, Oenothera biennis S. 183, Primula denticulata S. 184, Rubia tinctorum S. 184, Syringa Josikaea S. 184, Veronica amethystea S. 185, V. latifolia? S. 185, V. longifolia S. 185, Zinnia S. 185.

H. Drehung der Baumstämme.
Punica Granatum S. 169, Pyrus torminalis S. 169 und die zahlreichen von Braun (l. c.) zusammengestellten Beispiele.

III. Schraubenwindungen.
1. Von Stengeln:
Akebia S. 186, Convolvulus arvensis S. 186, Dioscorea S. 186, Juncus effusus spiralis S. 187, J. conglomeratus S. 187, Menispermum S. 186, Scirpus lacustris S. 188 und der aufgeschlitzte Stengel von Oenanthe fistulosa auf S. 170.
2. Von Wurzeln:
Rave Tortillée et Raifort en tire-bouchon S. 188, Daucus Carota S. 188, Oenothera Lamarckiana S. 188, Quercus pedunculata S. 188, Zea Mais S. 188 (Taf. XI, Fig. 2).

IV. Spiralige Stellung sonst decussirter oder wirteliger Blätter.
1. Ohne Verwachsung der Blattbasen:
1a. Nach $^2/_5$, $^5/_8$ u. s. w.:
Fraxinus excelsior S. 88, Lilium Martagon S. 90, Lilium candidum flore pleno S. 90 und die zahlreichen Beispiele von Braun und Delpino S. 88.

1b. Durch Verschiebung in den Wirteln:
Eucalyptus Globulus S. 89, Ligustrum vulgare S. 89, Lythrum Salicaria S. 89, Syringa persica S. 89 und die von Delpino aufgezählten Arten S. 88, 89.

2. Mit Verwachsung der Blattbasen, aber ohne Streckung der Internodien:
Pycnophyllum S. 91.

V. Krümmungen in flacher Ebene.

1. Bischofsstabförmige Krümmungen der fasciirten Aeste:
Fraxinus communis S. 183, Sambucus nigra S. 183 und zahlreiche andere.

2. Hin- und hergebogene Aeste, Varietates tortuosae:
Crataegus nach Masters' Veg. Terat. S. 317, Fig. 171, Robinia (ibid.) und Ulmus nach Moquin-Tandon, Térat. Vég. S. 181; Juncus nach Masters l. c. S. 317, Fig. 170.

Dritter Abschnitt.

Die einfachen Torsionen in der Sammlung des Herrn Prof. Magnus.

§ 1. Uebersicht.

Die im vorigen Theile (Abschn. III) aufgeführte Sammlung, welche Herr Prof. Magnus die Güte hatte mir zum Studium zu leihen, enthielt ausser den dort behandelten echten Braun'schen Zwangsdrehungen noch eine Reihe von wichtigen Beispielen einfacher Torsionen.

Ich beabsichtige von diesen jetzt kurze Beschreibungen zu geben, und stelle zunächst die Arten in folgende Uebersicht zusammen:
Torsionen an Stengeln.

1. An nackten Blüthenschäften und Stielen von Inflorescenzen:
Angelica silvestris, Armeria vulgaris, Poterium Sanguisorba, Jasione montana, Taraxacum officinale, Cephalaria ruthenica, Juncus effusus, Plantago lanceolata, Parnassia palustris.

2. An einzelnen Internodien bei Arten mit decussirter Blattstellung, ohne Veränderung dieser.
Cephalaria ruthenica, Buxus sempervirens, Jacaranda mimosaefolia.

3. An beblätterten Sprossen von Arten und Varietäten mit alternirenden Blättern.

Ligularia (Cineraria) sibirica, Rumex Acetosa, Rumex sp., Campanula Trachelium, Phyteuma spicatum, Valeriana officinalis.

Torsionen von Blättern in Folge behinderten Längenwachsthumes.

Calamagrostis Epigeios.

Die Sammlung giebt mir noch zu zwei Bemerkungen von allgemeinerer Streckung Veranlassung. Es sind dies die folgenden:

Einfache Torsionen, welche an einzelnen Internodien, längeren Blüthenschäften und sonstigen unbeblätterten Sprosstheilen auftreten, nehmen sehr häufig an dem betreffenden Objecte von unten nach oben an Intensität zu. Nicht selten ist der untere Theil ungedreht, während der obere stark tordirt ist. Aus der Sammlung des Herrn Prof. Magnus liefern dazu Beispiele Cephalaria ruthenica, Taraxacum officinale, Poterium Sanguisorba, Armeria vulgaris, Angelica silvestris, Juncus effusus, Plantago lanceolata, Parnassia palustris und Phyteuma spicatum.

Zweitens fällt es auf, dass in Bezug auf einfache Torsionen dünne und lange Sprosse vor den im Verhältniss zur Länge dickeren bevorzugt scheinen. Die soeben genannten Beispiele bestätigen dieses, mit Ausnahme von Angelica silvestris, aber an dieser sind es nur die jüngsten, somit ziemlich dünne Gipfel, welche tordirt sind.

§ 2. Torsionen von Stengeln.

A. An nackten Blüthenschäften und Stielen von Inflorescenzen.

1. *Angelica silvestris L.* „Uttewalder Grund, 30. Sept. 1881, legit P. Magnus.“ Der Stiel einer Dolde, 6 cm lang, ist in zwei Windungen links gedreht. Das nächstuntere Internodium ohne Drehung.

2. *Armeria vulgaris.* „Potsdam, Baumgartenbrücke, legit C. Scheppig, 21. Sept. 1885.“ Der Blüthenschaft, 25 cm lang, äusserst stark und zwar rechtsläufig gedreht. Die Drehungen fehlen im unteren Theil und werden nach oben immer zahlreicher, d. h. weniger steil. In den obersten 10 cm vier Windungen, darunter nur etwa eine. Die Pflanze trägt einen zweiten, jüngeren, ungedrehten Schaft.

3. *Poterium Sanguisorba.* Drehung des oberen 7 cm langen Theiles eines blühenden Stengels. Windung unten links-, höher hinauf rechtsläufig. Unten steil, oben ziemlich stark gedreht.

4. *Jasione montana.* Ein 20 cm langer, nackter Blüthenschaft, unten rechts-, oben linksgedreht. Drehungen sehr steil, wenig markirt.

5. *Taraxacum officinale.* Ein Blüthenstengel, dessen oberer Theil zwei linksläufige Windungen trägt.

6. *Juncus effusus L.* „Schaft mit gedrehten Riefen, Berlin, bei Tempelhof, 22. Juni 1879, legit P. Magnus." Zwei Schäfte, der eine mit links, der andere mit rechts gedrehten Riefen. Die Drehung ist schwach ausgebildet, nimmt vom Grunde gegen die Inflorescenz etwas zu und erstreckt sich auch über das den Stengel scheinbar fortsetzende Blatt.

7. *Plantago lanceolata.*

a) „Wiese bei Wartenberg, 2. Juli 1883, legit Hunger." Ein gekrümmter, etwa 15 cm langer Blüthenschaft mit links gedrehten Riefen. Die Torsion fehlt in der Basis und nimmt nach oben allmählig an Intensität zu, ist aber im jüngsten, noch nicht ausgewachsenen Theil nicht zu erkennen und wechselt ihre Richtung kurz unterhalb dieses. Die Riefen machen etwa drei linksläufige Windungen und vielleicht eine rechtsläufige.

b. „Rostock, Juni 1878, legit C. Fisch." Eine ganze Pflanze mit drei langgestielten Aehren. Die beiden kleineren Stiele schwach tordirt, der grösste, 14 cm lange in seiner oberen Hälfte sehr stark gedreht. In letzterem die Torsion unten linksläufig, oben rechtsläufig. Es kommen 1 bis 1½ Windung pro cm, und dieses erstreckt sich über etwa 6 cm.

c) „Hamburg, bei Blankenese, 22. Sept. 1876, legit P. Magnus." Eine ganze, grosse Pflanze mit sechs Blüthenstielen von 40—60 cm Länge, welche sämmtlich tordirt sind. Unter ihnen sind zwei sehr stark tordirt und zwar mit zunehmender Intensität von der Basis nach oben. Beide am Grunde linksläufig, oben rechtsläufig. Im höchsten Grade erstreckt sich eine Windung über etwa 1 cm des Schaftes.

An einem dieser beiden Stiele ist „ein Laubblatt dicht unter die Aehre gerückt."

8. *Parnassia palustris L.* Berlin, am Eisenbahndamm der Görlitzer Bahn zwischen Treptow und Johannisthal, 2. Sept. 1880, legit E. Hunger." Ein blühendes Pflänzchen, dessen Blüthenstiel gedreht ist. Unten fehlt die Torsion, nach oben nimmt sie an Intensität zu. Sie ist linksläufig, kehrt aber gleich unterhalb der Blüthe um. Sie erreicht etwa eine Windung pro cm.

B. An einzelnen Internodien bei Arten mit decussirter Blattstellung.

1. *Cephalaria ruthenica.* „Drehung vieler Blüthenschäfte ohne Betheiligung der Blätter; Pest 1883, legit Steinitz." Zwei reichblühende Sprosse von 40—60 cm, an denen viele Blüthenstiele gedreht sind. Die Torsion findet bald nach links, bald, und zwar an anderen Stielen derselben Pflanze, nach rechts statt. Sie ist meist, jedoch nicht immer, auf das oberste Internodium unterhalb des Blüthenköpfchens beschränkt und ergreift von diesen und anderen Internodien vorzugsweise den oberen Theil. In den am stärksten tordirten Stellen umfasst eine Windung etwa 2 cm. Blattstellung unverändert.

2. *Buxus sempervirens.* „Mit gedrehtem Stamm. Villa Carlotta bei Bellagio, 12. October 1879, legit P. Magnus." An einem Aestchen ist ein Internodium von 1 cm Länge linksläufig tordirt. Die scharf hervortretenden Riefen machen etwa $^3/_4$ Windung. Die Blätter stehen in den beiden angrenzenden Knoten nicht genau opponirt, sondern der Achse parallel ein wenig auseinander geschoben. Die tieferen Internodien sind normal, die höheren weggeschnitten.

3. *Jacaranda mimosaefolia.* „Brasilien." Ein Ast mit einzelnen tordirten Internodien und tordirten Blattstielen. Blattstellung ungeändert, decussirt. Richtung der Riefen theils links-, theils rechtsläufig.

C. An beblätterten Sprossen von Arten oder Varietäten mit alternirenden Blättern.

1. *Ligularia (Cineraria) sibirica.* „Dorpat in Rossia media, legit Treviranus, comm. Uechtritz." Ein etwa 40 cm langes, rechtsgedrehtes Stengelstück. Drehungen steil.

2. *Rumex Acetosa L.* „Wiese bei Nauen, 3. Juni 1877, legit P. Magnus." Ein Exemplar, „wo die einander folgenden verlängerten Internodien eines Theiles der Inflorescenz so gedreht sind,

dass deren Aeste nach derselben Seite abgehen." Dieser, den Sitzungsberichten des botanischen Vereins der Provinz Brandenburg (Bd. XIX, S. 120) entnommenen Beschreibung füge ich die folgende handschriftliche Notiz desselben Forschers bei: „Unter Drehungen der Internodien zeigen dieselben in der oberen Region der Inflorescenz plötzliche Abbiegungen und werden die Zweige nach einer Seite gerichtet." Auch hier ist, wie Magnus richtig bemerkt, die Drehung des Stengels das Primäre, die veränderte Richtung der Blätter das Secundäre. Aber die Blätter zeigen keine Spur von Verwachsung unter einander; ihre Insertionen stehen genau quer zur Achse.

Ein zweites Exemplar einer Rumex-Art zeigt Drehungen in den blättertragenden Internodien. Auch hier sind die Insertionen der Blätter quer zur Achse gestellt und nicht mit einander verwachsen.

3. *Campanula Trachelium L.* „Wien, legit P. Magnus." Ein 25 cm langer, blühender Ast, dessen unteres Internodium eine sehr starke Torsion trägt. Es ist etwa 3 cm lang und hat fast $1^1/_2$ linksläufige Windungen. Die Drehung erstreckt sich ein wenig über das nächstfolgende Internodium, gleicht sich hier aber allmählig aus. Die Insertion des Blattes zwischen diesen beiden Gliedern steht genau quer zur Achse, die Achselknospe oberhalb des Stieles.

Durch die Drehung des zweiten Internodiums ist die seitliche Entfernung der beiden betreffenden Blätter etwas verringert; sie sind nach einer Seite genähert (in verticaler Projection betrachtet). Sonst hat die Torsion keine Folgen in Bezug auf die Blattstellung.

Mit vollem Rechte behauptet Magnus für diesen Fall, dass die Drehung des Stengels das Primäre ist, und dass die Verschiebung der Blätter als deren Folge betrachtet werden muss[1]). Die Blätter sind nicht unter sich verwachsen.

4. *Phyteuma spicatum.* Der mir vorliegende Umschlag enthält 1. zwei aufgeklebte blühende Stengel, ohne Angabe von Zeit und Ort des Fundes, aber mit vielfachen handschriftlichen Bemerkungen unseres Autors; es sind dieses vermuthlich die in den Sitzungen des botanischen Vereins der Provinz Brandenburg (Bd. XXI, S VI, Frühjahrsversammlung 1879) von Herrn Lauche vorgelegten Exemplare; 2. fünf Pflanzen späteren Ursprunges, deren eines mit Fas-

1) Sitzungsber. des bot. Ver. d. Prov. Brandenburg XIX, S. 120.

ciation des Kopfes am 22. Juni 1879 von Magnus in Berlin gesammelt wurde, deren zweites und drittes in 1885 bei Potsdam wuchsen, während die beiden übrigen im Berliner botanischen Garten in 1887 beobachtet wurden. Auch die vier letzteren sind von Magnus gesammelt worden.

Alle diese Exemplare sind während oder nach der Blüthe eingelegt; in allen ist der untere Theil des Stengels ungedreht, fängt die Torsion im beblätterten Theil des Stengels an und nimmt gegen die Inflorescenz allmählig, und meist bedeutend, an Intensität zu. Von dieser Regel bildet nur ein Exemplar aus Potsdam (1885) insofern eine Ausnahme, als der nackte Theil des Stengels unmittelbar unterhalb der Aehre hier ungedreht ist; in dieser Pflanze ist die Torsion überhaupt nur in geringem Grade ausgebildet.

Mit Ausnahme eines anderen Exemplares (Berlin 1887) stehen die Blattinsertionen überall quer zur Achse. Sie sind durch die Torsionen einander seitlich genähert, ohne Spur von Verwachsung. Es ist ganz klar, dass die Verhältnisse hier genau so liegen, wie sonst bei den einfachen Torsionen, aber ganz anders wie bei den Zwangsdrehungen.

Die zuletzt erwähnte Ausnahme bildet aber einen, wenigstens scheinbaren, Uebergang zwischen beiden Gruppen von Erscheinungen. Sie wurde von Magnus im botanischen Garten in Berlin in 1887 in voller Fruchtreife gesammelt, während das zweite, aus demselben Jahre stammende Individuum noch Blüthen trägt. Das fruchtreife Exemplar hat einen ungedrehten Stengel und eine gleichfalls ungedrehte, 14 cm lange Aehrenachse. Zwischen beiden liegt die scheinbare Zwangsdrehung. Sie ist 6 cm lang, die Riefen rechts ansteigend, in der Mitte etwa um 45° gegen die Achse geneigt. Die gedrehte Strecke trägt fünf Blätter, welche in einer steilen, linksläufigen, fast ganz einseitswendigen Schraubenlinie stehen, während ihre Insertionen nicht quer zur Achse, sondern in der Verbindungslinie der Blattbasen, also fast longitudinal gestellt sind. Die Achselsprosse stehen somit neben ihnen. Die Verbindungslinie der Blattbasen ist aber eine rein ideale Linie, ich finde keine Spur jener Leiste, welche bei den echten Zwangsdrehungen nach dem Typus von Weigelia die Blattbasen vereinigt.

Am Grunde des gedrehten Theiles biegt sich der Stengel; bis dahin gerade aufgerichtet, bildet er jetzt einen Winkel von 50° mit der Vertikalen. Auf der Grenze der Aehre richtet er sich wieder aufwärts. Die Blattinsertionen stehen so, dass die Medianen der Blätter senkrecht stehen und ihre Oberseite nach oben gerichtet ist.

Der gedrehte Theil ist aufgetrieben, fast doppelt so dick wie der normale. Er zeigt einen Riss, der der Richtung der Riefen folgt.

Bis auf die fehlende Verwachsung der Blattbasen stimmt die Erscheinung ganz mit den echten Zwangsdrehungen überein, während sie in fast allen Hinsichten von den einfachen Torsionen abweicht.

Dennoch glaube ich hier eine einfache Torsion vor mir zu haben, und dass die Erklärung ihrer Abweichung von den Torsionen der übrigen Phyteuma-Stengel in der Seitwärtsbiegung der gedrehten Strecke und in der, wohl geotropischen Aufrichtung der Blüthenähre zu suchen sein wird. Doch lässt sich hierüber am vorliegenden, ausgewachsenen und getrockneten Stengel nichts ermitteln und muss auch hier eine endgültige Erklärung neuer Funde, oder einer Cultur der gedrehten Rasse, wenn diese noch vorhanden sein sollte, anheimgestellt werden.

Für die weiteren Betrachtungen, zu welchen dieses Material die Veranlassung giebt, verweise ich auf den im Eingang citirten Aufsatz von Magnus.

5. *Valeriana officinalis.* Ein 70 cm hoher Stengel von normaler Dicke, an welchem sich fünf beblätterte Knoten vorfinden, von gestreckten Internodien getrennt. Die beiden unteren dieser fünf Knoten tragen je nur ein Blatt mit stengelumfassenden Fuss, die drei oberen Knoten tragen decussirte Blattpaare. Das Internodium zwischen den beiden erstgenannten Knoten (12 cm lang) ist tordirt, seine Riefen machen etwa Eine rechtsansteigende Windung.

§ 3. Torsionen von Blättern.

Calamagrostis Epigeios. „Perleberg, legit Lehmann." „Drehungen in Folge behinderten Längenwachsthums. Umsetzungen der Drehungen an den Blättern, wie an der festgehaltenen Ranke, weil das flache Blatt an seiner Spitze auch nicht nach rechts oder links ausweichen konnte!! P. Magnus." Ein am Rhizom abgebrochener blühender und dennoch nur 20 cm langer Spross, dessen Längenwachsthum, mit Ausnahme der unteren Internodien, offenbar durch irgend eine Ursache gehemmt worden ist. Der Spross selbst nicht gedreht, nur gekrümmt, die ganze Rispe zu einem Knäuel von etwa 3 cm Länge zusammengedrungen. Die Missbildung lässt sich am besten mit dem mangelhaften Wuchs vieler Pflanzen unter dem Einflusse des Schäumthierchens (Cercopis spumaria) vergleichen. Die Blätter, welche von derselben Ursache nicht oder doch nicht in gleichem Maasse in ihrem Längenwachsthum beeinträchtigt wurden, sind stark tordirt, und zwar mit abwechselnder Richtung. Sie stecken mit ihren Spitzen ineinander und dieses mag die Torsion, wenigstens zum Theil, bedingt haben.

Aehnliche Torsionen bekommt man bekanntlich, wenn man an Stengeln während des Wachsthums die Spitze nach unten biegt und festbindet.

Ob im vorliegenden Falle die Torsionen teratologischer Natur sind, scheint mir fraglich. Wunderlich sind sie aber ohne Zweifel.

Erklärung der Tafeln II—XI.

Tafel II.

Dipsacus silvestris torsus.

Drei tordirte Individuen aus der dritten Generation meiner Rasse, am 28. Juni 1889 ausgegraben und photographirt.

Fig. 1. Das einzige unter etwa 70 tordirten Exemplaren, dessen Torsion in der Mitte unterbrochen war. Von den beiden zwischengeschobenen geraden Internodien läuft die Blatterspirale auf dem unteren als stellenweise zerrissener Flugel *b, c, d* auf dem oberen *f, g* als eine in der Figur nicht sichtbare gerade Wundlinie. Blatterspirale linksläufig. Höhe vom Wurzelhals *w* bis zur Gipfelblüthe 85 cm. *a* angewachsenes Suturblättchen.

Fig. 2. Häufigerer Fall, oberhalb des gedrehten Stammes sind zwei Internodien ausser dem Stiel der Inflorescenz gestreckt. Die Knoten 5 und 6 sind zwei- resp. dreiblättrig; ihre Projectionen sind auf Taf. VII in Fig. 5 und 6 abgebildet. Das Internodium unterhalb 5 trägt eine sehr deutliche Wundlinie, offenbar durch Zerreissung der Blätterspirale entstanden. *w* Wurzelhals. Höhe bis zur Gipfelblüthe 120 cm. Blätterspirale linksläufig.

Fig. 3. Der häufigste Fall unter den 70 tordirten Pflanzen. Oberhalb des gedrehten Theiles nur ein gestrecktes Internodium ausser dem Blüthenstiele. Blattquirl zwischen diesen beiden dreigliedrig. Blätterspirale rechtsläufig. Höhe oberhalb des Wurzelhalses *w* 90 cm.

Tafel III.

Dipsacus silvestris torsus.

Mikrotomschnitte aus den wachsenden Gipfeln sich tordirender und anderer Hauptstämme, welche im Mai 1889 abgeschnitten und in Alkohol eingelegt wurden (Fig. 2—9) und aus der Wurzelrosette eines solchen Exemplares vor Anfang der Streckung am 27. December 1889 eingelegt (Fig. 1). Jede Figur ist einem besonderen Individuum entnommen.

Fig. 1 ($^{5}/_{1}$). Centraler Theil einer sehr kräftigen Winterrosette mit spiraliger Blattstellung, geschnitten 2,5 mm oberhalb des Vegetationspunktes. Spirale linksläufig. Blattwinkel No. 3 bis No. 16 $= 5 \times 360^0 + 20^0 = 1820^0$. Divergenzwinkel somit etwa 140^0.

Fig. 2 ($^{5}/_{1}$). Dreizähliger Stengel, kurz oberhalb des Vegetationspunktes geschnitten.

Fig. 3 ($^{5}/_{1}$). Tordirender Hauptstamm, 1,4 mm oberhalb des Vegetationspunktes geschnitten. Blätterspirale rechtsläufig; Blatter oberhalb der Flügelverbindungen getroffen.

Fig. 4 ($^{20}/_{1}$). Gipfel eines tordirenden Stammes, auf welchem die Inflorescenz bereits angelegt worden ist. Blätter 1, 2 und 3 in rechtsläufiger Spirale, wie die sammtlichen älteren Blätter; 4, 5 und 6 als dreigliedriger Wirtel (Winkel 120^0).

Fig. 5 ($^{20}/_{1}$). Gipfel eines tordirenden Stammes vor Anlage des Blüthenköpfchens. Die Blätterspirale linkslaufig, umfasst auch die höchsten sichtbaren Blattanlagen.

Fig. 6 ($^{5}/_{1}$). Blatt eines dreizähligen Individuums mit dreizähliger Achselknospe.

Fig. 7 ($^{5}/_{1}$). Normaler Hauptstamm mit decussirten Blättern, 0,2 mm oberhalb des Vegetationspunktes geschnitten.

Fig. 8 ($^{5}/_{1}$). Blatt eines tordirenden Stengels mit zweizähliger Achselknospe ohne collaterale Knospen.

Fig. 9 ($^{5}/_{1}$). Individuum mit tordirtem Hauptstamm und rechtsläufiger Blattspirale, welche sich noch über die Blätter 1—4 erstreckt. Jüngere Blätter in dreigliedrigen Wirteln. Auf der Grenze ein gespaltenes Blatt 5. Der rechte Flügel des Doppelblattes 5 (xx) schliesst sich, 3,2 mm tiefer, an den Flügel des Blattes 4 an, der linke an Blatt 6 (xx). Die beiden mittleren Flügel von 5 und der benachbarte von 7 (x) laufen am Internodium, welches sich wahrscheinlich bedeutend gestreckt haben würde, abwärts, wie aus den successiven Mikrotomschnitten ersichtlich war.

NB. Sämmtliche auf dieser Tafel abgebildete Blätter von tordirenden Exemplaren (Fig. 3—6 und 8—9) waren noch so jung, dass das Internodium unter ihnen noch keine Spur von Torsion zeigte.

Tafel IV.

Dipsacus silvestris torsus.

Suturblätter, Suturknospen und accessorische Achselknospen. Die Ziffern weisen die Stellung der Blatter in der Spirale an wie auf der vorigen Tafel. Mit Ausnahme von Fig. 9—12 sind sämmtliche Präparate aus Mikrotom-Schnittserien ausgewählt, für welche junge Pflanzen mit tordirendem Hauptstamm, im Mai 1889 abgeschnitten, das Material lieferten.

Fig. 1 (5/1). Aus einem tordirenden Hauptstamm mit rechtsläufiger Blattspirale. Vier Schnitte A—D, welche dasselbe Suturblättchen *s* in verschiedener Höhe treffen. A 2,8 mm oberhalb, B 0,6 mm, C 1,6 mm, D 3,2 mm unterhalb des Vegetationspunktes. In A ist *s* in seinem Gipfel geschnitten; in B weit oberhalb der Insertion des Blattes 4; in C ist es rückständig mit Blatt 4 verwachsen (0,8 mm oberhalb der Insertion des Blattes 4). D 0,8 mm unterhalb der Insertion des Blattes 4; die beiden Flügel von *s* an das Internodium angewachsen; sie laufen bis an die Insertion der Blatter 1 und 2 abwärts. Aehnlich verhält sich das Suturblatt u^{IV} in Fig. 3 auf Taf. VII.

Fig. 2 (5/1). Mikrotomschnitt durch einen tordirenden Stengel, 1 mm unterhalb des Vegetationspunktes. Das Suturblättchen *s* ist dem Blatt 5 rückständig angewachsen. Die Verbindungslinie liegt anodisch von der Mediane von 5; die Bauchseite des Suturblättchens ist dem Blatte 3 zugekehrt. Spirale linksläufig.

Fig. 3 (5/1). A und B. Ein Suturblatt *s* oberhalb der Verbindung mit dem Internodium getroffen und zwar in B 1,2 mm, in A 2,0 mm oberhalb dieser Stelle. Das Blättchen war nur bis 0,2 mm unterhalb des Blattes 4 an das Internodium angewachsen, also nicht dem Blatte selbst.

Fig. 4 (5/1). Querschnitt einer tordirten Pflanze mit linksläufiger Spirale, 1,8 mm unterhalb des Vegetationspunktes. Zwei Suturblättchen *s* und *s'*. Das eine, *s*, ist 2 mm tiefer an Blatt 3, das andere, *s'*, 2,5 mm tiefer an Blatt 6 angewachsen.

Fig. 5 (5/1). Achselspross mit collateralen Knospen von einem tordirten Stamm mit linksläufiger Blattspirale.

Fig. 6 (5/1). Dasselbe von einem anderen im gleichen Sinne tordirten Individuum im Querschnitt.

Fig. 7 (5/1). Aehnlicher Fall aus einer rechtsläufigen Spirale. Die beiden collateralen Knospen fasciirt.

Fig. 8 (5/1). Suturknospe (*s*) auf dem Querschnitt eines tordirten Individuums mit linksläufiger Blätterspirale.

h = Höhlung des Stengels, verengt durch das schraubenförmige Diaphragma.

Fig. 9—12. Einem erwachsenen Stamme eines Individuums mit linksläufiger Blätterspirale entnommen.

Fig. 9 (1/1). Ein freies Suturblättchen.

Fig. 10 (1/1). Ein solches, zweinervig, mit seiner Insertion zwischen den Blättern 1 und 2. *p* Flügelverbindung.

Fig. 11 (1/1). Basis eines Blüthenstieles mit den beiden collateralen Achselknospen.

Fig. 12 (1/1). Eine Suturknospe, auf der Grenze der Blätter 1 und 2, deren Achselknospen bereits zu blühreifen Sprossen entwickelt waren.

Fig. 13 (5/1). Halbschematische Darstellung der Lage der Suturblättchen, eingetragen in einen Abschnitt einer linksläufigen Spirale. 13 A quer zur Spirale; dieses Blättchen ist weiter aufwärts um 90° geotropisch gedreht. 13 B parallel zur Spirale, dieser die Bauchseite zukehrend, mit einer Suturknospe. Weiter oberhalb um 180° geotropisch gedreht. 13 C parallel zur Spirale, dieser die Rückenseite zukehrend, mit zwei Suturknospen. Blättchen weiter nach oben nicht gedreht.

Fig. 14 (5/1). Suturblättchen (*s*), welches nur über einen kleinen Theil des Internodiums angewachsen war. Querschnitt oberhalb dieser Verbindung und unterhalb des nächstoberen Blattes, welches die Nummer 4 tragen würde. Blätterspirale linksläufig.

Tafel V.

Dipsacus silvestris torsus.

Fig. 1. Darstellung der Drehungsbewegung nach **Darwin**'s Methode zur Beobachtung der Circumnutation. Das Blatt 1 war bereits zur Ruhe gelangt. Die Lage der folgenden Blätter 2—11 am Anfang des Versuchs ist durch 0 vorgestellt, ihre Bewegung durch den ausgezogenen Theil des Kreises.

0	Anfangslage am		11. Mai 1889,	
I	Lage	am	13.	Mai,
II	„	„	15.	„
III	„	„	17.	„
IV	„	„	19.	„
V	„	„	21.	„

Wenn eine oder mehrere der letzten Marken fehlen, so hat sich das betreffende Blatt, nach Erreichung der zuletzt markirten Lage, nicht weiter bewegt.

Fig. 2. Schema für die Gürtelverbindungen der Gefässbündel eines Blattpaares einer normalen decussirten Pflanze. *m m*, mittlere Gefassbündel der Blattnerven. *a*, *b* seitliche Bündel und *c* Randbündel der Mittelnerven. *d* Gefässbündel der Flügel auf dem Suturbogen entspringend. *a' b'* eine der zahlreichen Abweichungen, welche von diesem Schema vorkommen.

Fig. 3 (1/1). Grund der Flügelverbindung zweier benachbarter Blätter eines tordirten Exemplares mit den Flügeladern. *m*, *m'* mittlere Gefassbündel der Hauptnerven der beiden Blätter; *a*, *c*, *a'*, *c'* seitliche Bündel der Mittelnerven; *p*, *q* Randbündel. Vom Suturbogen *c c'* entspringen die wichtigsten Flügeladern.

Fig. 4 (1/2). Suturblatt (b) an einem gestreckten Internodium eines grundständigen Astes eines atavistischen Individuums, am 18. Juli 1889 abgeschnitten und photographirt. 1, 2 die beiden weggeschnittenen Blätter des Knotens *a*; 3, 4, 5 die Blätter des folgenden Knotens; *c*, *d* Flügelverbindung zwischen Blatt 2 und 3.

Fig. 5 (1/1). Querschnitt durch ein junges, Mai 1889 abgeschnittenes, tordirendes Exemplar, etwa 1 mm oberhalb des Vegetationspunktes. Man erkennt, wie die Divergenzwinkel durch die Torsion kleiner werden. Von Blatt 2—11 trifft der Schnitt die Flügelverbindungen, sonst liegt er oberhalb dieser.

Fig. 6 (1/1). Querschnitt durch einen erwachsenen Stamm mit rechtsläufiger Blattspirale, die in die Höhlung hineinragende Diaphragmaleiste zeigend.

Fig. 7 (1/1). Schiefer Längsschnitt eines Gipfels eines tordirenden Stammes, tangential zur Höhlung genommen, um das schraubenförmig in diese hineinragende Diaphragma zu zeigen.

Fig. 8 $\left(\frac{3,5}{1}\right)$. Querschnitt durch ein junges Internodium eines Hauptstammes mit rechtsaufsteigender Blattspirale, das Diaphragma zeigend. *a, b, b'* collaterale Achselknospen.

Fig. 9 $\left(\frac{3,5}{1}\right)$. Die Gefässbündel am Grunde der Blätter 12 und 13 des in Fig. 5 abgebildeten Exemplares. Tangentialschnitt, in Kreosot durchsichtig gemacht. Bedeutung der Buchstaben wie in Fig. 3.

Fig. 10 (1/1). Ein Stammgipfel eines jungen tordirenden Exemplares, im Mai 1889 abgeschnitten und der Lange nach aufgespalten und flach gelegt. Blätterspirale rechtsaufsteigend. Die einzelnen Blätter sind an ihrer dicken medianen Blattspur kenntlich, sowie an dem kleinen Kreise, der die Lage der normalen Achselknospe andeutet. Man erkennt die in ihrem Bau variablen Gürtelverbindungen.

Fig. 11 (1/2). Theil eines grundständigen Astes eines abgeschnittenen Atavisten, am 17. Juli 1889 photographirt. Ein Knoten mit geringer Torsion zwischen zwei gestreckten Internodien; man sieht die beiden Achselsprosse der beiden dicht nebeneinander stehenden Blätter. Am Internodium unterhalb dieses Knotens lief der Blattflügel bis zum nächstunteren Blatt anfangs herab, war aber während der Streckung zerrissen (0), man erkennt die Risslinie bei *r, s*.

Fig. 12 A B (5/1). Zwei Querschnitte eines Hauptstammes mit rechtsläufiger Blattspirale. In A ist bei *s* die Insertion einer Suturknospe getroffen, die Flügelbündel sind noch getrennt. Im Schnitt B, 0,2 mm tiefer, erkennt man den Suturbogen (*s'*), aus welchem jene Flugelbündel entspringen. Er liegt ausserhalb des Gefässbündels der Suturknospe (*s*). *a* eine collaterale Achselknospe.

Tafel VI.

Dipsacus silvestris torsus.

Alle Figuren sind Photographien von Theilen von Zweigen, welche im Juni 1889 aus den Stümpfen der dicht am Boden abgeschnittenen Atavisten emporwuchsen und Mitte Juli 1889 photographirt wurden.

Fig. 1 (1/2). Locale Zwangsdrehung (Blatt 5, 6, 7, 8) oberhalb eines dreiblättrigen Knotens (a mit Blatt 1, 2, 3). Blatt 4 ist durch die Streckung des Stengels oberhalb a zweibeinig geworden. Seine Vorderseite ist an die Vorderseite des Blattes 3, welches sonst ein normales Glied des dreiblattrigen Quirls bildet, angewachsen.

Fig. 2 (1/2). Locale Zwangsdrehung zwischen gestreckten Internodien. Am Knoten a die Blätter 1 und 2, dieses mit seinem Flügel an 3 verwachsen. Zwangsspirale in Blatt 3, 4, 5, 6 und 7. Letzteres durch Streckung des Stengels zweibeinig geworden und ferner durch eine Risslinie und einen zerrissenen Flügeltheil mit 8 verbunden. Die drei Blätter 8, 9, 10 in ungleicher Höhe, einen Scheinwirtel bildend. Der Flügel des Blattes 1 von *a* bis *b* herablaufend; unterhalb *b* bis zum Knoten eine Risslinie. *c d*, die Risslinie, welche die beiden Beine des Blattes 7 mit einander verbindet.

Fig. 3 (1/2). Vierblättriger Scheinwirtel zwischen gestreckten Internodien, mit starker Zwangsdrehung (a—b). Bei c lief der Flügel des unteren Blattes in der Jugend am Internodium abwärts, doch war jetzt losgerissen. Der Stengel trug die entsprechende Risslinie.

Fig. 4 (1/3). Diphyller Becher mit ganz verwachsener, viergipfliger Spreite. Die vom Trichterstiel eingeschlossene Endknospe des Sprosses hat diesen seitlich gesprengt und tritt durch den Riss hervor. Sie hat aber ihre Spitze noch nicht befreit.

Fig. 5 (1/2). Locale Zwangsdrehung, die an den Zweigen meiner Cultur in 1889 häufigste Art des Auftretens zeigend.

Fig. 6 (1/2). Anschluss einer Zwangsdrehung an einen dreigliedrigen Wirtel (Blatt 1, 2, 3), dessen unteres Blatt (1) mit seinem Flügel nicht an Blatt 3 anschliesst, sondern am Internodium als schmale Flügellinie abwärts läuft. Flügel von Blatt 3 mit Blatt 4 verwachsen, ebenso die Flügel in der Spirale 4, 5, 6. Von Blatt 6 führt eine Risslinie zu Blatt 7. Von Blatt 7 führt eine braune Risslinie am 8 cm langen gestreckten Internodium aufwärts bis zum unteren Blatte eines dreigliedrigen Scheinwirtels.

Fig. 7 (1/2). Der Knoten a trägt die genau opponirten Blätter 1 und 2. Daran schliesst sich die Zwangsspirale von Blatt 3, 4, 5, 6, 7, 8, 9, 10 an, mit schöner Torsion des Stengels von 4 bis 10, aber mit Streckung von *d* bis *c*. Durch diese Streckung ist das zweigiflige Blatt 3 zweibeinig geworden. Die entsprechende Risslinie war von *c* bis *d* am Stengel deutlich sichtbar. Dem Rücken des Blattes 3 ist das Blatt o gleichfalls mit seinem Rucken bis zur halben Höhe angewachsen, es steht mit seinen beiden Flügeln am Knoten *a* inserirt. Es ist vielleicht nur ein stark ausgebildeter Theil des Flügels zwischen Blatt 1 und 2 auf der Seite *a*.

Tafel VII.

Dipsacus silvestris torsus.

Fig. 1 (1/2). Ein tordirender Hauptstamm, der im Juni 1890 zu Versuchen diente. Nachdem er völlig ausgewachsen war, wurde er im Herbst abgeschnitten und photographirt. Im unteren Theil wurden die Gürtelverbindungen der Gefassbündel der Blätter abgekratzt, bevor die Torsion an der betreffenden Stelle anfing. Die Torsion ist dadurch nicht gestört worden. Im oberen Theil wurden Langsschnitte zwischen je zwei Blättern vor Anfang der Torsion gemacht. Die zwischen zwei Längsschnitten liegenden Theile wuchsen gerade aus, ohne sich zu tordiren. Den Gipfel liess ich ohne Verwundung, hier trat die Zwangsdrehung wieder in üblicher Weise ein.

a, *b*. Der vierte Umgang der Blätterspirale oberhalb der Wurzelblätter.

1—8. Die Reihenfolge der Blätter, jetzt am leichtesten an ihren Achselsprossen kenntlich. Einschnitte sind gemacht zwischen Blatt 1 und 2 (*d*, *e*), 3 und 4 (auf der Hinterseite liegend, der anodische Rand des Schnittes mit c, c', c'', der katodische mit g, g', g'' bezeichnet) und zwischen Blatt 4 und 5 (die Ränder dieses Schnittes durch h, h', f, f' angedeutet).

Fig. 2 (1/2). Aus demselben Material wie Tafel VI. Decussirter Stengel mit einem „aufgelösten Blattpaar *a b*; die Decussation ist dadurch nicht gestört. Vom Blatt a läuft ein später vom Internodium losgerissener Flügel (c) abwärts; die Risslinie erstreckt sich bis zum unteren Blattpaar.

Fig. 3 $\left(\frac{1}{2,5}\right)$. Der in den Ber. d. d. bot. Ges. VII, Tafel XI, Fig. 7 abgebildete Stamm, von der anderen Seite gesehen. Die Suturblätter ($u-u^{IV}$) mit den entsprechenden Buchstaben belegt; u' ist in dieser Figur nicht sichtbar, u^{IV} war in der citirten Figur hinter den beiden mittleren Blättern der rechten Seite versteckt. u, u'' und u''' freie; u^{IV} angewachsenes Suturblättchen. (In der Erklärung der citirten Figur ist u'' irrthümlich als angewachsenes Suturblättchen angegeben.)

Fig. 4 ($^1/_2$). Zwangsdrehung aus demselben Material wie Tafel VI, mit zweibeinigem Blatt an einen zweiblättrigen Knoten anschliessend. Es ist dies der höchste Grad von Torsion, welchen ich bis jetzt an Seitenzweigen meiner Rasse beobachtet habe.

Fig. 5 und 6. Projectionen der beiden zwei- und dreiblättrigen Scheinwirtel der auf Tafel II in Fig. 2 abgebildeten Pflanze; 6 des oberen, 5 des zweitoberen Quirls. Die Ziffern geben die Reihenfolge der Blätter in der genetischen Spirale an. Je weiter sie vom Stengel gezeichnet sind, um so tiefer waren sie diesem eingepflanzt.

Fig. 7 ($^1/_2$). Ein ähnliches Präparat wie Fig. 1, aus derselben Versuchsreihe. Die untere Stammeshalfte mit vier Umgängen der ansteigenden Blätterspirale nicht gezeichnet. 1—6, die aufeinanderfolgenden Achselsprosse der Blätter der Versuchsstrecke. Einschnitte wurden gemacht zwischen Blatt 1 und 2 (in der Figur unsichtbar, da er auf der Rückenseite liegt), Blatt 2 und 3 (a, a', a'', a''', a^{IV}, a^{V}) und zwischen Blatt 3 und 4 (b, b', b''). Es geschah dieses im Juni, vor Anfang der Torsion an den betreffenden Stellen. Demzufolge unterblieb die Drehung im Stengel zwischen Blatt 1 und 4. Oberhalb dieses Blattes stellte sie sich wieder ein.

Tafel VIII.

Dipsacus silvestris torsus.

Fig. 1 ($^1/_3$). Geringer Grad von Becherbildung am unteren Knoten eines Zweiges eines im Juni 1889 am Boden abgeschnittenen Atavisten.

Fig. 2 ($^1/_4$). Keilförmiges Blüthenköpfchen als End-Inflorescenz eines in der Achsel eines gabelspaltigen Blattes stehenden Sprosses.

Fig. 3 ($^1/_2$). Einblättriger Becher, aus dessen Trichterstiel sich die Endknospe (c) des Zweiges durch einen Riss (a, b) befreit hat. d e, Achseltriebe eines Blattpaares, welches uur durch ein ganz kurzes Internodium vom Becher getrennt war. Spreite des Bechers einspitzig.

Fig. 4 ($^1/_1$). Einblättriger Becher, wie Fig. 1—3 aus demselbe Material wie Tafel VI. a b Risslinie, welche die normale Stellung des Bechers c als dem Blatte d opponirt erscheinen lässt; o Achselknospe.

Fig. 5 und 6 ($^1/_6$). Gipfel zweier Atavisten aus der Cultur von 1889, am 28. Juni photographirt. Beide Stämme mit genau decussirter Blattstellung, aber in den Gipfeln mit mehr oder weniger tief gespaltenen Blättern. Drei Achselsprosse gespalten. Die Pflanzen waren 2 m hoch und sind kurz vor der Blüthe abgeschnitten.

Tafel IX.

Fig. 1—6. Weigelia amabilis.

Fig. 1 ($^1/_1$). Typische Zwangsdrehung, August 1886 in einem Garten unweit Hilversum gefunden. Die drei unteren Blatter (1—3) in Scheinwirtel, an diesen anschliessend die Zwangsspirale 4—15. Unterhalb des Wirtels 1—3 hatte der Zweig nur noch einen Knoten, gleichfalls mit dreiblättrigem Scheinquirl.

Fig. 2 und 3 ($^1/_1$). Zwangsdrehung, im Jahre 1871 in einem Garten in Haag von mir gesammelt. Fig. 2 aus dem oberen, Fig. 3 aus dem unteren Theil des Zweiges. Die Blätter dicht am Grunde abgeschnitten.

Fig. 4. Horizontalprojection der Blattstellung des in Fig. 1 abgebildeten Zweiges. Die einzelnen Blätter sind mit denselben Zahlen belegt wie in jener Figur.

Fig. 5 ($^{40}/_1$). Die Endknospe des in Fig. 1 abgebildeten Zweiges, im Querschnitt kurz oberhalb des Vegetationspunktes. Blätter sämmtlich in spiraliger Anordnung.

Fig. 6 ($^{12}/_1$). Ein etwas tieferer Schnitt durch dieselbe Knospe.

Fig. 7. Lupinus luteus.

Fig. 7 ($^1/_1$). Eine Inflorescenz mit spiraliger Anordnung der Blüthen und zwangsgedrehter Achse. Ermelo, Juli 1890. Man erkennt die spiralige Verbindungslinie der abgefallenen Bracteen.

Tafel X.

Fig. 1. Deutzia scabra. Zweig mit localer Zwangsdrehung aus dem botanischen Garten in Amsterdam. Blätter abgeschnitten. Die Zahlen weisen ihre Anordnung in der genetischen Spirale an. 1, 2 fast normales; 8, 9 normales Blattpaar. Zwischen diesen beiden die fünf Blätter 3—7 in Spirale mit dem Divergenzwinkel $^2/_5$. Sie sind unter sich durch eine erhabene Linie verbunden, welche namentlich zwischen 5, 6 und 7 deutlich entwickelt war. An dieser Stelle Zwangsdrehung um etwa 180°.

Fig. 2. Horizontalprojection desselben Zweiges nach Aufhebung der Torsion (Zurückdrehung um etwa 180°). Die einzelnen Blätter durch dieselben Zahlen angegeben. Die gezogenen Linien deuten die verkurzten, die punktirten die gestreckten Internodien an.

Fig. 3 ($^1/_1$). Lonicera tatarica. Zweig mit Zwangsdrehung aus dem botanischen Garten in Amsterdam. Blätter abgeschnitten und nach der genetischen Spirale numerirt. Blatt 1—4 vierblättriger, vertical ein wenig auseinander geschobener Quirl; unterhalb dieses hatte der Zweig noch zwei vierblättrige Quirle. In der Region der Blätter 8—11 ist der Stengel um etwa 180° tordirt, sonst nicht.

Fig. 4. Horizontal-Projection desselben Zweiges nach Aufhebung der Torsion. Die Blatter stehen alle in viergliedrigen alternirenden Wirteln. Die punktirten Linien deuten die gestreckten Internodien an.

Fig. 5 ($^1/_1$). Urtica urens. Zweig mit localer Zwangsdrehung. Ermelo, Juli 1890. Die Abweichung beschränkt sich auf die Blättergruppe *b1,—b4*. Das Blattpaar *a3*, *a4*, sowie *c1*, *c2* und die höheren sind normal. In der Region *b1*, *b4* ist der Stengel um etwa 180° tordirt, sonst nicht.

Fig. 6. Horizontalprojection desselben Zweiges, ohne Aufhebung der Torsion. Die einzelnen Blätter durch dieselben Bezeichnungen angedeutet. Die gezogene Linie *c2*, *b2*, *a2* ist die mediane äussere Blattspur von *c2* und *b2* und giebt somit die Torsion an. Die durch eine Accolade verbundenen Blätter *b2*, *b3* hatten ihre zwischenliegenden Stipeln verwachsen.

Fig. 7 und 8 ($^1/_1$). Dianthus Caryophyllus mit localer Zwangsdrehung (*b1*, *b2*, *c1*, *c2*) an sonst normal decussirten Stengeln. Putten, Juli 1890. *b**, *c**, *d** die Achselsprosse der Blätter *b1*, *c1* und *d1*.

Tafel XI.

Fig. 1 ($^1/_1$). Valeriana officinalis. Theil eines Stengels mit der Blattstellung $^1/_2$, Blattscheide (*a*) den Stengel (*b*) umfassend. Ankeveen, Juni 1886.

Fig. 2 ($^1/_1$). Zea Mais. Keimling in Wassercultur, mit schraubiger Hauptwurzel.

Fig. 3 ($^1/_1$). Lysimachia thyrsiflora. Einfache Torsion, die decussirte Blattstellung ist dabei erhalten geblieben. Ankeveen, Juni 1886.

Fig. 4 ($^1/_1$). Polygonum Fagopyrum. Ermelo, Juli 1890. Zwischen *o* und *p* sind die Stipulae von Blatt 1 und 2 verwachsen; demzufolge ist der Spross hier gestaucht, gekrümmt und gedreht; bei *q* hebt er sich geotropisch aufwärts. 1, 2, 3, 4 die successiven Blätter, 1a, 2a, 3a, 4a ihre Achselsprosse (2a ist ein Blüthenstiel).

Fig. 5 ($^1/_1$). Juncus effusus. Flacher Stengel, um die eine Seitenkante tordirt.

Fig. 6 ($^1/_1$) Dioscorea japonica. Tordirter zweispreitiger, abgeflachter Blattstiel, bei *a* auf dem Stengel eingepflanzt. *c* nächsthoheres Internodium.

Fig. 7 ($^4/_1$) und 8 $\left(\frac{4,5}{1}\right)$. Lupinus luteus. Querschnitte dicht unterhalb des Vegetationspunktes zweier junger, etwa 1 cm langer Inflorescenzen mit spiraliger Anordnung der älteren Blüthenknospen. Man erkennt die spiralige Stellung der Bracteen, in deren Achseln die Blüthenknospen noch ganz jung waren. Die Torsion hatte in dem betreffenden Theil der Achse noch nicht angefangen.

Fig. 9 und 10 ($^2/_3$). Crepis biennis. Ein Theil eines Sprosses mit localer Zwangsdrehung, von beiden Seiten photographirt, Mai 1890. Die Blätter 1—4 in einer Gruppe zwischen zwei gestreckten Internodien. Blatt 2 und 3 durch unvollkommene Gabelung eines Blattes entstanden, am Grunde nicht getrennt, in ihrer gemeinschaftlichen Achsel der kurze sehr flache und sehr breite Zweig *o*. Die Zwangsdrehung auf diesen Abschnitt des Stengels beschränkt.

Blüthenbiologische Beiträge II.

Von

E. Loew.

Mit Tafel XII u. XIII.

Im vorliegenden zweiten Theil[1]) der Beiträge gelangen die Blumeneinrichtungen folgender Pflanzen zur Beschreibung:

Solanaceae:

23) Mandragora vernalis Bert. — 24) Scopolia carniolica Jacq. — 25) Physochlaena orientalis G. Don.

Borraginaceae:

26) Lithospermum purpureo-coeruleum L. — 27) Pulmonaria mollis Wolff. — 28) Mertensia virginica DC.

Labiatae:

29) Phlomis tuberosa L.

Caprifoliaceae:

30) Diervilla canadensis W.

Liliaceae:

31) Erythronium dens canis L. — 32) Fritillaria Meleagris L. — 33) Tulipa silvestris L. — 34) Scilla campanulata Ait. —

---

1) S. diese Jahrbücher, Bd. XXII, Heft 4, p. 446. Der hier zum Abdruck gelangende zweite Theil schliesst sich dem früher erschienenen vollkommen an. Die Figuren auf den Tafeln beider Theile sind mit durchgehenden Nummern bezeichnet, desgl. die Namen des obigen Pflanzenverzeichnisses.

35) S. nutans Sm. — 36) Camassia Fraseri Torr. — 37) Trillium erectum L. — 38) T. grandiflorum Salisb.

Amaryllidaceae:

39) Narcissus odorus L. — 40) N. triandrus L. — 41) N. biflorus Curt. — 42) N. poëticus L. — 43) N. polyanthos Lois. — 44) N. Tazetta L. — 45) N. primulinus R. S. — 46) N. Jonquilla L.

Iridaceae:

47) Gladiolus segetum Gawl. — 48) Sisyrinchium anceps Lam.

Solanaceae.

Mandragora L.

(Taf. XII, Fig. 69—70.)

Die im Mittelmeergebiet einheimische M. vernalis Bert. hat nach Hildebrand[1]) proterogyne Blüthen. Dieselben erscheinen im ersten Frühjahr und stehen an aufrechten Blüthenstielen dicht am Erdboden. Aus einem tief fünfspaltigen Kelch mit dreieckigen Zipfeln erhebt sich eine annähernd glockenförmige Blumenkrone (23—26 mm lang), deren eilanzettliche Abschnitte von drei Hauptadern durchzogen werden. Die Farbe derselben ist aussen gelbgrünlich, innen trübbläulich. Auf der Aussenseite der Corolle erkennt man schon mit blossem Auge zerstreut stehende, dicke und kurze Zotten, die sich bei mikroskopischer Untersuchung als Köpfchentrichome (s. Fig. 69) mit dünnem, cylindrischem Träger (t) und einem im Umriss keulenförmigen, durch Quer- und Längswände gegliederten Zellköpfchen (z) an der Spitze erweisen. Diese Trichome ähneln einigermaassen den Köpfchenhaaren, die Weiss[2]) von Nicotiana rustica abbildet und beschreibt; der Inhalt der Köpfchenzellen besteht in zahlreichen braungelben Körnern. Die biologische Aufgabe dieser Trichombildungen ist noch näher zu ermitteln; möglicherweise bieten sie eine Lockspeise für solche von aussen ankriechende Insecten, die von dem Innenraum der Blüthe ferngehalten werden sollen. Die

1) Die Geschlechtervertheilung bei den Pflanzen, p. 18.

2) Die Pflanzenhaare in: Karsten's bot. Untersuchungen, Taf. 26, Fig. 197 und p. 595—97.

der Blumenkrone eingefügten 9—11 mm langen Staubgefässe sind über ihrer Ursprungsstelle je mit einem dichten Haarbüschel (Fig. 70 bei hb) versehen, das den Zugang zum Blüthengrund erschwert. In letzterem sondert ein fleischiger Ringwulst (Fig. 70 bei n) an der Basis des Ovars den Honig ab. Der Griffel überragt an der geöffneten Blüthe mit seiner kugligen Narbe die Antheren um einige mm; letztere sind bei Beginn des Blühens noch geschlossen, die Narbenpapillen aber bereits entwickelt. Die Proterogynie war jedoch an den von mir untersuchten wenigen Blüthen nur schwach entwickelt. Dieselben wurden im bot. Garten mehrfach von der Honigbiene besucht, jedoch habe ich nur das vom Rande der Blumenkrone in Angriff genommene Pollensammeln derselben wahrnehmen können und über die Ausbeutung des Honigs keine Notiz gemacht. Die tiefe Lage der letzteren beschränkt die normale Nektargewinnung jedenfalls auf grössere Apiden, doch vermag ich nicht anzugeben, in welchem Grade der Haarbesatz der Staubfäden ein Einkriechen der Besucher in den Blüthengrund verhindert. Fremdbestäubung ist während des ersten Blüthenstadiums bei hinreichendem Insektenbesuch gesichert; im übrigen muss die Pflanze an ihren heimathlichen Standorten näher beobachtet werden, um Aufschluss über ihre Kreuzungsvermittler zu gewinnen. In Italien tritt Mandragora in mehreren nahverwandten Arten (M. vernalis Bert., officinarum Bert. und microcarpa Bert.) auf, von denen die beiden letztgenannten schon im Herbst blühen. M. officinarum hat grössere blassviolette, M. microcarpa kleinere, intensiv violette Blüthen[1]).

Scopolia L.

(Taf. XII, Fig. 71.)

Auch für diese Gattung hat Hildebrand[2]) die Proterogynie der Blüthe zuerst angegeben. Die an einzelnen achselständigen Blüthenstielen hängenden Blumen von S. carniolica Jacq.[3]) bilden ca. 25 mm lange, an der Mündung ca. 15 mm weite Glocken mit fünf schwach entwickelten, breiten Lappen; die Farbe erscheint aussen glänzendbraun mit gelben Adern, innen mattgelb. Im Blüthen-

1) Vergl. Arcangeli, Compendio della Flora Italiana, p. 498.

2) A. o. a. O.

3) Ueber die geographische Verbreitung dieser Pflanze vergl. P. Ascherson in Sitzungsber. d. Gesellsch. naturf. Freunde zu Berlin 1890, p. 59—78.

grunde sondert ein dicker, basaler Ringwulst des Fruchtknotens reichlich Honig ab, zu dessen Schutze die Filamente an der Basis mit Haaren versehen sind. Die Antheren werden vom Griffel überragt, dessen kuglige Narbe durch mehrzellige Papillen (Fig. 71) ausgezeichnet ist. Da bei der hängenden Stellung der Blüthe die bei Beginn der Anthese bereits empfängnissfähige Narbe am weitesten nach unten vorragt, so muss Fremdbestäubung durch jedes, mit Pollen älterer Blüthen behaftetes, in den Blütheneingang eindringendes und die Narbe streifendes Insekt von hinreichender Körpergrösse bewirkt werden; kleinleibige Insekten können dagegen in die Glocken einkriechen, ohne die Narbe zu berühren. Auch erscheint die Sicherung der Fremdbestäubung in so fern nicht ganz vollkommen, als die Bestreuung des Besuchers mit Pollen bei der Weite des Blumeneingangs nicht nothwendiger Weise an derjenigen Körperstelle erfolgt, mit welcher später die Narbe gestreift wird. Die Blütheneinrichtung ähnelt am meisten der von Atropa Belladonna L., die Müller[1]) beschrieben hat.

Die Blüthen von S. carniolica wurden im bot. Garten mehrfach von einer braun behaarten, 11—12 mm grossen Erdbiene (Andrena fulva Schr. ♀) besucht, die gänzlich in die Blüthenglocken hineinkroch, und nach der Dauer ihres Verweilens in derselben zu urtheilen, auch mit Erfolg den Honig ausbeutete. Ob hier Farbenliebhaberei dieser Apide für die ähnlich gefärbten Blumen der Scopolia vorliegt, mag dahingestellt sein.

Physochlaena G. Don.

(Tafel XII, Fig. 72—73.)

Die Blüthen dieser Gattung unterscheiden sich von den zygomorphgestalteten des nächstverwandten Hyoscyamus vorzugsweise durch ihre regelmässige Form und nehmen an den wenigblüthigen Inflorescenzen während der Anthese meist eine schräg aufwärts oder horizontal gerichtete Stellung ein. Die trübviolette, adernetzige Blumenkrone von P. orientalis G. Don. bildet eine ca. 18—20 mm lange, allmählich sich erweiternde Röhre mit fünflappigem Rande, deren Durchmesser im unteren Theile ca. 4 mm beträgt und sich auf

---

1) Vergl. Weitere Beobachtungen etc. Verhandl. des naturh. Ver. d. preuss. Rheinl. u. Westfal., 39. Jahrg., p. 24—26.

ca. 12 mm erweitert. Die der Röhre inserirten fünf Staubgefässe ragen mit den Antheren aus dem Blüthenschlunde hervor und werden ihrerseits von dem gekrümmten Griffel um etwa 6 mm überragt. Letzterer ist derart von unten nach oben aufgebogen, dass der dicke, oberseits stumpf zweilappige Narbenkopf (Fig. 72) von einem anfliegenden Besucher gerade gestreift werden muss. Die an der Oberfläche des Narbenkopfes dicht gehäuften Papillen (Fig. 73) sind bereits zu einer Zeit entwickelt, in welcher die Antheren noch geschlossen sind; das Ausstäuben letzterer erfolgt auffallend ungleichzeitig. Der Honig wird wie bei der vorausgehenden Gattung durch einen Ringwulst an der Basis des Fruchtknotens abgesondert und sowohl durch eine innere Haarauskleidung der Blumenkrone als durch Haare an den Filamentbasen geschützt.

Zu erwähnen ist, dass im bot. Garten eine Varietät der Pflanze cultivirt wird, die sich durch etwas weitere und grössere Blumenröhren, sowie einen kürzeren, die Höhe der Antheren kaum erreichenden Griffel von der Hauptform unterscheidet. Auch für den nahverwandten Hyoscyamus physaloides L. giebt Ledebour[1]) Blüthenformen mit grösserer und kleinerer Krone, sowie mit eingeschlossenen oder hervorragenden Griffeln an, so dass der Anfang dimorpher Blüthenausbildung in der Gattung gemacht erscheint.

Die Blüthen der P. orientalis sah ich nur von der Honigbiene und einer kleineren Grabbiene (Halictus cylindricus F. ♀) besucht, die sich auf Pollensammeln an den weit hervorragenden Staubbeuteln beschränkten, aber an demnächst aufgesuchten Blüthen in Folge der erwähnten Stellung der Narbe Fremdbestäubung bewirken konnten. Selbstbestäubung erscheint wenigstens bei der langgriffligen Form durch die Lage der Blüthentheile ausgeschlossen. Durch die mit dem Insectenbesuch in enger Beziehung stehende Griffelkrümmung wird die der Anlage nach regelmässige Blüthe von Physochlaena zu einer zygomorphen, — eine Umänderung, die in Hinblick auf die stärker zygomorph ausgebildete Blüthe von Hyoscyamus lehrreich ist; auch bei letzterer schlägt sich der Griffel abwärts, aber ausserdem vergrössert sich ein nach oben gestellter Lappen der Blumenkrone. Da die Griffelkrümmung auch bei anderen sonst regelmässigen Solaneenblumenkronen, — z. B. bei Mandragora und nach

1) Flora rossica III, p. 185.

Müller[1]) auch bei Atropa Belladonna — auftritt, so bildet dieselbe möglicher Weise den Ausgangspunkt der Zygomorphie, die mit dem einseitig erfolgenden Insectenbesuch in Beziehung steht.

Borraginaceae.

Lithospermum L.

(Tafel XII, Fig. 74—75.)

In einer früheren Abhandlung[2]) habe ich die wesentlichen Formen der bisher bei Borragineen bekannten Blütheneinrichtungen zusammengestellt und besonders auf das Verhalten der Hohlschuppen hingewiesen, die zumal bei der Gruppe der Lithospermeen in schwankender Weise auftreten und unter Umständen ganz verkümmern können. Zu den in systematischen Werken[3]) durch eine „faux laevis" unterschiedenen Lithospermumarten gehört auch L. purpureo-coeruleum L., dessen Blumen in Ergänzung meiner früheren Mittheilungen bezüglich ihres Schlundbaues hier beschrieben sein mögen. Die zuerst rothen, dann schön himmelblauen Blüthen dieser Art erreichen eine Länge von 10 mm, sowie einen Saumdurchmesser von ca. 12 mm und sind also fast um die Hälfte grösser als die durch H. Müller[4]) beschriebenen von L. arvense. Der Durchmesser der Blumenröhre beträgt bei letzterer Art nach Müller 1 mm, die Röhrenlänge 4,5 mm, bei L. purpureo-coeruleum ist die Röhre 1,5 mm weit und ca. 8—9 mm lang. Im Umkreis des Schlundeingangs sieht man bei Betrachtung von oben fünf radiäre, in der Mitte der Corollenzipfel liegende, am Schlunde etwas verdickte, weissgefärbte Längsfalten (Fig. 74 bei l), zwischen denen ebenso viele rothgefärbte Vertiefungen (v) sich befinden; auch bei Ansicht der Röhre von aussen (Fig. 75) sind die Längsfalten in der Mitte jedes Corollenzipfels deutlich sichtbar. Dieselben entsprechen offenbar den Hohlschuppen, die bei einer zweiten Art (L. officinale) stärker entwickelt in zweiknotiger Form auftreten. Reste von Haarbekleidung sind auch auf den zu Falten reducirten Hohlschuppen von L. purpureo-

1) A. o. a. O.

2) Ueber die Bestäubungseinrichtungen einiger Borragineen. Ber. d. Deutsch. bot. Gesellsch. IV (1886), p. 152—78.

3) Vergl. z. B. Ledebour, Flor. ross. III, p. 131.

4) Befruchtung der Blumen, p. 270.

coeruleum nachweisbar. Im Uebrigen gleicht die Blütheneinrichtung letzterer der von L. arvense; eine eigenthümliche Haarbekleidung tritt bei ersterer Art im Innern der Blumenröhre auf, indem fünf Längshaarlinien von der Insertionsstelle der Filamente nach abwärts führen. Die Blumen wurden im bot. Garten von Anthophora pilipes F. und Osmia aenea L. besucht, deren Rüssellängen zur Gewinnung des Honigs vollkommen ausreichen.

Pulmonaria L.

(Taf. XII, Fig. 76—78.)

Die dimorphen Blüthen der einheimischen P.-Arten sind durch Hildebrand, Müller und neuerdings durch A. Schulz[1]) eingehend beschrieben worden. Nur die rudimentäre Hohlschuppenbildung fand auch hier keine genauere Beachtung. Bei P. mollis Wolff, einer der P. angustifolia L. sehr nahestehenden Art, deren Corollen an cultivirten Exemplaren eine Länge von 19 mm (Röhrenlänge 9 mm, Weite derselben 3 mm, Länge der glockigen Erweiterung 10 mm) erreichten, sind an der Uebergangsstelle zwischen Röhre und Glocke kleine dreieckige, in der Mediane der Corollenzipfel stehende Vertiefungen (Fig. 76 bei v) sehr deutlich. Ihnen entsprechend finden sich auf der Innenseite der Blumenkrone fünf vor den Zipfeln derselben stehende, einer kurzen ausgebuchteten Querlinie aufgesetzte Haarstreifen (Fig. 77 bei hb); die Zwischenräume zwischen denselben sind am Grunde ebenfalls etwas behaart. Schneidet man aus der Blumenkrone in der Höhe der in Rede stehenden Bildungen einen schmalen Ring (Fig. 78) aus, so sieht man an demselben schon bei Lupenvergrösserung deutlich, dass jeder an der Aussenwand der Corolle vorhandene Eindruck aus zwei dicht nebeneinanderliegenden Vertiefungen besteht, denen innerseits zwei niedrige, kleine, behaarte Höcker (Fig. 78 bei hk) entsprechen; dieselben können ihrer Stellung und Behaarung nach nichts Anderes als die reducirten Hohlschuppen vorstellen. Wie ich schon früher[2]) nachzuweisen versucht habe, ist die Verkümmerung dieser Organe vorzugsweise bei denjenigen Lithospermeen eingetreten, welche längere und weitere

---

1) Beiträge zur Kenntniss der Bestäubungseinrichtungen und Geschlechtsvertheilung bei den Pflanzen II, p. 113—115.

2) A. a. O. p. 171.

Blumenröhren, sowie besondere Sicherungsmittel der Fremdbestäubung (Heterostylie, Proterandrie u. s. w.) besitzen, während sie bei den Arten mit engröhrigen und vorwiegend homogamen Blüthen stärker ausgebildet erscheinen. Da die Art ihres Auftretens bei nahverwandten Arten und Gattungen (Lithospermum, Pulmonaria) wechselt, dürfen wir annehmen, dass sie ein von gemeinsamen Stammformen überkommenes Erbstück sind, welches bei einigen Zweigen der Gruppe in Verfall gerieth. Freilich hat auch die umgekehrte Annahme, dass nämlich die in wenig entwickelter Form auftretenden Hohlschuppen die Anfänge einer Bildung darstellen, die bei anderen Gattungen erst zu vollkommener Differenzirung gelangt sei, manches für sich. Die Frage lässt sich nur durch Feststellung der Verwandtschaftsbeziehungen von monographisch-systematischen Gesichtspunkten aus feststellen.

Mertensia Roth.

(Tafel XII, Fig. 79—81).

Der Vollständigkeit wegen sei auch diese von Kuhn[1]) als dimorph bezeichnete Gattung angeführt. Die hängenden blauen Blumen von M. virginica DC. (Nordamerika) zeichnen sich durch sehr ungleiche Grössenentwickelung aus; die grössten Blüthen, die ich fand, hatten eine Länge von ca. 15 mm, die kleinsten, offenbar verkümmerten, aber vollkommen geöffneten nur eine solche von 5 mm. An den normalen Blüthen (s. Fig. 79) erreicht der tiefgetheilte Kelch eine Länge von 5 mm, die cylindrische Röhre der Blumenkrone ist 9 mm lang und ca. 2 mm weit; die fast glockenförmige, 6 mm lange und an der breitesten Stelle ca. 7 mm im Durchmesser haltende Erweiterung läuft in fünf kurze und breite Zipfel aus, so dass z. B. Asa Gray[2]) den Saum als „broad trumpetmouthed, almost entire“ bezeichnet. Die Staubgefässe sind 8 mm über der Röhrenbasis angeheftet; ihre 4 mm langen Filamente tragen um die Hälfte kürzere Antheren, die nur um etwa 1 mm von dem Corollensaum entfernt sind. Der Griffel überragt (bei der langgriffligen Form) dieselben um ca. 6 mm und trägt am Ende eine schwach ausgebuchtete Narbe, deren Papillenzellen keine Aehnlichkeit

1) Botan. Zeit. 1867, p. 67.

2) Man. of the Botany of the North. Unit. Stat. 5. Edit., p. 364.

mit den bekannten flaschenförmigen, oben in eine mehrzackige Krone tragenden Narbenpapillen von Pulmonaria[1]) zeigen, sondern einfache, wenig vorspringende Höckerform besitzen. Das an der bei Borragineen gewöhnlichen Stelle liegende Nectarium sondert reichlich Honig ab und wird durch einen basalen Haarring vor Ausplünderung geschützt. Da es am Grunde einer 9 mm langen, nur ca. 2 mm weiten Röhre liegt, die sich allerdings nach dem Blütheneingang zu auf ca. 7 mm erweitert, so gehört mindestens ein 9—10 mm langer Insectenrüssel zu normaler Honigausbeutung, wenn wir annehmen, dass der Besitzer desselben seinen Kopf ganz in die glockige Erweiterung einzuführen im Stande ist; ist letzteres nur theilweise der Fall, so muss der Rüssel eine entsprechend grössere Länge haben. Die Blumen der in Rede stehenden Art gehören nach den Beobachtungen von Schneck[2]) und G. von Ingen[3]) zu den von Insecten sehr häufig erbrochenen; erstgenannter Beobachter fand bisweilen drei parallele Schlitze an der Corollenbasis. An den Exemplaren des botanischen Gartens sah ich nur eine unserer langrüsseligsten Bienen (Anthophora pilipes F. mit 19—21 mm langem Saugorgan) den Honig auf normale, kreuzungsbegünstigende Weise gewinnen. Für die Honigbiene und eine Reihe von Hummeln (z. B. Bombus terrestris L.) liegt der Nektar zu tief, um ihn auf vorgeschriebenem Wege gewinnen zu können. Ausserdem beobachtete ich eine kleine Erdbiene (Halictus nitidiusculus K. mit 5 mm langem Körper) beim Einkriechen in den Blüthenschlund, um die Antheren auf Pollen zu plündern, wobei sie leicht Selbstbestäubung bewirken konnte, sobald sie beim Verlassen der Blüthe die Narbe streifte. Wäre der Blüthenschlund durch Hohlschuppen geschützt, würde diese Plünderung verhindert sein. In der That haben andere Mertensia-Arten (z. B. M. maritima Don. und paniculata Don.) nach Angabe der Floristen wie A. Gray drüsige Falten oder Anhänge am Schlunde. Von Bedeutung erscheint es, dass die Blüthen von Mertensia virginica — in Uebereinstimmung mit der von mir[4])

1) Vergl. Hildebrand, Bot. Zeit. 1865, p. 14.

2) How humble-bees extract nectar from Mertensia virginica DC. in Botanic. Gazette XII (1887), p. 111. — Citirt nach dem botan. Jahresbericht.

3) Bees mutilating flowers in Botanic. Gazette XII (1887), p. 229. — Citirt nach dem botan. Jahresbericht.

4) Ueber die Bestäubungseinrichtungen einiger Borragineen, a. a. O. p. 165.

früher beschriebenen, ebenfalls nacktschlundigen Arnebia echioides DC. — in noch nicht völlig aufgeblühtem Zustande fünf nabelartige Einstülpungen (Fig. 79 bei e) aufweisen, die zwischen den Corollenzipfeln im Schlundeingang liegen. Dieselben treten nicht an allen Blüthen deutlich auf; in andern Fällen (Fig. 80) erscheinen die Vertiefungen mehr faltenartig in die Länge gezogen und kommen auch in der Mediane der Corollenzipfel vor. Nun stehen die normal ausgebildeten Hohlschuppen der Borragineen stets vor den Blumenkronenabschnitten und nicht zwischen denselben wie die Nabelfalten von Arnebia und Mertensia. Allein überlegt man, dass der die Hohlschuppenbildung herbeiführende Wachsthumsmodus der Corollenwand in einer local gehemmten resp. stärker geförderten Zellbildung zu beiden Seiten der Blumenblattmediane seinen Ausgangspunkt hat, so erscheint es wohl möglich, dass bei Reduction dieses Vorgangs die betreffenden Wachsthumszonen zweier benachbarten Blumenblattzipfel zu einer einzigen, zwischen diese fallenden Partie verschmelzen, die sich äusserlich als Nabelfalte zu erkennen giebt. Auch das variirende Auftreten dieser Schlundfalten und ihr schliessliches Verschwinden an der völlig entwickelten Blüthe sprechen für eine rudimentäre Bildung. Unterstützt wird diese Deutung dadurch, dass die Nabelfalten der nächstverwandten Arnebia echioides durch eine besondere, von der gelben Farbe der Corolle abweichende Purpurfärbung ausgezeichnet sind und dadurch an die auch bei vielen anderen Borragineen abweichend gefärbten Hohlschuppen erinnern. Andererseits kann die ungleiche Stellung letzterer und der Nabelfalten als Einwurf gegen die Auffassung letzterer als rudimentärer Hohlschuppenbildung nicht geleugnet werden.

Labiatae.

Phlomis L.

(Taf. XII, Fig. 82—86.)

Ueber eine mit merkwürdiger Blütheneinrichtung versehene, orientalische Art dieser Gattung (P. Russeliana Lag.) habe ich[1]) früher Mittheilung gemacht. Später hat Pammel[2]) den Blüthenbau

1) Beiträge zur Kenntniss der Bestäubungseinrichtungen einiger Labiaten. Ber. d. Deutsch. bot. Gesellsch., Bd. 4, p. 113—119.

2) On the Pollination of Phlomis tuberosa L. and the Perforation of Flowers. Transact. of the St. Louis Academ. of Scienc., Vol. 5, N. 1, p. 241—77.

der in Südosteuropa einheimischen, in Nordamerika nach A. Gray eingeschleppten P. tuberosa L. mit der von P. Russeliana verglichen und hat auch bei ersterer ein ähnliches, den Blüthenverschluss herstellendes Charniergelenk zwischen Ober- und Unterlippe nachgewiesen, wie es in stärker ausgeprägtem Grade bei der orientalischen Species vorkommt. Da ich die Arbeit Pammel's nur aus einem Referat im Botan. Centralblatt[1]) kenne und meine Beobachtungen über P. tuberosa längere Zeit vor dem Erscheinen der genannten Abhandlung angestellt wurden, so darf ich meine Ergebnisse zur Vergleichung mit denen Pammel's wohl hier nachträglich mittheilen.

Die Tracht der Inflorescenzen von P. tuberosa ist im Allgemeinen die nämliche wie bei P. Russeliana; nur sind die Scheinquirlköpfe kleiner und die Zusammenfügung der Einzelblüthen im Köpfchen bei jener Art weniger fest als bei dieser. Der viel schwächer gebaute Kelch (Fig. 82 bei k) trägt fünf stachelspitzige, behaarte Zähne und fünf in die Zähne auslaufende Mittelrippen. Die weissgefärbte Corollenröhre wird grösstentheils vom Kelch umschlossen und erscheint um die Hälfte kürzer als bei der orientalischen Art, nämlich nur 9—11 mm lang (bei P. Russeliana 20—22 mm); unten ist die Röhre ca. 2 mm weit, erweitert sich dann ein Stück weiter aufwärts zu einer vorderseits stärker entwickelten Aussackung (Fig. 83 bei sa) — eine Stelle, an der innerseits ein dichter Haarring liegt — und geht mit allmählicher Erweiterung in das Verbindungsstück zwischen Ober- und Unterlippe über. Die letzteren beiden Theile sind etwa 8 mm lang und hellrosa gefärbt, auf den Lappen der Unterlippe verlaufen als Saftmal dunkelrothe mediane Linien. Das zum Aufklappen der Oberlippe dienende Charniergelenk ist wie bei P. Russeliana mit bauchiger Gelenkschwiele (Fig. 83 bei gl) und zugespitzter Falte (fa) versehen, jedoch sind auch diese Theile bei letzterer Art aus mechanisch festerem Gewebe gebaut und zu grösseren Dimensionen entwickelt. Klappt man an einer sich eben öffnenden Blüthe (Fig. 84) die Oberlippe zurück, so kehrt sie durch den Mechanismus des Charniers von selbst in ihre Anfangslage zurück; später bleibt die Beweglichkeit zwar auch erhalten, ist aber weniger ausgiebig. Sehr verschieden von P. Russeliana[2])

1) Bot. Centralbl. Bd. 37 (1889), p. 355.

2) Bei einer im botanischen Garten zu Wien unter dem Namen P. Cashmeriana cultivirten Phlomis-Art fand ich während eines kurzen Besuches daselbst im Jahre 1886,

zeigt sich der Oberlippenrand bei P. tuberosa entwickelt; derselbe ist nämlich hier in eine Reihe schmaler, dreieckiger, besonders nach aufwärts stark entwickelter Lappenzähne (Fig. 82 bei z) aufgelöst, die ausserordentlich dicht mit weissen, langen Haaren bewimpert sind. Die Function dieser Zähnelung und Bewimperung wird durch Vergleich mit der analogen Blüthenpartie von P. Russeliana deutlich, bei welcher die Oberlippenränder glatt, aber zum Schutze der darunterliegenden Geschlechtstheile nach unten so umgeschlagen sind, dass nur die narbentragende Griffelspitze hervorragt. Dasselbe wird bei P. tuberosa durch den dichten Haar- und Zahnbesatz der Lippenränder erreicht, der zumal während des ersten Blüthenstadiums die Antheren von unten her sehr wirksam schützt; nur die Griffelspitze mit stärker entwickeltem, unterem Narbenast (Fig. 84 bei na) ragt wie bei P. Russeliana aus dem Haarbesatz hervor und bietet sich einem oberseits mit Pollen bestreuten Besucher als Abstreifstelle dar. An älteren Blüthen rücken die Oberlippenränder weiter auseinander, so dass die Antheren zwischen den Haaren hindurch ihren Pollen auf dem Rücken der. Besucher absetzen können. Die Oberlippe liegt übrigens bei P. tuberosa weniger der Unterlippe auf als bei P. Russeliana und hat zu derselben während des Aufblühens die in Fig. 84 bei ob, während der Vollblüthe die in Fig. 82 gezeichnete Stellung. Das Auseinanderzwängen der Lippen macht demnach für ein eindringendes Insect von passender Leibesgrösse bei Weitem nicht eine gleiche Kraftleistung nothwendig, wie sie zur Oeffnung der Blumen von P. Russeliana erfordert wird. Der Honigzugang ist bei P. tuberosa auch insofern erleichtert, als das Nectarium am Grunde einer nur 10—11 mm langen Röhre liegt.

Beachtung verdient bei der südosteuropäischen Art auch die Ausbildung der freien, unteren Filamentendigungen, deren Funktion von mir bei P. Russeliana in einer Art Sperrhakenvorrichtung zum Festhalten der Staubgefässe gesucht worden ist. Die oberen längeren Filamente (Fig. 85 bei f) sind auch bei P. tuberosa ungefähr an gleicher Stelle wie bei P. Russeliana an der Hinterwand der Corollenröhre (bl) inserirt und auf eine Länge von ca. 5 mm mit derselben

---

dass dieselbe in der Bildung der Oberlippenränder eine Annäherung an P. Russeliana zeigt; dieselben sind nämlich bei genannter Art ebenfalls, wenn auch in schwächerem Grade, nach unten umgeschlagen.

verwachsen; die basalen, freien Fortsätze (Fig. 86 bei sp) sind ca. 4 mm lang, gekrümmt und dicht auf einen an der Vorderseite der Corollenröhre befindlichen, innerseits vorspringenden, mit einer Haarleiste versehenen Kiel (Fig. 86 bei ki) aufgelegt. Oeffnet man durch einen Längsschnitt die Vorderwand der Blumenröhre, so rollen sich die Filamentfortsätze stärker ein (Fig. 85 bei sp) und werden also mit einer gewissen Spannung in ihrer natürlichen Lage festgehalten. Sie bilden augenscheinlich Sperrfedern, die dazu geeignet erscheinen, die bei P. tuberosa weniger stabile Wand der Röhre in ihrer Querschnittsform zu erhalten und verhindern das Einknicken der Wandung, das bei der aufgerichteten Lage der Blüthe durch Belastung der Unterlippe mit einem zu schweren Körper eines Besuchers eintreten könnte, soweit dies nicht der den grösseren Theil der Corollenröhre umschliessende Kelch verhindert. Bei P. Russeliana ist die Wanddicke der Blumenröhre stärker als bei der zarter gebauten Blüthe von P. tuberosa, so dass dort die Aussteifungsvorrichtung nicht zu gleicher Höhe der Ausbildung gelangt ist. Die Sperrfedern von P. tuberosa, die ca. 1,5 mm über dem basalen Haarring der Corollenröhre angebracht sind, unterstützen ferner den letzteren in seiner Funktion als Saftdecke, indem durch ihre Einklemmung zwischen die beiden gegenüberstehenden Röhrenwände zwei seitliche grössere Löcher und ein mittlerer, zugleich den Griffel (Fig. 86 bei gr.) einschliessender Spalt gebildet werden; sie halten jedes in die Röhre etwa einkriechendes Insect von entsprechender Körpergrösse mitten auf dem Wege zum Honig auf. Nur ein entsprechend dünner und langer Insectenrüssel vermag durch die seitlichen Saftlöcher Zugang zum Honig zu finden. Bei Einführung desselben wird naturgemäss häufig einer der Sperrhaken getroffen und in Bewegung versetzt werden. Ahmt man dieses Anstossen durch eine in den Blumeneingang bis auf die Sperrhaken eingeführte dünne Nadel nach, so zeigt sich, dass in Folge dessen das entsprechende Filament nebst dessen Anthere eine allerdings nicht bedeutende Abwärtsbewegung ausführt. Bei der wie bei P. Russeliana erfolgenden Oeffnungsweise der Antheren genügt die Bewegung jedoch, um dem Besucher eine gewisse Pollenmenge auf den Rücken zu pressen, so dass der geschilderte Mechanismus Honigausbeutung und Pollenausstreuung in Zusammenhang bringt. Die Funktion der Filamentfortsätze erscheint demnach vielseitiger, als ich früher bei

P. Russeliana angenommen hatte und ist eine dreifache, nämlich Aussteifungsvorrichtung, Saftdecke und Hebelwerk zum Zweck der Pollenausstreuung. — Ueber die unteren, kürzeren, der Seitenwand der Corollenröhre angewachsenen Filamente ist nachzutragen, dass dieselben höher inserirt sind, als die oberen und etwa 5 mm über dem inneren Haarringe enden; die freien, als Sperrfedern dienenden Fortsätze der oberen Filamente fehlen ihnen vollständig.

Wie aus dieser Beschreibung hervorgeht, stellt die Blumeneinrichtung von P. tuberosa zwar ein abgeändertes, aber doch in den Hauptzügen übereinstimmendes Seitenstück zu der von mir früher bei P. Russeliana aufgefundenen Construction dar. Die Charniervorrichtung, die Bergung der Geschlechtstheile mit Ausnahme der narbentragenden Griffelspitze innerhalb der helmartig gewölbten, von unten her — bei P. tuberosa wenigstens Anfangs durch den Zahn- und Haarbesatz der Oberlippenränder — geschlossenen Oberlippe, die Einfügung des unteren Theil der Blumenröhre in den soliden, mit Stachelzähnen versehenen, innerhalb der Quirlköpfchen von seinen Nachbargliedern dicht umschlossenen Kelch — das alles sind höchst bezeichnende, bei P. tuberosa allerdings in schwächerem Grade hervortretende Merkmale. Nur die Sperrfedern erscheinen bei letzter Art entsprechend dem schwächeren Bau ihrer Blumenwandung höher differenzirt, da bei P. Russeliana der die Sperrfedern aufnehmende Kiel der Gegenwandung zu fallen scheint; jedoch kann ich ihn möglicher Weise dort auch übersehen haben.

Da zur Ausbeutung der Blüthe von P. tuberosa schon eine geringere Rüssellänge genügt und der Zutritt zu ihr nicht erst durch ein vorheriges Aufklappen der Oberlippe erzwungen werden muss, wie bei P. Russeliana, so ist auch der Insectenbesuch bei jener Art ein reichlicherer. Ich fand als häufige und stetige Besucher zwei Hummelarten (Bombus agrorum F. ☿ mit 12—13 mm langem Rüssel und B. hortorum L. ☿ mit 14—16 mm messenden Saugorgan), sowie das an wollig behaarten Labiaten gern fliegende Anthidium manicatum L. (Rüssellänge 9—10 mm); auch mehrere andere Phlomis-Arten des Gartens wurden von den genannten Apiden eifrig und stetig besucht. Pammel beobachtete an den amerikanischen Exemplaren ebenfalls drei Hummelarten mit 11—16 mm langen Rüssel. Phlomis tuberosa gehört somit trotz ihres fremden Ursprungs sowohl in Amerika als in Norddeutschland im Gegensatz zu P. Russeliana[1]) zu denjenigen Blumenformen, an denen die nordamerikanischen resp. norddeutschen Insecten in normaler Weise Fremdbestäubung zu vermitteln vermögen.

Die von Pammel für P. tuberosa angegebene Proterandrie bedarf einer nochmaligen Prüfung, da ich an halbgeschlossenen Blüthen im Zustande der Fig. 84 die Griffelspitze bereits vorragend und mit entwickelten Narbenpapillen besetzt fand, während gleichzeitig die Antheren geöffnet waren. Das Vorragen der Griffelspitze in diesem Anfangsstadium würde zwecklos sein, wenn dasselbe ein rein männliches wäre.

Caprifoliaceae.

Diervilla Tourn.

(Tafel XII, Fig. 87—93.)

Für diese Gattung liegt die blüthenbiologische Beschreibung zweier Arten, nämlich von D. canadensis W. durch Francke[2]), sowie von D. japonica Thunb. (= Weigelia rosea Lindl.) durch Stadler[3]), und von der Form amabilis ebenfalls durch Francke[4]) vor; ausserdem hat Behrens[5]) den Nectarienbau von D. floribunda S. et Z. eingehend beschrieben. Ich gebe eine nochmalige Beschreibung von D. canadensis W., weil Francke einige sehr charakteristische Momente der Blütheneinrichtung unerwähnt liess. Die trugdoldigen Inflorescenzen bestehen aus drei Blüthen, von denen die mittlere sitzend, die seitlichen kurzgestielt sind. Der Färbung nach gehören dieselben, wie auch die der japanischen Weigelia-Arten, die von Ribes aureum u. a., zu den während des Verblühens farbenwechselnden; sie sind nämlich Anfangs grünlich hellgelb mit dunkler gelbem Saftmal, nehmen aber später an den Corollenzipfeln ein auffallendes Roth an. Der mit dem unterständigen Ovar (Fig. 87 bei o) verwachsene Kelch läuft in fünf schmale, etwa 5 mm lange Abschnitte aus; die unten röhrige, nach oben erweiterte Blumenkrone hat eine deutlich zygomorphe Gestalt, indem sie in zwei obere und

1) Vergl. meine oben citirte Abhandl., p. 117.

2) Einige Beiträge zur Kenntniss der Bestäubungseinr. etc., p. 19—20.

3) Beiträge zur Kenntniss der Nectarien und Biologie der Blüthen, Berlin (1886), p. 61—67.

4) A. a. O., p. 18—19.

5) Die Nectarien der Blüthen, Flora 1879, p. 113—17.

drei untere Zipfel gespalten ist, von denen der mittlere durch Grösse, Behaarung und lebhaftere Färbung sich als lippenartiger Anflugplatz der Besucher zu erkennen giebt. Der Röhrentheil hat eine Länge von 8 mm und erweitert sich von 2 mm im unteren Theil bis auf 4 mm an der Abgangsstelle der Saumabschnitte, die ca. 6 mm lang und Anfangs aufgerichtet (Fig. 87), später zurückgebogen sind (Fig. 88). Ausserdem lässt die Röhrenbasis auf der Seite der Lippe von aussen eine höckerförmige Anschwellung (sa), den Sitz des Nectariums andeutend, erkennen. Die der Lippe aufsitzenden Haare sind so gestellt (Fig. 90), dass eine deutliche Mittellinie behufs bequemer Rüsseleinführung von ihnen freibleibt. Während des Aufblühens und aufrechter Lage der Corollenabschnitte ragt bereits der Griffel mit der auffallend grossen (Durchmesser 1,5 mm), grünen und klebrigen Narbenscheibe über den Corollensaum empor (Fig. 87), während die Stamina mit geschlossenen Antheren gerade in dem Blütheneingang sichtbar sind; die Narbenpapillen sind schon in der geschlossenen Knospe vollkommen entwickelt (Fig. 93) und zeichnen sich durch Grösse und breitkeulenförmige Gestalt mit verschmälerter Basis aus. Die von Francke und Stadler bereits angegebene Proterogynie ist somit sehr evident. In späteren Blüthenstadien schlagen sich die Corollenzipfel zurück, die Staubgefässe treten frei hervor und überragen nun mit ihren introrsen Beuteln den Blumeneingang um ca. 8 mm, werden aber ihrerseits von dem schwach S-förmig gekrümmten Griffel um etwa 3 mm überragt. Im Innern der Blumenkrone sind die der Röhrenwand inserirten fünf Filamente, sowie auch der Griffel mit langen Sperrhaaren ausgestattet, auf deren Funktion bereits Stadler[1]) bei D. rosea hinweist. Der Weg von der Abgangsstelle der Corollenzipfel bis zum Nectarium beträgt 6—7 mm.

Letzteres stellt eine der sonderbarsten Bildungen dar, die von ähnlichen Honigdrüsen vorkommen. Während nämlich sonst die Oberfläche der Blüthennektarien meist glatt und unbehaart erscheint, ist dieselbe hier dicht mit langen, keulenförmigen Papillen besetzt (Fig. 91 bei p); die Gesammtdrüse bildet einen ca. 1 mm breiten und 0,8 mm hohen Höcker, der im Längsschnitt (Fig. 91) dreilappig erscheint, während sie bei D. floribunda und D. rosea nach Behrens und Stadler die Gestalt eines vierseitigen Säulchens mit

1) A. a. O., p. 62.

abgerundeten Kanten besitzt. Die nach Behrens mit Metaplasma und „Amyloidbläschen“ erfüllten Papillen (Fig. 92) sondern vermittels Diffusion durch die nicht anticularisirte Wandung[1]) den Nectar ab, während Stadler[2]) die Papillen cuticularisirt fand und eine Ansammlung des Secrets „unter der abgelösten und blasig aufgetriebenen Cuticula“ angiebt. Die Ausscheidung des Nectars ist eine sehr reichliche, so dass die vorhin erwähnte basale Aussackung der Blumenröhre wenigstens theilweise damit erfüllt ist; es erledigt sich hierdurch das Bedenken, auf welche Weise die Bienen mit ihrem behaarten Saugorgan ohne Beschwerde den Honig von den Nectarpapillen aufzunehmen im Stande sein sollten. Immerhin bleibt die Behaarung des Nectariums merkwürdig genug und wird nur durch analoge Fälle bei anderweitigen ähnlichen Secretionsorganen, z. B. in Knospen, verständlich. Morphologisch scheint die Honigdrüse von Diervilla einen einseitig an der Vorderfläche der Blüthe entwickelten Rest eines Discus epigynus[3]) vorzustellen. Nach Uebergangsbildungen bei verwandten Gattungen ist weiter zu suchen.

Die Art, wie die blumenbesuchenden Insecten (Apis, sowie Bombus-Arten?) die Fremdbestäubung der Blüthe bewirken, ist aus der Construction letzterer leicht zu erschliessen. An der durch das Saftmal kenntlich gemachten Lippe anfliegend und dabei die weitvorragende, grosse Narbe unfehlbar berührend, müssen sie den Rüssel längs der unbehaarten bis zum Nectarium führenden Mittellinie einführen und werden dabei, falls die besuchte Blüthe bereits im männlichen Stadium sich befindet, an den zunächst gelegenen, nach innen stäubenden Antheren Pollen zur Uebertragung auf die Narbe jüngerer, weiblicher Blüthen abstreifen. Selbstbestäubung erscheint, wie Francke hervorhebt, wegen der Stellung der Narbe zu den Antheren unmöglich.

---

1) Vergl. Behrens a. a. O., p. 104.
2) A. a. O., p. 66.
3) Vergl. Eichler, Blüthendiagramme I, p. 267.

Liliaceae.

Erythronium L.

(Tafel XIII, Fig. 94—95.)

Der Blüthenbau von E. dens canis L. (Südosteuropa, Mittelmeergebiet) wurde zuerst von S. Calloni[1]) näher untersucht, der besonders dem anatomischen Bau des eigenartigen Nectariums seine Aufmerksamkeit zuwendete; er beschreibt dasselbe wie folgt. „Von dem Blütheneingang aus gesehen erheben sich die Nectarien als kleine höckerförmige Anschwellungen von leuchtendem Weiss, das sich gegen die Purpurfarbe der Blumenkrone und das Blassgrün der Staubfäden lebhaft abhebt; jedes Nectarium misst in der Länge 5—8, in der Breite 6—9 mm. Das Blumenblatt verbreitert sich von der Basis aufwärts zunächst seitlich, zieht sich darauf von Neuem zusammen, wird dann weiter aufwärts wieder breiter, indem es eine glockenartige, gekrümmte Linie beschreibt, um sich in einem rechten Winkel umzubiegen; von da ab behält es seine gewöhnliche Gestalt bei. Auf diesem ungefähr trapezförmigen Raume der Blumenblattbasis entsteht das nectarabsondernde Gewebe. Dasselbe ist am Perigongrunde nicht oder nur schwach ausgebildet und erreicht die stärkste Entwickelung gegen den oberen Theil der trapezförmigen Stelle hin. Auf derselben fällt es mit der Innenseite des Perigonblattes zusammen, entfernt sich aber in seinem oberen Theil von derselben, indem es sich nach der Achse der Blüthe zu vorwölbt und zwischen seiner Aussenfläche und dem Blumenblatt eine thalartige Aushöhlung bildet; in dieser Einsackung sammelt sich der Honig in Form süsser und wohlriechender Tröpfchen. Das Nectarium erhebt sich somit von der Innenseite des Perigonblattes aus nach Art eines Gesimses und wird in seinem freien Theile durch mehr oder weniger tiefe Furchen in 4—6 kleine, höckerartige Vorsprünge getheilt." In anatomischer Beziehung schildert Calloni das Gewebe der nectarabsondernden Blumenblattbasis als kleinzellig; als Zellinhalt giebt er an Stelle von Plasma zuckerähnliche Substanzen an; die Epidermis ist nach ihm an der secernirenden Stelle frei von Spaltöffnungen und entbehrt einer Cuticula; die Honigdrüsen am

---

1) Architettura dei nettari nell' Erythronium Dens Canis. Malpighia 1886, fasc. I, p. 14—19.

Grunde des Blumenblattes von Berberis sollen einen ähnlichen Bau zeigen. Der Nectar sammelt sich nach Calloni in der Einsackung zwischen dem oberen Rand des Nectariums und dem Blumenblatt, oder auch zwischen Blumenblatt und Staubgefäss an und hat einen schwachen Vanillengeruch. Der Austritt des Honigs soll häufig durch Insecten verursacht werden, welche die Oberfläche des Nectariums mit ihren Kinnladen anstechen. Als Bestäuber beobachtete genannter Forscher bei Genf und in Hochsavoyen Bienen und Hummeln, sowie als Honigräuber einen winzigen Käfer (Dasytes alpigradus). Ausser der durch Apiden bei Berührung der Narbe vermittelten Fremdbestäubung nimmt Calloni bei Erythronium auch Uebertragung des Pollens durch den Wind an, da die Staubgefässe lang sind und die Narbenoberfläche breit und klebrig erscheint. Ausser Fremdbestäubung hält er wegen der etwas schrägen Richtung der hängenden Einzelblüthe, sowie wegen der Länge der die Höhe des Gynaeceums erreichenden oder übertreffenden Staubgefässe und der gleichzeitigen Reife von Narbe und Antheren auch Autogamie für wahrscheinlich.

Leider habe ich meine Aufzeichnungen über die Blüthe von Erythronium im Berliner botanischen Garten bereits zu einer Zeit gemacht, in welcher mir der Aufsatz Calloni's unbekannt war, und habe seitdem keine Gelegenheit gehabt, seine Angaben zu prüfen. Ohne Zweifel hat er eine Eigenthümlichkeit der Blüthe unbeachtet gelassen, welche für die Beurtheilung ihrer Bestäubungseinrichtung von Bedeutung ist, nämlich das Vorhandensein sehr enger Saftzugänge, welche die normale Ausbeutung des Honigs auf blumengewandte Besucher einschränken. Wie aus Fig. 94 hervorgeht, besitzen die inneren Perigonblätter ausser der von Calloni beschriebenen Ligularbildung (l), welche den Honig beherbergt und deren Form mit der eines flachen, ausgezackten Kragens verglichen werden kann, noch mittlere Rinnen (r, r), die Calloni zwar auch auf seiner Tafel (Fig. 2 und 2a) abbildet, aber bei der Deutung der Bestäubungseinrichtung unbeachtet lässt. Der Basis der inneren Perigonblätter liegen nun (Fig. 95) die verflachten Filamente (f) der ihnen opponirten Staubgefässe dicht auf, so dass auf diese Weise der Zugang zum Honig am Grunde der Blüthe bedeutend erschwert ist. Bei nicht überreichlicher Honigabsonderung — und eine solche scheint nach Calloni's Angaben auch an südlicheren Standorten der Pflanze nicht einzutreten — muss die Erreichung von Honig auf dem Wege zwischen den Filamenten erfolglos sein; vielmehr ist anzunehmen, dass der Rüssel des Besuchers zwischen Filament und innerem Perigonblatt in eine der Längsrinnen eingeführt werden muss, wenn er den Nectar erreichen soll. Da sich andrerseits die schmallanzettlichen Perigonblätter (an einer weissblühenden Varietät des Berliner Gartens ca. 30—33 mm lang und 7—9 mm breit) etwa in der Höhe des Ovars nach aussen schlagen und der Weg zum Honig dadurch auf ca. 7—9 mm ermässigt wird, so genügt eine entsprechende Rüssellänge zu normaler Honiggewinnung. Möglich erscheint auch ein theilweises Herabfliessen des Honigs in den Längsrinnen der Blumenblätter, so dass auch noch etwas kurzrüssligere Bienen nicht ausgeschlossen zu sein brauchen. Das weite Hervorragen der Antheren und des dreispaltigen Griffels, an welchem die Narbenränder mit Papillen besetzt sind, hat offenbar den Zweck, die anfliegenden Besucher auf dem Wege zum Honig mit Pollen zu bestreuen, der dann bei Besuch einer zweiten Blüthe an den Narbenpapillen derselben abgesetzt werden kann. Den Besuchsakt genauer zu verfolgen, war mir nicht möglich, da ich nur in einem Fall die Honigbiene an den Blüthen vergebliche Saugversuche machen sah. Jedenfalls geht aber aus der Gesammtconstruction der Blüthe hervor, dass von Windbestäubung derselben keine Rede sein kann, sondern dass sie eine ausgezeichnet eutrope, für blumentüchtige Apiden und mittelrüsslige Tagfalter eingerichtete Form darstellt.

Fritillaria L.

(Tafel XIII, Fig. 96.)

In Bezug auf F. imperialis L., deren ausserordentlich honigreiche, grosse, runde, an der Perigonblattbasis angebrachte Nectarien allgemein bekannt sind, erwähnt H. Müller[1]) nur eine Mittheilung von Borgstette, nach welcher derselbe die Honigbiene in der Weise die Blüthe besuchen sah, dass sie auf der Narbe anflog, von da über die dem Pistill anliegenden Antheren und Staubfäden bis zum Grunde der Blüthe kroch und letztere nach dem Saugen freischwebend wieder verliess.

---

1) Weitere Beobachtungen über Befruchtung der Blumen etc., 35. Jahrg. (1878), p. 275.

Bei genannter Fritillaria-Art scheint Neigung zur Diklinie vorhanden zu sein, da V. v. Borbás[1]) Blüthen mit stark reducirtem Pistill und ausserdem kurzgrifflige Exemplare beobachtete. Auch für Fr. atropurpurea Nutt. gab Meehan[2]) das Vorkommen männlicher Blüthen an.

Für die Blüthenstiele der Fritillaria-Arten erwähnt Urban[3]) eigenthümliche Richtungsänderungen, durch welche die während der Anthese herabhängenden Blüthen nach derselben mit dem befruchteten Ovarium aufwärts gerichtet werden; hieraus schliesst der genannte Forscher auf einen besonderen biologischen Zweck, da die Stiele unbefruchtet gebliebener Ovarien ihre Richtung nicht oder kaum ändern.

Meine nur beiläufig angestellten Beobachtungen bezogen sich zunächst auf die Blütheneinrichtung von Fritillaria Meleagris L. Die hängenden Blumenglocken derselben erreichen eine Länge von ca. 37 mm und eine grösste Weite von ca. 20 mm. Auf weissröthlichem Untergrunde stehen reihenweise angeordnete, dunkel- und hellpurpurne Würfelflecken, welche der Blume ein sehr zierliches, geschecktes Aussehen geben; auch Variation der Blumenfarbe in Weiss kommt vor. Die eiförmig-lanzettlichen Perigonblätter (Breite ca. 12 mm) zeigen etwa 8 mm über ihrer Basis eine schwärzliche Buckellinie, welcher auf der Innenseite das Nectarium entspricht. Letzteres hat eine Länge von ca. 11 mm und beginnt in seinem basalen Theil als enge Aussackung, die sich nach der Spitze des Perigonblattes zu einer Längsfurche verflacht; erstere bildet den Sitz der Nectarausscheidung, letztere den Zugang zu derselben. Die Antheren stehen mit ihren oberen Enden ca. 10 mm vom Blütheneingang ab; ungefähr in gleicher Höhe endet der dreispaltige Griffel. Die Narbenpapillen sind auffallend gross, cylindrisch oder schwachkeulig und durch 1—2 Querwände gegliedert (Fig. 96). Da sie schon vor dem Ausstäuben der Antheren vollkommen entwickelt

1) Teratologisches. Oesterr. bot. Zeit., 35. Jahrg. (1885), No. 1, p. 12—14. Nach einem Referat im bot. Jahresb. citirt.

2) Proceed. of the Acad. of Nat. Scienc. of Philad. 1881, P. I, p. 111—12. Nach derselben Quelle citirt.

3) Zur Biologie der einseitswendigen Blüthenstände. Ber. d. Deutsch. bot. Gesellsch., Bd. 3 (1885), p. 407.

sind, so liegt, wie bei einigen verwandten Liliaceen[1]), Proterogynie vor.

Ueber den Insectenbesuch der Fritillaria-Arten habe ich folgende Beobachtungen gemacht. Bei Fr. imperialis L. sah ich ausser der von Müller bereits angegebenen Honigbiene auch mehrfach langrüsslige Apiden (Anthophora pilipes F. ♀ und Bombus hortorum L. ♀) an den Sexualtheilen der Blüthe anfliegen, an diesen emporklettern und den Rüssel bis zum Nectarium vorschieben. In die Glocken (von 39 mm Länge) von Fr. lutea M. B., die auf gelbem Grunde dunkelpurpurn gefleckt sind und ein schmalrhombisches, beiderseits zugespitztes Nectarium haben, sah ich Bombus terrestris L. ♀ einkriechen und dicht mit Pollen bestreut wieder zum Vorschein kommen; auch beobachtete ich Andrena fulva Schr. ♀ an Fr. latifolia W. und imperialis L. beim Pollensammeln. Die verhältnissmässig kleinen und durch ihre schwärzlichpurpurne Farbe auffallenden Blüthen von Fr. kamtschatcensis Gawl. wurden im bot. Garten von einer grossleibigen Schmeissfliege (Calliphora erythrocephala Mg.) besucht, welche einige Minuten darin verweilte und dann mit gelb bestäubtem Thorax wieder zum Vorschein kam. Hieraus geht hervor, dass die Fliege an der Innenwand der Blumenglocke in die Höhe geklettert sein muss, da sonst eine Bestreuung ihrer Rückenseite mit Blüthenstaub nicht eintreten konnte; wie aus ihrem auffallend langen Verweilen in der Blüthe zu schliessen ist, hat sie sicherlich auch die Nectarien gefunden und ausgebeutet. Diese Beobachtung ist insofern wichtig, als sie zeigt, dass die Blumeneinrichtung der genannten Fritillaria-Art selbst einem so wenig blumentüchtigen Besucher, wie einer Schmeissfliege, freien Zutritt und Honiggenuss ermöglicht. Auch kann durch einen derartigen Besuch eines Insects von entsprechender Leibesgrösse Fremdbestäubung der Blüthe mit Sicherheit herbeigeführt werden, da dasselbe beim Einkriechen in eine zweite Blüthe mit seiner pollenbedeckten Rückenseite die Narbe streifen muss. Die dunkelpurpurne Färbung dieser und einiger anderer Fritillaria-Arten lässt eine bestimmte Anpassung wahrscheinlich erscheinen. Bekanntlich sind die sog. Wespenblnmen durch ganz

---

1) Von Liliaceen aus dem näheren Verwandtschaftskreise von Fritillaria ist z. B. Lilium auratum Lindl. nach Stadler (Beitr. z. Kenntniss der Nectarien und der Biologie der Blüthen, p 38) proterogyn.

besonders reichlichen und bequem zugänglichen Honig, sowie durch trübe Blumenfarben ausgezeichnet; diese Merkmale passen auf Fr. kamtschatcensis und Meleagris derart, dass man sie ohne Zwang der genannten Blumenkategorie zuzählen darf; an denselben findet, wie ich schon früher[1]) auseinandergesetzt habe, ein ausschliesslicher Besuch von Vespiden durchaus nicht statt, die betreffende Blumenform wird vielmehr von ungleichartigen Insecten verschiedener Ordnungen (Vespiden, Fliegen und Apiden) ausgebeutet, die nur darin übereinstimmen, dass sie einen sehr reichlichen und bequem zugänglichen Honiggenuss lieben. — Zur Deutung der grossen und lebhaft gefärbten Blüthen von Fritillaria imperialis fehlen mir die Anhaltspunkte.

Tulipa L.

(Tafel XIII, Fig. 97.)

Delpino[2]) stellt die Tulpenarten zu dem Papavertypus, der durch ansehnliche, oft zu einer Glocke zusammenschliessende, roth, seltener gelb oder weiss gefärbte, am Grunde bisweilen schwarzgefleckte Blüthenblätter ausgezeichnet sein soll; ein näher bezeichnendes Merkmal des genannten Blüthentypus oder charakteristische Bestäuber derselben giebt er jedoch nicht an, da er auch in diesem Fall, wie bei anderen schöngefärbten und offenen Blumen einen niederen Grad der Anpassung und indifferenten Insectenbesuch voraussetzt. Die reichliche Bildung von Pollen, wie sie für Tulipa und andere, der Blumeneinrichtung nach ähnliche Gattungen (Papaver, Glaucium, Chelidonium, Anemone etc.) charakteristich ist, desgl. das häufige Auftreten sitzender Narben und die Bedeutung der abweichend gefärbten Blumenblattbasis als eines „Pollenmals“, bei diesen nach dem Vorgang Müller's als „Pollenblumen“ zu bezeichnenden Formen scheinen Delpino entgangen zu sein, obgleich er die Merkmale anderer, auf Pollenerzeugung sich beschränkender Blumen, wie die trockene, pulverige Beschaffenheit des Blüthenstaubs, die Vereinigung der Staubgefässe zu einer centralen Pyramide (Cyclamen, Dodecatheon, Solanum) und die Ausstattung der Filamente mit Schüttelhaaren

1) Vergl.: Weitere Beobachtungen über den Blumenbesuch von Insecten. Jahrb. d. k. botan. Gartens zu Berlin IV (1886), p. 100 des Separatabz.

2) Ulter. osservaz., P. II, Fasc. 2, p. 305.

3) Vergl. Alpenblumen etc., p. 479—80.

(Tradescantia, Verbascum) bereits hervorhebt[1]). Gegen die Deutung der Tulpenblüthe als einer Pollenblume spricht eine Angabe von A. Kerner[2]), der zufolge wenigstens bei T. silvestris L. Honigabsonderung stattfinden soll; er sagt darüber: „Jedes Pollenblatt ist zu unterst an der dem Perigonblatt zusehenden Seite ausgehöhlt und diese Aushöhlung ist mit Nectar erfüllt. Diese Nectargrube wird aber durch ein Trichom-Convolut, welches von dem Filamente ausgeht und dicht über der Nectargrube entspringt, vollständig verhüllt, und ein Insect, welches diesen Nectar gewinnen will, muss unter dem Trichom-Convolut sich eindrängen und das ganze Pollenblatt etwas emporheben.“ Auf Taf. III (Fig. 95) seiner Abhandlung bildet genannter Forscher die Basis des Ovariums nebst einem in natürlicher Lage daneben befindlichen Staubblatt mit einem nur auswärts aufsitzendem Haarbüschel und der basalen Nectargrube ab. Die Behaarung an der Basis der Staubfäden kommt innerhalb der Gattung Tulipa bekanntlich nur bei einer Gruppe von Arten (der „Eriostemones“ Boiss.) vor; eine zweite Gruppe mit kahlen Staubfäden enthält Arten (z. B. T. Didieri Jord., T. Gesneriana L.), die sicher keinen freien Honig erzeugen, sondern wie Müller[3]) für die Gattung Tulipa überhaupt annimmt, Pollenblumen haben. Grassmann[4]), der die Nectaraussonderung bei den Liliaceen und verwandten Familien genau untersuchte, erwähnt Tulipa nicht.

Der an Tulipa Gesneriana eintretende Insectenbesuch wurde von W. H. Patton[5]) beschrieben; er fand, dass die Bestäuber (kleine Weibchen von Halictus) in der Regel zuerst auf der Narbe anflogen und später an den Antheren Pollen sammelten, weshalb er annimmt, dass bei Besuch verschiedener Blüthen durch die Bienen in der Regel Fremdbestäubung bewirkt wird. Der von Kerner als Schutzmittel gegen kleine Insecten gedeutete Haarbüschel des Filaments von T. silvestris soll nach Patton den Honig vielmehr gegen Regen schützen. Auch hebt letzterer Beobachter hervor, dass die gelbe Farbe der Narbe den Bienen auffälliger sein müsse, als die schwarze

1) A. a. O. p. 294—98.

2) Die Schutzmittel der Blüthe gegen unberufene Gäste, Wien (1876), p. 44.

3) Alpenblumen etc., p. 55.

4) Die Septaldrüsen, Inaug. Dissert., Berlin 1884.

5) The fertilization of the Tulip. Americ. Entom. 1880, III, p. 145. — Garden. Chron., Vol. XIV, p. 76. — Citirt nach dem botan. Jahresber.

Farbe der tief im Blütheninnern stehenden Antheren, und dass sie durch diesen Umstand zu der für die Pflanze vortheilhaften Art des Anflugs veranlasst würden. Die Blütheneinrichtung vou T. silvestris wurde auch von O. Kirchner[1]) geschildert, der jedoch im Wesentlichen nur die obigen Angaben von Kerner und Patton wiederholte.

Meine eigenen, Ende April 1885 an Tulipa silvestris im botan. Garten angestellten Beobachtungen ergaben folgendes. Die ca. 40 mm langen und 10—12 mm breiten Perigonblätter schliessen nur bei trübem Wetter und vor Beginn der Anthese glockenförmig zusammen; bei hellem Sonnenschein und gleichzeitiger Vollblüthe breiten sie sich derartig aus, dass die Blüthen einen völlig flachen, sechsstrahligen, gelben Stern von etwa 8 cm Durchmesser bilden[2]). Den höchsten Punkt in der Mitte desselben stellt die dreilappige, sitzende Narbe dar, da auch die Staubgefässe der Bewegung der Perigonblätter folgen und sich mit ihren Filamenten von dem Ovarium abbiegen. Die Narbe des letzteren secernirt so reichlich Flüssigkeit, dass man dieselbe mit blossem Auge in Form kleiner Tröpfchen auf der Oberseite — allerdings nur bei anhaltendem Sonnenschein — wahrnehmen kann. Wie ein Längsschnitt durch den Grund des Ovariums und die Insertionsstelle eines Filaments (Fig. 97) lehrt, ist letzteres über der Basis (bei f) etwas verdickt und schnürt sich dann weiter unten (bei b) derartig ein, dass es an dieser Stelle kaum halb so breit erscheint, als in dem darüberliegenden Theil; ausserdem — und das ist besonders für die Deutung der betreffenden Partie wichtig — ist die Basis des Staubfadens sowohl über der äusseren, ausgehöhlten Seite als an der inneren, dem Ovarium zugekehrten Anschwellung mit einem Haarbüschel versehen (Fig. 97 bei a und i). Frei in Tropfenform abgesonderten Honig konnte ich weder in der von Kerner angegebenen Aushöhlung noch zwischen Filament und Fruchtknotenbasis wahrnehmen.

Von besonderer Bedeutung erscheint in diesem Fall das Benehmen der die Blüthe besuchenden Insecten. Bei warmem Sonnenschein wurden am 30. April 1885 die vollkommen geöffneten Blüthen

---

1) Flora von Stuttgart und Umgebung, p. 56.

2) Oeffnungs- und Schliessbewegungen fand Hansgirg (Ueber die Verbreitung der reizbaren Staubfäden, sowie der sich periodisch oder bloss einmal öffnenden und schliessenden Blüthen. Bot. Centralbl., 11. Jahrg. 1890, p. 416) bei allen von ihm untersuchten Tulipa-Arten.

ziemlich reichlich sowohl von Bienen (Andrena fulva Schr., A. extricata Sm., kleinen Halictus-Arten) als Fliegenarten (Syrphus ribesii L., Eristalis nemorum L.; Myopa testacea L., Anthomyia) besucht; die Mehrzahl der Bienen benahm sich genau so wie Patton bereits angiebt und flog in der Regel zuerst auf der Narbe an, um dann zum Pollensammeln an den Staubbeuteln überzugehen; in keinem Fall fanden Bewegungen statt, die auf ein Aufsuchen von Honig an der äusseren Basis der Staubgefässe schliessen liessen; in einzelnen Fällen suchten die Bienen vielmehr an der Basis des Fruchtknotens mit vorgestrecktem Rüssel nach Honig, ohne damit Erfolg zu haben, da sie sofort wieder an den Staubgefässen in die Höhe krochen, um Pollen zu sammeln. Die Fliegen benahmen sich unstetiger; ich konnte jedoch bei Syrphus ribesii deutlich feststellen, wie diese Schwebfliege mit ihren Rüsselklappen die Flüssigkeitströpfchen an der Narbenoberfläche aufnahm, um dann an den Antheren sich mit Pollenfressen zu beschäftigen. Auf Grund dieser Beobachtungen muss ich auch für T. silvestris vorläufig die Bezeichnung Pollenblume festhalten. Dafür spricht vor allem die Bildung der als Anflugstelle so bequemen und durch ihre Tröpfchenausscheidung direct anlockenden Narbe, die in Folge der geschilderten Beweglichkeit der Perigonblätter und Staubgefässe zur Zeit der Vollblüthe noch leichter zugänglich gemacht wird. Eine ähnliche Beweglichkeit ist auch für die Perigonblätter von T. Gesneriana seit langem bekannt und in physiologischer Beziehung von Hofmeister[1]) und Pfeffer[2]) untersucht; letzterer fand, dass die von Temperatur- und Lichtschwankungen abhängige Bewegung (bei Crocus vernus) durch schnelleres Wachsthum der Zellen an der Innenseite der Perigonzipfel verursacht wird. Bei Tulipa silvestris scheint, nach dem äusseren Bau des Filamentgrundes zu schliessen, noch ein besonderer, die Bewegung des Staubgefässes bedingender Mechanismus vorhanden zu sein. Da der von Kerner als Honigschutzeinrichtung gedeutete Haarbüschel nicht einseitig, sondern beiderseits den untersten, verjüngten Theil des Filaments bedeckt, so halte ich denselben für ein Schutzmittel des an dieser Stelle vorauszusetzenden Bewegungsgelenks. Die bei Sonnenschein erfolgende Oeffnungsbewegung der Tulpenblüthe steht demnach

---

1) Vergl. Flora 1862, p. 516. — Citirt nach Pfeffer.

2) Vergl. Physiol. Untersuchungen (1873), p. 194.

mit ihrer Bestäubungseinrichtung in offenbarem Zusammenhang, indem die Einrichtung darauf hinzielt, die Besucher zuerst auf die Narbe hinzuleiten. Auch die Bildung einer sitzenden Narbe[1]) erscheint hier von Bedeutung, da eine solche einem auf ihr sich niederlassenden Besucher einen stabileren Sitzpunkt gewährt, als eine auf dünnem Griffel stehende. Da auch andere Pollenblumen sitzende Narben haben und in ähnlicher Weise wie Tulipa bestäubt werden, so spricht auch diese Analogie für die von Müller und mir vertretene Ansicht. Die Reichlichkeit der Blüthenstaubbildung bei Tulipa erhellt aus der Thatsache, dass man nicht selten kleine Bienenarten, z. B. Halictus cylindricus, am Blüthengrunde völlig in Pollen eingehüllt findet, der sich bei längerem Geschlossensein derselben dort ansammelt; auch locken die pollenreichen Antheren blumenverwüstende Käfer, z. B. Cetonia aurata L., an. Alle diese Wahrnehmungen sprechen für Pollenblüthigkeit. Wie bei anderen Pollenblumen (z. B. Papaver) ist Selbstbestäubung auch bei Tulipa — hier besonders während des geschlossenen Blüthenzustandes — leicht möglich; auch durch unregelmässig von den Antheren zu der Narbe derselben Blüthe überkriechende Insecten kann dieselbe bewirkt werden.

Scilla L.

(Tafel XIII, Fig. 98—99.)

Der allgemeinen Blütheneinrichtung nach zählt Delpino[2]) die Gattung Scilla zu den Pflanzen mit „offenen, schönblumigen Apparaten, welche die tiefste Stufe der Anpassungsscala einnehmen“ und stellt sie neben Ranunculus, Anemone, Rubus, Potentilla, Geum, Hypericum, Erodium und Geranium. Da hier honiglose Pollenblumen (Hypericum, Anemone) nicht von Honigblumen unterschieden sind, so erscheint der Typus Delpino's nicht haltbar. Die Ausscheidung des Nectars aus Ovarialspalten (Septaldrüsen) bei Scilla und zahlreichen anderen Liliaceen wurde zuerst von Behrens[3]) näher unter-

1) Es kommen nach Levier (Les Tulipes d'Europe. Ext. d. Bull. d. la Soc. des scienc. nat. de Neufchâtel, T. XIV, 1884) bei den Arten von Tulipa mehrfache Uebergänge zwischen begriffelten und sitzenden Narben vor, so dass genannter Autor die nur durch das Vorhandensein eines Griffels abweichende Gattung Orithya Don. als Untergattung zu Tulipa zieht. — Citirt nach dem botan. Jahresber.

2) Ulter. osserv., P. II, Fasc. 2, p. 307.

3) Die Nectarien der Blüthen, Flora 1879, p. 86.

sucht, und zwar fand derselbe, dass bei Scilla amoena die Aussonderung durch Bildung von Collagenschichten in der Zellwand unterhalb der Cuticula stattfindet[1]). Auch Grassmann[2]) untersuchte die Septaldrüsen von acht Scilla-Arten, Müller[3]) erwähnt kurz die Honigabsonderung aus dem Fruchtknoten und theilt für S. sibirica und maritima eine Besucherliste (elf Apidenarten umfassend) mit[4]). Erst Kirchner[5]) beschrieb die Bestäubungseinrichtung von S. bifolia L. ausführlicher. Der von den Septaldrüsen des Fruchtknotens ausgeschiedene Nectar sammelt sich nach genanntem Forscher in einer die Fruchtknotenbasis umziehenden Rinne an, deren Aussenwall durch die Filamentbasen gebildet wird; im Uebrigen bezeichnet er die Blüthen als homogam und auch für Selbstbestäubung eingerichtet, da bei ihrer Schrägstellung Pollen von selbst auf die Narbe herabfallen kann und ausserdem beim Verwelken sich die Perigonblätter so aneinanderlegen, dass Antheren und Narbe miteinander in Berührung kommen; als Besucher beobachtete er kleine Fliegen.

Von den Scilla-Arten des Berliner Gartens untersuchte ich nur S. campanulata Ait. (Portugal, Spanien, nördliches und mittleres Italien) und S. nutans Sm. (England, Portugal, Spanien, Frankreich, Piemont, Lombardei, Belgien, Holland, auch im nördlichen und westlichen Deutschland verwildert). Von S. bifolia, deren Blüthen einen flachen Stern bilden, weichen beide Arten schon durch die Blüthenform bedeutend ab, die bei ihnen glockig erscheint. S. campanulata Ait. hat ca. 19 mm lange und bis 17 mm breite, schräg herabhängende, hellblaue Blumen (Fig. 98), deren Blätter (ca. 8 mm breit) einen dunkelblauen Mittelstreif zeigen und oben in eine stumpfe Spitze ausgezogen sind; die äusseren Staubgefässe (ca. 12 mm lang) sind ein Stück (ca. 5 mm) mit den Perigonblättern verwachsen und überragen mit ihren Antheren die Griffelspitze etwas, während die inneren Stamina (9 mm lang) fast bis zum Grunde frei sind und die Höhe der Narbe nicht erreichen. Das sechsfurchige Ovarium ist nebst dem Griffel (beide zusammen 11 mm lang) und den Fila-

1) A. a. O., p. 434.

2) Die Septaldrüsen, Inaug.-Diss., Berlin 1884, p. 9.

3) Alpenblumen etc., p. 55.

4) Weitere Beobachtungen etc., 35. Jahrg., p. 278—79.

5) Neue Beobachtungen über die Bestäubungseinrichtungen etc., p. 8.

menten blau gefärbt; der Pollen erscheint blaugrün. Die Narbenpapillen sind sehr gross und bereits vor dem Ausstäuben der Antheren entwickelt. Der Honig sammelt sich in einer ringförmigen, die Insertionsfläche des Fruchtknotens umgebenden Zone an, die mit den drei Nectarien der Ovarialspalten in Verbindung steht. Frei im Blüthengrunde auftretende Honigtropfen habe ich nicht bemerkt; auch führen die bei Besuch der Blüthe beobachteten Bienen (Apis) den Rüssel deutlich an der Basis des Fruchtknotens ein; die Weite der Blumenglocken ermöglicht ihnen ein Vordringen bis in den Blüthengrund. Fremdbestäubung erscheint nur im Anfangsstadium der Blüthe gesichert; später ist Autogamie wohl nicht ausgeschlossen, da bei der schrägen Stellung der Blüthe leicht Pollen von den Antheren auf die Narbe fallen kann.

Die Blüthen von S. nutans (Fig. 99) unterscheiden sich von denen der eben beschriebenen Art vorzugsweise durch ihre mehr röhrig-glockige Form (Länge ca. 16 mm); im unteren Theil liegen die Perigonblätter dicht aufeinander und bilden eine cylindrische Partie von ca. 6 mm Durchmesser, die innen durch die Geschlechtstheile noch mehr verengt wird; erst nach der Spitze der Blüthe zu schlagen sich die Perigonblätter nach Aussen. Die Staubblätter sind auch bei dieser Art in ungleicher Höhe innerhalb des Perigons befestigt; die äusseren Stamina überragen mit ihren Antheren etwa 4 mm die stark papillöse Narbe, die ungefähr in gleicher Höhe mit den inneren Antheren steht. Der Pollen dieser Art ist weissgelb; die Honigabsonderung findet wie bei den übrigen Species statt. Offenbar besitzt S. nutans im Vergleich zu der offenblumigen S. bifolia und der weitglockigen S. campanulata in der Verengerung ihres unteren Blüthentheils ein Mittel zur Erschwerung des Honigzugangs; von welcher Wirkung dasselbe etwa auf den Ausschluss einzelner Insectengruppen ist, lässt sich ohne Kenntniss der normalen Bestäuber nicht sagen. Soviel steht jedoch fest, dass auch innerhalb der Gattung Scilla neben leicht zugänglichen Blüthen bereits Neigung zur Bildung eutroper, für einen einseitigen Besucherkreis eingerichteter Blumenformen merkbar ist. Da der Nectar auch bei den vollkommen offenblumigen Arten wie S. bifolia unterhalb der Fruchtknotenbasis sich ansammelt und aus Septaldrüsen der Fruchtknotenwandung ausgeschieden wird, so sind die Blüthen der Gattung sämmtlich als Blumen mit verstecktem Honig zu bezeichnen. Als

Besucher von acht Scilla-Arten (S. amoena L., campanulata Ait., cernua Hffgg., nutans Sm., italica L., sibirica Andr., tricolor Hort. Belv. und patula DC.) beobachtete ich Bienen (in acht Besuchsfällen), ausserdem Falter (in einem Fall) und Fliegen (in vier Fällen), von denen letztere jedoch nur Pollen verzehrten. Vorwiegende Bestäubung durch Bienen erscheint demnach für Scilla wahrscheinlich, womit auch die Beobachtungen Müller's übereinstimmen.

Camassia Lindl.

(Taf. XIII, Fig. 100—102.)

Die im östlichen Nordamerika einheimische C. Fraseri Torr. besitzt eine von Scilla bedeutend abweichende Blüthe, deren Bestäubungseinrichtung — abgesehen von den durch Grassmann[1]) untersuchten Ovarialspaltnectarien — noch nicht beschrieben zu sein scheint. Die aus 20 und mehr Blüthen bestehenden Inflorescenzen bilden lange und lockere, aufrechte Trauben. Die in der Achsel eines schmalen Deckblattes stehenden, vorblattlosen Einzelblüthen (Fig. 100) sind im völlig offenen Zustande schräg nach aufwärts gerichtet und breiten ihre ca. 30 mm langen und 7 mm breiten, himmelblauen Perigonblätter so weit auseinander, dass sie zur Längsachse der Blüthe eine fast senkrechte Lage einnehmen. Die sechs an Länge den Perigonblättern ungefähr gleichen Staubgefässe drehen ihre auf langen (ca. 21 mm) und dünnen Filamenten befestigten Antheren (9 mm lang) derart, dass die mit gelben Pollen bedeckten Flächen derselben nach vorn — d. h. einem etwa anfliegenden Besucher entgegen — gerichtet werden. Sie werden um ca. 4 mm von dem schwach bogenförmig gekrümmten Griffel (von ca. 26 mm Länge) überragt, dessen Spitze eine kleine, deutlich dreilappige Narbe (na) trägt, und der unterwärts einem dreikantigen, ca. 8 mm hohen Ovar entspringt. Die Narbe trägt kurze, rundliche Papillen, die in Wasser aufquellen (Fig. 102). Der Fruchtknoten sondert in seinen Septaldrüsen Honig ab, der sich unterhalb der Ovariumbasis ansammelt und bisweilen in Tropfenform zwischen dem Fruchtknoten und den auf eine ganz kurze Strecke mit den Perigontheilen verschmelzenden Filamenten hervortritt. Ob den am Blüthengrunde zwischen den Perigonblättern von aussen sichtbaren Lücken (Fig. 101

---

1) Die Septaldrüsen etc., p. 9.

bei l) eine funktionelle Bedeutung — etwa die von Saftzugängen — zukommt, erscheint zweifelhaft.

Als Besucher beobachtete ich ausser einem bedeutungslosen Käfer (Telephorus) nur Bienen (Apis, in einem Falle auch Osmia fulviventris Pz.), die in der Regel die Filamente als Anflugstangen benutzten, um an ihnen sich festklammernd den Rüssel unterhalb des Fruchtknotens einzuführen; in andern Fällen setzten sie sich auch auf die Blumenblätter und krochen zu den Honigquellen, ohne die Antheren oder die Narbe berührt zu haben. In beiden Fällen findet die Ausbeutung in einer so wenig regelmässigen Weise statt, dass eine Anpassung der Blume an mittelgrosse Apiden, wie die genannten Besucher, wohl kaum anzunehmen ist. Vielmehr deutet der nach unten herabgebogene Griffel mit vorragender Narbe, sowie die auf dünnen Stielen schwankenden Antheren mit nach aussen gekehrten Pollenflächen auf Anpassung an grossleibigere, im Schweben saugende Insecten, wie etwa Schwärmer, und zwar wären der blauen Blumenfarbe nach Tagschwärmer zu erwarten. Freilich fehlen die sonst bei Schwärmerblumen häufig vorkommenden, langen und engen Honigröhren; allein setzt man eine an der Blüthe von Camassia im Schweben saugende Sphingide voraus, deren Kopf sich in gleicher Höhe mit den Antheren befindet, so müsste dieselbe immerhin einen Rüssel von ca. 20 mm Länge haben, um den Honig erreichen zu können. Für grossleibige Apiden mit entsprechend langem Saugorgan sind die Filamente oder der Griffel als Sitzstellen entschieden zu dünn. Im Sitzen saugende Tagfalter können den Honig ohne Zweifel ebenfalls ausbeuten, benehmen sich aber in zu unregelmässiger Weise, um als normale Bestäuber in Betracht zu kommen. Nur wenn man einen mit den Füssen resp. der Leibesunterseite die Antheren und die Narbe leicht streifenden Schwärmer voraussetzt, erscheint der Blüthenbau im Sinne der Sprengel-Müller'schen Blumentheorie verständlich. Ob die gegebene Deutung richtig ist, lässt sich in vorliegendem Fall nur durch Beobachtung des Insectenbesuchs in der Heimat von Camassia ausmachen. Unseren norddeutschen Insecten gegenüber scheint die Blüthe sich disharmonisch zu verhalten.

Trillium L.

(Taf. XIII, Fig. 103.)

Diese vorzugsweise in Nordamerika, aber auch im nördlichen Asien durch Arten vertretene Parideengattung scheint in ihrer Blütheneinrichtung noch keine eingehendere Beschreibung gefunden zu haben; sie ist jedoch wegen ihrer Verwandtschaft mit der von H. Müller[1]) als Ekeltäuschblume gedeuteten Paris quadrifolia L. von Interesse.

Ich konnte nur T. erectum L. und T. grandiflorum Salisb. untersuchen. Die ca. 7,5 cm im Durchmesser haltenden, widrig riechenden Blüthen der ersten Art haben drei äussere, grüne Perigonblätter von ca. 40 mm Länge und drei damit abwechselnde, innere von ca. 42 mm Länge, die oberseits braunpurpurn, unterseits trübgelb gefärbt sind. Das im Centrum stehende, scharf sechskantige Ovar (Fig. 103) von dunkelpurpurner Farbe hat eine schwach gekörnelte Oberfläche und erreicht mit den drei Griffeln zusammen etwa eine Höhe von 10—14 mm, während die auf kurzen Filamenten (von 3 mm) stehenden, linearen Antheren (9 mm) die Höhe der Narben nicht erreichen. Die narbentragenden, gelben Griffelschenkel sind rückwärts gekrümmt und tragen auf ihrer Innenseite Papillen; an der Aussenseite der Narbenschenkel läuft ein brauner Streifen bis zum Ovarium abwärts. Honig war in der Blüthe nicht aufzufinden. Der widrige Geruch und die trübe Farbe derselben sowie des Ovars kennzeichnen sie als Ekelblume. Merkwürdig erscheint, dass nach A. Gray[2]) in Nordamerika Varietäten von T. erectum mit grünlichweissem oder gelblichem Innenperigon (var. album) und solche mit schneeweissen, selten röthlichen, inneren Perigonblättern sowie horizontal gerichteten Blüthenstielen (var. declinatum) vorkommen, die der Blüthenfarbe nach nicht als Ekelblumen betrachtet werden können. Dasselbe ist der Fall bei dem grossblumigen T. grandiflorum Salisb. (Blüthendurchmesser bis 9,5 cm), dessen innere Perigonblätter (40—45 mm lang, 18—21 mm breit) schneeweiss gefärbt sind, während die äusseren Blüthenhüllblätter wie bei der vorigen Species grün erscheinen. Auch hier breiten sich die Perigontheile zuletzt flach aus. Die Staubgefässe, von denen die

---

1) Vergl.: Die Wechselbeziehungen zwischen den Blumen und den ihre Kreuzung vermittelnden Insecten in Schenk's Handb. der Botanik, 1. Bd., p. 71.

2) Man. of the Bot. of the North. Unit. Stat. 5. Edit., p. 523.

längeren etwa eine Höhe von 18 mm erreichen, überragen bei dieser Art das nur ca. 13 mm hohe Gynaeceum. Das glänzend weisse Ovar ist mit sechs geflügelten Kanten versehen und trägt drei von der Basis an getrennte, ca. 6 mm hohe Griffel; letztere sind während des Aufblühens noch aneinander gelegt, so dass im Gegensatz zu der proterogynen Paris Proterandrie vorzuliegen scheint. Die Honigabsonderung ist mir zweifelhaft geblieben. — Der Insectenbesuch war ein sehr spärlicher, da ich nur in einem einzigen Falle (an Trillium sessile) einen blumenverwüstenden Käfer (Cetonia aurata L.) die Antheren fressen sah. Nach diesen allerdings sehr unvollständigen Beobachtungen scheinen innerhalb der Gattung Trillium Arten mit Ekelblumen wie T. erectum, neben solchen mit gewöhnlicher Art der Anlockung aufzutreten. Dieselbe scheint, wie die oben angeführten Varietäten genannter Pflanze vermuthen lassen, sogar innerhalb des Verwandtschaftkreises einer und derselben Art zu wechseln.

Amaryllidaceae.

Narcissus L.

(Taf. XIII, Fig. 104—105.)

Delpino[1]) bildet aus N. Pseudonarcissus nebst Campanula, Colchicum autumnale und Crocus vernus einen „tipo campaniforme" und fasst unter demselben regelmässige, gamopetale, meist aufrechte, seltener horizontale oder fast hängende Honigblumen von Glockenform zusammen, deren Achse von den Antheren und dem narbentragenden Griffel eingenommen wird und bei welchen in der Regel wohl entwickelte Safthalter, Saftdecken, Saftlöcher u. dgl. ausgebildet sind. Die Bestäuber begeben sich mit ihrem ganzen Leibe in die Blumenglocken und bestäuben sich theils den Rücken, theils die Leibesunterseite; die meisten europäischen Formen des Typus bezeichnet Delpino als Bienenblumen; von den ausländischen Arten sind möglicher Weise einige ornithophil. Speciell an N. Pseudonarcissus beobachtete er Xylocopa violacea mit bestäubter Brust und giebt für die Blüthe sechs im Grunde der Glocken gelegene Saft-

1) Ulter. osservaz., P. II, fasc. 2, p. 244. — Delpino nennt den Glockentypus „destituito di tubo", obgleich bei Narcissus und andern Gattungen lange Blumenröhren vorhanden sind; offenbar fasst er letztere als verlängerte „Safthalter" der eigentlichen Blumenglocke — bei Narcissus der Nebenkrone — auf.

löcher an. Bei N. Tazetta vermuthete er[1]), wie bei vielen andern Amaryllideen, auch Bestäubung durch Abend- und Nachtfalter, fand jedoch auch Anthophora pilipes als Besucher.

Die Blüthen von N. poëticus wurden von O. Kirchner[2]) beschrieben. Derselbe erwähnt die von Grassmann[3]) untersuchte, aus Septaldrüsen des Fruchtknotens am Grunde der Perigonröhre erfolgende Honigausscheidung und macht auf die Lage der Narbe zu den Antheren aufmerksam; letztere stehen in zwei Reihen dicht übereinander und versperren den Eingang zur Röhre fast vollständig; da die Narbe zwischen den drei oberen Antheren liegt und beide Theile gleichzeitig entwickelt sind, so erscheint nach genanntem Autor Selbstbestäubung unvermeidlich; nach Gestalt, Farbe und Duft der Blüthe vermuthet er Anpassung an Schmetterlinge.

Einige Angaben liegen auch über Heteromorphie von Narcissus-Arten vor. L. Crié[4]) beobachtete auf den Glénans-Inseln drei Formen von N. reflexus Lois., nämlich eine langgriffelige, eine kurzgriffelige und eine triandrische mit verkümmerten, inneren Staubgefässen. Ebenso fand Battandier[5]) N. Tazetta var. algerica ausgezeichnet heterostyl. Nach C. Wolley Dod[6]), einem hervorragenden Narcissuszüchter, variirt bei den verschiedenen Varietäten von N. triandrus das gegenseitige Längenverhältniss von Griffel und Staubgefässen in starkem Grade; er fand Formen, bei denen die Narbe sich tief unterhalb der Antheren etwa in der Mitte der Perigonröhre befand, ferner solche, die einen mittellangen Griffel mit einer zwischen den äusseren und inneren Staubgefässen stehenden Narbe besassen und endlich solche, bei welchen derselbe die längeren Staubgefässe überragte; ausserdem treten letztere bisweilen fast gleich

---

1) Altri apparecchi dicogamici recentemente osservati, p. 56. (Citirt nach H. Müller.)

2) Neue Beobachtungen über die Bestäubungseinrichtungen einheimischer Pflanzen. Stuttgart 1886, p. 10.

3) Die Septaldrüsen etc., p. 12. — Genannt werden: N. odorus, triandrus, Tazetta, poëticus und Pseudonarcissus.

4) Sur le polymorphisme floral du Narcisse des iles Glénans. Compt. rend. T. 98, p. 1600—1.

5) Sur quelques cas d'hétéromorphisme. Bull. d. l. soc. bot. d. France, T. 30, P. 4, p. 238. — Citirt nach dem botan. Jahresb.

6) Polymorphism of Organs in Narcissus triandrus. The Gardener's Obronicle XXV, p. 468.

lang auf; in anderen Fällen ragen die längeren Stamina bis zur Mündung der Nebenkrone auf, während die kürzeren mit ihren Antheren den Röhreneingang verschliessen, oder endlich stehen bisweilen die Beutel der längeren Staubgefässe in der Nähe des Schlundes, die kürzeren tief innerhalb der Perigonröhre.

Nach vorstehenden Literaturangaben sind die bisherigen Untersuchungen über die Bestäubungseinrichtungen der Narcissus-Arten noch recht lückenhaft. Zu vorläufiger Orientirung untersuchte ich von den im Berliner bot. Garten cultivirten Arten folgende: N. odorus L., triandrus L., biflorus Curt., poëticus L., polyanthos Lois., Tazetta Lois., primulinus R. L. und N. Jonquilla L. Dieselben zeigen folgende blüthenbiologische Unterschiede.

1. *N. odorus L.* Inflorescenzen meist zweiblüthig; Blüthe ca. 5 cm im Durchmesser, schräg aufwärts gerichtet, schwefelgelb mit gleichfarbiger Nebenkrone. Die Art steht in der Blütheneinrichtung N. Pseudonarcissus L. am nächsten. Die Perigonröhre ist verhältnissmässig kurz (19 mm) und erweitert sich nach oben zu fast trichterförmig (unterer Röhrendurchmesser 4 mm, oben an der Uebergangsstelle zur Nebenkrone 7 mm); die Perigonblätter sind ca. 23 mm lang und 11 mm breit. Charakteristisch ist besonders die glockenförmige, grosse und weite (Länge 12 mm, Weite ca. 17 mm), mit sechs stumpfen Lappen versehene Nebenkrone, in welche die Antheren und der Griffel ziemlich weit hineinragen; die Narbe steht oberhalb der an Höhe wenig verschiedenen Antheren, welche hier nicht wie bei den folgenden Arten den Röhreneingang verengen. Der Blüthenbau deutet auf Anpassung an grossleibige Apiden; als Besucher beobachtete ich Anthophora pilipes F. ♀.

2. *N. triandrus L.* (Fig. 104—105). Inflorescenzen mehrblüthig (häufig vier Blüthen); Perigon und Nebenkrone schwefelgelb. Die Blüthen haben anfangs eine schräg nach abwärts gekehrte, später eine mehr horizontale Lage; auch schlagen sich die Perigonblätter (Länge ca. 20 mm) vollkommen nach rückwärts, wodurch ein eigenartiger Habitus (Fig. 104) entsteht. Die becherförmige, ca. 9 mm tiefe und ebenso weite Nebenkrone (uk) birgt die dicht am Eingang der Perigonröhre angehefteten drei oberen Staubgefässe, deren Antheren von der dreilappigen Narbe um ca. 2 mm überragt werden; die drei unteren Staubgefässe sind in der engen, nur 2 bis 2,5 mm weiten und 20—21 mm langen Röhre inserirt und haben

sehr kurze Filamente. Die Narbenpapillen sind lang, am Ende keulig erweitert und zeigen sich schon in der ausgewachsenen Blüthenknospe völlig entwickelt (Fig. 105), so dass die Blüthe als proterogyn zu bezeichnen ist. Nach ihrem Gesammtbau erscheint sie sowohl für den Besuch von Hummeln und langrüsseligen Apiden als den von Faltern eingerichtet; in ersterer Beziehung kommt die verhältnissmässig tiefe Nebenkrone und die Stellung der oberen, den Röhreneingang nicht verengenden Staubgefässe, in letzterer Hinsicht die enge und lange Perigonröhre und die tiefe Insertion der unteren Antheren in derselben, sowie die dadurch bedingte Verengung der Honigzugänge in Betracht.

3. *N. biflorus Curt.* Zweiblüthig, Perigonblätter weiss, Nebenkrone hellgelb. Die Blüthen haben am meisten mit N. poëticus Aehnlichkeit und zeichnen sich wie diese durch lange (ca. 26 mm), aber verhältnissmässig weite (unten 4, oben 5 mm) Röhren und eine flach schüsselförmige (Höhe ca. 4 mm), am Rande gekerbte und schwielige Paracorolle aus. Der Zugang zu der honigbergenden Röhre wird durch die Antheren und die Narbe bedeutend eingeschränkt, ihre gegenseitige Stellung ist dieselbe wie bei N. poëticus, indem die Narbe in der Mitte zwischen oberen und unteren Antheren steht; erstere ragen etwas (ca. 4 mm) über den Röhreneingang hervor, die Narbe steht ca. 1 mm tiefer, die unteren Antheren erreichen mit ihrem oberen Ende gerade den Röhreneingang und sind etwa 9 mm tiefer inserirt. Wie für N. poëticus ist Bestäubung durch Abendfalter am meisten wahrscheinlich.

4. *N. poëticus L.* Einblüthig, Perigonblätter weiss, Nebenkrone grünlichgelb, am Rande roth; im Uebrigen vergl. die Beschreibung von Kirchner. Die Dimensionen einer von mir untersuchten Blüthe waren folgende: Perigonröhre 30 mm lang, 6—7 mm breit; Perigonblätter 26 mm lang und ca. 15 mm breit, Nebenkrone 5 mm hoch und 10 mm weit; die oberen Antheren ragen ca. 2 mm über den Röhreneingang hervor, die Narbe steht ca. 1 mm tiefer; von den drei unteren Antheren steht die höchste nur ca. $1/2$ mm, die beiden andern ca. 2 mm unterhalb der Narbe.

5. *N. polyanthos Lois.* Inflorescenzen mehrblüthig (meist vier Blüthen), Perigonblätter weiss, Nebenkrone orangefarben. Der Blüthenbau ist wieder ein anderer als bei den bisher beschriebenen Arten

und ähnelt dem von N. Tazetta, indem die Perigonröhre verhältnissmässig kurz (15 mm), die Nebenkrone kurz becherförmig (5 mm hoch und 12 mm weit) und schwach sechslappig und die Perigonzipfel kurz (ca. 12 mm lang) und radförmig ausgebreitet sind. Die drei oberen Staubgefässe ragen etwa 3 mm aus dem Schlunde hervor und werden um 2 mm von der Narbe überragt; die unteren Antheren sind tief in der Röhre inserirt und stehen mit ihrem oberen Ende ca. 2 mm vom Röhreneingang ab. Die Perigonröhre erweitert sich nach oben etwas (unten 2,5 mm, oben 4 mm weit); die Zugänge zur Röhre zwischen den Antheren sind relativ weit, so dass auch Hummeln zum Honig gelangen können. Als Besucher beobachtete ich Anthophora pilipes F. ♀.

6. *N. Tazetta L.* Inflorescenzen mehrblüthig (oft sechs Blüthen). Perigonblätter schwefelgelb, Nebenkrone orangefarben. Die Perigonblätter sind 14 mm lang, kürzer als die Röhre und radförmig ausgebreitet; die Röhre ist 17 mm lang, unten 3, oben 5 mm breit. Die Nebenkrone hat eine Höhe von 6 mm und einen Durchmesser von 10 mm. Die Antheren, von denen die oberen etwas mehr, die unteren weniger hervorragen, schliessen den Schlund bis auf sechs schmale Zugänge völlig; an den von mir untersuchten Blüthen stand die Narbe ziemlich tief unter den Antheren, während Arcangeli[1]) angiebt, dass der Griffel nur ein wenig kürzer sei als die oberen Staubgefässe. Auch bei dieser Art fand ich die Narbenpapillen vor dem Ausstäuben der Antheren vollkommen entwickelt.

7. *N. primulinus R. P.* Ebenfalls dem Typus von N. Tazetta angehörend. Inflorescenzen mehrblüthig (fünf Blüthen). Perigonblätter gelbweiss, Nebenkrone hellgelb. Die Perigonblätter sind 15 mm lang, 12 mm breit und kürzer als die Röhre; letztere hat eine Länge von 19 mm und ist unten 3 mm, oben 5 mm breit; die becherförmige und 4—6lappige Nebenkrone ist 5 mm hoch und 12 mm weit. Die drei oberen, den Röhreneingang bis auf drei enge Zugänge schliessenden Antheren überragen die Narbe um ca. 1 mm, letztere steht etwas höher als die unteren, ziemlich tief in der Röhre inserirten Antheren.

8. *N. Jonquilla L.* Inflorescenzen mehrblüthig (oft vier Blüthen). Perigonblätter und Nebenkrone schwefelgelb, der Wohl-

1) Compendio della Flora italiana, p. 677.

geruch noch stärker als bei den übrigen Arten und mit dem von Jasmin zu vergleichen. Die Blüthe bildet im Vergleich zu den vorigen Arten einen besonderen Typus, der durch die sehr langen (30 mm) und dünnen (2 mm weit) Röhren, die flachschüsselförmige Nebenkrone (3 mm lang und 6 mm weit) und die kurzen, nur 14 mm langen Perigonblätter ausgezeichnet ist. Die drei oberen Antheren überragen die Narbe um ca. 2 mm und sperren den Eingang bis auf drei sehr enge Zugänge, die unteren stehen mit der Spitze ca. 4 mm vom Eingang ab. Bei der Länge und Dünne der durch die Antheren noch mehr verengten Perigonröhre ist Ausbeutung des Honigs durch Hummeln wohl ausgeschlossen, so dass die Art als rein falterblüthig angesprochen werden kann. Auch bei ihr beobachtete ich vor dem Ausstäuben der Antheren entwickelte Narbenpapillen.

Nach diesen, allerdings nur auf die Untersuchung weniger Blüthen begründeten Ergebnissen zerfallen die Arten von Narcissus nach der Bestäubungseinrichtung in folgende Gruppen:

1. Typus von N. odorus, dem sich auch N. Pseudonarcissus anschliesst. Hummelblüthig. Nebenkrone gross und glockenförmig, Perigonröhre am Ende trichterförmig erweitert und durch die Antheren wenig oder gar nicht verengt.

2. Typus von N. triandrus. Mittelbildung zwischen Hummel- und Falterblüthe. Perigonröhre eng und mässig lang, Nebenkrone becherförmig und mässig tief, die oberen Antheren und die Narbe aus der Röhre hervorragend, die unteren eingeschlossen.

3. Typus von N. poëticus, dem sich N. biflorus anschliesst. Falterblüthig. Perigonröhre lang, durch die Antheren sehr verengt, Nebenkrone flachschüsselförmig, am Rande gekerbt.

4. Typus von N. Tazetta (nebst polyanthos und primulinus). Hummel- und falterblüthig. Perigonröhre mässig lang, nach oben hin etwas erweitert. Nebenkrone becherförmig. Blüthen klein, Perigonblätter kürzer als die Röhre.

5. Typus von N. Jonquilla. Ausschliesslich falterblüthig. Perigonröhre sehr lang und dünn, durch die Antheren am Eingang noch mehr verengt. Nebenkrone flachschüsselförmig.

Je länger und dünner sich die Perigonröhre ausbildet, desto mehr sind die Apiden ausgeschlossen. Auf Anpassung an letztere deutet dagegen die Ausbildung einer tiefen und glockenförmigen

Nebenkrone, die daher auch bei den rein falterblüthigen Arten am flachsten erscheint; desgleichen sind frei hervortretende Antheren und Erweiterung der Perigonröhre nach oben Anzeichen von Hummelblüthigkeit, während starke Verengung der Honigzugänge durch schlundständige Antheren für ausschliesslichen Falterbesuch spricht. Offenbar ist die Gattung Narcissus auch in ihren Bestäubungseinrichtungen vielgestaltig. Bald steht die Narbe zwischen den oberen und unteren Antheren (N. poëticus und biflorus), bald überragt der Griffel die oberen Antheren (N. triandrus, polyanthos), bald ist er kürzer als die unteren (N. Tazetta). Die in mehreren Fällen constatirte vorauseilende Entwickelung der Narbenpapillen, desgleichen das für mehrere Arten angegebene Variiren in der Griffellänge (s. oben) lassen vermuthen, dass derartige Sicherungseinrichtungen für Fremdbestäubung innerhalb der Gattung allgemein verbreitet sein mögen; möglicher Weise beruht die Heterostylie hier jedoch nur auf einer theilweisen Reduction des Pistills oder ist durch Kreuzung zwischen Arten mit verschieden langem Griffel hervorgerufen. Da die Narcissen zur Bildung hybrider Formen sehr geneigt erscheinen — eine Eigenschaft, die mit der Art der Bestäubung in Bezug steht —, so sind weitere, besonders auch die wildwachsenden Formen ins Auge fassende Untersuchungen des Blüthenbaues und der Geschlechtsvertheilung in dieser vielgestaltigen Gattung nothwendig, um zu einer endgültigen Deutung ihrer Bestäubungseinrichtungen zu gelangen.

Iridaceae.

Gladiolus L.

(Taf. XIII, Fig. 106.)

Die Gattung hat schon seit langer Zeit die Aufmerksamkeit der Blüthenbiologen auf sich gezogen. Treviranus[1]) führt sie als Beispiel einer sichselbstbestäubenden Pflanze an, bei der „der Griffel gegen die im Stäuben begriffenen Antheren sich bedeutend verlängert, und seine Spitze oder seine geöffneten Lappen gegen die tiefer gestellten Antheren sich zurückkrümmen.“ Das richtige Sach-

1) Ueber Dichogamie nach C. C. Sprengel und Ch. Darwin, Bot. Zeit. 1863, No. 1, p. 6.

verhältniss, nämlich ausgezeichnete Protandrie, wurde (bei Gl. segetum) zuerst von Delpino[1]) erkannt; er fand, dass im ersten Blüthenstadium, wenn die Antheren bereits stäuben, der Griffel kurz ist und die drei narbentragenden Schenkel dicht aneinandergelegt sind; später überholt der Griffel im Wachsthum die Antheren und die Narbenblätter breiten sich aus; in diesem Stadium werden letztere durch den pollenführenden Rücken eines geeigneten Besuchers bestäubt. Delpino vergleicht die Blumen von Gladiolus mit denen von Bignoniaceen und anderen Formen des Lippentypus. Später[2]) stellt er die Gattung zum Fingerhuttypus und erwähnt die im Grunde der Blumenröhre sichtbaren beiden Saftlöcher. Ausserdem nennt er[3]) als langröhrige Schwärmerblumen folgende im Kaplande einheimische Arten: Gl. tristis mit 5 cm langer Röhre und am Tage geschlossenen, Abends und Nachts stark riechenden Blüthen, G. cuspidatus (Röhre 8 cm lang), G. carneus (Röhre noch dünner) und G. angustus (Röhre 10 cm lang und sehr eng). H. Müller[4]) beobachtete als Bestäuber von G. palustris die Gartenhummel und an G. communis zwei Mauerbienen (Osmia rufa L. und adunca Latr.).

Die dem Blüthenstande von Gladiolus eigenthümliche, mit dem Insectenbesuch in Beziehung stehende Aenderung einer ursprünglich zweizeilig angelegten Aehre in eine einseitswendige, sowie die Stellungsverhältnisse der sich zygomorph ausbildenden Blüthen wurden von Eichler[5]) untersucht. Derselbe fand bei G. cardinalis, dass die anfangs regelmässig zweizeilig gestellten Blüthen sich beim Aufblühen so drehen, dass sie eine einseitige Stellung annehmen und dass hierbei „eines der vorderen Blätter des inneren Perigons in die neue gemeinsame Mediane zu stehen kommt, und sich nun mit den beiden benachbarten Gliedern des äusseren Kreises zu einer Art Unterlippe ausbildet, während die drei anderen zur etwas grösseren Oberlippe werden; beide Lippen differenciren sich dabei oft auch in der Färbung oder anderen Merkmalen. In der neuen Mediane biegen sich schliesslich die Staubgefässe mit dem Griffel mehr oder weniger aufwärts, das äussere obere bleibt etwas kürzer und die Zygomorphie

1) Ulter. osserv., P. I, p. 184.
2) Ebenda P. II, fasc. 2, p. 247.
3) A. a. O., p. 277.
4) Weitere Beobachtungen etc., 35. Jahrg., p. 283.
5) Blüthendiagramme I, p. 162.

wird dadurch noch auffälliger. Die Symmetrieebene weicht somit von der ursprünglichen Mediane um $^1/_6$ der Peripherie ab, bei den Blüthen der rechtsstehenden Zeile nach links, bei denen der anderen nach rechts, so dass beide Zeilen unter sich wieder symmetrisch werden.“ Noch eingehender wurden diese Stellungsänderungen von Urban[1]) untersucht, der bei einer Reihe von Gladiolus-Arten sowohl eine verschiedenartige Anfangsstellung der Symmetrieebene als Ungleichheiten in der nachträglichen Verschiebung und in der Lippenstellung nachwies; auch tritt nach ihm eine erhebliche Seitwärtsbiegung der Perigonröhre hinzu, welche die Einseitigkeit der Blüthenstellung befördert. Trotz morphologischer Verschiedenheit im Einzelnen stellen sich die Gladiolusblüthen immer so, dass sie den Besuchern in möglichst vortheilhafter Weise dargeboten werden; so richten sich nach Urban bei G. triphyllos Sibt. an der nach der Blüthenseite etwas übergeneigten Inflorescenzachse die Blüthen sämmtlich dem Erdboden parallel und öffnen ihren Schlund fast alle nach derselben Richtung, bei G. Saundersii Hook. fil. präsentiren sie sich an der ziemlich verticalen Achse am besten schräg von oben; bei G. undulatus Jacq. var. roseus sind sie dagegen an der fast horizontalen, übergebogenen Achse an der Oberseite derselben so angeordnet, dass die Unterlippe schräg nach oben, also nach der Zweigspitze zu gerichtet ist und die „etwas nach vorn gerichtete, aber sonst ziemlich gerade Blüthe den aus der Ferne anfliegenden Insecten zum Besuche geradezu entgegengestreckt wird.“

Interessante Verhältnisse kommen bei Gladiolus auch in der Variation der Geschlechtervertheilung vor. Schon Koch[2]) hat eine dem G. segetum sehr nahestehende, von Guépin bei Angers in Frankreich gesammelte Art (G. Guepini Koch) beschrieben, die nur durch schmälere Perigonzipfel und auffallend kleine Antheren abweichen soll und nach Arnaud[3]) eine sterile Form von G. segetum darstellt. Delpino[4]) giebt an, von G. segetum im östlichen Ligurien ausser zwitterblüthigen Stöcken auch reinweibliche Exemplare gefunden

---

1) Zur Biologie der einseitswendigen Blüthenstände. Ber. d. Deutsch. bot. Gesellsch., Bd. 3, p. 416—19.

2) Flora 1840, p. 000.

3) Bull. de la soc. bot. de France 1877, p. 266—71. — Citirt nach dem botanisch. Jahresbericht.

4) Ulter. osservaz., P. I, p. 184.

zu haben. Hiernach ist genannte Art als gynodiöcisch resp. adynamandrisch zu bezeichnen.

An Gartenexemplaren von G. segetum, die ich im Mai 1886 untersuchte, war die von Delpino festgestellte Proterandrie sehr deutlich; der Griffel überragt im ersten Stadium mit seinen dichtaneinanderliegenden Narben die stäubenden Antheren nur wenig; im zweiten Stadium erscheint er bogig nach unten gekrümmt, ist bedeutend länger als die Antheren, und seine drei hautartigen, am Rande stark papillösen (Fig. 106) Narbenflächen breiten sich aus. Am Eingang der schwach gebogenen, ca. 10 mm langen und 3 mm dicken Perigonröhre wird durch die Filamente je ein links- und ein rechtsliegendes Saftloch hergestellt, in welchem bei reichlicher Honigabsonderung[1]) Nektar sichtbar wird. Die Länge der besonders an der Basis etwas klaffenden Perigonzipfel beträgt ca. 35—45 mm, und zwar ist (an der gedrehten Blüthe) der nach oben gerichtete Zipfel der Oberlippe länger als die beiden Seitentheile, während von den drei schmäleren Abschnitten der Unterlippe der nach unten gerichtete Zipfel von den Seitenlappen nicht wesentlich an Länge verschieden ist; die Zipfel gehen aber von der Perigonröhre aus nicht in gleicher Höhe ab, sondern ihre Insertionsfläche hat eine derartige schräggeneigte Lage, dass die Zipfel der Unterlippe am weitesten nach vorn geschoben erscheinen. Letztere sind ausserdem die Träger des Saftmals, das aus einer einfachen oder doppelten, dunkelpurpurnen Längslinie besteht, während im übrigen die Blüthenfarbe hellpurpurn erscheint. Die Dimensionen der Blüthe sind derart, dass Hummeln bequem in den Schlund hineinkriechen können; in Folge der Construction der Blüthe werden dann im ersten Stadium derselben die Staubgefässe mit den nach abwärts gerichteten Antheren dem Besucher auf die Rückenseite gedrückt, während das Gleiche im zweiten Stadium mit den inzwischen verlängerten und seine Narbenlappen nach unten und vorn ausbreitenden Griffel geschieht; Kreuzung zwischen Blüthen von beiderlei Stadien ist auf diese Weise vollkommen gesichert. Freilich sah ich auch mittel- und kleinleibige Bienen (Apis, Andrena) in die Blüthen einkriechen; der Gesammteinrichtung nach sind dieselben trotzdem vorzugsweise auf den Besuch grossleibiger Apiden eingerichtet.

---

1) Die Nectarien von G. neglactus wurden von Grassmann (Die Septaldrüsen etc.) untersucht und abgebildet.

Sisyrinchium L.

(Tafel XIII, Fig. 107.)

Die an einer zweischneidigen, blattähnlichen Achse stehenden, aus einer zweiblättrigen Spatha entspringenden Inflorescenzen von S. anceps Lam. (Nordamerika, aber auch in Irland und an der deutschen Nordseeküste) sind in der Regel vierblüthig. Die kleinen (Durchmesser ca. 12 mm) blauen Einzelblüthen werden von drei äusseren und drei inneren, ziemlich gleichen, flach ausgebreiteten Perigonabschnitten (6 mm lang, 4 mm breit) gebildet, welche sich nur an der Basis zu einer kurzen Röhre (ca. 1 mm lang) vereinigen. Die Perigonzipfel sind zu einer scharfen Spitze ausgezogen und am Grunde mit einem grüngelben, drei- oder viereckigen, gezackten Saftmal versehen. Die auf dem unterständigen, mit zerstreuten Haaren besetzten, ca. 3 mm hohen Ovar stehenden drei fadenförmigen Griffeläste überragen zur Zeit der Vollblüthe ein wenig die drei Staubgefässe. Die Filamente (Fig. 107 bei f) der letzteren sind zu einer den Griffel umgebenden Hohlröhre von ca. 5 mm Länge verwachsen und tragen gelbe, längere Zeit vor dem Aufblühen bereits stäubende, extrorse Antheren (a), welche die anfangs dicht aneinanderliegenden Griffeläste völlig umschliessen. Es liegt somit ausgeprägte Protandrie vor; dieselbe ist nach einer Figur von Pax[1]) auch für S. convolutum zu vermuthen; genannter Forscher erwähnt für die genannte Art das kräftige Wachsthum der allen anderen Blüthentheilen vorauseilenden Staubblätter und giebt eine nachträgliche Drehung der ursprünglich in normaler Stellung angelegten, d. h. vor die Staubblätter fallenden Griffeläste an. Die durch die grünen Saftmale angedeutete Honigabsonderung kann bei vorliegender Gattung füglich nicht aus Septaldrüsen am Scheitel des Ovariums stattfinden, da sonst der Nektar an einer rings von der Filamentröhre eingeschlossenen und somit von aussen unzugänglichen Stelle sich ansammeln würde. Auch giebt Grassmann[2]) das Fehlen der Septaldrüsen bei Sisyrinchium an. Der Nektar scheint im äusseren Umkreis der Filamentsäule vom Grunde der kurzen Perigonröhre abgesondert zu werden, die hier eine netzartige, glänzende Oberfläche zeigt; freie Honigtropfen habe ich allerdings nicht wahrnehmen können. Jedoch

---

1) Iridaceae in Engler's Natürl. Pflanzenfam., II. T., 5. Abt., p. 140.

2) Die Septaldrüsen etc., p. 12.

geht aus dem Insectenbesuch der Blüthe hervor, dass sie eine Honigblume ist, da sie im bot. Garten von sehr kleinen Erdbienen (Halictus minutissimus K. ♀) andauernd aufgesucht und, wie es schien, mit Erfolg ausgebeutet wurde. Die Ausstattung mit Saftmalen, die als Schutzeinrichtung dienende Behaarung am Filamentgrunde, die starke Protandrie und der direct beobachtete Bienenbesuch machen eine allogame Einrichtung der Blüthe durchaus wahrscheinlich, die leichte Zugänglichkeit des Blüthengrundes macht sie für den Besuch hemitroper Insecten wie kurzrüsseliger und kleinleibiger Bienen, vielleicht auch für Schwebfliegen, besonders bequem. Erwähnenswerth ist auch die schnelle Vergänglichkeit der Blüthen von Sisyrinchium (Eintagsblumen)[1]).

Figuren-Erklärung.

In den Figuren bedeutet: a = Anthere, bl = Blumenblatt, resp. Blumenkrone oder Corollenzipfel, c = Connectiv, f = Filament, g = Gynäceum, gr = Griffel, h = Honigblatt, k = Kelch, resp. Kelchblatt oder Kelchzipfel, n = Nectarium, na = Narbe, o = Ovarium, st = Staubgefäss.

Die eingeklammerten Zahlen geben die Vergrösserung an.

Tafel XII.

Fig. 69—70. Mandragora vernalis.

Fig. 69. Köpfchentrichom von der Aussenseite der Corolle, ep Epidermiszellen, t Trägerzellen, z Zellen des Köpfchens $\left(\frac{150}{1}\right)$.

Fig. 70. Längsschnitt durch eine junge Blüthenknospe, hb Haarbüschel an der Basis der Staubgefässe $\left(\frac{1,5}{1}\right)$.

Fig. 71. Scopolia carniolica.

Fig. 71. Narbenpapillen $\left(\frac{150}{1}\right)$.

---

1) Hansgirg (Ueber die Verbreitung der reizbaren Staubfäden und Narben, sowie der sich periodisch oder bloss einmal öffnenden und schliessenden Blüthen. Botan. Centralbl. 11. Jahrg. 1890, Bd. 43, p. 415) bezeichnet sämmtliche von ihm untersuchte Arten von S. als ephemerblüthig.

Fig. 72—73. Physochlaena orientalis.

Fig. 72. Narbenkopf $\left(\frac{10}{1}\right)$.

Fig. 73. Papillen desselben aus einer Blüthe mit geschlossenen Antheren $\left(\frac{150}{1}\right)$.

Fig. 74—75. Lithospermum purpureo-coeruleum.

Fig. 74. Blumenkrone von oben, l Längsfalten, dazwischen Vertiefungen v $\left(\frac{2}{1}\right)$.

Fig. 75. Blumenkrone von der Seite, Bedeutung der Buchstaben wie vorhin $\left(\frac{3}{1}\right)$.

Fig. 76—78. Pulmonaria mollis.

Fig. 76. Blumenkrone von der Seite, bei v dreieckige Vertiefungen $\left(\frac{1,5}{1}\right)$.

Fig. 77. Theil der ausgebreiteten Blumenkrone von innen, bei hb Haarstreifen $\left(\frac{3}{1}\right)$.

Fig. 78. Ringförmige Zone der Blumenkrone in der Höhe der Hohlschuppenrudimente; letztere bestehen aus je zwei nach innen vorragenden, behaarten Höckern hk $\left(\frac{4}{1}\right)$.

Fig. 79—81. Mertensia virginica.

Fig. 79. In Anthese begriffene Blüthe von der Seite, bei e nabelartige Einstülpungen $\left(\frac{1,5}{1}\right)$.

Fig. 80. Blüthe mit Längsfalten an den Kronenzipfeln $\left(\frac{1,5}{1}\right)$.

Fig. 81. Zellen der Narbenoberfläche $\left(\frac{150}{1}\right)$.

Fig. 82—86. Phlomis tuberosa.

Fig. 82. Blüthe von der Seite, z die Zähne der Oberlippe, hb Haarbekleidung derselben $\left(\frac{2}{1}\right)$.

Fig. 83. Blumenkrone von der Seite, gl Gelenkschwiele, fa Falte, sa Aussackung an der Vorderseite der Röhre $\left(\frac{2}{1}\right)$.

Fig. 84. In Anthese begriffene Blüthe, ol Oberlippe, na vorragender, unterer Narbenast, u Unterlippe $\left(\frac{2}{1}\right)$.

Fig. 85. Oberes Staubblattpaar nebst einem Theil der dasselbe tragenden Corollenwand (bl), f die der Wand angewachsenen Filamente, sp freier Theil derselben (Sperrfedern), hb Haarbesatz der Röhre $\left(\frac{3}{1}\right)$

Fig. 86. Durchschnitt der Corollenröhre in Höhe der Sperrfedern (sp), ki kielartiger Vorsprung der Corollenwand, gr Griffelquerschnitt $\left(\frac{4}{1}\right)$.

Fig. 87—93. Diervilla canadensis.

Fig. 87. Im Aufblühen begriffene Blüthe $\left(\frac{2}{1}\right)$.

Fig. 88. Vollkommen geöffnete Blüthe, l die Lippe, sa basale Aussackung $\left(\frac{2}{1}\right)$.

Fig. 89. Kelch und Blumenkrone mit vertikal gestellter Symmetrieebene, Bedeutung der Buchstaben wie vorhin $\left(\frac{3}{1}\right)$.

Fig. 90. Unterer Theil der Blumenkrone (aus einer Blüthenknospe), l der lippenartige Corollenzipfel: die Haare lassen einen medianen, zum Nectarium (n) führenden Streifen frei $\left(\frac{2}{1}\right)$.

Fig. 91. Nectarium nebst anstossendem Theil der Corollenröhre (bl), hb Haarbekleidung letzterer, p Papillen des Nectariums $\left(\frac{10}{1}\right)$.

Fig. 92. Secernirende Papillen des Nectariums $\left(\frac{300}{1}\right)$.

Fig. 93. Papillen vom Rande der Narbenoberfläche $\left(\frac{150}{1}\right)$.

Tafel XIII.

Fig. 94—95. Erythronium dens canis.

Fig. 94. Basis eines inneren Perigonblatts von innen gesehen, l die als Nectarium entwickelte Ligularbildung, r, r Rinnen auf der Perigonblattfläche $\left(\frac{5}{1}\right)$.

Fig. 95. Basis eines inneren Perigonblattes nebst daraufliegendem Filament, i dessen Insertionsfläche an der Blüthenachse $\left(\frac{4}{1}\right)$.

Fig. 96. Fritillaria Meleagris.

Fig. 96. Narbenpapillen aus einer Blüthe mit geschlossenen Antheren, s Querwand der Papillen $\left(\frac{200}{1}\right)$.

Fig. 97. Tulipa silvestris.

Fig. 97. Längsschnitt durch die Basis eines Filaments (f) und den angrenzenden Theil des Fruchtknotens (o); bei f ist das Filament dicker und sowohl innen (bei i) als aussen (bei a) mit einem Haarbüschel versehen, nach der Basis b zu ist das Filament bedeutend verschmälert; p Basis eines durchschnittenen Perigonblattes $\left(\frac{6}{1}\right)$.

Fig. 98. Scilla campanulata.

Fig. 98. Blüthe von der Seite, t Tragblatt, v Vorblatt $\left(\frac{1,4}{1}\right)$.

Fig. 99. Scilla nutans.

Fig. 99. Blüthe von der Seite, t Tragblatt, v Vorblatt $\left(\frac{1,4}{1}\right)$.

Fig. 100—102. Camassia Fraseri.

Fig. 100. Blüthe von der Seite, t Tragblatt, p Perigonblätter $\left(\frac{1,2}{1}\right)$.

Fig. 101. Blüthenbasis von aussen, p Perigonblätter, k medianer Kiel derselben, l Lücken zwischen den Perigonblättern, bla Blüthenstiel $\left(\frac{2,5}{1}\right)$.

Fig. 102. Narbengewebe, im Wasser liegend, mit aufquellenden Papillen p $\left(\frac{150}{1}\right)$.

Fig. 103. Trillium erectum.

Fig. 103. Querschnitt des Ovariums $\left(\frac{6}{1}\right)$.

Fig. 104—105. Narcissus triandrus.

Fig. 104. Blüthe von der Seite, nk die Nebenkrone $\left(\frac{1}{1}\right)$.

Fig. 105. Narbenpapillen aus einer Blüthe mit geschlossenen Antheren $\left(\frac{200}{1}\right)$.

Fig. 106. Gladiolus segetum.

Fig. 106. Narbenpapillen $\left(\frac{75}{1}\right)$.

Fig. 107. Sisyrinchium anceps.

Fig. 107. Junge Blüthe nach Entfernung des Perigons, f die Filamentsäule $\left(\frac{6}{1}\right)$.

Zur Kenntniss der inneren Structur der vegetabilischen Zellmembranen.

Von

C. Correns.

Mit Tafel XIV u. XV und 2 Holzschnitten.

Einleitende Bemerkungen.

Die Untersuchungen, welche nachfolgenden Mittheilungen zu Grunde liegen, wurden im Winter 1888 in München auf Anregung Professor v. Nägeli's hin begonnen und im botanischen Institut der Universität in Berlin fortgeführt und abgeschlossen.

Es lag weder in meinem Wollen noch Können, eine Monographie der Zellwandstructur, nicht einmal eine solche der Streifung zu geben. Mein Hauptziel war, die Ergründung der Natur der Streifung, soweit sie ohne chemische oder mechanische Eingriffe sichtbar ist, eine Reihe anderer Resultate, die Morphologie der Streifung, die Schichtung, Querlamellirung etc. betreffend, ergab sich nebenher. Ich habe ganze Gruppen von oft citirten Beispielen für Streifung zwar nicht ununtersucht, aber doch hier unerörtert gelassen, trotzdem schwoll die Arbeit mehr an, als ursprünglich beabsichtigt worden war. Es lag das einerseits daran, dass ich das Verständniss des Vorgetragenen nicht durch allzugrosse Kürze gefährden wollte, andererseits daran, dass ich jeden, mir auch nur einigermaassen vernünftig erscheinenden Einwand selbst zu prüfen strebte, um einer Polemik vorzubeugen. Ich hielt es für besser, hierin etwas zu ausführlich als zu kurz zu sein.

Im Allgemeinen tritt bekanntlich die Streifung als ein System gerader, dunkler Linien auf der hellen Zellmembran auf, und die Frage ist zunächst, warum sieht man dunkle Linien auf hellem Grunde? Ehe ich jedoch auf die Ursachen, welche meiner Meinung nach mit Recht zur Erklärung dieser Erscheinung herbeigezogen werden können, eingehe, möchte ich eine ausserhalb derselben liegende Annahme, die „Contactlinien“ Strasburger's besprechen.

Auf diese führt bekanntlich Strasburger sowohl Schichtung als speciell Streifung zurück. So heisst es für die Sklerenchymzellen von Vinca[1]) ... „und nehme an, dass es sich hier um die Ausbildung von Schraubenbändern handelt, die einander bis zur Berührung genähert sind. Die dunkleren Linien ... sind die Contactflächen der Bänder“, für die Tracheiden von Pinus (l. c. p. 49) ... „und fasse dieselbe (die Streifung) als eine schraubige Verdickung der Wand auf. Die Streifen sind im Contact ...“ und endlich für die Aussenwände der Blattepidermis von Hyacinthus (l. c. p. 70) „Wir haben es hier also, in einem Worte, mit queren Balken, richtiger mit den Ring- und Schraubenband-Stücken eines Verdickungssystemes zu thun ... Die Balken sind einander bis zur vollen Berührung genähert und die feinen Linien zeigen nur die Contactflächen an.“ Dabei wird für Pinus und Vinca die Uebereinstimmung mit Dippel betont. Wie wir noch sehen werden, hatte Dippel eine andere Vorstellung, die Spiralbänder sind nach ihm gerade nicht im Contact, sondern durch Lücken getrennt, welche die dunklen Streifen bedingen sollen.

Ich halte Strasburger's Ansicht für physikalisch unmöglich. Zwei Schraubenbandstücke, aus derselben Substanz, von gleichem Lichtbrechungsvermögen also, einander bis zur vollen Berührung genähert, lassen überhaupt keine Grenzlinie zwischen sich erkennen, denn es ist nichts da, was eine solche bedingen könnte. Unter „Contactlinie“ versteht man eine Linie, welche durch Reflexion oder Refraction beim Uebertritt der Lichtstrahlen aus einem Medium in ein anderes entstehen. Dabei ist aber immer Voraussetzung, dass die beiden sich berührenden Medien verschiedenes Lichtbrechungsvermögen besitzen! Diese eigentlich selbstverständliche Bedingung für das Zustandekommen von Contactlinien ist auch von

1) Ueber den Bau und das Wachsthum der Zellhäute p. 65.

Zimmermann[1]) bei Besprechung der Ansichten Strasburger's über die Schichtung, speciell über die der Stärkekörner, hervorgehoben worden. Beruht die Streifung auf der Ausbildung von spiraligen Bändern, sei es von spiraligen Verdickungsleisten oder durch Spaltung einer zusammenhängenden Lamelle, so wird sie nur dadurch sichtbar, dass die Bänder sich nicht berühren, und eine Bezeichnung der dunkeln Linien als Contactlinien entspräche genau dem classischen „lucus a non lucendo."

Ein gutes Beispiel zur Erläuterung des eben Gesagten hat uns Krabbe in seinem „Beitrag zur Kenntniss der Structur etc." (diese Jahrb. Bd. XVIII, p. 368 und Taf. XV, Fig. 33—39) geliefert. Es ist das die „Kappenbildung" in den localen Erweiterungen der Bastzellen von Apocyneen, Euphorbia palustris etc. Die successive apponirten Kappen sind am oberen und unteren Ende der Erweiterung durch sich auskeilende, zum Theil mächtige (desorganisirte) Plasmamassen getrennt, dann durch Linien, endlich hören diese Linien plötzlich auf, ohne sich nach aussen oder innen anzulegen. Aus den Plasmamassen an den Polen geht hervor, dass die Lamellen apponirt, nicht differenzirt sind. Wenn sie das sind und wenn die „Contactlinien" zwischen den successiven Lamellen an und für sich sichtbar wären, so dürfte man die dunklen Grenzlinien zwischen denselben nicht plötzlich aufhören sehen, wie es der Fall ist, sondern sie müssten in sich geschlossene Curven darstellen oder sich an die nächstäusseren anlegen. Aus dem thatsächlich Vorliegenden lässt sich also mit Sicherheit schliessen, dass zwei gleichartige, einander apponirte Lamellen nicht an und für sich durch eine Grenzlinie getrennt erscheinen, sondern dass diese Grenzlinie noch besonders gebildet werden muss.

Damit soll noch nicht gesagt sein, dass dort, wo die dunklen Grenzlinien verschwinden, wirklicher Contact anfängt. Die Grenzlinien könnten sich auch noch in für unsere optischen Hülfsmittel nicht mehr wahrnehmbarer Schmalheit weiter fortsetzen.

Aber auch experimentell lässt sich die Contactlinientheorie stets leicht und definitiv zurückweisen. Man braucht nur das Object auszutrocknen und in einem ungefähr mit der trockenen Membransubstanz im Lichtbrechungsvermögen übereinstimmenden Medium zu untersuchen. Die Streifung ist (in allen von mir untersuchten Fällen)

---

1) Morphologie und Physiologie der Pflanzenzelle, p. 88.

vollkommen oder fast vollkommen verschwunden. Für Contactlinien läge kein Grund zum Verschwinden vor. Die sich „vollkommen berührenden" Bänder können sich doch nicht noch vollkommener berühren?

Indem wir daher im Folgenden ganz von der Contactlinientheorie absehen, wollen wir uns zunächst klar zu machen suchen, auf welche Weise überhaupt, von physikalischen Gesichtspunkten aus, das Zustandekommen der Streifung erklärt werden kann. Zunächst leuchtet ein, dass sie nur in einem Wechsel optisch ungleich dichter Substanz beruhen kann (im weitesten Sinne), die in Streifen angeordnet ist. Dieser Wechsel kann nun stattfinden in der Membran selbst oder zwischen der Membran und dem umgebenden Medium, indem Furchen auf der Membran durch letzteres ausgefüllt werden. Je nachdem die Furchen tief oder seicht, das Medium schwächer oder stärker lichtbrechend ist, muss die Streifung schärfer oder schwächer ausgeprägt erscheinen. (Bricht das Medium stärker als die Membran, so erscheinen die Furchen als Vorsprünge, die Leisten als Vertiefungen um so deutlicher, je grösser der Unterschied im Lichtbrechungsvermögen und je tiefer die Furchen sind; bricht es genau gleich stark, so muss die ganze Streifung beim Einbetten verschwinden.) Die erste Möglichkeit ist also die, dass die Streifung durch Furchung, Canellirung der Membran, hervorgerufen ist.

Findet aber der Wechsel zwischen ungleich stark brechenden Streifen (im weitesten Sinne) in der Membran selbst statt, so kann die Differenz im Lichtbrechungsvermögen wieder zwei verschiedene Ursachen haben, es können durch verschiedenen Wassergehalt optisch verschieden dichte Streifen ein und derselben Substanz mit einander abwechseln oder zwei gleichen Wassergehalt, aber an und für sich ungleich starkes Lichtbrechungsvermögen besitzende Substanzen. An die erste Modalität lässt sich als Specialfall die Annahme anschliessen, die Streifung bestehe aus, die ganze Dicke der einzelnen Schichten durchsetzenden, wasserführenden Spalten. Beide lassen sich, gegenüber der Membransculptur, als Membrandifferenzirung zusammenfassen.

Ausser diesen drei Möglichkeiten: I. Membransculptur, II. Membrandifferenzirung in Streifen ungleichen Wassergehaltes aus ein und derselben Substanz und III. Membrandifferenzirung in Streifen aus gleich wasserhaltigen, an und für sich im Lichtbrechungsvermögen verschiedenen Substanzen kann es meiner Meinung nach keine weitere geben. Dagegen können die einzelnen einfachen Ursachen combinirt gedacht werden (I mit II oder mit III, II mit III und I mit II und III).

Es lassen sich nun sämmtliche bis jetzt vorliegende Erklärungsversuche unter eine der drei Möglichkeiten stellen, nur von Wigand und Nägeli ist zuweilen eine Combination von zweien derselben angenommen worden, von ersterem nämlich die von I mit III, von letzterem die von I mit II.

Auf Membransculptur ist die Streifung zurückgeführt worden von Wigand[1]), der die Streifung mancher Algenzellmembranen, sowie der Bastfasern von Vinca durch Faltung (unter Hinzunahme chemischer Differenzen) erklärte, vor allem aber von Dippel[2]), der die Streifung der Tracheiden des Pinusholzes und der Bastfasern von Nerium etc. durch spiralige Verdickung entstanden sein liess. Dabei nahm er, wie bereits erwähnt, nicht etwa ein sich Berühren der Spiralbänder an, wie man das aus dem Umstande schliessen könnte, dass Strasburger die Uebereinstimmung seiner Anschauung mit der Dippel's betont, sondern die Verdickungsleisten sind nach ihm durch deutliche Furchen („Lücken“) getrennt, deren Breite derjenigen der Leisten gleichkommen kann. Man vergleiche nur Dippel's Abbildungen, welche Schnitte darstellen, die schräg zur Zellachse und senkrecht zu der Streifenrichtung geführt wurden, Fig. 46, 47 von Pinusholzzellen und Fig. 48 von Neriumbastzellen. Er konnte sich eben nicht ganz der Erkenntniss verschliessen, dass die dunklen Streifen in manchen Fällen für einfache Linien doch etwas zu breit sind.

Auf den Grenzfall, Spalten, die in der imbibirten Membran Wasser führen, scheint Strasburger[3]) in seiner neuesten Mittheilung die Streifung zurückführen zu wollen. („Ich meine nun, dass ... weiterhin rein mechanische (!) Vorgänge, wie etwa Volumabnahme durch Wasserverlust, die Ausbildung der Trennungsflächen und somit

1) Ueber die feinste Structur der vegetabilischen Zellenmembranen, in den Schriften d. Gesellsch. zur Beförd. d. gesammt. Naturwiss. zu Marburg 1856.

2) Die neuere Theorie über die feinere Structur der Zellhülle. Abhandl. d. Senckenberg. naturforsch. Gesellsch., Bd. X.

3) Histologische Beiträge, Heft II, p. 157.

der sichtbaren Structur zur Folge haben könnten.") Eine ähnliche Vorstellung scheint auch Krabbe[1]) gehabt zu haben, schliesst sich jedoch dem Wortlaut nach an Strasburger's ältere Ansicht an.

Nägeli[2]) führte bekanntlich die Streifung auf Membrandifferenzirung und zwar auf den Wechsel wasserreicherer und wasserärmerer Substanz zurück, zuweilen, z. B. bei Hyacinthus, könne die optische Wirkung der weicheren Streifen noch durch Furchenbildung unterstützt werden. Das Bestreben Wiesner's[3]) ging dahin, dieselbe auf den Wechsel verschieden stark brechender, auch chemisch verschiedener Substanzen — der zu Fibrillen vereinigten Dermatosomen und der Gerüst- oder Binde-Substanz — zurückzuführen.

Durch alle die erwähnten Arbeiten geht mehr oder weniger deutlich der Zug, Resultate, welche durch Untersuchung einer Reihe von zusammengehörigen Beispielen für Membranstreifung, z. B. von Bastzellen, Algenmembranen oder Nadelholztracheiden gewonnen waren und Licht auf die Natur der Streifung dieser speciellen Fälle warfen (oder zu werfen schienen), zu generalisiren, ohne die übrigen Fälle, welche dabei zusammengefasst wurden, genauer zu untersuchen. Es lag eben zumeist die Vorstellung vor, die Streifung müsse überall, wo sie auftrete, auch durch die gleichen Bedingungen sichtbar werden, eine Vorstellung, welche ich von vornherein nicht theilen konnte. Es erschien mir nöthig, nicht bloss die Morphologie der Streifung in ihren Variationen je nach den einzelnen Objecten zu untersuchen, wie das im ausgiebigsten Maasse Nägeli gethan hat, sondern an jede Gruppe zusammengehöriger Objecte mit denselben elementaren Fragen über die Natur der Streifung heranzutreten.

Wie mit der Streifung verhält es sich auch mit der Schichtung, hier wie dort dasselbe verfrühte Verallgemeinern von an einzelnen Objecten erhaltenen, (zum Theil) ganz richtigen Resultaten und darum die Widersprüche in den Ansichten über die Natur der Schichtung wie in denen über diejenige der Streifung. Dazu kommt noch das Bestreben der meisten Autoren, immer eine einfache Möglichkeit (I, II oder III) als Ursache der Streifung und Schich-

---

1) Ein Beitrag zur Kenntniss der Structur etc. Pringsh. Jahrb. B. XVIII, p. 405.

2) Ueber den inneren Bau der vegetabilischen Zellmembranen. Botanische Mittheilungen, Bd. II, p. 1 u. Folg.

3) Untersuchungen über die Organisation der vegetabilischen Zellhaut. Sitzungsber. der Kais. Acad. der Wissensch. in Wien, Bd. XCXII.

tung hinzustellen, statt eine Combination anzunehmen oder auch nur an eine solche zu denken, wie wenn das Vorhandensein einer jede andere ausschlösse und z. B. durch den Nachweis einer chemischen Differenz zwischen den dunklen und hellen Streifen oder Schichten Wassergehaltsdifferenzen ausgeschlossen würden.

Ehe ich daran gehe, die Berechtigung der einzelnen Möglichkeiten und Ansichten für die verschiedenen Objecte genauer zu prüfen, will ich noch einige, die Methoden der Untersuchung betreffende Bemerkungen einschalten, um nicht im weiteren bei der stetigen Wiederholung derselben immer wieder dasselbe erörtern zu müssen.

Ob eine sichtbar werdende Streifung auf Membranstructur oder Membransculptur beruht, scheint auf den ersten Blick ausserordentlich leicht entscheidbar: man braucht nur das Object imbibirt, aber ohne adhärirendes Wasser in ein den hellen Streifen im Lichtbrechungsvermögen ungefähr gleichkommendes Medium einzubetten, dann muss auf Structur beruhende Streifung unverändert erscheinen, auf Sculptur beruhende dagegen um so vollständiger verschwunden sein, je näher die beiden Brechungsindices, derjenige der hellen Streifen und der des Medium, einander kommen. Es ist das der Weg, den Dippel zur Lösung der Frage eingeschlagen hat. Theoretisch lässt sich nichts gegen diese Methode sagen, practisch ist sie nur in beschränktem Masse anwendbar, d. h. nur dann, wenn es sich um die Unterscheidung von centrifugalen und centripetalen Wandverdickungen handelt. Wird aber z. B. angenommen, die Streifung der Bastzellen von Vinca oder Nerium entstehe durch Spalten oder feine Furchen, so lässt sie uns im Stiche. Denn der äussere, z. B. rechtsgestreifte Lamellencomplex wird von einem folgenden, linksgestreiften, dieser aber von einem dritten, ungestreiften bedeckt, es lägen also wasserführende Capillaren in der Membran vor, deren Inhalt man kaum entfernen könnte, ohne dass die Membransubstanz selbst einen Theil ihres Imbibitionswassers verlöre.

Die wichtigsten Fingerzeige erhalten wir beim Austrocknen der Objecte. Zunächst erlaubt es uns, zu entscheiden, ob und bis zu welchem Maasse die Streifung auf dem Wechsel von in ihrem Lichtbrechungsvermögen an und für sich schon verschiedenen Substanzen beruht, die also gleichen Wassergehalt aufweisen und jedenfalls verschiedene chemische Individuen sein müssten. Wir bringen zu dem Behufe die vollkommen ausgetrockneten Objecte in ein Medium von den hellen Streifen etwa gleichem Lichtbrechungsvermögen. Ist die Streifung dann verschwunden, so darf man sicher sein, dass sie entweder auf Membransculptur oder Wassergehaltsdifferenzen beruhte. Es ist natürlich Bedingung, dass das Object und das Medium farblos oder doch beide in gleicher Nuance und gleicher Intensität gefärbt sind, damit nicht Absorptionsverhältnisse eine Rolle spielen können. Man muss ferner sehr vorsichtig sein, etwa erhaltenbleibende Spuren der Streifung nicht ohne weiteres auf Substanzdifferenzen zurückzuführen. Alle an Objecten, welche im imbibirten Zustande Wassergehaltsdifferenzen aufweisen, im trockenen Zustande wahrnehmbaren Streifungen beruhen auf Sculptur, diejenigen canellirter Membranen natürlich ebenfalls, kommt nun der Brechungsindex des Medium nicht vollkommen dem der trockenen Membransubstanz gleich, so kann natürlich auch die Streifung nicht absolut verschwinden, weil sich Object und Medium dem Licht gegenüber nicht ganz wie eine homogene Masse verhalten.

Natürlich kann man aus dem Verschwinden der Streifung (nach Ausschluss der Annahme etwaiger Membransculptur) nicht den umgekehrten Schluss ziehen, die Streifen beständen alle aus demselben chemischen Individuum, sondern nur den, dass eine derartige Verschiedenheit nicht Ursache der Erscheinung ist. Um dies zu entscheiden, muss man seine Zuflucht zu Reagentien nehmen, die zur Zeit freilich nicht im genügenden Maasse zur Verfügung stehen.

Wenn Contactlinien und Substanzverschiedenheit auf dem eben angegebenen Wege ausgeschlossen worden sind, kann sich die Untersuchung nur mehr darum drehen, ob Membransculptur oder Wassergehaltsdifferenzen die Streifung eines bestimmten Objectes bedingen. Im trockenen Zustande desselben muss sie natürlich auf Sculptur beruhen und aus den Unterschieden, die trockene Objecte, verglichen mit imbibirten, zeigen, können wir wichtige Schlüsse auf die Verhältnisse des imbibirten Zustandes ziehen. Es ist dabei durchaus nöthig, dass man in gleich lichtbrechenden Medien untersuchte Objecte vergleicht, also nicht ein Object imbibirt in Wasser betrachtet mit einem trocken in Luft liegenden. Dabei ist natürlich Voraussetzung, dass das zur Untersuchung des trockenen Objectes benutzte Medium von diesem nicht oder nur in unmerklicher Weise imbibirt wird. Ich benutzte meist absoluten (Aethyl-)Alkohol oder Aether, beide etwas stärker brechend als Wasser (für ersteren n = 1,363, für letzteren n = 1,36, für das Wasser n = 1,333). Der Unterschied ist auffallend genug, wenn man einem in Luft betrachteten Präparate absoluten Alkohol zusetzt. Es scheint mir, als ob die Angaben über das Deutlicherwerden oder Gleichdeutlichbleiben der Streifung beim Austrocknen zum Theil durch nicht genügende Beachtung dieses Umstandes bedingt worden sind.

A priori lassen sich vier Arten des Verhaltens der Streifung beim Austrocknen denken, wenn keinerlei Annahme über ihre Ursache gemacht wird: sie wird deutlicher, bleibt gleich deutlich, wird schwächer oder verschwindet.

Wir wollen nun ganz allgemein die möglichen Veränderungen betrachten für die Annahme, dass die Streifung bedingt sei durch Membransculptur (Furchung) oder durch Wassergehaltsdifferenzen oder durch beides zusammen. Man hat hier vier Möglichkeiten, wie sich eine Membran überhaupt verhalten kann, sie kann nämlich sein:

1. überall gleich dick und gleich dicht,
2. mit Furchen versehen (canellirt), aber gleich dicht,
3. überall gleich dick, aber aus nebeneinanderliegenden dichteren und weicheren Streifen bestehend,
4. mit Furchen versehen (canellirt) und aus nebeneinanderliegenden dichteren und weicheren Streifen bestehend. (Von den beiden hier möglichen Combinationen: die weicheren Streifen entsprechen den Furchen oder den Leisten, kommt nur die erstere wirklich vor.)

Der Einfachheit halber nehmen wir zunächst an, die Wasserabgabe erfolge nur in radialer Richtung (in der, in welcher die Leisten vorspringen), in den beiden anderen Richtungen (senkrecht zur Streifung und parallel derselben) sei sie null. Solche Fälle kommen auch wirklich (annähernd) vor oder lassen sich doch künstlich — durch Ausspannen vor dem Eintrocknenlassen — herbeiführen.

Besitzt die Membran überall gleiche Dichtigkeit und gleiche Dicke (Fall 1), so zeigt sie auch nach dem Austrocknen überall gleiche (aber gegen früher grössere) Dichtigkeit und gleiche (aber gegen früher geringere) Dicke. Fig. 1 A, Stück eines Querschnittes, *ac db* imbibirt, *ac' d'b* trocken nach 50 % Wasserverlust.

Ist die Oberfläche der Membran canellirt (mit Furchen und Leisten versehen), die Substanz aber gleich dicht (Fall 2), so werden durch das Austrocknen die Furchen seichter, die Leisten flacher, sie erscheint weniger tief canellirt. Fig. 1 B stellt ein Stück Querschnitt einer solchen Membran dar, senkrecht zur Streifenrichtung geschnitten, *acef.. db* im imbibirten Zustande, *ac'e'f'.. d'b* nach

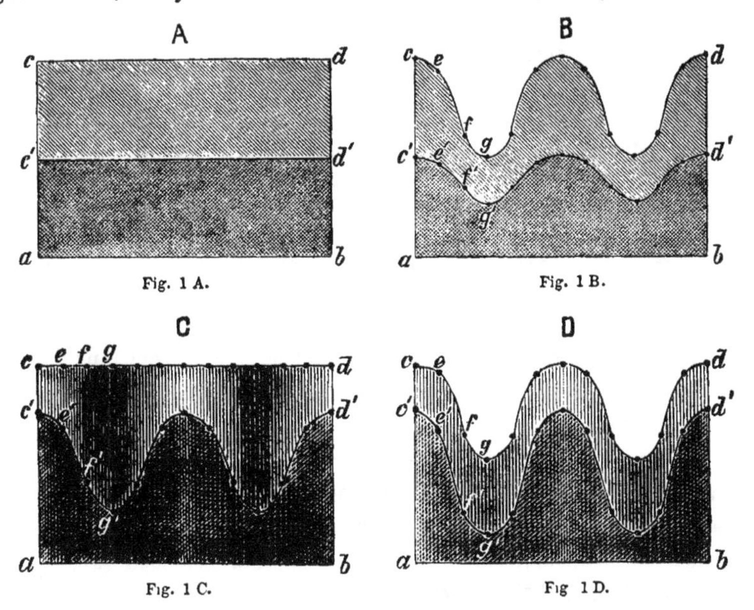

Fig. 1 A. Fig. 1 B. Fig. 1 C. Fig. 1 D.

Abgabe von 50 % Wasser. Punkt *c* ist auf *c'*, Punkt *e* auf *e'*, Punkt *f* auf *f'* etc. herabgesunken. Je wasserreicher die Substanz und je deutlicher die Canellirung war, desto grösser muss der Unterschied ausfallen und desto undeutlicher die Streifung erscheinen. Dasselbe gilt natürlich auch für den Grenzfall, dass statt der Furchen Spalten die Membran ihrer ganzen Dicke nach durchsetzen. Dieselben müssen in dem Verhältniss, in welchem ihre Höhe abnimmt, undeutlicher werden.

Ist die Membran überall gleich dick (ohne Furchen und Leisten) aber in nebeneinanderliegenden Streifen von wechselndem Wassergehalte (Fall 3), so muss sie beim Austrocknen Furchen und Leisten bilden. Der optische Effect bleibt dann als solcher mehr oder weniger erhalten, nur wird er statt wie in der imbibirten Membran durch Dichtigkeitsunterschiede, durch Dickenunterschiede (Sculptur) hervorgerufen. — Es leuchtet sofort ein, dass neben der Grösse der Wassergehaltsdifferenz die Tiefe, bis zu welcher diese in der Membran geht, die Tiefe der beim Austrocknen resultirenden Furche resp. die Höhe der Leisten bestimmt. Je grösser die Wassergehaltsdifferenz und je höher (dicker) das differenzirte Membranstück, desto tiefer die sich bildende Furche. Die Gestalt der resultirenden Curve hängt davon ab, ob der Uebergang von den wasserreicheren Streifen zu den wasserärmeren ein allmähliger oder ein plötzlicher ist; je rascher er in der imbibirten Membran vor sich geht, desto steilere Böschungen zeigen die Furchen der trockenen. In Fig 1 C ist der ursprüngliche Wassergehalt der dichtesten Substanz zu 25 %, der der weichsten zu 75 %, der Uebergang als ein allmähliger angenommen worden. Die wasserreicheren Stellen sind dunkler schraffirt. Beim Austrocknen verwandelt sich dann die gerade Linie *cefg . . . d* in die Curve *c'e'f'g'. . . d'*.

Aus dem bereits Gesagten ergiebt sich das Verhalten einer Membran, die verschiedene Dicke (Furchen und Leisten) und verschiedene Dichte (nebeneinanderliegende wasserreichere und wasserärmere Streifen) aufweist (Fall 4). Der Kürze halber beschränke ich mich auf die Erörterung der allein in Wirklichkeit vorkommenden Combination, dass nämlich Leisten und wasserärmere Substanz sowie Furchen und wasserreichere Substanz sich entsprechen. Beim Austrocknen werden einerseits die Furchen an und für sich (abgesehen von den Wassergehaltsdifferenzen) seichter (Fall 2), andererseits sinkt die weichere Substanz an und für sich stärker ein als die dichte (Fall 3). Je nachdem das eine oder das andere überwiegt, wird die Streifung beim Austrocknen schwächer oder deutlicher. Bei einem gewissen Wassergehalt und bei einer gewissen Tiefe der ursprünglichen Canellirung wird die Gestalt der Curve des Querschnittes nicht geändert, die Streifung erscheint jedoch schwächer, weil nun die Membransculptur allein, ohne Mitwirkung der Dichtigkeitsdifferenzen die optische Wirkung bedingt. Bei einem anderen Verhältniss beider wird das Aussehen der Streifung nach dem Austrocknen nicht geändert erscheinen, die Canellirung muss tiefer gehen als im imbibirten, da sie nun auch noch den Effect der Dichtigkeitsunterschiede mit hervorrufen muss. — Je tiefer die Furchen in der imbibirten Membran sind, desto dicker muss die differenzirte Schicht oder desto grösser muss die Wassergehaltsdifferenz sein, damit die Streifung beim Austrocknen gleich deutlich bleibt; je seichter die Canellirung ursprünglich war, desto geringer brauchen sie zu sein. Unsere Fig. 1 D ist eine Combination von 1 B und 1 C, von ersterer ist die Membransculptur, von letzterer der Dichtigkeitsunterschied genommen, beim Austrocknen wird aus der Curve $cefg \dots d$ die Curve $c'e'f'g' \dots d'$.

Wir haben bis jetzt vorausgesetzt, dass die Wasserabgabe nur eine Contraction in einer bestimmten Richtung, der „radialen", bedinge. Aendert die Membran auch noch in der Richtung parallel der Streifung (in der „longitudinalen") ihre Ausdehnung merklich, so hat das keinen Einfluss. Verkürzt sie sich dagegen auch noch in der Richtung senkrecht zur Streifung („tangential") in merklicher Weise, so wird dadurch die beim Austrocknen resultirende Canellirung merklich geändert und zwar in dem Sinne, dass für gleichbleibende Radialcontraction beim Hinzukommen der Tangentialabnahme die Furchen schmäler, also verhältnissmässig tiefer werden als ohne dieselben, was, da hierdurch die Böschungen steiler werden, den optischen Effect in der Weise beeinflusst, dass die nämliche Deutlichkeit der Streifung bei geringerer Tiefe der Furche auftritt.

Ziehen wir die Folgerungen aus dem eben Gesagten, so finden wir, dass das Austrocknen zwar wichtige Anhaltspunkte zur Beurtheilung der Natur einer Membranstructur geben kann, aber nur dann, wenn das Object sich bei der Wasserabgabe in der Fläche, und zwar speciell senkrecht zur Streifung, nicht oder nur wenig contrahirt oder, wenn sich diese Verkürzung ausschliessen lässt, etwa durch Austrocknenlassen in gespanntem Zustande. In solchen Fällen kann aus dem Gleichdeutlichbleiben oder dem Deutlicherwerden der Streifung mit voller Sicherheit auf einen Wechsel wasserreicherer und wasserärmerer Streifen geschlossen werden.

Aus dem Undeutlicherwerden der Streifung kann man ohne weitere Anhaltspunkte keine Schlüsse ziehen, denn drei verschiedene Ausgangsformen können beim Austrocknen dieses nämliche Endresultat geben, es könnte nämlich die Membran im imbibirten Zustande a) aus gleich dichter, aber gerillter Substanz, b) aus ungleich dichter, nicht gerillter und c) aus ungleich dichter und zugleich gerillter Substanz bestanden haben. Für b) und c) sind jedoch dann bestimmte Verhältnisse des Wassergehaltes, resp. dieses und der Furchung, Vorbedingung. Sobald neben der radialen Contraction beim

Austrocknen auch eine starke tangentiale zum Vorschein kommt, lässt sich aus den eintretenden Veränderungen allein kein sicherer Schluss ziehen. Ja es ist aus dem Auftreten von Furchen an der trockenen Membran nicht einmal mit Sicherheit weder auf eine vorherige Existenz von Furchen, noch auf diejenige von Wassergehaltsdifferenzen zu schliessen, denn eine (centripetal) innerste, dichtere Lamelle über einer Schicht von bedeutend wasserreicheren, sonst homogenen Lamellen würde durch grössere Wasserabgabe der letzteren in einer bestimmten Richtung der Fläche zu Bildung von Falten, senkrecht zu dieser Richtung grösserer Contraction gezwungen.

Ein vollständiges Verschwinden einer auf Wassergehaltsdifferenzen beruhenden Membranstructur beim Austrocknen liesse sich nur dann denken, wenn das Contractionsmaximum in die tangentiale Richtung (in die Fläche der Membran und senkrecht zur Streifenrichtung) fiele und die Dimensionsänderung in radialer Richtung null oder doch viel geringer wäre. Es könnten sich dann die dichteren Streifen solange einander nähern, dass die weicheren zwischen ihnen nicht einzusinken brauchten und schliesslich die ganze Membran gleich dick und gleich dicht wäre. Solange eine bedeutende, dem jeweiligen Wassergehalt proportionale Contraction in radialer Richtung erfolgt, ist an ein Verschwinden gar nicht zu denken.

Specieller Theil.

I. Epidermiszellen von Hyacinthus.

Die Streifung der Epidermiszellenaussenwände des Blattes von Hyacinthus orientalis ist meines Wissens zuerst von Nägeli[1]) beschrieben worden. Er gab Längsstreifung, parallel der Längsachse der (in der Richtung der Blattachse gestreckten) Zellen und Querstreifung, senkrecht zur Längsstreifung, tangential zur Zellachse an. Beide Systeme sollten durch Differenzen im Wassergehalt gebildet werden. Später ist diese Structur nur noch von Strasburger[2]) untersucht worden, der die Längsstreifung auf Cuticular-

1) Bot. Mittheilungen II, p. 40 und Nägeli u. Schwendener, Mikroskop II. Aufl., p. 534.

2) Zellhäute, p. 70.

falten, die Querstreifung auf ein „System querer Balken, richtiger Ring- oder Schraubenbandstücken“ zurückführte. Die Balken seien einander bis zur vollen Berührung genähert.

Ich fand die fragliche Structur ausser bei Hyacinthus noch deutlich ausgeprägt am Blatte von Ornithogalum (nutans) und am Blattstiel von Zantedeschia [Calla] (aethiopica), schwächer bei Leucojum (vernum), Galanthus (nivalis), Colchicum (autumnale) und Muscari (comosum). Sie liess sich dagegen nicht nachweisen an der Blattepidermis von Narcissus (Tazetta), Asphodeline (lutea), Hemerocallis (flava), Lilium (bulbiferum), Fritillaria (imperialis), Crocus (luteus), Triglochin (maritimum), Arum (maculatum). Hyacinthus und Ornithogalum nutans sind bei weitem die günstigsten Objecte, es wird im Folgenden auch nur auf sie Bezug genommen. Aber auch bei ihnen ist die Streifung nicht an den Blättern aller Individuen und an allen Stellen eines Blattes erkennbar. Um sie sichtbar zu machen, muss oft der körnige Wachsüberzug durch Kochen in Wasser, Erwärmen in Alkohol oder durch Benzol von der Cuticula entfernt werden. Letztere Methode schliesst, neben dem Befund an Längsschnitten durch das frische Blatt, den allenfallsigen Einwurf aus, die Streifung werde erst durch den Wasserverlust im Alkohol oder durch einen Quellungsvorgang beim Kochen in Wasser hervorgerufen.

Die Epidermiszellen sind langgestreckt (parallel der Blattachse), die Aussenwände, welche eben die in Rede stehende Structur zeigen, stark verdickt, die Seiten- und Innen-Wände bleiben dünn (Fig. 1, Taf. XIV).

Die Längsstreifung Nägeli's muss ich, in Uebereinstimmung mit Strasburger, als durch feine, oft sehr regelmässige Cuticularfalten bedingt erklären. Es geht das aus dem Verhalten abgezogener Epidermisstücke gegenüber den gewöhnlichen Reagentien auf Cuticula zweifellos hervor.

Die Querstreifung erscheint in der Flächenansicht als ein System gröberer oder feinerer, dunkler, zuweilen etwas verzweigter Querlinien, welche hellere, mehrmals breitere, unter sich jedoch etwa gleichbreite Streifen abgrenzen. Betrachtet man sie genauer, so findet man, dass immer zwei helle Streifen zusammengehören (Fig. 4, 5, Taf. XIV). Das spricht sich einerseits darin aus, dass meist die dunklen Linien abwechselnd schärfer und weniger scharf ausgeprägt sind, andererseits darin, dass immer zwei helle Streifen sich zugleich auskeilen, wenn eine dunkle Linie sich verästelt. Die Linien, welche je zwei zu einem Paare gehörige helle Streifen trennen, und welche verschwinden, ohne sich seitlich anzulegen, wenn letztere sich auskeilen, will ich als Mittellinien bezeichnen, die Linien, welche sich verzweigen können, und welche die Paare von hellen Streifen trennen, als Grenzlinien. Die Grenzlinien sind, wenn überhaupt eine Differenz in der Deutlichkeit der beiden Arten von dunklen Linien besteht, die schärfer ausgebildeten. Ihre Verzweigungen können bald ganz fehlen, bei einzelnen Zellen, oder an einem ganzen Blatte, bald gabelt sich eine Grenzlinie selbst zwei oder drei mal (besonders bei Ornithogalum). Die Streifen treten immer hart an die (longitudinalen) Seitenwände, ohne sich jedoch in zwei nebeneinanderliegenden Zellen wirklich zu entsprechen, bleiben dagegen von den quergestellten (tangentialen) Wänden fern.

Ausser dieser Streifung kann man noch, bei etwas tieferer Einstellung, eine zweite Streifung als undeutlich begrenzte, helle und dunkle Querstreifen erkennen, hervorgerufen durch eine schwächere oder stärkere Wellung der Innenlamelle. Dies ist die Querstreifung Nägeli's[1]), welcher die wahre Streifung nur auf dem Längsschnitt, nicht auch in der Flächenansicht gekannt zu haben scheint. Bei allmäligem Heben des Tubus verschwindet diese Streifung vor der wahren, auf Differenzirung beruhenden Streifung.

Der Längsschnitt durch die Epidermiszellen (parallel der Zell- und der Blatt-Achse) zeigt, ausser der mir, wie Strasburger, stets nur andeutungsweise erkennbaren (concentrischen) Schichtung, an günstigen Stellen sehr deutliche, auf die Cuticula, resp. die Innenlamelle senkrechte (also radiale), genau parallele, und meist gleichweit von einander entfernte, dunkle Streifen, dazwischen helle (Fig. 2, 3, Taf. XIV). Die dunklen Streifen, unseren dunklen „Linien“ in der Flächenansicht entsprechend, haben eine sehr merkliche Breite, wenngleich sie nur selten so breit werden wie die hellen Streifen und meist mehrmals schmäler sind. Die Innenlamelle, von bedeutend stärkerem Lichtbrechungsvermögen als die

1) Vergl. Bot. Mitth. II, Taf. II, Fig. 17 und Mikroskop, II. Aufl., Fig. 236 b.

übrige Aussenwand, hat welligen Verlauf, die Innenseite der Epidermisaussenwand ist also quer gefurcht. Die Kerben sind sehr verschieden ausgebildet, an dem einen Längsschnitt tief, an einem andern seicht und kaum merklich. Wo die Structur recht deutlich ist, kann man erkennen, dass eine Beziehung zwischen Kerben und Streifen besteht, in dem auf jede Erhebung und auf jede Einsenkung der Innenlamelle ein Streifen trifft, auf die Erhebung (gegen das Lumen der Zelle) ein schwächerer, der „Mittellinie“ in der Flächenansicht entsprechend, „Mittelstreifen“, und auf die Einsenkung ein stärkerer, der „Grenzlinie“ entsprechend, „Grenzstreifen“. Die Mittelstreifen durchsetzen die Innenlamelle sicher nicht; ob die Grenzstreifen sie durchsetzen, darüber konnte ich mir keine volle Gewissheit verschaffen. Nach Strasburger (l. c. p. 70) ist ohne weiteres festzustellen, dass das Grenzhäutchen scharf abgesetzt ist und über die sich berührenden Balken läuft, ohne sich zwischen sie einzusenken. Mir ist zum Mindesten ein Dünnerwerden der Innenlamelle über den Grenzstreifen wahrscheinlich. Nach Strasburger (l. c. p. 70 u. Taf. II, Fig. 35) trifft übrigens auf jeden dunklen Streifen eine Einsenkung, er hat offenbar die oft schwächeren Mittellinien übersehen. — Nach aussen zu hören die Streifen meist verschwommen, und lange bevor sie die Cuticula erreichen, auf. Der Längsschnitt bietet also ungefähr das Bild dichtgedrängter, gleichlanger Falten.

Durch das sich Verzweigen der Grenzstreifen — wobei, wie wir bereits sahen, die Mittelstreifen blind endigen — kommen für den radialen Längschnitt Unregelmässigkeiten zu Stande, indem zuweilen drei helle Streifen (statt zwei) zusammen zu gehören scheinen, weil zwei direct benachbarte dunkle Streifen weiter nach aussen gehen und Einbuchtungen entsprechen.

Auf dem Querschnitt (senkrecht zur Zellachse) ist natürlich weder von der Streifung noch von der Rillenbildung etwas zu sehen, war der Schnitt jedoch nicht ganz genau quer, sondern etwas schief geführt worden, so können Spuren von beiden auftreten. Dagegen ist die Cuticularfaltung manchmal recht deutlich zu erkennen, an den gröberen Falten auch der von der Cuticula überdeckte (in der Flächenansicht leistenförmige) Cellulosekern derselben.

Natur der Querstreifung. Die Querstreifung wurde von Nägeli auf den Wechsel wasserreicherer und wasserärmerer Lamellen zurückgeführt. Strasburger betrachtet sie als bedingt durch „quere Balken, richtiger Ring- oder Schraubenband-Stücke eines Verdickungssystemes, das nur an der Aussenwand der Zellen ausgebildet wurde. Die Balken sind einander bis zur vollen Berührung genähert, und die feinen Linien zeigen nur die Contactflächen an.“

Nachdem ich mich in der Einleitung (p. 255) des Breiteren über die Contactlinientheorie ausgesprochen habe, kann ich dieselbe hier mit Stillschweigen übergehen. Es handelt sich also nur darum, ob die sichtbare Structur hervorgerufen werde: 1. Durch zwei, an und für sich in ihrem Brechungsvermögen verschiedene Substanzen, 2. durch den Wechsel wasserreicherer und wasserärmerer Streifen oder 3. durch Wasser, resp. Zellsaft führende Spalten. Antwort hierauf erhält man durch vollkommenes Austrocknen der Epidermis, welche sich leicht und in grossen Fetzen vom Blatte abziehen lässt. Die Zellen collabiren beim Wasserverluste leicht und zeigen dann, da alles aneinander klebt, nur Spuren der Structur, welche sie, gut getrocknet, aufweisen. Es empfiehlt sich, die Epidermisstücke erst zu plasmolysiren und aus starkem Alkohol austrocknen zu lassen.

Trocken, und in Luft betrachtet, zeigen die Aussenwände eine Querstreifung, die ganz anders aussieht, als die im imbibirten Zustande (Fig. 6, 7, Taf. XIV). Bettet man ein vollkommen ausgetrocknetes Epidermisstück in ein ungefähr gleich stark brechendes Medium ein (etwa in Canadabalsam), so erkennt man, je näher der Brechungsexponent des umhüllenden Medium dem der trockenen Cellulose kommt, desto weniger von der Querstreifung, oft gar nichts mehr. Daraus geht ohne weiteres hervor, dass die im imbibirten Zustand sichtbare Structur nicht durch den Wechsel zweier, an und für sich verschieden brechender Substanzen verursacht sein kann.

Wie bereits erwähnt, sieht die Querstreifung der ausgetrockneten Epidermisaussenwände ganz anders aus als die der imbibirten. Die Streifen sind durch den Wasserverlust viel breiter und deutlicher geworden, auch dann, wenn man die Untersuchung statt in Luft in absolutem (Aethyl-) Alkohol vornimmt, obwohl dieser einen etwas höheren Brechungsexponent hat, als Wasser, (u = 1,36 statt

1,33), also die Deutlichkeit einer Canellierung herabsetzen muss. (Auf letzterer muss natürlich die Querstreifung in diesem Zustande beruhen.)

Lässt man dann allmälig zu dem absoluten Alkohol Wasser zutreten, so wird das Aussehen der Querstreifung wieder geändert, sie wird undeutlicher, man stellt aber leicht fest, *dass jedem hellen Streifen* (jeder Leiste) *des trockenen Zustandes ein Streifenpaar des imbibirten entspricht*, jedem dunklen Streifen (jeder Rinne) der trockenen Aussenwand ein Grenzstreifen. *Zwischen den Grenzstreifen treten* dann *durch die Imbibition* auch *die Mittelstreifen wieder auf*, von denen im trockenen Zustande keine Spur zu erkennen war. Dieselben Schlüsse auf das Verhalten der Mittel- und Grenz-Streifen und ihre Beziehungen zu der Rillenbildung des trockenen Zustandes konnte man übrigens bereits aus diesem selbst ziehen: es keilt sich nämlich dann jeder helle Streifen allein aus, wenn ein dunkler sich verzweigt, nicht jedesmal ein Paar von hellen Streifon zugleich, wie im imbibirten Zustande.

Für die *Mittelstreifen* müssen wir also bereits jetzt annehmen, dass sie (solang als sie sichtbar sind, also im imbibirten Zustande der Epidermisaussenwände) aus *wasserreicherer* Substanz bestehen. *Für die Grenzstreifen geht dasselbe aus ihrem Deutlicherwerden beim Austrocknen hervor.* Wie man durch directe Messung an Schnitten durch die ausgetrocknete Membran (es geht nicht an, die Schnitte selbst austrocknen zu lassen) und dann nach Wasserzusatz feststellen kann, schrumpft beim Austrocknen die Aussenwand der Epidermiszellen in radialer Richtung etwa auf ein Viertel ihrer anfänglichen Dicke zusammen. Spaltenförmige Rinnen in der Membran (senkrecht auf der Cuticula stehend) würden also im trockenen Zustande nur mehr ein Viertel ihrer ursprünglichen Tiefe besitzen können, müssten also viel weniger deutlich sein als im imbibirten Zustande. Dagegen müssen, wenn die Grenzlinien durch wasserreichere Streifen bedingt sind, durch deren grössere Volumabnahme bei der Wasserabgabe, die Rillen, welchen sie bereits in der imbibirten Membran entsprechen, vertieft werden, und während sie bereits vorher, neben der wahren Streifung mehr oder weniger wirksam waren, allein die sichtbare Structur der trockenen Epidermisaussenwände bedingen (Fig. 8, 9, Taf. XIV).

Die Grenzstreifen sind also, wie die Mittelstreifen, Streifen grösseren Wassergehaltes und erscheinen deswegen dunkel. — Dass die Rillen des trockenen und imbibirten Zustandes sich wirklich entsprechen und nur in ihrer Tiefe sich unterscheiden, lässt sich, sowohl an trockenen Längsschnitten, als auch an Flächenansichten trockener Aussenwände mit vollkommener Sicherheit erkennen, wenn man den als Beobachtungsmedium dienenden Alkohol vorsichtig mit zur vollständigen Imbibition genügenden Wassermengen versetzt.

Es liegt nahe, das Tieferwerden der Rillen beim Austrocknen auf eine andere Weise erklären zu wollen: die im imbibirten Zustande stärker lichtbrechende Innenlamelle, welcher man daher auch grössere Dichte zuzuschreiben geneigt ist, verliert weniger Wasser als die folgenden Schichten, diese contrahiren sich also parallel der Zellachse (senkrecht auf die Rillen) stärker, und (unter dem Auftreten von Spannungen) vertieft die Innenlamelle ihre bereits vorhandenen Falten. Diese Deutung erhält eine scheinbare Stütze in der Beobachtung, dass an den Rändern der trockenen Epidermisstücke, also da, wo die Zellen angeschnitten oder sonst geöffnet waren, die Querrunzelung viel deutlicher erscheint, also meist schon in den folgenden Zellen. Dort kann sich nämlich die Aussenwand frei contrahiren, obwohl die Unterwand dem Objectträger ankleben kann. Dass diese Argumentation hinfällig ist, geht daraus hervor, dass man zuweilen innen auf einem ausgetrockneten Epidermisstück inselartig schön quer gerunzelte Partien findet, rings umgeben von Epidermisaussenwänden mit undeutlichen Querrillen. Durch directe Messung lässt sich leicht feststellen, dass bei der Imbibition von Wasser die schön quergerunzelten Zellen weder in der Breite noch in der Länge eine merkliche Ausdehnung erfahren, sie waren beim Austrocknen von der anklebenden Unterseite gespannt worden. Das Deutlicherwerden der Streifen an den Rändern des Stückes rührt daher, dass die geöffneten Zellen nicht, oder doch weniger leicht collabiren, die Bildung der inselartigen Stellen deutlicher Rillenbildung ebenfalls von dem Eindringen von Luft. Wo dagegen die Zellen collabiren und Aussenwand, Plasma und Innenwand zusammenkleben, sind keine günstigen Verhältnisse gegeben. Uebrigens würde die Flächencontraction (senkrecht zur Streifenrichtung) der äusseren Schichten kaum gross genug sein, um ein derartiges Faltenwerfen der innersten zu gestatten, sie beträgt nämlich unter den günstigsten

Umständen, wenn sie möglichst ungehindert erfolgen kann, nur 4 % bis höchstens 10 %, nach Versuchen, die ich eigens zur Feststellung dieser Verhältnisse anstellte.

Die Entwicklungsgeschichte lehrt, soweit ich sie verfolgen konnte, dass die Streifung der Aussenwände bereits vor Vollendung des Dickenwachsthum's auftritt. Ob das letztere durch Intussusception oder Molecular-Apposition oder wiederholte Lamellenbildung stattfindet, für die Beantwortung dieser Frage konnte ich keine Anhaltspunkte finden. Jedenfalls müsste bei Lamellenapposition die Differenzirung der einzelnen Lamellen in dichtere und weichere Streifen stets an ganz genau correspondirenden Stellen erfolgen, da auf dem Längsschnitt die hellen und dunklen Streifen stets ganz gerade sind. Die Streifung tritt jedenfalls zunächst sehr undeutlich auf, wird dann aber deutlicher, „differenzirt sich". Da die Schichtung, wenn erkennbar, zweifellos ebenfalls durch Wassergehaltsdifferenzen sichtbar wird, so hätten wir in der Epidermisaussenwand bei Hinzunahme der Streifung zwei sich rechtwinkelig kreuzende Systeme wasserärmerer und wasserreicherer Schichten. Ob die Kreuzungsstellen dieser letzteren wirklich wasserreicher sind als diese an und für sich, wie Nägeli es wollte, ob wir also Parallelepipede von vierfach verschiedenem Wassergehalt in der Aussenwand vor uns haben oder nur von dreierlei, konnte ich nicht ermitteln, da ich die Schichtung überhaupt nur selten und nie deutlich zugleich mit der Streifung sehen konnte.

Besondere Beachtung verdienen noch die Quellungs- und Doppelbrechungs-Verhältnisse der Epidermisaussenwände von Hyacinthus und Ornithogalum. Die Imbibition („Quellung ohne Structuränderung," Schwendener[1])) ist in den drei (aufeinander senkrechten) Richtungen des Raumes verschieden: das Maximum der linearen Ausdehnung (bis 300 %) fällt in die radiale Richtung — die Orientirung ist hier wie überall im folgenden auf die ganze Epidermiszelle bezogen —; das Minimum (4 bis 10 %) in die longitudinale Richtung (also senkrecht zur Streifung); in der tangentialen Richtung (also parallel der Streifung) beträgt die Ausdehnung 10 bis 20 % (beobachtete Maxima: 23 %

1) Ueber Quellung und Doppelbrechung vegetab. Membranen, p. 6 ff. des Separatabdr.

bei Leucojum, 20,6 % bei Hyacinthus). Diesem Verhalten bei der Imbibition entspricht dasjenige bei der Quellung (in starken Säuren und Alkalien, „Quellung mit Structuränderung", Schwendener); in der radialen Richtung ist die Ausdehnung am grössten (100 % und mehr), in der Längsrichtung (also senkrecht zur Streifung) tritt Verkürzung ein (um 6 bis 20 %), in der tangentialen Richtung (also parallel zur Streifung) erfolgt eine geringe Ausdehnung (um 5 bis 15 %).

Von den drei Achsen des Quellungsellipsoides (vergl. Schwendener, a. a. O. p. 15 f.) ist also die radial gestellte, wie gewöhnlich, die grösste, die longitudinal gestellte die kleinste resp. die sich verkürzende, die tangentialorientirte steht in Bezug auf ihre Länge zwischen den beiden anderen, die Formel ist $r > t > l$, wie bei einer Bastzelle mit longitudinalen Poren. Die Membranen schienen mir jung (im März) imbibitions- und quellungsfähiger zu sein als erwachsen (im Mai). Der mechanische Eingriff des Schneidens wirkt, wenigstens für die Radialrichtung, bereits sehr merklich quellungserregend ein, ein solches Verhalten ist bereits von Nägeli[1]) für durchschnittene Membranen von Schizomeris beschrieben worden.

Das Ellipsoid der optischen Elasticität steht zu dem der Quellung, wie fast durchgängig, in einem reciproken Verhältniss. Das Verhältniss der Achsen wurde an abgezogenen Epidermisstücken und an Längs- und Querschnitten bestimmt. Die longitudinalgestellte Achse ist die grösste, die radialgestellte die kleinste, die tangential orientirte steht in Bezug auf ihre Länge wieder zwischen den beiden anderen (Formel $r < t < l$). Es ist also hier die längste Achse des Ellipsoides nicht parallel der Streifung, sondern senkrecht zu derselben gestellt.

Die Orientirung der beiden Ellipsoide ist dieselbe wie gewöhnlich in langgestreckten Epidermiszellen[2]); die längste Achse des optischen Elasticitätsellipsoides, resp. die kürzeste des Quellungsellipsoides parallel der Zellachse. Dagegen ist die Orientirung der beiden Ellipsoide in Bezug auf die Streifung gerade ent-

1) Pflanzenphysiologische Untersuchungen, Heft I, p. 32.

2) N. J. C. Müller, Polarisationserscheinungen und Molecularstructur pflanzl. Gewebe in Pringsh. Jahrb. B. XVII, p. 18; von mir für Lilium nachuntersucht.

gegengesetzt der in allen bisher von anderen und von mir beobachteten Fällen. Ueberall nämlich, wo durch Streifung, Poren oder spiralige Verdickung die Molecular- oder Micellarstructur angedeutet gefunden wurde, fand man auch ausnahmslos die grösste Achse des optischen Elasticitätsellipsoides (resp. die kleinste des Quellungsellipsoides) parallel der Streifung oder Porenrichtung[1]). Hier in der Epidermisaussenwand von Hyacinthus und Ornithogalum steht sie senkrecht auf der Streifenrichtung und die kleinste (resp. die grösste) Achse liegt ihr parallel.

Die Thatsache, dass die Contraction beim Wasserverlust in der Richtung senkrecht zur Streifung grösser ist, als parallel zu derselben und folglich auch die Dilatation bei der Wasseraufnahme in der ersteren Richtung grösser als in der letzteren, lässt sich vielleicht dadurch erklären, dass, wie wir sahen, die Streifung nicht die ganze Dicke der Aussenwand durchsetzt, sondern schon ein gutes Stück vor der Cuticula aufhört. Diese nicht quergestreifte Partie hat natürlich weniger Wasser abzugeben, als, nach unserer Erklärung der Streifung, die quergestreifte und könnte diese letztere an einer ihrer Wasserabgabe genau entsprechenden Contraction verhindern. Isolirt müsste sie sich dem allgemeinen Schema anschliessen. Es bliebe jedoch die Verkürzung in longitudinaler Richtung bei Quellung mit Structuränderung noch unerklärt und ebenso die abweichende Orientirung des Ellipsoides der optischen Elasticität.

Erwähnenswerth ist ferner die Thatsache, dass die Streifung auf dem Längsschnitt durch die Epidermisaussenwand bei gekreuzten Nicols über einem Gypsplättchen Roth I deutlicher wird, als bei Betrachtung in gewöhnlichem, nicht polarisirtem Lichte. Eine Epidermisaussenwand, welche bei Anwendung gewöhnlichen Lichtes zur Beleuchtung nur Spuren der Streifung zeigt, erscheint dann deutlichst gestreift und zwar, je nach der Orientirung des Schnittes, schwarz und blau (Additionsfarbe) oder schwarz und orange (Subtractionsfarbe). Manchmal liessen die dunklen Streifen deutlich die Farbe des Gesichtsfeldes (Roth I) durchscheinen, sie waren fast so

---

1) A. Zimmermann, Ueber den Zusammenhang zwischen Quellung und Doppelbrechung, Bericht. deutsch. bot. Gesellsch., Bd. I, p. 533. Ders., Ueber den Zusammenhang zwischen der Richtung der Tupfel und der optischen Elasticitätsachsen, ibid. Bd. II, p. 124. Ders., Morphol. u. Physiol. der Pflanzenzelle, p. 183 und 184. Schwendener, l. c. p. 6.

breit oder selbst etwas breiter als die blau- (resp. orange-)gefärbten. Die weicheren Streifen sind also fast oder ganz optisch isotrop — um eine Entscheidung hierüber zu treffen, ist die Methode nicht empfindlich genug —, und die Epidermisaussenwand erinnert so an den von Brücke dargelegten Aufbau der quergestreiften Muskelfasern aus Disdiaklasten und einfach brechenden Molecülen.

Betrachtet man ein abgezogenes Stück Epidermis bei gekreuzten Nicols über einem Gypsblättchen Roth I und in einer Orientirung, dass die Membranen die höchste Additionsfarbe bieten, so findet man, dass die Fläche ungleich gefärbt ist und zwar zunächst Streifen von mehreren Zellen Breite intensiver und andere schwächer. Ausserdem tritt aber noch eine deutliche Beziehung der Doppelbrechung zu den Spaltöffnungen hervor. Die höchste Farbe, Blaugrün II, liegt dort, wo zwei Spaltöffnungen nur durch eine schmale Zelle getrennt auf gleicher Höhe nebeneinander liegen. Die Farbe sinkt in demselben Maasse, als sich die Spaltöffnungsapparate in longitudinaler und tangentialer Richtung von einander entfernen, auf violett herab, oberhalb und unterhalb der Schliesszellen sogar auf das reine Roth des Gypsblättchens.

Diese Beziehung der Doppelbrechung zu den Spaltöffnungen ist so auffällig, dass man zunächst auf den Gedanken geführt wird, es habe eine Beeinflussung der Doppelbrechung der Aussenwände durch die Schliesszellen, im Laufe der Entwickelung der letzteren, stattgefunden. In der fertigen Epidermis findet eine solche sicher nicht mehr statt, da die Erscheinung sich nach Aufhebung des Turgor's der Schliesszellen (durch Plasmolyse oder Anschneiden) nicht merklich verändert zeigt. Die Spannungen wären, als Druckspannungen, durch die sich entwickelnden Schliesszellen entstanden zu denken, in Folge ihrer grösseren Wachsthumsintensität gegenüber den umgebenden Epidermiszellen. Die Epidermisaussenwände reagiren im Allgemeinen, als ob sie in der Richtung der länglichen Spaltöffnungen gedehnt wären, die Schliesszellen drücken nun sowohl in tangentialer Richtung, — wobei die optische Wirkung sich verstärken muss — als in longitudinaler, — wobei sie mehr oder minder vollständig aufgehoben werden kann.

Man kann nun freilich die Sache auch noch in anderer Weise zu erklären suchen. An guten Querschnitten durch das Blatt sieht man nämlich, dass die neben den Spaltöffnungen liegenden Epidermiszellen dickere Aussenwände besitzen als die Epidermiszellen im Durchschnitt. Besonders auffällig ist die grössere Dicke dann, wenn eine Zelle zwischen zwei Spaltöffnungen liegt. Ich maass direct eine Zunahme um die Hälfte bis fast aufs Doppelte. An Längsschnitten lässt sich umgekehrt oberhalb und unterhalb der Spaltöffnungen eine merkliche Verdünnung der Membranen constatiren, die Dicke sinkt um ein Viertel bis um ein Drittel unter die mittlere Dicke der Epidermisaussenwände. Bei in der Dickeneinheit gleichbleibender Anisotropie muss die dickere Membran höhere, die dünnere niedrigere Farben geben, als die Membran von mittlerer Dicke. In der That entspricht auch, wie man gemerkt haben wird, die Farbenvertheilung den eben beschriebenen Dickenunterschieden; jedoch nicht genau: die Membranen sind ober- und unterhalb der Spaltöffnungsapparate nicht in demselben Grade verdünnt, als sie rechts und links von denselben verdickt sind. Man sollte also eine geringere Abnahme der Doppelbrechung an ersteren Stellen erwarten, als die Zunahme an letzteren beträgt, in Wahrheit findet jedoch das gerade Gegentheil statt: die Abnahme fällt ergiebiger aus als die Zunahme. Ich glaube daher, dass sich die Erscheinung nicht allein durch die Differenzen in der Dicke der optisch wirksamen Schicht erklärt, sondern der von den Schliesszellen im Laufe ihrer Entwickelung ausgeübte Druck mitwirken muss. Differenzen im Wassergehalt der betreffenden Stellen konnte ich nicht nachweisen.

II. Bastzellen.

Die Streifung der Bastzellen wurde bei Nerium Oleander von Mirbel[1]) entdeckt — er vergleicht ihre Membranen in Bezug auf das Aussehen mit der schuppigen Haut eines Fisches — und zuerst genauer von Mohl[2]) beschrieben. Während dieser Forscher sich nicht bestimmt darüber aussprach, ob beim Vorhandensein zweier Streifensysteme sich dieselben wirklich gegenseitig durchsetzen und welche Ursache der ganzen Erscheinung zu Grunde liege, suchte Crüger[3]), im Anschluss an Agardh, die Streifung durch die

1) Annal. des Sciences nat. 1835, p. 145.

2) Ueber den Bau der vegetab. Zellmembran in Vermischte Schriften, p. 314. (1837.)

3) Botan. Zeitung 1854.

Annahme von „Primitivfasern" zu erklären. Wigand[1]) liess sie, wenigstens zum Theil, durch Membranfaltung entstehen. Schachts[2]) Ansicht ist wenig klar. Wie bereits Nägeli hervorhob, spricht er bald von verdickten, bald von verdichteten Membranstellen. Nägeli[3]) führte dann die Streifung wie die Schichtung auf den Wechsel verschieden wasserhaltiger Lamellen zurück, die sich während des Membranwachsthumes allmälig herausdifferenziren sollten. Ausserdem sollte ein gegenseitiges sich Durchsetzen von Streifensystemen vorkommen. Auf diese längere Zeit hindurch sich unangefochten behauptende Ansicht unternahm Dippel[4]) den ersten Angriff, der zunächst freilich unbeachtet blieb. Beeinflusst durch die Resultate, welche ihm die Untersuchung der Tracheiden des Pinusholzes geliefert hatte, erklärte er die Membran der Bastzellen, speciell bei den Apocyneen, als durch spiralige Verdickungsleisten gestreift. Ausserdem leugnete er ein sich gegenseitig Durchdringen der Streifungssysteme, welches ja so wie so mit seiner Annahme über die Natur der Streifung unverträglich war. An Dippel schloss sich später Strasburger[5]) an. Wiesner[6]) führte die Streifung auf den Wechsel zweier, chemisch verschiedener Substanzen zurück, derjenigen der Dermatosomen und der Gerüstsubstanz. Krabbe[7]) endlich nahm eine vermittelnde Stellung zwischen Nägeli einerseits und Dippel und Strasburger andererseits ein. Die Streifung entsteht zwar wie bei ersterem als Differenzirung in homogenen Lamellen, die dunklen Linien sind jedoch keine wasserreicheren Streifen, sondern, wie bei Strasburger „Contactlinien", für welche die Bezeichnung „Grenzlinien" eingeführt wird, das optische Zustandekommen der

1) Ueber die feinste Structur der vegetabilischen Zellmembranen; in den Schriften der Marburger Gesellschaft etc. 1856.

2) Beiträge zur Anatomie u. Physiologie der Gewächse 1854, p. 221.

3) Ueber den inneren Bau der vegetabilischen Zellmembran. Botanische Mittheilungen, Bd. II, p. 144.

4) Die neuere Theorie etc. in Abhandl. der Senckenberg. nat. Gesellsch. Bd. XI, p. 154.

5) Zellhäute p. 65. Strasburger weicht darin von Dippel ab, dass nach ihm die Verdickungsleisten nicht wie bei diesem durch deutliche Lücken getrennt, sondern „im Contact" sind.

6) Untersuchungen über die Organisation d. vegetab. Zellhaut, Sitzb. d. Kais. Akad. der Wissensch. Bd. XCIII, I. Abth., p. 17 f. (1886).

7) Ein Beitrag zur Kenntniss der Structur etc. in Pringsheim's Jahrbücher für wissensch. Botanik, Bd. XVIII, p. 346 f.

Streifung wird nicht erörtert. — Wir sehen also, dass bei den Bastfasern, als den am meisten untersuchten Objecten, bereits alle denkbaren Ansichten über die Natur der Streifung ausgesprochen worden sind.

Meine Untersuchungen wurden hauptsächlich an Apocyneen-Bastfasern (von Nerium Oleander, Vinca minor, Vinca major, Vinca herbacea und Apocynum androsaemifolium) angestellt. Ausser diesen wurde noch eine ganze Anzahl anderer Pflanzen untersucht, von Asclepiadeen Asclepias Cornuti und Cynanchum Vincetoxicum, ferner Linum usitatissimum, Euphorbia palustris, Humulus Lupulus, Cannabis sativa, Urtica (Laportea) canadensis[1]), Reseda lutea, Nigella sativa, Delphinium Consolida, Clematis recta, Hypericum perforatum, Cassia, Phaseolus, Sanguisorba, Tilia, Helianthus, Alcea rosea, Agave, Iris, Acorus, Veratrum nigrum, Welwitschia mirabilis.

Zunächst müssen wir bei den Bastzellen unterscheiden, zwischen der Streifung, die schon im imbibirten, unveränderten Zustande vorhanden ist, und der Streifung, die durch Quetschen oder Einwirkung von Quellungsmitteln an macerirten Zellen sichtbar gemacht werden kann. Die Trennung geschieht aus rein praktischen Gründen, indem man sich bei Beantwortung der Frage, wodurch kommt die Streifung zu Stande? nur an die erstere halten kann. Es soll damit durchaus keine Verschiedenheit beider behauptet werden, im Gegentheil wird ein Zusammenhang schon durch die ganz allmäligen Abstufungen nahe gelegt, die sich zwischen deutlichster Streifung und scheinbarer Homogenität der imbibirten, unveränderten Membranen bei ein und demselben Object beobachten lässt, während nach dem Maceriren und Quetschen die vorher homogene Membran selbst wieder gestreift erscheinen kann.

Zu den bereits im imbibirten Zustande meist deutlichst gestreiften Bastzellen gehören diejenigen der Apocyneen und Asclepiadeen und die von Linum, schwächer ist die Streifung bei Cannabis, Urtica, Euphorbia, Humulus ausgeprägt; sie ist undeutlich oder fehlt ganz bei Alcea, Acorus, Agave, Iris, Helianthus, Sanguisorba, Tilia, Clematis etc. Dabei kann auffallen, dass die Zellen mit deutlicher Streifung unverholzt sind,

1) Dies ist die von Krabbe mehrfach erwähnte „Urtica cannabina."

und dass die Bastbündel von Cannabis und Euphorbia schwach, die von Alcea, Acorus, Iris und Clematis dagegen stark, zum Theil sehr stark, verholzt sind. Ein wirklicher Zusammenhang könnte nur in soweit bestehen, als das Auftreten der Streifung vom Nichteintreten der Verholzung abhängig sein könnte. — Die Neigung der Streifung, sowohl der direct beobachtbaren als der erst durch chemische und mechanische Eingriffe hervorrufbaren, zur Zellachse variirt beträchtlich, sie ist am bedeutendsten bei stark local erweiterten Bastzellen von Apocyneen (45°) und null, oder fast null, bei Urtica, Welwitschia etc.

Betrachten wir eine Apocyneen-Bastfaser bei genügend starker Vergrösserung — man verwendet dazu am besten Fasern, die aus der Bruchfläche eines Stengels hervorsahen und abgeschnitten oder herausgezogen worden sind — so kann man viererlei verschiedene Differenzierungen erkennen: zunächst, parallel dem Contour, die Schichtung, dann, als schwarze Linien, in einer oder in zwei Richtungen, meist aber unter ziemlich spitzem Winkel zur Zellachse orientirt, die Streifung. In vielen Fällen, aber durchaus nicht immer, erscheint ausserdem noch eine Zeichnung durch helle, querüber verlaufende, wellige, ziemlich breite Bänder, die Querlamellirung. Endlich zeigen alle (Apocyneen-) Bastzellen, aber die einzelnen Individuen häufiger oder spärlicher, bald quer, bald etwas schräg verlaufende Linien, die sich von der Querlamellirung schon dadurch verschieden erweisen, dass sie, wie man bei starker Vergrösserung sieht, durch Knickung oder Faltung der Membranlamellen bedingt sind, die v. Höhnel'schen Verschiebungsstellen. Wir beginnen mit der Streifung.

A. Die Streifung der Bastzellen.

Das allgemeine Aussehen der Streifung habe ich bereits beschrieben. Wer einigermassen unbefangen den Sachverhalt prüft, wird zugeben müssen, dass zwar meist die dunkelen Streifen mehrmals schmäler sind als die hellen, dass sie aber in sehr vielen Fällen keine „Linien" mehr repräsentiren und dass sie auch hin und wieder an Breite den hellen Streifen — wenn letztere schmal sind — gleichkommen können, dass endlich alle Uebergänge von den gröbsten bis zu den feinsten dunkeln Streifen vorkommen (Fig. 10, Taf. XIV).

Auf guten Querschnitten sieht man die concentrische Schichtung durch die Streifung radial durchsetzt (Fig. 17, Taf. XIV). Die dunkelen Streifen erscheinen als breitere oder schmälere Linien, meist jedoch mehrmals schmäler als die hellen Streifen. Dieser Unterschied zwischen den dunklen und hellen Streifen ist hier noch auffälliger als in der Flächenansicht, da nur die stärkeren Streifen der letzteren auch auf dem Querschnitt erkannt werden können. Der Schnitt ist ja schräg, nicht senkrecht, zur Streifenrichtung geführt worden, und bei den feineren fällt deshalb die optisch wirksame Schicht zu dünn aus. Die Streifen entsprechen sich, wie Krabbe richtig angiebt, nur zufallsweise in den aufeinanderfolgenden Schichten, und sind gewöhnlich nicht ganz gerade und genau radial, sondern etwas schief gestellt und überdem mehr oder weniger C oder Sförmig verbogen.

Wo in einer Membran zwei Streifensysteme vorhanden sind, lässt sich bei genügend starker Vergrösserung und genügender Sorgfalt meist schon in der Flächenansicht zweifellos feststellen, dass die breiten dunklen Streifen beider Systeme verschiedenen Schichten angehören. Ich kann die diesbezüglichen Angaben Dippel's, Strasburger's und Krabbe's nur bestätigen. Ein gegenseitiges Sichdurchdringen von Streifensystemen, wie es Nägeli annahm, findet auch hier nicht statt.[1]) Die Krabbe'sche Beobachtung der Rädchenbewegung auf dem Querschnitt der Bastbündel beweist zwar die Selbständigkeit der starken Streifen für die einzelnen Schichten — welche schon durch die Flächenansicht höchst wahrscheinlich gemacht wird — mit voller Gewissheit. Da aber auf dem Querschnitt nur die starken, breiten Streifen deutlich gesehen werden, und das zweite, das erste wirklich durchsetzende System Nägeli's sehr zart sein soll (l. c. p. 11) so lässt sie immer noch Zweifel aufkommen. Volle Sicherheit erhielt ich erst beim Untersuchen macerirter Bastfasern. Ich komme darauf später zurück.

1) Uebrigens hat Nägeli nie ein sich Kreuzen der deutlichen Streifensysteme (er untersuchte Vinca major und minor) behauptet. Er giebt richtig an, dass das innere rechts (südöstlich), das äussere links (südwestlich) geneigt sei. Das zweite System, welches sich mit dem ersten kreuze, habe er nur selten und undeutlich gesehen (l. c. p. 81) und verwahrt sich an anderer Stelle zum Voraus ausdrücklich (l. c. p. 11) gerade gegen den ihm später von Dippel, Strasburger, Krabbe und anderen in die Schuhe geschobenen Irrthum (vergl. auch l. c. p. 23).

Zuweilen lässt sich beobachten, dass die Streifen ein und desselben Systemes, z. B. des linksschiefen, nicht alle genau parallel sind, sondern selbst Winkel von mehreren Graden (z. B. 5° bei Nerium Oleander) mit einander bilden. Ich fand dabei auch stets geringe, aber deutliche Niveaudifferenzen, die verschieden geneigten Streifen gehören verschiedenen Lamellen an. Aehnliches fand auch Krabbe (l. c. p. 361), die „Rädchenbewegung“ war zwar in manchen Schichtencomplexen gleichmässig, aber verschieden rasch.

Um Aufschluss über die Natur der Streifung zu erhalten, trocknete ich zunächst isolirte Bastfasern (von Nerium Oleander, Vinca minor, Apocynum androsaemifolium, Cynanchum vincetoxicum) vollständig aus, theils im Trockenapparat bei 60° oder 100°, theils direct über der Flamme. Dann wurden sie in ein ungefähr gleichstark brechendes Medium (Canadabalsam, n = 1,54; Anisöl, n = 1,56; Cassiaöl, n = 1,58) eingebettet. Von Streifung war nichts mehr, oder nur noch Spuren, zu sehen. Es schien vortheilhaft zu sein, die Bastfasern warm in das Medium zu bringen, bei erkalteten Bastfasern schien zuweilen die Streifung weniger vollständig verschwunden. Das mag auf einer Absorption von Wasserdampf beruhen, die, obschon noch lange keine Imbibition darstellend, doch die Differenz im Lichtbrechungsvermögen von Membran und Medium, welche sich ja nie ganz aufheben lässt, steigern kann, oder darauf, dass die warme Membran leichter durchtränkt wird, wobei die Differenz durch die Aufnahme des Medium herabgedrückt werden muss. Wie dem auch sei, das Resultat genügt stets, um „Contactlinien“ und chemische, an sich optisch verschieden wirkende Differenzirungen ausser Frage zu stellen.

Betrachtet man genügend ausgetrocknete Bastzellen in absolutem Alkohol, so sieht man, dass trotz des Austrocknens noch deutliche Streifung, auch in zwei Richtungen, vorhanden ist. Sie ist jedoch weit schwächer, als im imbibirten Zustande. Es geht zwar nicht gut an, eine bestimmte Stelle einer Bastfaser unter dem Microscop direct austrocknen zu lassen, der umgekehrte Process ist jedoch leicht beobachtbar (vorausgesetzt, dass man die Bastzellen nicht allzustark, bis zu deutlicher Bräunung, ausgetrocknet hatte). Setzt man nämlich dem absoluten Alkohol, in welchem sie bisher lagen, Wasser zu, so sieht man die Membranen sich, zuerst ganz rapide, imbibiren, meist unter Drehung der ganzen Faser. Die Streifung wird viel deutlicher und man sieht auch die dunklen Linien zahlreicher werden. Es müssen also mit der Imbibition erst neue dunkle Linien auftreten.

Diese Versuche wurden mehrmals wiederholt. Meist lagen die trockenen Zellen zunächst in absolutem Aethylalkohol. Derselbe bricht das Licht zwar etwas stärker als das Wasser (n = 1,36 statt 1,33) es müsste also, falls die Streifung auf Membranverdickung, resp. Hohlräumen beruhen würde, bereits durch die Ersetzung des Alkohols durch Wasser ein Deutlicherwerden der Streifung resultiren, dasselbe könnte jedoch nur sehr gering sein. Nimmt man ja doch an der ausgetrockneten Membran auch keinen merklichen Unterschied wahr, wenn sie in Canadabalsam (n = 1,54) oder Cassiaöl (n = 1,58) liegt. Um ganz sicher zu gehen, wiederholte ich jedoch die Versuche mit absolutem Methylalkohol, dessen Brechungsexponent (n = 1,321) etwas geringer ist als der des Wassers, und erhielt dieselben Resultate wie mit Aethylalkohol.

Sehr auffällig ist bei genauer Vergleichung auch das Aussehen der Streifung verschieden, je nachdem man die Zelle trocken und in Alkohol liegend, oder imbibirt in Wasser untersucht. Im ersteren Zustande (vergl. Fig. 11, Taf. XIV) konnte ich keine merklichen Niveaudifferenzen zwischen dem rechtsgeneigten und dem linksgeneigten System unterscheiden und die Kreuzungsstellen der dunklen Streifen erschienen mir nicht dunkler als diese selbst. An den imbibirten Bastzellmembranen lässt sich dagegen meist eine sehr deutliche Niveaudifferenz der Systeme erkennen und die Kreuzungsstellen der dunklen Streifen sind dunkler als diese selbst (vergl. Fig. 10, Taf. XIV, welche wie Fig. 11 nach einer local erweiterten Stelle einer Bastfaser von Vinca minor, einem besonders günstigen Objecte, gezeichnet ist).

Im trockenen Zustande der Membran kann die Streifung nur auf Rillenbildung beruhen. Ungewiss ist noch, worauf sie im imbibirten Zustand der Membran beruht, auf spiraliger Membranverdickung, wie Dippel will, auf Spaltenbildung, wobei die Spalte mit Wasser gefüllt wäre, oder auf dem Wechsel wasserärmerer und wasserreicherer Substanz, wobei dieselbe immer noch bloss ein einheitliches oder zwei verschiedene chemische Individuen darstellen kann.

Die erste Ansicht wird, wie ich meine, durch das Querschnittsbild einer Nerium-Bastzelle hinlänglich widerlegt, die dunklen Streifen der Streifung gehen von einer Grenzlinie zwischen zwei Schichten bis zur folgenden durch (Fig. 17, Taf. XIV). Das von Dippel als Beleg für seine Auffassung reproducirte (Fig. 48) Schnittstück einer Bastzelle von Nerium, schräg zur Zellachse, in der Richtung der Streifung, ist sehr merkwürdig. Es zeigt radial verlaufende, helle und dunkle Streifen, beide gleich breit. Die hellen sollen durch die Schichtung gegliedert erscheinen, eine entsprechende Gliederung der dunklen wird geleugnet, und in Folge davon diese selbst als „Lücken" bezeichnet. Diese Lücken sind also tiefe, bis zur primären Membran vordringende Rinnen! Ich glaube, dass Dippel sich durch die später (p. 298) zu besprechende Querlamellirung hat täuschen lassen. Man vergleiche nur seine Abbildung mit Fig. 15, Taf. XIV, welche ein Stück einer querlamellirten Bastzelle von Nerium im optischen Längsschnit darstellt.

Dippel lässt — und anders ist es auch gar nicht denkbar — seine Spiralbänder centripetal entstehen. Da die innersten Schichten ungestreift sind, müsste im trockenen Zustande die Streifung auf Luft führenden Capillarräumen in der Membran beruhen. Beim Einbetten der trockenen Bastfasern in ein ätherisches Oel, oder in Canadabalsam müsste die Streifung — wenigstens zum Theil — erhalten bleiben. Sie verschwände, wenn die Capillaren sich mit dem (ungefähr) gleichstark brechenden Medium gefüllt hätten; da aber das Medium von allen Seiten gleichschnell vordringt, könnte die Capillarwirkung bald nicht mehr füllend wirken, die Capillare würde Luft führen und zwar um so weniger, je heisser die Bastzellen eingebettet worden wären. In der That lässt sich aber ein solcher Unterschied nicht beobachten, die Streifung verschwindet vielmehr sofort mit der Einbettung, nur selten sieht man hie und da eine Luftblase als langgestreckte, dunkle Linie.

Sämmtliche verwendete Medien (Canadabalsam, Anisöl, Cassiaöl etc.) absorbiren deutlich Luft, kleinere Luftblasen in einem Präparat verschwinden allmählich ganz. Diese Absorption kann jedoch nicht am Verschwinden der Streifung Schuld sein, dazu erfolgt sie viel zu langsam, wie ich mich mit Hülfe von feinen Glascapillaren, die unter Cassiaöl in kleinere Stücke zerbrochen wurden, überzeugen konnte.

Aus dem raschen und vollständigen Verschwinden der Streifung trockener Membranen mit dem Einbetten in Cassiaöl etc. kann man also schliessen, dass in der trockenen Membran lufterfüllte Capillaren nicht vorhanden sind, und dass also die Dippel'sche Ansicht unmöglich zu Rechte bestehen kann.

Lässt man dagegen stark macerirte und etwas gequetschte Bastzellen (Nerium Oleander) austrocknen und bettet dann in Cedernholzöl oder Anisöl ein, so sieht man häufig der Streifung entsprechende schwarze Striche und Punktreihen. Durch das Quetschen der macerirten Membranen entstehen, wie wir noch sehen werden, wirkliche Spalten, welche dann beim Austrocknen Capillaren bilden und ihre Luft festhalten können.

Dass die Rillen der trockenen Membran oberflächlich sind, kann man an kalt in Anisöl eingebetteten Bastfasern dort constatiren, wo das Lumen Luft führt. Man sieht dann z. B. an in zwei Richtungen gestreiften Zellen von dem einen Streifensystem — dem äusseren — gar nichts mehr, vom inneren nur Spuren oder ebenfalls gar nichts mehr.

Das Einbetten imbibirter Bastfasern in stärker lichtbrechende Medien, welches von Dippel (l. c. p. 164) angewandt wurde, kann nichts lehren. Da die äussere, südwestlich gestreifte Schicht von der inneren südöstlich gestreiften und diese wieder von den innersten, ungestreiften Schichten überdeckt ist, müssten, falls Dippel's Auffassung die richtige wäre, in der imbibirten Membran zwei Systeme paralleler, mit Wasser erfüllter Capillaren vorliegen, welche beim Einbetten der Membran in jedes beliebige Medium sichtbar bleiben müssten. Wenn daher Dippel die Streifung an imbibirten „mit ihrem Organisationswasser versehenen" Zellen nach Einbettung in Cassiaöl etc. nicht mehr sehen konnte, so liegt die Vermuthung nahe, dass seine Bastfasern nicht mehr ihr „Organisationswasser" enthalten haben. Selbst wenn es Dippel gelungen wäre, das Wasser aus den Capillaren vollkommen zu entfernen und die Schichten selbst vollständig imbibirt in das stärker brechende Medium zu bringen, so müssten die nun lufterfüllten Capillaren noch deutlicher geworden sein, statt zu verschwinden. Da nach Dippel imbibirte Cellulose kein ätherisches Oel aufnehmen, also auch nicht durchlassen kann, ist an eine Füllung der Canäle absolut nicht zu denken.

Meine eigenen Versuche lehrten mich, dass die Bastzellen (Vinca minor, Nerium Oleander) einen Theil ihres Imbibitionswassers sehr rasch verlieren. Man braucht nur einen Vincastengel zu zerbrechen, so fangen auch sofort die an der Bruchstelle hervorstehenden Fasern sich zu drehen an. Das Drehen, bekanntlich auf in der Richtung senkrecht zur Streifung überwiegender Wasserabgabe beruhend, ist eben der Beweis für eine Wasserabgabe. Wenn man dann noch langsam präparirt, so sieht man an den in Cassiaöl liegenden Bastfasern freilich nur mehr Spuren der Streifung. Anders wenn man den Vincastengel unter Cassiaöl oder Anisöl zerbricht, so dass die freiwerdenden Bastzellen sofort von dem ätherischen Oel umhüllt werden. Dann ist die Streifung noch deutlich, wenn zwei Streifensysteme vorhanden sind, alle beide. Kocht man die Fasern hierauf längere Zeit, so ist die Streifung verschwunden (die Querlamellirung dagegen noch deutlich). Dieses Verschwinden erklärt sich leicht aus der höheren Siedetemperatur der Einbettungsmittel (Anisöl siedet z. B. bei 232°), gegenüber der des Wassers.

Es genügt auch, Bastzellen zu isoliren und in das betreffende Medium zu legen, wenn das Einbetten nur nicht zu lange Zeit in Anspruch nimmt. Solche Versuche, mit Cassiaöl und Citronenöl ausgeführt, gaben stets Bilder mit scharf ausgesprochener Streifung. Zum Vergleich mag man Fasern austrocknen lassen und dann einbetten.

Wir sehen also, dass beim Einbetten der imbibirten Membranen in Cassiaöl etc. die Streifung, entgegen Dippel's Behauptung, deutlich erhalten bleibt, wenn man nur mit der nöthigen Vorsicht experimentirt. Nach Dippel (l. c. p. 163) soll die Schichtung mancher Zellen beim Einbetten der Querschnitte in Canada- und Tolu-Balsam, in Cassia- und Anisöl erhalten bleiben. Dieselbe beruhe auf Wassergehaltsdifferenzen, und da sich die Streifung anders verhalte, können sie nicht denselben Ursprung haben. Es ist jedoch leicht, zu zeigen, dass die Schichtung mancher Zellen (nicht der Bastzellen, wohl aber z. B. der Markzellen von Podocarpus), auch nach dem schärfsten, bis zur beginnenden Bräunung getriebenen Austrocknen an in Cassiaöl etc. untersuchten Querschnitten deutlich bleibt. Die Schichtung beruht eben manchmal auch noch auf anderen Verschiedenheiten als bloss auf Wassergehaltsdifferenzen.

Auch das Einbetten der Bastzellen in stärker als die Membran brechende Medien, wie es von Dippel (l. c. p. 164) angewandt wurde, gab mir Resultate, welche denjenigen Dippel's widersprechen. Letzterer verwendete Schwefelkohlenstoff zu seinen Versuchen (n = 1,62), ich eine Lösung von Schwefel in Schwefelkohlenstoff (n = 1,75) mit welcher zu operiren nicht gerade sehr angenehm ist. Frisch losgelöste Bastfasern (Vinca minor) zeigten die Streifung nicht, wie Dippel behauptete, umgekehrt (also nicht helle Linien auf dunklem Grund), sondern wie gewöhnlich, dunkle Linien auf hellem Grund. Dagegen gaben vollkommen ausgetrocknete Zellen, wie zu erwarten war, das umgekehrte Bild, helle Linien auf dunklem Grund. Es hat daher Dippel seine Zellen entweder vor dem Einbetten austrocknen lassen, oder er liess sich durch eine eigenthümliche optische Erscheinung täuschen, welche er, wie ich später fand, einige Jahre nachher[1]), auf die Untersuchungen Professor Welker's gestützt, ausführlich bespricht, die übrigens, was Dippel freilich nicht erwähnt, bereits von Nägeli und Schwendener[2]) im „Microscop" in Kürze behandelt worden ist. Die in Schwefelkohlenstoff liegenden, imbibirten Bastzellen zeigen nämlich, wenn man mit dem Tubus von oben kommt, die Streifung zunächst als dunkle Linien auf hellem Grund. Beim weiteren Senken des Tubus kehrt sich dann das Bild, vor dem Verschwinden, um, die Linien erscheinen nun hell, die Bänder dunkler. Vergl. Fig. 10, a und b, Taf. XIV. Die Streifung verhält sich also wie Rinnen, in einem schwächer brechenden Medium (als das gerillte Object) betrachtet. Vollkommen trockene Zellen dagegen zeigen in Schwefelkohlenstoff des umgekehrte Verhalten, man sieht zunächst helle Linien auf dunklerem Grunde, beim weiteren Sinken des Tubus aber, vor dem Verschwinden, dunkle Linien auf hellerem Grunde. Hier verhält sich also die Streifung wie rinnenförmige Vertiefungen, betrachtet in einem stärker brechenden Medium.

Schwieriger ist die Entscheidung darüber, ob die Streifen als die ganzen Schichten durchsetzende, mit wasserreicherer Substanz gefüllte Spalten oder als direct Wasser führende Spalten aufzufassen

1) Dippel, Handbuch der allgem. Mikroscopie, II. Aufl. (4. Buch), p. 853 f. (1882) u. Grundzüge, p. 428 (1885).

2) Nägeli u. Schwendener, Mikroskop, II. Aufl., p. 214.

seien, wenn man letzteres überhaupt für möglich, d. h. mit den Festigkeitsverhältnissen vereinbar, hält.

Das Deutlicherwerden der Streifung trockener Bastzellen durch Wasseraufnahme entscheidet nichts, da es in zwiefacher Weise erklärt werden kann. Mit der Imbibition ist eine beträchtliche Dickenzunahme der Membran, also auch ihrer einzelnen Schichten, verbunden. Dieselbe kann 50 % bis 100 % betragen. Das Deutlicherwerden kann nun darauf beruhen, dass die eingesunkene, einst wasserreichere Substanz mehr Wasser aufnimmt, als die dichtere, ehemals wasserärmere, aber auch darauf, dass durch die Dickenzunahme die Tiefe der Spalte grösser wird, um die Hälfte und mehr, und ihre optische Wirksamkeit in demselben Grad steigen muss. Dasselbe müsste übrigens auch der Fall sein bei spiraliger Membranverdickung, ohne Dichtigkeitsunterschied zwischen Leisten und Rillen. Es ist daher sehr merkwürdig, dass Dippel sich durch den Nachweis eines Gleichdeutlichbleibens der Streifung beim Austrocknen befriedigt erklären konnte. Hätte er Recht mit dieser Behauptung, so hätte er eine gegen seine eigene Ansicht sprechende Thatsache gefunden. Denn aus ihr könnte man — da die starke Radialquellung der Bastfasern nicht wegzudisputiren ist, mit gleicher Sicherheit wie bei den Epidermisaussenwänden von Hyacinthus auf den Wechsel wasserärmerer und wasserreicherer Streifen schliessen. (Vergl. übrigens die einl. Bem. p. 265).

Lässt man zu ausgetrocknet in Cassiaöl gelegten Bastzellen Wasser treten, so imbibiren sich die Membranen und die Streifung tritt sofort auf, während hier und da kleine Oelmengen in Tropfenform austreten. Bei den breiten, spaltenförmigen Streifen sieht man nun direct, dass sie oftmals mit Oel ausgefüllt bleiben, im trockenen Zustande musste hier also eine Capillare vorgelegen haben. Anders verhalten sich die feineren Streifen. Es ist zwar nicht direct möglich, nach dem Aussehen mit voller Sicherheit zu sagen, ob diese Streifung nach dem Wasserzutritt durch die Lichtbrechungsunterschiede zwischen feinen, ölerfüllten Capillaren und der imbibirten Membran oder durch den Wechsel wasserreicherer und wasserärmerer Streifen zu Stande kommt, dennoch lässt sich die Frage in folgender Weise entscheiden. Wenn man die ausgetrockneten und mit Cassiaöl durchtränkten Bastfasern nach erneuertem Wasserzutritt mit Ueberosmiumsäure behandelt, so muss das capillar festgehaltene Oel sich schwärzen. Trocknet man nun die Bastzellen auf's Neue aus und zwar genügend lange und bei genügender Wärme, so verdunstet zunächst das Wasser, dann das Oel und das von letzterem reducirte Osmium bleibt dort, wo es reducirt wurde, in der Membran zurück. Bettet man die trockenen Fasern nun wieder in Cassiaöl ein, so muss sich zeigen, inwieweit ursprünglich ölführende Capillaren in der Membran vorhanden waren.

Ich habe den Versuch mehrfach wiederholt (mit Nerium Oleander, Vinca minor, Cynanchum Vincetoxicum). Da gewöhnlich etwas Oel adhäriren bleibt und die Bastfasern dann oberflächlich geschwärzt erscheinen, sind die Präparate immer nur stellenweise brauchbar. Dort jedoch, wo die Bastfaser frei zum Vorschein kam, zeigte sich fast immer keine Streifung, ausnahmsweise war aber auch ein Streifensystem oder alle beide theilweise erhalten.

Gewöhnlich muss also die Streifung der trockenen Membran durch Furchen, nicht durch capillare Röhrchen gebildet werden. Beim Entstehen der Streifung der imbibirten Bastzellen durch wasserführende Spalten müssten in der trockenen Membran Capillaren, ein oder zwei Systeme übereinander, vorhanden sein, wie bei Entstehung durch spiralige Verdickung. Da wir diese Capillaren nicht nachweisen können, wenigstens in den meisten Fällen, müssen wir annehmen, dass die Streifung durch den Wechsel wasserärmerer und wasserreicherer Substanz bedingt wird. Steigt der Wassergehalt der weicheren Streifen über eine gewisse Grenze, so kann beim Austrocknen, in Folge von Spannungen, ein Zerreissen und damit die Bildung von Canälen resp. Capillaren erfolgen, die dann bei der beschriebenen Behandlung das theilweise Auftreten von Streifungen bedingen.

Ein weiterer Beweis dafür, dass die dunklen Linien der Streifung nicht wasserführende Spalten sind, lässt sich durch Maceriren der Bastzellen erbringen. Ich benützte dazu meist nicht zu starke Salpetersäure mit oder ohne Zusatz von Kaliumchlorat, liess dieselbe jedoch längere Zeit einwirken. Die nämlichen Dienste leistet übrigens auch längeres (z. B. sechstägiges) Liegenlassen in schwacher Eau de Javelle.

Die Bastzellen (Nerium Oleander, Vinca minor, Apocynum androsaemifolium, Asclepias Cornuti, Cynanchum Vincetoxicum, Linum usitatissimum etc.) quellen in der Macerationsflüssigkeit nur wenig, die Schichtung und Streifung erscheint deutlicher. Durch gelinden Druck trennen sich die Schichten mehr oder weniger von einander und spalten sich, der Streifung entsprechend, in Bänder. An einer frischen Bastzelle kann man lange und mit Gewalt herumquetschen, ohne dass ihre Schichten sich von einander trennen oder gar sich in Bänder spalten würden. Auch stundenlanges Kochen in Wasser und tagelanges Liegen in gesättigter wässeriger Pikrinsäurelösung (Nerium Oleander) und in 5 % Natronlauge (Apocynum androsaemifolium) ändern hieran nichts.

Durch die Einwirkung der Salpetersäure oder von Eau de Javelle muss also eine, die Schichten unter einander und die Streifen der einzelnen Schicht zusammenhaltende Bindung angegriffen worden sein. Es ist aber fraglich, ob die Macerationsflüssigkeit die weicheren Streifen ganz weglöst oder nur soweit lockert, dass sie die dichteren Streifen und Bänder nicht mehr zusammenzuhalten vermögen, sobald die ganze Faser gequetscht wird. Mit Chlorzinkjodlösung konnte ich an macerirten Zellen keine Färbung der (weicheren) dunklen Streifen erhalten, obwohl die hellen (dichteren) intensiv gefärbt wurden, aber ebensowenig an frischen. Anilinfarben lieferten keine verwendbaren Ergebnisse. Versuche, bei welchen macerirte Bastzellen in Tusche und in Zinnober zerdrückt wurden, lieferten ebenfalls keine brauchbaren Resultate. Es erscheint mir jedoch unstatthaft, aus diesen negativen Ergebnissen bereits den Schluss ziehen zu wollen, es finde kein Auflockern, sondern ein Weglösen der dunklen Streifen statt, hauptsächlich deswegen, weil die Bastzellen nicht von selbst zerfallen, sondern erst die mechanische Einwirkung des Druckes nöthig ist, um sie zu zerlegen.

Beim Quetschen zerrissen die Bänder — abgesehen von den Verschiebungsstellen, wo das Zerreissen stets in der Knickungslinie erfolgte — querüber, senkrecht zu ihrer Längsrichtung. Wäre ein zweites, gleichartiges Streifensystem von entgegengesetzter Neigung in derselben Lamelle vorhanden, so müssten die Schichten in mehr oder weniger regelmässige Rhomben zerfallen. Dass das in Wirklichkeit nicht der Fall ist, zwingt mich, das gegenseitige Sichdurchsetzen der Streifensysteme definitiv aufzugeben, nicht nur in der groben Form, die bereits von Dippel, Strasburger, Krabbe etc. zurückgewiesen wurde, sondern auch in der Weise, wie es Nägeli selbst gesehen zu haben glaubte.

Bringt man macerirte, ausgetrocknete Bastzellen in Anisöl oder Cassiaöl, so verschwindet die Streifung wie bei nicht macerirten. Bei Wasserzutritt imbibiren sie sich wieder, ganz wie die letzteren und die Streifung tritt wieder auf. Man sieht dann, wenigstens an den gröberen Streifen, mit Deutlichkeit, dass die Erscheinung durch Oelfäden und Oeltröpfchen bedingt wird — vorausgesetzt, dass man genügend starke Vergrösserung anwendet. In der trockenen Membran hatten die Membransubstanz und das die nun wirklich vorhandenen (durch die Maceration entstandenen) Capillaren erfüllende Oel etwa gleichen Brechungsindex — durch die Imbibition sank derjenige der Membransubstanz beträchtlich. Das Eindringen des Wassers in die Capillaren und das damit zusammenhängende Zerreissen der Oelfäden in einzelne Tropfen ist durch die Erweiterung der Capillaren bedingt, welche durch die auch bei macerirten Zellen sehr erhebliche Radialquellung, verbunden mit ebenfalls erheblicher Tangentialquellung hervorgerufen wird.

Völlig unvereinbar mit der Annahme wassererfüllter, die ganze Dicke der Lamelle durchsetzender Spalten ist das Verhalten der Bastzellen an ihren local erweiterten Stellen, soweit man ein Gedehntwerden der Membran annimmt, auch wenn man die Dehnung sich immer wieder durch Wachsthum ausgleichen lässt. Die hellen Bänder werden dort breiter und es treten, wie bereits Krabbe (l. c. p. 408) hervorhob, neue dunkle Streifen auf. Wären die dunklen Streifen Spalten, so müssten sie durch die tangentiale Dehnung verbreitert werden, die hellen Bänder blieben gleich breit, die locale Erweiterung entstände durch ihr Auseinanderweichen, nicht ihre Verbreiterung. Zu einem Auftreten neuer dunkler Streifen wäre kein Grund vorhanden, mögen dieselben überhaupt erst entstehen oder aus einem, für unsere optischen Hilfsmittel nicht mehr wahrnehmbaren Stadium in das der Sichtbarkeit treten. Denn die Cohäsion ist an den bereits sichtbaren dunklen Linien jedenfalls geringer, als an den nicht sichtbaren.

Die dunklen Streifen sind nicht oder doch nur sehr schwach doppelbrechend. Wenn sie deutlich sind, geben sie bei gekreuzten Nicols über einem Gypsblättchen Roth I stets nur eine schwache oder keine Umfärbung des Gesichtsfeldes. Die angewandte Methode ist jedoch zu wenig empfindlich, um eine sichere Entscheidung zwischen Isotropie und schwacher Anisotropie treffen zu können. Bei den hellen Bändern liegt die längere Achse des optischen Elasticitätsellipsoides — im Sinne von Nägeli und Schwendener — parallel ihrer Längsachse (also parallel der Streifenrichtung). In Folge des Sichkreuzens der Bänder auf der zu- und abgewandten Seite und in derselben Membran in den inneren und äusseren Schichten, ist ein und dieselbe Bastzelle verschieden stark doppelbrechend, bei steiler Streifung am stärksten, bei einer Neigung von 45° zur Zellachse tritt überhaupt keine Doppelbrechung auf — an local erweiterten Stellen lässt sich das schön beobachten (Vinca), weil die Systeme sich sogar gegenseitig in ihrer Wirkung aufheben können. Nach N. J. C. Müller[1]) soll bei local erweiterten Bastfasern von Vinca dort, wo die Erweiterungen beginnen, die längere Achse des Ellipsoides quer zur Längsrichtung der Fasern stehen, was ich nie gesehen habe.

Ob die dunkleren, wasserreicheren Streifen bei der Quellung, etwa in Kalilauge, sich verbreitern, kann ich nicht angeben. Die betreffenden Messungen sind kaum ausführbar, denn die Zelle dreht und verkürzt sich — wie bekannt — unter der Einwirkung des Quellungsmittels, es lässt sich daher nicht wohl ein und dieselbe Stelle vor und nach der Quellung messen. Dippel (l. c. p. 167) behauptet, dass die dunklen Streifen gleich breit bleiben, auf Grund von Messungen, die er an einer Anzahl von gleich breiten Streifencomplexen vor und nach der Einwirkung von Kalilauge vornahm und wobei jeder Complex vier helle und drei dunkle Bänder enthielt. Er fand im Mittel aus mehreren Messungen folgende Resultate:

1. an Längsschnitten, Breite senkrecht zur Neigung 7,5 μ,
2. an isolirten Fasern, „ „ „ „ 7,7 μ,
3. an ein Tag in Kali gelegenen Fasern, Breite senkrecht zur Neigung 7,6 μ.

Aus den Durchschnittswerthen 7,5 und 7,7 für die unveränderten Complexe geht bereits die Unbrauchbarkeit dieser Messungen hervor. Auch die Mittheilung, dass der schmälste derartige Com-

1) N. J. C. Müller, Polarisationserscheinungen etc. Pringsh. Jahrbücher, Bd. XVII, p. 20.

plex 6,6 μ, der breiteste 8,3 μ maass, kann uns nichts helfen. Nach Dippel's Messungen wäre bei der Quellung die Breite gleichgeblieben oder hätte gar abgenommen. Da aber stets vier helle und drei dunkle Streifen gemessen wurden, so hätte, auch wenn die dunklen Linien sich nicht verbreitert hätten, durch die Quellung der hellen eine Verbreiterung des ganzen Complexes resultiren müssen. Eine solche misst man ja auch bekanntlich an aufquellenden Bastfasern indirect durch die Verbreiterung der ganzen Zelle. In Dippel's Fällen hat also offenbar gar keine Quellung stattgefunden. Dippel ging von der Vorstellung aus, die dunklen Streifen müssten, falls sie aus wasserreicherer Substanz beständen, vom Quellungsmittel intensiver angegriffen werden als die hellen und glaubte aus einem allenfallsigen Unverändertbleiben schliessen zu dürfen, dass sie nicht durch Wassergehaltsdifferenzen bedingt würden. Diese Argumentation ist jedoch durchaus nicht zwingend, auch wenn die Beobachtung richtig wäre. Es giebt sehr wasserreiche Membranen, z. B. die Nostochinen-Gallerte, welche in Kalilauge überhaupt nicht quellen.

Ich schlug verschiedene Wege ein, um eine „Tinction" der Streifung ausfindig zu machen und bekam dabei Resultate, welche zum Theil von allgemeinerem Interesse waren. — Ob die dunklen Streifen anders gefärbt waren als die hellen, liess sich direct nie sicher constatiren, doch mussten etwaige Differenzen hervortreten, sobald man die behandelten Bastzellen trocken in Cassiaöl einbettete.

Ich verwandte zunächst verschiedene Anilinfarben, ohne eine distincte, beim Austrocknen wirklich erhaltenbleibende Färbung der Streifung zu erhalten. Hin und wieder auftretende Spuren einer solchen liessen sich ungezwungen auf Faltenbildung des (oft intensiver gefärbten) „Oberhäutchens" zurückführen. Dass die Färbung im Grossen und Ganzen homogen bleibt, beweist zweierlei. Erstens, dass die dunklen Streifen nicht wasserführende Spalten sein können. Die Bastzellen wurden stets nach dem Verweilen in der Tinctionsflüssigkeit längere Zeit in reinem Wasser ausgewaschen. Dabei wäre, falls die Streifung auf Wasserspalten beruhte, die capillar festgehaltene Farbstofflösung sicher durch Wasser ersetzt worden und bei der zum Theil sehr beträchtlichen Breite der dunklen Streifen hätten diese nach dem Austrocknen und Einbetten in Cassiaöl als helle Linien auf farbigem Grunde erscheinen müssen. Zweitens kann man aus dem besprochenen Verhalten schliessen, dass die kleineren Micelle der weichen Streifen mehr Farbstoff speichern als die grösseren der dichteren Streifen, da gleiche Volumina der Streifen gleiche Mengen Farbstoff, die weichere Substanz aber mehr Wasser und weniger Micelle enthalten muss.

Bei macerirten, im Uebrigen in gleicher Weise behandelten Bastzellen fand ich eine, zwar nicht sehr auffällige, immerhin jedoch deutliche Streifung durch hellere Linien erhalten. Durch die Macerationsflüssigkeit musste offenbar ein Theil der sich färbenden Substanz entfernt worden sein. Quetscht man die Bastfasern nach der Färbung und vor dem Austrocknen und Einbetten, so sieht man ganz deutlich gefärbte und farblose Streifen nebeneinander verlaufen, die Substanz war gelockert und zerrissen worden, es ist nichts mehr da, was sich färben könnte.

Eine andere, brauchbare Resultate gebende Tinction führte ich mit salpetersaurem Silber aus, von dem in der Zoologie allgemein verwandten His-Recklingshausen'schen Verfahren[1]) ausgehend. Ich trocknete zunächst die Bastzellen vollständig aus und liess sie dann eine 2 % Silbernitratlösung imbibiren. Nach mehrmaligem Umschwenken in derselben wurden die Fasern direct (ein Auswaschen ist unzulässig) in eine 0,75 % Kochsalzlösung gebracht, etwas später in reines Wasser und längere Zeit dem Licht exponirt. Je mehr Silbernitrat eine Partie der Membran aufgenommen hatte, desto mehr Chlorsilber musste sich bilden und desto schwärzer wurde die betreffende Partie. Die Bastfasern wurden dann vollständig ausgetrocknet und in Anisöl untersucht. Die Membran wurde mehr oder weniger graubraun, die Streifung und die Schichtung waren beide gleich vollkommen erhalten als schwarze Linien, die sich bei sehr starker Vergrösserung stets in Punktreihen, wenigstens theilweise, auflösten.

Das Verfahren beweist jedenfalls, dass von den dunklen Streifen mehr Silbersalz aufgenommen worden war als von den hellen. Leider geht es, wie schon erwähnt, nicht an, die Bastzellen nach der Behandlung mit diesem auszuwaschen (was damit zusammenhängt, dass dasselbe nur imbibirt und nicht in merklicher Weise gespeichert

---

1) Gierke, Färberei zu mikroskopischen Zwecken, in W. Behrens Zeitschrift für wiss. Mikroskopie, Bd. I, p. 393.

wird). Wir können also auf diesem Wege nicht entscheiden, ob wasserführende Spalten — die dann die Salzlösung führen würden — oder Streifen wasserreicherer Substanz vorliegen. An und für sich scheint das Auftreten des Silberniederschlages in Körnerform — so entstehen die Punktreihen — mehr für die Existenz wasserführender Spalten zu sprechen, da es ein Wandern der Silbermolecüle nach Bildungscentren hin bei Entstehung des Chlorides voraussetzt, wie bei einer Crystallbildung die Molecüle sich um ein Centrum sammeln. Diese Wanderung wird in einem Capillarraum leichter vor sich gehen als in der Substanz selbst, dass sie aber auch in dieser möglich ist, lässt sich direct beweisen.

Ich stellte mit 3 % Silbernitratlösung eine ziemlich feste Gelatine-Gallerte her, legte ein Stückchen davon in 0,75 % Kochsalzlösung und reducirte das erhaltene Chlorsilber mit Hydrochinon in alkoholischer Lösung. Die Gallerte war von einem feinkörnigen Silberniederschlag durchsetzt. Die ursprüngliche Gallerte (vor der Behandlung mit Kochsalz) zeigte die Körnelung nicht, ebensowenig nach Behandlung mit dem zur Lösung des Hydrochinon benutzten Alkohol.

Eine auf demselben Princip beruhende, jedoch weit bequemer auszuführende Färbung erhielt ich durch in der Membran selbst gebildetes Berlinerblau. Ich liess die vollkommen ausgetrockneten Bastzellen (Nerium, Vinca) eine 10 % Lösung von gelbem Blutlaugensalz imbibiren, und brachte sie dann direct in eine verdünnte Eisenchloridlösung. Je mehr von dem Blutlaugensalz aufgenommen war, desto mehr Berlinerblau musste sich bilden, desto intensiver musste die Färbung ausfallen. Die Bastzellen zeigen, in dieser Weise behandelt, ausgetrocknet und in Cedernholzöl eingebettet, die Streifung deutlich. Es ist auch hier nicht möglich, die aus der ersten Lösung genommenen Fasern in reinem Wasser auszuwaschen, bevor sie in die zweite Lösung kommen.

Die Brauchbarkeit dieser beiden Methoden, Wassergehaltsdifferenzen einer Membran zur Anschauung zu bringen, hängt davon ab, ob die Salzlösung von der trockenen Membran imbibirt oder ob das Salz gespeichert wird. Wird sie nur imbibirt, so kann man aus der intensiveren Färbung einer Membranpartie auf deren früheren, grösseren Wassergehalt schliessen, wird sie gespeichert, so ist der Schluss nicht sicher, da die einen Membrantheile mehr festhalten könnten als die andern, ohne dass damit Wassergehaltsdifferenzen verbunden zu sein brauchten. Ich führte die Prüfung in folgender Weise aus: Es wurde in die Salzlösung nach und nach Arrowrootstärke eingetragen, bis ein ziemlich dicker Brei entstand. Derselbe wurde auf ein (trockenes) Filter gebracht, war die Lösung imbibirt worden, so durfte der Salzgehalt des Filtrates von dem der anfänglichen Lösung nicht verschieden sein, war sie gespeichert worden, so musste er geringer geworden sein. (Zur Erläuterung erinnere ich an das Verhalten von Kalilauge zu Stärkekörnern[1]). Die Lösung wird um so schwächer, je mehr Stärke in sie eingetragen wird, bis sie schliesslich nicht mehr stark genug ist, Quellung hervorzurufen.) Die Silbernitratlösungen wurden mit Kochsalzlösung titrirt. Zu den in gleichem Grade stark verdünnten Blutlaugensalzlösungen wurden gleiche Volumina ebenfalls stark verdünnter Eisenchloridlösung zugesetzt und die Intensitäten der resultirenden Blaufärbung — wenn nöthig nach weiterer, gleichmässiger Verdünnung verglichen. Das Eisensalz war im Ueberschuss zugesetzt worden. Im Laufe mehrerer Tage setzte sich das Berlinerblau ab. Die Silbersalzlösung war wenig verändert, bei der Blutlaugensalzlösung konnte ich ebenfalls keine merkliche Differenz (vor und nach dem Eintragen der Stärke) nachweisen. Das gleiche Resultat bezüglich der letzteren Lösung hatte bereits Sachs[2]) durch Beobachtung der Steighöhe in einem Fliespapierstreifen erhalten, ich wiederholte den Versuch mit dem gleichen Endergebniss. Für das Silbersalz fand ich dagegen ein merkliches Zurückbleiben des Salzes gegen das Wasser; beim Einbringen in Schwefelwasserstoffgas färbten sich nur $^{17}/_{20}$ der 3,4 cm breiten Zone schwarz, während des Verweilens im Gase stieg das Wasser noch weitere 0,5 cm. Gelbes Blutlaugensalz erfüllt also die Bedingungen vollständig, das Silbersalz weniger, die mit ersterem erhaltenen Resultate sind daher einwurfsfreier, wenngleich die Speicherung des Silbersalzes nur eine verhältnissmässig geringe ist.

Was die an macerirten Zellen durch Quetschen oder Quellungsmittel hervorrufbare Streifung anbetrifft, so kann ich hierüber wenig sagen. Sie tritt an bereits im unveränderten Zustande ge-

---

1) Nägeli und Schwendener, Mikroskop, II. Aufl., p. 128.

2) Arbeiten des botan. Inst. in Würzburg, Bd. II, p. 162.

streiften Membranen stets parallel der Streifung, und wo Poren vorhanden sind, stets parallel der Richtung der Porenspalten auf. Sie lässt sich jedoch nicht bei allen von mir untersuchten Bastzellen nachweisen, z. B. bei denen von Tilia und Alcea rosea.

Diese Streifung wird offenbar durch die Wiesner'schen Fibrillen hervorgerufen, möglicher Weise würde nach Anwendung der Carbonisirung die ebenerwähnten Bastzellen sie gleichfalls aufgewiesen haben.

Man muss sich also die Membran der Bastzellen aus zweierlei Substanz aufgebaut denken, welche in Streifen nebeneinander liegen. Diese Streifen sind bei gewissen Membranen zum Theil durch ihren grösseren Wassergehalt direct sichtbar, theils werden sie erst durch Quellungsmittel und Druck nach einem chemischen Eingriff, der Maceration, sichtbar. Ob den letzteren Streifen bereits im unveränderten Zustande ein grösserer Wassergehalt zukommt, ist fraglich. Man könnte für denselben die starke Ausdehnung senkrecht zur Streifenrichtung, welche bei der Imbibition trockener Membranen mit Wasser eintritt, ins Feld führen, gegenüber der zum Theil verschwindend geringen in der parallelen Richtung. Durch die Macerationsflüssigkeit wird die Substanz dieser Streifen gelockert, wohl durch Herauslösen eines Theiles derselben, in gleicher Weise, wie bei der ohne weiteres sichtbaren Streifung; die Quellungsmittel oder der Druck beim Quetschen trennen dann die dichteren Streifen. Das Sichtbarwerden durch Quellungsmittel allein, ohne vorhergehende Maceration, wie es sich zuweilen mit Schwefelsäure oder Kupferoxydammoniak hervorrufen lässt, erklärt sich dahin, dass dasselbe nebenher noch die Arbeit der Macerationsflüssigkeit übernimmt.

Was die Entwicklungsgeschichte der Streifung betrifft, so habe ich dieselbe wenig verfolgt. Ich stimme mit Famintzin[1]), Krabbe (l. c. p. 405) und anderen darin überein, dass die Streifung das Resultat nachträglicher Differenzirungsvorgänge ist. Eine spiralige Anordnung der Microsomen, in einer der späteren Streifung parallelen Richtung, wie sie Strasburger bei Coniferentracheiden

1) Beitrag zur Entwickelung der Sklerenchymfasern von Nerium Oleander. Bull. de l'Acad. de St. Petersbourg, T. 29, p. 416—422. Just. Jahresb. 1884, I, p. 230.

beobachtet hat, habe ich nie sehen können, auch nicht bei Anwendung von Tinctionsmitteln.

Fassen wir die Resultate des über die Streifung Gesagten kurz zusammen, so können wir zunächst mit Gewissheit constatiren, dass dieselbe auf einem Wechsel wasserärmerer und wasserreicherer Streifen beruht. Diese letzteren sind meist mehrmals schmäler, und erscheinen dunkel. In soweit ist die Ansicht Nägeli's über die Streifung sicher gestellt. Es ist jedoch eine zweite Frage, ob die weicheren Streifen aus derselben chemischen Substanz bestehen, wie die dichteren. Ich verweise auf die kurzen allgemeinen Erörterungen am Schlusse der Abhandlung, p. 326.

B. Die Querlamellirung der Bastzellen.

Die Querlamellirung wurde zuerst von Mohl[1]) und Valentin[2]) als quere Streifung beschrieben. Späterhin ist sie manchmal erwähnt worden, so von Nägeli (l. c. p. 82) bei Vinca: „Mitten in der Substanz, und zwar, wie es schien, ziemlich zwischen den antitrop gestreiften Schichtencomplexen zeigten sich zarte, unterbrochene Querstreifen, welche feinen Rissen sehr ähnlich waren und zuweilen ein Netz zu bilden schienen." Von Reinke[3]) wurde sie bei den Bastzellen des Blattes von Welwitschia als Ringstreifung beschrieben (und abgebildet, wenn nicht die oft auftretende, später zu beschreibende (p. 308) feine Runzelung des Oberhäutchens die Vorlage der Zeichnung gebildet hat). Strasburger[4]) beschreibt die Querlamellirung bei Vinca major als drittes, innerstes Verdickungssystem aus netzförmigen Leisten, Famintzin (l. c.) bei Nerium Oleander als Faltung der innersten Membranschicht. Ausführlicher wurde sie von Krabbe (l. c. p. 409) beschrieben, und im Gegensatz zur Streifung auf Dichtigkeitunterschiede in der Membran-

---

1) Erläuterung und Vertheidigung etc., p. 23.

2) Ueber den Bau der vegetabilischen Zellmembran, Valentin's Repertorium für Anatomie u. Physiologie I, p. 88.

3) Lehrbuch der Botanik, p. 24 u. Fig. 17.

4) Zellhäute, p. 65 und Botan. Practicum, I. Aufl., p. 77; II. Aufl, p. 79.

substanz zurückgeführt. In seiner neuesten einschlägigen Publication glaubt Strasburger[1]) die Querlamellirung durch eine schwache, oft die ganze Membrandicke durchsetzende Faltung der Lamellen erklären zu können.

Die Querlamellirung wurde schön ausgebildet und häufig beobachtet bei Apocynum androsaemifolium, Vinca minor (und major) und bei Nerium Oleander, seltener bei Asclepias Cornuti, Linum und Welwitschia. Sie ist bei dem einen Individuum häufiger als bei einem anderen, und fehlt oder tritt auf selbst bei Zellen ein und desselben Bündels. Sie besteht aus ziemlich breiten, stärker brechenden, mehr oder weniger wellig gekrümmten, im Allgemeinen senkrecht zur Zellachse gestellten Streifen (Fig. 12, Taf. XIV). Wie der optische Längsschnitt (Fig. 14, 15, 16, Taf. XIV) lehrt, liegen sie bald in den äusseren, bald in den inneren Schichten. Die Behauptung Strasburger's, dass sich die querlamellirte Schicht scharf von den äusseren absetze, ja sogar sich öfters von denselben trenne, ist unrichtig. — Häufig ist die Streifung weniger deutlich. In günstigen Fällen kann man jedoch beobachten, dass bei gestreiften Zellen die Querlamellirung selbst die äussersten Schichten durchsetzt, und da die Streifen ebenfalls in den äusseren Schichten liegen, ist es unumgänglich nöthig, dass sich Streifung und Querlamellirung im eigentlichen Sinne gegenseitig durchsetzen. Solche Fälle erinnern an das von Nägeli aufgestellte Princip des Einanderdurchdringen's der Streifensysteme, man muss jedoch nicht vergessen, dass zwei nicht gleichartige Systeme sich kreuzen, da, wie wir gleich sehen werden, die Querlamellirung nur zum Theil auf Wassergehaltsdifferenzen beruht.

Streifung und Querlamellirung unterscheiden sich leicht durch ihr Aussehen: die erstere zeigt scharf begrenzte dunkle Linien und Streifen, die letztere verschwommen begrenzte, helle Streifen. Beim Senken des Tubus kehrt sich das Bild um, die Streifung erscheint, wie wir bereits sahen, als helle Zeichnung auf dunklem Grunde, die Querlamellirung als dunkle Zeichnung auf hellerem Grunde. (Fig. 13, Taf. XIV). Die Ursache ist für beide Structuren die gleiche und bereits erörtert worden.

Bettet man querlamellirte, ausgetrocknete Bastfasern in Cassiaöl

---

5) Histologische Beiträge, Heft II, p. 158.

oder Canadabalsam ein, so ist die Querlamellirung wohl merklich undeutlicher, verschwindet jedoch nie ganz. Die optische Wirksamkeit der hellen Streifen kann daher nicht auf Wassergehaltsdifferenzen allein zurückgeführt werden. Dass aber solche dennoch vorhanden sind, geht aus dem Undeutlicherwerden beim Austrocknen hervor. Auch die (bereits beschriebene, vergl. p. 295) Tinction mit Berlinerblau lässt uns auf Wassergehaltsdifferenzen schliessen, ich fand wenigstens (bei Vinca) die hellen Streifen wenig oder gar nicht, den dunkleren Grund deutlich blau-gefärbt. An ausgetrockneten Bastfasern entsprechen den hellen Streifen jedenfalls schwache Membranvorsprünge, indem sie sich, in Folge ihrer grösseren Dichtigkeit, in radialer Richtung weniger contrahiren als die übrige Substanz.

Behandelt man querlamellirte Bastzellen direct unter dem Microscop mit Chlorzinkjodlösung, so sieht man deutlich, wie sich zunächst die hellen Streifen gelblich, der Grund violettlich färbt. Dann werden erstere hellviolett, der Grund tiefviolett, schliesslich ist von der ganzen Querlamellirung nur mehr wenig oder nichts mehr zu sehen, während die Streifung noch deutlich erkennbar ist. Genau ebenso ist das Verhalten gegenüber Jodlösungen und Schwefelsäure. Beide Reagentien können dazu dienen, die Querlamellirung von den v. Höhnel'schen Verschiebungslinien, mit welchen sie jedenfalls oft genug verwechselt worden sein mag, zu unterscheiden, die letzteren färben sich nämlich sofort, und viel intensiver als die übrige Membran, violett.

Eine hübsche Färbung der Querlamellirung kann man mit nicht zu starker, wässeriger Methylenblaulösung ausführen. Die hellen Streifen bleiben fast oder ganz ungefärbt, wie man sich durch Vornahme der Tinction während des Beobachtens überzeugen kann, der Grund färbt sich intensiv blau. Dabei färben sich, worauf ich noch zurückkommen werde, die peripherischen Schichten der Membran, soweit sie nicht querlamellirt sind, nicht oder kaum merklich blau, die inneren nicht querlamellirten immer sehr intensiv. Zuweilen sieht man in den peripherischen, farblosen Schichten blaue Flecke, dort findet man dann auch die sonst fehlende Querlamellirung. — Wie Methylenblau, aber weniger günstig, färbt auch Methylviolett, Methylgrün und Fuchsin.

Durch Quellen in Natronlauge (5 % — 20 %) ist die Querlamellirung nicht zum Verschwinden zu bringen. Auch durch das

Maceriren wird sie nicht gänzlich beseitigt (wie Mohl[1]) angegeben hat), erscheint jedoch viel weniger deutlich und die hellen Streifen färben sich (wie die äusseren Schichten) gleich der Grundmasse nun ebenfalls mit Methylenblau. Es wird bei der Maceration offenbar die stärker lichtbrechende, die Färbung verhindernde Substanz ausgezogen, die erhaltenbleibende Structur rührt dann wahrscheinlich nur mehr von Dichtigkeitsdifferenzen (in Bezug auf den Wassergehalt) her. Durch Quellungsmittel (Natronlauge) wird dagegen die inkrustirende, stärkerbrechende Substanz nicht entfernt, die querlamellirten Bastfasern färben sich daher nach der Behandlung mit Kalilauge nicht anders als vorher. Mohl (l. c. Sp. 773) gab für Apocynum venetum ein Verschwinden der Querlamellirung schon durch Kochen in Wasser an. Ich wiederholte den Versuch mit den Bastfasern des mir allein zugänglichen Apocynum androsaemifolium, fand aber nach stundenlangem Kochen in destillirtem Wasser das Aussehen der querlamellirten Zellen nicht merklich verändert.

Die Querlamellirung übt keinen merklichen Einfluss auf die Orientirung der optischen Elasticitäts-Ellipsoidachsen aus, wie ich mich wiederholt und an verschiedenen Objecten (Apocynum androsaemifolium, Vinca minor, Welwitschia) überzeugen konnte.

Nach der von Krabbe (l. c. p. 409)verfolgten Entwickelungsgeschichte, welche ich, soweit meine Beobachtungen reichen, nur bestätigen kann, ist die Querlamellirung ein Product späterer Differenzirung, nach der Streifung auftretend und wie diese von Aussen nach Innen vordringend. Dagegen finde ich die Behauptung Krabbe's, die Querlamellirung verschwinde an den local sich erweiternden Stellen wieder, nicht bestätigt. Ich habe sie an solchen Stellen manchmal sehr deutlich gesehen (Vinca minor, Apocynum androsaemifolium).

Die ursprüngliche Behauptung Strasburger's, dass die Querlamellirung durch eine eigene, innerste, netzförmig verdickte Schicht bedingt werde, ist wie die ähnliche Famintzins nach dem eben Mitgetheilten nicht haltbar. Strasburger beschreibt an mehreren Stellen[2]) ein eigenthümliches Verhalten der Querlamellirung der

---

1) Ueber die Zusammensetzung der Zellmembran aus Fasern, Bot. Z. 1853, Sp. 773.

2) Zellhäute, p. 65 und Botan. Practicum, I. Aufl., p. 77, II. Aufl., p. 79.

Bastfasern von Vinca major bei Einwirkung von Kupferoxydammoniak, dessen Einwirkung man direct beobachten müsse. „Die äusseren Schichtencomplexe sind alsbald vollständig aufgelöst, während der innere, netzförmig ausgebildete, länger widersteht und somit vollständig isolirt dem Beobachter entgegentritt."

Ich habe die Einwirkung dieses Reagens — hergestellt durch Uebergiessen von Kupferdrehspähnen mit starker (18 %) Ammoniaklösung und längerem Stehenlassen — auf querlamellirte Bastzellen mehrerer Arten (Vinca minor, major, Apocynum androsaemifolium) wiederholt direct unter dem Mikroskop verfolgt. Die Querlamellirung verschwindet mit der Streifung, oder etwas später, dagegen bildet das bekannte, noch zu besprechende „Oberhäutchen" häufig Falten, die fast horizontal (oder schwach geneigt, südwestlich ansteigend) untereinander fast parallel verlaufen. Auch eine innerste Schicht widersteht dem Kupferoxydammoniak öfters länger, ebenfalls zuweilen ähnliche Falten werfend, selten eine Schicht aus dem Inneren (der Mitte) der Membran, wie in dem als Fig. 1, Taf. XV wiedergegebenen Falle. Die Faltenbildung kommt offenbar durch die ungleich stärkere Verkürzung der heftiger angegriffenen übrigen Schichten zu Stande. Die Faltung einer dieser Lamellen hat, meiner Vermuthung nach, die Angabe Strasburger's über das längere Erhaltenbleiben der Querlamellirung in Kupferoxydammoniak veranlasst, das von ihm selbst postulirte directe Beobachten der Einwirkung des Quellungsmittels lehrt den wahren Sachverhalt schnell erkennen.

Die neuere Ansicht Strasburger's, wonach die Querlamellirung durch feine, zuweilen die ganze Membran durchsetzende Einfaltungen verursacht sein könnte, Einfaltungen, hervorgerufen durch „eine, durch das Dickenwachsthum bedingte, vielleicht nur zeitweise Verkürzung älterer Gewebstheile", scheint mir durch Verwechslung mit den v. Höhnel'schen „Verschiebungslinien" verursacht zu sein. Wenigstens konnte ich an schön querlamellirten Bastzellen derartige Einfaltungen nur an den Verschiebungsstellen finden.

Aus den mitgetheilten Beobachtungen geht hervor, dass die Querlamellirung durch Streifen einer einerseits wegen geringerem Wassergehalt, andererseits aber auch an und für sich stärker brechenden Substanz hervorgerufen wird. Diese Substanz färbt sich nicht mit (bestimmten) Anilinfarben, wird durch die Maceration aus der Membran entfernt (wobei in Folge der noch immer bestehenden Wassergehaltsdifferenzen die Structur nicht ganz verschwindet), durch Natronlauge wird sie nicht ausgezogen.

C. Die Verschiebungslinien[1]) der Bastzellen.

Bei sehr vielen Bastzellen, besonders bei nicht verholzten, sieht man bei schwächerer Vergrösserung Querlinien oder Gruppen von solchen, bald horizontal, bald mehr oder weniger (bis 45 °) zur Zellachse geneigt; sie erweisen sich bei Anwendung stärkerer Vergrösserungen als durch schwache Faltungen bedingt, die mehr oder weniger tief die Membran durchsetzen (Fig. 18, 19, T. XIV.) Dadurch, sowie durch ihren stets geraden Verlauf lassen sie sich leicht von der Querlamellirung unterscheiden. Sie sind von Nägeli (l. c. p. 79) als „Ringstreifen" beschrieben werden, von v. Höhnel[2]) genauer untersucht, aber auf Verschiebungen und sogar Risse zurückgeführt worden.

Ihre Verschiedenheit von der gewöhnlichen Streifung geht klar aus dem Verhalten gegenüber gewissen Reagentien hervor. Sie färben sich zunächst, im Gegensatz zur Streifung und Querlamellirung mit Chlorzinkjodlösung, sowie mit Jodjodkalium und Schwefelsäure viel intensiver als die Hauptmasse der Membran. Während ferner Congoroth die letztere (bei Nerium Oleander, Vinca minor, Apocynum androsaemifolium) nur schwach roth färbt (auch wenn dieselbe nicht verholzt ist), färben sich die Verschiebungsstellen intensiv roth. Noch deutlicher tritt diese distincte Function ein, wenn man die Zellen längere Zeit in schwacher Natronlauge liegen gelassen hatte. An stark gequollenen Bastfasern ist dagegen kein Unterschied in der Färbung bemerkbar, es färbt sich alles stark und gleichmässig roth.

Vor allem aber sind die Verschiebungsstellen gegen Macerations- und Quellungs-Mittel viel weniger resistent als die übrige Masse der Membran. Eine Bastfaser (von Nerium Oleander, Vinca minor, Welwitschia etc.) zeigt nach der Maceration (in Schulze'schem

1) Ich behalte im Folgenden diese zuerst von v. Höhnel gebrauchte Bezeichnung bei, obwohl mir die Entstehung der „Verschiebungen", auf der die Nomenklatur beruht, nicht so sicher festgestellt zu sein scheint, wie jener Forscher meint und ich zu ihrer Definition einstweilen nur das abweichende chemische Verhalten heranziehe.

2) Ueber den Einfluss des Rindendruckes auf die Beschaffenheit der Bastfasern der Dikotylen. Pringsh. Jahrb. f. wiss. Bot., Bd. XV, p. 311 f.

Gemische) an Stelle der gröberen Linien deutliche Spalten und zerfällt leicht in entsprechende Stücke. Durch diese Eigenthümlichkeit wurde überhaupt zuerst die Aufmerksamkeit der Beobachter auf die Knickungslinien gelenkt. Die Membransubstanz muss also an den Verschiebungsstellen leichter angegriffen werden und verhält sich dort vielleicht überhaupt anders. Wie das Maceriren wirkt auch Quellenlassen in ziemlich starker Schwefelsäure.

Unter dem Polarisationsmikroskop sind die Verschiebungslinien bei gekreuzten Nicols hell, wenn die Faser selbst dunkel ist, dunkel, wenn die Faser hell ist, während die hellen Streifen der Querlamellirung verschwinden, wenn die Faser dunkel wird. Diese Erscheinung wurde von Nägeli (l. c. p. 81) richtig mit der (bereits von ihm beobachteten) Faltung der Membran an den Verschiebungsstellen in Verbindung gebracht: „Da die Substanzmolecüle (Micelle) so orientirt sind, dass eine Elasticitätsachse auf der Fläche der Schichten senkrecht steht, so ist es nothwendig, dass die Schichten in der erhellten Linie von dem geraden Verlauf abweichen.“ Dieser Auffassung hat sich auch v. Höhnel (l. c. p. 325) angeschlossen.

v. Höhnel lässt die Verschiebungslinien durch den Druck der Parenchymzellen auf die isolirten oder ganze Bündel bildenden Bastfasern hervorgehen, wobei die tangentiale Rindenspannung das eigentliche Agens sein soll. Er nimmt an den betreffenden Stellen ein theilweises Zerreissen der Lamellen an, und erklärt so die veränderte Reactionsweise. Man kann sich nun in der That davon überzeugen, dass an gequetschten resp. zerschnittenen Bastfasern (Nerium etc.) die Quetschungsstellen resp. Schnittflächen mit Chlorzinkjodlösung und mit Congoroth sich intensiver färben, als die unversehrte Membran. Ebenso färben sich in starker Natronlauge verquollene Bastfasern intensiv roth mit letzterem Farbstoff. Es zeigt jedoch die genaueste Untersuchung der frischen Fasern nichts von wirklichen Rissen, die Membransubstanz ist an den Verschiebungsstellen also nur verändert, nicht zerrissen worden. Mit letzterer Annahme stimmen auch die Festigkeitsverhältnisse etc. der Bastzellen durchaus nicht.

Nach den Figuren v. Höhnel's ist ein Zusammenhang zwischen den Kanten und Vorsprüngen der Parenchymzellen und den Verschiebungslinien der angrenzenden Bastzellen evident; wie aber diese Beeinflussung der Bastzellmembranen stattgefunden hat, ist eine andere Frage, welche ausserhalb meines Themas lag, aber erneuerter Untersuchung bedürftig wäre. Die Verschiebungsstellen gehören ja nicht eigentlich zur Structur der Zellmembran.

Nach v. Höhnel sollen nur unverholzte oder schwach verholzte Bastzellen die Verschiebungen zeigen. Ich muss hierzu bemerken, dass ich sie an den stark verholzten, mit Chlorzinkjodlösung behandelten Bastzellen von Alcea rosea als dunkelviolette Linien auf hellem, gelbem Grunde deutlich wahrnehmen konnte. Wie ich noch zeigen werde, treten solche Linien auch an Nadelholztracheiden und Laubholzlibriformzellen, die doch beide typisch verholzt sind, auf. Es verdient daher auch dies gegenseitige Sichausschliessen von Verschiebungslinien und Verholzung erneuerter Prüfung.

D. Die Schichtung der Bastzellen.

Ich werde hier nur auf zwei, sich an die Schichtung knüpfende Fragen eingehen, auf die Natur der dunklen Linien, welche die einzelnen, hier nach Krabbe's Untersuchungen zweifellos einander apponirten (nicht durch Spaltung entstandenen) Schichten trennen, und auf einige Differenzen in der Reactionsfähigkeit der Schichten selbst.

Auf dem Querschnitt durch eine Bastzelle erkennt man die bekannte Schichtung als ein System dunkler, concentrischer Linien von ungleicher Breite, fast immer mehrmals schmäler als die hellen Ringe, welche sie trennen, die aber selbst wieder merklich verschiedenes Lichtbrechungsvermögen besitzen können. So ist das Bild bei hoher Einstellung, beim Senken des Tubus kehrt es sich nach bekannten Principien um, man sieht jetzt helle, schmale Linien und dunklere Ringe (Fig. 17, a u. b, Taf. XIV).

Ausgetrocknete Querschnitte (Nerium Oleander etc.), oder, was vorzuziehen ist, Querschnitte durch ausgetrocknete Bastbündel, zeigen, soweit nicht Messerstreifen das Bild stören, in absolutem Alkohol untersucht, nur mehr Spuren der Schichtung, dafür zuweilen zwischen den Schichtencomplexen eine klaffende Spalte. Setzt man dem Alkohol Wasser zu, so imbibiren sich die Querschnitte — unter beträchtlicher Ausdehnung, — und die Schichtung wird wieder so deutlich, als sie zuvor war. Bettet man die ausgetrockneten Querschnitte in Anisöl oder Cassiaöl ein, so sieht man gar nichts mehr von der Schichtung, nur die Spalten sind durch das etwas differente Lichtbrechungsvermögen des Einbettungsmittels, welches sie ausfüllt, erkennbar.

Durch diese Resultate ist die Contactlinien-Theorie beseitigt, und ebenso die Annahme, die Schichtung werde durch an und für sich verschieden brechende Substanzen bedingt. Es bleibt nun noch zu untersuchen, ob die Schichtung durch mit Wasser, resp. Zellsaft erfüllte Spalten, oder durch Schichten einer wasserreicheren Substanz hervorgerufen wird.

Wir wollen annehmen, die dunklen Linien der Schichtung seien wassererfüllte Spalten. Würden sich dann die Schichten beim Austrocknen alle in tangentialer und radialer Richtung gleich stark (d. h. um gleich viel Procente) contrahiren, so müsste die Schichtung an den trockenen Querschnitten so deutlich sein, wie an den frischen (wenn man erstere in absolutem Alkohol untersucht), oder deutlicher (wenn sie in Luft betrachtet würden). In Wahrheit wird jedoch die Schichtung weniger deutlich, ja verschwindet fast ganz.

Dieses Verschwinden der Schichtung müsste auf einem Sichnähern der einzelnen Schichten beruhen, welches nur dadurch zu Stande kommen könnte, dass die äusseren Schichten mehr Wasser verlören, also sich mehr contrahirten, als die inneren. Es entstände ein Druck in radialer Richtung, der die einzelnen Lamellencomplexe aneinander pressen könnte, ähnlich wie ein heisser, locker um einen Gegenstand gelegter Eisenring nach dem Erkalten eng schliessen oder einen Druck ausüben kann. Sieht man aber zu, wie sich die einzelnen Schichten wirklich beim Austrocknen verhalten, so findet man, dass gerade die umgekehrten Verhältnisse vorliegen. Die inneren Schichten sind weicher, wasserreicher als die äusseren, sie müssen sich folglich beim Austrocknen mehr contrahiren als jene. Das geht aus der seit Nägeli's Untersuchungen (l. c. p. 95) bekannten Thatsache hervor, dass die äusseren Schichten in tangentialer Richtung viel weniger quellen als die inneren, ein an der Seite geöffneter Querschnitt durch eine Bastzelle streckt sich daher gerade. Die Quellung ist aber nur eine Umkehrung des Austrocknens. Statt eines radialen Druckes muss also beim Austrocknen ein radialer Zug zu Stande kommen, der die Schichten von einander zu entfernen strebt. Damit stimmt auch das Auftreten von Spalten zwischen den dichteren Schichten (die durch Zerreissen einer wasserreicheren Lamelle entstanden sein müssen). Aus der Thatsache, dass trotz des herrschenden Zuges mit der Wasserabgabe die Schichtung fast oder ganz verschwindet, geht bereits unwiderlegbar hervor, dass das Sichtbarwerden der Schichtung auf Wassergehaltdifferenzen beruht. Die Spuren der Schichtung, die manchmal an trockenen Querschnitten noch sichtbar bleiben, lassen sich ungezwungen durch das Einsinken der wasserreicheren Lamellen erklären. Ihr Verschwinden beim Einbetten in Cassiaöl beweist das genügend.

Das Vorhandensein einer Bindesubstanz zwischen den Schichten stärkeren Lichtbrechungsvermögens ergiebt sich aber auch aus dem Verhalten frischer und macerirter Bastzellen gegenüber einem auf sie ausgeübten Druck: Es ist an frischen nicht möglich, die Schichten auseinander zu quetschen, nach der Maceration gelingt das leicht. Die Schichtung entspricht also auch hierin vollkommen der Streifung.

Wenn man frische Bastzellen (von Nerium Oleander, Vinca minor etc.) in der bereits beschriebenen Weise mit salpetersaurem Silber und Kochsalzlösung oder mit Blutlaugensalzlösung und Eisensalz behandelt, dann vollkommen austrocknet und in Anisöl oder Cassiaöl untersucht, so lassen sie (meist) noch deutlich ihre Schichtung in Gestalt schwarzer (in Punktreihen auflösbarer) oder blauer Linien erkennen, genau wie an gleichbehandelten Zellen auch die Streifung erhalten bleibt.

Wir kommen also zu folgendem Ergebniss: Zwischen den successive aufeinander abgelagerten Lamellen befinden sich Schichten von grösserem Wassergehalt, welche erstere mit einander verbinden. Ihre Substanz ist gleich derjenigen der weicheren Streifen; wie bei dieser ist es auch hier die Frage, ob bloss eine Wassergehaltsmodification oder ein anderes chemisches Individuum vorliegt, und wenn letzteres der Fall sein sollte, ob die wasserreichere Lamelle ganz aus ihm besteht, oder die eigentliche Substanz nur von ihm incrustirt wird. Ich neige mich letzterer Ansicht zu.

Die einzelnen Schichten einer Bastzellmembran sind nicht alle gleichmässig ausgebildet und gleich reactionsfähig. Man kann unterscheiden 1. die primäre Membran, 2. die gestreiften Lamellen, welche man als secundären Lamellencomplex bezeichnen kann, und 3. die innersten, ungestreiften Lamellen, den tertiären Lamellencomplex.

Die primäre Membran weicht in mancher Beziehung von den weiter nach innen gelegenen Schichten ab. Bekannt ist ihre grössere Widerstandsfähigkeit gegenüber Quellungsmitteln. Sie färbt sich, je nach der Herkunft der Bastzelle, mit Chlorzinkjod bald intensiver, bald schwächer als die übrigen Schichten. Wie Chlorzinkjodlösung färbt auch Congoroth und Methylenblau sie oft distinct, in letzterem nimmt die primäre Membran häufig einen mehr violetten Ton an. Gewöhnlich erscheint sie vollkommen homogen, ohne Streifung. Dass aber eine Verschiedenheit in der Cohäsion ihrer Micelle in zwei aufeinander senkrechten Richtungen vorhanden ist, geht daraus hervor, dass sie beim Präpariren zuweilen (z. B. bei Euphorbia palustris, Fig. 5, 6, Taf. XV) zu einem spiralförmig gewundenen Bande zerreisst.

In der Auffassung dieses widerstandsfähigen Häutchens als primäre Membran folge ich Cramer[1]) und Nägeli (l. c. p. 85). Eine andere Ansicht hat Strasburger[2]) über dasselbe ausgesprochen. Er sieht es an „als eine Art inneren Grenzhäutchens, das durch besondere Differenzirung der äussersten Lamelle der Verdickungsschichten entstand.“ Im Weiteren heisst es: „Isolirte Bastfasern (von Vinca major) sind aus ihren primären Hüllen befreit.“ Die Isolirung wurde durch Zerbrechen des Stengels und Abschneiden oder Herausziehen der vorstehenden Fasern ausgeführt. Dazu ist nun zunächst einmal zu bemerken, dass man sich an Querschnitten mit Färbemitteln etc. überzeugen kann, dass die primäre Membran und nicht die älteste Lamelle der Verdickungsschichten es ist, welche die differente Reaction giebt. Andererseits muss aber auch, wenn der Stengel zerbrochen und die vorstehenden Fasern herausgezogen werden, irgendwo die „primäre Hülle“ Strasburger's bleiben, am einen oder am anderen Ende. In Wahrheit erfolgt die Trennung der Bastfasern meist in der zwischen den primären Membranen liegenden Mittellamelle (im Sinne Dippel's), und die einzelne Faser behält beim Herausziehen ihre primäre Membran.

Bei Welwitschia bildet die primäre Membran häufig feine, quer oder etwas schräg über die Zelle verlaufende Falten, welche oft, dicht gedrängt und regelmässig ausgebildet, an die Querlamellirung erinnern (vergl. Fig. 2, 5, Taf. XV). Sie gehören jedoch stets nur der primären Membran an, wie aus dem Verhalten beim Quellen hervorgeht, am Rande der Faser entsprechen ihnen je nach ihrer Neigung mehr oder weniger deutliche Vorsprünge. Sie färben sich, wie die ganze primäre Membran, mit Congoroth intensiver als die

1) Vierteljahrschrift der naturforsch. Gesellsch. in Zürich 1858, p. 1 (nicht 1857, wie Nägeli citirt.

2) Zellhäute, p. 66.

übrigen Schichten, in Folge der Faltung erscheint daher die Membran quer rothgestreift. Möglicher Weise entspricht die von Reinke (l. c. p. 24, Fig. 17) abgebildete Ringstreifung dieser feinen Fältelung und nicht der Querlamellirung, welche ich gerade an diesem Object nicht immer deutlich gesehen habe.

Die secundären (gestreiften) und die tertiären (ungestreiften) Lamellencomplexe zeigen oft ein merklich verschiedenes Verhalten gegenüber manchen Färbemitteln. So färben sie sich mit Chlorzinkjodlösung, sowie mit Jod- und Schwefelsäure häufig etwas verschieden, auffallend aber wird der Unterschied bei der Anwendung wässeriger (nicht zu starker!) Methylenblaulösung: die secundären Schichten sind fast oder ganz farblos, die tertiären intensiv blau, der Uebergang ist ein allmählicher oder plötzlicher, es besteht dann eine ganz scharfe Grenze zwischen secundären und tertiären Schichten. Diese Differenzen treten besonders bei Nerium Oleander, aber auch bei Vinca etc. auf, andere Bastfasern färben sich ganz gleichmässig blau. Statt des Methylenblaues kann man auch, aber mit weniger günstigem Erfolge, andere Anilinfarben: Methylgrün, Fuchsin, Bismarkbraun, anwenden.[1])

Diese Fähigkeit der tertiären Schichten, sich mit Methylenblau etc. zu färben, welche den äusseren, älteren Schichten ganz mangeln kann, könnte dazu verlocken, einen „Plasmagehalt" derselben anzunehmen. In der That hat z. B. Kohl[2]) auf ähnliche, an

1) Ein ähnliches Verhalten der secundären und tertiären Schichten der Endospermzellen von Phytelephas fand Dippel (Zeitschrift für Mikroskopie, Bd. I, p. 252) bei Behandlung der in Kaliumquecksilberjodid gequollenen Membranen mit Fuchsin und Hämatoxylin, die Innenschicht, allein gequollen, soll sich blassroth, die äusseren Schichten gar nicht färben. Die Färbung mit Hämatoxylin erweist jedoch bei den Bastzellen von Nerium keine Verschiedenheiten der Schichten, es tritt überhaupt nur eine höchst schwache Färbung der Membran auf.

2) Wachsthum und Eiweissgehalt vegetabilischer Zellhaute. Botan. Centralblatt, Bd. XXXVII, p. 1 f. (1000). Kohl konnte mit Millon'schem Reagens keine Rothfärbung der sich mit Methylviolett färbenden, kappenförmigen Lamellen erhalten, woraus für ihn folgte, dass das Millon'sche Reagens kein zuverlässiger Indicator für Eiweiss sei, da er einen Beweis für den dennoch vorliegenden Eiweissgehalt der Membran darin sah, dass das Plasma sich intensiv, die Kappen aber mit zunehmendem Alter sich immer schwächer, endlich gar nicht mehr mit Methylviolett färben. Bekanntlich färben sich aber allerhand Dinge mit Methylviolett, auch solche, denen selbst Wiesner keinen Eiweissgehalt zuschreibt, z. B. schwedisches Filtrirpapier. Und was die graduellen Unterschiede im Speicherungs-

Haaren mit Hülfe von Methylviolett gewonnene Resultate gestützt, einen Plasmagehalt der sich färbenden Lamellen wahrscheinlich zu machen gesucht. Wie sehr man aber bei den Bastzellen (und wohl auch bei den Kohl'schen Haaren) mit einer solchen Annahme auf dem Holzwege ist, lässt sich leicht zeigen. Man braucht nur Bastzellen, welche im unveränderten Zustande diese Differenz deutlich zeigen, zu maceriren und mit frischen in dieselbe Farbstofflösung zu legen, dann färben sich die äusseren Lamellen bei letzteren nicht, bei den macerirten Zellen dagegen wie die inneren Lamellen. Der Unterschied in der Färbbarkeit beruht also auf einer durch das Macerationsverfahren entfernbaren Incrustation der äusseren Schichten, wodurch dieselben am Speichern des Farbstoffes verhindert werden und nicht etwa auf einem Plasmagehalt der inneren Schichten. Dass die geringe, beim Maceriren eintretende Quellung der Membranen, also wohl auch ihrer äusseren Schichten, nicht Grund der Aenderung im Verhalten gegenüber Methylenblau sein kann, geht daraus hervor, dass in starker Kalilauge oder Schwefelsäure aufgequollene Bastzellen nach dem Auswaschen dieselben Färbungsunterschiede zeigen, wie frische. Durch die erwähnten Quellungsmittel wird also die incrustirende Substanz nicht ausgezogen.

Auffallend ist die Uebereinstimmung, welche zwischen den secundären Schichten derartiger Bastzellen und den hellen Streifen der Querlamellirung, sowie zwischen den tertiären Schichten und den dunklen Bändern der Querlamellirung in Bezug auf ihr Verhalten gegen Jodpräparate, vor allem aber gegen Methylenblau herrscht, sowohl vor als nach dem Maceriren. Wie ferner die hellen Streifen der Querlamellirung etwas wasserärmer sind als die dunklen, so sind auch die äusseren (secundären) Schichten, wie ich durch Messungen feststellen konnte, wasserärmer als die inneren (tertiären). Dass endlich das Quellen in Kalilauge und Schwefelsäure die Fähigkeit zu discreter Färbung mit Methylenblau nicht aufhebt, stimmt ebenfalls für beide überein. Es wäre daher möglich, dass das Unter-

---

vermögen der einzelnen Kappen anbetrifft, so braucht man nur (imbibirte) Stärkekörner (von Arrowroot oder Kartoffel) in Methylviolett zu legen, anzusehen, bis zur beginnenden Verkleisterung zu erwärmen und wieder anzusehen, um zu constatiren, dass mit dem beginnenden Verquellen die Färbung intensiver wird, wie bereits W. Nägeli (Beiträge zur näheren Kenntniss der Stärkegruppe p. 78, 1874) nachgewiesen hat.

bleiben einer Farbstoffspeicherung in den secundären Schichten und in den hellen Streifen der Querlamellirung durch die Incrustation der Zellmembran mit ein und derselben Substanz bedingt würde, und dass ferner die Querlamellirung nichts anderes wäre, als der Modus, in dem diese Incrustation auftritt. Ist die ganze Schicht incrustirt, so ist auch die Querlamellirung verschwunden. Damit stimmte ferner das Auftreten tingirbarer Flecke in den sonst bereits farblos bleibenden Schichten, welches ich bereits (p. 300) erwähnt habe, und wobei stets noch die Querlamellirung (als helle Linien in den blauen Flecken) erkennbar ist. Die hellen Streifen werden immer breiter; wenn sie zusammenfliessen, ist die Incrustation vollendet. Dass die Querlamellirung von Aussen nach Innen fortschreitet, wurde bereits durch Krabbe ermittelt (l. c. p. 409). Ob dieselbe wirklich als Uebergangsstadium zwischen nichtincrustirten und incrustirten Schichten aufzufassen ist, müssen weitere Untersuchungen lehren. Ich möchte nur auf die Möglichkeit eines derartigen Verhaltens hingewiesen haben.

In oder zwischen den verschiedenen Lamellencomplexen lässt sich zuweilen die eine oder die andere Lamelle unterscheiden, welche durch ihre Resistenz gegen Quellungsmittel und ihr Verhalten gegenüber Farbstoffen an die primäre Membran erinnert. Derartiges hat bereits Nägeli gesehen (l. c. Taf. V, Fig. 50), auch mir ist es wiederholt vorgekommen (vergl. p. 302).

Die Differenzen im Speicherungsvermögen der verschiedenen Lamellencomplexe treten oft recht deutlich an mit Methylenblau behandelten, vollkommen ausgetrocknet in Cedernholzöl etc. eingebetteten Querschnitten hervor. Fig. 22, Taf. XIV stellt ein so behandeltes Präparat (von Nerium) dar. Die primäre Membran ist am stärksten, der secundäre Lamellencomplex am schwächsten gefärbt, der tertiäre wieder intensiver.

III. Dikotylen-Holzzellen.

Nägeli[1]) hat für die Holzzellen von Kerria japonica, Fagus silvatica, Populus, Lonicera, Aesculus, Robinia und Hakea Streifungen beschrieben, welche erst nach dem Maceriren, beim Aufquellen in Schwefelsäure, deutlich

1) Botanische Mittheilungen, Bd. II, p. 67 f.

werden sollen. Ich wurde zu einer Nachuntersuchung hauptsächlich durch die Angabe Nägeli's veranlasst, dass bei einigen der erwähnten Arten jede Holzzelle, oder doch der grösste Theil derselben, Ringstreifung aufweist, ich beschränkte mich auf die Untersuchung des Holzes von Kerria, Fagus und Hakea.

Die macerirten und isolirten Libriformzellen von Kerria japonica (Nägeli, l. c. p. 67) zeigen mir, wie Nägeli, für's erste spaltenförmige Poren, in steilen Spiralen (etwa 12° bis 20° zur Zellachse geneigt) in südöstlicher Richtung ansteigend, ausserdem zuweilen zarte, sichtlich der Innenlamelle angehörige Spiralfasern, zwei oder drei an Zahl, welche unter viel geringerer Neigung (etwa 63° mit der Zellachse bildend), in südwestlicher Richtung ansteigen. Die Längsachse der Poren steht also ungefähr senkrecht auf den Spiralfasern. Bei gekreuzten Nicols über einem Gypsblättchen giebt eine in angedeuteter Weise spiralig verdickte Zelle Additionsfarben, wenn ihre Achse parallel zu der längeren Achse im Gypsblättchen liegt. Die optische Reaction richtet sich also nach den Poren und wird durch die Spiralbänder nicht (merklich!) beeinflusst. Die Neigung der Porenspalte zur Zellachse ist an ein und demselben Porus zuweilen merklich verschieden, z. B. um 7°, und zwar fand ich stets die Porusspalte in den inneren Schichten steiler als in den äusseren.

Die macerirten Libriformzellen zeigen nach Anwendung eines mässigen Quetschens häufig Streifung, welche durchaus parallel den Porenspalten verläuft, nicht parallel den Spiralbändern, wenn solche überhaupt vorhanden sind. Die Streifung kreuzt sich auf der zu und abgekehrten Hälfte der Zelle (unter einem spitzen Winkel), es liegt also Spiralstreifung und nicht Ringstreifung vor.

Nach Nägeli sollen nun in den mit Salpetersäure macerirten und mit Schwefelsäure aufquellenden Membranen (eine Behandlung mit Jodtinctur wird nicht direct angegeben, hatte aber zweifellos stattgefunden) stellenweise sehr zahlreiche und gedrängte Ringstreifen auftreten. Auch ich habe an in entsprechender Weise behandelten Libriformzellen der Beschreibung entsprechende, dunkle Linien gesehen, halte sie jedoch für nichts anderes als für Verschiebungslinien. Freilich fand ich sie nie so gleichmässig über grössere Abschnitte vertheilt, wie sie Nägeli (l. c. Taf. IV, Fig. 40) abbildet (vergl. unsere Fig. 7, 8, 9, Taf. XV).

Die „Verschiebungsstellen“ zeigen sich bereits bei Behandlung der macerirten und mit verdünnter Jodjodkaliumlösung getränkten Libriformzellen mit Schwefelsäure vor dem eigentlichen Aufquellen als dunkle blauviolette Linien auf hellerem Grunde, gerade wie bei vielen Bastzellen. Sie bleiben auch beim eigentlichen Aufquellen erhalten. Das letztere erfolgt genau wie bei Bastzellen; es ist ein Oberhäutchen von grösserer Resistenz vorhanden, welches querüber zerrissen und von der vorquellenden Substanz zusammengeschoben wird (Fig. 9, Taf. XV), die ganze Faser dreht sich in südwestlicher der Poren-, resp. Streifenneigung entgegengesetzter Richtung. Dies beweist, dass die Micellarstructur der Libriformmembranen sich wirklich nach der Porenrichtung (resp. der spiraligen Streifung) richtet und nicht etwa nach Ringen, da in letzterem Falle überhaupt keine Torsion eintreten könnte.

Wie Kerria verhält sich rücksichtlich des Libriforms auch Fagus silvatica (Nägeli, l. c. p. 68). Untersucht wurde sowohl junges Astholz als altes Stammholz. Die Spiralfasern fehlen; die Porenspalten steigen südöstlich, selten südwestlich in steilen Spiralen an. Derselbe Porus zeigt in Bezug auf seine Gestalt und seine Neigung häufig eine Aenderung, in den äusseren Schichten sind die Porenspalten kurz und stark geneigt (Winkel von 30° bis 40° mit der Zellachse bildend), in den inneren Schichten sind die Porenspalten lang und schmal und stehen fast longitudinal (Neigung zur Zellachse 1° bis 2°). Die beim Quetschen sichtbar werdende Streifung verläuft parallel der steileren Porenneigung und gehört wohl meist den inneren Schichten an. In Schwefelsäure verquillt die Faser unter Drehung, das resistentere Oberhäutchen (die primäre Membran) ist sehr deutlich, bei vorhergehender Behandlung mit Jodjodkaliumlösung treten, bereits vor dem eigentlichen Aufquellen, die Knickungslinien durch ihre intensive Färbung hervor. Nach Nägeli sollen die dickwandigen Holzzellen (die Libriformzellen im Gegensatz zu den Tracheiden[1])) deutliche Ringstreifung zeigen. Offenbar beobachtete er auch hier die Verschiebungslinien. Macerirte Libriformzellen, mit starker Chlorzinkjodlösung behandelt, zeigen ebenfalls die für die Verschiebungslinien charakteristische Färbung, vergl. Fig. 10—13, Taf. XV; Fig. 10 stellt ausserdem den einzigen

1) Hartig und Weber, das Holz der Rothbuche, p. 22.

Fall dar, in welchem ich eine wirkliche „Verschiebung“ beobachten konnte. Wie bei den Bastzellen färben sich die Linien nach der Maceration mit Congoroth intensiver als die übrige Membran, doch muss eine Behandlung mit fünfprocentiger Kalilauge vorhergehen. An macerirten Bastzellen, z. B. von Nerium, färben sich ebenfalls die Knickungslinien nach dem Maceriren ohne weitere Behandlung, wie die Membran überhaupt, nicht oder kaum mit Congoroth.

Die Libriformzellen von Hakea suaveolens[1]), welche nach Nägeli ebenfalls ringförmige Streifung zeigen, haben fast longitudinale spaltenförmige Poren, und zeigen, entsprechend behandelt, Verschiebungslinien, wie das Holz von Kerria und Fagus.

Die Molecularstructur richtet sich in allen untersuchten Fällen nach der Porenrichtung der Libriformzellen, die wahre Streifung ist nicht direct sichtbar, sondern muss erst durch chemische und mechanische Eingriffe hervorgerufen werden. Die Ringstreifung Nägeli's ist hier wie bei den Bastzellen durch eine nachträgliche Substanzänderung, unabhängig von der Molecularstructur der Membran, durch die Verschiebungslinien v. Höhnel's, bedingt. Was die Ursache des Auftretens dieser merkwürdigen Erscheinung ist, konnte ich für die Libriformzellen (von Fagus) nicht feststellen, es liesse sich eine Beeinflussung derselben durch die Markstrahlenzellen denken, wie v. Höhnel ja eine solche durch das angrenzende Parenchym, durch Sklerenchymzellen etc. für die Bastzellen annimmt, wobei jedoch bei ihm die eigentliche Ursache im Rindendruck liegt, der natürlich in unserem Falle keine Rolle spielen kann. Hervorzuheben ist noch, dass ich eine merkliche „Verschiebung“ nur einmal, als Ausnahmefall, beobachten konnte (vergl. Fig. 10, Taf. XV).

v. Höhnel (l. c. p. 318) hatte das Fehlen der Verschiebungslinien bei manchen Bastzellen mit deren Verholzung, „die innig mit der Festigkeit der Faser zusammenhänge“, in Verbindung gebracht, deutliche Verschiebungen sollen fast nur in solchen Fällen auftreten, wo die Verholzung der Bastfasern fehlt oder nur schwach ist. Die Libriformzellen (sowie die gleich zu besprechenden Nadelholztracheiden) zeigen jedenfalls deutlich, dass kein Zusammenhang besteht zwischen dem Auftreten der Verschiebungen und der Verholzung, dass aber,

---

3) Nägeli untersuchte eine als „Hakea pectinata“ bezeichnete Species (l. c. p. 70), welche wohl mit H. suaveolens R. Br. identisch war.

in Folge der Verholzung, die zum Nachweis der Verschiebungen verwendbaren Reagentien zuweilen versagen.

IV. Nadelholztracheiden.

Die „Streifung“ der Coniferentracheiden wurde, soviel ich ermitteln konnte, von Mirbel bei Gingko biloba entdeckt. Sie wurde dann von Valentin[1]), vor Allem aber von Mohl[2]) genauer untersucht und auch bei anderen Coniferen nachgewiesen. Seitdem geht sie als ein immer wiederkehrendes Beispiel für Membranstreifung durch die Literatur. Nach Mohl sollte die Streifung auf feiner spiraliger Membranverdickung beruhen, er bezeichnete die einschlägigen Zellen geradezu als „Spiralgefässe“. Nägeli[3]) führte sie auf sein bekanntes Princip, den Wechsel wasserärmerer und wasserreicherer, also hellerer und dunklerer Streifen zurück. Später wurden die Nadelholztracheiden noch einmal genau von Dippel[4]) untersucht, der auf die alte Mohl'sche Auffassung der Streifung als feine, spiralige Verdickung zurückkam. Seither hat sich, soviel ich weiss, Niemand mehr durch eingehendere Untersuchung ein Urtheil über die fraglichen Structurverhältnisse zu bilden gesucht, bald wird die Streifung im Sinne Nägeli's[5]), bald in dem Dippel's[6]) erklärt. Auf die Ansicht Wiesner's komme ich später zurück.

Auch hier wollen wir zunächst wieder unterscheiden zwischen der ohne Weiteres an der imbibirten Zellwand auftretenden Streifung und der erst an macerirten Zellen durch Quellungsmittel oder Quetschen hervorrufbaren. Ich beschränkte meine Untersuchungen fast ganz auf das Holz von Pinus silvestris, welches allgemein als ein günstiges Object angegeben wird; wo andere Coniferen zur Untersuchung kamen, ist das immer eigens bemerkt worden.

Die Tracheiden von Pinus silvestris zeigen bekanntlich eine

---

1) Valentin, Repertor. für Anatom. u. Physiol., Bd. I, p. 88.

2) Mohl, Vermischte Schriften, p. 324.

3) Nägeli, in Bot. Mitth., Bd. II, p. 56 f. und Nägeli u. Schwendener, Mikroskop, II, p. 538.

4) Dippel, Die neuere Theorie über die feinere Structur der Zellhülle. Abhandl. der Senckenb. nat. Ges. Bd. XI.

5) Reinke, Lehrbuch d. Bot., p. 1880, v. Tieghem, Traité II, p. 556.

6) Strasburger, Zellhäute, p. 49, doch sind bei ihm die Leisten nicht durch deutliche Lücken getrennt, wie bei Dippel, sondern „im Contact.“

spiralige Streifung, welche unter einem Winkel von 60° bis 50° zur Horizontalen, also ziemlich steil, ansteigt (Fig. 14, Taf. XV). Sie ist, wie Dippel angab, besonders deutlich an den rothen Stellen des Astholzes. Man wählt zur Untersuchung am besten Tangentialschnitte, um nicht durch die Hoftüpfel gestörte Bilder zu erhalten. Die dunklen Streifen haben, im Verhältniss zu den hellen, eine sehr merkliche Breite, sie sind an verschiedenen Zellen sehr verschieden deutlich, auch an derselben Zellwand oft nicht alle gleichmässig scharf ausgeprägt, ohne dass jedoch dann, wie manchmal bei gestreiften Bastzellen, immer eine Anzahl Streifen deutlich zu einem Bande zusammengehören.

Ein Sichkreuzen der Streifen in derselben Membran — auch nur in dem Sinne, wie es z. B. bei den Apocyneenbastfasern vorliegt — konnte ich, im Gegensatze zu Nägeli (und Wiesner) und in Uebereinstimmung mit Dippel und Strasburger, an macerirten Zellen nie beobachten. Die Kreuzung ist stets nur eine scheinbare, bald auf der Streifung der zu- und abgewandten Seite ein und derselben Zelle beruhend — besonders bei schwacher Vergrösserung nnd mittlerer Einstellung —, bald auf der Streifung zweier aneinander grenzenden Membranen verschiedener Zellen — bei Schnitten durch das frische Holz. Auf die letztere Weise und nicht, wie Dippel meint, auf die erstere, ist wohl das Bild Nägeli's (l. c. Taf. IV, Fig. 25) zu Stande gekommen.

Der optische Längsschnitt durch die Tracheiden zeigt ihre Wände fast stets ganz glatt, nur selten ganz flachwellig und dieser Befund, verbunden mit der trotzdem oft sehr deutlichen Streifung, hat offenbar die Erklärung der letzteren als Differenzirung in wasserärmere und wasserreichere Streifen veranlasst, und die Erklärung durch spiralige Verdickung bei Seite schieben lassen, indem man, vom Vergleieh mit einem Spiralgefäss ausgehend, erwartete, die Verdickungsfasern auf dem optischen Längsschnitt, wie bei einem Spiralgefäss, als deutliche Vorsprünge erkennen zu sollen. Ein derartiger Schluss ist jedoch offenbar falsch, das Sichtbarwerden einer Membranstructur, sei es nun Differenzirung oder Canellirung, hängt im optischen Längsschnitt nur wenig von ihrer Natur ab, da eine wasserreiche Substanz etwa einer Wasserspalte gleich wirken würde, dagegen hauptsächlich von der Neigung der Streifung zur Mikroskopachse und der Dicke der wirksamen Schicht (der Breite des wasserreicheren

Streifens oder der wassererfüllten Rinne). Zum Beweise diene Fig. 2 A—D. Die schattirten Streifen *W* sollen die weichere Substanz oder die Rinnen, *H, H* die dichtere Substanz oder die Leisten in der Flächenansicht vorstellen, die Bedingungen der Construction sind so

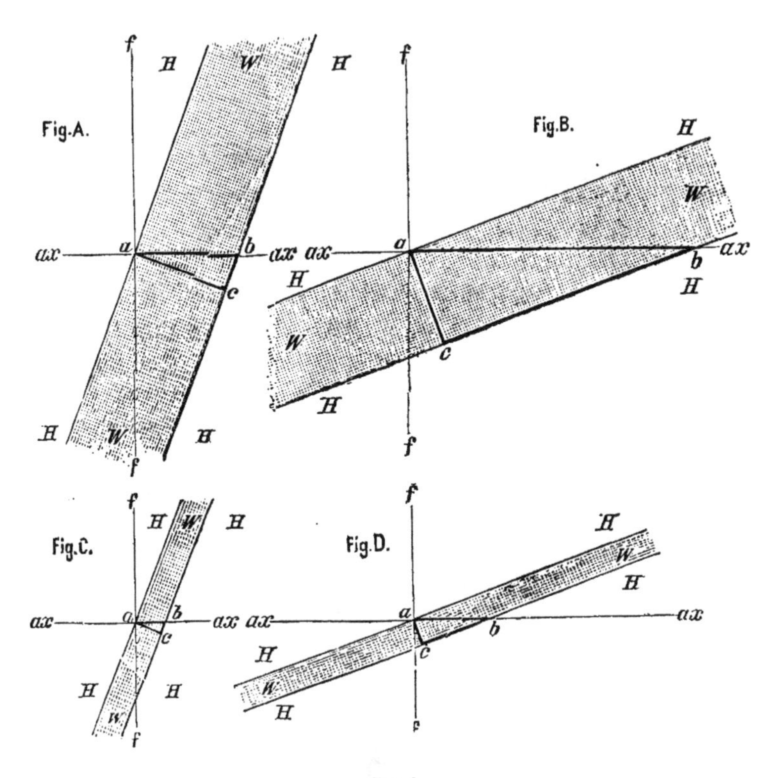

Fig. 2.

variirt worden, dass in A und B sowie in C und D die Breite von *W* gleichgeblieben ist, dagegen in A und C Neigung zu der, in der Papierebene liegend gedachten Mikroskopachse *(ax)* 70°, in B und D nur 20° beträgt. Die Dicke der wirksam werdenden Schicht ist dann, bei Einstellung z. B. auf die Ebene *ff*, leicht bestimmbar, sie entspricht der Hypothenuse des Dreieckes *abc*, ist also gleich dem Quotient aus der eigentlichen Breite des Streifens und dem Cosinus des Neigungswinkels der Streifung zur (der Linie *ff* parallelen) Zellachse, $ab = \frac{ac}{\cos bac}$, oder gleich dem Quotient aus demselben

Dividend und dem Sinus des Neigungswinkels der Streifung zur Mikroskopachse *(ax)*, $a\,b = \frac{a\,c}{\sin a\,b\,c}$ (da beide Winkel zusammen gleich R sind). Bei gleichbleibender Breite der Streifen, aber variabler Neigung ist also ihre Deutlichkeit proportional der Secante des Neigungswinkels zur Zellachse, bei gleichbleibender Neigung aber und variabler Breite proportional dieser Breite. Bei den gewöhnlichen Spiralgefässen ermöglicht nun sowohl die geringe Neigung der Fasern zur Horizontalen als ihr bedeutender gegenseitiger Abstand das Zustandekommen der bekannten Profilansicht der Fasern im optischen Längsschnitt, welche man bei den Fasertracheiden von Pinus wegen der stärkeren Neigung zur Horizontalen und der grösseren Feinheit der Rillen vergeblich sucht.

Was nun die thatsächliche Natur der Spiralstreifung der Coniferentracheiden anbetrifft, so fällt zunächst die Contactlinientheorie Strasburger's wieder gänzlich ausser Betracht. Es kann sich nur darum handeln, ob ein Wechsel von Streifen aus an und für sich im Lichtbrechungsvermögen differirender Substanz stattfindet, ob spiralige Verdickung, wie Dippel angiebt, oder gar Canäle, erfüllt mit Wasser, wie Wiesner will, vorliegen, oder ob Differenzen im Wassergehalt einer an und für sich optisch gleich wirkenden Masse die Streifung bedingen, wie Nägeli wollte.

Bettet man vollkommen ausgetrocknete Tangentialabschnitte in ein ungefähr gleich stark brechendes Medium ein — ich benutzte hierzu meist Cassiaöl — so sieht man von der Streifung gar nichts mehr, oder nur Spuren, während man sich an denselben, in Wasser liegenden Schnitten vom deutlichsten Vorhandensein derselben überzeugen konnte. Diese vorherige Controle ist bei der Ungleichheit der Streifung im Aussehen und Auftreten durchaus nöthig, um keine falschen Resultate zu erhalten. Die Spuren der Streifung, die in Cassiaöl noch erhalten bleiben, führen sich naturgemäss auf immer vorhandene geringe Unterschiede zwischen den Brechungsindices der Membran und des Medium zurück.

Betrachtet man vollkommen ausgetrocknete Längsschnitte in Luft, so ist die Streifung sehr deutlich, deutlicher als vorher in Wasser, verdrängt man die Luft durch absoluten Alkohol, so wird die Streifung weniger deutlich. Ich erhielt bei Anwendung von Methylalkohol ($n = 1{,}32$) und Aethylalkohol ($n = 1{,}367$) nicht merklich verschiedene Resultate. Ersetzt man dann den absoluten Alkohol durch Wasser, so strecken sich die durch das Austrocknen verbogenen Schnitte wieder gerade, im Aussehen der Streifung tritt jedoch keine merkliche Aenderung ein, höchstens werden die dunklen Streifen etwas schmäler, aber nicht weniger dunkel. Ich habe das Experiment mehrmals wiederholt, selbst an über der Flamme bis zur deutlichen Bräunung ausgetrockneten Schnitten, und stets dasselbe Resultat erhalten.

Ein eigenthümliches Ergebniss will Wiesner[1]) an vollkommen ausgetrockneten Längsschnitten aus dem Holz von Abies excelsa erhalten haben. Nach ihm werden die Schraubenlinien der trockenen Membran, — die übrigens ein Netzwerk bilden sollen, also sich wenigstens in derselben Membran kreuzen müssten! — durch Wasserzutritt viel undeutlicher. „Aus diesem (letzten) Umstand ist zu folgern, dass in der trockenen Wand lufterfüllte Hohlräume vorkommen, welche bei Wasserzutritt durch Flüssigkeit ersetzt werden. Diese Hohlräume sind im lebenden Zustande der Zellwand auch vorhanden und zweifellos gleichfalls mit Flüssigkeit erfüllt.“ Offenbar ist das ein Fehlschluss; denn auch eine gerillte Zellmembran muss, bei gleichbleibender Tiefe der Rillen in Luft untersucht, in dem Verhältniss deutlicher „gestreift“ erscheinen, als die Luft das Licht schwächer bricht, als das Wasser. Um zu beweiseu, dass wirkliche Canäle im Innern der Tracheidenmembranen vorkommen, hätte Wiesner ganz andere Thatsachen anführen müssen.

Wie das „Netz“ Wiesner's zu Stande kam, weiss ich nicht, vielleicht durch Messerstreifen. „Die Zusammensetzung aus kleinen Körnchen (Dermatosomen), die an der imbibirten Zellwand nur angedeutet sei, trete an der ausgetrockneten viel schärfer hervor, und an radialen Längsschnitten sehe man die Tüpfel (was von den Tüpfeln, die Hofmembranen oder die Schliesshäute?) mit feinen Körnchen besät, welche theils in radialen Streifen, theils in concentrischen Ringen angeordnet seien. Es kann keinem Zweifel unterliegen, dass die Dermatosomen durch Wasserverlust sich contrahirt haben, und in Folge dessen ihre Peripherien sich von einander entfernten, wodurch diese Hautkörperchen, obwohl kleiner geworden, als solche deutlicher hervortreten.“ Ich muss gestehen, dass ich

1) Organisation der vegetab. Zellhaut, l. c. p. 55 (des S. A.).

weder an frischen, noch an bis zu beginnender Bräunung ausgetrockneten Längsschnitten, weder an den Wänden selbst, noch an den Hoftüpfeln, — ich untersuchte freilich Pinus silvestris, nicht Abies excelsa, wie Wiesner — etwas von den Dermatosomen gesehen habe, obwohl mir die neuesten Zeiss'schen Apochromate für Wasserimmersion und homogene Immersion zu Gebote standen. Jedenfalls sah Wiesner, soweit die Tüpfel in Betracht kommen, die zuerst von Russow[1]) klargestellte Radialstreifung und Areolirung des Margo der Schliessmembran, die gerade bei Pinus nicht immer vorhanden ist.

Die weitere Prüfung des Verhaltens der Tracheidenstreifung brachte mir bald vollkommene Gewissheit, dass in diesem Falle Dippel Recht hat, und dass das, was man direct an der imbibirten Membran sieht, auf feiner, spiraliger Wandverdickung beruht.

Das geht zunächst daraus hervor, dass auch vollhommen imbibirte Schnitte in Cassiaöl nur mehr Spuren der Streifung, oder gar nichts mehr davon zeigen, genau wie vollkommen ausgetrocknete. Um sicher zu sein, dass bei Herstellung der Präparate die Tracheidenmembranen kein Wasser verloren, tränkte ich ein Stückchen frisches Holz mit Hülfe der Luftpumpe mit Cassiaöl,setzte auf das Messer an der zum Schneiden benutzten Stelle einen Tropfen des Oeles und brachte die Schnitte sofort in einen anderen, auf dem Objectträger bereitliegenden Tropfen. Bei diesem Verfahren ist kaum ein Wasserverlust der imbibirten Membranen möglich, keinesfalls kann er so gross sein, um das beobachtete Verhalten mit der Annahme wasserreicherer Streifen im Einklang erscheinen zu lassen. Der Versuch lehrt ferner, dass die Streifung der imbibirten Tracheidenmembran nicht, wie Wiesner will, durch wasserführende Canäle im Inneren bedingt wird, denn eine derartig schnell vor sich gehende Entleerung so enger capillarer Hohlräume ist undenkbar. Genau wie das Holz von Pinus verhielt sich auch frisches Holz von Cupressus.

Volle Sicherheit über die Structur der Wandung erhält man durch Schnitte, welche, nach dem Vorgange Dippel's, schräg zur Zellachse, unter einem Winkel, welcher ungefähr der Streifenneigung

1) Zur Kenntniss des Holzes, insonderheit des Coniferenholzes. Bot. Centralbl. Bd. XIII, p. 68 (1883).

entsprechen muss, ausgeführt worden sind. Auf der einen Seite des etwa oval erscheinenden Zelllumens ist dann die Membran parallel der Streifung, auf der andern, gegenüberliegenden, senkrecht zu derselben geschnitten, auf der ersteren muss daher gar nichts von der Streifung zu erkennen sein, gegenüber muss sie am deutlichsten sein, dazwischen müssen Uebergänge liegen. Ich konnte nun dort, wo die Streifung senkrecht geschnitten war, stets einen welligen Verlauf des Innenhäutchens constatiren, also die Existenz von Leisten und Rillen, und zwar sehr verschieden tiefen Rillen, wie auch die Streifung sehr verschieden deutlich sein kann, ferner Unterschiede in derselben Tracheide, gleich wie auch dieselbe Tracheidenmembran stärkere und schwächere Streifen zeigen kann. Ausserdem fand ich manchmal, meist jedoch nur undeutlich, eine radiale, von den Rillen ausgehende Streifung durch zarte Linien. Vergl. Fig. 16 u. 17, Taf. XV. Die Deutlichkeit des Bildes wird meist dadurch sehr gestört, dass die Innenlamelle sich schwerer schneiden lässt als die übrige Membran und sich dabei streckenweise von derselben trennt. So entstehen auf der einen Seite, in der Richtung, von welcher man beim Schneiden mit dem Messer kommt, fast immer Fetzen, gegenüber fehlt die Innenlamelle oft.

Anders beschreibt und zeichnet Dippel die Structur der Tracheidenwände dort, wo sie genau senkrecht zur Streifung geschnitten sein sollen. (Vergl. l. c. p. 170 und Fig. 46—47.) Nach ihm sind die Rillen viel tiefer, sie durchsetzen die Verdickungsschichten in ihrer Gesammtheit und gehen bis auf die primäre Membran, sie sind fast halb bis ganz so breit wie die Leisten, die Innenlamelle senkt sich in sie hinab. Ich habe derartige Bilder an älterem Holze nie erhalten können, jedenfalls konnte ich mich fest überzeugen, dass dort, wo ich auf schrägen Schnitten Radialstreifung sah, dieselbe nicht auf diese Weise zu Stande kam. Dazu war sie, im Gegensatz zur spiraligen Verdickung, viel zu wenig deutlich. Dagegen sind die „Erstlingstracheiden" von Pinus stark spiralig oder ringförmig verdickt, und gewähren auf dem optischen Längsschnitt — der sehr deutlich ist, da die Windungen sehr flach und die Ringe horizontal gestellt, dazu ihr Abstand verhältnissmässig beträchtlich ist, — ein Bild, welches dem von Dippel gezeichneten sehr ähnlich ist. Man vergleiche z. B. das letztere mit Fig. 2 im Text zu den Wandtafeln Kuy's, Abtheilung VI, p. 194.

Dass die sichtbaren dunklen Streifen ziemlich oberflächlich liegen und nicht die ganzen Verdickungsschichten durchsetzen können, erkennt man an Längsschnitten durch vorsichtiges Heben und Senken des Tubus, indem die Streifen, je mehr man sich dem optischen Längsschnitt nähert, immer spitzere Winkel mit der Längsrichtung bilden und schliesslich, aus bereits angegebenen Gründen, verschwinden, und zwar nicht weit innerhalb des Zellcontours, um später wieder, nun aber mit entgegengesetzter Neigung, aufzutauchen. Vergl. Fig. 15, Taf. XV.

Wenn man deutlich gestreifte Tracheiden mit deutlich gestreiften Bastzellen, z. B. mit Neriumbastzellen, vergleicht, bemerkt man im Aussehen der Streifung einen merklichen Unterschied, denselben wie zwischen der Streifung trockener und der imbibirten Bastzellen. Bei ersteren sind die dunklen Streifen gegenüber den hellen weniger scharf abgegrenzt und nicht gleichmässig dunkel, wie bei jenen, sondern eine Linie, je nach der Beleuchtung in der Mitte oder seitlich liegend, ist am schwärzesten. Vergl. das Habitusbild Fig. 14, Taf. XV.

Fasst man all das eben Dargelegte zusammen, so kann man als sicher annehmen, dass die sichtbare „Streifung" der Nadelholztracheiden ausschliesslich, oder doch zum grössten Theile, auf feiner spiraliger Verdickung beruhe. Den Rillen entsprechen zuweilen auf dem schrägen Querschnitt sichtbare Streifen in der Membran selbst aus wasserreicherer Substanz. In der Flächenansicht kommen sie an den imbibirt in Cassiaöl eingebetteten Tracheiden (wegen zu geringer Tiefe der optisch wirksamen Schicht?) nicht zur Erscheinung, obwohl sie dann, nach Beseitigung der Rillenstreifung, sichtbar werden sollten. Dort dagegen, wo die Membran senkrecht zur Streifung geschnitten worden war, können sie, wegen der ungleich grösseren Tiefe der optisch wirksamen Schicht, zuweilen gesehen werden.

Dass die Substanz zwischen den Rillen (also unter den Leisten) wasserärmer ist als diejenige in den Rillen selbst, geht mit Sicherheit daraus hervor, dass die „Streifung" durch das Austrocknen nicht undeutlicher wird, obwohl die Zellmembran hierbei in radialer Richtung merklich (nach meinen Messungen um 10—20%) schrumpft. Die Rillen müssen also mehr Wasser abgegeben haben als die Leisten, also auch mehr enthalten haben. Bei gleichgrossem Wasserverlust würden ja, wie wir in der Einleitung sahen, beim Austrocknen die

Rillen seichter werden müssen. Da die äusseren Schichten wasserärmer sind als die inneren, so erfolgt in der Tangentialrichtung keine Contraction, also auch keine Annäherung der Streifen aneinander, welche der optischen Wirkung einer Tiefenabnahme der Rillen entgegenwirken könnte.

Was die erst nach dem Maceriren durch Quellungsmittel oder Quetschen hervorrufbare Streifung anbetrifft, weiss ich auf Grund meiner Erfahrungen an macerirten Tracheiden von Pinus, Abies und Ginkgo zu dem wenigen, bereits bei den Bastzellen Gesagten nichts hinzuzufügen.

Dagegen verdienen die Angaben Nägeli's (l. c. pag. 57 f. und Taf. IV, Fig. 14—21) über das Vorkommen von Ringstreifung bei Nadelholztracheiden eine Nachprüfung. Er beschreibt und bildet sie ab an Tracheiden aus altem Holz von Abies excelsa und Pinus silvestris. Die Zellen wurden erst mit Jodtinctur, dann mit Schwefelsäure behandelt. Dabei traten bald horizontale, bald mehr oder weniger schief geneigte Linien in der Membran auf, deren Verhalten beim Heben und Senken des Tubus bewies, dass sie nicht Spiralen, sondern Ringe oder Stücke von solchen darstellten.

Ich habe auf diese Ringstreifung besonders Acht gegeben, aber nur die v. Höhnel'schen „Verschiebungslinien" finden können. Dieselben waren an den deutlich spiralig „gestreiften" Tracheiden des jüngeren Astholzes nur undeutlich zu erkennen, sehr deutlich dagegen an den ungestreiften, viel stärker verdickten Tracheiden des Herbstholzes aus einem der innersten Jahresringe eines ungefähr achtzig Jahre alten Kiefernstammes. Die macerirten, mit Jodjodkalium behandelten Tracheiden zeigten nach Zusatz der Schwefelsäure bereits vor Beginn des eigentlichen Aufquellens die Knickungslinien als scharfe, schwarzviolette Linien auf braunem oder schmutzigvioletten Grunde (Fig. 18, 19, Taf. XV). Dieselbe Färbung liess sich auch durch Chlorzinkjodlösung hervorrufen. Immerhin waren hier wie bei Kerria (vergl. p. 312) die dunklen Linien selten so zahlreich, und nie so regelmässig, wie sie Nägeli auf Taf. IV, Fig. 19 bis 20 (l. c.), wohl zu schematisch, wiedergiebt. Beim weiteren Aufquellen in der Schwefelsäure drehten sich die Tracheiden, und diese Drehung bewies zur Genüge, dass die Membran, deren Molecularstructur sonst nicht sichtbar wurde, in Spiralen und nicht etwa in ringförmigen Scheiben geordnete Micellen besass, ihre Structur also nicht durch die dunklen Linien angedeutet wurde. Diese Linien blieben auch an den stark verquollenen Zellen als dunkle blaue Streifen erhalten. Wenn die von v. Höhnel für die Bastzellen behauptete Entstehung der Verschiebungslinien durch den Druck angrenzender Zellen wirklich besteht, könnte diese Beeinflussung der Tracheidenmembranen in einem so homogenen Holze, wie es das der Coniferen ist, nur vom Markstrahlengewebe ausgehen. Ich habe nie deutlich einen derartigen Zusammenhang sehen können.

Zusammenfassung und allgemeine Bemerkungen.

A. Streifung.

Soweit die Streifung der vegetabilischen Zellmembranen ohne vorhergehende, chemische oder mechanische Eingriffe sichtbar ist, kann dieselbe nur durch ungleichmässige Verdickung (Nadelholztracheiden) oder durch Differenzirung (Bastzellen, Epidermis des Hyacinthenblattes) zu Stande kommen. Man ist eigentlich nur in diesem letzteren Falle berechtigt von „Streifung" zu sprechen. Die direct sichtbare Wandstructur einer Nadelholztracheide, wie ich dieselbe eben dargestellt habe, ist von derjenigen eines Spiralgefässes oder einer Fasertracheide nur graduell, nicht principiell verschieden. Es empfiehlt sich daher, in Zukunft nicht mehr von der „Streifung" der Nadelholztracheiden zu sprechen, sondern direct von spiraliger Verdickung und von Fasertracheiden, wenn man, wie fast ausschliesslich, das direct sichtbare Bild (Flächenansicht) im Auge hat, und nicht die manchmal auf schiefen Querschnitten auftretenden, den Furchen der spiraligen Verdickung entsprechenden Dichtigkeitsstreifen, welche, wie wir sahen, nie in der Flächenansicht wirksam werden und für welche der Ausdruck „Streifung" reservirt bleiben sollte. Sonst könnte man schliesslich ebensogut die Wand eines Spiralgefässes „gestreift" nennen.

Die Streifung ist im Allgemeinen eine spiralige, da sich die Ringstreifung Nägeli's als eine secundäre, mit der Molecularstructur der Membran in keinem Zusammenhang stehende Erscheinung herausgestellt hat, nicht nur bei den Bastzellen (durch die Untersuchungen v. Höhnel's), sondern auch bei den Libriformzellen und Nadelholztracheiden (durch meine eigenen Untersuchungen). Ob in den

Fällen, wo von anderen Autoren[1]) Anordnung der Micelle in Scheiben angegeben wird, wirklich eine solche vorliegt, die sich dann eventuell als Ringstreifung sichtbar machen lassen müsste, ist mir einstweilen zweifelhaft. Denn die Schwierigkeit, eine Spirale mit sehr engen Windungen von Ringen zu unterscheiden, besonders wenn die Neigung der Streifen zur Verticalen sich während eines Umganges ändert, ist sehr gross, und wurde auch bereits von Nägeli und Schwendener[2]) hervorgehoben. In dynamisch-mechanischer Beziehung leistet eine Zellmembran, die aus Micellen, in sehr flachen Schraubenlinien angeordnet, besteht, nahezu vollkommen dieselben Dienste wie eine aus in Ringen gestellten Micellen aufgebaute.

Die Differenzirung erstreckt sich (zunächst) auf den Wassergehalt der Membransubstanz und durch diese Wassergehaltsunterschiede allein wird, in allen von mir untersuchten Fällen wahrer Differenzirung, die Streifung sichtbar. Streifung, welche, ganz oder theilweise unabhängig vom Wassergehalt, durch das abweichende optische Verhalten der Substanz selbst bedingt würde, wie das bei gewissen Schichtungen vorkommt, ist mir auch nicht in einem Falle begegnet. Eine andere Frage ist es dagegen, ob nicht neben der Wassergehaltsdifferenz noch eine andere, die Substanz selbst betreffende Differenzirung nebenher geht. Diese könnte jedoch, ich wiederhole es, in den untersuchten Fällen nie direct die Ursache des Sichtbarwerdens der Streifung sein, sie könnte es jedoch auf indirectem Wege, indem diese neu auftretende Substanz mehr Wasser aufnehmen und deshalb schwächer lichtbrechend werden könnte. Doch ist das wieder eine Frage für sich, welche getrennte Erörterung verlangen würde. Denn man kann sich ebensogut vorstellen, die Substanzänderung bedinge keine Wasseraufnahme. Man hat also mit dem Nachweis der ersteren noch nicht ohne Weiteres das Zustandekommen der Wassergehaltsdifferenzen erklärt. Die Steigerung des Wassergehaltes könnte ja das primäre sein, auf welches erst die Substanzänderung, sei es durch Umwandlung, sei es durch Incrustation, resp. Infiltration folgen könnte.

1) A. Zimmermann, Ueber mechanische Einrichtungen etc., Pringsh. Jahrb. Bd. XII, p. 542 und Morphol. u. Physiologie d. Pflanzenzelle, p. 142. Eichholz, Untersuchungen über den Mechanismus etc. Pringsh. Jahrb. Bd. XVII, p. 551.

2) Mikroskop, II. Aufl., p. 245.

Zur Beantwortung der Frage, ob zwischen der Substanz der weichen und der dichten Streifen auch eine chemische Differenz besteht, haben wir nur für die Bastzellen einige Anhaltspunkte.

Durch das Schulze'sche Macerationsgemisch (oder durch Eau de Javelle) wird die Substanz der dunklen Streifen so gelockert, dass sich durch Druck die hellen trennen lassen, sie wird aber nicht gelöst, denn es ist immer noch die Anwendung von Druck nöthig. Die Lockerung kann nun in zwiefacher Weise vorsichgehend gedacht werden, einmal so, dass aus der Masse der dunklen Streifen eine Substanz herausgelöst wird, wobei ein erhaltenbleibendes Gerüst aus (weniger oder) nicht angegriffener Substanz — die mit derjenigen der hellen Streifen identisch sein könnte — die Verbindung der letzteren übernehmen würde oder in der Weise, dass die Masse der dunklen Streifen, aus leichter angreifbarer Substanz bestehend, in ihrer Gesammtheit von dem Macerationsmittel aufgelockert, verquellen würde.

Es wird immer wiederholt, dass das Schulze'sche Macerationsgemisch zur Darstellung reiner Cellulose dienen könne, indem dieselbe nicht angegriffen werde, und da die Masse der dunklen Streifen zweifellos angegriffen wird, wäre der Beweis geliefert, dass sie nicht oder nicht nur aus reiner Cellulose besteht. Ich bin jedoch, in Uebereinstimmung mit Hofmeister-Insterburg[1]), davon überzeugt, dass man durch das Schulze'sche Macerationsgemisch wohl reine, aber nicht alle wirkliche Cellulose (im weiteren Sinne) erhält, indem man nicht nur das „Lignin" und ähnliche fernerstehende Bestandtheile der Membran, sondern auch einen Theil der Cellulose selbst auszieht. Was beim Maceriren der Apocyneenbastzellen aus der Masse der dunklen Streifen entfernt wird — wenn überhaupt etwas entfernt wird —, ist sicher kein Lignin — denn es lässt sich vorher durch keine seiner specifischen Reactionen nachweisen —; es ist eine Substanz, für welche ich, trotz meiner Bemühungen, ausser ihrer grösseren Löslichkeit (und dem grösseren Wassergehalt) keinen Unterschied von der Hauptmasse der Membransubstanz auffinden konnte; es ist wahrscheinlich eine der vielen

---

1) Die Rohfaser und einige Formen der Cellulose. Landwirthsch. Jahrb. Bd. XVII, p. 239.

Cellulosemodificationen, deren Bearbeitung ja in neuerer und neuester Zeit in Angriff genommen wurde. Die Frage spitzt sich also darauf zu, ob wir dieselben als ebensoviele verschiedene chemische Individuen oder als physikalische Modificationen einer oder einiger weniger Substanzen auffassen. Ich muss gestehen, dass ich mich mehr zur letzteren Annahme hinneige.

Wenn wir von der Micellarhypothese Nägeli's ausgehen (auf deren immer noch fortdauernde Berechtigung ich hier wohl nicht näher einzugehen brauche), haben wir gar nicht nöthig, in der leichter angreifbaren Masse der weicheren Streifen eine andere chemische Substanz zu sehen, als in der resistenteren der dichteren Streifen. Die wasserreichere Masse muss aus kleineren Micellen bestehen und die kleineren Micellen werden leichter angegriffen, zunächst rascher gelöst werden als die grösseren, wie, um ein etwas derbes Beispiel zu gebrauchen, ein zugleich mit einem Zuckerhut ins Wasser geworfenes Stückchen Zucker bereits geschmolzen wäre, wenn vom Hut erst (verhältnissmässig) wenig weggelöst wäre.

Gegen diese Vorstellung von der Einwirkung der Macerationsmittel lässt sich jedoch einwenden, dass die dichteren Streifen nach dem Maceriren keine merkliche Dichtigkeitsabnahme zeigen, während sie ja doch auch, wenngleich weniger, angegriffen werden müssten. Jedenfalls wirkt das Macerationsgemisch nicht in derselben Weise ein, wie richtige Quellungsmittel (Schwefelsäure, Kalilauge), denn nach seiner Anwendung ist die Fähigkeit der Bastzellen, sich mit Congoroth zu färben, nicht gesteigert, sondern herabgesetzt.

Was die Streifung anbelangt, welche erst durch Anwendung von Druck oder von Quellungsmitteln an macerirten Zellmembranen hervortritt, so gelten für sie dieselben Darlegungen. Denkt man sich, dass das Macerationsgemisch eine fremde Substanz auszieht, so muss dieselbe natürlich vorher in der Membran bestimmte Streifen incrustirt haben, wenn dieselben auch zu schmal waren, um, auch bei abweichendem optischem Verhalten, direct gesehen zu werden; denn nicht das Ausziehen an und für sich macht die Streifung sichtbar, sondern der Druck, der die widerstandsfähigen (nicht incrustirt gewesenen) Streifen von einander trennt, indem die Grundsubstanz der weicheren zerrissen wird und so Spalten entstehen. Denkt man sich dagegen, dass die ganze Masse der dunklen Streifen beim Maceriren angegriffen, zum Quellen gebracht wird, so müssten die beim Quetschen des macerirten Materiales sichtbar werdenden Streifen in der unveränderten Membran ebenfalls bereits vorhanden gewesen sein und zwar als wasserreichere Streifen, die wegen zu geringer Breite nur nicht gesehen werden konnten, wenn wir, wie oben als möglich angedeutet wurde, eine physikalische, nicht eine wirklich chemische Verschiedenheit derselben annehmen. Sie müssten wasserreicher sein, weil ihre leichtere Angreifbarkeit auf der geringeren Grösse ihrer Micelle beruhen wird, die geringere Grösse der Micelle jedoch verhältnissmässig dickere Wasserhüllen, also grösseren Wassergehalt der Masse bedingt.

Als Stütze für diese letztere Ansicht liesse sich, ausser der Analogie mit den direct sichtbaren Streifen, mit denen sie, was das Aussehen anbelangt, durch alle Uebergänge verbunden sind, noch die Thatsache aufführen, dass beim Austrocknen die Contraction und folglich die Wasserabgabe in der Richtung der Poren und Streifen viel geringer ist als senkrecht zu derselben. Denn dieses Verhalten könnte man durch das Nebeneinanderliegen der weicheren (wasserreicheren) und dichteren (wasserärmeren) Streifen zu erklären suchen, und wenn das die einzige Erklärungsmöglichkeit wäre, so liesse sich aus derartigen Verschiedenheiten der Dimensionsänderung in zwei Richtungen beim Austrocknen ein Schluss auf die Existenz wasserreicherer Streifen ziehen, auch wenn man dieselben, wegen zu geringer Breite, nicht direct nachweisen könnte. Es ist jedoch noch eine andere Möglichkeit der Erklärung gegeben in der Gestalt der die Membran aufbauenden Micelle. Stabförmige, gleichsinnig orientirte Micelle z. B., durch überall gleich dicke Wasserhüllen von einandergetrennt, würden beim Austrocknen eine starke Contraction der von ihnen gebildeten Membran in zwei Richtungen des Raumes und eine viel geringere in der dritten, ihrer Längsachse entsprechenden Richtung verursachen. Wahrscheinlich werden die beim Austrocknen resultirenden Dimensionsänderungen auf beiden angedeuteten Wegen zugleich erreicht, denn die Mitwirkung der wasserreicheren Streifen wird wahrscheinlich gemacht durch den bis jetzt ausnahmslos constatirten Zusammenhang zwischen der Streifungs- oder Porenrichtung und der hygroskopischen Quellung und Schrumpfung, in dem Sinne, dass das Maximum derselben in die Richtung senkrecht zur Streifungs- oder Porenrichtung fällt. Dass es jedoch nicht ausschliesslich auf sie ankommt, beweist das Verhalten der Epidermisaussenwände des

Hyacinthusblattes, welches ich in dieser Abhandlung (p. 274) als den ersten Ausnahmefall beschrieben habe. Hier fallen Streifenrichtung und Richtung stärkster Quellung (resp. Schrumpfung) zusammen.

Was die Ursache des Sichtbarseins der Streifung anbelangt, so sind wir zu einem bestimmten Resultate gekommen; darüber, ob chemische Verschiedenheiten mit im Spiele sind, konnten wir nur Vermuthungen haben; was aber die Ursache des Entstehens der Streifung ist, — in dem Sinne, wie wir von einer Ursache der Schichtenbildung bei den Stärkekörnern reden können, so lange wir sie nach dem Schema Nägeli's wachsen lassen, — das erscheint mir in vollkommenes Dunkel gehüllt. Die Vorbedingungen sind jedenfalls im Protoplasma zu suchen, und wenn die Neubildung der Lamellen überall in derselben Weise vor sich geht, wie nach Zacharias bei den Membranverdickungen der Wurzelhaarspitzen von Chara, liegt sie wahrscheinlich bereits in der Anordnung der Cellulosekerne, die sich in der peripherischen Plasmaschicht bilden. Das Weitere ist zur Zeit nicht construirbar. Strasburger[1]) hat bei sich verdickenden Pinustracheiden nach der Tinction mit Hämatoxylin eine Streifung des Plasmas beobachtet, die genau der „Streifung" (der Membran) entsprach. Diese letztere sei also sicher auf das Verhalten des Cytoplasmas zurückführbar und bei den Sclerenchymfasern dürfte es auch nicht anders sein. Die Beobachtung einer Anordnung von Mikrosomen in der späteren Streifung entsprechenden Spiralen wollte bereits Valentin[2]) bei den Bastzellen von Vinca gemacht haben, ich habe davon nie etwas gesehen. Damit soll nicht die Abhängigkeit vom Cytoplasma für die wahre Streifung geläugnet werden, sondern nur die Existenz eines direct beobachtbaren Zusammenhanges beider. Die erwähnte Beobachtung Strasburger's dürfte sich, wie der entsprechende Befund an sich ausbildenden Spiralgefässen (l. c. p. 78 u. folg. Taf. II, Fig. 37) erklären lassen, beide, Nadelholztracheiden und Spiralgefässe, haben ja dieselbe Wandstructur.

---

1) Zellhäute, p. 51 und Taf. III, Fig. 25—27 und Histolog. Beiträge, Heft II, p. 157.

2) Valentin's Repertor. f. Anat. u. Physiol., Bd. I, l. c.

Die Vorstellung Nägeli's vom gegenseitigen sich Durchsetzen der Streifensysteme ist nach meinen Untersuchungen wie nach den älteren Dippel's, Strasburger's und Krabbe's definitiv fallen zu lassen. Vom mechanischen Standpunkt aus — und derselbe hat gerade für die Objecte mit schönster Streifung, die Bastzellen, gewiss seine Berechtigung, — ist die thatsächlich beobachtbare Construction jedenfalls leichter verständlich, als wenn die Idee Nägeli's realisirt wäre. In diesem Falle wäre natürlich die Festigkeit der dichten Streifen wegen des Durchdrungenwerdens von Seite der weichen, ihres höheren Wassergehaltes wegen weniger festen Streifen, bedeutend herabgesetzt.

Nägeli scheint das gegenseitige sich Durchsetzen der verschiedenen Streifensysteme für ein Postulat seiner Wachsthumstheorie gehalten zu haben, indem er von der (nur zum Theile zu Rechte bestehenden) Analogie zwischen Streifung und Schichtung im fertigen Zustande ausging und (zum Theil nur scheinbar) gleiche Endresultate auf denselben Gestaltungsprocess zurückführte. Er hat sich darüber in folgender Weise ausgesprochen[1]: „Wie bei dem einen (Dickenwachsthum) junge weiche Schichten, so werden bei dem anderen (Flächenwachsthum) junge weiche Streifen eingelagert. Da aber das Flächenwachsthum eine Vergrösserung in zwei Richtungen in sich schliesst, so müssen auch die Streifungen in zwei Richtungen verlaufen. . . .“ Ich kann hier nicht darauf eingehen, ob diese Deduction Nägeli's zwingend ist oder nicht.

B. Schichtung.

Ich konnte nachweisen (p. 307), dass die Schichtung mancher Bastzellen (z. B. der Apocyneenbastfasern) auf der Existenz von Wassergehaltsdifferenzen beruht. Es geht das daraus hervor, dass die Schichtung (fast oder vollständig) beim Austrocknen verschwindet, obschon dabei radiale Zugspannungen, in Folge der grösseren Wasserabgabe der inneren Schichten, entstehen. Ausserdem lassen sich nach dem Maceriren der Objecte durch Druck die dichteren Schichten leicht von einander trennen, was vorher nicht möglich war, es muss eine zwischen ihnen befindliche, sie verbindende Substanz

---

1) Die Anwendung des Polarisationsapparates auf die Untersuchung der vegetab. Elementartheile. Bot. Mitth. Bd. I, p. 188.

gelockert worden sein. Die weicheren Schichten sind fast stets viel dünner als die dichten.

Wir sehen also, für gewisse Objecte, eine vollkommene Uebereinstimmung zwischen Streifung und Schichtung, was die Ursache des Sichtbarwerdens anbelangt, und wie bei jener tritt auch hier die Frage an uns heran, ob nicht neben dem Unterschiede im Wassergehalt auch noch eine chemische Differenz zwischen der Substanz der hellen und der dunklen Schichten besteht, ohne dass wir hier wesentlich andere, bessere Gesichtspunkte zu ihrer Beurtheilung vorfinden. Ich begnüge mich daher, auf das bei Anlass der Streifung Gesagte zu verweisen.

Auch die Schichtung der Stärkekörner muss ich als durch Wassergehaltsdifferenzen bedingt erklären. Sie verschwindet beim Austrocknen, was sich mit der Annahme, die dunkleren, röthlichen Schichten seien wasserführende Spalten, nur dann vereinigen liesse, wenn der Wassergehalt der hellen Schichten von Innen nach Aussen successive zunähme. In der That aber findet das Gegentheil statt, die äusseren Schichten sind wasserärmer als die inneren, wie das Auftreten der bekannten radialen, nach Innen zu immer weiter werdenden Risse an austrocknenden Stärkekörnern beweist. Bei der Wasserabgabe muss also, wie bei einer Neriumbastzelle eine Zugspannung in radialer Richtung entstehen, welche die Lamellen von einander zu trennen strebt. Dass trotzdem die Schichtung verschwindet, beweist eben, dass sie nicht durch wasserführende Spalten bedingt ist. Denn diese müssten natürlich weiter und in demselben Masse deutlicher werden, ganz abgesehen davon, dass durch die Ersetzung des Wassers durch Luft allein schon die Schichtung deutlicher geworden sein müsste. Weshalb die weicheren Schichten durch den beim Austrocknen entstehenden radialen Zug nicht hin und wieder zerrissen werden, so dass tangentiale Spalten entstehen, wie ich das zuweilen bei Bastzellen beobachtet habe, hat Nägeli auseinandergesetzt.

Wenn man frische Kartoffelstärkekörner in der bei den Bastzellen beschriebenen Weise (p. 294) „versilbert“, sie dann vollständig austrocknet und in Canadabalsam einbettet, so erscheint die Schichtung deutlich erhalten, während Körner, ohne vorhergehende Versilberung, in gleicher Weise behandelt, keine Spur mehr davon zeigen (Fig. 20—23, Taf. XV). Die Silbernitratlösung muss ziemlich concentrirt sein. Bei Anwendung fünfprocentiger Lösungen ist die

Zahl der sichtbar werdenden Schichten und ihre Deutlichkeit viel grösser (Fig. 22, 23), als bei Anwendung einer zweiprocentigen (Fig. 20, 21). Statt der weichen Schichten sieht man mehr oder weniger zahlreiche dunkle Linien, die sich bei Anwendung starker Vergrösserungen wenigstens theilweise in Punktreihen (Silberkörnchen) auflösen. Ausserdem treten zuweilen homogen rauchgrau gefärbte, ausserdem noch deutlich geschichtete Lamellencomplexe auf.

Die Erscheinung erklärt sich wie die gleichartige bei den Bastzellen. Die Silbersalzlösung wird von den trocken in sie eingetragenen Stärkekörnern fast nur imbibirt (p. 296) und fast nicht gespeichert, die Vertheilung der Lösung und des sich bildenden Niederschlages muss also (ungefähr) der Wasservertheilung im Korne entsprechen. Der Umstand, dass das Silber zum Theil als mikroskopisch sichtbare Körnchen niedergeschlagen wird, wurde bereits früher (p. 295) erörtert. Die zuweilen beobachtbare homogene Graufärbung ganzer Lamellencomplexe weist auf grösseren Wassergehalt der verhältnissmässig dichteren Schichten hin.

Nicht alle Schichtung beruht jedoch auf Wassergehaltsdifferenzen. Wenn man Querschnitte durch die sehr deutlich geschichteten Steinzellen des Markes von Podocarpus austrocknet und in absolutem Alkohol untersucht, so erscheint die Schichtung gleich deutlich. Schon A. Zimmermann[1]) giebt an, dass hier auch durch vollkommenes Austrocknen die Schichtung nicht vollkommen zum Verschwinden zu bringen sei. — Es ist nicht daran zu denken, dass bei der Wasserabgabe die weicheren Schichten des Membranquerschnittes so stark einsinken, dass an Stelle der Schichtung durch Wassergehaltsdifferenzen des imbibirten Zustandes im trockenen concentrische Furchung treten konnte; denn die Schichtung müsste dann um so undeutlicher werden, je näher der Brechungsexponent des umhüllenden Medium dem der trockenen Membransubstanz käme. Die Schichtung ist jedoch an trockenen, in Canadabalsam liegenden Querschnitten so deutlich wie an imbibirt in Wasser untersuchten. Man kann übrigens diese Möglichkeit auch direct ausschliessen, indem man frische Aststückchen vollkommen austrocknen lässt und in Paraffin einbettet.

1) Morpholog. u. Physiolog. d. Pflanzenzelle, p. 149.

Querschnitte, in dem zur Lösung des Einbettungsmittels dienenden Benzol untersucht, zeigen ebenso schöne Schichtung.

Das Erhaltenbleiben der Schichtung ausgetrockneter Querschnitte beim Einlegen in Canadabalsam etc. beweist natürlich auch, dass dieselbe nicht durch Spalten zwischen den einzelnen Lamellen bedingt sein kann, welche im imbibirten Zustande Wasser, im trockenen Luft führen würden. Diese Spalten — die übrigens, wie wir gleich sehen werden, beim Austrocknen sich erweitern müssten, — würden, soweit sie sich anfüllten, in dem stärker brechenden Medium undeutlicher werden oder sogar verschwinden.

Es bleibt also nur die Annahme übrig, dass die Schichtung hier auf Substanzdifferenzen beruht. Mit diesen mögen immerhin noch geringe Unterschiede im Wassergehalte verbunden sein, die jedoch gar keinen Einfluss auf die Deutlichkeit der Membranstructur haben. Die Coniferin-Vanillin-Reaction mit Phloroglucin und Salzsäure schien mir diese Substanzdifferenz direct nachzuweisen, die Schichten wurden nämlich abwechselnd heller und tiefer roth gefärbt. Chemisch nachweisbare Unterschiede zwischen den Schichten sind übrigens bereits bekannt, ich erinnere nur an das Auftreten von gegen Schwefelsäure sich resistent erweisenden Schichten in den Membranen der Markzellen von Clematis Vitalba[1]). „Versilbert" man Längsschnitte in derselben Weise wie die Bastzellen, so erhält man, auch bei Anwendung einer fünfprocentigen Silbernitratlösung, nie positive Resultate, ein weiterer Beweis dafür, dass keine (merklichen) Unterschiede im Wassergehalte vorkommen.

Die hellen Schichten sind stark, die dunklen (fast?) gar nicht doppelbrechend, die letzteren werden von Quellungsmitteln viel stärker angegriffen als die ersteren. Es ist sehr instructiv, Querschnitte unter dem Polarisationsmikroskop bei gekreuzten Nicols aufquellen zu lassen. Zunächst weichen die hellen Streifen auseinander, dann werden sie schmaler und, in demselben Maasse, als sie nun auch aufquellen, schwächer doppelbrechend, bis endlich alles verschwunden ist. Dabei kann man auch hier, wie bei den Bastzellen, nachweisen, dass die inneren Lamellen ein viel grösseres Quellungsvermögen in tangentialer Richtung aufweisen als die äusseren, was uns berechtigt, auch hier das Entstehen einer radialen Zugspannung zwischen den

1) Strasburger, Zellhäute, p. 11.

Lamellen der austrocknenden Zellen anzunehmen, wie ich es für die Bastzellen auseinandergesetzt habe (p. 306).

Wie die Markzellen von Podocarpus verhalten sich auch die (stark verholzten) Bastzellen der Chinarinde (untersucht wurde „Cortex Chinae succi rubri"), wenigstens ist die Schichtung an ausgetrockneten, in Cedernholzöl liegenden Querschnitten noch deutlich zu sehen.

Ich will hier auf die Verhältnisse, welche die Schichtung bietet, nicht näher eingehen und begnüge mich mit dem Hinweis auf die zwei eben besprochenen Arten des Verhaltens: auf der einen Seite die allein durch Wassergehaltdifferenzen bedingte, beim Austrocknen vollständig verschwindende Schichtung, Typus: Stärkekörner, auf der anderen Seite die allein durch Substanzverschiedenheiten hervorgerufene, beim Wasserverlust nicht verschwindende Schichtung, Typus: sclerotische Markzellen von Podocarpus. Beide Extreme sind zweifellos durch Uebergangsformen verbunden.

Krabbe hat gezeigt, dass manche Bastzellen durch wiederholte Lamellenbildung ihre Membranen verdicken, und ich glaube, für einen Theil seiner Objecte wenigstens, zur Genüge bewiesen zu haben, dass die Schichtung durch Wassergehaltsdifferenzen hervorgerufen wird, wobei ich das Nebenhergehen einer Substanzänderung unentschieden lassen muss. Es bleiben jedoch noch zwei Fragen zu erörtern: was wasserreicher wird, und warum es wasserreicher wird. Was die erste Frage anbetrifft, so gestattete keines der im vorhergehenden speciellen Theile besprochenen Objecte eine directe Lösung der Frage. Immerhin kann man jetzt schon vermuthen, wie sich die definitive Antwort gestalten wird.

Es ist zunächst höchst unwahrscheinlich (und für die Bastzellen wohl sicher ausgeschlossen), dass immer eine ganze Lamelle, wie sie apponirt wird, wasserreicher wird als die vorhergehende und nachfolgende. Es bleibt also nur noch die Annahme übrig, ein Theil jeder der successiven Lamellen (eine Anzahl der concentrischen Micellarschichten derselben) werde wasserreicher. Aber auch hier lassen sich wieder verschiedene Möglichkeiten denken, indem man entweder annehmen kann, dass ein centrifugaler (vom Lumen abgewandter) oder ein centripetaler (dem Lumen zugewandter) Theil sich so verändern könnte, oder es könnten je die centrifugalen

Micellarschichten einer äusseren und die centripetalen der nächst äusseren Lamelle zusammen die weichere Schicht bilden. Mir erscheint die erste Möglichkeit als die wahrscheinlichste, wobei ich mich in Uebereinstimmung mit Dippel befinde.

Die zweite Frage, die Frage nach der Ursache des Auftretens der Schichtung lässt sich einstweilen gar nicht beantworten. So lange man mit Nägeli die Schichtung als Differenzirung in Folge des Intussusceptionswachsthums auffassen durfte, war der Grund ihres Auftretens vollkommen klar. Nach einer gewissen Zeit des Wachsthumes musste die dichte Schicht sich durch Einschiebung einer mittleren weichen spalten, und umgekehrt musste unter bestimmten Bedingungen mitten in der Substanz einer weichen Schicht eine dichte entstehen. Von einem solchen „Muss“ haben wir jetzt, wo wir die Bastzellmembranen durch wiederholte Lamellenbildung sich verdicken lassen, keine Spur, einstweilen wenigstens. Wenn wir die Differenzirungstheorie Nägeli's, zunächst für die Bastzellen, fallen lassen, so soll es nicht leichtsinnig geschehen, sondern wir müssen uns dabei wohl bewusst sein, dass wir damit in gewissem Sinne einen Rückschritt machen, soweit nämlich die wahre Forschung, die Aufdeckung des ursächlichen Zusammenhanges der Dinge, in Frage kommt.

Was das Wachsthum der Stärkekörner anbelangt, so halte ich die Frage nach der Entstehung der Schichten, durch Spaltung im Sinne Nägeli's oder durch Lamellenapposition und nachträgliche Differenzirung für noch ungelöst, wie ich besonders hervorheben will, obschon ich, wegen des gleichen Verhaltens der Schichtung in Fällen, wo sicher Lamellenapposition stattgefunden hat, auch für die Stärkekörner eine ähnliche Entstehung für wahrscheinlicher halte.

Wenn die Stärkekörner durch wiederholte Lamellenbildung wachsen und die Schichtung durch Differenzirung der einzelnen Lamellen in eine äussere wasserärmere und eine innere wasserreichere Schicht entsteht, so lässt sich die dabei vorsichgehende Veränderung nicht einfach durch Auslaugung erklären, wie Arthur Meyer will. Bei letzterer würde das Volum erhalten bleiben, die Masse jedoch, in Folge des Substanzverlustes und der Deckung des Abganges durch Wasseraufnahme, weicher werden. Bei dieser Entstehungsweise könnte die Zugspannung in den äusseren, die Druckspannung in den inneren Schichten nicht erklärt werden. Die Spannungen lassen sich jedoch, wenn auch einstweilen nur in Gedanken, construiren, sobald die Wasseraufnahme mit einer Volumzunahme der sich verändernden Schicht verbunden gedacht wird, statt Auslaugung also eine Substanzänderung vor sich geht. Die Schicht könnte die Volumvergrösserung, welche durch ihre gesteigerte Wassercapacität bedingt wäre, nur theilweise erreichen und so würde sich das Auftreten der besprochenen Spannungen erklären lassen.

Berlin, botanisches Institut der Universität, 15. Jan. 1891.

Figuren-Erklärung.

Tafel XIV.

Fig. 1—9. Blatt von Hyacinthus orientalis.

Fig. 1. Längsschnitt durch die Epidermis.

Fig. 2, 3. Aussenwände von Epidermiszellen, im Längsschnitt imbibirt.

Fig. 4, 5. Aussenwände von Epidermiszellen, in der Flächenansicht, von oben, imbibirt.

Fig. 6, 7. Wie Fig. 4 und 5, aber ausgetrocknet.

Fig. 8, 9. Aussenwände von Epidermiszellen, im Längsschnitt, ausgetrocknet.

Fig. 10—22. Bastzellen.

Fig. 10. Streifung der imbibirten Membran, a bei richtiger, b bei zu tiefer Einstellung, von einer localen Erweiterung einer Bastzelle von Vinca minor. Vergl. Text, p. 287.

Fig. 11. Streifung der trockenen, in absolutem Alkohol liegenden Membran, a bei richtiger, b bei zu tiefer Einstellung, vom nämlichen Object.

Fig. 12. Querlamellirung einer Bastzelle von Nerium, Flächenansicht, bei richtiger Einstellung.

Fig. 13. Querlamellirung einer Bastzelle von Vinca minor, Flächenansicht, bei zu tiefer Einstellung.

Fig. 14, 15. Querlamellirung von Bastzellen der Vinca minor, im optischen Längsschnitt, i die Seite des Zelllumen.

Fig. 16. Querlamellirung einer Bastzelle von Cynanchum Vincetoxicum, im Längsschnitt, Ausnahmefall.

Fig. 17. Querschnitt einer Bastzelle von Nerium, a bei richtiger, b bei zu tiefer Einstellung. Vergl. Text, p. 305.

Fig. 18, 19. Verschiebungslinien von Bastzellen von Nerium.

Fig. 20, 21. Verschiebungslinien einer Bastzelle von Nerium, nach Behandlung mit Jod und Schwefelsäure.

Fig. 22. Querschnitt aus einem Bastbündel von Nerium, mit Methylenblau behandelt, dann ausgetrocknet und in Cassiaöl eingebettet. Vergl. Text, p. 311.

Tafel XV.

Fig. 1—6. Bastzellen.

Fig. 1. Bastzelle von Vinca minor, in Kupferoxydammoniak gequollen. Vergl. Text, p. 302.

Fig. 2. Bastzelle aus dem Blatte von Welwitschia, mit Faltenbildung des „Oberhautchens". Vergl. Text, p. 308.

Fig. 3. Querlamellirung einer Bastzelle desselben Objectes, im optischen Längsschnitt.

Fig. 4. Faltenbildung des „Oberhäutchens", vom selben Object.

Fig. 5, 6. Bastzelle von Euphorbia palustris, Ausnahmefall, bei welchem das „Oberhäutchen" zu einem spiraligen Bande zerrissen war, das sich bei Fig. 6 oben theilweise abgewickelt hatte. — In Chlorzinkjodlösung liegend. Vergl. Text, p. 308.

Fig. 7—13. Libriformzellen.

Fig. 7, 8. Libriformzellen aus dem Holze von Kerria japonica, macerirt und mit Jod und Schwefelsäure behandelt. Vergl Text, p. 312.

Fig. 9. Libriformzelle von Kerria, macerirt und mit Jod und starker Schwefelsäure behandelt, verquellend, bei x, x das widerstandsfähigere Oberhäutchen. Vergl. Text, p. 313.

Fig. 10—13. Libriformzellen aus dem Holze von Fagus silvatica, macerirt und mit Jod und Schwefelsäure behandelt. Vergl. Text, p. 313.

Fig. 14—19. Nadelholztracheiden.

Fig. 14. Streifung einer Tracheide aus dem Astholz von Pinus silvestris, in der Flächenansicht.

Fig. 15. Optischer Längsschnitt durch die Membran einer macerirten und isolirten Tracheide desselben Nadelholzes, a bei zu hoher (oder zu tiefer), b bei genau mittlerer Einstellung. Vergl. Text, p. 322.

Fig. 16. Schräger Querschnitt durch Tracheiden desselben Holzes. Vergl. Text, p. 321.

Fig. 17. Ein Stückchen eines ähnlichen Querschnittes, die Ecke zeigend, wo drei Zellen zusammenstossen.

Fig. 18, 19. Tracheiden des Holzes von Pinus silvestris, macerirt und mit Jod und Schwefelsäure behandelt. Vergl. Text, p. 323.

Fig. 20—23. Stärkekörner.

Fig. 20, 21. Kartoffelstärkekörner, trocken in zweiprocentige Silbernitratlösung, dann in 0,75 procentige Kochsalzlösung, alkoholische Hydrochinonlösung gebracht, ausgetrocknet und in Cedernholzöl eingebettet. Vergl. Text, p. 331.

Fig. 22, 23. Kartoffelstärkekörner, in gleicher Weise behandelt, nur dass statt der 2 procentigen Silbernitratlösung eine 5 procentige zur Verwendung kam.

Inhalt

des vorliegenden 1. und 2. Heftes, Band XXIII.

Seite

Oedocladium protonema,
eine neue Oedogoniaceen-Gattung.

Von

E. Stahl in Jena.

Mit Tafel XVI und XVII.

Die so scharf von allen anderen Chlorophyceen geschiedene Familie der Oedogoniaceen umfasst bisher bloss die Gattungen Oedogonium und Bulbochaete. Seit Pringsheim's klassischen Untersuchungen hat sich für beide Gattungen die Zahl der bekannten Arten bedeutend vermehrt; abweichende Typen, die zur Aufstellung neuer Gattungen berechtigten, sind jedoch bis jetzt nicht beschrieben worden. Als Vertreter einer solchen kann das Pflänzchen gelten, das den Gegenstand dieser Mittheilung bildet. Dasselbe beobachtete ich zuerst im Spätherbst des Jahres 1877 in einer Wassercultur zwischen anderen Algen und Moosprotonemen, die sich aus einer Erdprobe entwickelt hatten. Das Pflänzchen gedieh sehr gut, namentlich auf feuchter, lehmigsandiger Erde oder auf mit Nährstofflösung durchtränkten Torfziegeln. An dem Originalstandort, in dem nördlich von Strassburg gelegenen Geudertheimer Walde, fand ich die Alge wiederholt anfangs der achtziger Jahre. Später ist es mir, trotz wiederholter Versuche, nicht mehr gelungen dieselbe wieder aufzufinden. Dies mag seinen Grund in der durch Drainirung bewirkten Trockenlegung des Standortes haben. Auch die Culturen, welche über anderen Beschäftigungen vernachlässigt worden waren, gingen, durch Oscillarieen überwuchert, zu Grunde. Was ich über das Pflänzchen hier mitzutheilen vermag, beruht auf gelegentlichen Beobachtungen und Aufzeichnungen, die trotz ihrer Lückenhaftigkeit doch ausreichen, um den Gesammtumriss der Entwickelung der interessanten Alge festzustellen. Indem ich darauf verzichte, eine Schilderung der feineren Bauverhältnisse zu geben, beschreibe ich bloss diejenigen Structur-Eigenthümlichkeiten, welche die Alge von ihren Schwestergattungen Oedogonium und Bulbochaete trennen. Um anderen Fachgenossen das Auffinden des Pflänzchens zu erleichtern, gebe ich eine etwas eingehendere Beschreibung seines Fundortes.

Der Geudertheimer Wald ist ein hochstämmiger, lichter Kiefernforst mit der im mittleren Rheinthal auf sandigem Boden üblichen Vegetation von Calluna, Sarothamnus, Teucrium scorodonia, Rubus und Luzulaarten u. s. w. Die Alge fand sich in kleinen Räschen in feuchten Fuhrgeleisen eines halbschattigen Waldweges und zwar in Gesellschaft von Botrydium granulatum, Vaucheria sessilis, Riccia glauca und Moosprotonemen. Da es an analogen Standorten in der Rheinebene und auch anderwärts nicht fehlt, so wird es ohne Zweifel gelingen, das bisher übersehene Pflänzchen auch in anderen Gegenden aufzufinden. Den Algologen wird es wohl nur aus dem Grunde entgangen sein, als es an Orten vorkommt, an welchen nur selten nach Algen gesucht wird.

In den mir zugänglichen algologischen Werken habe ich weder Abbildungen noch Beschreibungen gefunden, die sich auf unsere Pflanze beziehen liessen. Um ihre Verwandtschaft mit der Gattung Oedogonium und zugleich die ihr zukommende, bei dieser letzteren Gattung aber fehlende Verzweigung anzudeuten, mag der Gattungsname Oedocladium lauten. Der Aehnlichkeit des Thallus mit gewöhnlichen Laubmoosprotonemen soll durch den Speciesnamen protonema Rechnung getragen werden.

Oedocladium protonema bildet auf lehmig-sandiger Erde locker ausgebreitete Räschen, auf Torfziegeln winzige, dichte, pinselartige Massen. Der Thallus besteht (Taf. XVI, Fig. 1) immer aus einem oberirdischen und einem unterirdischen Theil.

Der erstere ist zusammengesetzt aus zahlreichen aufstrebenden, mehr oder weniger reich verzweigten, chlorophyllreichen Fäden, die von am Substrat hinkriechenden Achsen entspringen. An diesen letzteren sitzen ausserdem lange, dünne, farblose, spärlich verzweigte Fäden von meist geschlängeltem, unterirdischem Verlauf, die im Folgenden kurzweg als Rhizome bezeichnet werden sollen.

Oberirdische Achsen.

Quer- und Längsdurchmesser der Zellen der dem Lichte ausgesetzten grünen Fäden sind von sehr wechselnder Grösse. Hat sich das Pflänzchen bei vollem Lichtgenuss entwickelt, so sind die Zellen gedrungen, so dass ihr Längsdurchmesser den Querdurchmesser nur um etwa das Doppelte übertrifft. (Breite der Zellen 0,007; Länge 0,020.) Bei spärlichem Lichtzutritt verlängern sie sich dagegen ganz beträchtlich, werden dabei schmächtig und ähneln dann sehr den Zellen der Rhizome.

Die Längenzunahme des Thallus ist fast ganz auf den Scheitel beschränkt. Die den letzteren einnehmende Zelle ist an ihrem freien Ende gewöhnlich stumpf kegelförmig, seltener abgerundet.

Vor der Zelltheilung bildet sich unterhalb des conischen Endes der bekannte Cellulosering der Oedogonieen. Die Querwand, welche die beiden Schwesterzellen von einander trennt, setzt sich immer an das durch Dehnung des Ringes entstandene Zellhautstück an. Bei jeder Theilung entsteht wie bei den Oedogonien eine „Scheide", die am oberen Ende der unteren Schwesterzelle zu erkennen ist und eine „Kappe", die hier einige Besonderheiten aufweist. Dieselbe bleibt entweder dem Ende der oberen Schwesterzelle aufsitzen (Fig. 2 bei a), oder aber sie wird abgestreift und sitzt dann seitlich der Scheide an (Fig. 2 bei b und b'). Bleibt die Kappe am Gipfel des Fadens, so kann sie der Endzelle entweder nur lose ansitzen (Fig. 2 bei a) oder aber in festem Verband mit der übrigen Zellhaut bleiben. Da bei jeder Theilung der Endzelle eine neue Kappe gebildet wird, so entstehen unter Umständen Sammelkappen von beträchtlicher Dicke (Fig. 3). Die stärkste, die mir vorkam, hatte eine Dicke von 0,003 mm. Diese Sammelkappen können später, gleich den einfachen, abgestreift werden; ein einziges Mal fand ich eine solche an ihrem Scheitel durchwachsen. Die sich ausdehnende Zelle hatte es hier offenbar nicht vermocht, die Membran in Kappe und Scheide zu sprengen, hatte aber dafür die sehr dicke Sammelkappe an ihrem Scheitel durchbohrt.

Das Längenwachsthum der Thallusfäden ist, wie ich schon erwähnt habe, fast ausschliesslich auf den Scheitel beschränkt. Intercalare Theilungen, durch welche die Zahl der Fadenzellen vermehrt wird und die eine intercalare Verlängerung des Fadens mit sich bringen, sind selten. Um so häufiger ist dafür die Zweigbildung, durch welche sich Oedocladium scharf von Oedogonium unterscheidet. Von der ebenfalls verzweigten Gattung Bulbochaete weicht aber Oedocladium wieder durch die Wachsthumsweise der Zweige bedeutend ab.

Die Zweigbildung wird dadurch eingeleitet, dass im apicalen Ende einer Fadenzelle eine Celluloseanhäufung zu Stande kommt, deren Gestalt und Anordnung ich nicht genauer verfolgt habe. Oberhalb der „Scheide“ entsteht dann ein rings um die Zelle laufender Riss, zwischen dessen klaffenden Rändern der zartwandige rasch sich verlängernde Zweig hervortritt (Fig. 4a).

Die Zerklüftung des Protoplasmas findet dann ihren Abschluss dadurch, dass die schon vorher angelegte farblose Querplatte bis über die Scheide hinausrückt, so dass schliesslich die Querwand, welche Mutter- und Tochterzweig von einander trennt, sich an ihrem unteren Ende dicht bei der Scheide, oben aber an die Querwand ansetzt, welche zwei benachbarten Fadenzellen gemeinsam ist (Fig. 4b).

Das weitere Wachsthum des Zweiges stimmt mit demjenigen seiner Abstammungsachse überein. Die junge Scheitelzelle des Astes hat allerdings an ihrem Grunde eine eigenthümlich gebaute Scheide; eine scheitelständige Kappe erhält sie erst nach der folgenden Theilung.

Unterirdische Achsen (Rhizome).

Die farblosen, spärlich verzweigten, im Substrat verborgenen Thallusfäden wollen wir als Rhizome bezeichnen, weil sie in ihren morphologischen Eigenschaften mit den oberirdischen Zweigen übereinstimmen, in ihrem biologischen Verhalten aber sich den unterirdischen Rhizomen mancher höherer Pflanzen, z. B. der Equiseten, anschliessen.

Die Rhizome entstehen gewöhnlich als Seitenzweige der dem Substrat angeschmiegten grünen Achsen, können aber auch von den aufstrebenden Fäden ihren Ursprung nehmen. Sie bohren sich in das Substrat ein, in welchem sie eine Länge von mehreren Millimetern erreichen können. Ihre zahlreichen Gliederzellen sind verhältnissmässig lang (0,15 bis 0,3 mm) und schmächtig (oft nur 0,003 mm dick).

Leicht bietet sich die Gelegenheit die Umwandlung farbloser unterirdischer Achsen in grüne Zweige, wie auch die Umbildung chlorophyllhaltiger Achsen zu Rhizomen zu beobachten.

Werden nämlich aus dem Boden herauspräparirte Rhizome dem Lichte ausgesetzt, so ergrünen sie oft in kurzer Zeit und es bildet sich das Rhizom bei fortschreitendem Wachsthum an seiner Spitze in einen normalen, kurzgliederigen Lichttrieb um. Die neu angelegten Seitenzweige des blossgelegten Rhizoms entwickeln sich ebenfalls zu grünen Achsen. Andererseits bilden sich an Pflänzchen, deren farblose Rhizome entfernt worden sind, in kurzer Zeit zahlreiche neue Rhizome, die in Gestalt von langen, spärlich grünen, negativ heliotropischen Fäden vom Räschen ausstrahlen. Bald sind dieselben entstanden durch Umbildung der Spitzen der grünen kurzgliederigen Zweige, bald sind es neu angelegte Seitenzweige.

Dauersprosse.

Dauersprosse, welche, ohne abzusterben, fähig sind längeres Austrocknen zu ertragen, können ebensowohl an den oberirdischen grünen Aesten als an den unterirdischen Rhizomen angelegt werden.

Lässt man eine Cultur ganz allmählich eintrocknen, so füllen sich die oberirdischen Zweige dicht mit Reservestoffen. Die grüne Farbe geht allmählich verloren und es tritt eine rothgelbe (durch Oel bedingte?) Färbung der derbwandigen Aeste auf.

Viel häufiger und auch an normal vegetirenden Rasen treten an den unterirdischen Rhizomen seitlich ansitzende Ausgliederungen auf mit dichtem, fett- und stärkereichem, gelbröthlichem Inhalt. Diese Dauersprosse sitzen dem dünnen Rhizom mit schmaler Basis auf (Taf. XVI, Fig. 5). Ihre Zellen, gewöhnlich in der Zwei- bis Dreizahl, manchmal bis zu zehn, sind bauchig angeschwollen. Die meist tonnenförmige Gestalt erhalten die Zellen gleich bei ihrer Entstehung. An dem apicalen Ende eines schmächtigen Rhizomgliedes bildet sich eine blasig angeschwollene Zweigscheitelzelle, die sich noch wiederholt theilen kann, bevor das ganze Gebilde in den Ruhestand übergeht.

Die Dauersprosse entstehen gewöhnlich an den unterirdischen, dem Licht entzogenen Theilen des Thallus; doch sah ich sie auch gelegentlich aus frei präparirten, dem Licht ausgesetzten Rhizomen ihren Ursprung nehmen. In grösster Anzahl treten sie jedoch auf in Culturen, die langsamer Austrocknung überlassen werden.

Im Gegensatz zu den lebhaft vegetirenden Theilen des Thallus ertragen die Dauersprosse länger andauernde Austrocknung. So liess ich im September 1879 eine Oedocladiumcultur langsam am Lichte eintrocknen. Die Erdstücke wurden dann über vier Monate lang trocken aufbewahrt und dann befeuchtet. Nach Verlauf von drei bis vier Tagen war das Austreiben der Ruhesprosse schon erheblich fortgeschritten. In Fig. 6, Taf. XVI ist das Aussprossen eines zweizelligen Dauersprosses dargestellt. Beide Zellen haben sich bereits getheilt. Die obere hat einen mehrzelligen apicalen Trieb erzeugt; die untere einen erst einzelligen Seitentrieb.

Die Dauersprosse sind für die Erhaltung von Oedocladium jedenfalls von grosser Wichtigkeit. Durch ihr Vorkommen auf feuchter Erde käme diese Pflanze wohl oft in Gefahr durch Austrocknung des Substrats, noch vor Ausreifung der widerstandsfähigen Oosporen, der Vernichtung anheimzufallen, wenn nicht in den jederzeit im Substrat unter den Oedocladiumrasen anzutreffenden Dauersprossen die Austrocknung überdauernde Organe vorhanden wären.

Schwärmsporen.

Die Schwärmsporen von Oedocladium unterscheiden sich, so lange sie schwärmen, nicht von denen der anderen Oedogonieen. In ihrer Keimung verhalten sie sich aber wesentlich verschieden. Während bei jenen die zur Ruhe gekommenen Schwärmsporen an ihrem farblosen Vorderende eine Haftscheibe entwickeln und das dieser letzteren entgegengesetzte Ende der Spore zum Scheitel des jungen Pflänzchens wird, unterbleibt bei Oedocladium die Bildung der Haftscheibe vollständig, und das farblose Ende der Schwärmspore wird zum Scheitel der jungen Pflanze. Der erste Zellstoffring bildet sich hier nicht unterhalb des dicken Endes, sondern unterhalb des schmäleren Endes. Bei der ersten Theilung kann schon eine Kappe abgehoben werden (K in Fig. 4, Taf. XVII).

Die neu hervorgeschobene Zelle s ist die Scheitelzelle des Keimlings, während das eiförmige erste Segment nur eine oder zwei seitliche Angliederungen erzeugt. Niemals entsteht ein Cellulosering unter dem breiteren Ende der zur Ruhe gekommenen Schwärmspore.

Die Ausbildung der Hauptachse und der ersten Auszweigungen des Keimlings ist nicht immer dieselbe. Bald besteht die primäre Achse aus chlorophyllreichen Zellen (Fig. 2, Taf. XVII), und in diesem Fall sind dann häufig die aus ihr entspringenden Seitenachsen zu Rhizomen ausgebildet (Fig. 4, Taf. XVII), oder aber die Keimachse wird zum Rhizom (Fig. 1, Taf. XVII) und es entwickelt sich der erste Seitenzweig zu einem assimilirenden Spross. Ein dritter Fall ist in Fig. 3 Taf. XVII dargestellt. Hier ist noch kein Rhizom vorhanden; das Pflänzchen besteht aus einer grünen Keimachse und einem ebenfalls grünen Seitenzweig.

Organe der geschlechtlichen Fortpflanzung.

In Anbetracht der Aehnlichkeit des Thallus von Oedocladium mit Laubmoosprotonemen war ich nicht wenig gespannt auch seine geschlechtliche Fortpflanzung kennen zu lernen. Meine Erwartungen, dass sich auch hierin eine wenn auch nur schwache Annäherung an die Verhältnisse der Muscineen, welche noch immer durch eine so weite Kluft von den Chlorosporeen getrennt sind, zeigen möchte, wurden jedoch vollständig getäuscht. Die vorliegenden Beobachtungen über die Entwickelung der Geschlechtsorgane unserer Alge sind allerdings sehr lückenhaft, doch genügt ein Blick auf die Zeichnungen auf Taf. XVII, die hier nur ganz kurz erläutert werden sollen, um zu zeigen, dass Oedocladium sich nahe an Arten der Gattung Oedogonium anschliesst.

Das Pflänzchen ist monöcisch, proterandrisch. Männliche und weibliche Geschlechtsorgane sitzen oft an einem Verzweigungssystem. Häufig sah ich die Oogonien an Seitentrieben von Achsen sitzen, die in ihrem oberen Ende Antheridien führten. Zwergmännchen werden nicht gebildet, sondern die Befruchtung wird durch kleine, spärliches Chlorophyll führende Spermatozoiden vollzogen, die in oft ziemlich langen vielzelligen Antheridialästen ihren Ursprung nehmen. (Fig. 6, 7, Taf. XVII.) Die reifen Oosporen liegen in angeschwollenen, seitlich mit einer Oeffnung versehenen Oogonien, deren Hohlraum sie fast vollständig ausfüllen (Fig. 8, 9, Taf. XVII). Wo mehrere Oogonien in einem weiblichen Aste vorhanden sind, zeigen sie sich meist durch eine sterile Zelle von einander getrennt. Die Oosporen selbst sind entweder kugelig oder, wenn das Oogonium den Gipfel des Fadens einnimmt, der Gestalt des Oogoniums entsprechend, manchmal mit stumpfconischer Spitze (Fig. 8, Taf. XVII). In der sonst derben geschichteten Membran ist eine dünne Stelle von kreisförmigem Umriss, in welcher wahrscheinlich bei der Keimung eine Trennung des als Deckel wegfallenden kleinen Membranstücks erfolgt. Der Durchmesser der mit reservestoffreichem, gelbrothem Inhalt angefüllten Spore schwankt zwischen 0,045 und 0,060 mm. Die Keimung konnte leider nicht beobachtet werden.

Obwohl Oedocladium sich in seiner allerdings nur lückenhaft bekannten geschlechtlichen Fortpflanzung sehr nahe an viele Oedogonien anschliesst, so wird man es doch, auf Grund des eigenthümlichen vegetativen Aufbaus, berechtigt finden, die Alge als Vertreterin einer neuen Gattung anzusehen. Von Oedogonium unterscheidet sie sich durch die Verzweigung des Thallus, von der ebenfalls verzweigten Bulbochaete durch die verschiedene Vertheilung des Wachsthums. Während bei Bulbochaete nach Pringsheim (l. c. p. 21) das Wachsthum sämmtlicher Sprosse an die Theilung ihrer Basalzelle geknüpft ist, finden wir dasselbe bei Oedocladium fast ausschliesslich an die Scheitelzelle gebunden. Besonders bemerkenswerth ist, den beiden anderen Gattungen und überhaupt der Mehrzahl der Chlorophyceen gegenüber, Oedocladium durch die hohe Differenzirung seiner Vegetationsorgane. Hier tritt uns eine Gliederung entgegen, die in ähnlicher Form erst bei den Laubmoosprotonemen wiederkehrt, in deren Gesellschaft unsere Alge angetroffen wird. Ohne auf diese Aehnlichkeit, die ja nur eine annähernde ist, grosses Gewicht zu legen und etwa in Oedocladium eine Stammform der Moose erblicken zu wollen, kann doch nicht geläugnet werden, dass diese landbewohnende Oedogoniee von grossem Interesse ist, da sie uns zeigt, wie aus weniger differenzirten Algen, wie wir sie in den Oedogoniumarten kennen, mit der Anpassung an das Landleben eine höher gegliederte Form hervorgegangen ist. Der Gedanke, dass die Laubmoosprotonemen, welche wir mit Göbel[1]) als die

1) Göbel. Die Muscineen in Schenk's Handbuch der Botanik, Bd. II, S. 388 und besonders: Morphologische u. biologische Studien, Ueber epiphytische Farne und Muscineen, p. 111 in Annales du jardin botanique de Buitenzorg, Vol. VII,

ursprüngliche Form der Laubmoose anzusehen geneigt sind, von landbewohnenden Conferven mit der Gliederung unseres Oedocladium ihren Ursprung genommen haben mögen, verdient jedenfalls ernste Berücksichtigung. In Verbindung mit der zuerst von Pringsheim hervorgehobenen Aehnlichkeit der Coleochaeteen und Bryophyten in der Fruchtbildung ist die Annäherung der Vegetationsorgane von Oedocladium an die Moosprotonemen insofern von Werth, als sie uns ermöglicht, uns eine ungefähre Vorstellung zu bilden von den unbekannten und wahrscheinlich ausgestorbenen Formen, welche den Uebergang zwischen den jetzt durch eine weite Kluft getrennten Algen und niederen Archegoniaten vermittelt haben.

Diagnose.

Oedocladium protonema. Thallus reich verzweigt, aus einem dem Licht ausgesetzten, chlorophyllhaltigen und einem im Substrat wuchernden, farblosen Theil bestehend. Zelltheilung wie bei Oedogonium. Verlängerung der Aeste in der Regel auf die Scheitelzelle beschränkt; durch Theilung der Segmente entstehen die Seitenzweige.

Ungeschlechtliche Vermehrung durch Schwärmsporen; ausserdem Erhaltung des Thallus durch ein- bis vielzellige, gegen Austrocknung widerstandsfähige Dauersprosse. Monöcisch. Oogonien mit einem seitlichen medianen Loch sich öffnend. Oosporen annähernd kugelig oder bei terminalem Oogonium mit stumpfkonischer Spitze.

Zelldurchmesser der grünen Thalluszellen: 7 μ dick, 20 μ lang.

„ „ farblosen unterirdischen Zellen 3 μ dick, oft bis 300 μ lang.

„ „ Oosporen 45—60 μ.

Fundort: In feuchten Fuhrgeleisen auf sandig-lehmiger Erde im Geudertheimer Kiefernwald bei Strassburg.

1887. Hier heisst es S. 111: „Die ursprüngliche Form der Laubmoose ist die von verzweigten Protonemafäden, denen Antheridien und Archegonien direct ansassen . . . . . das Stammchen, ursprünglich nur als Gewebekörper, welchem die Sexualorgane aufsassen, vorhanden, hat sich, indem die Bildung der Sexualorgane in eine spätere Entwickelungsperiode verlegt wurde, weiter entwickelt, den Blättern aber kam ursprünglich wohl nur die Function schützender Hüllen zu u. s. w. . . .“

Figurenerklärung.

(Die in Klammern beigefügten Zahlen geben die Vergrösserung an.)

Tafel XVI.

Fig. 1 (50). Thallus von Oedocladium protonema. Die grünen Fäden (a, b) wachsen über der Erde, die farblosen (c) unterirdisch. Bei d zwei Dauersprosse.

Fig. 2. Ein aufrechter grüner Ast mit drei Seitenästen. Bei a scheitelständige, bei b, b' seitenständige Kappen.

Fig 3. Scheitel eines grünen Astes. Am oberen Ende der unteren Zelle eine Scheide. Scheitelzelle von einer mehrschichtigen Kappe bedeckt.

Fig. 4. a Zweiganlage. b Dasselbe Object, weiter fortgeschrittenes Stadium; die Astzelle ist bereits durch eine Querwand abgegrenzt.

Fig. 5 (400). Ein dreizelliger Dauerspross.

Fig. 6 (400). Austreibender Dauerspross.

Tafel XVII.

Fig. 1—4 (400). Schwärmsporenkeimlinge. 1 u. 4 bereits mit Rhizomanlagen, 2 u. 3 ohne solche.

Fig. 5. Oberirdischer Dauerspross mit Sammelkappe.

Fig 6, 7 (400). In der Entwickelung begriffene männliche Aeste.

Fig. 8 (220). Weiblicher Ast mit zwei Oosporen.

Fig. 9 (280). Weiblicher Ast, dessen vegetative Zellen schon abgestorben sind.

Fig. 10—12 (280). Reife Oosporen. 11 im medianen Längsschnitt, 12 von Aussen gesehen.

Ueber die Cultur- und Lebensbedingungen der Meeresalgen.

Von

Friedrich Oltmanns.

Einleitung.

Schon seit Jahrzehnten ist man gewohnt, eine correcte morphologische oder physiologische Untersuchung über niedere Organismen nur dann als ausführbar zu betrachten, wenn es gelingt, von diesen Lebewesen — nach dem heute üblichen Ausdruck — Reinculturen herzustellen oder dieselben unter Bedingungen zu züchten, die eine continuirliche Beobachtung von der Spore bis wieder zur Spore gestatten. Die Methode hat bei Pilzen und Bakterien die bekannten Früchte getragen. Bei den Algen ist man nicht in der gleichen Weise verfahren. Diese Pflanzen haben schon weit ausgeprägtere Formen, eine weitergehende Differenzirung ihrer Einzelzellen; in Folge dessen ist es häufig leichter, sie von Ihresgleichen zu unterscheiden und die Verwechselungen zu vermeiden, die für viele Pilzuntersuchungen früherer Zeiten so verhängnissvoll geworden sind. Vorzügliche Beobachter bearbeiteten deshalb viele Algengruppen, ohne dass es nothwendig gewesen wäre, Reinculturen herzustellen, und es konnte auf diesem Wege eine recht gute Uebersicht über Entwickelung und Fortpflanzung aller Hauptformen gewonnen werden. Aber jeder Botaniker weiss auch, welche Lücken noch auszufüllen sind. Ganz abgesehen davon, dass viele niederen Gruppen ein noch unentwirrtes Chaos darstellen, sind unter den höheren, besser gekannten Familien doch auch recht wenige, deren Entwickelungsgang man vollständig und mit Sicherheit kennt. Ueberall sind die ersten Stadien der Sporenkeimung bekannt, aber wie sich dann der Keimling zur erwachsenen Pflanze entwickelt, welche Zeit diese Entwickelung in Anspruch nimmt, in welcher Beziehung geschlechtliche und ungeschlechtliche Generationen zu einander stehen, das alles sind Dinge, über die wir nur in ganz seltenen Fällen orientirt sind, wenn es einmal, wie mir bei den Fucaceen, durch besonders günstige Umstände gelingt, im Freien alle erforderlichen Entwickelungsstufen zu finden und richtig zu erkennen. Im Allgemeinen aber verspricht ein solches Suchen am Strande für die Erledigung der eben gekennzeichneten Fragen wenig Erfolg; den Schlüssel zu diesen Geheimnissen kann nur eine rationelle Züchtung liefern.

Ist es auch klar, dass die allgemeinen Lebensbedingungen der Algen von denen der Landgewächse nicht wesentlich differiren, so ist es andererseits sicher, dass eine ganze Reihe specifischer Anpassungen an das flüssige Medium vorhanden sind, die bisher nur höchst mangelhaft bekannt waren. Wir kennen nicht genau die Ursachen der Verbreitung der Meeresalgen in verschiedenen Tiefen, wir wissen nichts über die Factoren, welche den Süsswasseralgen den Eintritt in das Meer und umgekehrt den Meeresalgen eine Wanderung in die Flüsse wehren; ziemlich rathlos steht man den sog. guten und schlechten Algenjahren gegenüber und kann sich keine Vorstellung davon machen, weshalb manche Arten in gewissen Jahren ganze Tümpel ausfüllen, in anderen dagegen kaum aufzufinden sind.

Solche Fragen aber sind dem Experiment ohne Zweifel innerhalb gewisser Grenzen zugänglich, bis jetzt ist leider darin wenig geschehen und meistens hat man sich aufs Rathen gelegt — natürlich ohne Erfolg. Wohl der Einzige, der in dem angedeuteten Sinne theils durch Experimente, theils durch Beobachtung im Freien gute Resultate erzielt hat, ist Berthold[1]). Leider ist auch ihm eine dauernde Züchtung der Algen nicht gelungen.

---

1) Vertheilung der Aigen im Golf von Neapel, Mitth. d. zool. Stat. zu Neapel 1881. Beiträge z. Morphologie u. Physiologie der Meeresalgen. Pringsheim's Jahrb. Bd. XIII.

Die Algen verdienen aber nicht bloss wegen ihrer eigenartigen Lebensweise ein genaueres Studium, sie bieten unzweifelhaft auch günstige Objecte dar zur experimentellen Beantwortung mancher allgemeinen physiologischen Fragen. Das geht u. a. unzweideutig aus den interessanten Untersuchungen von Klebs[1]) über die Vermehrung von Hydrodictyon hervor, und ebenso weisen die Beobachtungen L. Klein's[2]) an Volvox darauf hin, dass die Fortpflanzungserscheinungen dieser Alge durch äussere Factoren stark beeinflusst werden können. Klein hat allgemein „Ernährungsbedingungen" dafür verantwortlich gemacht, die Culturversuche schlugen fehl. Klebs konnte eingehende Versuche anstellen und die Algen auch lange Zeit cultiviren, indess litten auch hier die Objecte unter den „Folgen der Zimmercultur." Ob daraufhin berechtigte Einwände gegen die ganzen Versuche zu erheben sind, mag dahingestellt sein. Vielleicht wäre es Klebs aber geglückt, die einzelnen Factoren, welche Zoosporen- oder Gametenbildung bedingen, noch genauer zu präcisiren, wenn man genau gewusst hätte, unter welchen Bedingungen die Algen im Zimmer ein normales Wachsthum zeigen.

Das soeben Ausgeführte zeigt, wie viel gewonnen wäre, wenn es gelänge, die Folgen der Zimmercultur und damit die Fehler früherer Beobachter zu eliminiren. Ich beschloss deshalb noch einmal zu versuchen, ob es nicht doch gelingen wolle, die Algen, zunächst einmal einige aus der nahen Ostsee, zum dauernden Wachsthum im Laboratorium zu bewegen und die Bedingungen zu studiren, unter welchen dies möglich ist. Ich weiss sehr wohl, dass schon mancher Botaniker Algen auf kürzere Zeit zum Wachsen gebracht hat, aber es dürfte bis jetzt nur in äusserst seltenen Fällen gelungen sein, dieselben einige Jahre ungestört zu cultiviren. Reinke[3]) giebt zwar an, dass die Cultur der Meeres-

1) Zur Physiologie der Fortpflanzung, Biol. Centralblatt, Bd. III, 1883 und Flora 1890.

2) L. Klein, Morphologische u. biologische Studien über die Gattung Volvox. 3 Bände:

I. Pringsh. Jahrb. XX, 1889.

II. Ber. d. d. bot. Ges., Bd. 7.

III. Ber. d. naturf. Ges. zu Freiburg i. B., Bd. V, 1890.

3) Das botan. Institut und die botan. Meeresstation in Kiel. Botan. Centralbl. 1890, No. 1 u. 2.

algen unter bestimmten Bedingungen leicht gelinge, allein dauernd dürfte er dieselben auch nicht erhalten haben, das zeigt schon der Umstand, dass er im Hafen von Kiel ein Floss unterhält, welches die Reservevorräthe für die Culturen im Institut birgt.

Die Aufgabe, welche ich mir stellte, würde völlig gelöst sein, wenn ich z. B. Tetrasporen von einer Polysiphonia aussäen und daraus erwachsene Pflanzen erziehen könnte. Dies Ziel habe ich bisher nicht vollständig erreicht, die Schwierigkeiten, welche überwunden werden mussten, waren nicht unerheblich, viele misslungene Versuche verzögerten die Arbeit und der Umstand, dass die See erst nach $^3/_4$ stündiger Dampfer- resp. $^1/_4$ stündiger Bahnfahrt von hier aus zu erreichen ist, brachte auch keine Beschleunigung. Ich habe es oft unangenehm empfunden, dass zur Beschaffung auch nur einiger Fucuspflanzen mehrere Stunden aufgewandt werden mussten. Hätte ich ein Institut dicht am Strande des Meeres zur Verfügung gehabt, ich wäre wesentlich schneller vorwärts gekommen. Trotzdem haben meine Untersuchungen zu einer Reihe von Resultaten geführt, deren Veröffentlichung ich glaube wagen zu können, weil sie bei manchen Lücken im Einzelnen, viele auf die Algenvegetation bezüglichen Fragen schärfer zu präcisiren gestatten, als das bis jetzt geschehen ist, und weil auch betreffs der Cultur erwachsener Pflanzen Erfolge zu verzeichnen sind, welche darthun, dass die Erziehung der Algen aus dem Keim in absehbarer Zeit und bei einiger Geduld vollkommen gelingen muss.

Da es mir zunächst darauf ankam, die groben Regeln für diese Algengärtnerei festzustellen, musste ich vielfach darauf verzichten, Einzelheiten bis in alle Consequenzen auszuarbeiten. Ich hoffe, man wird mir daraus keinen Vorwurf machen.

Untersuchungen, wie die vorliegenden, kosten naturgemäss viel Geld. Ich bin deshalb Herrn Professor Falkenberg für die Liebenswürdigkeit, mit welcher er mir nicht bloss die Mittel des Instituts zur Verfügung stellte, sondern mir auch noch eine besondere Unterstützung Seitens der grossherzoglichen Regierung verschaffte, zu besonderem Dank verpflichtet.

I. Das Einsammeln der Algen.

Bekanntlich sind fast alle Meeresalgen an irgendwelchem Substrat festgewachsen[1]). Nur diese sind für Cultur- und Untersuchungszwecke verwerthbar, nicht aber Exemplare, welche vom Wellenschlage losgerissen frei im Meere schwimmen und selbstverständlich noch viel weniger solche, welche am Strande angespült wurden. Die frei schwimmenden Individuen sind zwar keineswegs mehr ohne Leben, zeigen aber doch, weil sie von den ihnen zusagenden Localitäten gewaltsam entfernt waren, allerlei pathologische Erscheinungen, die sie zur weiteren Verarbeitung ungeeignet machen. Ausnahmen davon können natürlich einmal vorkommen, nämlich dann, wenn es gelingt, unmittelbar nach einem Sturm Pflanzen aufzufischen, die eben erst von ihrem Substrat getrennt wurden.

Im Allgemeinen ist man genöthigt, die Algen von den Steinen, Pfählen etc., auf welche sie sich angesiedelt haben, loszulösen. Das ist sehr einfach, solange man sie vom Boot oder vom Ufer aus mit der Hand erreichen kann. Tiefer wachsende, grössere Formen kann man, sobald sie nicht mehr als 3 m etwa hinabsteigen, sehr gut mit einer kleinen, langgestielten Gartenharke (Rechen) heraufziehen. Dieses einfache Instrument habe ich vielfach mit sehr gutem Erfolg benutzt. Kleine Formen muss man mit dem sogen. Kratzer zu erreichen suchen[2]).

Will man sich über die Art und Weise orientiren, wie die Algen den Boden besiedeln, so ist es angenehm, oft auch unerlässlich, bewachsene Steine oder Gesteinsfragmente ans Licht zu fördern. Ueberall in der Ostsee kommen Steinriffe vor, bestehend aus grösseren oder kleineren Geröllen; diese werden von den Bewohnern der benachbarten Fischerdörfer häufig zu Bauzwecken etc. mit besonderen Steinhaken emporgehoben. Mit diesen Instrumenten kann man sich bei einigem Geschick bewachsene Steine in hinreichender Menge verschaffen, und auch an anderen Küsten dürften ähnliche Instrumente zu haben sein.

---

1) Von den Plankton-Organismen sehe ich hier ganz ab.

2) Solche Instrumente sind beschrieben und abgebildet in Neumayer, Anleitung zu wissenschaftl. Beobachtungen auf Reisen, Bd. II, p. 465; im amtl. Bericht über die internationale Fischerei-Ausstellung in Berlin 1880 u. s. w.

Weiter als auf 4—5 m reicht man damit freilich nicht hinab; für grössere Tiefen muss man zum Schleppnetz greifen. Dies Instrument ist Zoologen und Botanikern, welche an der See gearbeitet haben, hinreichend bekannt, wer von inländischen Fachgenossen sich orientiren will, findet das Erforderliche in dem von Moebius bearbeiteten Abschnitt über den Fang wirbelloser Seethiere in Neumayer's „Anleitung zu wissenschaftl. Beobachtungen auf Reisen", ausserdem in Wyville Thomson, „The deapths of the sea", in Marshall: „Die Tiefsee und ihr Leben" und manchen anderen Werken. Reinke hat[1]) eine von ihm construirte Modification des Schleppnetzes beschrieben; er fügt die Bemerkung hinzu, dass jede Abweichung von seinem Modell sich als eine Verschlechterung desdesselben herausgestellt habe. Will ich nun auch nicht bestreiten, dass Reinke's Netz seine Schuldigkeit thut, so ist doch hervorzuheben, dass auch andere Constructionen ihren Zweck erfüllen. Nachdem ich mit verschiedenen Netzen gearbeitet habe, ohne einen wesentlichen Unterschied zu bemerken, verwende ich jetzt eine Form, welche von Fol[2]) beschrieben ist. Sie hat den Vorzug grosser Einfachheit und Billigkeit. Die Beschreibung und Abbildung mag am genannten Orte nachgesehen werden.

Mit dem Schleppnetz fördert man zwar häufig mit Algen bewachsene Steine zu Tage, allein in die Vertheilung der Pflanzen auf dem Boden gewinnt man doch nur einen ziemlich mangelhaften Einblick. Will man das Zusammenleben der einzelnen Componenten der Tiefenflora näher studiren, so wird man nicht umhin können, mit Hülfe eines Taucherapparates selbst den Boden des Meeres zu betreten und sich die Dinge dort unten anzusehen. Berthold[3]) hat in dieser Weise botanisirt und damit Erfolge erzielt. Ich glaube bestimmt, dass von einer ausgiebigen Benutzung des Taucherapparates noch wesentliche Aufschlüsse über das Verhalten der Algen auf dem Meeresboden zu erwarten sind.

Die Behandlung des mit einem der vorgenannten Instrumente gewonnenen Materials erfordert weiterhin einige Aufmerksamkeit.

---

1) Reinke, Das botan. Institut und die botan. Meeresstation in Kiel. Botan. Centralbl. 1890, No. 1 u. 2.

2) Fol, Un nouveau modèle de drague pour récolter les animaux du Fond de la mer. Archives de zoologie experimentale, 2. série, tom I, p. 1.

3) Vergl. Berthold, Vertheilung der Algen im Golf v. Neapel.

Zum Transport verwende ich Glashäfen von etwa einem Liter Inhalt, welche zu acht in vierkantigen sogen. Flaschenkörben untergebracht sind. Diese Häfen füllt man mit Seewasser von dem Standort, an welchem die Algen wachsen; namentlich in der Nähe der Küste, vor den Mündungen der Flüsse u. s. w. darf man die Pflanzen nicht in Wasser bringen, welches etwa einen Kilometer weit von dem Algenstandort geschöpft ist, weil der Salzgehalt häufig an zwei ganz naheliegenden Punkten, wie später noch zu erörtern sein wird, nicht unerhebliche Differenzen zeigt. In das so geschöpfte Wasser überträgt man dann die Algen aus den Netzen; man darf aber, besonders in den wärmeren Jahreszeiten, nur möglichst wenig, ein Exemplar, oder bei grossen Pflanzen nur Theile eines solchen, in einen Hafen bringen, eventuell muss man entsprechend grössere Gefässe verwenden; die Pflanzen sterben sonst sehr rasch ab. Aus dem Gesagten ergiebt sich von selbst, dass man auf den Excursionen eine möglichst grosse Anzahl von Glashäfen mitführt, ich habe gewöhnlich auf grösseren Touren 20—30, oft noch mehr in Bereitschaft gehalten.

Es ist allgemein bekannt, dass die Wärme des Meeres auch in der heissesten Zeit noch wesentlich hinter der Lufttemperatur zurückbleibt und dass der Temperaturwechsel sich nur sehr langsam vollzieht. Die Algen sind nun, namentlich soweit es sich um die Tiefenformen handelt, gegen eine schnelle Veränderung der Wärmeverhältnisse sehr empfindlich. Dem ist beim Einsammeln Rechnung zu tragen. Kommen die Algen mit dem Netz herauf, so bringt man sie gewöhnlich zunächst zum Sortiren in einen grossen, flachen Holzbottich, den man vorher mit Wasser füllte, und aus diesem in die Glashäfen. Weder das Wasser im Bottich, noch dasjenige in den Gläsern darf längere Zeit in denselben gestanden haben, weil, namentlich bei warmem Wetter, seine Temperatur sich rasch steigert und dann die Algen den plötzlichen Wechsel nicht ertragen. Am sichersten geht man, wenn man das Wasser erst in dem Moment schöpft, in welchem auch die Algen ins Boot genommen werden. Dann sortire man rasch und werfe das, was nach 5—10 Minuten nicht in die Häfen gebracht ist, getrost über Bord. Bei warmem Wetter haben gegenseitige Beengung und rasche Temperatursteigerung häufig schon nach 15 Minuten den Tod der Pflanzen im Holzbottich herbeigeführt. Im Winter kann man sich schon etwas mehr Zeit lassen. Aus dem Gesagten sieht man aber auch, dass es nicht rathsam ist, das Schleppnetz lange Zeit auf dem Grunde zu lassen, bei reichem Algenwuchs füllt sich dasselbe häufig derart, dass die grosse Masse nur das Sortiren erschwert. Man hole also öfter auf, selbst wenn man einmal vergeblich revidirt, kommt man auf die Dauer weiter damit.

Trotz aller Vorsichtsmassregeln ist mir der Transport lebender Algen im Boot bei heisser Sommerszeit nicht immer geglückt, die kleinen Gefässe erwärmen sich derartig, dass manche zarteren Pflanzen absterben. Müsste es sein, so würde man namentlich auf grösseren Fahrzeugen unzweifelhaft mit Hülfe von Eis Vorkehrungen treffen können, um die Meeresgewächse am Leben zu erhalten. Bis jetzt habe ich diese Complicationen dadurch vermeiden können, dass ich die kälteren Jahreszeiten zur Beschaffung von Material mit gutem Erfolg benutzte. Der Sommer ist auch bei uns nicht die günstigste Algenzeit, vielmehr gedeihen die meisten Arten gerade im Winter und Frühling am besten. Obwohl (oder weil?) die Temperatur 0° kaum übersteigt, ist mitten im Winter der Boden der Ostsee, worauf auch Reinke[1]) schon aufmerksam gemacht hat, mit einer üppigen Vegetation bedeckt und gegen das Frühjahr hin oder im Vorsommer reifen viele Arten ihre Sporen. Nur in der litoralen Region, d. h. in 1—2 m Tiefe gehen die kleineren Arten von November bis Februar zurück, während Fucus u. a. auch dann ungestört weiter vegetiren. Deswegen ist Herbst, Winter und Frühling auch die geeigneteste Zeit zur Gewinnung und zum Transport der Algen. Die besten Resultate erlangte ich von October bis Ende December, ehe in der See Eis auftrat; während dieser Monate brachte ich alles gefischte Material völlig intact nach Haus. Weniger günstig waren Fahrten im März 1889, als nach langer Kälteperiode Thauwetter eintrat und unser Boot noch auf vereinzelte kleine Eisschollen stiess. Offenbar mussten die Algen hier eine an der Oberfläche befindliche Schicht kälteren Wassers passiren und litten wohl zum Theil dadurch. Ausgeschlossen ist natürlich auch zu anderen Zeiten die Gewinnung guten Materials nicht, wenn man Tage wählt, an welchen bei bewölktem Himmel sich die Temperatur der Luft der des Wassers nähert; so konnte ich noch Mitte Juni 1890 eine grosse

1) Algenflora der westlichen Ostsee.

Menge von Exemplaren der Polysiphonia nigrescens und von Ceramium rubrum mit Tetra- und Carposporen intact heimbringen und die normale Entleerung derselben im Zimmer wahrnehmen. Im Allgemeinen geht man jedenfalls sicherer, wenn man sich rechtzeitig im Winter versorgt, diese Sicherheit der Gewinnung wiegt auch die Strapazen des „Winterfeldzuges“ auf.

Sind die Algen beim Sammeln richtig behandelt, so überstehen sie einen Transport auf der Bahn oder auf dem Dampfer, wenigstens in der kälteren Jahreszeit, ganz gut. Algen, welche sich 24 Stunden in den Transportkörben befunden hatten und während dieser Zeit per Bahn von Warnemünde nach Rostock gesandt waren, erwiesen sich als durchaus lebendig. Es würde also kaum etwas im Wege stehen, sie auf weitere Entfernungen zu versenden — wenn die Post solche offene, mit Wasser gefüllte Häfen annähme.

Es ist nicht immer möglich, die Algen schon im Boot so zu sortiren und zu säubern, wie man wohl wünschte, deswegen muss daheim die weitere Reinigung vorgenommen werden, besonders bei Formen wie Rhodomela subfusca und Polysiphonia nigrescens. Diese pflegen nicht allein grosse Massen von Miesmuscheln zu tragen, sondern gewähren auch zwischen dem Zweiggewirr vielfach kleinen Krebsarten und anderem Gesindel ein Obdach, für welches sie bei ungenügender Reinigung schwer büssen müssen. Diese kleinen Thiere fressen nämlich entweder alle jungen Sprosse der Pflanzen ab oder aber sie verunreinigen das Culturwasser derart mit ihren Fäces, dass auch häufiger Wasserwechsel die Algen nicht zum Weiterwachsen bewegen kann.

Es ist zweckmässig mit der Reinigung zu warten, bis das Wasser mit den Algen die Temperatur des Zimmers angenommen hat. Dann schüttet man die Glashäfen in eine flache, hellfarbige Schale aus und entfernt ungebetene Gäste mit einer Pincette. Am besten überträgt man die Pflanzen dann in reines Seewasser, welches man sich in Glasflaschen von dem Standort der betr. Arten mitgebracht hat und welches auch Zimmertemperatur haben muss. Wasser, welches zu anderer Zeit und an einem anderen Ort geschöpft wurde, ohne Weiteres zu verwenden, ist aus später zu erörternden Gründen zum Mindesten gefährlich.

II. Die Regulirung der Temperatur.

Aus den vielen über die Wärme des Meeres angestellten Beobachtungen ist zur Genüge bekannt, dass im Allgemeinen die Temperatur des Meeres weit weniger schwankt, als die der Luft; es pflegen die Meerestemperaturen innerhalb eines Jahres weder die oberen noch die unteren Grenzen der Lufttemperatur zu erreichen, wobei natürlich nicht ausgeschlossen ist, dass zu bestimmten Jahreszeiten die Wasserwärme höher ausfällt als diejenige der Luft [1]). In der Ostsee folgt die Wassertemperatur, freilich mit einiger Verzögerung, den Wärmeveränderungen der Luft und zwar macht sich diese Einwirkung, von einigen Ausnahmen abgesehen, bis auf den Boden des immerhin recht flachen Ostseebeckens bemerkbar [2]). Dass dabei die Schwankungen im Oberflächenwasser grösser sind als in der Tiefe, versteht sich fast von selbst. Die Nordsee verhält sich in mancher Beziehung anders, speciell soweit es die nördlichen Gebiete derselben betrifft; einerseits wird die Oberfläche nicht in dem Maasse beeinflusst, andererseits werden die Wirkungen der Lufttemperatur auf die Tiefe dadurch aufgehoben, dass eine Schicht wesentlich kälteren Wassers etwa 30 m unter der Oberfläche vorhanden ist, welche ihr Dasein nordischen Strömungen verdankt. Aehnlich wie hier werden die meisten Meere und Meeresabschnitte bei aller Uebereinstimmung in den Hauptsachen doch im Einzelnen Differenzen aufweisen, die für die Verbreitung der Algen gewiss nicht ohne Bedeutung sind. Leider fehlen uns bis jetzt alle Anhaltspunkte zur Beurtheilung dieser Verhältnisse und die Erwähnung derselben sollte nur den Hinweis darauf enthalten, dass es höchst wünschenswerth wäre, beim Studium der Algenfloren Derartiges genauer ins Auge zu fassen; die physikalische Grundlage dafür scheint mir vorhanden zu sein in den Beobachtungen, welche die Commission zur Erforschung deutscher Meere anstellen lässt und welche durch die Arbeiten in anderen Ländern in willkommener Weise

---

1) Vergl. Ackermann, Physische Geographie der Ostsee. Die Wassertemperatur ist im November durchschnittlich 3° höher als die Lufttemperatur. — Berthold, Algen des Golfs von Neapel, Mitth. d. zool. Stat. zu Neapel 1881, p. 400.

2) Vergl. hierzu auch: H. A. Meyer, Untersuchungen über physikal. Verhältnisse des westl. Theils der Ostsee; und die „Berichte der Commission zur wissenschaftl. Untersuchung deutscher Meere in Kiel.“

ergänzt werden. Experimentelle Untersuchungen konnten darüber bislang nicht angestellt werden, aber ich hoffe, auch dies wird mit der Zeit gelingen. Dass das keine müssigen Fragen sind, geht u. a. aus Erörterungen von K. Möbius[1]) hervor, welcher die Thatsache, dass die Individuen einer Species in der Ostsee stets kleiner sind als in den Polarmeeren, auf die starken Temperaturschwankungen zurückführt. In ähnlicher Weise hat Semper[2]) den Umstand gedeutet, dass „boreale Meerthiergattungen“ im Norden in grossen Tiefen leben, während sie in tropischen Meeren oft viel näher der Oberfläche gefunden werden.

Es ist bekannt, und Reinke hat neuerdings in seiner Algenflora darauf aufmerksam gemacht, dass viele Algen, namentlich die der Ostsee eurytherm sind nach dem von K. Möbius eingeführten Ausdruck; sie gedeihen bei Temperaturen um 0° herum und gehen auch bei den höchsten in der See vorkommenden Wärmegraden noch nicht zu Grunde. Ja es giebt unzweifelhaft Species, welche selbst dann nicht absterben, wenn sie auf 30° erwärmt werden, eine Temperatur, die in unseren Klimaten in der freien See niemals erreicht wird. Die in Rede stehenden Formen sind solche, welche in der Litoralregion, d. h. in 1—2 m Tiefe häufig sind. In Norwegen sah ich an dem felsigen Ufer häufig mit Seewasser gefüllte, im Uebrigen vom Meer abgeschnittene Tümpel; oft nur 1 m im Durchmesser und kaum ½ m tief erhielten sie nur bei stärkerem Wind frisches Wasser, wenn die Brandung bis zu ihnen herüber spritzte. Schon mit der Hand konnte man bei Sonnenschein eine erhebliche Erwärmung constatiren und doch gediehen hier Corallina officinalis, Ralfsia verrucosa u. a. ganz gut. Aehnlich ergeht es Fucus vesiculosus, wenn er in kleinen, stillen Buchten vorkommt, die mit der See nur in mangelhafter Communication stehen. Dieser Tang verträgt sogar zusammen mit Nemalion lubricum das Austrocknen; ich fand diese beiden Pflanzen im September 1890 bei Warnemünde von Wasser völlig entblösst und fast brüchig in Folge des starken Wasserverlustes, konnte mich aber überzeugen, dass die Thallome bei steigendem Wasser wieder

1) Möbius, Die äusseren Lebensverhältnisse der Seethiere, Rede, gehalten in der 2. Sitzung der Versamml. deutscher Naturforscher u. Aerzte zu Hamburg 1876.

2) Semper, Existenzbedingungen der Thiere, p. 168.

ihre normale Form und Farbe annahmen[1]). Sie sind unzweifelhaft auch weiter gewachsen, ich fand wenigstens in den folgenden Tagen keine abgestorbenen Exemplare, während das ebenfalls ausgetrocknete Ceramium rubrum sofort zu Grunde gegangen war. Man wird zugeben, dass bei dem herrschenden hellen Sonnenschein eine starke Erwärmung eintreten musste. Eine ähnliche Temperatursteigerung, wenn auch kein vollständiges Austrocknen, erleiden gewiss alle die Arten, welche zur Ebbezeit frei an der Sonne liegen, wie das ja täglich an allen Meeren, in welchen die Gezeiten merkbar hervortreten, der Fall ist. Etwas verwickelter liegen die Dinge hier allerdings, weil die dichten Büschel von Fucus, Ascophyllum etc. den kleineren auf ihnen lebenden Formen eventuell ausgiebigen Schatten gewähren.

Mit diesen Erfahrungen stimmt auch das Verhalten von Fucus vesiculosus in der Cultur überein. In einem Gefäss von etwa vier Liter Inhalt hatte ein Exemplar von dieser Pflanze Morgens 6 Uhr die Temperatur von 10,5°, Mittags 12 Uhr 17,0°, Abends 6 Uhr 12,0°; ein anderes, welches in einem Gefäss von gleicher Grösse den Sonnenstrahlen noch mehr ausgesetzt war, zu denselben Zeiten: 11° — 21,5° — 13,5°. Aehnliches wiederholte sich einige Male, ohne dass eine Schädigung der Pflanze sich bemerkbar gemacht hätte. Nicht viel anders scheint sich Polysiphonia nigrescens zu verhalten; eine grössere Anzahl von Culturen war eines Tages durch Unachtsamkeit längere Zeit von der Sonne beschienen und das Wasser hatte sich auf 25° erwärmt, trotzdem wuchsen die darin befindlichen Algen weiter.

Anders dagegen gestalten sich die Verhältnisse bei Rhodomela subfusca; ich habe mehrfach beobachtet, dass Culturen, welche in ähnlicher Weise wie die Polysiphonia nigrescens überhitzt waren, zu Grunde gingen, was sich an der fast momentan auftretenden Rothfärbung des Wassers ohne Weiteres zu erkennen gab und durch die nachfolgende mikroskopische Untersuchung bestätigt werden musste. Damit stimmen auch die Erfahrungen beim Einsammeln der Algen überein, welche ich oben mittheilte. Erklärlich sind diese Vorgänge ja ziemlich leicht. Selbst in Meeren und grösseren Meeresabschnitten (kleine Tümpel und Buchten sind natürlich ausgeschlossen), wie

---

1) Gleiches gilt für Pelvetia. Vergl. meine Beitr. z. Kenntniss der Fucaceen.

z. B. in der Ostsee, in welchem die Temperatur des Wassers annähernd derjenigen der Luft folgt, gehen die Veränderungen doch nur langsam von Statten. An der Oberfläche steigt oder sinkt die Temperatur im Verlauf von 24 Stunden höchst selten um mehr als 2—3°, und schon in 10 m Tiefe dürften Schwankungen von mehr als 1° zu den grössten Seltenheiten gehören, wenn nicht gerade an der Grenze einer kalten und warmen Strömung besondere Verhältnisse eintreten.

Dass die Algen, welche an solche sanften Abstufungen gewöhnt sind, plötzliche Erwärmung nicht vertragen, kann nicht Wunder nehmen. Die Empfindlichkeit scheint an den Exemplaren, welche direct aus der See kommen, grösser zu sein, als an denen, welche in längerer Cultur gehalten waren. Man könnte das daraus erklären, dass die Pflanzen sich in der Cultur an schlechtere Behandlung gewöhnen. Allein, es ist zu bedenken, dass bei der Uebertragung aus der See in die Transportgefässe der Temperaturwechsel ein ganz anderer ist, als bei der Erwärmung einer Alge in dem Culturwasser, und dass ausserdem noch beim Fischen eine Reihe von Complicationen hinzutreten, welche nicht ohne Weiteres in ihre Einzelheiten zerlegbar sind.

Mag dem nun sein wie ihm wolle, es ist jedenfalls bei der Cultur der Algen nothwendig, die Temperatur zu reguliren. Zwar ist es mir gelungen, eine Anzahl von Exemplaren der Rhodomela subfusca u. a. durch den Sommer zu bringen, wenn alle directen Sonnenstrahlen fern gehalten wurden und die Zimmer sich nicht zu sehr erwärmten, allein sehr üppig gediehen die Pflanzen nicht. Im Winter hat die Temperaturregulirung ja keine Schwierigkeiten. Im Sommer könnten Kellerräume das Erforderliche leisten, es wird aber in denselben nicht immer möglich sein, das nothwendige Licht zu gewinnen. Für manche Zwecke genügt es, wenn man die Culturgefässe in geeigneten Behältern vom Wasser der Wasserleitung umfliessen lässt, falls überhaupt eine solche zur Verfügung steht. Liegen die Röhren tief genug in der Erde, so ist in der Regel die Wärme des Leitungswassers so viel geringer als die Zimmerwärme, dass eine hinreichende Abkühlung erzielt werden kann. Das ist aber häufig ein etwas unzuverlässiger Nothbehelf.

Reinke, welcher ebenfalls unter Hinweis auf die üppige Algenvegetation im Winter eine Herabsetzung der Wärme für nothwendig hält[1]), verwendet hierfür einen mit Glasplatten versehenen Eisschrank. Für viele Zwecke wird derselbe seine Schuldigkeit thun, eine genaue Regulirung der Temperatur dürfte aber doch nicht ohne Schwierigkeiten zu erzielen sein.

Bereits längere Zeit vor der Publication der Reinke'schen Mittheilung war mir die Nothwendigkeit einer Kühlung der Algen während der warmen Jahreszeit klar geworden. Selbst für die Formen, welche Temperatur-Erhöhungen und -Schwankungen ertragen, war nach einigen vorläufigen Versuchen der Nutzen einer Temperaturregulirung schon deswegen unverkennbar, weil die niedrigeren Wärmegrade das Wachsthum der Bakterien hemmen, die auch hier nicht selten als arge Störenfriede auftreten. Ich suchte nun einen Apparat zu construiren, der nicht bloss wie ein Eisschrank eine Temperatur giebt, oder Wärmegrade von verschiedener Höhe doch nur bei grosser Aufmerksamkeit und ständiger Wartung herzustellen gestattet, sondern die Vorrichtung sollte ganz analog den jetzt so viel gebrauchten Thermostaten es ermöglichen, die Culturgefässe auf beliebige Wärme- resp. Kältegrade zu bringen und die gewünschten Temperaturen in denselben wochenlang constant zu erhalten. Das ist in der Hauptsache gelungen; der Apparat mag als Hydrothermostat bezeichnet werden. Das Princip ist dieses: Ich bringe die Culturgefässe in Glaskasten und lasse in dieselben Wasser von 0° eintreten; je nachdem der Zufluss des Eiswassers langsam oder rasch erfolgt, sinkt oder steigt die Temperatur in den ersteren. So kann man während der Sommermonate Temperaturen von 1 bis 15° beliebig herstellen. Die gewöhnlichen Thermostaten sind nur im Stande, constante Temperaturen zu liefern, welche über der Luftwärme liegen, mein Apparat setzt umgekehrt eine höhere Wärme der Luft voraus und functionirt nur, wenn diese über der geforderten liegt. Das Letztere ist ja auch das, was in der Regel gewünscht wird. Will man für den Winter ganz constante Temperaturen erzielen, so wird man im ungeheizten Zimmer die gewöhnlichen Thermostaten verwenden können.

Die specielle Einrichtung, welche ich meinem Hydrothermostaten gegeben habe, ist nun die folgende:

---

1) Reinke, bot. Inst. u. bot. Meeresstation in Kiel. Bot. Centralblatt 1890, No. 1.

Der Haupttheil der Vorrichtung wird durch einen dickwandigen Holzbottich (A) von 60 cm Höhe und ca. 50 cm oberer Weite gebildet. In demselben befindet sich ein spiralig gewundenes Kupferrohr von 1 cm Durchmesser und 25 m Länge, so zwar, dass der Durchmesser der Windungen 25 cm beträgt und dieselben demnach 10—15 cm von der Wand des Kübels entfernt stehen. Das obere Ende der Kühlschlange tritt direct, bei a hervor, das untere, b, führt von unten gerade herauf, um bei c auszutreten. Das Kübel A wird vollständig mit Eisstücken gefüllt und diese mit Wasser übergossen. So erhält man in kurzer Zeit 0° in dem ganzen Bottich. Das Ende c der Kühlschlange wird durch einen Schlauch von hinreichender Dicke mit der Wasserleitung verbunden, und wenn man jetzt Wasser durchfliessen lässt, strömt dasselbe bei a mit einer constanten Temperatur aus, die 0° sehr nahe liegt. Je nach der Stromgeschwindigkeit, Wassertemperatur etc. liefert die Vorrichtung 8—12 Stunden lang Wasser von 0°—1°, vorausgesetzt, dass das Kübel richtig mit Eis beschickt ist. Diese Gleichmässigkeit wird dadurch erreicht, dass man das Wasser von unten her in das Kupferrohr eintreten lässt. Allmählich sammelt sich am Grunde des Bottichs Wasser von + 4° an, während oben noch immer hinreichend Eis vorhanden ist, um eine Abkühlung auf 0° zu bewirken. Dies Eiswasser kann man direct in die Kühlgefässe C, welche die Culturgläser enthalten, fliessen lassen und erreicht damit schon Manches.

Für gleichmässige Kühlung ist ein gleichmässiger Wasserstrom erforderlich, gute Wasserleitungen liefern denselben; hier in Rostock aber und vermuthlich auch an manchen anderen Orten ist das nicht der Fall. Der Druck ist so wenig constant, dass das Wasser nicht selten auf einige Minuten ausbleibt. Um diese Unregelmässigkeiten zu eliminiren, ist in etwa 3 m Höhe über dem Kübel A ein Bottich (B) von ca. 40 Liter Inhalt angebracht. Der Strang der Wasserleitung (d) endet mit einem Hahn (e) in dem Kübel B. Der Hahn e ist in bekannter Weise mit einem Schwimmer und Hebelvorrichtung versehen, die das Wasser abschliesst, wenn B gefüllt ist und neues zufliessen lässt, wenn das Niveau sinkt.

Durch den Hahn bei f kann der Zufluss von Wasser nach B sistirt werden. Von B aus führt dann ein Rohr, das bei g wieder einen Hahn trägt, abwärts und kann mit der Kühlschlange bei c verbunden werden.

Der so im Apparate erlangte constante Druck verhindert auch die Sprengung der Schlauchverbindungen, die bei plötzlicher Steigung des Druckes in der Wasserleitung häufig eintrat. Dafür freilich ist der Eisverbrauch ein etwas grösserer, weil das Wasser ja durch längeres Verweilen in B erwärmt wird.

Um aber für alle Fälle brauchbare Resultate zu erhalten, hat das bei a austretende Eiswasser noch einen Apparat zu passiren, welcher den Zufluss desselben je nach der Temperatur in C vermehrt oder vermindert. Die Vorrichtung besteht zunächst aus einem unten geschlossenen Glasrohr von 30 cm Länge und 1,5 cm Durchmesser. Dieses trägt in seiner Mitte (bei h) ein Diaphragma, von dem aus ein 2—3 mm weites Glasrohr (i) bis fast auf den Boden hinabragt. Am oberen Rande desselben ist ein Metallring festgekittet, auf welchen eine Kappe (k) mit einer engen Oeffnung genau passt. Der Raum l unterhalb des Diaphragma (Regulirraum) enthält Brommethyl (CH_3Br), welches durch Quecksilber nach Aussen abgesperrt ist. Der Körper siedet bei 4,5^0 und dehnt sich in Folge dessen bei den Temperaturschwankungen, die hier in Frage kommen (1—15^0) sehr stark aus, so dass eine Steigerung von 1^0 eine Erhöhung des Quecksilberniveaus in der oberen Röhre um 6—10 mm veranlasst[1]). Die Füllung des Regulirraumes mit Brommethyl ist ganz einfach. Die zugeschmolzenen Röhren, in welcher die Substanz bezogen wird, lässt man in Eis abkühlen und bricht dann vorsichtig die Spitze ab. Vorher hatte man das Gefäss R in Wasser von 20—25^0 gestellt. Einen Moment vor dem Oeffnen der CH_3Br-Röhre taucht man auch R in Wasser von 0^0 und giesst dann sofort oben einige Cubikcentimeter der Flüssigkeit hinein. Ist die Abkühlung von R im rechten Moment erfolgt und CH_3Br rechtzeitig eingegossen, so tritt in Folge der Abkühlung des Regulirraumes eine hinreichende Menge Brommethyl in diesen ein, im andern Fall muss man versuchen, durch wiederholtes Abkühlen und gelindes Erwärmen mit der Hand die nöthige Menge CH_3Br hineinzuschaffen; auch das gelingt bei einiger Uebung leicht. Ist ein hinreichendes Quantum in den Regulirraum eingetreten, so kehrt man R um, die Flüssigkeit sammelt sich dann auf dem Diaphragma, und wenn man jetzt etwas schüttelt, verdunstet so viel, dass in ganz kurzer Zeit alle Luft aus

1) Als Vorbilder dienten hier die Thermoregulatoren von Lothar Meyer u. a., bei welchen der Regulirraum mit Aether etc. gefüllt wird.

dem Regulirraum verdrängt ist. Hat sich das Brommethyl bis etwa auf ½ ccm verflüchtigt, so stellt man das Rohr R wieder aufrecht und giesst rasch Quecksilber ein, so dass jetzt das CH_3Br völlig abgeschlossen ist. Wenn man R dann langsam in Eiswasser taucht und dabei ständig Quecksilber nachgiesst, so füllt sich allmählich der ganze Regulirraum mit dem Metall, nur oben bleibt ein Raum von höchstens 1 cm Länge, welcher das CH_3Br enthält. Damit ist R zum Gebrauch fertig. Ich habe die Füllung des Glasgefässes so genau beschrieben, weil derjenige, welcher den Apparat verwenden will, die Füllung selber vollziehen muss, eine Versendung des fertigen Regulirgefässes lässt sich kaum ausführen. Die Füllung ist auch nicht so schwierig, nur mag noch betont sein, dass man eine rasche Erwärmung beim Füllen vermeiden muss, weil sonst das Quecksilber leicht herausgeschleudert wird. Gebraucht man den Apparat nicht, so bewahrt man ihn am besten in kühlen Kellerräumen auf.

In das obere Rohr des Regulirgefässes bringt man nun einen etwa ½ cm dicken Schwimmer von Hartgummi, welcher auf seiner Oberseite eine lange, dünne Metallstange (Stricknadel) trägt, führt das obere Ende durch die Oeffnung der Kappe K und setzt diese auf den Metallring auf. Das Regulirgefäss wird nun mit einem einfach durchbohrten Metallhahn in Verbindung gebracht, welcher vor der Ausflussöffnung der Kühlschlange befestigt ist. Der Kopf des Hahnes besteht aus einer Metallscheibe (l), mit welcher eine zweite (m) so verschraubt ist, dass sie auf der ersteren beliebig gedreht werden kann. Die Vorderscheibe trägt einen in horizontaler Richtung abgeflachten Hebelarm (n), welcher so schwer ist, dass er ohne Unterstützung herabsinkt und damit den Hahn schliesst, vorausgesetzt, dass die Reibung im Hahn nicht zu gross ist. Die Stange des Schwimmers stösst unter den Hebelarm und hält so den Hahn geöffnet. Der Hebelarm wird bei jeder Steigung des Schwimmers gehoben und folgt diesem bei jeder Senkung durch sein eigenes Gewicht.

Da l gegen m beliebig verschiebbar ist, kann ich den Hahn auf diese Weise beliebig öffnen und schliessen und die Sache so einrichten, dass beim Sinken des Schwimmers der Wasserzufluss verringert, beim Steigen desselben aber vermehrt wird. Damit ist das Princip des Ganzen gegeben. Der Hahn ist durch einen kurzen Kautschukschlauch mit a verbunden, ausserdem wird er mit Hülfe des Armes O bei p am Bottich festgeschraubt. Das Regulirgefäss ist in einer Hülse (q) aufwärts und abwärts verschiebbar und wird durch den Arm s an der ebenfalls verschiebbaren Klemmschraube r gehalten. Der Apparat functionirt am besten, wenn der Hebelarm (n) annähernd horizontal liegt. Diese Stellung kann durch Verschiebung des Regulirgefässes in der Hülse q, event. durch Verkürzung oder Verlängerung der Schwimmerstange erreicht werden. Will man den Apparat in Gang setzen, so giebt man dem Hahn zunächst eine beliebige Stellung und wartet ab, wie weit die Temperatur sinkt. Durch Verschiebung von l und m gegen einander, event. durch Veränderungen in der Stellung des Regulirgefässes erreicht man dann leicht den gewünschten Wärmegrad. Die Hebung des Schwimmers erfolgt nicht bei allen Temperaturen gleichmässig, sie ist bei 2—3° geringer als z. B. bei 12°, in Folge dessen ist es zweckmässig, den Angriffspunkt des Schwimmers dem Mittelpunkt des Hahnes zu nähern oder zu entfernen, indem man die Klemmschraube r auf o verschiebt.

Sobald das Eiswasser die Kühlschlange bei a verlässt, beginnt schon eine Erwärmung desselben, so dass es meistens nicht mit 0° in die Kühlgefässe einströmt. Je nach der Ausflussgeschwindigkeit läuft das Wasser bei T mit 0—1° ab, für jede im Kühlgefäss (C) erreichte Temperatur ist die Ausflusswärme bei T annähernd constant. Es ist nun hier an die Ausflussöffnung des Hahnes ein kurzes T-Rohr von Glas angesetzt und in dessen einen Schenkel von oben her ein dünnes Thermometer mit Hülfe eines Gummischlauches eingeschoben; dies zeigt die Ausflusstemperatur an und lässt sofort erkennen, wenn der „Heizer“ den Kühlbottich nicht hinreichend mit Eis beschickt hat. Die Culturgefässe bringe ich in Kästen von 1,20 m Länge, 20 cm Höhe und 20 cm Breite, die nach Art der Zimmeraquarien aus Zink mit Längswänden von Glas construirt sind. Solcher Kühlaquarien hatte ich im letzten Sommer vier aneinander gereiht, so dass das Eiswasser successive alle vier Aquarien passirte. Es zeigte sich, dass in den einzelnen Kästen die Temperatur am oberen und am unteren Ende annähernd gleich ist, dass aber beim Uebergang des Wassers aus einem in das andere Kühlaquarium eine ziemlich erhebliche Erwärmung eintritt. Bei einer durchschnittlichen Zimmertemperatur von 20° C. betrug die durchschnittliche Wärme

in I 6,7°,
II 12,0°,

III 15,0°,
IV 18,0°.

Also auch in IV war noch eine Einwirkung des Eiswassers erkennbar, aber III und IV zeigten schon recht erhebliche Schwankungen (bis zu 2°), besonders war eine Abkühlung während der Nacht fast regelmässig wahrzunehmen. Das trat natürlich auch in II noch etwas hervor, indess sind Schwankungen von mehr als 1° kaum vorgekommen. In I betrug in der Zeit vom 21. Juli bis zum 10. August das Minimum 6,4°, das Maximum 6,9°; bei dreimaliger Beobachtung am Tage wurde 6,4° einmal, 6,9° viermal (unmittelbar hintereinander) notirt, meistens bewegten sich die Temperaturen zwischen 6,5 und 6,8°[1]). Die Ausflusstemperatur bei f betrug während der Zeit 1°. Das Thermometer im Zimmer zeigte 17° als Minimum und 23° als Maximum. Das Angeführte scheint mir hinreichend, um die Brauchbarkeit des Apparates darzuthun. Er bedarf keiner anderen Wartung, als die Morgens und Abends erfolgende, event. an heissen Tagen auch Mittags zu veranlassende Beschickung mit Eis. Wenn im Herbst die Temperatur des Zimmers erheblich sinkt, wird man durch eine kleine Hahnverschiebung nachhelfen müssen, um ein langsames Sinken der Temperatur in den Aquarien zu verhüten.

In Zukunft wird man gut thun, nicht vier Aquarien hintereinander zu schalten, sondern den Eiswasserauslauf zu verzweigen und unter Benutzung von zwei Zuflussregulatoren je zwei Aquarien an den Kühlbottich anzureihen. Da ein Aquarium 8—10 Gefässe aufnimmt, kann man dann 30—40 solcher Culturen kühlen. Der Betrieb kostet etwas viel Eis, es wurden im August dieses Jahres pro Tag 300 Kilo verbraucht.

Der Regulator lässt sich auch vom Bottich losnehmen und anderweit, z. B. zur Kühlung eines Mikroskopes in einem doppelwandigen Kasten, verwenden. Was nun die Wirkung der besprochenen Vorrichtung betrifft, so konnten Untersuchungen über die Wachsthumsenergie bei verschiedenen Temperaturen, die ursprünglich beabsichtigt waren, noch nicht ausgeführt werden, es waren aber die im Hydrothermostaten befindlichen Exemplare in ihrem Fortkommen ganz unzweideutig, gegenüber den nicht gekühlten Pflanzen begünstigt.

1) Genaue Berücksichtigung der Barometerschwankungen würde noch bessere Resultate ergeben.

III. Die Durchlüftung des Wassers.

Fast in allen Thieraquarien verwendet man Apparate, welche standig Luft in das Wasser einführen. Man hat mit diesem Verfahren vielfach ausserordentlich gute Erfolge erzielt. Ich habe Anfangs auch bei der Algencultur Durchlüftungsapparate verwendet, aber ohne jeden Erfolg. Es zeigte sich bald, dass die Culturen ohne Durchlüftung vollständig gut gediehen, dass die durchlüfteten diesen fast immer nachstanden, ja, dass häufig die Spitzen zu Grunde gingen; deshalb habe ich diese Apparate jetzt ganz beseitigt. Dass von einer Durchlüftung für die Pflanzen nichts zu erwarten ist, geht auch aus den folgenden Ueberlegungen hervor. Die Menge der im Meerwasser enthaltenen Kohlensäure bestimmte O. Jacobsen[1]), indem er durch die siedende Flüssigkeit einen CO_2-freien Luftstrom leitete. Wird in der Wärme alle CO_2 ausgetrieben, so muss auch beim Durchleiten von Luft durch kaltes Seewasser schon Kohlensäure abgegeben werden. Das ist thatsächlich der Fall. Lässt man den Durchlüftungstrom erst ein Gefäss mit Kalilauge passiren und leitet man ihn dann bei seinem Austritt aus einer mit Seewasser gefüllten Flasche durch Barytwasser, so erhält man schon nach 12 Stunden einen ganz erheblichen Niederschlag von kohlensaurem Baryum. Der Versuch lässt einige Einwendungen zu, eine endgültige Entscheidung müssten sorgfältige Wägungen liefern, immerhin aber dürfte schon das Gesagte so viel zeigen, dass die Anwendung der in Rede stehenden Apparate zum Mindesten überflüssig ist.

IV. Die Erneuerung des Wassers und die Bedeutung des Salzwechsels für das Leben der Meeresalgen.

Hat man in der auf Seite 357 beschriebenen Weise eine gute Reinigung der zu cultivirenden Exemplare erzielt und ihnen ausserdem die richtige Beleuchtung verschafft (wovon später die Rede sein wird), so kann man sie 6—9 Monate und oft noch länger ungestört wachsen sehen; unter solchen Umständen bildeten Fucus vesiculosus, Rhodomela subfusca, Polysiphonia nigrescens u. A. ihre Geschlechts-

---

1) O. Jacobsen, Ueber die Luft des Meerwasser. Ber. d. Comm. II. u. Ergebnisse der Untersuchungsfahrten S. M. Knbt. „Drache“ in der Nordsee, p. 16.

organe völlig normal aus. Wem es daher nur darauf ankommt, die Algen einige Monate zu cultiviren und mit ihnen zu experimentiren, wird am besten thun, einen Wasserwechsel überhaupt zu vermeiden, denn durch einen solchen werden die Pflanzen nur zu leicht gefährdet.

Bei längerer Cultur ist natürlich ein Umsatz unvermeidlich und es versteht sich auch fast von selbst, dass ohne einen solchen die Algen ihr Wachsthum allmählich verlangsamen. So betrug z. B. an einem Spross von Fucus vesiculosus im November der tägliche Zuwachs 0,6 mm, im März des folgenden Jahres nur noch 0,11 mm, bei einem andern im November 0,33 mm und im März ebenfalls 0,11 mm, ohne dass ein Wasserumsatz erfolgt wäre.

Reinke giebt an[1]), dass ein häufiger Wechsel des Meerwassers sich als zweckmässig erwiesen habe. Demnach scheint er sein Ziel erreicht zu haben, wenn er das alte Wasser abgoss und neues einfüllte. So glücklich bin ich nicht gewesen, glaube auch nicht, dass man auf diesem Wege eine rationelle Cultur in Gang bringt.

Am 1. October 1889 wurden einige Fucusexemplare in Gefässe von vier Liter Inhalt gebracht und in das Kalthaus des botanischen Gartens gestellt. Am 7. October wurde das alte Wasser ausgegossen und neues von gleicher Temperatur aufgefüllt; am 17. October geschah dasselbe, doch wurde das Wasser nur halb erneuert. Schon nach dem ersten Umsatz zeigte sich eine merkliche Bräunung des Wassers; dieselbe hörte auch nach dem zweiten Wasserwechsel nicht auf. Gleichzeitig wurden die unteren, ältern Theile kastanienbraun und stachen eigenartig gegen die jüngeren, mehr gelben Theile ab. Offenbar in Zusammenhang mit dieser Erscheinung traten in den Zellen, besonders in denen der Aussenrinde, dunkelbraune Klumpen auf, die sich mit Vorliebe der Aussenwand der Zelle anlegten. Hand in Hand damit schien mir eine Verringerung der Chromatophoren zu gehen, indess kam ich darüber zu keinem bestimmten Resultat. Die Zellen mit den braunen Massen sind noch lebendig, wenn auch vielleicht etwas geschwächt. Das scheint mir auch aus dem Verhalten der Haare hervorzugehen. Die Exemplare hatten vor dem Wasserwechsel sehr schöne Haarbüschel, diese gingen mit demselben zu Grunde, traten aber später, als nach dem 17. October das Wasser nicht mehr erneuert wurde, wieder auf, freilich nicht in

1) Bot. Inst. u. bot. Meeresstation in Kiel.

der alten Ueppigkeit. Die Haare erschienen auch an den gebräunten Stellen. Ergiebt sich schon hieraus zwar eine Schädigung, aber nicht eine Tödtung der Pflanze durch unvorsichtigen Wasserumsatz, so wird das noch bestätigt durch die verminderte Wachsthumsenergie. Während alle übrigen gleichzeitig aus Warnemünde geholten Exemplare einen täglichen Zuwachs von rund 0,3 mm pro Tag zu erkennen gaben, wuchsen die umgesetzten nur 0,1 mm bis höchstens 0,2 mm pro Tag.

Eine Schädigung der Pflanzen bei Zusatz frischen Wassers erscheint zunächst paradox, erklärt sich aber doch fast von selbst. Die Pflanzen waren am 30. September mit dem Wasser, in welchem sie gerade wuchsen, von Warnemünde geholt worden. Das Wasser, welches ich am 7. October zusetzte, war zu einer anderen Zeit geschöpft und ebenso das am 17. October benutzte; nun ist aber bekannt, dass der Salzgehalt des Ostseewassers oft stark wechselt, dass bei Warnemünde bald 0,8, bald 1,8% Salz nachweisbar sind. Vollzieht sich dieser Aufstieg oder Abfall auch nur selten in acht Tagen, so ist doch klar, dass Wässer, welche in diesen Abständen geschöpft werden, leicht eine Differenz von mehreren Zehntel Procenten aufweisen können, und es ist nicht wunderbar, dass die Pflanzen geschädigt werden, wenn man sie z. B. plötzlich aus Wasser von 1,00% in solcher von 1,4% versetzt. Lag die Ursache der Störung in den Concentrationsdifferenzen, so musste dieselbe dadurch beseitigt werden können, dass man Wasser von genau gleicher Concentration anwandte. Das habe ich denn auch sehr häufig mit Erfolg versucht. Setzt man Pflanzen von Fucus vesiculosus aus altem Wasser in frisches von derselben Concentration, so tritt keine Veränderung ein, die Pflanzen wachsen mit derselben Geschwindigkeit weiter und zeigen auch keine Abweichungen von nicht umgesetzten Controlexemplaren. Bei letztgenannten Versuchen wurde das frische Wasser, um die richtige Concentration herauszubringen, theils durch Mischen von schwachem Ostseewasser mit solchem aus der Nordsee, theils durch Verdünnung stärkeren Ostseewassers mit destillirtem hergestellt. In einigen anderen Fällen hatte ich zum Verdünnen Wasser aus der Rostocker Wasserleitung genommen, dann trat trotz gleicher Concentration eine gelinde Bräunung des Wassers und Verzögerung des Wachsthums ein, eine Verfärbung des Thallus war nicht wahrzunehmen. Demnach scheint das Leitungswasser Stoffe zu enthalten, welche als solche die Pflanze schädigen. Ob das der bedeutende Eisengehalt unseres ohnehin nicht sehr guten Wassers bedingt, oder der relativ höhere Gehalt an Kalk, Schwefelsäure etc., der alle Brunnen und Flusswässer vor dem Seewasser auszeichnet, mag dahin gestellt sein.

Auf die Unreinheit des Leitungswassers schiebe ich es auch, dass mir eines Tages ca. 20 Culturen von Rhodomela subfusca völlig abstarben, als ich ihnen frisches Wasser gab, welches ebenfalls zur Erlangung des richtigen Salzgehaltes mit Leitungswasser verdünnt war. Dass ich nach diesen Erfahrungen nur noch gutes destillirtes Wasser zu vorgenannten Zwecken verwende, ist selbstverständlich.

Man wird mir nun mit Recht entgegen halten, dass in der See die Algen doch sicher einen Wechsel des Salzgehaltes über sich müssen ergehen lassen. Das ist richtig, aber der Salzwechsel vollzieht sich dort sehr langsam, wie hier im Voraus nur flüchtig bemerkt sein mag, und einen solchen Wechsel vertragen die Algen auch ganz gut. Den Beweis dafür bringt das Verfahren, welches ich fast immer bei meinen Culturen mit Erfolg angewandt habe, freilich nicht, ohne Anfangs auch hiermit schlechte Erfahrungen zu machen.

Ich liess in 4-Liter-Gefässe mit Fucus vesiculosus frisches Seewasser durch ein Glasrohr einfliessen, das vorn in eine Capillare ausgezogen war. Das Wasser trat in einem feinen Strahl wie aus einer Spritzflasche in die Culturgefässe. Auch jetzt war dieselbe Bräunung der unteren Theile, wie bei den früheren Versuchen, Verlust der Haare und eine Verlangsamung des Wachsthums zu verzeichnen. Die Messung an den Exemplaren, welche am 19. October aus Warnemünde mitgebracht waren und nebeneinander am Fenster standen, ergab das Folgende:

1. Ohne Erneuerung des Wassers war der tägliche Zuwachs

bei Spross Nr.	vom 20.—30. Oct.	vom 1.—20. Nov.
1	0,35 mm	0,38 mm
2 }	0,20 „	0,26 „
3 }	0,25 „	0,23 „
4 }	0,20 „	0,10
5 }	0,20 „	0,23
6 }	0,20 „	0,23

2. Bei raschem Zufluss frischen Wassers betrug der tägliche Zuwachs

bei Spross Nr.	vom 20.—30. Oct.	vom 1.—20. Nov.
1	0,31 mm	0,19 mm
2 }	0,38 „	0,19 „
3 } . . .	0,38 „	0,19 „
4 }	0,31 „	0,19 „
5 }	0,31 „	0,19 „

Aus den Zahlen ergiebt sich ohne Weiteres die Verlangsamung des Wachsthums. Zu bemerken ist noch, dass die zusammengehörigen Sprosse eines Exemplars durch Klammern mit einander verbunden sind. Dass in der ersten Tabelle Spross 4 vom 1.—20. Nov. langsam wuchs, kann das Resultat nicht beeinflussen. Wenn Fucus vesiculosus sich mehrmals kurz nach einander verzweigt, bleibt der eine der neu entstandenen Aeste fast regelmässig im Wachsthum erheblich zurück.

Wurden jetzt die Versuche dahin abgeändert, dass das frische Seewasser nur tropfenweise zufloss, was durch Gummischläuche mit Quetschhähnen ja leicht zu erreichen ist, so war auch das Resultat ein besseres, die Pflanzen blieben durchaus normal und wuchsen normal weiter, auch die vorher durch rasches Einleiten geschädigten erholten sich wieder und bildeten neue Haarbüsche. Im Allgemeinen hatte man den Eindruck, dass diese Pflanzen besser wuchsen als die, bei welchen plötzlicher Umsatz mit gleicher Concentration stattgefunden hatte. Während an den letzteren die Haarbüschel recht schmal waren, erschienen sie bei den anderen breit und mehr den „wilden“ Pflanzen entsprechend, und auch sonst zeigten sich geringe Differenzen.

Die Versuche über die Erneuerung des Wassers wurden zunächst an Fucus vesiculosus angestellt, weil man hier durch Messung die Veränderungen leicht constatiren kann. Die Marken, welche für die Ablesung angebracht waren, bestanden aus ganz feinem Platindraht, welcher an einer geeigneten Stelle durch die Mittelrippe hindurchgestossen wurde. Dadurch, dass diese Drähte in verschiedener Form gebogen waren, wurden Verwechselungen verschiedener Sprosse einer Pflanze vermieden.

Experimente mit anderen Algen ergaben im Wesentlichen das gleiche Resultat; so wuchsen Exemplare von Rhodomela subfusca ungestört weiter, als in das Wasser von 1,86 % Salzgehalt solches von 1,1 % langsam eingeleitet wurde, welches durch Verdünnen stärkeren Seewassers mit destillirtem H_2O hergestellt war. Eine auffallende Erscheinung trat hierbei allerdings auf: einige Exemplare enthielten fast reife Tetrasporen, andere die Anlagen zu solchen; während sich nun in Gefässen, welche ruhig stehen blieben, die Tetrasporen völlig normal entwickelten und keimten, kamen in den durchgeleiteten Culturen nur sehr wenige zur Reife. Da die Einleitung des Wassers langsam erfolgte, ist mir zweifelhaft, ob der eigenartige Vorgang in der Salzveränderung allein seinen Grund hat, ich weiss aber auch nicht, wo die Ursache sonst zu suchen wäre.

Polysiphonia nigrescens kann man ohne Weiteres umsetzen, wenn man Wasser von gleicher Concentration und Temperatur verwendet. Das gelang mit vielen Exemplaren, welche reife Carpo- oder Tetrasporen hatten, diese wurden auch nach der Ueberführung in das frische Wasser weiter entleert und keimten ebenso wie die vorher im alten Wasser von der Pflanze abgegebenen. In allen diesen Fällen hatten die Polysiphonien nicht lange, höchstens einige Wochen in dem alten Wasser verweilt. Der Versuch fällt aber etwas anders aus, wenn man ältere Culturen nimmt, die etwa mehrere Monate ungestört vegetirt hatten. Dann wachsen nicht alle Sprosse nach der Umsetzung gleichmässig gut weiter, viele sistiren ihr Wachsthum an der Spitze ganz, treiben aber dann unten nach der Basis zu Adventivsprosse, die sich nunmehr normal weiter entwickeln. Auch die ältesten Theile zeigen häufig eine Farbenveränderung, die auf Schädigung deutet. Hier kann man den Salzwechsel nicht verantwortlich machen, vielmehr dürfte die Erscheinung ihren Grund darin haben, dass in dem kleinen Culturgefäss sich im Lauf der Monate, in welchen kein frisches Wasser gegeben wurde, irgendwelche Nebenproducte des Stoffwechsels aufhäuften. Die Pflanze gewöhnt sich zwar daran, verlangsamt aber auch allmählich ihr Wachsthum. Wird jetzt frisches Wasser zugesetzt, so ertragen nicht alle Zellen diesen plötzlichen Wechsel, die schwächsten gehen zu Grunde, die übrigen erholen sich und bilden neue Sprosse. Derartiges tritt nicht oder doch lange nicht in dem Maasse ein, wenn frisches Wasser tropfenweise zugesetzt wird, dann wachsen fast alle Sprosse normal weiter.

Anfangs wurde auch bei manchen Culturen von Polysiphonia

nigrescens Wasser ohne Rücksicht auf die Concentration zugesetzt, in einigen Fällen gelang der Umsatz, aber nur deswegen, weil das Wasser zufällig fast genau die gleiche Concentration hatte (0,96 % und 0,98 %). In einigen anderen Fällen wurden Exemplare aus einem Wasser von 1,50 % Salz in solches von 0,90 % übertragen; die Spitzen zeigten nach Ablauf einiger Wochen ein eigenartiges, knorriges Aussehen, hervorgerufen dadurch, dass sich am Vegetationspunkt Vorstülpungen gebildet hatten, fast sah es aus, als ob die Scheitelzelle sich in viele Zellen getheilt hätte, die sich alle papillenartig nach Aussen vorwölbten und mit einer relativ derben Membran versehen waren. Die so aussehenden Spitzen wachsen nur zum Theil weiter, dagegen war, nach sechs Wochen etwa, eine ziemlich grosse Anzahl von Adventivsprossen an den etwas älteren Theilen aufgetreten, welche sich vollkommen normal entwickelten und nach 4—5 Monaten waren fast alle Spuren der Störung geschwunden. In den Culturen fanden sich noch längere Zeit Aeste, die kürzer waren als die anderen, eigenartig gekrümmt u. s. w., im Uebrigen aber zeigten sie normales Wachsthum. Ich vermuthe, dass diese von den geschädigten Spitzen entstammen, konnte aber Bestimmtes nicht eruiren, da man ja dasselbe Exemplar nicht ständig beobachten kann. Die eben beschriebenen Erscheinungen, auch das Auftreten der kurzen, krummen Aeste wiederholten sich fast regelmässig bei Zusatz frischen Wassers von differenter Concentration. In manchen Fällen wurde auch fast die ganze Pflanze getödtet, wenn nämlich recht alte Culturen, die lange nicht umgesetzt waren, vorlagen; auch hier können dann die spärlichen überlebenden Reste neue Adventivsprosse bilden. Regelmässig trat auch die Verfärbung der ältesten Theile ein, die ich schon vorhin erwähnte.

Auf der mangelhaften Regulirung des Wasserwechsels beruht gewiss zum Theil das Misslingen von Culturversuchen früherer Beobachter; mögen auch in salzreicheren Meeren die Verhältnisse günstiger liegen, insofern die Schwankungen meist geringer ausfallen, vorhanden sind sie auch und haben gewiss ihren Einfluss ausgeübt.

Die Versuche geben nun von selber die nöthigen Winke für die Culturtechnik: Man leite das Wasser tropfenweise ein. Ich habe zu dem Zweck an ein langes Glasrohr, das mit einem Wasserbehälter in Verbindung steht, in etwa 10 cm Entfernung seitliche Ansätze angeblasen. An diese Ansätze kommen Kautschukschläuche mit Quetschhähnen, und kurze Glasröhren leiten das Wasser von den Schläuchen in die Culturgefässe. Das überschüssige Wasser läuft einfach über den Rand der Glashäfen ab. Man muss diese dann in niedrige Blechkästen stellen oder man hängt, was sauberer ist, hakenförmig gebogene Glasstäbe in das Gefäss, an diesen läuft das Wasser, besonders wenn die letzteren ein klein wenig geneigt werden, capillar ab und kann in Rinnen etc. aufgefangen und fortgeleitet werden. An der Stelle, wo der Glasstab liegt, bestreiche man den Rand mit etwas Fett, um das Herablaufen des Wassers am Gefäss zu verhindern. Diese Vorrichtung hat aber noch einige Fehler, die sich hauptsächlich im Sommer bemerklich machen.

Wenn man, besonders in warm gehaltenen Gewächshäusern, die zum Sprengen benutzten Gummischläuche mit der Wasserleitung in Verbindung lässt und nur den Hahn schliesst, so stagnirt das Wasser im Schlauch; schon am nächsten Tage verbreitet dann das aus dem Kautschukrohr entlassene Wasser einen intensiven Fäulnissgeruch. Offenbar giebt die Kautschukmasse geringe Mengen organischer Substanz ab, welche den Bakterien Nahrung genug bietet. Dieselbe Erscheinung tritt im Kleinen in den zur Einleitung des Seewassers benutzten Schläuchen auf; sehr bald bildet sich an der ganzen Innenwand des Schlauches eine Bakterienschicht, die man durch gelindes Drücken und Reiben des Schlauches loslösen kann. Unter solchen Umständen kann es nicht Wunder nehmen, wenn in manchen Culturgefässen grosse Bakterienmassen auftraten, welche die Pflanzen wie mit einer Wolke umhüllten und natürlich am Weiterwachsen hinderten. Auf diese Weise gingen mir im letzten Sommer fast alle Keimlinge von Ceramium rubrum und Polysiphonia nigrescens, die vorher ganz vorzüglich gewachsen waren, zu Grunde, sie sind naturgemäss weit empfindlicher als die älteren Pflanzen. In Folge dieser Erfahrungen verwende ich nur noch Glashähne, an den Verbindungsstellen werden die Glasröhren thunlichst in einander geschoben und die Kautschukröhren auf ein Minimum beschränkt.

Die Beeinträchtigung der Culturen durch die Bakterien hat aber offenbar ihren weiteren Grund in der mangelnden Sterilisirung des Seewassers. Ich habe die Erfahrung gemacht, dass weniger die Mikroorganismen, welche den Algen schon in der See anhaften, die Störenfriede darstellen, als vielmehr diejenigen, welche in dem später zugeführten Seewasser enthalten sind. Da mir nicht täglich frisches

Wasser zur Verfügung stand, musste ich mir solches in Abschnitten von 2—3 Wochen in grossen Schwefelsäureballons aus der See holen lassen. Eine geringe Bakterienentwickelung in den Letzteren ist um so weniger zu vermeiden, als besonders im Sommer kleine Organismen überall vorhanden sind, welche absterben und den Mikroben Nahrung gewähren. Durch einfaches Filtriren des Seewassers und peinlichste Sauberkeit in den Zuleitungsröhren etc. kann man die Entwickelung der Bakterien in den Culturgefässen häufig bedeutend hintanhalten und damit die Arbeit umgehen, welche mit einer tadellosen Sterilisirung besonders dann verbunden ist, wenn man eine grosse Anzahl von Culturen zu unterhalten hat. Trotzdem wird man unter Umständen das zugeführte Seewasser keimfrei machen müssen und zwar entweder durch Kochen oder durch Benutzung von Thonfiltern. Beides hat seine Schattenseiten; ersteres verändert das Seewasser, es gedeihen nicht alle Algen mehr, nachdem dieses Verfahren eingeschlagen ist; die Bakterienfilter aber liefern entweder zu wenig Wasser oder gewähren nicht die volle Garantie dafür, dass wirklich alle Keime entfernt waren. Da es häufig nur auf die Entfernung der Hauptmasse von Mikroorganismen ankommt, dürfte das letztere Verfahren den Verzug verdienen. Man könnte auch an ein künstliches Nährmedium denken, hergestellt durch Auflösen von Seesalz in destillirtem Wasser, und hätte dann den weiteren Vorzug, von Wind und Wetter betreffs der Beschaffung von Seewasser völlig unabhängig zu sein. Allein der Abdampfrückstand des Seewassers giebt in destillirtem Wasser gelöst nicht das gleiche Product wie das natürliche.

Würde man das Wasser in die Culturgefässe einleiten so, wie man es aus der See erhält, so würde man, da ja ein genau gleichmässiger Zufluss nicht zu erreichen ist, da ausserdem in manchen Gefässen die Einleitung auf einige Zeit sistirt wird, in jedem Gefäss eine andere Concentration haben. Damit würde es ausgeschlossen sein, Exemplare aus zwei Glashäfen zu vereinigen; und doch ist das erwünscht, ja nothwendig, wenn man z. B. bei Florideen männliche und weibliche Exemplare zusammen bringen will. Deshalb habe ich nur Seewasser von 1 % Salz verwendet; die neu in Cultur genommenen Exemplare werden bald auf diese Concentration gebracht und nun ist auch die spätere Erneuerung des Wassers wesentlich erleichtert.

Die Concentration von 1 % wurde gewählt, weil das Seewasser bei Warnemünde relativ selten weniger als 1 % Salz enthält, in der Regel bekommt man etwas concentrirtere Lösungen und kann dann durch Verdünnen mit destillirtem Wasser den gewünschten Gehalt herstellen.

Das Gesagte ergiebt von selbst, dass eine ständige Controlle des Salzgehaltes unerlässlich ist; die neu eingestellten Culturen, solche, die vereinigt werden sollen, das neu beschaffte und event. das verdünnte Seewasser sollen geprüft werden. Dazu kann man die von der Commission zur Erforschung deutscher Meere in Kie empfohlenen Araeometer verwenden. Das verbietet sich aber von selbst, wenn man nur 1 Liter Flüssigkeit in den Culturgefässen zur Verfügung hat. Anfangs habe ich den Chlorgehalt durch Titriren bestimmt und daraus nach den Angaben von O. Jacobsen[1]) den Gesammtsalzgehalt berechnet, indem ich die gefundene Chlormenge mit den „Chlorcoëfficienten" 1,81 multiplicirte. Das nimmt aber noch zu viel Zeit in Anspruch und ich verwende jetzt mit gutem Erfolg eine Mohr'sche Wage in der ihr von G. Westphal in Celle gegebenen Form. Dieselbe gestattet die Bestimmung des specifischen Gewichts bis zur vierten Decimale genau, und daraus lässt sich dann der Salzgehalt unter Berücksichtigung der Wassertemperatur in den von G. Karsten herausgegebenen „Tafeln zur Berechnung der Beobachtungen an den Küstenstationen" ablesen[2]).

Die auf diesem Wege gefundenen Salzwerthe stimmen mit den durch Titriren ermittelten sehr genau überein, zudem kann man kleine Culturgefässe direct unter die Waage stellen, was die Sache noch mehr vereinfacht.

Bis jetzt wurden nur die rohen Thatsachen und die aus den Versuchen für die Algengärtnerei sich ergebenden handwerksmässigen Regeln besprochen, aus dem Mitgetheilten werden sich aber auch weitere Schlüsse betreffs der Lebensbedingungen und Lebenseinrichtungen unserer Organismen ziehen lassen.

Suchen wir nach den Gründen für das im Obigen geschilderte Verhalten der Algen, so brauchen wir uns nicht mit der Constatirung irgendwelcher undefinirbaren Einflüsse zu begnügen, sondern können auf Grund der Thatsache, dass Wasser differenter Concentration die Gewächse stört, solches gleichen Salzgehaltes aber keinen schädlichen

1) O. Jacobsen, die physikal.-chem. Beobachtungen auf der Expedition z. Unters. d. Ostsee. Ber. d. Comm. II.

2) Betr. d. Handhabung der Tabellen, vergl. Ber. d. Comm. I, p. 7.

Einfluss ausübt, den Turgor wenigstens der Hauptsache nach, für die fraglichen Vorgänge verantwortlich machen. Wir werden uns vorstellen müssen, dass z. B. bei Fucus vesiculosus die Verzögerung des Wachsthums, die Bräunung der unteren Partien deswegen erfolgt, weil an die Zellen plötzlich bezüglich des Turgors ganz andere Anforderungen gestellt werden. Diesen Anforderungen können die jüngeren Zellen leichter und schneller gerecht werden, als die älteren; in Folge dessen tritt in diesen letzteren die Beeinträchtigung schärfer hervor als in den jugendlicheren Abschnitten der Pflanze.

Diese Auffassung wurde mir in willkommener Weise durch eine Arbeit Eschenhagens[1]) bestätigt, welche mir kurz nach Beendigung meiner Versuche zuging. Speciell auf die Turgorfrage gerichtet, bringen die Versuche des Verfassers noch präcisere Resultate, als die meinigen. Schimmelpilze in stärkere Lösungen momentan übertragen bilden, wenn sie (unter ganz ungünstigen Verhältnissen) nicht platzen, an ihren Spitzen Anschwellungen und dann keulenförmige Protuberanzen, welche später als Zweige normal weiter wuchsen. Mutatis mutandis, dasselbe sahen wir bei Polysiphonia nigrescens: Auch hier unter Verdickung der Wand Bildung von Papillen, welche später, wenn auch nicht alle, zu Zweigen auswuchsen. Langsames Einleiten anders concentrirter Lösungen stört auch die Schimmelpilze nicht; erfolgt die Einleitung zu stürmisch, so treten wieder die vorher beschriebenen Erscheinungen auf — genau so wie bei unserm Fucus. Die Versuche Eschenhagen's sind aber von besonderem Interesse, weil sie den bestimmten Nachweis für die oben ausgesprochene Vermuthung liefern, dass die älteren Zellen nicht so rasch den Turgor verändern können wie die jungen. Eine Penicilliumcultur wurde in $2^1/_4$ Stunde von 10 % Zucker auf 33 % gebracht. Die Plasmolyse der Spitzen erfolgte jetzt durch 30 %, die der älteren Theile durch 21 % Natronsalpeter, nach 24 Stunden wurde in allen Theilen die Plasmolyse durch 31 % bewirkt. In demselben Sinne fielen andere Versuche aus. Nunmehr werden auch die Verfärbungen an den älteren Theilen von Fucus und Polysiphonia leichter erklärlich. Die plötzliche Herabsetzung oder Steigerung des Turgors muss diese Veränderung einleiten, wobei freilich nicht zu sagen ist, wie sie im einzelnen verläuft.

---

1) Eschenhagen, Ueber den Einfluss von Lösungen verschiedener Concentration auf das Wachsthum von Schimmelpilzen, Stolp 1889.

Der Umstand, dass auch unter anderen Bedingungen eine Verfärbung der älteren Theile z. B. bei Polysiphonia eintritt, kann kaum gegen die dargelegte Auffassung ins Treffen geführt werden. Dass verschiedene äussere Einwirkungen Processe einleiten können, die schliesslich zu ganz ähnlichen Resultaten führen, dürfte unbestreitbar sein.

Die gute Uebereinstimmung, welche zwischen Eschenhagen's und meinen Resultaten herrscht, haben mich veranlasst, zunächst einmal von einer eingehenderen Bearbeitung der Sache nach dieser Richtung hin abzusehen, ohne damit ein weiteres Studium dieser Vorgänge für überflüssig zu erklären. Bei der Complicirtheit der Gesammtaufgabe, die ich mir gestellt hatte, war es räthlich, Dinge, die einigermaassen geklärt erschienen, zunächst auf sich beruhen zu lassen.

Die Versuche geben aber noch zu weiteren Erörterungen Veranlassung. Jede Arbeit über Fauna oder Flora der Ostsee enthält den Hinweis darauf, dass die Organismen dieses Meeresabschnittes grösstentheils der Nordsee entstammen, und dass mit der Abnahme des Salzgehaltes eine Verarmung der Flora ziemlich genau coincidirt. K. Möbius[1]) hat ganz zweckmässig diejenigen Organismen, welche sowohl einen hohen als auch ein schwachen Salzgehalt ertragen, als euryhaline, solche dagegen, welche nur in salzreichen Meeren vorkommen, als stenohaline bezeichnet. Bei der Beurtheilung dieser Verhältnisse hat man sich in der Regel damit begnügt, die auf den Küstenstationen gewonnenen Monats- oder Jahresmittel des Salzgehaltes zu berücksichtigen. Das allein kann aber nicht zur richtigen Erkenntniss ausreichen. Ist zunächst auch zuzugeben, dass es für jede Species ein Minimum und ein Maximum des Salzgehaltes giebt, bei welchem sie leben kann, so kommen für die Beurtheilung des Vorkommens einer Alge keineswegs die Jahres- oder Monatsmittel in Frage, sondern es ist zu erwägen, wie weit im Lauf eines Jahres der Salzgehalt überhaupt steigen resp. sinken kann. Wird z. B. nur an einem Tage das Minimum nach unten hin überschritten, so kann dadurch die Existenz einer Art an dem betreffenden Punkt stark gefährdet oder ganz unmöglich gemacht werden. Die eventuelle

1) Die äusseren Lebensverhältnisse der Seethiere, Rede gehalten in d. 2. Sitz. d. 49. Vers. deutscher Naturf. u. Aerzte zu Hamburg 1875.

Ueberschreitung des Maximums oder Minimums bestimmt aber keineswegs allein (wir sehen natürlich zunächst von Beleuchtungsverhältnissen ab) die Verbreitung einer Art, sondern es kommt nach dem, was wir aus Eschenhagen's und meinen Versuchen gelernt haben, ganz wesentlich auf die Art und Weise an, wie die Grenze erreicht wird und wie innerhalb derselben sich die Schwankungen vollziehen. Auch wenn an einem Ort Maximum und Minimum niemals erreicht wird, kann doch das Leben einer Species dadurch vollkommen untergraben werden, dass der Salzwechsel sich zu rapide vollzieht und der Turgor dem nicht mit der nöthigen Geschwindigkeit zu folgen vermag.

Dass dies nicht rein theoretische Folgerungen sind, sondern dass sich ein solcher Einfluss unter Umständen ganz augenfällig nachweisen lässt, glaube ich auf Grund von Beobachtungen darthun zu können, welche ich im Sommer 1890 bei Warnemünde machte. Um für das zu Besprechende aber die nöthige breite Basis zu gewinnen, ist es erforderlich, Salzgehalt und Salzwechsel in der Nord- und Ostsee zu behandeln, soweit es für uns in Frage kommt. Dank den Beobachtungen an den Küstenstationen, welche von der Commission zur Erforschung deutscher Meere eingerichtet und unterhalten wurden, liegt dafür ein recht umfangreiches Material vor[1]).

Von den Schiffen, welche zur Erforschung der Nordsee Fahrten unternahmen, wurde der Salzgehalt in den Regionen, welche zwischen Jütland—Norwegen einerseits und England—Shetlandsinseln andererseits in der Mitte liegen, auf etwa 3,50 % bestimmt. Die Zahlen, welche hier zu verschiedenen Zeiten gefunden wurden, schwanken nur zwischen 3,50 und 3,55 %. Der gleiche Salzgehalt findet sich von der Oberfläche bis auf den Grund. Diese ungemein grosse Constanz ändert sich etwas, sobald man sich den deutschen Küsten nähert; hier macht sich der Einfluss von Weser und Elbe bemerkbar, aber selbst bei Helgoland sind die Schwankungen, welche der Salz-

1) Man vergleiche für das Folgende: H. A. Meyer, Untersuchungen über physikalische Verhältnisse des westl. Theils der Ostsee. — Berichte der Comm. zur Erforschung der deutschen Meere in Kiel, Jahrg. I—XVII. — Ergebnisse der Beobachtungsstationen an den deutschen Küsten über die physikal. Eigenschaften der Ostsee und Nordsee. Seit 1874. — Ackermann, Physische Geographie der Ostsee 1883. — Ergebnisse der Untersuchungsfahrten S. M. Knbt. „Drache“ in der Nordsee u. s. w.

gehalt zeigt, noch keineswegs sehr grosse. Das Jahresmittel ergiebt hier 3,3 %, aber der Salzgehalt kann ziemlich tief unter diese Ziffer sinken, z. B. ging er am 22. April 1888 auf 2,49 % zurück. Das ist nun freilich eine grosse Seltenheit, im Jahre 1884 war 3,08 % das Minimum, 1885: 2,95 %, 1886: 2,82 %. Das Maximum pflegt 3,50 zu betragen, nur selten steigt es auf 3,71 %. Diese Schwankungen erscheinen schon relativ gross, es ist aber zu bedenken, dass Maximum und Minimum niemals an zwei aufeinander folgenden Tagen beobachtet werden, sondern dass in der Regel eine ganz langsame Veränderung von Statten geht; der Wechsel vollzieht sich häufig so träge, dass z. B. im Jahre 1887 nur fünfmal ein Abfall oder Aufstieg nachgewiesen wurde, der sich auf mehr als 0,1 % in 24 Stunden belief, die höchste Steigerung fand an einem Tage um 0,24 % statt. Aehnlich verhielt sich das Jahr 1886; dagegen weichen 1884 und 1885 insofern ab, als hier fast in jedem Monat tägliche Schwankungen von mehr als 0,1 % sich mehrfach wiederholten, indess gehören Veränderungen um mehr als 0,25 % Salz auch in diesen Jahren zu den grössten Seltenheiten. Verfolgt man die Tabelle etwas genauer, so kann man in sehr vielen Fällen mit Sicherheit annehmen, dass eine solche Steigung und Senkung der Curve sich ganz allmählich vollzog, dass wenn z. B. an einem Tage 3,29 %, am folgenden 3,50 % beobachtet wurden, sich nicht etwa während der Nacht Wasser von 3,0 % vorgefunden hat. Dass daneben einmal ein rapides Steigen und Fallen des Salzgehaltes vorkommt, zeigen die schon oben erwähnten Wahrnehmungen aus dem Jahre 1888; man fand bei Helgoland am

21. April 3,34 % Salz
22. „ 2,49 % „
23. „ 3,21 % „

Derartige Ereignisse sind wie Sturmfluthen, sie bleiben meistens jahrelang aus, ich habe wenigstens keine weitere Angaben darüber gefunden, obwohl ich für eine Reihe von Jahren die Helgoländer Beobachtungen durchgesehen habe.

Schon nach dem eben Angeführten kann die bei den Culturversuchen zum Ausdruck kommende Empfindlichkeit der Algen gegen den Salzwechsel nicht mehr wunderbar erscheinen. Von Interesse wäre es, zu erfahren, wie sich im Jahre 1888 bei Helgoland die Algenflora gestaltet hat.

Gehen wir nun zur Ostsee über, so ist durch die eben citirten Werke bekannt, dass in dieses abgeschlossene Becken von der Nordsee her durch Skagerack und Kattegat ein Strom schweren Seewassers den Sund und die beiden Belte passirt, um sich bis in den Bottnischen und Finnischen Meerbusen hinein bemerkbar zu machen. Andererseits geht ein Strom leichteren Wassers aus der Ostsee heraus in die genannten Meerestheile und ist noch an der norwegischen Küste bei Bergen nachweisbar. So erhält man im Allgemeinen einen eingehenden, schweren Unterstrom und einen ausgehenden leichteren Oberstrom. Aus der gegenseitigen Mischung dieser beiden resultirt dann an jedem Punkte der Salzgehalt, und es ist klar, dass derselbe überall verschieden sein und dass auch der Salzwechsel sich an den verschiedenen Orten in ganz verschiedener Weise vollziehen muss. Während das leichtere Ostseewasser hauptsächliah durch den Sund austritt, geht das Nordseewasser vorwiegend durch die Belte ein, ohne dass damit ein Oberstrom im Belt und ein Unterstrom im Sund völlig aufgehoben würde. Im Allgemeinen nimmt in Folge dieser Vorgänge der Salzgehalt von Westen nach Osten ab. Folgende Zahlen, welche theils die Jahresmittel, theils in Ermangelung von diesen einmalige Beobachtungen wiedergeben, beziehen sich auf das Oberflächenwasser, soweit sie links stehen, rechts sind einige Zahlen für Tiefenwasser notirt; meist aus einem einzigen Versuch gewonnen, sind sie auch untereinander nicht ohne Weiteres vergleichbar, weil sie zu verschiedenen Zeiten und in verschiedenen Tiefen gemacht wurden. Immerhin werden sie genügen, um zu zeigen, dass auch weit vom Sund und den Belten entfernt das Wasser in der Tiefe nicht in demselben Maasse eine Verdünnung erfährt, als auf der Oberfläche.

	Oberfläche.	Tiefe.	
Sund bei Helsingör	1,48 %	3,25	%
Grosser Belt	1,89 „	3,01	„
Sonderburg	1,69 „	1,90 [1])	„
Warnemünde	1,10 „	2,47 (?)	„
Bornholm	0,75 „	1,55 [2])	„
Danziger Bucht	0,74 „	1,16	„

---

1) In geringer Tiefe.

2) Bei 70 m; bei 60 m = 0,77 %.

	Oberfläche.
Eingang des Finnischen Meerbusens .	0,70 %
Mitte desselben bei der Insel Hochland	0,47 „
Bei Kronstadt	0,06 „
Eingang des Bottnischen Meerbusens	0,57 „
Nordende desselben bei Haparanda .	0,15 „

Die Tabelle könnte noch zu allerlei Commentaren Veranlassung geben, darauf verzichte ich indess, um mich nicht über Dinge zu verbreiten, die für unser Thema nicht unbedingt erforderlich sind.

Mehr noch, als die angeführten Mittelwerthe, interessiren uns die täglichen Schwankungen des Salzgehaltes. Leider liegen darüber nicht von allen Stationen Beobachtungen vor, weil an vielen Orten, z. B. in Warnemünde nur alle drei Tage Messungen vorgenommen werden. Immerhin geben die regelmässigen, bei Kiel ausgeführten Beobachtungen hinreichende Anhaltspunkte. Es zeigt sich, dass z. B. bei Friedrichsort im Allgemeinen ein langsamer Wechsel sich vollzieht, wie in Helgoland; auch hier wird der Salzgehalt nicht gerade häufig in 24 Stunden um mehr als 0,25 % erhöht oder erniedrigt, aber doch kommen fast in jedem Jahre wiederholt ziemlich starke Störungen vor, indem der Salzgehalt in einem Tage um 0,50 % bis 0,70 % und mehr steigt oder fällt, derartige „Salzstürme“ treten besonders im Frühjahr auf. Ich gebe hier nach Meyer die folgenden sehr lehrreichen Zahlen:

	Friedrichsort			Forsteck	
1869 März	Oberfl.	7,2 m	14,5 m	Oberfl.	7,2 m
7	2,19 %	2,20 %	2,20 %	2,12 %	2,15 %
8	2,17 „	2,23 „	2,23 „	1,28 „	2,23 „
9	1,43 „	2,17 „	2,20 „	1,85 „	2,20 „
10	1,86 „	2,15 „	2,17 „	1,47 „	2,20 „
11	2,12 „	2,15 „	2,17 „	1,61 „	2,17 „
12	2,12 „	2,17 „	2,23 „	1,99 „	2,17 „

Die beiden Beobachtungsstationen liegen nicht weit von einander entfernt an der Kieler Bucht, Forsteck liegt weiter landeinwärts.

Die kleine Tabelle zeigt zunächst, wie rasch sich ein starker Salzwechsel vollziehen kann; sodann erhellt aus derselben, dass derartige Veränderungen sich häufig nur auf der Oberfläche bemerklich machen, schon in einer Tiefe von wenigen Metern aber nicht mehr wahrgenommen werden, und schliesslich, dass sie ganz localen Charakter tragen können. Schroffe Wechsel, welche bei Forsteck eintreten, brauchen sich nicht bis nach Friedrichsort fortzupflanzen. Das Gesagte bildet die Regel, es kommt natürlich auch vor, dass tiefere Schichten in Mitleidenschaft gezogen werden; solche Fälle bilden aber die Ausnahme.

Etwas günstiger als bei Friedrichsort gestalten sich, wie es scheint, die Verhältnisse bezüglich des Salzwechsels bei Sonderburg, die Schwankungen sind hier geringer, sehr ungünstig dagegen liegt z. B. Kappeln. Hier an der Mündung der Schlei, die in ihrem äussersten Ende bei Schleswig im Mittel nur 0,4 % Salz enthält, wechselt ständig salzarmes und salzreiches Wasser, Abfall und Aufstieg sind von einem Tage zum anderen oft so erheblich, wie an keinem anderen Punkt der Ostsee. Deshalb wäre es von Interesse, hier einmal die Flora genauer zu untersuchen.

Aehnlich wie der eine oder andere der genannten Orte verhalten sich viele Stellen der Ostsee bis in den finnischen und bottischen Busen hinein. Im Allgemeinen scheinen die Schwankungen erheblicher zu werden, je weiter man nach Osten kommt, obwohl selbst im Riga'schen Meerbusen, bei Karlsbad, von Schweder[1]) eine Stelle gefunden wurde, wo während des ganzen Sommers 1881 das Minimum 0,45 %, das Maximum 0,50 % betrug.

Im Uebrigen geht aus Allem hervor, dass gerade hier die Verhältnisse von Fall zu Fall zu beurtheilen sind, dass man kaum an einem Orte ohne Weiteres übersehen oder errathen kann, wie sich die Salzverhältnisse gestalten. Punkte, welche 20 m von einander entfernt liegen, können erheblich differiren, jeder Fluss, jeder Bach u. s. w. beeinflusst den Salzgehalt und den Salzwechsel. Als ich deshalb versuchte, mir über die Ursachen klar zu werden, welche eine ganz bestimmte und eigenartige Vertheilung der Algen an gewissen Stellen bei Warnemünde hervorrufen, sah ich bald, dass zunächst einmal die Salzverhältnisse studirt werden müssten. Streng genommen hätte man ja an möglichst verschiedenen Punkten längere

---

1) Citirt nach M. Braun, Physikal. und biolog. Untersuch. im westl. Theil des finnischen Meerbusens. Separat aus d. Archiv f. Naturkunde Liv-, Est- u. Kurlands, II. Serie, Bd. X.

Zeit, womöglich mehrmals am Tage beobachten müssen; das überstieg meine Kräfte und die Mittel des Instituts. Ich glaube aber auch auf dem von mir eingeschlagenen Wege, indem ich zunächst nur darauf ausging die Orte schnellen und langsamen Salzwechsels zu eruiren, zu einem Resultat gekommen zu sein. Ich habe mich vorläufig auf das Oberflächenwasser und die in 1—3 m Tiefe vorkommenden Formen beschränkt, einmal, weil ich bei Berücksichtigung des Tiefenwassers nicht ohne Hülfe hätte auskommen können und ausserdem, weil dann noch das Licht als wesentlicher, aber kaum exact zu bestimmender Factor mit hätte zu Rathe gezogen werden müssen. In so geringen Tiefen und an Orten, wo keine Beschattung durch Häuser, Bäume, Pfähle etc. gegeben ist, fallen die Lichtdifferenzen weg.

Der kleine Warnowfluss verbreitert sich bei Rostock zu einem seeartigen, etwa 1 km breiten Wasser, das in der Nähe von Warnemünde in den Breitling, ein haffartiges Gebilde übergeht (vergl. die beiliegende Karte). Der Breitling ist gegen die See durch Dünen abgeschlossen, nur durch den „Strom", an dessen linkem Ufer Warnemünde liegt, findet eine Communication mit der See statt. Der „Strom" ist etwa 50 m breit und 5 m tief. Die Karte zeigt seinen Verlauf zur Genüge an; zu bemerken ist noch, dass südlich von Warnemünde der Strom früher eine west-östliche Richtung hatte, die sogen. „alte Einfahrt", dass aber vor ca. 50 Jahren im Interesse der Schifffahrt ein von Norden nach Süden verlaufender Canal, der „Durchstich" hergestellt wurde. Die alte Einfahrt ist in Folge dessen mehr oder weniger versandet. Die Ausmündung des „Stromes" in die See ist durch feste Steindämme und Bollwerke, die „Molen" geschützt und zwar ist die Westmole ca. 100 m weiter in die See hinausgebaut als die Ostmole. Innerhalb dieses Fahrwassers geht nun fast ständig eine Strömung, bald aus, bald ein und fördert bald Brackwasser aus dem Breitling ins Meer, bald umgekehrt Seewasser in diesen. In Folge der eigenthümlichen Terraingestaltung ist die Strömung sowohl bei ein- als auch bei ausfliessendem Wasser auf der Westseite immer erheblich stärker als auf der Ostseite; nur in dem „Durchstich" sind kaum Differenzen wahrzunehmen. Diese jedem Fischer und Schiffer bekannten Verhältnisse müssen nun auch auf den beiden Seiten des „Stromes" eine ganz verschiedene Geschwindigkeit des Salzwechsels hervorrufen. Um über die Art und

Weise, wie der Wechsel der Strömung und der Concentration sich im Einzeln vollzieht, ein Urtheil zu erlangen, schlug ich folgenden Weg ein:

Täglich zweimal, meist Morgens und Abends, wurden an den durch Zahlen bezeichneten Stationen Wasserproben entnommen. Die Stationen wurden mit Rücksicht auf die Vegetation gewählt. 1 und 2 liegen ausserhalb der Molen in den ziemlich algenreichen Buchten, welche durch die Küste einerseits und die Molen andererseits gebildet werden; 3 innen an der Westmole, 4—9 liegen sich paarweise gegenüber, und zwar sind die Zahlen so gewählt, dass die Stationen mit geraden Zahlen auf der Ostseite liegen. 10 bezeichnet eine Stelle in der alten Einfahrt, etwa 20 m von ihrer Verbindung mit dem „Durchstich". 11 bedeutet die Mitte des Durchstiches, dicht vor seiner Mündung in den Breitling; 12 einen Platz im Breitling, etwa 20 m östlich vom Eingang in den Durchstich.

Die Proben wurden in Selterwasserflaschen mit Kautschukverschluss aufgefangen und zwar 1 und 2 vom Lande aus, indem eine Flasche an eine lange Stange gebunden wurde, die übrigen vom Boot aus, indem ich im Strom entlang ruderte und jedesmal zwei gegenüberliegende Stationen kurz nacheinander besuchte. So wurde z. B. bei 4 höchstens fünf Minuten später geschöpft als bei 5. Dagegen vergingen allerdings $1-1^1/_2$ Stunde ehe von sämmtlichen Stellen das Wasser beschafft war. Die Bestimmung des specif. Gewichts erfolgte dann mit Hülfe der Mohr-Westphal'schen Waage, der Salzgehalt wurde daraus nach den mehrfach citirten Tabellen von G. Karsten berechnet.

Ich führe hier alle von mir gemachten Beobachtungen auf, weil sie zeigen, wie ungemein variabel diese Verhältnisse sich gestalten, wie aber trotzdem allgemeine Gesichtspunkte aus denselben zu gewinnen sind. Auf die Berechnung von Mittelwerthen habe ich wegen der kurzen Beobachtungszeit verzichtet. Zudem haben wir schon gesehen, dass dieselben für unsere Zwecke von geringer Bedeutung sind.

3. Sept., 9—10 Uhr Morgens.

Strom geht ein.

	Spec. Gew.	Salz-geh.	Salz-geh.	Spec. Gew.	
1	1,0073	0,96	0,85	1,0065	2
3	1,0068	0,89			
5	1,0068	0,89	0,89	1,0068	4
7	1,0068	0,89	0,89	1,0068	6
9	1,0055	0,72	0,72	1,0055	8
			0,76	1,0058	10
11	1,0055	0,72	0,64	1,0049	12

3. Sept., 6½—8 Uhr Abends.

Strom geht etwa seit 5 Uhr Nachm. ein.

	Spec. Gew.	Salz-geh.	Salz-geh.	Spec. Gew.	
1	1,0071	0,93	0,89	1,0068	2
3	1,0069	0,90			
5	1,0060	0,79	0,71	1,0054	4
7	1,0056	0,73	0,79	1,0060	6
9	1,0055	0,72	0,73	1,0056	8
			0,71	1,0058	10
11	1,0054	0,71	0,68	1,0052	12

4. Sept., 9—10 Uhr Morgens.

Strom geht etwa seit 7 Uhr ein.

	Spec. Gew.	Salz-geh.	Salz-geh.	Spec. Gew.	
1	1,0075	0,98	0,93	1,0071	2
3	1,0074	0,97			
5	1,0074	0,97	0,94	1,0072	4
7	1,0073	0,96	0,96	1,0073	6
9	1,0054	0,71	0,71	1,0054	8
			0,80	1,0063	10
11	1,0057	0,75	0,63	1,0048	12

4. Sept., 6—7 Uhr Abends.

Strom geht seit Mittag aus.

	Spec. Gew.	Salz-geh.	Salz-geh.	Spec. Gew.	
1	1,0072	0,94	0,85	1,0065	2
3	1,0051	0,67			
5	1,0051	0,67	0,68	1,0052	4
7	1,0050	0,66	0,67	1,0051	6
9	1,0050	0,66	0,66	1,0050	8
			0,66	1,0050	10
11	1,0047	0,62	0,62	1,0047	12

5. Sept., 9—10 Uhr Morgens.

Strom geht seit 7 Uhr etwa ein.

	Spec. Gew.	Salz-geh.	Salz-geh.	Spec. Gew.	
1	1,0072	0,94	0,92	1,0070	2
3	1,0070	0,92			
5	1,0053	0,69	0,71	1,0054	4
7	1,0056	0,73(?)	0,80	1,0061	6
9	1,0048	0,63	0,64	1,0049	8
			0,64	1,0049	10
11	1,0050	0,66	0,59	1,0045	12

5. Sept., 3—4 Uhr Nachm.

Seit 1 Uhr kräftiger, ausgehender Strom.

	Spec. Gew.	Salz-geh.	Salz-geh.	Spec. Gew.	
1	1,0073	0,96	0,96	1,0073	2
3	1,0058	0,76			
5	1,0054	0,71	0,80	1,0061	4
7	1,0050	0,66	0,68	1,0052	6
9	1,0047	0,62	0,64	1,0049	8
			0,63	1,0048	10
11	1,0041	0,54	0,68	1,0052	12

6. Sept., 9—10 Uhr Vorm.
Strom geht
seit 3 Uhr Morgens ein.

	Spec. Gew.	Salz-geh.	Salz-geh.	Spec. Gew.	
1	1,0071	0,93	0,93	1,0071	2
3	1,0071	0,93			
5	1,0071	0,93	0,93	1,0071	4
7	1,0071	0,93	0,93	1,0071	6
9	1,0073	0,96	0,93	1,0071	8
			0,76	1,0058	10
11	1,0062	0,81	0,67	1,0051	12

6. Sept., $1^1/_2$—$2^1/_2$ Uhr Mittags.
Strom geht
seit 12 Uhr langsam aus.

	Spec. Gew.	Salz-geh.	Salz-geh.	Spec. Gew.	
1	1,0072	0,94	0,93	1,0071	2
3	1,0072	0,94			
5	1,0070	0,92	0,94	1,0072	4
7	1,0064	0,84	0,84	1,0064	6
9	1,0065	0,85	0,85	1,0065	8
			0,76	1,0058	10
11	1,0048	0,63	0,51	1,0039	12

7. Sept., 9—10 Uhr Morgens.
Stark eingehender Strom etwa
seit 6 Uhr.

	Spec. Gew.	Salz-geh.	Salz-geh.	Spec. Gew.	
1	1,0069	0,90	0,90	1,0069	2
3	1,0069	0,90			
5	1,0069	0,90	0,90	1,0069	4
7	1,0069	0,90	0,90	1,0069	6
9	1,0069	0,90	0,90	1,0069	8
			0,90	1,0069	10
11	1,0069	0,90	0,90	1,0069	12

8. Sept., 8—9 Uhr Morgens.

Strom geht seit 6 Uhr (?) aus.

	Spec. Gew.	Salz-geh.	Salz-geh.	Spec. Gew.	
1	1,0067	0,88	0,88	1,0067	2
3	1,0058	0,76			
5	1,0057	0,75	0,76	1,0058	4
7	1,0057	0,75	0,76	1,0058	6
9	1,0055	0,72	0,72	1,0055	8
			0,75	1,0057	10
11	1,0050	0,66	0,72	1,0055	12

8. Sept., 6—$7^1/_2$ Uhr Abends.
Strom geht seit $5^1/_2$ Uhr sehr
langsam aus.

	Spec. Gew.	Salz-geh.	Salz-geh.	Spec. Gew.	
1	1,0070	0,92	0,89	1,0068	2
3	1,0069	0,90			
5	1,0069	0,90	0,90	1,0069	4
7	1,0066	0,86	0,86	1,0066	6
9	1,0069	0,90	0,90	1,0069	8
			0,89	1,0068	10
11	1,0062	0,81	0,69	1,0053	12

9. Sept., 9—10 Uhr Morgens.
Strom geht stark aus.

	Spec. Gew.	Salzgeh.	Salzgeh.	Spec. Gew.	
1	1,0063	0,83	0,90	1,0069	2
3	1,0054	0,71			
5	1,0054	0,71	0,72	1,0055	4

9. Sept., $5^1/_2$ Uhr Nachm.
Strom ist still.

	Spec. Gew.	Salzgeh.	Salzgeh.	Spec. Gew.	
1	1,0065	0,85	0,84	1,0064	2
3	1,0067	0,88			
5	1,0067	0,88	0,88	1,0067	4

9. Sept. 1890.
Ausgehender Strom bis $2^1/_2$ Uhr, darauf ziemlich starke Strömung in umgekehrter Richtung; von 5 Uhr an wieder ausgehender Strom.

	5		4	
	Spec. Gew.	Salzgeh.	Salzgeh.	Spec. Gew.
9 Uhr Vormittags	1,0054	0,71	0,72	1,0055
11 „ „	1,0052	0,68	0,69	1,0053
1 „ Mittags	1,0051	0,67	0,66	1,0050
$1^3/_4$ „ Nachmittags	1,0050	0,66	0,66	1,0050
$2^1/_2$ „ „	1,0051	0,67	0,64	1,0049
$3^1/_4$ „ „	1,0065	0,85	0,85	1,0065
4 „ „	1,0067	0,88	0,88	1,0067
$5^1/_2$ „ „	1,0067	0,88	0,88	1,0067
$6^1/_2$ „ „	1,0053	0,69	0,84	1,0064
7 „ „	1,0055	0,72	0,77	1,0059
$7^1/_2$ „ „	1,0055	0,72	0,77	1,0059
8 „ „	1,0052	0,68	0,73	1,0056

23. Sept., Vormittags.
Strom geht aus bei sehr niedrigem Wasserstande.

	Spec. Gew.	Salzgeh.	Salzgeh.	Spec. Gew.	
1a	1,0071	0,93	0,98	1,0077	2
1	1,0081	1,06			
3	1,0033	0,43			

Die gewonnenen Zahlen zeigen zur Evidenz, dass zunächst die beiden Stationen 1 und 2 bezüglich des Salzwechsels ausserordentlich begünstigt sind; auch bei lange Zeit ausgehendem Strom wird der Salzgehalt in den beiden Buchten nur ganz langsam herabgesetzt, das ergiebt besonders deutlich die Beobachtung vom 23. Sept. Man kann an solchen Tagen nicht selten von den Molen aus wahrnehmen, wie ein Strom trüberen Wassers geradeaus in das Meer hinausgeht, ohne dass die Buchten davon stark afficirt würden. Unter Umständen bemerkt man auch, wie die Strömung sich östlich wendet und dann bräunliches Breitlingswasser nach der Station 2 befördert. Dass die letztere demgemäss meistens etwas stärkeren Salzwechsel zeigt, dürfte aus den Tabellen zur Genüge hervorgehen. Natürlich treten auch zuweilen Umstände ein, durch welche auf der Westseite der Molen eine raschere Verdünnung herbeigeführt wird als auf der Ostseite (z. B. am 9. Sept.). Bei steigendem Wasser wurde bei 1 oder 2 mehrfach ein geringerer Salzgehalt gefunden als bei 3, 4 und 5, das beweist des Weiteren, dass an den fraglichen Localitäten unter solchen Umständen nicht selten Wasser geringerer Concentration gleichsam eingesperrt wird, das sich erst langsam mit dem frisch hinzutretenden mischt; es fehlen dann vermuthlich Strömungen, die einen Austausch beschleunigen könnten.

Von den im Strom gelegenen Stationen interessiren uns hauptsächlich No. 4 und 5; auf diesen wurde am 9. Sept. in kurzen, dem Bedürfniss angepassten Zeitabschnitten beobachtet. Nachdem die Strömung bis 2 Uhr etwa ausgegangen war, und ein Ausgleich der bis dahin etwas differirenden Seiten stattgefunden hatte, wurde um $2^1/_2$ Uhr bei 4: 0,64 %, bei 5: 0,67 % notirt und zwar deswegen, weil bei Stat. 4 das Wasser noch austrieb, bei 5 aber schon äusserlich die entgegengesetzte Bewegung zu constatiren war. Diese scheint Strudelbewegungen herbeigeführt zu haben, welche in Verbindung mit einem scharfen Nordwest und einem ungewöhnlich raschen Steigen des Wassers schon nach $^3/_4$ Stunden 0,85 % auf beiden Seiten nachweisen liessen. Um 5 Uhr begann eine mässige Strömung nach auswärts und diesmal verhielt sich Stat. 4 ganz anders als Stat. 5. Während auf letzterer der Salzgehalt ungemein rasch sank, zeigte No. 4 einen ganz langsamen Abfall. Auch diesmal haben wohl um $7—7^1/_2$ Uhr geringe Strudel den Salzgehalt auf der Westseite für kurze Zeit erhöht.

So wie am 9. Sept. zwischen 5 und 8 Uhr verhalten sich nun Stat. 4 und 5 in den allermeisten Fällen. An allen übrigen Tagen, an welchen beobachtet wurde, konnte mehrfach (viermal) auf beiden Seiten der gleiche Salzgehalt wahrgenommen werden und zwar fast immer dann, wenn die Beobachtung erfolgte, nachdem der Strom längere Zeit eine Richtung innegehalten hatte. Sechsmal dagegen wurde der Salzgehalt auf Stat. 4 höher oder niedriger gefunden als auf Stat. 5 und zwar *höher*, wenn der Strom kürzere Zeit ausgegangen war, *niedriger*, wenn er eine resp. einige Stunden eingegangen war; nur einmal, am 5. Sept. Morgens scheinen ähnliche Verhältnisse obgewaltet zu haben wie am 9. Sept. um 3 Uhr. Daraus und aus der Durchsicht der Tabellen ergiebt sich, dass der Salzwechsel und die Strömungen zwar ungemein variiren können, dass aber trotzdem ein geringerer Salzwechsel auf der Ostseite als Regel unbedingt festgehalten werden muss. Diese Regel würde auch kaum gestört werden, wenn eine längere Beobachtung, die sehr erwünscht wäre, einige weitere Ausnahmen feststellte; in ein Schema lassen sich diese Vorgänge ohnehin nicht einklemmen.

Die Stat. 3 verhält sich der Stat. 5 ganz analog, ja die Veränderungen scheinen hier unter Umständen noch grösser zu sein als bei dieser. Zwischen Stat. 6 und 7 sind häufig ähnliche Differenzen nachweisbar wie zwischen 4 und 5, doch kann man bei 6 mehrfach (z. B. am 6. Sept. Abends) eine raschere Veränderung wahrnehmen, der Strom schiesst offenbar von 5 aus zuweilen nach 6 schräg hinüber, was auch schon die makroskopische Wahrnehmung zu erkennen giebt.

8 und 9 zeigten einige Mal die auffallende Erscheinung, dass der Salzgehalt trotz der einlaufenden Strömung hier niedriger war als bei 10 und 11. Ich schiebe das auf die Anwesenheit des Bassins, aus demselben muss nachträglich schwächeres Wasser ausgetreten sein. Die Schwankungen vollziehen sich hier annähernd gleichmässig auf der Ost- und Westseite, was wohl zum Theil mit der Bodenbeschaffenheit zusammenhängt. Im Allgemeinen scheint der Salzwechsel dort langsam von statten zu gehen; es wurden bei zwei aufeinanderfolgenden Beobachtungen häufig nur geringe Differenzen gefunden. Auch das wird man mit der plötzlichen Verbreiterung der Wasseroberfläche in Verbindung bringen können.

Auch bei 10 ist der Salzwechsel gegen 11 meistens verlangsamt, man vergl. z. B. den 3., 6. und 8. Sept. Das Umgekehrte scheint am 4. Sept. der Fall gewesen zu sein, indess dürfte das die Regel nicht stören.

Station 12 ist dann wieder auffallend bevorzugt gegen **11**. Die Verhältnisse liegen hier offenbar ganz ähnlich wie bei der Mündung des „Stromes" in die See. Auch an diesem Punkt kann man nicht selten verfolgen, wie das eindringende Seewasser seinen Weg geradeaus in den Breitling hinein nimmt und die seitlich liegenden Partien fast unberührt lässt. Der Abschluss der Seitenregionen ist hier nicht so vollständig, weil keine Molen vorhanden sind, wird aber jedenfalls zum Theil dadurch bedingt, dass seitlich von dem Stromeingang Sandbänke liegen. Während also in der See bei 1 und 2 eine rasche Verdünnung unmöglich ist, ist bei 11 und auch auf der entsprechenden Westseite eine rasche Vermehrung des Salzgehaltes ausserordentlich erschwert.

Selbst bei ausgehendem Strom findet man zuweilen bei 11 einen höheren Salzgehalt als bei 12, die Erscheinung ist wohl unbedenklich in derselben Weise zu erklären, wie oben die Wahrnehmungen in der Ostbucht. Auch hier wird wohl leichteres Wasser an den Stellen festgehalten, an welchen kaum Strömung vorhanden ist.

Der Salzwechsel hängt natürlich an jedem Punkt von den dort gewöhnlich herrschenden Strömungsverhältnissen ab, diese sind wiederum durch die grössere oder geringere Tiefe des Wasserlaufes bedingt. Dass seichtere Stellen einen schwächeren Salzwechsel haben, tritt oft auffällig hervor; z. B. fand ich am 13. Sept. in der Mitte der alten Einfahrt bei Stat. 10 0,71 % Salz, in einem kleinen, flachen Seitenarm, nordöstlich von 10 0,76 %, während die Strömung schon stundenlang ausgegangen war. Noch auffälliger war eine ähnliche Erscheinung am 23. Sept. Bei eingehender Strömung betrug an einer ½ m tiefen Stelle etwas südlich vom Bassin der Salzgehalt 0,94 %, eine Bootslänge davon entfernt, nach der Mitte des „Stromes" hin, an einem ca. 2 m tiefen Punkt 1,01 %. (Die Proben wurden immer an der Oberfläche entnommen.)

Diese und viele der früher genannten Ergebnisse zeigen mit grosser Klarheit, dass kaum zwei Punkte sich bezüglich des Salzgehaltes und Salzwechsels genau gleich verhalten, ja dass Stellen, die nur wenige Meter von einander entfernt liegen, der Vegetation ganz verschiedene Bedingungen gewähren müssen; so sehr, dass eventuell an dem einen Ort eine Pflanze gedeiht, während 2 m davon entfernt ihre Existenz unmöglich wird. Dass dies thatsächlich der Fall ist, wird uns klar werden, wenn wir jetzt die Flora an den betreffenden Localitäten etwas näher ins Auge fassen.

In der See an den Molen findet sich als Hauptbestandtheil der Flora Fucus vesiculosus meist in vortrefflichen Exemplaren, die Individuen, welche der Wasseroberfläche zunächst angeheftet sind, pflegen kleiner zu sein als diejenigen, welche in etwa 1 m Tiefe stehen; auch die letzteren gelangen mit ihren Spitzen bis an die Oberfläche. Soweit Schätzungen ein Urtheil gestatten, besitzen sie eine relativ grössere Anzahl von Luftblasen. Das Verhalten von Fucus vesiculosus zeigt in der Ost- und Westbucht keine wesentlichen Differenzen. In beiden Fällen aber kann man wahrnehmen, wie diese Species nach den äussersten Ecken der beiden Buchten hin abnimmt; worauf das beruht, ist mir bislang nicht völlig klar geworden. Fucus serratus kommt sowohl bei Stat. 1 als auch bei 2 vor, indess fällt es bei diesem schon auf, dass er im Osten etwas tiefer steht als im Westen. Während im September an einigen Tagen mit niedrigem Wasserstand F. serratus bei 1 mit seinen Spitzen das Wasserniveau erreichte, blieb er bei 2 mindestens um 30 cm, meistens aber weit mehr unter demselben. Aehnliches zeigte Nemalion multifidum. Während diese Art zur genannten Zeit oft völlig trocken auf den Steinen der Westmole lag, war sie an der Ostmole noch vollkommen vom Wasser bedeckt. Es erklärt sich das alles einfach, wenn wir dafür den Salzwechsel in Anspruch nehmen, der im Osten stärker ist als im Westen, in Folge dessen ziehen sich die Algen in etwas grössere Tiefen zurück; hier werden die Schwankungen, solange es sich um grössere Wasserflächen handelt, abgeschwächt, wie wir das aus einer Reihe von Beobachtungen zur Genüge wissen. Man wird nicht einwenden können, dass Differenzen von $1/2$ m nichts ausmachten, hat doch H. A. Meyer gezeigt, dass unter gewissen Bedingungen sich eine Schicht fast salzfreien Wassers von ein Fuss Dicke an der Oberfläche vorfinden kann. Auf die Begünstigung der Westseite bezüglich des Concentrationswechsels führe ich es auch zurück, dass Ectocarpus siliculosus sich im Frühling dieses Jahres dort in grossen Mengen sehr rasch entwickelte, während er an der Ostseite weit hinter Ectocarpus litoralis zurücktrat. Einige seltenere Algen wurden sogar nur auf der Westseite gefunden, ich lege indess vorläufig darauf weniger Werth, weil der Nachweis, dass die Pflanze nicht vorkommt, selbstverständlich ein schwieriger ist.

Im September war Pilayella littoralis, die im Frühjahr in der See in grossen Mengen auftritt, sehr zurückgegangen, dagegen bedeckte Ceramium tenuissimum neben anderen Ceramiumarten fast alle freien Plätze auf den Steinblöcken. Alle einzelnen, noch ausserdem vorkommenden Algen aufzuzählen, hat für unsere Skizze kaum Werth.

Gehen wir nun in den „Strom" hinein und verfolgen zunächst einmal Fucus vesiculosus; diese zu jeder Jahreszeit vorhandene Pflanze giebt uns naturgemäss bessere Anhaltspunkte als die übrigen, im Allgemeinen kürzere Zeit dauernden Algenformen[1]). In Folge seiner eigenartigen Fortpflanzungsweise setzt F. vesiculosus sich am Liebsten auf horizontal oder schräg liegenden Steinen und Holzwerk fest; sein Vorkommen an vertical stehenden Wänden ist damit nicht ganz ausgeschlossen, sofern sich nur Risse etc. vorfinden, in welchen er festen Fuss fassen kann. Trotzdem nun bei Stat. 3 sich Steinblöcke in grosser Zahl und in der F. vesiculosus sonst durchaus zusagenden Tiefe finden, fehlt er hier vollständig, und auch wenn man bis Stat. 5 aufwärts geht, trifft man höchstens auf ein halbes Dutzend krüppelhafter Exemplare. Weiter nach Süden wächst auf der Westseite überhaupt kein Fucus mehr, mit Ausnahme einiger Stellen am Durchstich, worauf später einzugehen sein wird. Ganz anders liegen die Dinge auf der Ostseite. Abgesehen von dem kurzen, aus steilen Balken aufgebauten Kopf der Ostmole ist dieselbe bis zur Stat. 6, dem Fährhause, mit einem ziemlich dichten Fucusgürtel besetzt. Derselbe ist nahe dem Kopf der Mole am üppigsten, nimmt aber besonders von dem Augenblick an ab, wo, etwa in der Mitte zwischen 4 und 6, die Pfähle des Hafenbollwerks beginnen, obwohl auch an den unter Wasser liegenden Querhölzern desselben sich noch viele Fucuspflanzen angesiedelt haben, — ein Beweis dafür, dass auch auf der Westseite, wo genau dasselbe Bollwerk vorhanden ist, hinreichende Gelegenheit zum Anheften gegeben wäre, wenn nur die Salzverhältnisse das gestatteten. Bei Stat. 4

1) Die Standorte des Fucus vesiculosus sind in der Karte durch Kreuze bezeichnet.

sind die Pflanzen nicht ganz so üppig, wie ausserhalb der Molen, immerhin können die dicht unter dem Wasserniveau, unmittelbar an der Mole wachsenden, sich noch einigermaassen mit den in gleicher Stellung ausserhalb befindlichen messen. Nun werden aber die Exemplare, welche etwa in 1 m Tiefe um ca. 2 m weiter nach der Mitte des „Stroms" angeheftet sind, nicht grösser als die Randexemplare, wie das in der Ostbucht sehr auffällig ist, sondern sie werden ganz erheblich kleiner. Solche Exemplare pflegen nur 20 cm hoch zu sein. Sie zeigen nach der Basis zu häufig eine Bräunung, bei manchen ist das Gewebe neben der Mittelrippe zu Grunde gegangen und an allen trifft man von der Haftscheibe an bis zur Höhe von etwa 6 cm zahlreiche Adventivsprosse. Bei dem ausserhalb der Molen wachsenden Fucus zeigen sich die Adventivsprosse an der Basis nur ganz selten, und wenn sie in den älteren Regionen der Pflanze auftreten, so kann man immer mit Bestimmtheit eine äussere Verletzung als Ursache nachweisen. Die Pflanzen an den etwas tieferen Stellen der Ostseite des „Stromes" zeigen somit alle Anzeichen eines kummervollen Daseins. Da Fucus vesiculosus sicher in der offenen See noch in 5 m Tiefe vorkommt, wird man nicht annehmen können, dass hier durch eine Wasserschicht von 1 m Dicke bereits eine Abschwächung des Lichtes erfolgte, die eine derartige Verkümmerung hervorriefe, man wird das wieder auf den Salzwechsel schieben müssen, der schon 2 m vom Ufer entfernt an den wesentlich tieferen Stellen so erheblich ist, dass die Pflanze nur noch eben zu gedeihen vermag.

Man suche in diesen Erörterungen keinen Widerspruch mit dem, was ich p. 393 geäussert habe. In dem weiten Meeresbecken schichtet sich allerdings das leichtere Wasser über das schwerere, in einem Canal von 50 m Breite wird im Allgemeinen die Strömung so stark sein, dass keine Schichtung eintritt, dass also das Wasser in allen Tiefen durcheinander gemischt wird. Das zeigt sich ja auch im kleinen Belt, wo nachweislich eine Mischung des Ober- und Unterstromes in stärkerem Maasse statt hat, als im Sund und im grossen Belt.

Eine zusammenhängende Fucusvegetation hört mit der Stat. 6 auf, dagegen findet man noch ganz vereinzelte Exemplare an der Ostseite des „Stromes" entlang bis zum Breitling und ebenso vielleicht 10 Exemplare an der Westseite im Durchstich. Obwohl hier überall Steine und Holz zur Niederlassung einladen, doch nur diese wenigen Exemplare, die noch dazu den etwas krüppelhaften Habitus der bei Stat. 4 vorhandenen Tiefenformen haben! Südlich vom Fährhause kommt der Fucus nur in ganz geringer Tiefe vor und besonders auffällig ist sein Standort im Durchstich. Der ziemlich schmale Canal ist an beiden Seiten durch ein senkrecht abfallendes, hölzernes Bollwerk eingefasst, es tritt aber das Wasser durch Oeffnungen in demselben, bei hohem Wasserstand auch über die Bohlen hinweg in $^1/_2$—1 m breite und ebenso tiefe Rinnen, wie beistehendes Schema andeutet. In diesen einerseits vom Lande, andererseits von den Bohlen eingefassten Wasserstreifen vegetiren die wenigen Fucusexemplare. Das Vorkommen ist interessant, weil es meine Auffassung besonders augenfällig bestätigt. Niemand wird behaupten wollen, dass in dem schmalen Wasserstreifen sich auf die Dauer eine andere Concentration erhalten könnte als im Durchstich selber, aber es ist auch klar, dass der Concentrationswechsel ein viel langsamerer sein muss. Am Bollwerk selber wäre übrigens hinreichende Gelegenheit zur Ansiedelung von Fucus, überall ragen Balkenköpfe (B) eine kurze Strecke weit in das Wasser hinein.

Als äussersten vorgeschobenen Posten findet man noch eine relativ ansehnliche Fucuscolonie fast an dem ganzen Südufer der alten Einfahrt; sind auch die Exemplare etwas klein und kümmerlich, so sind sie doch weit zahlreicher als an irgend einer anderen Stelle südlich von der Fähre in Warnemünde (Stat. 6); an dem kleinen Arm, welcher kurz vor der Mündung der alten Einfahrt in den Breitling sich nach Süden hin abzweigt, bedeckt sogar an einigen Stellen Fucus vesiculosus die Steine ziemlich dicht. Ein eigenthümlicher Anblick war es für mich, hier diesen Tang und Phragmites communis nebeneinander wachsen zu sehen. Da ich den genannten Punkt erst nachträglich auffand, konnte leider der Salzwechsel hier nicht untersucht werden. Ich bezweifle aber nicht, dass sich analoge Resultate, wie in den anderen Fällen, ergeben würden. Die ganze Localität war keineswegs auf rasche Concentrationsänderungen zugeschnitten.

Die übrigen im „Strom“ und Breitling vorkommenden Gewächse bestätigen im Allgemeinen das, was wir eben an Fucus vesiculosus beobachtet haben. Mit einigen Worten mag auch auf diese hingewiesen sein. Vom Eingang des „Stromes“ an findet sich, sobald der Grund sandig ist und nicht zu tief unter dem Wasserspiegel liegt, entweder Zostera marina oder Potamogeton pectinatus in ziemlich erheblichen Massen auf der Westseite; an manchen Stellen ist Zanichellia pedicellata in grösseren Mengen eingestreut und bisweilen auch Ruppia. Grosse Flecken, Streifen und ganze Wiesen von diesen Pflanzen ziehen sich an der Ostseite entlang bis nach der alten Einfahrt und durch diese hindurch bis in den Breitling, immer die tiefen Stellen (über 2 m) meidend. In der alten Einfahrt kommt noch Myriophyllum, vermuthlich das in der Warnow massenhaft vorkommende M. spicatum hinzu. Auf der Westseite bis zum Bassin fehlen die genannten Pflanzen, wahrscheinlich weil das hier sehr tiefe Wasser ihr Weiterkommen hemmt. Südlich vom Bassin tritt auch an den flachen Stellen eine ähnliche Vegetation auf und erstreckt sich durch den kleinen, nach Südwesten verlaufenden Canal, in welchem Myriophyllum vorherrscht, bis in den Theil des Breitlings, der jetzt zugeschüttet wird. Die Potamogetonvegetation hört an der Biegung des Fahrwassers ziemlich rasch auf, obwohl hier der Boden noch sandig und das Wasser nicht sehr tief ist. Aber die Strömung und deshalb auch der Salzwechsel sind hier stärker. Im Durchstich fehlt Potamogeton und seine Begleiter, auch unter sonst günstigen Verhältnissen würden sie hier keinen geeigneten Boden finden. Dagegen treten diese Pflanzen, Zostera marina nicht ausgeschlossen, im Breitling wieder in Menge auf, besonders die Bänke, welche rechts und links das genau in südlicher Richtung verlaufende Fahrwasser einengen, sind dicht mit Potamogeton pectinatus bedeckt.

Diese Potamogetonvegetation, wie sie der Kürze halber bezeichnet sein mag, trägt nun besonders massenhaft auf ihren Stengeln und Blättern Ceramium tenuissimum, welches sich um diese

Jahreszeit auch sehr reichlich in der See, an den Molen, den Pfählen etc. vorfindet. Die Alge geht bis in den Anfang des Breitlings hinein und ist keineswegs auf die Najadeen beschränkt, sondern besiedelt auch ebenso gut Steine und Holzwerk, wächst aber, obwohl sie unzweifelhaft sehr viel verträgt, nicht überall in gleich guter Entwickelung. Recht kümmerliche Exemplare beobachtet man z. B. auf Potamogeton am Eingang zur alten Einfahrt, wo oft starke Strömung herrscht und ausserdem an der Westseite des Fahrwassers am Beginn des Durchstiches, wo wir bereits die Potamogetonvegetation schwinden sahen. Im Durchstich selber tritt es in sehr wenig zahlreichen, wenn auch guten Exemplaren auf; setzt aber durch seine Menge fast in Erstaunen an Steinen, Pfählen und Potamogeton im Breitling bei Stat. 12 und den entsprechenden Stellen im Westen der Einfahrtsmündung. Hierdurch bestätigt es in auffallender Weise ebenso sehr die vorgetragene Auffassung wie durch sein Vorkommen hinter den Bohlen des Durchstiches — also ganz ähnlich wie Fucus vesiculosus.

Zwischen diesen Brettern sind, wie schon hervorgehoben, Oeffnungen; dort nämlich wo der horizontale Balken (B) in den Strom hineinragt, fehlt über ihm ein Stückchen Bohle. Hier kann also das Wasser hinter die Holzwand eindringen. Während nun auf dem horizontalen Balken keine oder zuweilen einsame Exemplare von Ceramium tenuissimum vorkommen, treten sie oft recht zahlreich dicht am Ufer, gegenüber der Oeffnung in der Bretterwand auf, wo ein starker Strom und demgemäss ein kräftiger Salzwechsel fehlt.

Die in der See von 1—6 m Tiefe häufige Polysiphonia violacea findet sich spärlich bei Stat. 4, fehlt fast ganz zwischen 6 und 8, occupirt aber von hier an häufig die Potamogetonvegetation und geht mit dieser in den Breitling. Während Ceramium Zostera und Potamogeton bevorzugt, sitzt Polysiphonia gern auf Zanichellia und Ruppia, meist steht sie auch etwas tiefer als Ceramium. Im Anfang war es mir zweifelhaft, ob die Pflanze überall da, wo sie gefunden wurde, festgewachsen war, häufig sind die dünnen Aeste so sehr mit dem Potamogeton etc. verflochten, dass Zweifel entstehen konnten. Indess war doch wenigstens in einigen Fällen das Festwachsen zu constatiren. Damit soll nicht geleugnet sein, dass nicht auch losgerissene Individuen sich an anderen Pflanzen wieder festheften. Alle heraufgeholten Pflanzen sahen zudem bei mikroskopischer Untersuchung völlig normal aus.

Anfangs glaubte ich, dass Polysiphonia violacea im Durchstich ganz fehle, und das ist auch der Fall, soweit es sich um gut gewachsene, normale Exemplare handelt; dagegen sind die Bretterwände in ziemlich umfangreichem Maasse mit Individuen bedeckt, welche äusserlich schwarzgrau, bei mikroskopischer Betrachtung blaugrau erscheinen. Den Sprossen fehlen vielfach die Spitzen, dann aber sind neue Ersatzsprosse entstanden, die gute Scheitelzellen besitzen. Von röthlicher Florideenfärbung ist kaum eine Spur zu sehen. Das Ganze macht denselben Eindruck wie maltraitirte Culturexemplare, die auch häufig unter ungünstigen Bedingungen ihre Spitzen verloren und dann verzweifelte Anstrengungen zur Bildung neuer Sprosse machten. Fast genau so verhielten sich Pflanzen derselben Species, welche in der Nähe von Stat. 6 in ziemlicher Menge zur Beobobachtung kamen. Daneben wuchsen hier einige, offenbar jüngere Exemplare von normaler Farbe und normalem Aufbau, freilich nicht an dem Holzwerk, sondern auf Fucus etc. Ich kann mir diese Vorkommnisse nur erklären, wenn ich annehme, dass die Pflanzen unter günstigen Bedingungen einmal dort festen Fuss fassten und jetzt unter ungünstigen Verhältnissen niemals zur vollen Entwickelung kommen. Uebrigens habe ich bis jetzt auch an den guten Exemplaren des Breitlings keine Fortpflanzungsorgane gefunden. Den Uebergang zu den verkrüppelten Individuen vermitteln wohl solche, welche in dem kleinen westlichen Seitenarm südlich vom Bassin beobachtet wurden; sie hatten normale Farbe und weit abstehende Aeste, welche z. Th. ihre Spitzen eingebüsst hatten, viele Scheitelzellen waren aber noch gut.

Sowohl Polysiphonia violacea als auch Ceramium tenuissimum pflegen an solchen Stellen zu fehlen, welche nur eine Tiefe von 30—50 cm haben, hier werden sie auf der Potamogetonvegetation theils durch Enteromorphen (sehr zarte Formen), besonders aber durch Ectocarpusarten ersetzt, und zwar findet man sowohl Ectocarpus confervoideus als auch E. (Pilayella) litoralis. Im Allgemeinen scheint die erstgenannte Art vorzuwiegen. Da die Exemplare nur spärlich Sporangien erzeugten, konnte, namentlich an den für sie ungünstigen Stellen, nicht immer sicher zwischen beiden unterschieden werden. Die Ectocarpusrasen sind vielfach vortrefflich ausgebildet, von 20 cm Länge und mehr; sie sind oft in solchen Mengen vorhanden, dass die Potamogetonen von ihnen fast vollständig eingehüllt werden. Sie vegetiren in grosser Menge, u. A. in dem kleinen Nebenarm der alten Einfahrt, nordöstlich von Stat. 10, ausserdem überall auf den Sandbänken im Breitling, zwischen der Mündung des Durchstiches und der alten Einfahrt. Wo Ceramium und Polysiphonia nicht mehr fortkommen, gedeihen die beiden Formen noch und begnügen sich gern mit einem geringen Salzgehalt. Gegen den Salzwechsel sind sie trotzdem empfindlich, so ist z. B. die Vegetation der dicht vor der Mündung des Durchstiches gelegenen Sandbank nicht so üppig wie an etwas entfernteren Stellen des Breitlings. Ausserdem wird Ectocarpus confervoideus nicht im tiefen Theil des Durchstiches gefunden, sondern nur, wie Fucus und Ceramium in der Rinne hinter dem Bollwerk, dann aber in ganz vortrefflichen Exemplaren. Auch beim Fährhause auf der Ostseite kommt dieselbe Species an einer sehr seichten Stelle in der kleinen Bucht vor. E. litoralis scheint weniger empfindlich zu sein, er wird auch an Orten mit starkem Salzwechsel mehrfach beobachtet. Auffällig ist, dass die beiden Arten erst zur Herbstzeit im Breitling entwickelt sind, während sie in der See vollkommen fehlen (E. confervoideus) oder sich doch nur in krüppelhaften Resten auf Fucus halten (Pilayella). In der See, an der Ost- und Westmole ist die letztgenannte Form in ungeheuren Massen im Frühling vertreten und auch E. confervoideus pflegt dort im Mai schon zu fruchten. Einen ausreichenden Grund hierfür konnte ich bislang nicht ausfindig machen.

Um das Bild noch zu vervollständigen, mag kurz erwähnt sein, dass Ulva Lactuca sich neben E. confervoideus oft in ungeheuren Mengen vorfindet und damit der Vegetation an jenen Stellen ein ganz eigenartiges Aussehen verleiht.

Schliesslich erregte noch das Vorkommen von Chorda Filum meine Aufmerksamkeit[1]). Dichte Büsche dieser Pflanze trifft man in grosser Menge im Breitling, besonders dicht stehen sie etwas südlich von der Mündung der alten Einfahrt und ziehen sich dann mehr oder weniger reichlich bis nahe an die Sandbank hin, welche südöstlich vom Durchstich liegt. Die Pflanzen scheinen sich mit ihren Basaltheilen einfach im Schlamm festzuwurzeln; Steine, an welche sie sich festheften könnten, sind nicht nachweisbar. Im

1) In der Karte durch Punkte bezeichnet.

ganzen „Strom" fehlt Chorda, zuweilen hingen einzelne Fäden derselben, welche an der Basis ein winziges Steinchen trugen, zwischen den anderen Pflanzen. Das ganze Vorkommen liess darauf schliessen, dass die Individuen hier angetrieben waren. Festgewachsen findet sich Chorda erst wieder in der See, westlich von den Badeanstalten und auch in der Ostbucht an einigen Stellen, in sog. Kolken, d. h. in kleinen localen Vertiefungen des Meeresbodens. Ebenso sah ich die Pflanze in Norwegen nur in sehr ruhigen Buchten. Ich glaube nichts hindert uns, auch dies auf das Conto des Salzwechsels zu schreiben, gegen welchen Ch. Filum dann noch empfindlicher wäre, als die übrigen behandelten Arten. Zu überlegen wäre freilich in letzterem Fall, ob die Pflanze etwa den Schmutz, der sich in solchen Kolken etc. leicht anhäuft, besser erträgt als andere Formen.

Nach dem bisher Ausgeführten könnte es scheinen, als ob die Orte mit raschem Salzwechsel vegetationslos wären, dem ist indess nicht so, die ganze Westseite des Stromes, ebenso der Durchstich waren im September mit Enteromorphen bedeckt. Im letzteren Theil sowohl wie bei Stat. 3 ist etwas Ceramium tenuissimum darunter gemengt, aber, wie schon hervorgehoben, in geringer Quantität. Sehr charakteristisch ist es jedenfalls, dass zwei Plätze, an welchen das Jahresmittel des Salzgehaltes unzweifelhaft ganz verschiedene Werthe ergeben würde, bezüglich ihrer Vegetation so sehr übereinstimmen. Was beide gleichstellt, ist der Wechsel der Concentration.

Wenig berücksichtigt wurde bei unseren vergleichenden Betrachtungen die Strecke zwischen Stat. 5 und 9 auf der Westseite, weil dort die Boote der Fischer und die grösseren Schiffe festgemacht werden; das muss die Beleuchtungsverhältnisse ändern, ausserdem werden Küchenabfälle etc. trotz des Verbotes vielfach in den Strom geschüttet, sodass auch diese eventuell die Flora beeinträchtigen. Im September 1890 habe ich in diesem Theil nur Enteromorphen gesehen und auch zu anderer Zeit ist die Vegetation hier sehr dürftig.

Natürlich sind die aufgeführten Arten nicht die einzigen, welche vorkommen, sie sind aber die tonangebenden, gegen welche andere zurücktreten. Vielleicht verdient nur noch nachgefügt zu werden, dass bis zur Stat. 4 Spirogyren überall zwischen den grösseren Formen gefunden wurden.

Ueberblicken wir das Resultat unserer Beobachtungen, so ergiebt sich überall eine genaue Coincidenz des langsamen Salzwechsels mit einer guten Entwickelung der Flora und umgekehrt eine Verarmung resp. Verkümmerung derselben bei rapiden Concentrationsänderungen des Seewassers. Diese letzteren sind immer mit stärkeren Strömungen verbunden, man wird aber nicht einwenden können, dass diese rein mechanisch wirkten, indem sie etwa das Festsetzen der Keime verhindern. Zunächst wäre nicht einzusehen, weshalb z. B. im Strom der Warnow die Schwärmer von Ectocarpus confervoideus sich nicht ebenso gut festsetzen könnten wie die von Enteromorpha. Ebenso zeigt Polysiphonia violacea zur Genüge, dass nicht das Festheften, sondern das ausgiebige Wachsthum gestört wird, denn diese Pflanze wächst in der See, im Strom und im Breitling, aber die Individuen im Strom sind krüppelhaft und kaum zu erkennen; und schliesslich setzen sich die Pflanzen an sonst geeigneten Orten sogar in der Brandung fest. Dass die eben besprochene Coincidenz auch die wirkliche Ursache der Verbreitung der Algen offenbart, wird übrigens nach den früher angeführten Versuchen, die den schädlichen Einfluss des raschen Salzwechsels erweisen, keiner Erörterung mehr bedürfen. Ich möchte hier aber noch betonen, dass es sich in den meisten Fällen wohl nicht um die einmalige Einwirkung einer raschen Concentrationsänderung handelt, sondern um eine häufige Wiederholung solcher Vorkommnisse. So gut wie die Exemplare von Fucus und Polysiphonia, welche durch unvorsichtiges Umsetzen geschädigt worden waren, sich bei richtiger Behandlung erholten, können auch die Algen im Freien eine einmalige oder selten vorkommende rasche Salzveränderung überstehen und verzichten nur bei dauernd ungünstigem Salzwechsel auf einen Standort.

Fast selbstverständlich ist es, dass dieselben Arten, welche bei Warnemünde bis in den Breitling vordringen, auch im östlichen und nördlichen Theile der Ostsee, im bottnischen und finnischen Meerbusen die letzten Vertreter der Meeresvegetation darstellen und dass ebenso in den salzärmeren Abschnitten die genannten Süsswasserpflanzen grosse Areale einnehmen[1]).

1) Vergl. hierzu: Reinke, Algenflora d. westl. Ostsee. — Lakowitz, Vegetation der Ostsee im Allgemeinen und d. Algen d. Danziger Bucht im Speciellen. Schriften d. Naturf.-Ges. zu Danzig, N. F. Bd. VII, 1888. — Gobi, Brauntange

Wenn auch nicht zu bezweifeln ist, dass an den genannten Orten sich eine ähnliche Vertheilung der vorhandenen Vegetation wie in Warnemünde wird nachweisen lassen, so habe ich doch in der Literatur nirgends Angaben gefunden, welche darauf hindeuteten; höchstens könnte man die Mittheilung, dass zwischen den Schären die Vegetation üppiger ist als in der offenen See, in diesem Sinne ausbeuten. Auch für den westlichen Theil der Ostsee fehlen Angaben in dieser Richtung, man hat bis jetzt natürlich auf derartige Dinge wenig geachtet und doch wäre es von Interesse, zu verfolgen, wie weit sich an anderen Orten analoge Fälle wiederholen. Dass dies zutreffen wird, ist wohl sicher, münden doch überall kleine und grössere Flüsse oder Bäche in das Meer, die ganz gewiss den Salzwechsel und damit die Flora beeinflussen, z. B. bezweifle ich nicht, dass die Armseligkeit der Algenflora an der Elbmündung ihren Grund in dem raschen Salzwechsel hat. Trotz der ungünstigen Bodenconfiguration würde die Flora bei Cuxhafen wesentlich reicher sein, wenn sie nicht durch starke Concentrationsänderungen gestört würde.

Es ist von verschiedenen Beobachtern auf die interessante Thatsache hingewiesen worden, dass verschiedene grössere Algen, z. B. Desmarestia aculeata und die Laminarien, welche in der Nordsee häufig soweit emporsteigen, dass sie bei Niedrigwasser freiliegen, in der Ostsee immer in grösserer Tiefe gefunden werden. So beobachtete Reinke Desmarestia im Kieler Hafen erst bei 12 m Tiefe. Er führt das auf den dort unten erhöhten Salzgehalt zurück. Unbedingt zu bestreiten ist diese Auffassung nicht. Indess wäre zu berücksichtigen, ob nicht auch hier der Salzwechsel eine Rolle spielt. Wir haben eventuell im Grossen dieselben Verhältnisse wie bei Warnemünde mit Fucus serratus und Nemalion im Kleinen. Wir besprachen p. 393, dass diese Algen dort etwas tiefer stehen, wo der Salzwechsel nachweislich grösser ist.

Eine ähnliche Erklärung erfordern vielleicht auch die Verhältnisse in der Cadetrinne. Mit diesem Namen ist eine 30 km lange und 5 km breite Stelle zwischen Darserort und Gjedser bezeichnet, welche tiefer ist als das umliegende Gebiet. Hier findet sich

des finnischen Meerbusens. Memoires de l'acad. imp. des sciences de St. Petersbourg, Tom. XXI, 1874. — Ders., Rothtange des finn. Meerb., das. T. XXIV, 1877. — Krook, Om Algflora i Östersjön och Bottniska viken; Öfversigt af kongl. vetenskaps academiens förhandlingar, Stockholm 1869.

Laminaria digitata und, wie es scheint, überhaupt eine reiche Flora, ausserdem ist die Fauna wesentlich mannigfaltiger und besser entwickelt als in der Umgebung. Es leuchtet ein, dass in einem ringsum abgeschlossenen Becken Strömungen weniger zur Geltung kommen können als in der Nachbarschaft, dass demgemäss auch der Concentrationswechsel abgeschwächt sein muss.

Die angestellten Betrachtungen leiten nun unwillkürlich hinüber zu der Vermuthung, dass die Verarmung resp. Verkümmerung der Flora in der Ostsee nicht allein auf Rechnung des abnehmenden Salzgehaltes zu setzen sei, sondern zum Theil auch zurückgeführt werden müsse auf den mit dieser Abnahme nothwendig verknüpften relativ grösseren Salzwechsel. Wenn in der Nordsee die Concentration des Wassers von 3,00 % auf 3,25 % steigt, so bedeutet das eine Vermehrung des Salzes um 8,25 %, finden wir in der Ostsee statt 1,00 % am nächsten Tage 1,25 %, so beträgt der Aufschlag 25 %. Mit den Concentrationsänderungen geht sicher eine Aeuderung des Turgors Hand in Hand. Eine Nordseealge braucht unter den gedachten Umständen ihren Turgor nur um 8,25 % zu vermehren, die Ostseepflanze aber muss ihre Betriebskraft in derselben Zeit um 25 % heraufschrauben. Die in der Ostsee geforderte und zu leistende Arbeit ist somit schon unter normalen Verhältnissen eine wesentlich grössere und noch mehr wird verlangt, wenn, was an vielen Orten nicht selten vorkommt, in kurzer Zeit eine Steigung des Salzgehaltes etwa von 1,00 % auf 1,50 % eintritt.

Nach der vorgetragenen Auffassung müssten die in der Ostsee eingewanderten Arten nicht allein im Stande sein, ihren Turgor weit tiefer herabzusetzen, als das bei reinen Nordseealgen möglich ist, sondern sie müssten auch bezüglich des raschen Turgorwechsels leistungsfähiger sein.

Die stenohalinen Arten können demnach ihren Turgor in kurzer Zeit nur um etwa 10 % erhöhen oder erniedrigen, die ausgeprägtesten euryhalinen dagegen sind im Stande Turgorschwankungen von 30—50 % und noch mehr in derselben Zeit zu vollziehen. Ist diese Meinung richtig, so müsste es möglich sein, stenohaline Formen auch in Wasser von etwa 1 % Salz zum Wachsen zu bringen, indem man die ursprüngliche concentrirte Lösung ganz langsam verdünnt.

Mit dem Gesagten gestaltet sich somit die Frage nach dem

Salzbedürfniss der Meeresalgen immer präciser zu einer Turgorfrage. Ohne freilich experimentelle Belege beizubringen, hat auch Reinke[1]) dieser Auffassung Ausdruck gegeben. Die Sache hat manches für sich, wie folgende Ueberlegung zeigt. Wir sahen Potamogeton pectinatus, Myriophyllum, Spirogyren u. a. bei Warnemünde an Orten wohl gedeihen, an welchen zur Zeit der Beobachtung der Salzgehalt wenigstens zeitweilig etwa 1 % betrug; dass er dort auch auf mindestens 1,50 % zu anderen Zeiten steigen kann, ist zweifellos. Dieselben Species wachsen aber mit der gleichen Ueppigkeit in Teichen und Seeen des Binnenlandes, in welchen ihnen nur die im typischen Süss- und Brunnenwasser vorhandenen Salze geboten werden. Sie zeigen dadurch ganz unzweideutig, dass ihnen diese Salze als Nährstoffe genügen, dass das Salz des Meerwassers eventuell eine Zugabe ist, die sie vermuthlich deshalb ertragen, weil die Zellen im Stande sind ihren Turgor entsprechend zu erhöhen und auch unter diesem erhöhten Druck zu arbeiten.

Berücksichtigt man nun weiter, dass in den Culturen die Polysiphonia nigrescens und der Fucus keine Unterschiede in ihrem Verhalten erkennen liessen, ob sie in Seewasser von 0,90 % oder von 1,70 % wachsen, dass Fucus vesiculosus, serratus und viele andere an günstigen, vor Salzwechsel möglichst geschützten Stellen der Ostsee nicht kleiner sind als in der Nordsee, dass sie hier wie dort gleich gut „fructificiren" und Keimlinge hervorbringen, so wird man zugestehen müssen, dass hier ein Ueberschuss von Salz sicher vorhanden ist, der als Nahrung nicht verwerthet werden kann und dessen eventuell schädliche Wirkung durch den erhöhten Turgor paralysirt wird. Für die typischen Salzpflanzen ist aber ein minimaler Salzgehalt, nach dem was wir heute wissen, erforderlich. Ist dieses Minimum nun nothwendig als Nährmaterial? Wenn man bedenkt, dass die Pflanze auch Salze, die in minimalen Spuren in der Umgebung vorhanden sind, in sich aufspeichert, so ist es schwer vorstellbar, dass irgendwelche Salze des Meerwassers in solchen erheblichen Mengen vorhanden sein müssten, wenn sie nur Nährstoffe darstellen; viel plausibler wird die Sache, wenn man annimmt, dass auch dies Minimum des erforderlichen Salzgehaltes mit dem Turgor zusammenhängt. Als Gegengewicht gegen den äusseren Salzgehalt

1) Algenflora, p. 15.

hätte sich dann die Zelle eine erhöhte Turgorkraft angeeignet und wäre nun nicht mehr im Stande, diesen Turgor unter ein Minimum herabzusetzen. Das Minimum des erforderlichen Salzgehaltes müsste dann dem Turgor wieder die Waage halten. Das sind Vermuthungen, die zunächst den Kohlensäuregehalt des Seewassers, der ein recht hoher ist, ganz vernachlässigt haben. Da der CO_2-Gehalt mit der Concentration steigt, ist es sehr wohl denkbar, dass ein Minimum des Salzgehaltes ein Minimum von Kohlensäure zu bedeuten hätte.

Sicherheit können hier nur Experimente verschaffen, die ich anzustellen im Begriff bin.

V. Die Beleuchtung.

1. Licht- und Schattenbedürfniss der Oberflächenformen.

Die meisten mit Algen angestellten Culturversuche dürften an einer mangelhaften Regulirung der Beleuchtung gescheitert sein. Hatte man die Pflanzen glücklich ohne Schaden ins Laboratorium transportirt, so wurden sie an ein beliebiges Fenster gestellt — um allmählich zu Grunde zu gehen. War zufällig an dem betr. Orte eine Lichtintensität vorhanden, die annähernd derjenigen entsprach, welche die Algen zum Gedeihen haben müssen, so glückten auch die Culturen einigermaassen. Dass dies Verfahren ein unrichtiges ist, wurde auch noch nicht erkannt, nachdem Berthold[1]) gezeigt hatte, dass die Abstufungen der Beleuchtungsintensität bei der Vertheilung der Algen eine ungemein grosse Rolle spielen, ja dass viele Algen Vorrichtungen besitzen, um zu intensives Licht von sich abzuhalten. Trotz Berthold's Ausführungen meint Reinke in seiner Algenflora der westlichen Ostsee, dass in diesem Meeresabschnitt Differenzen der Beleuchtungsstärke nur einen sehr geringfügigen Einfluss auf die Algen ausüben. Demgemäss spricht er auch bei seinen Culturversuchen[2]) garnicht von einer Regulirung derselben. Dennoch ist sie sehr wesentlich, wie aus den jetzt zu beschreibenden Versuchen ganz unzweideutig hervorgeht.

1) Berthold, Beiträge z. Morphologie u. Physiologie der Meeresalgen. Pringsh. Jahrb. XIII. — Ders., Die Vertheilung der Algen im Golf von Neapel. Mitth. d. zool. Stat. Neapel 1882.

2) Reinke, Das bot. Inst. u. die bot. Meeresstation in Kiel. Botan. Centralbl. 1890 No. 1.

Brachte ich im Mai Pflanzen von Monostroma Wittrockii in ein Zimmer, das nach Südosten und Südwesten mit je einem riesengrossen Fenster versehen ist, ähnlich wie solche in Malerateliers üblich sind, so konnte man zunächst wahrnehmen, wie die Pflanzen, welche nahe dem Fenster standen, in ihren Zellen eine grosse Menge von körnigen Assimilationsproducten aufspeicherten. Während die Exemplare im Freien eben begannen an ihrer Spitze Schwärmer zu bilden und dieser Process nur langsame Fortschritte machte, trat an den Zimmerexemplaren eine ganz rapide Schwärmerbildung auf, nach 3—4 Tagen war häufig schon der ganze Thallus in Schwärmer aufgelöst. Ob die letzteren copulirten, konnte bei der Kleinheit derselben und der Empfindlichkeit gegen Uebertragung auf hohlgeschliffene Objectträger nicht constatirt werden. Ich vermuthe das aber, weil ich sehr häufig Individuen fand, die etwas grösser als die andern und am Hinterende eingekerbt erschienen. Die Schwärmer setzten sich auf mattgeschliffenen Glasplatten fest, umgaben sich mit Membran, starben aber dann ab. Andere Gefässe standen in 3 m Entfernung vom Fenster. Die Algen in denselben verhielten sich ähnlich, aber man konnte eine deutliche Verzögerung der Schwärmerbildung gegenüber den Exemplaren am Fenster wahrnehmen. Noch deutlicher trat dieselbe hervor an Individuen, welche in einem anderen Zimmer, das Fenster von normaler Grösse besitzt, aufgestellt waren, besonders an solchen, welche einige Meter vom Fenster entfernt standen. Hier blieb die Aufspeicherung der Assimilate aus, die Schwärmer bildeten sich langsam und keimten auch auf den Glasplatten. Leider gingen diese Culturen später durch eine Unachtsamkeit zu Grunde. Sie zeigen immerhin, wie die Helligkeit die Wachsthums- und Fortpflanzungsgeschwindigkeit beeinflusst — andere Factoren waren ausgeschlossen, da Wasser und Temperatur überall genau gleich waren und auch eine Erwärmung einzelner Gefässe durch directe Sonnenstrahlen sorgfältig vermieden wurde. Kann somit nur das Licht für die besprochenen Vorgänge verantwortlich gemacht werden, so ergiebt sich daraus auch mit grosser Deutlichkeit, dass an dem Standort, an welchem Monostroma wächst, keine Helligkeit vorhanden sein kann, die über die in unseren Arbeitszimmern herrschende hinausginge.

Auf das geschilderte Verhalten von Monostroma wäre vielleicht wenig Werth zu legen, wenn es isolirt dastände, aber das Gleiche wiederholte sich fast überall. Das lehren besonders Erfahrungen an Fucus vesiculosus. Exemplare dieser Species wurden am 18. Oct. 1889 in geräumigen Gefässen in ein kleines Eckzimmer gebracht, dessen vier Fenster normale Grösse besitzen. In 1 m Entfernung vom Fenster aufgestellt, zeigten sie kein bemerkenswerthes Wachsthum und verloren ausserdem die Haarbüschel, die in grosser Ueppigkeit aus den Gruben des Thallus hervortraten, als die Pflanzen am 17. October aus Warnemünde geholt wurden. Am 30. October wurden die Pflanzen in das andere, schon vorher erwähnte Zimmer mit sehr grossen Fenstern gebracht. Hier erholten sie sich rasch; am 20. Nov. waren die Haare wieder in vorzüglicher Ausbildung vorhanden und es fand ein ausgiebiges Wachsthum statt (etwa 0,25 mm pro Tag). Aehnlich verhielten sich viele andere Fucusexemplare, auch sie bildeten vorzügliche Haarbüschel, und sehr bald zeigten sich die ersten Anlagen von Conceptakeln an den älteren Zweigen. Die Sexualsprosse reiften dann bis zum Frühjahr 1890, um später zu Grunde zu gehen, während die jüngeren Aeste völlig gesund blieben. Die Pflanzen wurden dann entfernt. An Exemplaren, welche in das Kalthaus des botanischen Gartens gesetzt wurden, trat die Bildung der Haarbüschel noch viel augenfälliger hervor, die Pflanzen waren von den Haaren wie von einer dichten weissen Wolke überzogen. Fucus vesiculosus war im October tiefbraun oder gar dunkelolivengrün, allmählich wurde er bis zum Frühjahr hell ledergelb. Dies fiel im Gewächshause am meisten auf. Die Spitzen hatten nicht mehr die breite Rundung wie an den wilden Exemplaren, sondern verschmälerten sich ziemlich stark nach oben hin, die Adventivsprosse, welche an der Basis mancher Pflanzen entstanden waren, waren lang und schmal. Ganz anders verhielten sich einige Pflanzen, welche im Frühling 1890 aus der See in das Institut übertragen waren und nun in demselben Zimmer, in welchem der Fucus im Winter nicht hatte wachsen wollen, aufgestellt wurden. Die Pflanzen standen am Nordost-Fenster, das noch durch einen Baum einigen Schatten erhielt. Sie wuchsen hier langsam, aber die Spitzen blieben breit, und die Haare auf dem Thallus fehlten, zugleich hatte dieser eine dunkelbraune Färbung, die der natürlichen annähernd entsprach. Die Adventivsprosse waren breit und relativ kurz. Die Pflanzen wurden dann in ein anderes Nordostzimmer versetzt, dessen Fenster mindestens die doppelte Breite des früheren hatte. Jetzt wurden die Adventivsprosse länger und schmäler und erhielten ebenso wie die sich etwas verschmälernden Spitzen Haarbüschel. Die Versuche sind in mehr als einer Beziehung lehrreich. Sie beweisen zunächst noch einmal Berthold's Angaben bezüglich der Haare; diese sind ganz offenbar nur Organe zum Schutz gegen das Licht; in dem hellsten Raume (Gewächshaus) sind sie am reichlichsten vorhanden, sie fehlen in dem relativ dunklen, dem Zimmer mit kleinen Fenstern. Ebenso kann man häufig wahrnehmen, dass im Freien, wenn einige Wochen klarer Himmel und Sonnenschein vorgeherrscht haben, die Haarbüschel ausserordentlich üppig sind, während sie nach langen trüben Wintermonaten häufig fast fehlen. Auch das Gelbwerden und die Verschmälerung der Sprosse ist eine durch zu grosse Lichtintensität bedingte Erscheinung, die aber auch im Freien beobachtet werden kann; so zeigte am 22. Mai 1890 der Fucus vesiculosus bei Warnemünde eine auffallende Aehnlichkeit mit den Culturexemplaren aus dem hellen Zimmer. Die Spitzen waren schmal, der Thallus gelb, bei dem sehr niedrigen Wasserstande schauten sie ab und zu auf kurze Zeit über das Niveau hervor. Aehnlich waren Ende September 1890 die Fucusexemplare ledergelb. Das fiel besonders an solchen auf, welche losgerissen waren und frei im Meer schwammen. Auch das ist leicht erklärlich. Die festgewachsenen Individuen stellen häufig ihre Sprosse vertical, sodass das Licht sie von der scharfen Kante trifft; oder aber, da fast ständig eine gelinde Bewegung im Meer herrscht, klappen die flachen Bänder bald nach der einen, bald nach der anderen Seite über, sodass die zwei Flächen abwechselnd von Licht getroffen werden. Die losgerissenen Exemplare dagegen liegen immer flach auf einer Seite und werden hier natürlich vom Licht voll getroffen.

Sehr auffallend war mir an der norwegischen Küste, dass Ascophyllum nodosum in seinen oberen Theilen häufig ledergelb, in seinen unteren dagegen dunkelolivengrün gefärbt war. Die mir damals räthselhafte Sache erklärt sich sehr einfach. A. nodosum wächst so hoch, dass seine oberen Partien bei Hochwasser gerade flach auf dem Wasser schwimmen, dann bleicht das Licht die oberen Theile, während die unteren von diesem völlig geschützt werden; bei Niedrigwasser liegt die Pflanze trocken, dann breiten sich die gelben Aeste über den unteren aus und schützen diese wieder. Auch die im Schatten der alten wachsenden jungen Individuen sind dunkel.

Jetzt ist es auch erklärlich, dass Fucus vesiculosus im Winter im Allgemeinen dunkel, im Sommer aber meistens hell erscheint, dass im Sommer meist dichte Haarbüschel vorhanden sind, welche im Winter zurückgehen.

Versuche, die kleinen auf Fucus u. A. vorkommenden Ectocarpeen, Pillayella etc. zum normalen Wachsen zu bringen, hatten recht geringen Erfolg, solange ich sie annähernd in die Beleuchtung brachte, in welcher Fucus einigermaassen normal gewachsen war; das wird auch verständlich, wenn man die Verhältnisse im Freien einer näheren Betrachtung unterzieht. Schon im Februar tritt auf den Fucuspflanzen bei Warnemünde eine üppige Vegetation von Ectocarpus repens Rke. und anderen kleinen Ectocarpeen auf. Am reichlichsten sind sie an den unteren Theilen des Fucusthallus entwickelt; an manchen Exemplaren von Fucus serratus, die in recht geschützter Lage wachsen, gehen sie ziemlich weit bis an die Spitzen heran, aber nur auf der Unterseite, d. h. derjenigen, welche für gewöhnlich dem Meeresboden zugekehrt ist. Die meisten Exemplare von Fucus vesiculosus stehen höher und erfahren auch bei fast spiegelglatter See die oben beschriebene Bewegung. In Verbindung hiermit sind beide Seiten gleichmässig mit Epiphyten besetzt, diese halten sich aber stets in respectvoller Entfernung (10—20 cm) von den offenbar zu hell beleuchteten Spitzen; nur einzelne Formen gehen etwas höher hinauf.

Die kleinen Ectocarpusarten werden meistens im März oder April von Pilayella litoralis verdrängt, welche in dichten Wolken die Stämme von Fucus bedeckt, aber auch von den Spitzen fern bleibt. Gleichzeitig werden die zwischen den Fucis freiliegenden Steine, die Pfähle der Molenköpfe etc. von derselben Species occupirt, dagegen bleiben meistens solche Steine befreit, welche nicht im Bereich der Fucusvegetation liegen.

Nun fällt es häufig auf, dass die Exemplare, welche auf Fucus vesiculosus haften, weit dunkler sind als diejenigen, welche die Steine bedecken; das ist selbst an ganz isolirt stehenden, noch wenig verzweigten Fucuspflanzen der Fall. Die Erscheinung kann kaum anders gedeutet werden als durch die Annahme, dass eine Lichtabschwächung durch die ständig hin- und herbewegten Fucusthallome erfolgt. Auch den Exemplaren, welche auf den Steinen etc. neben dem Fucus wachsen, scheint meistens noch eine geringe Beschattung durch die grossen, nicht weit entfernt stehenden Pflanzen zu Theil zu werden. Sie sind aber besonders nach andauerndem Sonnenschein sehr hell gefärbt, haben in ihren Zellen eine Menge von etwas glänzenden Körpern (Assimilaten?), die Chromatophoren sind weit blasser geworden, die Spitzen laufen in ziemlich lange Haare aus, ähnlich wie auch Berthold das für viele Fälle beschrieben hat. Während an den Individuen, welche tiefer unten an Fucus sassen, Diatomeen fast ganz fehlten, waren die frei auf den Steinen erwachsenen in der Regel dicht mit denselben besetzt.

Das zeigt einmal, was auch spätere Culturerfahrungen bestätigten, dass die Diatomeen ein ziemlich helles Licht im Allgemeinen vorziehen und lässt ausserdem vermuthen, dass dieser dichte Besatz ebenfalls als Schattendecke wirkt. Der Annahme, dass Pilayella einen gewissen Schatten vorzieht, scheint zu widersprechen, dass die Pflanze an den Pfählen der Molen oft scheinbar in der grellen Sonne vorkommt. Es ist indess zu berücksichtigen, dass jeder Pfahl und jede Wand, besonders unter Wasser, eine gewisse Abschwächung der Lichtintensität bewirken muss, weil das Licht ja nur von einer Seite direct einfallen kann. Wir werden ohnehin gleich noch einige Thatsachen kennen lernen, welche in der frappantesten Weise zeigen, wie sehr scheinbar geringfügige Beleuchtungsdifferenzen auf die Pflanzen wirken können. Inwieweit das ganze Leben und die Formgestaltung der Algen von der Beleuchtung abhängt, geht aus Berthold's Angaben zur Genüge hervor. Hier mag noch ein besonders eclatanter Fall hervorgehoben werden. Im April 1890 fanden sich auf den Steinen etc. an den hellen Exemplaren der Pilayella fast nur pluriloculäre Sporangien, ebenso waren die Pflanzen, welche an den oberen Theilen von Fucus sassen, nur mit diesen Fortpflanzungsorganen versehen, dagegen hatten sich zu unterst auf denselben Fucusindividuen etwas kleinere Pilayellapflanzen ausschliesslich mit uniloculären Sporangien ausgebildet.

Vollständige Culturen sind mir mit P. litoralis nur in geringer Zahl geglückt. Im Winter 1889/90 entwickelten sich in einigen mässig hell stehenden Gefässen Keimlinge und an einigen traten auch sehr wenige uniloculäre Sporangien auf, im Frühling und Sommer zeigten alle Aussaaten, welche fast auf denselben Plätzen aufgestellt waren, Spuren zu grosser Helligkeit und kamen nicht zur befriedigenden Entwickelung; Stücke von Fucus, welche mit

Pilayella bedeckt ins Institut gebracht wurden, producirten ziemlich viele pluriloculäre Sporangien, daneben ergaben sich wieder die mit zu grosser Helligkeit verbundenen Veränderungen. Nur eine Cultur, welche weit vom Fenster entfernt gestanden hatte, enthielt wenige uniloculäre Sporangien. Im December 1890 erhielt ich wieder in einigen relativ dunkel stehenden Gefässen viele völlig normale uniloculäre Sporangien; die Pflanzen waren aus Sporen erzogen. Ohne die angeführten Experimente für einen exacten Beweis anzusehen, scheint mir doch mit ziemlicher Wahrscheinlichkeit aus denselben in Verbindung mit den Beobachtungen im Freien hervorzugehen, dass ceteris paribus das Licht darüber entscheidet, ob eine Pflanze uni- oder pluriloculäre Sporangien bildet. In Einklang damit steht, dass im Frühling zuerst uniloculäre auftreten, und dass auch im Herbst häufig dieselbe Sporangienform beobachtet wird.

Das Gesagte ist eine weitere Stütze für die von Klebs an Hydrodictyon nachgewiesene Beeinflussung sexueller und asexueller Fortpflanzung durch äussere Factoren. Vermuthlich ist auch hier das Licht nicht die einzige Ursache, die bestimmend auf die Vermehrung einwirkte. Pilayella ist aber eventuell ebenfalls ein geeignetes Object zur weiteren Untersuchung dieses Gegenstandes.

Es ist schon mehrfach die Wahrnehmung gemacht worden, dass Süsswasseralgen in kleineren Gefässen sehr gut gedeihen, wenn sie mit andern zusammen leben, dass sie aber absterben, sobald man sie zu isoliren versucht. Mag das auch zum Theil auf einen unrichtigen Wasserwechsel zu schieben sein, so kommt jedenfalls auch hierbei die gegenseitige Beschattung in Frage. Die durch Fadenalgen hervorgerufene Lichtabschwächung scheint im ersten Augenblick eine recht geringe zu sein. Wenn man indess einmal gesehen hat, wie rasch z. B. in einem Pilayellarasen nach der Mitte zu die Wirkungen geringeren Lichtes bemerkbar werden, wird man auch das Obige nicht bezweifeln. Zwar habe ich hierüber keine speciellen Erfahrungen gesammelt, fand aber ein sehr gutes Beispiel dafür, dass phanerogame submerse Wasserpflanzen sich ganz ähnlich verhalten können. In einer Abtheilung des Süsswasserbassins im hiesigen botanischen Garten gedieh im Jahre 1889 sehr üppig Ceratophyllum submersum gemeinsam mit Potamogeton natans, dessen Schwimmblätter fast die ganze Wasserfläche bedeckten. Um das Ceratophyllum besser sichtbar zu machen, liess ich Potamogeton vorsichtig entfernen. Nach einigen Wochen verschwand auch Ceratophyllum bis auf die unteren Theile. Jetzt wurde der Bassinabschnitt mit Azollen bedeckt, worauf sich Ceratophyllum wieder kräftig entwickelte. Wurde nun von der einen Hälfte die Azolla entfernt, so ging hier Ceratophyllum alsbald zurück, und schliesslich konnte das umgekehrte Experiment gemacht werden, die Bedeckung wurde vertauscht, die Pflanze verschwand auf der einen Seite, wuchs aber auf der anderen. Im Jahre 1890 wurde die eine Hälfte des Bassins wieder bedeckt, diesmal mit Lemna minor. Aber in beiden Hälften erschien Ceratophyllum, freilich in der unbedeckten Hälfte etwas weniger üppig. Die Pflanzen wuchsen annähernd gleich gut bis Ende August, dann nahm im unbedeckten Theil die Menge der Pflanzen bedeutend ab und Ende September waren in der freien Hälfte nur noch an den Rändern die etwas beschatteten Exemplare am Leben. Diese scheinbar widersprechenden Resultate aus den beiden Jahren erklären sich sehr einfach aus den Witterungsverhältnissen, während der Sommer 1889 fast immer heiteren, sonnigen Himmel aufwies, waren bis Ende August 1890 die guten wolkenfreien Tage zu zählen, erst im September trat dauernd sonniges Wetter ein.

Im Sommer 1889 fiel mir auf, dass einige Exemplare des Ceratophyllum in einer ganz anderen Abtheilung des Süsswasserbassins gediehen, ohne dass zunächst eine Beschattung nachweisbar gewesen wäre, bald aber zeigte sich, dass in der Mittagszeit eine kleine Birke ihren Schatten gerade auf die Ceratophyllumexemplare warf und das musste genügen, um den Pflanzen das Fortkommen zu sichern. Im Sommer 1890 waren, entsprechend den schon oben mitgetheilten Erfahrungen, in fast allen Abtheilungen Ceratophyllumexemplare vorhanden (die einzelnen Abtheilungen communiciren miteinander).

Mit der Bemerkung, dass in unserem Institut schon seit Jahren Charen, deren Culturgefässe vom Fenster einige Meter entfernt stehen, ganz vortrefflich gedeihen, mag die Zahl der hier angeführten Beispiele beschlossen werden.

Ebenso wie Berthold's Beobachtungen zeigen meine Culturversuche und Wahrnehmungen im Freien, dass jede Alge zu ihrem Gedeihen einer ganz bestimmten Lichtmenge bedarf und zwar scheint, oweit die Versuche ein Urtheil zulassen, nur die Helligkeitssumme in Frage zu kommen, während wohl ein rascher Wechsel oder eine nur kurze Zeit andauernde grosse Lichtintensität keine merkliche Schädigung hervorbringt. Es muss für jede Species ein Maximum, Optimum und Minimum der Lichtstärke geben, und je weiter Minimum und Maximum für eine Art auseinanderliegen, um so grösser wird das Verbreitungsgebiet sein, und ebenso wie es eurythermische und stenothermische Organismen giebt, wird es auch euryphotistische und stenophotistische Algen geben. Das könnte man auf die Landpflanzen ausdehnen, auch diese gedeihen ja theils in der grellen Sonne, theils im tiefen Waldesschatten. Für die Beurtheilung der Verhältnisse liegen aber die Dinge bei den Landpflanzen complicirter, weil noch ein Factor — die Transpiration — hinzukommt, welche nicht so leicht in Rechnung zu setzen sein dürfte. Wenn z. B. nach Abholzung eines Waldes die kleineren Gewächse auf dem jetzt belichteten Boden anderen Platz machen, so kann man nicht ohne Weiteres wissen, ob die Helligkeit sie zu Grunde richtete oder ob die zarteren Blätter den durch die vermehrte Transpiration an sie gestellten Anforderungen erliegen mussten.

Wie jeder Baum einer Menge von kleineren Gewächsen Schatten spendet, so gewähren auch die grösseren Algen den kleineren Schutz, aber nicht bloss diese, jeder Stein, jeder Pfahl etc. beeinflusst schon durch seinen Schatten die Algenvegetation, ja einige Fäden einer anderen Alge, selbst ein Blatt von Zostera kann hinreichenden Schatten bringen, um in diesem einer anderen Pflanze die Existenz zu ermöglichen. Ich glaube diese Verhältnisse sind bis jetzt nicht in genügendem Umfange berücksichtigt worden, man hat sich nicht genügend klar gemacht, dass bei mikroskopischen Pflanzen auch ein mikroskopischer Schatten genügen kann.

Nachdem gezeigt wurde, wie prompt die Wasserpflanzen auf verschiedene Beleuchtung reagiren, kann es nicht mehr Wunder nehmen, dass gewisse Formen in einem Jahr massenhaft auftreten, in einem andern völlig fehlen (ohne dass ich damit behaupten wollte, dass dies die alleinige Ursache sein müsste), weiss man doch wie ungemein verschiedene Jahre bezüglich der Sonnenscheindauer variiren können.

Das was bisher erörtert wurde, spricht aber auch sehr wesentlich für die wohl schon mehrfach vertretene Ansicht, dass nicht sowohl die Temperatur, als vielmehr der Beleuchtungswechsel die

Jahresperiode vieler Algen bedingt. Das gilt allerdings in erster Linie von den Meeresalgen, während die Süsswasserpflanzen durch Eisbildung etc. doch wohl wesentlich beeinflusst werden. Die Thatsache, dass auch mitten im Winter eine üppige Vegetation an vielen Stellen des Meeres vorhanden ist, bestätigt das Gesagte in vollkommener Weise. Schliesslich ist wohl noch darauf hinzuweisen, dass die Verbreitung der Algen über die Erdoberfläche gewiss zum Theil eine Function des Lichtes ist. In den nördlichen Breiten muss bei dem niedrigen Sonnenstande relativ mehr Licht von der Oberfläche des Wassers reflectirt werden als am Aequator, wo die Strahlen eventuell senkrecht in das Wasser eindringen. Die Algen müssen also dort an grössere Lichtintensitäten gewöhnt sein, oder aber sich weiter in die Tiefe des Meeres zurückziehen.

Dass die Lichtmenge, welche in unseren Breiten von der Wasseroberfläche zurückgeworfen wird, nicht ganz unerheblich ist, geht wohl zur Genüge aus den Culturversuchen hervor; überall machte ich die Erfahrung, dass die Helligkeit normaler Zimmer für das Wachsen der Oberflächenalgen zum Mindesten genügt, häufig aber noch zu gross ist. Ausserdem weiss ja jeder, dass bei Sonnenschein das Auge durch die vom Wasser reflectirten Lichtstrahlen geblendet wird, dass auch das unsauberste Wasser in Folge der Reflexe bei blauem Himmel blau erscheint und schliesslich können die Algen, wie ich glaube, das unter Umständen direct selber anzeigen. Einzelne Theile von Enteromorpha intestinalis werden häufig von Luftblasen, welche im Hohlraum des Thallus auftreten, über das Wasserniveau emporgehoben. Während die untergetauchten Zellen normal bleiben, füllen sich die emergirenden mit Assimilaten und sterben schliesslich ab. Das sieht der Lichtwirkung bei Monostroma vollkommen ähnlich. Hier ist freilich die Erwärmung nicht ausgeschlossen und insofern liegt kein stricter Beweis vor.

Jetzt wird auch klar, weshalb die Culturen so häufig misslangen. Ich konnte nicht immer die richtige Beleuchtung treffen, besonders bei den kleinen auf Fucus etc. im Schatten wachsenden Formen, die Aussaaten gingen stets unter allen Zeichen des Lichtüberschusses zu Grunde, nur Ectocarpus repens Rke. kam in zwei Culturen, die ziemlich stark beschattet waren, zur vollen Entwickelung und bildete vortreffliche pluriloculäre Sporangien. Es scheint das aber auch eine Helligkeit liebende Form zu sein. Berücksichtigt man alles bisher Gesagte, so sind ohne Weiteres die ungemein grossen Beleuchtungsänderungen ersichtlich, welche man vornimmt, wenn man Algen in ein Glasgefäss bringt und ins Zimmer stellt; das braucht nicht in allen Einzelheiten ausgemalt zu werden. Ich will nur darauf hinweisen, dass nicht einmal alle Stellen vor ein und demselben Fenster gleich hell sind und dass auch Fensterkreuze etc. einen unvorhergesehenen Schatten hervorrufen können.

Was nun die Cultur der Oberflächenalgen anlangt, so ist natürlich die theoretische Forderung die: man bringe die Pflanzen in die Helligkeit, welcher sie an ihrem Standort ausgesetzt sind. Dazu müsste man die Lichtintensität dort und im Culturzimmer vergleichend bestimmen. Das ist aber nach dem Stande der heutigen Methoden zur Bestimmung der Lichtintensität zum Mindesten eine sehr schwierige Aufgabe. Dieselben sind, soweit sie mir bekannt geworden, für solche practischen Zwecke kaum verwendbar. Ich habe nun zunächst versucht, dadurch zum Ziel zu kommen, dass ich die Gefässe mit Seidenpapier u. dgl. bedeckte, sie in grössere oder geringere Entfernung vom Fenster brachte u. dgl. mehr. Das sehr rohe Verfahren war, wie schon hervorgehoben, naturgemäss von geringem Erfolg begleitet.

Unter den gegebenen Umständen blieb kaum etwas Anderes übrig als zu versuchen, ob nicht die Algen selbst die ihnen erwünschte Helligkeit, bei geeigneter Versuchsanstellung, anzeigen möchten. Nach einigen vergeblichen Versuchen habe ich folgenden Weg eingeschlagen: Zwei Glasplatten von etwa 25 cm Breite und 30 cm Höhe werden in der Weise keilförmig miteinander verbunden, dass sie mit einer kurzen Kante dicht aneinander stossen, auf der gegenüberliegenden aber durch eine Holzleiste von ca. 5 mm Dicke auseinander gehalten werden. Die beiden Längsseiten werden dann durch keilförmige Holzleisten geschlossen. Die Verbindung der Hölzer mit dem Glas geschieht durch ein Gemenge von Colophonium und Wachs zu gleichen Theilen. An einer Ecke bleibt eine kleine Oeffnung. Jetzt bereitet man sich nach bekannter Vorschrift Glycerin-Gelatine (die übrigens nicht aus bestem Material hergestellt zu sein braucht) und setzt derselben etwas Tusche zu, was am besten in der Weise geschieht, dass man auf 100 g fertiger Glycerin-Gelatine etwa 0,01 g Tusche in einem Porzellanmörser ganz fein mit Wasser verreibt bis keine Stücke mehr bemerkbar sind. Die Manipulation wird erleichtert, wenn man die abgewogene Tusche einige Zeit mit etwas Wasser stehen lässt. Nach dem Tuschezusatz muss man durch Glaswolle filtriren. Mit dem so erhaltenen Material wird nun der Hohlraum in dem Keil gefüllt. Man bringt die Glycerin-Gelatine auf etwa 40°, so dass sie eben flüssig ist, erwärmt dann die Glasplatten dort, wo sie dicht aneinander schliessen, vorsichtig mit einem Bunsen'schen Brenner und giesst nun durch die Oeffnung die Gelatine ein, nachdem der Keil derartig auf eine Ecke gestellt wurde, dass die Eingussöffnung den höchsten Platz einnimmt. Bei richtiger Behandlung dürfen keine Luftblasen in der Gelatine verbleiben. Zwar werden, namentlich bei unvorsichtigem Eingiessen, häufig einige mitgerissen, dieselben steigen aber meistens vor dem Erkalten bis zur Eingussöffnung empor. Durch Erwärmen der Glasplatte mit Hülfe eines Bunsen'schen Brenners kann man ungebetene Blasen nachträglich entfernen, indess ist hierbei Vorsicht geboten, weil sonst der Lack schmilzt, mit welchem die Platten verbunden sind. Ist der Keil gefüllt, so lässt man langsam erkalten, dabei zieht sich die Gelatinemasse noch etwas zusammen, und man muss demgemäss ein wenig Substanz nachfüllen. Ist das geschehen, so schliesst man die Eingussöffnung mit einem Stückchen Holz, das auch noch durch Lack befestigt wird. Der ganze Keil wird dann zweckmässig durch Metallränder eingefasst, die man auch mit dem genannten Lack aufkittet. Es mag noch hinzugefügt werden, dass das Verkitten der Glasplatten mit den Verschlussleisten bei einiger Uebung leicht gelingt, besonders wenn man die Glasplatten vorher auf einem Heerd etc. entsprechend erwärmt und die Holzleisten einigermaassen gleichmässig mit Lack überzieht, indem man diesen in einem langen Blechkasten erhitzt und die ganzen Leisten auf einmal in die flüssige Masse eintaucht.

Bei richtiger Herstellung dieser Keile erhält man Schattendecken, mit deren Hülfe eine ganz allmähliche Abstufung der Helligkeit zu erzielen ist. Natürlich sind die gleichen Keile nicht für alle Zimmer brauchbar, man wird für dunkle Zimmer hellere, für helle Zimmer dunklere herstellen müssen. Das ist Sache des Ausprobirens, Regeln dafür lassen sich kaum geben.

Jetzt fing ich Schwärmer der kleinen Ectocarpusarten sowie von Pilayella auf mattgeschliffenen Glasplatten auf, brachte diese in 3—4 cm hohe Kästen aus gepresstem Glas, wie sie die Aerzte zur Desinfection von Instrumenten verwenden und bedeckte einen solchen Kasten, nachdem seine Wände aussen geschwärzt waren, mit einer der eben beschriebenen Schattendecken. Nach einiger Zeit hatten sich thatsächlich sehr gute Keimpflanzen entwickelt, wie ich sie in anderen Culturen nie erreichte. Wie ich gehofft hatte, nahmen dieselben einen recht gut begrenzten Streifen von ca. 10 cm Breite ein, der dem dünnen Ende des Keils sehr nahe lag; an den hellsten Stellen hatte sich ein dichter Ueberzug von Diatomeen auf den Platten gebildet, die dunkelsten Theile waren ganz frei von Vegetation. Die Keimlinge kamen leider nicht zur vollen Entwickelung, theils wohl deswegen, weil die Keile noch zu dunkel waren, besonders aber, weil mit der Benutzung so flacher Schalen eine bedenkliche Fehlerquelle gegeben ist. Die grosse Wasserfläche bietet dem Zutritt von Unreinlichkeiten aller Art die beste Gelegenheit, dazu kamen Bakterien aus dem zugeleiteten Wasser und so starben die jungen Pflanzen langsam. Immerhin zeigen die Versuche, dass mit diesen Gelatine-Tuschekeilen die Möglichkeit gegeben ist, zunächst einmal kleinere Formen zu ziehen, wenn man erst die übrigen mit dem Verfahren verbundenen Unbequemlichkeiten überwinden gelernt hat. Auch für grössere Algen wird man sie mit Erfolg verwenden können, wenn man sie in grösserem Maassstabe anfertigt; bis jetzt stellte ich Keile von 55 cm Länge und 45 cm Breite her, es sind dazu aber Platten von Spiegelglas erforderlich, die gewöhnlichen Fenstergläser genügen nicht. Bei weiterer Durcharbeitung dieses Zweiges wird es mir hoffentlich auf dem angedeuteten Wege gelingen, die Formen, die wohl alle etwas von einander bezüglich des Lichtbedürfnisses differiren, zu isoliren und so zu Reinculturen einzelner Species zu gelangen.

Hat man nämlich einmal an einigen Culturen die Stelle im Gelatinekeil ausfindig gemacht, unter welcher eine Species — die Benutzung desselben Fensters natürlich vorausgesetzt — gut gedeiht, so ist es ein Leichtes, unter Berücksichtigung der Dicke des Keils, an der betreffenden Stelle und der Concentration der Tusche-Gelatine die betreffende Beschattung in grösseren Platten wieder herzustellen. Ist das Verfahren erst gut ausgebildet, so muss es möglich sein, gewisse Pflanzen zu allen Jahreszeiten zu ziehen, die Algen werden dann im Winter unter den dünneren, im Sommer unter den dickeren Regionen des Keils gedeihen müssen.

2. Welche Bedeutung hat die Farbe des Wassers für die in der Tiefe des Meeres lebenden Algen?

Die ersten mit Rhodomela subfusca angestellten Culturversuche misslangen ebenso, wie die vorhin beschriebenen mit den kleinen Ectocarpusarten. Alle frei im Zimmer aufgestellten Pflanzen entwickelten sich nicht weiter, dagegen brachten Exemplare, welche am 30. Dec. 1888 aus der See herbeigeschafft waren, im Februar 1889 die ersten reifen Antheridien resp. Carpogone, nachdem sie während dieser Zeit von Glocken bedeckt waren, welche man durch Zerschneiden der gewöhnlichen Schwefelsäureballons hergestellt hatte. Zwar lieferten spätere Controlversuche ein etwas anderes Ergebniss, aber nach den ersten Versuchen musste ich mir die Frage vorlegen, ob etwa die Farbe des Seewassers eine Bedeutung für das Gedeihen der Algen habe. Da dieselbe auf die Absorption bestimmter Strahlen zurückgeführt werden muss, so lautete die Frage präciser: Können diese Strahlen von den Algen entbehrt werden oder müssen sie fehlen, d. h. hemmt etwa ihre Gegenwart die Entwickelung? In dieser Form ist meines Wissens die Frage niemals gestellt worden. Um dieselbe aber mit Sicherheit lösen zu können, schien mir eine spektroskopische Untersuchung zunächst des Ostseewassers unerlässlich, um so mehr als über die Farbe des Seewassers und die Veränderungen derselben mit der Tiefe nur wenige Angaben vorliegen[1]).

Die Versuchsanstellung war folgende: Glasrohre von ca. 3,5 cm Durchmesser und ca. 1,50 m Länge wurden durch geeignete Kautschukschläuche verbunden; an einer Stelle wurde ein kurzes T-Rohr eingeschaltet und der Verschluss an den Enden durch Messinghülsen bewirkt, auf welche mit Hülfe eines Ringes eine planparallele Glasplatte aufgeschraubt werden konnte. Durch eingelegte Kautschukringe wurde der Verschluss völlig dicht. Nachdem das ganze Rohr auf eine geeignete Unterlage (Tische etc.) gebracht worden war, füllte ich durch das T-Stück Wasser ein; jedoch so, dass auf der Oberseite einer kleiner Raum mit Luft gefüllt blieb. Damit erhielt ich quasi eine lange Libelle und konnte auf diesem Wege eine voll-

1) Ich habe wenigstens nichts Ausreichendes gefunden. Da aber der Botaniker auf diesen Gebieten nicht wohl eingehend orientirt sein kann, muss ich die Möglichkeit offen lassen, dass mir die eine oder andere Arbeit entgangen ist.

kommen horizontale Lage des Rohres erzielen, das natürlich auch im Uebrigen völlig gerade gelegt war. Durch Einschalten einer grösseren oder geringeren Zahl von Glasröhren konnten Längen von 3—17 m hergestellt werden. Weiter reichte der Raum in unserem Institut nicht.

Mit Hülfe eines Heliostaten wurde sodann directes Sonnenlicht in gerader Richtung durch das Rohr geworfen und auf der entgegengesetzten Seite die Beobachtung mit einem Hoffmann'schen geradsichtigen Spektroskop vorgenommen.

Bei einer Röhrenlänge von 3,4 m erschien das Ostseewasser hell gelblich-grün. Im Roth waren die Strahlen bis zur Wellenlänge 675[1]) vollkommen absorbirt, von dort erstreckte sich noch ein Schatten bis $\lambda = 665$; sodann trat ein ganz schwaches Absorptionsband bei einer Wellenlänge von etwa 605 auf. Eine Schicht von 6,6 m absorbirte die rothen Strahlen bis $\lambda = 660$ vollständig und liess noch einen Schatten bis $\lambda = 655$ wahrnehmen, die Auslöschung der Strahlen von 604—608 λ ist hier bereits sehr deutlich, und ausserdem kann man das Verschwinden der violetten Strahlen von $\lambda = 400$ und weniger constatiren.

Ein Rohr von 10,4 m Länge[2]) gab die Endabsorption in Roth noch deutlicher zu erkennen, Strahlen bis zu $\lambda = 650$ sind völlig ausgelöscht, ein Schatten ist noch bis $\lambda = 638$ wahrnehmbar. Das Band bei D hat sich verbreitert und reicht von $\lambda = 615$ bis $\lambda = 600$, wobei der Streifen nach D hin relativ scharf abgegrenzt ist, während eine ganz langsame Abstufung nach C hin statt hat. Eine deutliche Schwächung der blauen Strahlen ist bis zu $\lambda = 428$ etwa wahrnehmbar.

Je mehr man das Rohr verlängert, um so mehr verschwinden die beiden Enden des Spectrums, schon bei 14 m Länge ist die Endabsorption im Roth durch einen schwachen Schatten mit dem Bande bei D verbunden, und bei 17,2 m Dicke ist zwischen beiden kaum noch eine hellere Zone wahrnehmbar; zudem erstreckt sich jetzt eine allmählich abnehmende Absorption bis an die Natriumlinie ($\lambda = 590$). Strahlen von der Wellenlänge 518 scheinen jetzt auch eine ganz gelinde Schwächung zu erfahren, indess ist die Entscheidung darüber

---

1) Es wurde die Angström'sche Scala zu Grunde gelegt.

2) Man vergl. die Figuren.

um so schwieriger, als an dieser Stelle auch die Frauenhofer'schen Linien b liegen. Die Endabsorption in Blau reicht fast bis zu $\lambda = 450$.

Wenn nun auch dickere Wasserschichten nicht untersucht werden konnten, so reicht das hier Besprochene wohl aus, um zu zeigen, dass mit grösserer Tiefe die Absorption von beiden Enden des Spectrums her zunehmen und dass schliesslich nur das Grün und ein Theil des Blau übrig bleiben muss. Die Farbe geht von einem hellen Gelbgrün in ein schönes Dunkelgrün ganz allmählich über.

So das Ostseewasser. Ein Vergleich mit Warnowwasser, welches unterhalb Rostock geschöpft war, wurde durch die gewaltige Trübung, die sich in demselben fand, völlig vereitelt. Leitungswasser, welches der Warnow oberhalb der Stadt entnommen wird, leistete bessere Dienste. Wurde ein Rohr von 10 m Länge mit diesem gefüllt, so ergab sich eine bräunliche Färbung. Das Spektroskop wies auf dem wenig brechbaren Ende mit ganz geringen Abweichungen dieselbe Absorption nach wie im Ostseewasser, dagegen war die blaue Seite ganz erheblich stärker absorbirt; bis zu Wellenlängen von 500 war alles Blau resp. Grün verschwunden und bis $\lambda = 515$ noch eine Abschwächung wahrnehmbar.

Im Vergleich damit zeigte bei Helgoland geschöpftes und von dort in Glasstöpselflaschen übersandtes Nordseewasser von 3,2 % Salz wieder in der rothen Hälfte dasselbe Spectrum wie das Ostseewasser; auf der blauen Seite war die Absorption geringer als in der Warnow, aber stärker als in der Ostsee, alle Strahlen bis zur Wellenlänge 455 waren ausgelöscht, aber bis $\lambda = 470$ war noch eine Schwächung zu erkennen. Nordseewasser von Sylt verhielt sich nicht wesentlich anders.

Die Versuche beweisen, dass die Farbe des Wassers vom Salzgehalt desselben völlig unabhängig ist, Leitungs-, Ost- und Nordseewasser verhalten sich bezüglich der Absorption in Roth völlig gleich, sie differiren nur in der stärker brechbaren Spectralhälfte. Die Erklärung dafür ist eine sehr einfache, die Farbe des reinen Wassers ist blau[1]). Schönn erkannte einen schwachen Absorptions-

1) Vergl. Bunsen, Ueber den inneren Zusammenhang der pseudovulkan. Erscheinungen Islands. Annalen d. Chemie u. Pharm., Bd. 62, p. 44. — Vogel, Spectralanalyse irdischer Stoffe I, 2. Aufl., p. 320. — Boas, Beiträge zur Erkenntniss der Farbe des Wassers. Dissert. Kiel 1881. Hier auch weitere Literatur.

streifen auf C und einen zweiten, etwas stärkeren zwischen C und D, nahe an D. Dieser letztere ist unzweifelhaft derjenige, welchen auch ich überall beobachtet habe. Leider konnte ich selber keinen Vergleich mit destillirtem Wasser anstellen, da dasselbe nicht in hinreichender Reinheit zu beschaffen war; das auf dem gewöhnlichen Wege gewonnene reicht für diese Zwecke nicht aus. Boas nahm in einem 14 m langen, mit destillirtem Wasser gefüllten Rohr eine Absorption des Roth und eine Schwächung des Gelb wahr. Von dem Bande bei D sagt er nichts. Dasselbe war auch in meinen Versuchen bei einem 14 m langen Rohr so sehr mit der Endabsorption verschmolzen, dass es schwer sichtbar war. Vielleicht sind indess Boas' Versuche nicht ganz einwandfrei, weil er das Wasser in ein Zinkrohr einfüllte, durch welches unzweifelhaft geringe Veränderungen herbeigeführt werden.

Mag dem nun sein wie ihm wolle, soviel scheint mir sicher, dass reines Wasser das Band in Gelb und eine von Roth her beginnende Endabsorption zeigt, dass also auch die im Seewasser beobachteten Absorptionen in der weniger brechbaren Hälfte des Spectrums dem reinen Wasser zuzuschreiben sind. Die Endabsorption in der stärker brechbaren Hälfte wäre dann auf Rechnung irgend welcher Substanzen zu setzen, die im Wasser bald in grösserer, bald in geringerer Menge gelöst auftreten. Solche Substanzen kommen in vielen Flüssen besonders reichlich in Gestalt sog. Humussubstanzen, braungefärbter Körper von wenig bekannter Zusammensetzung vor und werden von diesen in die Meere hineingeführt, können aber auch, da sie aus faulenden Pflanzen etc. unter Mitwirkung von Alkalien entstehen, in diesen selbst gebildet werden. Je weniger Humussubstanzen vorhanden sind, um so blauer erscheint die See, je mehr aber in dieselbe von den genannten Stoffen eingeführt wird, um so mehr wird sie grün oder gelblich. Das Ostseewasser erwies sich in dieser Hinsicht besser als das Nordseewasser, indess möchte ich vorläufig wenig Werth auf diese Ergebnisse legen, weil das Nordseewasser jedenfalls dicht am Strande geschöpft war, wo Verunreinigungen immerhin leicht möglich sind.

Dass es Meere giebt, welche von den braunen Stoffen frei sind, geht wohl aus dem Vorhandensein der blauen Grotte auf Capri hervor. In dieselbe gelangt bekanntlich nur Licht, welches aus grösserer

Tiefe reflectirt ist und in diesem fand Vogel[1]) eine Absorption des Roth bis zur Natriumlinie, Daneben einen Absorptionsstreifen auf b E, vielleicht denselben, welchen ich dicht bei b angedeutet fand. Eine Absorption des Blau war in Capri nicht vorhanden[2]).

Man sieht, die Farbe des Wassers kann an verschiedenen Stellen des Meeres bedeutend variiren und namentlich an den Küsten muss Neigung zur Verunreinigung durch organische Substanzen und demgemäss zur Entstehung grüner Färbungen vorhanden sein.

Die vorgetragene Auffassung bezüglich der Ursache der Seewasserfärbung stützt sich vollständig auf Untersuchungen Wittstein's[3]), in welchen derselbe auf chemischem Wege nachweist, dass die Farbe aller Binnengewässer auf den grösseren oder geringeren Gehalt an Humussäure zurückgeführt werden muss. Gelbe und braune Gewässer führen viel, blaue und grüne geringe Mengen von Humussäure mit sich. Diese letztere wird besonders durch Alkalien in Lösung übergeführt und daraus erklärt sich auch, dass Flüsse, die aus Granitgebirgen etc. kommen, braun gefärbt sind, weil aus diesem Gestein relativ viele Alkalien in das Wasser übergehen, während Kalkgestein wenig Alkalien abgiebt. Demgemäss sind die aus Kalkgebirgen kommenden Flüsse blau bis grün. Derartige Betrachtungen wird man auch auf Meere mit Kalk- oder Granit- und Gneisküsten ausdehnen können. Indess scheint mir hier nicht der Ort, alles dies bis in die Einzelheiten hinein zu behandeln. Das Princip klar gestellt zu haben, dürfte ausreichen.

Meine spektroskopischen Untersuchungen genügen keineswegs allen Anforderungen, sie zeigen nur qualitativ die Absorption gewisser Strahlengattungen, ohne uns über die Intensität der durchgelassenen Strahlen zu belehren. Aber selbst dann, wenn ich mich unter Beibehaltung meiner Versuchsanstellung an eine quantitative Bestimmung der Lichtintensitäten in den verschiedenen Regionen des Absorptionsspectrums herangewagt hätte, würde das noch keinen

1) Spectralanalyse, p. 320.

2) Auch Cialdi und Secchi fanden (Comptes rendus T. 61, p. 100), dass im Mittelmeer zuerst roth, dann gelb etc. absorbirt wird.

3) Wittstein, Die Farbe des Wassers. Sitzungsber. d. math.-phys. Classe d. k. bayr. Acad. d. W. in München 1860, p. 603 ff.

hinreichenden Aufschluss über die Verhältnisse im Meer selbst gegeben haben. Hier traf ein Strahlenbüschel senkrecht auf die Vorderfläche der Wassersäule und musste diese, ohne eine wesentliche Reflexion zu erleiden, passiren. Im Meer wird ein erheblicher Theil der unter einem oft kleinen Winkel auffallenden Sonnenstrahlen reflectirt, nur der Rest dringt in das Wasser ein. In Folge dessen muss auch bei 17 m Tiefe die Intensität der Strahlen, welche nicht absorbirt wurden, z. B. der grünen, eine ganz andere sein als in meinem Rohr von 17 m Länge. Die Sache wäre nur vollkommen, wenn man, worauf Engelmann[1]) schon aufmerksam gemacht hat, eine genaue quantitative Bestimmung des Lichtes, welches Wasserschichten von verschiedener Dicke passirt hat, vornähme. Mir fehlten dazu die Mittel.

Immerhin bieten meine Untersuchungen einige Anhaltspunkte zur Beurtheilung der in Frage kommenden Lichtverhältnisse.

Es handelte sich nun darum, einen Farbstoff zu erlangen, welcher, etwa in die Sachs'schen doppelwandigen Glocken gebracht, es ermöglichte, den darunter befindlichen Algen die gewünschte Farbe zukommen zu lassen. Es ist mir nicht gelungen, einen Farbstoff ausfindig zu machen, der bis in alle Einzelheiten genau das Absorptionsspectrum des Seewassers copirte. Das Band bei D liess sich nicht imitiren. (Es könnte dasselbe eventuell für solche Algen in Frage kommen, die in Tiefen bis zu 10 m wachsen.) Dagegen war es leicht, durch Mischung einer Lösung von Kupfersulfat mit Kaliumbichromat eine grüne Farbe herzustellen, welche, abgesehen von dem genannten Bande bei D, alles wiedergiebt. Da das Kupfervitriol je nach der Concentration nur die weniger brechbaren Strahlen in grösserem oder geringerem Umfange, das Kaliumbichromat nur die violetten, blauen u. s. w. Strahlen je nach der Stärke der Lösung absorbirt, hat man es nicht nur in der Hand, die Lichtabsorption in verschiedenen Tiefen der Ostsee nachzuahmen, sondern auch die Farbenmischung verschiedener Meeresabschnitte herzustellen.

Sollten greifbare Resultate erzielt werden, so mussten Versuche in grösserer Anzahl unternommen werden, dazu wären die doppel-

1) Engelmann, Farbe und Assimilation. Bot. Zeit. 1883, p. 1.

wandigen Glocken zu theuer geworden. Deshalb wurden je zwei Batteriegläser oder Glashäfen so ineinander placirt, dass ihre oberen Ränder in gleicher Höhe standen und ihre Wände ca. 2 cm von einander entfernt waren. In das innere Gefäss kamen die zu beobachtenden Algen, der Aussenraum wurde mit der gewünschten Lösung gefüllt und das Ganze mit einer geradwandigen Crystallisirschale überdeckt, welche ebenfalls eine Lösung von 2 cm Höhe enthielt. Um den Zutritt weissen Lichtes ganz auszuschliessen, wurde der Oberrand des Glases und Unterrand der Crystallisirschale mit schwarzem Tuch umwickelt.

Die Versuche wurden hauptsächlich mit Rhodomela subfusca und Polysiphonia nigrescens angestellt. Diese Pflanzen stellte ich in verschiedene Entfernung vom Fenster, bedeckte sie mit einer Kappe von Seidenpapier u. s. w. Andere Individuen kamen in die vorhin beschriebenen doppelwandigen Gefässe und wurden hier mit einem Mantel der grünen Flüssigkeit von verschiedener Concentration oder mit reiner Kupfersulfatlösung, oder aber mit der Lösung des Kaliumbichromates umgeben.

Polysiphonia nigrescens ergab folgende Resultate. Im October wurde eine grössere Anzahl von Exemplaren aus der See hereingebracht und nun zum Theil in dem schon oben erwähnten Zimmer mit den grossen Fenstern, zum Theil in dem auch p. 408 schon genannten Eckzimmer aufgestellt. Die Exemplare hatten, als sie aus der See kamen, einen etwas gedrungenen Habitus und dunkle, fast braunrothe Färbung. Im grossen, hellen Zimmer begannen sie bald ein rapides Wachsthum, nach kurzer Zeit verlängerten sich die Blätter, welche anfangs recht kurz gewesen waren, ganz bedeutend, dazu entstanden neue, welche die Spitzen der Zweige rasch in eine Wolke einhüllten. Die Hauptzweige verlängerten sich auch ziemlich schnell, sie producirten Seitenzweige, die aber recht kurz blieben. Die Exemplare erhielten so den Habitus lang aufgeschossener etiolirter Pflanzen. Der Vergleich ist natürlich nur ein oberflächlicher, da in dem einen Fall die Seitenäste, im anderen die Blätter klein bleiben. Die stark durch das Licht getriebenen Polysiphonien zeigten eine kaum noch hellröthliche, oft eine fast ins Gelbliche spielende Farbe. Dazu waren die einzelnen Zellen mit Körnchen vollgestopft, als wollten sie bersten. Diese Körnchen sind wohl sicher Producte der ungemein starken Assimilation, reine Stärke sind sie nicht; genaueres über ihre Natur ausfindig zu machen, war zunächst nicht meine Aufgabe. Die Seitenäste stellen ihr Wachsthum unter starker Blattbildung ein, häufig kann man den Vegetationspunkt zwischen diesen kaum noch erkennen, er scheint seine Thätigkeit völlig zu sistiren. Ein ähnliches Schicksal erfährt wohl nach einigen Monaten auch die Spitze der Hauptäste, ich habe wenigstens an diesen zuletzt kein Wachsthum mehr wahrnehmen können. Die Scheitelzelle wurde auch hier sehr schmal und bildete ungeheure Blätter. Die Pflanzen kamen trotz des anfangs rapiden Wachsthums nicht zur Bildung irgendwelcher Fortpflanzungsorgane. In dem hellen Zimmer habe ich Polysiphonia nigrescens überhaupt nicht zur vollen Entwickelung bringen können.

Exemplare, welche am 2. November 1889 eingesetzt und in das kleinere Eckzimmer dicht an ein nach Südost gelegenes Fenster gestellt waren, besassen nur an den älteren Aesten relativ wenige Blätter. Bis zum 26. November waren diese Organe in grossen Mengen bis zu den jüngsten Spitzen hin aufgetreten, am 10. Januar 1890 waren alle Vegetationspunkte gut, aber an den jüngsten fehlten die Blätter, auch an den älteren waren sie kürzer als am 26. November. Am 13. Januar wurden sie in frisches Wasser von gleicher Concentration und Temperatur eingesetzt. Die Pflanzen erlitten dadurch keine Störung. Am 19. Februar waren wieder grosse Blattbüschel vorhanden und die Vegetationspunkte stark verschmälert. An vereinzelten Zweigen traten wenige ganz junge Anlagen von Carpogonen auf, die indess nicht ganz normal zu sein schienen. Am 29. April waren die Blattbüschel noch weiter vergrössert, ausserdem fanden sich normal ausgebildete Carpogone mit wohl entwickelten Trichogynen. Die ältesten hatten sich, weil Antheridien fehlten, nicht weiter entwickelt, die centralen Zellen waren abgestorben. Habitus und Färbung ähnelten bis zu einem gewissen Grade demjenigen der hellen Culturen aus dem grossen Zimmer, doch waren die Erscheinungen nicht ganz so ausgeprägt; die Seitenäste standen aber auch weit entfernt, ebenso natürlich die Carpogone, deren Zahl ganz wesentlich hinter derjenigen wilder Exemplare zurückstand.

Einen starken Gegensatz zu diesen Pflanzen bildeten andere, welche von demselben Fenster etwa 2—3 m entfernt auf einem Tische standen. Die Blattbildung blieb fast ganz aus, die Spitzen starben langsam ab, dann traten Adventivsprosse auf, welche sich bis zu einem gewissen Grade entwickelten, um später auch zu Grunde zu gehen. Die Haarbildung blieb in diesen Fällen fast ganz aus, die Färbung war schön dunkelroth, es fanden sich nur wenige Körner in den Zellen. Ein Gefäss mit derartig an Lichtmangel leidenden Polysiphonien wurde in das Zimmer mit den grossen Fenstern überführt, alsbald begannen sich nun Adventiväste zu bilden, welche sehr rasch wuchsen; sie verhielten sich weiterhin genau so, wie die Exemplare, welche schon länger in dem Zimmer verweilt hatten.

Wieder andere Culturen, welche in dem kleinen Zimmer etwa $^1/_2$ m vom Fenster standen, wuchsen relativ normal, sie waren hellroth gefärbt, enthielten ziemlich viel Assimilate und hatten einen mässigen Blattwuchs, die jüngeren Spitzen waren sämmtlich frei von diesen Organen. Leider kamen sie durch ein besonderes Missgeschick nicht zur vollen Entwickelung.

Andere Polysiphonien wurden mit einem grünen Mantel von verschiedener Intensität der Färbung umgeben, diese entsprach den Farben in verschiedener Tiefe und war auf Grund der spektroskopischen Beobachtungen hergestellt. Die Gefässe standen zum Theil vor dem Nordost-, zum Theil vor dem Südostfenster des kleinen Eckzimmers. Wie schon hervorgehoben, lieferte vor dem Nordostfenster eine Birke auch wohl im Winter einigen Schatten. Bei Sonnenschein fielen auf das Südostfenster während einiger Stunden des Tages die directen Strahlen, dieselben wurden durch weisse Vorhänge abgeblendet.

In einigen Gefässen, deren Mantel ganz hellgrün war und höchstens 2 m Tiefe entsprach, wuchsen vor dem Nordostfenster am 18. September eingebrachte Polysiphonien unter mässiger Blattbildung und hellrother Färbung sehr gut weiter, gegen Ende October fehlten alle Blätter, im Uebrigen waren die Spitzen sehr gut ausgebildet, im November konnte man nur noch ein ganz langsames Wachsthum der Sprosse erkennen; das dauerte bis Anfang Februar, dann begann neues Wachsthum und im April trat starke Blattbildung ein, die nun anhielt. Die Exemplare brachten leider keine Fortpflanzungsorgane. Andere Gefässe, welche ebenfalls am Nordostfenster standen, waren mit einem grünen Mantel entsprechend einer Tiefe von etwa 10 m versehen. Hier trat die Verlangsamung des Wachsthums mit der Verkürzung der Tage noch deutlicher hervor. Ende October konnte man schon neben dem völligen Blattverlust eine bedenkliche Verlangsamung des Spitzenwachsthums wahrnehmen. Mitte November waren die Vegetationspunkte der Hauptsprosse im Absterben, dafür traten Ersatzsprosse (adventiv) auf, wie das bei vielen Formen Regel zu sein scheint, wenn das Spitzenwachsthum gestört ist; diese Ersatzsprosse hielten sich nothdürftig bis zum Februar, dann trieben sie aus, Ende April waren manche Aestc mit einer mässigen Anzahl von Blättern besetzt, diese vermehrten sich erheblich im Sommer. Im Juli wurden dann Carpogone mit sehr guten Trichogynen sichtbar. Die Verzweigung war eine völlig normale, die Carpogone standen in grösserer Zahl dicht beisammen, wie an „wilden" Pflanzen.

Als im Anfang Februar die Pflanzen wieder auszutreiben begannen, war sehr deutlich eine Bevorzugung der Exemplare in der hellgrünen Lösung zu bemerken, das ausgiebigere Wachsthum der Spitzen begann unverkennbar mindestens ein bis zwei Wochen früher als in der dunkleren Lösung. Ebenso konnte man an den Exemplaren, welche am Südostfenster aufgestellt waren, einen um zwei bis drei Wochen früheren Wiederbeginn der Vegetationsthätigkeit erkennen. Im Uebrigen verhielten sie sich den Pflanzen im Nordosten völlig analog, die helleren waren wieder bevorzugt gegen die dunkleren. An einigen Exemplaren konnte am 29. Juli Tetrasporenbildung constatirt werden, an anderen, und zwar auch unter einem hellgrünen Mantel, traten bereits Ende April Antheridien auf, die völlig normal waren. Auch hier wurden nicht in allen Culturen Fortpflanzungsorgane gefunden, obwohl die Exemplare im Uebrigen völlig normal wuchsen. (Auch in der See findet man gewöhnlich nicht alle Exemplare gleichzeitig mit Geschlechtsorganen oder Tetrasporen versehen.) Die in hellgrüner Lösung gewachsenen Exemplare waren stets heller als die in dunkelgrüner gezogenen.

Ganz anders verhielten sich Pflanzen, welche, am 16. November gedredscht, mit demselben grünen Mantel wie die vorhin besprochenen versehen wurden, dann aber in dem Zimmer mit den grossen Fenstern Aufstellung fanden. Sie zeigten sofort üppiges Wachsthum; je nach der Concentration der Farbe bildeten sich früher oder später grosse Blattbüschel, diese blieben den ganzen Winter hindurch und auch im Spitzenwachsthum trat selbst im December und Januar keine irgendwie merkbare Verlangsamung ein. Leider musste ich auf die weitere Cultivirung dieser Exemplare verzichten, weil unter denselben eine Epidemie auftrat[1]).

Unter blauem und gelbem Mantel wurden ebenfalls einige Culturen angestellt, dieselben ergaben, dass das Blau fast genau so wirkte wie das Grün, dass dagegen die Individuen unter der gelben Lösung sich ähnlich verhielten wie Exemplare, welche am weissen Licht gestanden hatten. Das gilt bezüglich des Habitus, welchen die Pflanzen zeigten und betreffs der Haarbildung; die volle Entwickelung erreichten sie nicht, weil auch hier die Parasiten auftraten.

Mit Rhodomela subfusca wurde in ganz analoger Weise experimentirt wie mit Polysiphonia nigrescens. Auch bei dieser Species ergab sich ganz Analoges. Exemplare, welche frei im kleinen Zimmer standen, sowohl am Nordost- als auch am Südostfenster, zeigten unter Bildung stattlicher Blattbüschel die Ueberverlängerung der Hauptsprosse, die Verkürzung der Seitensprosse; noch mehr als bei Polysiphonia fiel es auf, dass auch die Hauptsprosse einen sehr kleinen Vegetationspunkt besassen, dessen Umfang in gar keinem Verhältniss zu dem normaler Stammspitzen stand. Die Aufhäufung von Assimilaten fand in derselben Weise statt und an den freistehenden Exemplaren wurde auch niemals die Bildung von Fortpflanzungsorganen wahrgenommen. Dagegen bildeten wenigstens zwei Culturen, welche am Südostfenster des kleinen Zimmers unter einer aus Seidenpapier hergestellten Glocke standen, Antheridien in geringem Umfange, die Zahl derselben stand aber zu der unter normalen Bedingungen gebildeten in gar keinem Verhältniss. Diese Exemplare waren am 13. October 1889 gefischt, die Antheridien wurden am 25. Februar 1890 beobachtet. Sehr gut und relativ normal entwickelten sich Pflanzen, welche am 30. December 1888 aus der See beschafft und dann sofort im kleinen Zimmer vom Nordostfenster ca. 1 m entfernt unter eine Glocke gestellt wurden, welche durch Abschneiden eines Schwefelsäureballons hergerichtet war. Der

---

1) Dieselbe wurde verursacht durch ein Chytridium, dessen Schwärmer in die jungen Spitzen, etwa 5—6 Segmente von der Scheitelzelle entfernt, eindringen. Sie breiten sich bis in die Scheitelzelle aus und zerstören so die jüngsten Theile. Die älteren Sprosstheile bleiben am Leben, treiben auch Ersatzsprosse, diese werden meistens von Neuem befallen. Schliesslich pflegt die Krankheit zu erlöschen, die Pflanzen sind dann aber häufig derartig zugerichtet, dass man sich scheut mit ihnen weiter zu experimentiren.

Habitus blieb hier annähernd normal, die hellrothe Farbe, welche die Pflanzen am 30. December besessen hatten, veränderte sich auch an den neu gebildeten Sprossen nicht wesentlich, die Carpogone und Antheridien, welche am 6. Februar 1889 zuerst bemerkt wurden, standen in normaler Entfernung, die Blattzahl war eine mässige. Auch Tetrasporen wurden ausgebildet, wenn auch nur in geringer Zahl. Im Mai begannen dann die Aestc abzusterben, welche Tetrasporen und Carpogone trugen (die letzteren waren, weil Antheridien fehlten, nicht weiter entwickelt), während des Sommers blieben fast nur die älteren Sprosse zurück, diese trieben dann im Herbst 1889 wieder aus, indess entwickelten sich die Pflanzen in dem Winter nicht mehr so gut, weil bei der grossen Anzahl von Culturen, die angelegt werden mussten, nicht immer der Wasserumsatz richtig und rechtzeitig besorgt werden konnte, sie waren aber bis zum Sommer 1890 lebend und im Wachsthum. Dann wurden sie entfernt, um Platz zu gewinnen.

Wie die Polysiphonien wurden auch die Rhodomelen mit verschieden-farbigem Mantel umgeben. Die am 13. October eingesetzten Exemplare entwickelten sich im kleinen Zimmer völlig normal, soweit sie unter Lösungen standen, die verschiedene Tiefen zwischen 5 m und 12 m wiedergaben. Die Pflanzen hatten nach mehreren Monaten auch an den neu gebildeten Aesten noch denselben Habitus und dieselbe Färbung, wie die Exemplare in der See. Blattbildung trat je nach der Intensität der Farbe in grösserem oder geringerem Maasse auf. Assimilate waren nur in geringer Menge sichtbar. Leider kamen nur zwei von diesen Culturen zur vollen Entwickelung, sie trugen im Februar 1890 normale Carpogone in reichlicher Zahl und in derselben Anordnung wie die wilden Pflanzen. Eine Sistirung des Wachsthums während der dunkelsten Monate konnte bei Rhodomela nicht wahrgenommen werden. Die übrigen, am 13. October in Cultur genommenen Individuen gingen mir im December und Januar zu Grunde. Rhodomela ist empfindlicher als Polysiphonia nigrescens, ausserdem beherbergt gerade diese Art eine grosse Anzahl kleiner Krebse etc. zwischen ihren Zweigen; dieselben bauen sich dort förmliche Nester, werden zunächst nicht immer aufgefunden und machen sich erst später dadurch unangenehm bemerkbar, dass sie die Zweige abfressen und obendrein das Culturwasser mit ihren Fäces verunreinigen.

In dem grossen Zimmer wurden nur wenige Rhodomelaculturen aufgestellt, wie bei Polysiphonia zeigte sich eine ganz bedeutend gesteigerte Haarbildung gegenüber den Culturen im kleinen Zimmer, obgleich das Spectrum des Mantels dasselbe war.

Während wir oben sahen, dass Polysiphonia sich unter blauer Lösung ebenso verhält wie unter grüner, zeigt Rhodomela unter blauer Lösung die bekannten Helligkeitsabnormitäten — Blattbüschel, verlängerte Hauptachsen u. s. w. Auch hellgelbe Lösung bewirkt dasselbe. In braungelber Lösung dagegen, die etwa dem Wasserleitungsspectrum bei 10 m Rohrlänge entsprach, schienen sich die Rhodomelen dem normalen Verhalten zu nähern, indess waren die Culturen für eine präcise Entscheidung dieses Punktes nicht ausreichend.

Am 13. December hatte ich wieder eine Anzahl von Rhodomela-Exemplaren gefischt und in die Culturgefässe eingesetzt, sie hatten nur wenige Blätter und keine Fortpflanzungsorgane. Die Culturgefässe standen alle im grossen, hellen Zimmer; am 20. Januar waren auch in solchen, welche nur mit dünnem, geöltem Seidenpapier leicht bedeckt waren, Antheridien und Carpogone entwickelt, daneben fanden sich ungeheure Blattbüschel in allen Gefässen. Die Exemplare hatten einen unverkennbaren Vorsprung gegen andere, welche ich am 5. Februar aus der See holte. Diese letzteren hatten zum grösseren Theil Tetrasporenanlagen, im kleinen Zimmer ohne Bedeckung aufgestellt, entleerten sie von Anfang März an ihre Tetrasporen, welche zunächst wenigstens in normaler Weise keimten. In der See waren Ende März noch die wenigsten Tetrasporen entleert.

In den Culturgefässen kamen nicht selten neben den hauptsächlichen Insassen andere zur Entwickelung; so bildete in einem Gefäss Ceramium tenuissimum sich ganz vortrefflich aus und trug Cystocarpien, in einigen anderen wuchs Ceramium rubrum sehr gut, freilich ohne Früchte zu bilden, Phyllophora Brodiaei wächst seit zwei Jahren, Pringsheimia scutata macht in vielen Culturen seinen Entwickelungsgang durch, in anderen trat zeitweilig eine Chantransia sehr üppig auf und dergl. mehr.

Die Beschleunigung der Sporenbildung im hellen Zimmer zeigten auch sehr auffällig einige Exemplare von Dumontia filiformis, bei welchen die Tetrasporen fast vier Wochen früher entleert wurden als in der See.

Vergleichen wir nun mit dem eben geschilderten Verhalten die Wachsthumsweise der Pflanzen im Meer selbst, so ergiebt sich ein völlig genaues Zusammentreffen der Culturen mit dem, was im Freien wahrnehmbar ist. Polysiphonia nigrescens wächst bei Warnemünde in Tiefen von 3—10 m, geht aber an den Pfählen der Badeanstalt und der Molen dicht an die Oberfläche heran. Am letztgenannten Standort, welcher in Folge der Ueberbauung der Pfähle durch Sitzplätze ziemlich stark beschattet ist, sind die Pflanzen dunkelroth, spielen häufig etwas ins Bräunliche, die Zellen enthalten kaum Assimilate, die Haare sind in der Regel kurz. Im Gegensatz zu diesen sind die frei auf dem Meeresboden in ca. 10 m Tiefe wachsenden Exemplare weit schlanker und zeigen das schöne Florideenroth. In den Frühlingsmonaten, nach hellem Wetter, ist es dann sehr auffällig, wie die rothe Farbe verblasst, je mehr die Pflanzen sich dem Wasserniveau nähern; in ca. 3 m Tiefe wird sie fast strohgelb. Hand in Hand damit geht ein massenhaftes Auftreten von körnigen Assimilaten in den Zellen. Auffällig war im Anfang des Juni 1890, dass die an seichten Stellen (2—3 m) ohne Beschattung stehenden Polysiphonien bei gelber Färbung ungeheure Mengen von Tetra- oder Carposporen trugen, die ins Zimmer gebracht sich sofort entleerten, dass dagegen Pflanzen aus 10 m Tiefe häufig überhaupt keine Fortpflanzungsorgane besassen, häufig auch weit hinter den erstgenannten zurück waren. Im Zimmer entleerten sie selbst nach einer Woche keine Sporen, in der See kamen sie mindestens 14 Tage später zur Entwickelung. Die Exemplare an den Molen scheinen noch später zu reifen, ich fand wiederholt im September Antheridien und Carpogone, indess sind diese nicht ohne Weiteres mit den anderen vergleichbar, weil hier dicht an der Mündung des Stromes der Salzwechsel weit mehr in Frage kommt als im offenen Meer.

Im Sommer gehen die sämmtlichen Sporen erzeugenden Aeste nach deren Entleerung zu Grunde, in Folge dessen bleiben von den in 2—3 m Tiefe wachsenden, über und über fruchtenden Exemplaren nur unansehnliche Stümpfe übrig; in etwas grösserer Tiefe dagegen, wo nicht alle Individuen zur Reife kommen, ist auch während der Sommermonate eine ganz erträgliche Polysiphonienvegetation vorhanden, ebenso an den Pfählen der Mole.

Rhodomela subfusca verhält sich durchaus analog; wie in den Culturen findet auch in der See die Bildung der Fortpflanzungsorgane etwa im Februar statt, zieht sich dann freilich bis in den Mai hin. Die Aeste, welche Tetra- oder Carposporen tragen, sterben später — wie in den Culturen — ab und lassen während des Sommers nur die älteren Stammtheile zurück. Im Herbst beginnt dann neues Wachsthum. Die Form scheint stenophotistisch zu sein, sie geht nicht so hoch wie Polysiphonia nigrescens, aber auch nicht so tief wie diese. Das Ausbleichen der Farbe bei intensiver Beleuchtung erfolgt in der gleichen Weise.

Im Februar und März des Jahres 1889 waren die Exemplare dieser Pflanze, welche das Schleppnetz herauf brachte, ziemlich schlank gewachsen, die Aeste standen in mässiger Entfernung von einander. Man konnte leicht schon nach dem Habitus männliche, weibliche und Tetrasporenexemplare unterscheiden. Im Februar 1890 hatten die Rhodomelen einen sehr gedrungenen Habitus, es waren weit weniger Blätter als im Vorjahre vorhanden und diese Blätter enthielten vielfach Chromatophoren. Eine Unterscheidung der verschiedenen Exemplare nach dem Habitus gelang nicht. Das lässt sich wieder, wie bei Ceratophyllum submersum, leicht aus den Witterungsverhältnissen erklären. Im Jahre 1889 war von Januar bis Anfang März Frostwetter bei völlig klarem Himmel, dagegen war der Winter 89/90 fast ständig trübe und dunkel, die Sonne durchbrach kaum einmal die dichten Wolken.

Andere Algen verhalten sich in der Cultur wie in der See ähnlich, so konnte z. B. Ende Mai 1889 mit grosser Deutlichkeit verfolgt werden, wie die hochwachsenden Florideen fast gelb, die in 10—16 m Tiefe vegetirenden schön roth waren, zwischen beiden Extremen fand ein ganz allmählicher Uebergang statt. Nach allem ist auch Reinke's Meinung unzutreffend, wonach Differenzen der Beleuchtungsstärke auf die Algen der Ostsee nur einen geringfügigen Einfluss ausüben. Wenn Reinke als Beweis dafür anführt, dass an den Brückenpfählen des Forts Möltenort Ceramium rubrum in vollem Licht wachse und trotzdem eine dunkelrothe Farbe habe, während dieselbe Species in einiger Tiefe strohgelb gefärbt sei, so täuscht er sich wohl über die Lichtintensität an den Brückenpfählen. Wiederholt konnte ich oben betonen, dass jeder Pfahl schattet und das wird mit solchen, die eine Brücke tragen, erst recht der Fall sein.

Selbst wenn die Algen an der Südseite wachsen, ist das Licht dort schwächer als an völlig freiliegenden Stellen, z. B. an Steinen in der Tiefe von 3 m. Auch die von Reinke hervorgehobene Thatsache, dass Desmarestia aculeata in 12 m Tiefe bei Kiel, an der Oberfläche bei Helgoland vorkommt, beweist nichts gegen die vorgetragene Auffassung, wir haben es einfach mit einer euryphotistischen Form zu thun und ausserdem würde vermuthlich ein genauerer Vergleich doch einige Differenzen der Helgoländer und Kieler Form ergeben.

Meine Culturerfahrungen und Beobachtungen in Warnemünde bestätigen in jeder Beziehung Berthold's Beobachtungen im Golf von Neapel; dort treten in Folge der felsigen Beschaffenheit der Ufer und der grossen Meerestiefen Beleuchtungsdifferenzen noch weit schärfer hervor und demgemäss reagiren die Pflanzen auch schärfer auf dieselben als in der Ostsee mit ihren sandigen Ufern und recht geringen Wassertiefen. Hier wie dort reagiren die Algen auf zu grosse Lichtintensitäten durch Haar- und Blattbildung einerseits, durch Verblassen andererseits. Wie bei Warnemünde Polys. nigrescens im Schutz der Molen dicht unter die Oberfläche emporsteigt, so kommen bei Neapel in schattigen Grotten dicht unter dem Wasserniveau dieselben Algen vor, wie in freien Lagen in grossen Tiefen. Wie bei Warnemünde Polys. nigrescens sich in höheren Lagen rascher entwickelt als in tieferen, um an den ersteren Stellen im Sommer fast ganz zu verschwinden, wie in den Culturen eine Beschleunigung des Wachsthums durch helleres Licht — innerhalb gewisser Grenzen — ganz unverkennbar ist, so treten auch bei Neapel viele Formen im Frühjahr an der Oberfläche auf, erreichen aber in der Tiefe erst im Sommer und Herbst den Höhepunkt ihrer Entwickelung, zu einer Zeit, wo sie von der Oberfläche längst verschwunden sind. Nimmt man alle diese Beobachtungen zusammen, so ergiebt sich daraus noch einmal ganz unwiderleglich der schon oben p. 414 gezogene, von Berthold bereits früher angedeutete Schluss, dass die Intensität des Lichtes derjenige Factor ist, welcher in erster Linie in die Jahresperiode der Meeresalgen bestimmend eingreift, dass alle übrigen Factoren erst in zweiter Linie in Rechnung zu setzen sind — natürlich abgesehen von Einzelfällen, in welchen gewiss einmal dem Salzgehalt, Salzwechsel, der Temperatur die Entscheidung in die Hand gegeben ist.

Es wurde oben, p. 419, die Frage aufgeworfen, ob etwa die Gegenwart der Strahlen, welche in dickeren Schichten des Meerwassers absorbirt werden, die Entwickelung der Algen hemmt. Wäre das der Fall, so würde man ja eine vortreffliche Erklärung dafür haben, dass eine Reihe von Arten fast ausschliesslich an die Tiefe gebunden ist. Allein die Antwort ist — wenigstens für die untersuchten Formen — durchaus negativ ausgefallen. Die Thatsache, dass Rhodomela subfusca und Polysiphonia nigrescens im weissen Licht bei 6—8 monatlicher Cultur Fortpflanzungsorgane bildeten, beweist zur Genüge, dass von ihnen alle Strahlen des Spectrums ertragen werden. Die Pflanzen hatten einen abnormen Habitus, ich glaube indess nicht, dass dies an meiner Auffassung etwas ändert. Dass ich bei meinen Versuchen nicht auch im weissen, abgeschwächten Licht Pflanzen ganz normal bis zur Fruchtreife brachte, ist, wie ich glaube, Zufall. Theils gingen so behandelte Pflanzen, welche Anfangs völlig normal wuchsen, zu Grunde, theils gelang es mir nicht — und das war wohl die Hauptsache — genau die Lichtintensität zu treffen, welche diese Pflanzen wünschen, weil auch gar keine Anhaltspunkte für die Beurtheilung der erforderlichen Helligkeit gegeben waren. Anders bei den grünen Lösungen. Hier kann man wenigstens ein ähnliches Spectrum herstellen, wie in der See, und wenn damit auch, wie die Versuche mit derselben grünen Lösung im kleinen und grossen Zimmer lehren, noch keineswegs genau das erforderliche Lichtquantum beschafft ist, so ist damit doch ein ganz bedeutender Anhaltspunkt für die Gewinnung desselben gegeben. Deshalb glückten zunächst die Culturen im grünen Mantel wesentlich besser, als die unter einfacher Beschattung; eine langsame Abstufung der Lichtstärke lässt sich durch Verdünnen oder Concentriren der Lösung besser herbeiführen, als durch das rohe Ausprobiren der geeigneten Stelle im Zimmer in grösserer oder geringerer Entfernung vom Fenster. — die keilförmigen Tusche-Schattendecken hatte ich noch nicht herstellen gelernt, als ich die besprochenen Versuche anstellte.

Die Resultate der Versuche mit den farbigen Medien zeigen also, dass es den Algen keineswegs auf ein bestimmtes Spectrum ankommt. Rhodomela und Polysiphonia gediehen ebenso gut unter dem gelbgrünen Glase des Schwefelsäureballons, das bedeutend mehr Blau absorbirte, als die Ostsee, wie unter den genau abgestimmten Lösungen. Und selbst, wenn der Farbenmantel das richtige Spectrum besass, traten vor dem grossen Fenster die Wirkungen übertriebener Helligkeit hervor. Polysiphonia wuchs auch normal unter blauer Lösung; wenn das bei Rhodomela nicht der Fall war, so hat das gewiss seinen Grund darin, dass die Lösung für die letztgenannte Form noch zu hell war, wogegen die Abschwächung für Polysiphonia ausreichte. Auch alle schon oben erwähnten Vorkommnisse im Freien, besonders die interessanten Funde in den schattigen Grotten, beweisen wieder das schon mehrfach Betonte. Wir werden uns die Sache demnach so vorstellen: Die Tiefenformen können ohne die im Meer absorbirten Strahlen wachsen, die Farbe des Meeres ist nur eine Schattendecke, weiter nichts, und deshalb kann sie auch beliebig durch andere Arten der Lichtabschwächung ersetzt werden. Die Farbe ist trotzdem nicht gleichgültig, in der offenen See, auf freien, nicht anderweit beschatteten Bänken kommt es fast allein auf sie an und da ist a priori klar, dass eine rein blaue Farbe eine ganz andere Wirkung ausüben muss, als eine grüne oder gelbe Wasserfärbung, und insofern dürfte für die Beurtheilung der Verhältnisse im Freien event. die oben geführte Untersuchung nicht ganz überflüssig sein. Für diese kommt natürlich auch noch die Trübung durch suspendirte Partikelchen in Frage, die local, wie auch Berthold zeigte, das Bestimmende sein kann. In einiger Entfernung vom Lande wird sie in den meisten Fällen sehr gering sein; das ca. 1 km vom Lande geschöpfte Ostseewasser war auch bei 17 m Röhrenlänge noch völlig klar.

Während ich in völliger Uebereinstimmung mit Berthold der Schattenwirkung einen bestimmenden Einfluss für die Vertheilung der Algen in verschiedenen Tiefen zuerkenne, vertritt Engelmann[1]) eine etwas andere Auffassung. Auf Grund seiner Untersuchungen über die Assimilation weist er bekanntlich nach, dass für die grünen Pflanzen rothe, für die braunen Pflanzen gelbe und für die rothen grüne Strahlen diejenigen sind, welche die intensivste Assimilation bedingen. Demgemäss glaubt er weiter, die Vertheilung der Algen daraus erklären zu sollen, dass z. B. die rothen Algen in der Tiefe im Kampf ums Dasein begünstigt sind gegen die grünen, weil hier die grünen Strahlen am stärksten entwickelt sind und demgemäss auch am besten von den rothen Algen ausgenutzt werden

1) Engelmann, Farbe und Assimilation. Bot. Zeit. 1883, p. 1.

können. Meine Untersuchungen haben dafür keinen Anhaltspunkt gegeben. Bei allen untersuchten Formen kam es lediglich auf die Helligkeit als solche an, und wenn in diesen Fällen ein Kampf statt hat, so könnte es sich wohl nur um gegenseitige Verdrängung von Formen handeln, die annähernd auf die gleichen Lichtstärken geaicht sind. Deshalb können gegebenen Falls rothe und grüne Formen sehr wohl neben einander existiren, und nur so ist es erklärlich, weshalb die Örsted'schen Tiefenregionen nicht strenger gewahrt werden. Dies die Gründe der Vertheilung in der Jetztzeit; eine andere Frage ist die, ob nicht etwa die Farbe bei der Entstehung der rothen Formen eine Rolle gespielt hat, ob nicht durch sie erst solche Formen hervorgerufen wurden und event. ob nicht früher einmal die Vertheilung eine der Farbe genau entsprechende war. Dann müssten später Wanderungen in die verschiedenen Zonen stattgefunden haben. Die Frage ist schwer zu lösen und hängt eng mit der nach der Ableitung der braunen und rothen Algen von anderen Organismen zusammen. Das vorliegende Material scheint mir noch zu dürftig, um eine fruchtbare Discussion darüber zu gestatten.

Ich habe bereits hervorgehoben, dass und weshalb die Cultur der Algen aus der Tiefe am besten in den Gefässen mit grünem Mantel glückte. Deshalb habe ich auch das Verfahren beibehalten. Die lose in einander gestellten Gefässe mit den daraufstehenden Krystallisirschalen bringen naturgemäss allerlei Unzuträglichkeiten mit sich und das rationelle Einleiten frischen Wassers ist geradezu unmöglich. Ich habe mich daher bemüht, ein zweckmässiges Culturgefäss für Algen herzustellen. Da die Lieferung desselben durch den Fabrikanten sich leider sehr verzögert hat, bin ich noch nicht in der Lage, Genaueres darüber zu berichten.

Schlussbemerkungen.

Sind auch Salzgehalt, Salzwechsel, Beleuchtung und Temperatur wohl die wesentlichen Faktoren, welche die Verbreitung und Vertheilung der Algen bedingen, so kommen doch noch eine Reihe von anderen Ursachen hinzu, die sogar unter Umständen den Ausschlag geben können, so z. B. das Vorhandensein eines geeigneten festen Substrates, an welchem die Algen sich festheften müssen. Mangel oder Vorhandensein einer unbeweglichen Unterlage entscheidet —

das ist fast selbstverständlich und allbekannt — darüber, ob der Grund bewachsen oder fast vegetationslos ist, und jeder feste Pfahl oder Stein bietet an sonst öden Stellen den Algen einen geeigneten Halt.[1]). Ueberall aber ist das feste Substrat nicht wegen seiner chemischen Beschaffenheit von Bedeutung, sondern einzig als Stützpunkt für die Haftorgane.

In der Cultur gedeihen die Pflanzen mit und ohne Haftscheibe gleichmässig gut, sie bedürfen derselben im Freien also nur, um nicht von den Orten entfernt zu werden, welche ihnen ihrer Helligkeit, ihrem Salzgehalt etc. nach zusagen; es ist ja genügend bekannt, dass in der See die losgerissenen Stücke meist über kurz oder lang zu Grunde gehen. Deshalb ist mir auch zweifelhaft, ob Reinke's Vorkehrungen zur Cultur grösserer Algenmengen auf die Dauer von Erfolg sein werden. Er will[1]) nämlich Drahtkörbe an einem Floss im Kieler Hafen mit Hülfe von 3—4 m langen Ketten aufhängen und hierin die Algen wachsen lassen. Voraussichtlich werden nur einige Formen auf diese Art weiter kommen.

Was nun die übrigen Verhältnisse betrifft, welche ausser den schon genannten auf die Meeresvegetation einwirken, so stehen mir bezüglich der Druckwirkung des Wassers in tieferen Schichten keine Erfahrungen zu Gebote; nur soviel geht aus den Culturversuchen hervor, dass sie innerhalb ziemlich weiter Grenzen gleichgiltig ist. Berthold hat auch darauf hingewiesen, dass die Algen selbst aus grossen Tiefen intact mit dem Netze heraufkommen und weiterleben. Ob damit jede Einwirkung des Druckes geleugnet werden darf, muss vor der Hand zweifelhaft bleiben.

Ueber die Wirkung der Brandung vermag ich auch nichts Neues zu berichten. Berthold hat ihr für den Golf von Neapel eine erhebliche Bedeutung zugeschrieben, gewiss nicht mit Unrecht; er hat darauf hingewiesen, dass die Wasserbewegung auch insofern ihre Wirkung ausüben muss, als sie bald die eine, bald die andere Seite der Algenthallome dem Licht zuwendet und damit die andere beschattet. In dieser Richtung dürften in allen Meeren schon eine schwache Wellenbewegung an der Oberfläche, und in grösseren Tiefen

1) Vergl. u. A. Reinke, Algenflora; und Flora der Nordsee, im Ber. d. d. bot. Ges. 1889.

2) Bot. Inst. u. bot. Meeresstation in Kiel. Bot. Centralbl. 1890, No. 1.

eventuell auch die Strömungen wirken. Eine regelrechte Brandung dagegen kann natürlich nur an felsigen Ufern zu Stande kommen, sie fehlt naturgemäss an den flachen Ufern der Ostsee völlig.

Eisbildung tritt in der Ostsee mehr oder weniger jedes Jahr ein. Die Tiefenformen werden dadurch nicht in erheblichem Maasse, höchstens durch Schwächung des Lichtes beeinflusst. Die Wirkung des Eises sieht Reinke für die Litoralregion in einer mechanischen Abschürfung der in der Strandzone liegenden Steine etc. Das ist häufig sehr eclatant; daneben aber muss wohl betont werden, dass mit der Eisbildung eine Aussüssung der obersten Schichten stattfindet. H. A. Meyer wies nämlich nach, dass unmittelbar unter einer festen Eisdecke sich oft Wasser vorfindet, das kaum noch feste Bestandtheile enthält. Mit dem Aufbrechen des Eises wird diese Schichtung allerdings ziemlich rasch verwischt, immerhin wird man sie bei der Beurtheilung der Flora eventuell mit in Rechnung setzen müssen.

Die Combination aller dieser Factoren bedingt das Gesicht, welche die Flora des Meeres an einem bestimmten Ort und zu einer bestimmten Zeit aufweist. Wird in dieser Combination etwas geändert, so ändert sich auch die Flora. Da solche Veränderungen sich ständig vollziehen, ist es auch im Freien häufig so ungemein schwierig zu sagen, warum das Ganze gerade so und nicht anders aussieht.

Die Cultur und die experimentelle Behandlung wird in den meisten Fällen die Entscheidung geben müssen, daneben aber auch die Beobachtung in der See. Da dürfte es zunächst zweckmässig sein, bestimmt umgrenzte, kleine Gebiete genau durchzuarbeiten und zu versuchen hier bestimmte Anhaltspunkte zu gewinnen, die auf grössere Areale später auszudehnen sind. Wenig kann ich mir vorläufig für den vorliegenden Zweck versprechen von mehr cursorisch vorgenommenen Untersuchungen grösserer Gebiete. Geben sie auch meistens ein allgemeines Bild der Flora und ihrer Vertheilung, so können sie doch immer nur Vermuthungen über die Ursachen derselben herbeiführen.

Kommen wir noch einmal auf das eigentliche Ziel meiner Arbeit zurück, so glaube ich gezeigt zu haben, dass bei richtiger Regulirung der Temperatur, des Salzwechsels und vor allem der Beleuchtung ältere Algenthallome eventuell Jahre lang in kleinen

Gefässen cultivirbar sind. Pflanzen aus Sporen zu erziehen, gelang nicht vollständig; Keimlinge der Polysiphonia nigrescens u. A. gingen mir, nachdem sie bereits eine Höhe von 1 cm erreicht hatten, zu Grunde, weil die Bakterien überhand nahmen.

Die hierbei zu Tage getretenen Fehler zu eliminiren, wird die Aufgabe weiterer Versuche sein. Die bis jetzt erlangten Resultate lassen die Erreichung auch dieses Zieles mit Bestimmtheit erwarten.

Rostock, im Januar 1891.

Figurenerklärung.

Taf. XVIII ist die verkleinerte Copie einer Karte, welche mir von Herrn Hafenbaudirector Kerner in Rostock freundlichst zur Verfügung gestellt wurde (vergl. p. 385).

Taf. XIX. Bezüglich des Spectrums vergleiche man p. 420; bezüglich des Regulators p. 364.

Anatomisch-physiologische Untersuchungen über den Funiculus der Samen.

Von

Max Dahmen aus Köln a./R.

Mit Tafel XX—XXII.

Der Funiculus verdient auf den ersten Blick in doppelter Hinsicht Beachtung, da einerseits sein Inhalt uns Aufschluss darüber giebt, als was die einzelnen Stoffe in den Samen hineintreten, indem er der dem Samen zunächst liegende Theil der Pflanze ist, und da andrerseits die äussere Form desselben eine so sehr verschiedene ist, dass der Gedanke nahe liegt, die verschiedenen Formen müssten auch noch verschiedenen anderen Zwecken entsprechen. Und in der That ist er auch nur dann besonders ausgebildet, wenn ihm noch eine besondere andere Aufgabe zufällt. Diese kann verschiedener Art sein.

Ich nehme als willkürliches Beispiel den Funiculus von Pisum sativum, der als solcher in der Frucht leicht erkannt werden kann. Bei ihm kommt auch ausser der Stoffleitung noch eine besondere Function, nämlich eine Einrichtung zur Abtrennung des Samens in Betracht.

I. Pisum sativum als allgemeines Beispiel.

A. Anatomie und Morphologie.

Es lassen sich in dem Funiculus von Pisum vier verschiedene Gewebe unterscheiden, die sich darstellen als die Epidermis, das Phloëm, das Xylem und das Schwammparenchym.

Die Epidermis zieht sich (vergl. Taf. XX, Fig. 1) um die übrigen Gewebe des eiförmigen Querschnitts. Der Fibrovasalstrang liegt an einem äussersten Ende direct an der Epidermis, während das Schwammparenchym den ganzen übrigen Theil des Funiculus ausfüllt. Zur Beschreibung des Laufes, den der Fibrovasalstrang im Funiculus nimmt, ist die Bemerkung nothwendig, dass Fig. 2 auf Taf. XX insofern eine ideale ist, als es wegen der Krümmung dieses Laufes unmöglich ist, in einem geraden Schnitte den ganzen Fibrovasalstrang zu spalten. Letzterer liegt an dem Ende, welches der Placenta zunächst liegt an der Epidermis nach der Mitte der Fruchtnath hin, während er durch die Wucherung des Schwammgewebes auf dem Wege nach dem Samen hin sich von der Epidermis soweit entfernt, dass er das Centrum berührt, dann aber an dem äussersten Ende, welches der Spitze der Frucht zugewandt ist, wieder an der Epidermis angelangt, aus dem Funiculus in den Samen tritt.

Taf. XX e zeigt die Lage des Fibrovasalstranges in drei schematischen Querschnitten an der Basis, Mitte und dem oberen Ende. Der Fibrovasalstrang macht also auf dem Wege von e1 bis e3, der Querschnitt als Kreis gedacht, eine Wendung von 45° und zwar geschieht dies abwechselnd nach rechts und nach links, so dass er am Samenende stets nach dem Fruchtstiele hin, am Placentaende aber nach der Mitte der Hülsennath liegt (vergl. Schema Taf. XX g).

Die Epidermis zeichnet sich durch starke kollenchymatische Verdickung der Zellmembran aus und lässt je nach dem Grade der Verdickung eine deutliche Schichtung wasserarmer und wasserreicher Cellulosepartien erkennen. Mit Chlorzinkjod werden alle Wände, auch die Aussenwandungen der Zellen anscheinend vollständig gebläut, doch kann man bei der Behandlung der Epidermis mit concentrirter Schwefelsäure die Cuticularisirung einer dünnen, äussersten Schicht als einen schmalen, nicht quellbaren Streifen erkennen, der sich von dem ganzen übrigen Gewebe trennt. — Die Zellen der Epidermis weisen einen grossen Formenreichthum auf. Die Krümmung und Verästelung vieler Epidermiszellen, besonders derjenigen, welche in der Nähe des Fibrovasalstranges liegen (vergl. Taf. XX bei Ep) ist eine derartige, dass ein und dieselbe Zelle bei einem Querschnitt zwei- bis dreimal durchschnitten werden kann. Die Verzweigungen, welche die Tüpfel vertreten oder auch als solche aufgefasst werden können, vermitteln den Verkehr der Epidermiszellen unter sich und mit den anderen Geweben. Auf die Epidermis folgen meist (nach innen hin) als Uebergang zum Parenchym oder Phloëm grosse Zellen mit treppenförmig angelegten Tüpfeln (vergl. Taf. XX, Fig. 1 u. 2 bei Tt). Dem Fibrovasalstrange gegenüber liegen zu beiden Seiten des Funiculus Epidermiszellen, die eine Membran besitzen, welche durch eigenthümlich regelmässige Verdickungen resp. Tüpfelung auffällt (vergl. Fig. 1 bei ht). Diese Tüpfel kommen der Form nach den Hoftüpfeln sehr nahe. Diese regelmässig an derselben Stelle des Funiculus von Pisum wiederkehrende Zellform ist jedoch, obgleich nie fehlend, in ihrer Eigenthümlichkeit nicht immer gleich deutlich ausgebildet und wird weiter unten bei dem Mechanismus der Ablösung, für welchen dieselbe besonders in Betracht kommt, weitere Beachtung finden.

Der Theil der Epidermis, der dem Fibrovasalstrange gerade gegenüber liegt, zeigt zwei oder drei Reihen mehr oder weniger gleichmässig ausgebildeter Zellen. An dieser Stelle befindet sich bei vollständig ausgewachsenen Funiculis nahe am Samen ein Einschnitt, so dass sich der Querschnitt der Herzform nähert.

Das Phloëm umgiebt im Allgemeinen das Xylem, aber am Grunde des Funiculus (an dem Placentaende) sind die Theile des Xylems und Phloëms unregelmässig vertheilt. Das Phloëm ist stark ausgebildet und zeigt dieselben Siebröhren mit Siebplatten (Taf. XX, 1 bei Sp), die Pisum sativum überhaupt eigen sind; im Uebrigen besteht das Phloëmparenchym aus langgestreckten Elementen mit sehr zarter Membran.

Das Xylem des Funiculus besteht zum Unterschiede von dem übrigen Holzkörper der Pflanze ausschliesslich aus Tracheïden mit spiralig verdickter Wandung, welche bis zu vier nebeneinanderlaufende Schraubenwindungen zeigt. Es fehlt jede andere Form von Wandverdickung, wie die ringförmige und die Tüpfelbildungen, durch deren Mannigfaltigkeit sich der Holzkörper auszuzeichnen pflegt. Das Tracheïdenbündel weist auf dem Querschnitt nicht selten eine strahlige Anordnung und in deren Centrum bei zunehmendem Alter einen sich durch fast den ganzen Funiculus ziehenden Intercellularraum auf. Im Allgemeinen ist auch der Durchmesser der einzelnen Tracheïden von einander nicht sonderlich verschieden. Die Elemente des Xylems haben meist einen verflochtenen Verlauf und die einzelnen Elemente machen sich dort, wo sie von der Placenta aufsteigen, durch bedeutende und sehr auffällige Verzweigungen und Ausstülpungen bemerkbar.

Das Schwammparenchym hat sehr grosse Intercellularräume, so dass der Querschnitt anscheinend vollständig isolirte Zellen aufweist. Die Zahl der Intercellularräume sowie deren Grösse nehmen nach dem Samen hin zu und erreichen ihren Höhepunkt in der Mitte des Querschnitts und in nächster Nähe des Samens. An dem dem Fibrovasalstrange gegenüberliegenden Theile des Funiculus verringert sich die Grösse der Zwischenräume, jedoch wird die Membran der Zellen erheblich dünner.

B. Der Zellinhalt der einzelnen Elemente des Funiculus mit Beziehung auf die Stoffleitung.

Quantität und Qualität des Zellinhaltes hängen von dem Alter des Funiculus ab. Im jungen Funiculus sind die Zellen alle fast vollständig mit plastischem Material gefüllt. Bei zunehmendem Alter verringert sich die Quantität des Inhaltes. Es finden sich im jungen Funiculus in allen Geweben in fast jeder Zelle mit Ausnahme des Xylems, ungleich vertheilt, viele Chlorophyllkörner, die jedoch mit zunehmender Reife zunächst am Samenende, wo sie von vorne herein spärlicher auftreten und dann allmählich nach der Placenta hin ganz verschwinden.

Die Epidermiszellen zeichnen sich durch Reichthum an Protoplasma aus, welches bei der Reife sich nur noch in den Tüpfeln findet. Ueber das Protoplasma ist noch zu sagen, dass es im Ganzen eine grünliche Färbung hat. Mit Ausnahme der Chlorophyllkörner wurden keine bestimmt geformten Chromatophoren gefunden. Später finden sich in der Epidermis die Chlorophyllkörner fast nur noch am Placentaende vor. Das Plasma ist mit heissem.

Alkohol (durch den Soxhlet'schen Apparat) ausziehbar als eine gallertartige Masse und entwickelt, mit Kaliumhydrat geschmolzen, wie alle Eiweissstoffe reichliches Trimethylamin, welches letztere aus jenem Stoffe rein dargestellt werden konnte. Im trockenreifen Funiculus sind die Ueberreste des Eiweisses mit Xantophyll gemischt und zeigen in Folge dessen dem unbewaffneten Auge eine goldgelbe Farbe.

Die Zellen der Epidermis enthalten ferner Stärkekörner von sehr ungleicher Grösse und Form. Während einige zu den grössten gehören, die überhaupt im Funiculus von Pisum aufgefunden werden können, sind andere wieder klein und unansehnlich. Sie finden sich nicht in allen Zellen und sind unregelmässig vertheilt. Die meisten Stärkekörner sind oval, dann aber mit Längsrissen versehen. Diejenigen, welche von einer Zwillings- oder Drillingsbildung stammen, sind rund, doch fehlt an der Stelle, an welcher sie verwachsen waren, ein Segment.

Zucker konnte mittelst alkalischen Kupfersulphats in fast allen Zellen der Epidermis nachgewiesen werden.

Einige Epidermiszellen führen auch wohlausgebildete Calciumoxalatkrystalle (vergl. Taf. XX Fig. 1 u. 2 bei Kr). Letztere stehen bezüglich ihrer Grösse und Anzahl in directem Verhältniss zu dem Grade der Verdickung der Zellmembran, sie kommen auch noch in den der Epidermis zunächst gelegenen Partien des Schwammparenchyms vor. Ein Blick auf den am Längsschnitt (Taf. XX, Fig. 2) mitabgebildeten Theil des Fruchtblattes zeigt, dass auch hier (bei b), nur in weit grösserem Maasse Kalkoxalat sich in unmittelbarer Nähe der in drei, schräg am inneren Theile der Hülse sich hinziehenden, langgestreckten, kollenchymatischen und kleinlumigen Zellreihen aufgespeichert ist, so dass die einzelnen Krystalle zum Theil in der Zellwand festhaften und die kleinen, Krystalle enthaltenden Zellen, meistens von ihnen fast vollständig angefüllt sind. Diese Thatsachen sprechen deutlich für die Annahme, dass das die Cellulose bildende Material in Begleitung oder Verbindung mit einem Kalksalze (als Calciumglycose) durch den Pflanzenkörper wandert, wobei es, an Ort und Stelle angelangt, das Calcium als Oxalat abscheidet. — Von Wichtigkeit ist noch das Vorhandensein von Asparagin, welches sich in der Epidermis und den ihr zunächst liegenden Zellpartien nach der Behandlung mit Alkohol in deutlichen Nadeln relativ reichlich vorfindet, während im Schwammparenchym die Krystalle nur vereinzelt wahrnehmbar sind. Da im Allgemeinen in der Literatur sich noch die Annahme verzeichnet findet, dass das Asparagin sich nur so lange in der Pflanze nachweisen lässt, als dieselbe noch nicht bis zur Blüthe gekommen ist und dieses Amid nur erst in wenigen Theilen weniger Pflanzen wirklich nachgewiesen ist, so sei es mir gestattet, am Schlusse der Beschreibung des Funiculus von Pisum auf eine mit Erfolg modificirte Methode der Auffindung der Asparaginkrystalle unter dem Mikroskope aufmerksam zu machen.

Das Phloëm enthält ebenfalls reichliches Protoplasma, welches hier wohl gelblichgrün gefärbt, aber meist so hyalin ist, dass eine häufig von mir beobachtete Bewegung, die oft sehr heftig ist, nur durch die vereinzelt vorkommenden Chlorophyllkörner erkannt werden kann, welche die Bewegung des Plasma's mitmachen; es scheint fast, als ob diese Bewegung eine regelmässige ist und in den einzelnen Zellen und Siebröhren das Plasma, wie ich oft constatirt habe, an der Xylemseite zur Placenta nieder und nach der Epidermis hin aufwärts steigt, d. h. nach dem Samen hin. Die Phloëmelemente enthalten ferner spärlich transitorische Stärke und anscheinend auch Amylodextrin, welche Substanzen in Eiweiss eingebettet liegen.

Das Schwammparenchym weist bei Weitem die meiste Stärke auf und zwar vorzüglich in der Mitte des Querschnitts, während nach dem Fibrovasalstrange hin Eiweiss überwiegt; nach der entgegengesetzten Seite hin nimmt der Stärkegehalt ebenfalls wieder ab. — Im Funiculus von Pisum lässt sich ferner Salpetersäure nachweisen. Da jedoch nur Spuren vorhanden sind, so erhält man die Diphenylaminreaction vorzüglich makrochemisch durch Auskochen mit Wasser, Entfärben mittelst Kohle und Eindampfen zur Trockene. Das Schwammparenchym ist am Grunde des Funiculus (Taf. XX, 2 bei a) der an Nährstoffen reichste Theil desselben. Hier finden sich die grösste Menge Eiweiss, eine grosse Anzahl Chlorophyllkörner, in reichlicher Menge Stärke und ferner ist gerade hier in jeder Zelle viel Zucker nachweisbar, der in den übrigen Theilen in weit geringerem Maasse vorhanden ist. Wir sehen hieraus, dass ein grosser Theil der Nährstoffe auch im Funiculus seinen Weg durch das Parenchym und wohl auch durch die Epidermis nimmt, und dass das Phloëm an der Leitung mehr in untergeordneter Weise betheiligt ist. Auffallend ist, dass auf der einen Seite ungleich mehr plastisches Material sich vorfindet wie auf der anderen Seite, dass an der letzteren der Strom desselben durch die viel weiter hinunterreichenden Epidermiszellen (Taf. XX, 2 bei c) aufgehalten zu werden scheint; ferner nimmt das Xylem deutlich seinen Weg nach der nährstoffreichen Seite hin (Taf. XX, 2 d x). Diese Thatsachen finden ihre Erklärung darin, dass die Fruchtblatttheile die Ovula gleichmässig, d. h. abwechselnd zu speisen haben, was auch daraus hervorgeht, dass, wenn die beiden Hülsentheile mit Gewalt von einander getrennt werden, die einzelnen Samen abwechselnd auf der einen und der anderen Seite haften bleiben. An der vorliegenden Zeichnung (Taf. XX, 2) würde die Trennungsstelle an der in der Placenta weit hineinreichenden Epidermis entlang (bei C), am querdurchschnittenen Xylem vorbei (x d) bis zur Mitte der Placenta und von da genau durch die Mitte der Fruchtblätternath laufen. Letztere, obgleich reichlich mit fest aneinanderliegenden Bastsklereïden und einem Panzer von Calciumoxalatkrystallen versehen, hat in der Mitte zwei Reihen Zellen mit ganz zarter Membran, und hier bricht die Hülse bei der Trockenreife entzwei.

Die Längsschnitte der Funiculi des vorhergehenden und des nachfolgenden Ovulum würden demnach Spiegelbilder der Figur auf Taf. XX, 2 darstellen. Wäre Letzteres nicht der Fall, so würden die Ovula ihre Nahrung nur durch eines der beiden Fruchtblätter oder nur durch die Hülsennath erhalten. Wider letztere Möglichkeit spricht die Abbildung, die, wie bemerkt, deutlich den Weg der Nährstoffe angiebt.

Gelegentlich einer Destillation einer grösseren Anzahl von Funiculis mittelst mit Salzsäure angesäuerten Wassers erhielt ich als Product flockige Ausscheidungen, die, mit Aether ausgeschüttelt, sich als ein wachsähnliches Fett erwiesen, welches in Consistenz und Aussehen mit jenem identisch zu sein scheint, welches den bekannten bläulichen Hauch auf den Erbsenhülsen und vieler anderer Früchte und Blätter bildet. Das Destillat enthielt, nebenbei bemerkt, wie erwartet Chlorammonium, welches in Wasser bei 100° überdestillirt und dem durch die Säure zersetzten, auch mikroskopisch nachgewiesenen Asparagin zuzuschreiben ist.

C. Der Mechanismus der Ablösung.

Der Lauf des Fibrovasalstranges und die starke Ausbildung des Schwammparenchyms stehen in Verbindung mit der mechanischen Ablösung des reifen Samens. Die motorische Kraft dieses Mechanismus wird hervorgerufen durch die bei der Reife vorsichgehende fast vollständige Entleerung des Funiculus sowie durch das Austrocknen der Zellmembran. Das Schwammparenchym zieht sich bei der eintretenden Trockenreife, durch die grossen Intercellularräume unterstützt, so sehr zusammen, dass das ursprüngliche Volumen, wie Messungen ergeben haben, auf die Hälfte reducirt wird. Es tritt nach dem Grunde des Funiculus hin zurück, so dass letzterer eine becherartige Vertiefung zeigt. Man vergleiche auf Taf. XX den noch im Wachsthum begriffenen Funiculus a und den bei d gemachten Längsschnitt a^1 mit den entsprechenden Figuren eines trockenreifen Funiculus b und b^1, woraus erhellt, dass der Samen mit Gewalt abgetrennt wird. Diese Gewalt der eintrocknenden Gewebe ist so gross, dass der obere Rand der kräftig entwickelten Epidermis sich über die entstandene Höhlung beugt, wodurch der Samen vollständig von dem ganzen Funiculus gelöst wird. Der Fibrovasalstrang würde eine weit grössere Widerstandsfähigkeit bedingen, wenn er in der Mitte läge, da er bei Weitem nicht so sehr im Stande ist, sich zusammenzuziehen wie ein Schwammparenchym und andrerseits das gleichmässig feste Aufliegen des Samens auf der Epidermis der Krümmung derselben hinderlich sein würde. Der Samen löst sich zuletzt von dem Fibrovasalstrange. Bei vielen Leguminosen bleiben die Samen noch lange nach der Reife an dem Fibrovasalstrange hängen, während sie schon von dem übrigen Theile des Funiculus frei sind.

In dem Mechanismus der Ablösung findet sich auch eine Erklärung für die eigenthümliche Zellform, welche sich zu beiden Seiten des dem Fibrovasalstrange gegenüberliegenden Theiles des Funiculus befindet (Taf. XX bei ht). Untersuchungen haben ergeben, dass diese Stellen gerade diejenigen sind, an welchen die Epidermis nach dem Austrocknen die grösste Krümmung gemacht hat und zwar wird die Epidermis hier in drei vertical aufeinander stehenden Richtungen nach innen gebogen, wodurch gerade diese Zellen besonders stark zusammengedrängt werden. Es würden auf Taf. XX, Fig. 1 ht der Stelle ht[1] des nebenstehenden Funiculus entsprechen.

Methodischer Theil.

1. Eiweiss. Im Anschluss an die oben erwähnte Entwickelung von Trimethylamin bei Erhitzung von Eiweiss mit Kaliumhydrat möchte ich folgende Eiweissreaction empfehlen, wodurch die geringsten Spuren von Proteïnsubstanzen nachgewiesen werden. Die zu untersuchenden Pflanzentheile werden zerkleinert und mit lauwarmem Wasser mehrfach ausgezogen. Die vereinigten Auszüge werden alsdann colirt oder filtrirt und bis auf einen kleinen Rest eingedampft. Dann setzt man Kalilauge und Kupfersulphat zu und zwar ersteres im Ueberschuss und dampft bis zur Trockene ein. Diesen Rückstand erhitzt man dann am besten in einem Porzellantiegel oder auf einem zu diesem gehörigen Deckel; der penetrante nun auftretende Geruch nach Heringslake zeigt das Vorhandensein von Eiweiss an. — Der Zusatz von Kupfersulphat ist in allen Fällen geboten, um den meist vorhandenen Zucker zu oxydiren, dessen durch Ueberhitzen entstehenden empyreumatischen Gerüche das Erkennen geringer Mengen Trimethylamin unmöglich machen. Ein anderes Reagens für Trimethylamin, wie das auf den Geruchsnerv, giebt es vorläufig nicht, da es im Allgemeinen sich wie Ammoniak verhält und ebensowohl sich mit Säuren zu (geruchlosen) Salzen verbindet, rothes Lackmuspapier bläut und mit dem Nessler'schen Reagens einen gelbbraunen Niederschlag giebt, dabei entsteht es, wie auch in diesem Falle, meist in Begleitung von Ammoniak. — Zur quantitativen Bestimmung kann diese Reaction jedoch nicht benutzt werden, da, obgleich die bei der trockenen Destillation entstehenden Säuren an das Kaliumhydrat gebunden werden, es wohl schwierig sein wird, das in den zu erhitzenden Metallgefässen oder Porzellanretorten gebildete Trimethylamin und Ammoniak vollständig auszutreiben, obwohl wegen der Einfachheit der Manipulationen diese Methode vor den bekannten wohl den Vorzug verdient hätte. Zur Unmöglichkeit jedoch wird die Benutzung der Trimethylaminreaction zur quantitativen Eiweissbestimmung durch die Thatsache, dass die in allen möglichen Verhältnissen gemischten verschiedenen Eiweissarten einzeln ungleiche Mengen Trimethylamin entwickeln; so entstehen durch die angegebene Destillation mit Glutenfibrin nach

meinen Versuchen relativ bedeutendere Quantitäten des Amins wie bei dem gleichen Verfahren mit Mucedin und Gliadin; ebenso wird das Verhältniss des ebenfalls entstehenden Ammoniaks zum Trimethylamin ein nicht constantes sein; es würden durch diese Umstände bei der Analyse nicht auszugleichende Fehler entstehen.

2. Asparagin. Es fehlt bis heute noch ein specifisches Reagens auf Asparagin. Nach Borodin soll man zum Identitätsnachweis der nach dem Behandeln mit Alkohol im Pflanzengewebe entstandenen Krystalle nach dem Verdunsten des Alkohols zu jenen Schnitten eine gesättigte, wässerige Asparaginlösung treten lassen; Asparagin würde dann von löslichen Salzen allein nicht in Lösung gehen können (vergl. Borodin, Just's botan. Jahresberichte 1886, S. 919 und bot. Ztg. 1878 No. 51 etc.). Handelt es sich um geringe Spuren Asparagin, die sich in winzigen Krystallen bemerkbar machen, so liegt die Gefahr nahe, dass sie sich dennoch in der concentrirten Asparaginlösung ebenfalls auflösen; letztere bedarf nämlich nur einer Temperaturzunahme von einigen Graden, um eine relativ bedeutend leichtere Löslichkeit jener Krystalle zur Folge zu haben. Ein weiteres Bedenken hat Lüpke schon hervorgehoben (vergl. R. Lüpke, Ueber die Bedeutung des Kaliums in der Pflanze, p. 17), dass das Verdunsten der concentrirten Lösung beim Operiren ein Ausscheiden von Asparagin bewirken muss.

Pfeffer (vergl. die Bedeutung des Asparagins, Pringsheim's Jahrbücher, Bd. VIII, 1872) hat die Methode zur Gewinnung der Krystallnadeln von Asparagin im Pflanzengewebe genau beschrieben und sagt, es sei am besten mit Fliespapier kurze Zeit einen langsamen Strom von Alkohol unter dem Deckglase zu unterhalten, und ich kann nur bestätigen, dass sichere Resultate nur erzielt werden können, wenn die Pflanzengewebe, wenn sie wenig Asparagin enthalten sollten, längere Zeit mit Alkohol behandelt werden. Um mit Sicherheit Asparagin unter dem Mikroskope nachweisen zu können, ist es vor Allem nothwendig, dass das Material frisch ist oder man muss trockenes Material vorsichtig mit Wasser so anfeuchten, dass die Gewebe sich knapp wieder gefüllt haben. Bei der Behandlung mit Alkohol verfährt man am besten folgendermaassen: Mikroskopische Schnitte, welche zwei oder drei unversehrte Zelllagen enthalten, werden zunächst mit einigen Tropfen Alkohol von dem anhängenden Zellsafte befreit, damit dieser den das Präparat umgebenden Alkohol nicht zu sehr verdünne und alsdann auf dem Objectglase, auf welches man noch einige Tropfen absoluten Alkohols träufelt, mit dem Deckgläschen bedeckt und lässt nun an einem nicht zu warmen Orte (15—20°) nahezu eintrocknen. Man wiederholt den Zusatz einiger Tropfen Alkohol noch mehrere Male und lässt zuletzt vollends eintrocknen. Dann feuchtet man wieder mit Alkohol an und nimmt das Präparat unter dem Mikroskope zur Untersuchung vor. Es werden alsdann auch Spuren von Asparagin sich als sehr charakteristische Nadeln zeigen und zwar starren sie entweder, auf der Wand der Zelle sitzend, in dieselbe hinein oder sie krystallisiren aus den durch den Alkohol coagulirten Eiweissmassen heraus und machen so auf den ersten Blick den Eindruck von zusammenhängenden Krystalldrusen mit langen Spitzen oder sie heben sich deutlich auf der Zellwand ab und bilden, wie in Fig. 3, Taf. XXI, deutliche Zeichnungen mit scharfen Conturen. Dass die Krystalle bei einfachem Zusatz von Alkohol plötzlich im Zellsafte sichtbar werden, kann nur bei relativ sehr grossen Quantitäten Asparagin vorkommen. Es scheint, dass durch den wiederholten Zusatz von Alkohol dem Zellsafte und der von diesem imbibirten Membran das Wasser allmählich gewaltsam entzogen wird, welches dann mit dem Alkohol langsam verdunstet, wodurch die Krystallbildung begünstigt wird. Es zeigen meistens auch die Pflanzentheile, welche längere Zeit in Alkohol gelegen haben, bei geringem Asparagingehalt nicht eher Krystalle, bis der Alkohol mindestens einmal verdunstet ist.

Asparagin löst sich in kaltem Wasser (bei 15°) zu 3,5 %; ein Zusatz von 50 % Alkohol und mehr zu einer solchen concentrirten Lösung bewirkte das Ausfallen des gesammten Asparagins in drei Stunden. Setze ich aber zu 40 g jener Lösung 10 g Alkohol, so sind in drei Stunden zwei Drittel des Asparagins (ca. 2,5 %) ausgefallen, nach 24 Stunden sind jedoch nur noch 0,37 %, also ein Zehntel in Lösung, welche im Laufe der Zeit zum grössten Theile noch auskrystallisiren. Hiernach kann die Angabe von Biltz (vergl. in der eben citirten Arbeit von Pfeffer, p. 534, Anmerkung), dass in 500 Theilen 60 % Alkohols sich ein Theil Asparagin lösen soll, nur einen höchst relativen Werth haben. —

Hiermit mag wohl direct zusammenhängen, dass das Asparagin auch im Zellsaft sich erst allmählich ausscheidet. Jedenfalls aber ist hierdurch der Nachweis geliefert, dass die Länge der Zeit, in welcher sich die Asparaginkrystalle im Zellsaft bilden, von dem Asparagingehalte desselben abhängig ist, d. h., dass je weniger Asparagin gelöst ist, desto längere Zeit zur Krystallbildung erforderlich ist. Innerhalb der Pflanzenzellen scheinen keine anderen Krystallformen durch die Behandlung mit Alkohol zu entstehen, wie diese Nadeln, wenn man nicht, wie in den Geweben verschiedener Keimlinge (in einem gewissen Stadium), das Asparagin direct niederschlagen kann, obgleich aus einer reinen, wässerigen Lösung bei langsamer Verdunstung resp. Abkühlung sich fast ausschliesslich rhombische Plättchen bilden. Bei schnellerer Verdunstung, z. B. auf einem erhitzten Objectglase, entstehen pallisadenförmige Gebilde, von denen die grösseren durch scharfe Abkantung ausgezeichnet sind, während die kleineren mehr oder weniger unregelmässige Nadeln bilden, die den im Zellsaft entstehenden sehr ähnlich sind. Aus Taf. XXI, Fig. 4 ist jedoch ersichtlich, dass auch diese Nadeln nicht einem anderen Krystallsystem angehören, sondern aus rhombischen Plättchen entstanden und deutlich aus diesen zusammengesetzt sind. Eine weitere Form, in welcher das Asparagin nach schneller Verdunstung des Wassers uns entgegentritt, ist die der Sphärokrystalle, doch scheinen auch sie im Pflanzengewebe nach der Behandlung mit Alkohol nicht vorzukommen, obgleich die von einem Punkte ausgehenden Büschel in den Parenchymzellen (vergl. Taf. XXI, Fig. 3 u. 5) auf die Möglichkeit hindeuten, dass bei genügender Concentration und entsprechend langsamem Alkoholzutritt auch Sphärokrystalle entstehen können.

Die Gefahr, dass das Asparagin, wie man anzunehmen geneigt ist, leicht diosmiren kann, ist nicht so gross, da das Asparagin, im Begriffe zu diosmiren, sich sofort an der Membran ausscheidet, wenn seine Lösung mit absolutem Alkohol zusammenkommt. Wenn sich Asparaginkrystalle in der Umgebung des Alkoholpräparates befanden, so sind sie jedenfalls aus dem Zellsaft ausgefallen, der sich bereits ausserhalb der Gewebe befand. Die auf der Zellmembran (Taf. XXI, Fig. 3) aufliegenden Krystalle zeigen deutlich, dass das Asparagin nicht in den Alkohol übergeht, sondern sich in dem Augenblicke abscheidet, in welchem der Zellsaft im Begriffe ist, durch die Membran auszutreten. — Will man sich von dem Verhalten der sich im Gewebe vorfindenden Nadeln unter dem Mikroskope im polarisirten

Lichte überzeugen, so ist vor Allem ein äusserst feiner Schnitt erforderlich, der, wenn möglich, nur eine Zelllage enthält und auch dann noch bedarf es eines geübten Auges, um das Farbenspiel erkennen zu können, da diese Nadeln meist zu dick sind und ausserdem genügt das Licht nicht mehr bei der starken Vergrösserung, die bei Untersuchungen auf Asparagin immer anzuwenden ist und so erscheinen die Farben nicht nur matt, sondern auch dunkel. —

Aus allem bis jetzt über den Funiculus von Pisum Gesagten geht hervor, dass

1. derselbe der Leiter der Stoffe für den Samen ist;

2. der Fibrovasalstrang kein oder nicht der alleinige Leiter der Nährstoffe für den Samen sein kann, sondern dass Füllgewebe und Epidermis in hervorragendem Maasse an der Stoffleitung betheiligt sind, indem diese Gewebe gerade mit den der Diosmose besonders fähigen Stoffen, wie Zucker und Asparagin erfüllt erscheinen;

3. dass dem Funiculus ausser der Stoffleitung noch eine andere Arbeit zufällt, die der mechanischen Ablösung des Samens, wozu er anatomisch zweckdienlich eingerichtet ist, indem die schwammige Beschaffenheit und das daraus resultirende spätere Collabiren des Parenchyms einerseits und die kräftige Entwickelung der Epidermis andrerseits hierauf besonders berechnet sind.

II. Vergleichungen anderer Species.

1. Vicia faba.

Der Bau des Funiculus von Vicia faba unterscheidet sich hauptsächlich von demjenigen der Saaterbse durch die Lage des Fibrovasalstranges. Derselbe liegt von der Placenta bis zum Samen ausserhalb des Schwammparenchyms, zwischen diesem und der Epidermis und ist dem ganzen Verlaufe nach schon mit dem blossen Auge erkennbar, da er sich als erhabene Riefe deutlich abhebt. Wir können auch hierin eine zweckentsprechende Einrichtung für den Mechanismus der Ablösung sehen, weil das Schwammparenchym dadurch, dass es frei von dem Gefässbündel ist, viel leichter und vollständiger sich durch Eintrocknen zusammenzuziehen im Stande ist. Diese Thatsache erscheint zweckdienlicher wie bei Pisum, wo der Fibrovasalstrang inmitten des Schwammparenchyms Krümmungen macht, um an der Epidermis des Funiculus in den Samen eintreten zu können.

Das Xylem besteht ebenfalls ohne Ausnahme aus Spiral-Tracheïden. Das Schwammparenchym zeigt in der Mitte des Funiculus noch grössere Intercellularräume wie bei Pisum. Eben hier findet auch wieder die grösste Stärkeansammlung statt, während die Proteïnstoffe nach der Epidermis hin überwiegen. Im Funiculus des unreifen Samens finden sich geringe Mengen Asparagin, dagegen viel Zucker, Stärke und Proteïnstoffe, die jedoch bei der Reife fast vollständig wieder verschwinden, da sie zur Bildung des Samens verwandt werden. Im trockenreifen Gewebe trifft man nur geringe, häufig kaum sichtbare Mengen mit goldgelbem Xantophyll gemengter Eiweissmassen an, die der Zellmembran ankleben. In dieses Stadium getreten, geht der Funiculus von der becher- bis keulenförmigen Gestalt zur sichelförmigen über, indem auch die Epidermis sich bedeutend mehr zusammenzieht wie bei Pisum, da ihre Zellen weitlumiger sind (vergl. Taf. XXI, Fig. 6a u. b).

Was die Lage des Fibrovasalstranges anbelangt, so dürfte das Schema von Pisum (Taf. XX, 2) Aufschluss geben. Während das Gefässbündel wieder wie bei Pisum an der Placenta nach der Mitte der Hülsennath liegt, verlässt er (Taf. XXI, Fig. 6c) diese Seite des Funiculus und wendet sich stets nach dem Fruchtstiele hin, also abwechselnd nach rechts und nach links.

2. Orobus niger.

Bei Orobus niger findet bei der Reife die Eintrocknung in noch höherem Grade statt wie bei Vicia faba, da der Funiculus alsdann fast fadenförmig ist (vergl. auf Taf. XXI, Fig. 7a u. b). Inhalt und Einrichtung sind im Allgemeinen von den vorher beschriebenen Funiculis nicht verschieden.

3. Lupinus luteus.

Der Funiculus von Lupinus ist anders gestaltet wie diejenigen von Pisum und Vicia; während diese an der Placenta ihren kleinsten Umfang und am Samen den grössten haben, ist jener gerade umgekehrt, an der Placenta breit und am anderen Ende zugespitzt (Taf. XXI, Fig. 9). Die Oberfläche des Funiculustheiles von Pisum, der mit dem Samen direct verwachsen ist, ist, entsprechend der Form des Samens, concav, bei Lupinus ist der Samen jedoch an der Stelle des Funiculusansatzes concav und bildet eine 1,5 mm tiefe Oeffnung, die von der Spitze des Funiculus ausgefüllt wird. Es erhellt schon auf den ersten Blick, dass hier von keinem Ablösungsmechanismus im Sinne des bei Pisum beschriebenen die Rede sein kann.

Der Funiculus ist, ganz abweichend von anderen Papilionaceen, mit einem starken Steinzellenparenchym ausgestattet, welches ihm eine hornartige Beschaffenheit verleiht. Dieses Sklerenchym-Parenchym füllt das Samenende des Funiculus vollständig — abgesehen vom Fibrovasalstrange — und den übrigen Theil an der Epidermis entlang in breiten Lagen aus. Die Epidermis hat ebenfalls stark verdickte Zellmembranen, welche sowohl in der Epidermis wie im Sklerenchym mit diesem eigenen, feinen, tiefen Tüpfeln versehen sind und ausserdem eine deutliche Schichtung erkennen lassen. Die Zellpartien sind schon relativ früh ausgebildet und scheinen, da sie meist wenig und später gar kein Plasma enthalten, ein rein mechanisches Gewebe darzustellen. Auf Taf. XXI, Fig. 9 nimmt das Sklerenchym den Raum der mit ScP bezeichneten Stellen ein; daran schliesst sich nach der Mitte hin ein zartwandiges, reichlich mit Plasma gefülltes Parenchym an (Taf. XXI, Fig. 9 bei P). Dann folgen Phloëm mit meist langgestreckten Elementen und das Tracheïden-Xylem. Die äussere Samenschale besteht aus englumigen, kollenchymatischen Pallisadenzellen, welche an der Ansatzstelle des Funiculus (Taf. XXI, Fig. 9 bei Dr) eine doppelte Lage haben. Bei beginnender Reife des Samens, also wenn die Zellpartien schon ausgebildet sind, können die Nährstoffe nur durch das Phloëm und wenige diesem zunächst liegende Zellen in die Samen hineingelangen. Das Sklerenchym bricht bei Dr von dem Samen ab; es ist sehr spröde und zeigt eine ganz schwache Ligninreaction. Die Epidermis ist aussen mit vielen kleinen Calciumoxalatkrystallen besetzt und mit einer ganz zarten Cuticula versehen; ferner enthält sie ebensowohl wie das ganze Sklerenchym innerhalb der Zellen und zwar fast in jeder derselben viele, kleine, meist tetraëdrische Krystalle, die sich ebenfalls erst in Salzsäure lösten und bei Schwefelsäurezusatz, dadurch dass sich Gypsnadeln bildeten, als Kalksalze erwiesen. Es würden diese Thatsachen wieder für die bei Pisum erwähnte

Hypothese einer durch den Pflanzenkörper wandernden Calciumglycose sprechen.

Während sich bei Pisum häufig in der Mitte des Xylems bei eintretender Reife ein grosser Intercellularraum findet, ist das Tracheïdenbündel bei Lupinus meist zusammenhängend, so dass der auch hier in den meisten Fällen bei der Reife entstehende Intercellularraum ausserhalb desselben sichtbar wird. Einige Tracheïden isoliren sich dann häufig (vergl. Taf. XXI, Fig. 8) und haften einzeln oder zu wenigen zusammenhängend am Phloëm, während der grösste Theil als Bündel nur noch an einer Stelle an dem Phloëm anklebt. Es scheint, dass, da der reife Samen des Wassers nicht mehr bedürftig ist, die Tracheïden ausser Action gesetzt sind und dann als werthlos zusammenschrumpfen. Das Xylem besteht hier wiederum ausschliesslich aus Spiral-Tracheïden.

Ein Schwammparenchym ist als solches nicht ausgebildet und es fehlt ihm ja auch die Function desjenigen bei Pisum und Vicia faba. Der Inhalt des jenes vertretenden Parenchyms (Taf. XXI, Fig. 8 bei P) zeichnet sich durch eine bedeutende Menge Asparagin aus, welches in den Geweben mikroskopisch nachgewiesen werden kann, denn im Spirituspräparat zeigen sich die charakteristischen Krystalle in relativ grosser Menge. Das Parenchym enthält auch viele Eiweissstoffe und stellt somit auch hier einen Leiter für Nährstoffe des Samens dar.

Beim Aufspringen der trockenreifen Hülse, welches mit nicht unbedeutender Heftigkeit erfolgt, werden die Samen mit Leichtigkeit weggeschleudert, indem sie (an der Fig. 9, Taf. XXI bei Dr) vermöge der Brüchigkeit des Sklerenchyms abbrechen. Während nämlich im jugendlichen Stadium der Frucht die Gewebe des Funiculus und des Samens, weil sie gleichmässiger sind, fest aneinander hängen, da das Pallisadengewebe der Samenschale sowohl wie das Sklerenchym des Funiculus noch nicht differencirt sind, so fehlt später der Uebergang der beiden ungleichartigen Gewebe und somit auch der feste Zusammenhang.

4. Brassica Napus.

Der Funiculus von Brassica Napus ist wesentlich von den vorher beschriebenen Funiculis verschieden. Circa 0,6 mm breit, erreicht er eine Länge von mehr als einen halben Centimeter. Er ist meist mehrfach gewunden oder geschlängelt, selten gerade. — Es lassen sich auch hier Epidermis, Schwammparenchym, Phloëm und Xylem deutlich von einander unterscheiden. Die Membran der Epidermiszellen ist zwar ebenfalls bedeutend dicker wie die der übrigen Gewebe, jedoch relativ weniger wie bei Papilionaceen, welche Thatsache sich daraus erklärt, dass der Epidermis keine besondere Function zufällt, die sich bei Pisum dadurch bemerkbar macht, dass sich die kollenchymatische Epidermis langsam, aber mit besonderem Nachdruck nach innen biegt, um den Samen zu entfernen. Die Zellen verkehren unter sich mittelst treppenförmig angelegter Tüpfel; nach dem Schwammparenchym hin machen sich, seltener auftretend, ebenfalls breite Tüpfel bemerkbar (Taf. XXI, Fig. 10 bei Et).

Da für das Schwammparenchym wegen der langgestreckten Form des Funiculus und weil dieser auch keine arillusartige Wucherungen erfährt, sowie auch wegen des kräftig entwickelten Fibrovasalstranges relativ wenig Raum vorhanden ist, so finden sich die meisten grösseren Intercellularräume an der Spitze (dem Samenende) und an dem Uebergang in die Placenta, in welcher die Intercellularräume das Volum der Zellen bei weitem überwiegen.

Das Parenchym ist sehr weitlumig und trocknet, da seine Zellmembranen stark von Wasser imbibirt sind, bei der Reife zu einem äusserst zartblättrigen Gewebe zusammen. Die Dünne der Membranen macht eine besondere Tüpfelung zum Zwecke der diosmotischen Stoffwanderung zwischen den einzelnen Zellen unnöthig. Trotzdem befinden sich an der Spitze des Funiculus von Brassica Napus Zellen, deren Membranen im Querschnitt rosenkranzförmige Verdickungen zeigen. Manchmal werden diese Verdickungen in grösserem Umfange angetroffen (Taf. XXI, Fig. 10 bei Rt).

Das Phloëm enthält eine nicht gar zu grosse Anzahl von Siebröhren (Taf. XXI, 10 bei Sp), dagegen gewöhnliche, langgestreckte Parenchymzellen; es reicht an verschiedenen Stellen bis an die Epidermis.

Das Xylem enthält ausschliesslich Tracheïden von meist keulen- oder knochenförmiger Gestalt, nur in der Mitte des Bündels befinden sich besonders lange, schlauchförmige Elemente, die regelmässig spiralig gewunden sind (Taf. XXI, 10 x); die unregelmässiger gestalteten, nach dem Phloëm hinliegenden Partien zeigen häufig auch entweder in ihrer ganzen Länge oder doch an den englumigen Stellen regelmässige Spirallinien, meistens jedoch eine Tüpfelung, welche den Uebergang zu Spiralen bildet (Taf. XXI, 10 Ut). Die Verdickungen correspondiren an den Enden mit denen der Nachbargefässe (Taf. XXI, 10 Tt).

Die Epidermiszellen sind vollständig mit Protoplasma angefüllt, in welchem im jugendlichen Stadium viele Chlorophyllkörner eingebettet sind. Mit Spiritus behandelt, zeigt gerade die Epidermis die meisten Asparaginkrystalle (Taf. XXI, Fig. 3), die sich theils auf der Zellwand abheben, theils aus dem coagulirten Eiweiss auskrystallisiren oder an der Membran sitzend in das Innere der Zelle hineinstreben. Das Asparagin findet sich jedoch nicht nur in der Epidermis, sondern auch in allen übrigen Geweben ebenfalls und ist zumal das der Epidermis zunächst liegende Schwammparenchym reichlich mit den charakteristischen Krystallen angefüllt.

Ausser dem Asparagin, dem Eiweiss und den Chlorophyllkörnern konnte noch Zucker und Salpetersäure nachgewiesen werden. Diese beiden letzteren Substanzen finden sich natürlich im Zellsafte gelöst und zwar wie bei Papaver (siehe weiter unten) des Näheren festgestellt werden konnte, in sämmtlichen Geweben einschliesslich des Xylems. Die genannten Stoffe, insbesondere das Asparagin und der Zucker, verschwinden bei der Reife aus den Geweben des Funiculus, sie stellen also das wandernde Material für den Samen dar.

Der Samen wird auch bei Brassica Napus bei der Reife von dem Funiculus gelöst und durch die aufspringende Schote fortgeschleudert. Es lässt sich auch hier eine besondere Einrichtung nachweisen, wodurch diese Ablösung vor sich geht. Als Placenta sind die an den Nähten der beiden Fruchtblätter sich befindenden Wucherungen der Scheidewand anzusehen (Taf. XXI, 10 bei c und c, wenn b die Scheidewand ist), aus welchen der Funiculus heraustritt. Letzterer läuft eine Strecke an der Naht entlang und erhebt sich dann erst nach der Mitte der Schote hin. Der Funiculus ist, soweit er an der Naht entlang läuft, durch Schwammparenchym mit der Placenta verbunden und dieses Schwammparenchym ist es, welches durch Eintrocknen eine Bewegung des Funiculus verursacht, indem der der Fruchtblätternaht entlang laufende Theil sich zusammenzieht. Der Samen jedoch kann diese Bewegung nicht mitmachen, da er in die überaus wulstige Scheidewand fest eingebettet liegt, gegen welche er von dem Fruchtblatt der Schote gedrückt wird; er wird also losgerissen.

Die Spitze des Funiculus zieht sich besonders stark zusammen, wozu die eigenthümlich getüpfelten Membranen der dort sich vorfindenden Parenchympartien anscheinend behülflich oder doch förderlich sind (Taf. XXI, 10 Rt). Es würden diese rosenkranzförmigen Membranverdickungen den bei dem Funiculus von Pisum beschriebenen hoftüpfelartigen Gebilden entsprechen und allem Anscheine nach auch einem ähnlichen Zwecke dienen. Durch das so veranlasste Zurücktreten des Wulstes, mit welchem die Spitze dieses Funiculus mehr oder weniger versehen ist, wird der Samen schon etwas gelockert und dann durch die erwähnte Bewegung des Funiculus durch Reissen der spröden Spiral-Tracheïden völlig getrennt. Dass eine wirkliche Bewegung des Funiculus bei der Trockenreife stattfindet, lässt sich direct experimentell nachweisen, indem man eine reife Schote von Brassica öffnet, die Fruchtblätter von der Scheidewand trennt, an welcher die Funiculi haften bleiben und den Abstand der Spitzen derselben von dem Rande der Scheidewand misst; dann legt man die Scheidewand in Wasser, dem man etwas Alkohol zusetzt, um Zersetzungen und Blähungen innerhalb der Gewebe vorzubeugen und misst nach 24 Stunden wieder und vergleicht die erhaltenen Zahlen mit den vorigen. Man findet alsdann, dass die Spitze des Funiculus, nachdem sich die Placenta voll Wasser gesogen, sich meist genau um 0,4 mm von dem Rande der Scheidewand entfernt hat.

Aus dem über den Funiculus von Brassica Napus hier Mitgetheilten kann ich Folgendes resümiren:

Aus der Thatsache, dass die Epidermis und das Parenchym des Funiculus so viel plastisches Material enthalten, geht wieder hervor, dass die bis dahin meist verbreitete Ansicht, der Fibrovasalstrang sei der Haupt- oder einzige Leiter der Nährstoffe, eine irrige sein muss. Im trockenreifen Funiculus wird kein werthvoller Inhalt mehr angetroffen; die Gewebe sind alsdann fast vollständig entleert, ein Beweis, dass die Nährstoffe ihren Weg in quantitativ bedeutendem Maasse durch Epidermis und Schwammparenchym genommen haben und in den Samen gewandert sind.

Es geht aus den im Spirituspräparat massenhaft in Epidermis und Parenchym vorgefundenen Asparaginkrystallen ferner hervor, dass die Behauptung, Asparagin komme nur so lange in der Pflanze vor, als sie noch nicht bis zur Blüthe gekommen sei, eine falsche ist. Wenn sich nun in der Keimpflanze von Brassica nach Pfeffer (vergl. Pringsheim's Jahrbücher 1872, Bd. VIII „Ueber die Bedeutung des Asparagins") kein Asparagin vorfindet, so muss es nachher entstanden sein, sei es nun als Assimilationsproduct oder als Zersetzungsproduct des Eiweisses zum Zweck der Diosmose. Es war überhaupt seltsam und unwahrscheinlich, dass nur das im Embryo oder im Endosperm aufgespeicherte Eiweiss im Stande sein sollte, sich so zu zersetzen, dass Asparagin gebildet wird.

Nach vollendeter Reife wird, wie oben bezüglich des Gewebeinhaltes allgemein bemerkt wurde, auch kein Asparagin im Funiculus gefunden, also auch dieses wandert in den Samen. In diesem findet sich jedoch nach erfolgter Reife überhaupt kein Asparagin (vielleicht mit einer Ausnahme, den Mandelsamen; vergl. Comptes rendues T. 83, p. 912, Portes & Premier), es ist also im Samen wieder zu Eiweiss regenerirt worden.

5. Smilacina stellata.

Die Funiculi von Smilacina stellata haben eine relativ kräftige Epidermis und deren Zellen nur ganz kleine Lumina. Das Schwammparenchym dagegen ist ein äusserst lockeres Gewebe, dessen grosse Intercellularräume ungleich mehr Raum einnehmen, wie die reichlich mit Nährstoffen gefüllten Zellen. Der Funiculus ist, abweichend von dem von Brassica, durch die kollenchymatische Epidermis hart und unbeweglich. Im Uebrigen sind die Gewebe sowie auch der Inhalt derselben von denen bei Brassica nicht sonderlich verschieden.

6. Papaver somniferum.

Die Funiculi von Papaver somniferum bedecken dicht gedrängt die ganze Placenta in Form von kleinen, warzenförmigen Erhöhungen. Die Epidermis hat grosse Zellen mit vielen kleinen, querlaufenden, länglichen Tüpfeln und ist in der Jugend mit Stärke und Plasma angefüllt. Das Xylem besteht nur aus spiralig verdickten Tracheïden, die sich aus den Fibrovasalsträngen der Placenta absondern und zum Samen verlaufen. Dieser Tracheïden sind nur wenige. Sie sind vom Phloëm, das vorwiegend aus langgestreckten, dünnwandigen Parenchymzellen besteht, begleitet. Das Schwammparenchym weist viele Intercellularräume auf, deren Zahl und Grösse nach der Mitte der Placenta zunehmen. Die Zellen des Schwammparenchyms sind unregelmässig getüpfelt und zwar haben die Membranen derjenigen Zellen, welche zunächst der Epidermis liegen, viel mehr, aber bedeutend kleinere Tüpfel; nach dem Inneren hin nehmen diese an den einzelnen Zellmembranen numerisch ab; sie werden aber selbst grösser. Nach der Mitte der Placenta hin können überhaupt keine Tüpfelungen mehr im Schwammparenchym wahrgenommen werden.

Der Funiculus ist auch hier in der Jugend mit plastischem Material vollständig angefüllt. Bei der Reife nimmt der Inhalt ab, um bei vollständiger Trockenreife nur noch spärliche Körnchen Xantophyll haltigen Plasma's zu bergen.

Placenta und Funiculus enthalten relativ grosse Mengen Asparagin und ist dasselbe mikroskopisch nachweisbar bis zur Reife des Samens, zu welcher Zeit es vollständig verschwindet. Auch im Funiculus der nicht zur Entwickelung gekommenen Samen sowie auch ganz besonders letztere selbst, sind nach der Behandlung mit Alkohol von den Krystallnadeln erfüllt (Taf. XXI, Fig. 5). In sämmtlichen Geweben des Funiculus befindet sich viel Salpetersäure, dass die Reaction mit Diphenylaminschwefelsäure schon mit blossem Auge erkannt werden kann, da sich der ganze Zellsaft des Funiculus wie der Placenta tiefblau färbt. Die Salpetersäure zeigt sich gleich deutlich in der Epidermis, im Schwammparenchym und im Phloëm. Im Xylem entsteht die blaue Farbe deutlich nur in der Wand der zarteren Tracheïden, während die stärkeren Elemente durch die concentrirte Schwefelsäure so stark gelb gefärbt werden, dass das Blau zum Theil verdeckt wird und eine grüne Farbe zum Vorschein kommt. Zur Controle, ob nicht während des Schneidens der Präparate der Zellsaft des Parenchyms in das Xylem getreten sei und dort die Salpetersäurereaction hervorgerufen haben sollte, liess ich die Scheidewand der Mohnkapsel scharf eintrocknen und legte dann die Schnitte direct auf Diphenylaminschwefelsäure. So ungünstig ein trockenes Präparat auch für diese Reaction ist, so konnte doch, wenn auch meist nur Bruchtheile von Minuten lang, eine deutliche grüne Farbe beobachtet werden. Jedenfalls aber ist in Anbetracht der Empfindlichkeit des Reagens der Gehalt des Xylems an Salpetersäure gering und auch geringer wie im Parenchym.

Die Samen des Mohn liegen bei der Reife lose in der Kapsel und werden durch einen Mechanismus zur Ablösung gebracht, der im Principe genau derselbe ist wie der bei Pisum beschriebene, mit dem Unterschiede, dass die Hauptaufgabe der Placenta zufällt, während der Funiculus erst in zweiter Linie in Betracht kommt. Das Schwammparenchym, welches durch Eintrocknen die Ablösung zur Folge hat, befindet sich innerhalb der Placenta. Der Act der Ablösung ist vielleicht mehr eine indirecte Folge der Contraction: In der jungen Frucht ist der ganze Raum der Kapsel angefüllt von den Placenten und Samenknospen; die Anlagen der letzteren finden sich so zahlreich vor, dass bei dem bald entstehenden Raummangel vielleicht die Hälfte ihr Wachsthum einstellen muss. Die übrigen Samen, welche im Kampfe um den Platz Sieger bleiben, entwickeln sich nun, ganz dicht an einander gedrückt, füllen aber immer noch mit der Placenta den grössten Theil der Kapsel an (Taf. XXI, Fig. 12). Bei dem Austrocknen der scheidewandförmigen Placenta nach erfolgter Reife wird, wie Messungen ergeben haben, die Breite derselben auf die Hälfte reducirt, folglich werden auch die Zwischenräume zwischen den einzelnen Funiculis um die Hälfte kleiner. Da aber die Samen an Grösse auch nach dem Eintrocknen der Frucht ganz oder fast ganz dieselben bleiben, so müssen sie sich gegenseitig von der Placenta verdrängen und losreissen. Taf. XXI, Fig. 13 veranschaulicht den Querschnitt einer trockenreifen Mohnkapsel im Vergleich mit einer frischen, Taf. XXI, Fig. 12 und ist hieraus der Vorgang ersichtlich.

Was die Verkümmerung der unreifen Samen anbelangt, so findet thatsächlich ein Kampf um den Platz statt, da Mangel an Nährstoffen deshalb nicht der Grund sein kann, da in den Rudimenten, wie bemerkt, eine grosse Menge Asparagin angetroffen wird (Taf. XXI, Fig. 5), welche quantitativ in directem Verhältniss zu dem später entstehenden Eiweiss steht.

7. Nymphaeaceen.

Die Nymphaeaceen zeichnen sich mit Ausnahme von Nuphar durch einen Samenmantel aus. Caspari sagt darüber: „Zu dem Wesentlichen, unter der Charakteristik Gesagten sei noch hinzugefügt, dass die Tetrasepaleae, deren Samen mit Samenmantel versehen ist, durch diesen ein gutes Verbreitungsmittel haben, denn die zwischen ihm und dem Samen enthaltene Luft bewirkt nach dem Platzen der Frucht ein Schwimmen und Fortschwimmen der Samen. Bei Nuphar schwimmt die innere, weisse, sehr luftreiche Schicht der Fruchtböden, welche sich beim Aufspringen der Frucht von der äusseren grünen Schicht und von einander ganz trennen, mit den von ihr eingeschlossenen zahlreichen Samen, die keinen Arillus haben, auf der Wasserfläche fort und werden da ausgestreut, wo die Trägerin endlich verfault."

Unter dem, was man mit Samenmantel oder Arillus zu bezeichnen pflegt, versteht man im Allgemeinen eine Wucherung des Funiculus, welche erst nach der erfolgten Anlage des Samens bei dessen zunehmender Reife entsteht. Bei den Nymphaeaceen jedoch ist der Samenmantel als solcher schon vor der Befruchtung, also an der Samenknospe vollständig ausgebildet. Deshalb ist dieses Gewebe nicht als Arillus im gewöhnlichen Sinne aufzufassen. Ausserdem finden sich am Funiculus der Nymphaeaceen noch knotige Verdickungen vor, welche man sonst auch arillusartige Wucherungen nennt und zwar hat Nymphaea Lotos deren zwei, so dass der Funiculus die Gestalt einer Vase erhält (vergl. Taf. XXI, Fig. 14), während N. rosea, N. Sansebarensis (dieselbe Tafel, Fig. 15), N. coerulea sowie Euryale ferox (Fig. 17) und Euryale Amazonica (Victoria regia) (Fig. 16) nur eine Verdickung aufweisen. Die Samenknospen von Euryale sind orthotrop und haben einen mehr oder weniger regelmässig ausgerandeten Samenmantel. Gemeinsam ist dem Arillus von Nymphaea und dem von Euryale, dass der Fibrovasalstrang des Funiculus sich nicht in jenen hinein verzweigt, sondern sich von der Placenta direct in den Samen hinein erstreckt. Der ganze Samenmantel besteht aus einem gleichmässigen Gewebe länglicher, eckiger Zellen.

Nuphar luteum hat, wie oben bemerkt, keinen Arillus, es fehlt auch jede Anlage eines solchen bei der Samenknospe. Der Funiculus von Nymphaea besteht schon im frühesten Stadium aus von einander zu unterscheidenden Geweben, der Epidermis, dem Parenchym, dem Phloëm und dem Xylem. In den drei ersten Geweben findet sich überall ein scharf abgegrenzter, meist wandständiger Zellkern und viel transitorische Stärke. Die Membranen dieser Gewebe sind äusserst zart und nur die Epidermis hat eine wenig verdickte

Wandung. Die einzigen Intercellularräume befinden sich in der wulstigen Verdickung des Funiculus. Eine derartige Ausbildung der Epidermis, wie die bei den Leguminosen beschriebene, findet sich bei Nymphaea nicht, da hier der Epidermis ja auch keine mechanische Function zufällt. Sämmtliche Gewebe, mit Ausnahme des Xylems, erfüllt ein dicker Schleim, der wahrscheinlich dem Zellinhalte angehört, doch konnte ich genauer seinen anatomischen Charakter nicht ermitteln. Dieser Schleim unterscheidet sich aber von anderen ähnlichen Körpern dadurch, dass er sich aus frischem Material mit Alkohol ausziehen lässt und mit diesem vollständig gelatinirt und dass er erst durch bedeutende Alkoholmengen ausgefällt wird. Das Plasma ist schwach gelblich gefärbt und meist hyalin. In dem Parenchym und dem Phloëm findet sich ebenfalls viel transitorische Stärke, deren einzelne Körner klein und von durchweg gleicher Grösse und ziemlich regelmässig sind. Das Phloëm ist nicht so deutlich ausgebildet wie bei anderen Funiculis, bei Pisum, Brassica etc. Die geringe Anzahl der Tracheïden im Funiculus von Nymphaea, die meistens bis gegen fünf beträgt, fällt nicht besonders auf, da Wasserpflanzen, wie bekannt, nie ein starkes Xylem haben. Dasselbe ist auch hier sehr regelmässig ausgebildet und besteht ausschliesslich aus Elementen mit spiralig gewundenen Wandverdickungen.

Die Funiculi der ganzen Pflanzenfamilie enthalten sämmtlich viel Asparagin. Ferner fand sich überall Salpetersäure, aber kein Zucker. — Der Funiculus von Nuphar ist von dem von Nymphaea durch eine kräftiger entwickelte Epidermis unterschieden und wird auch in Folge dessen von dem übrigen Theile der Frucht bei dem Aufplatzen derselben nicht losgerissen.

8. Epilobium angustifolium.

Der Funiculus von Epilobium angustifolium ist sehr kurz, jedoch kann man besonders in der Jugend Epidermis, Parenchym, Phloëm und Xylem unterscheiden. Die drei ersten, zarten Gewebe enthalten Plasma und transitorische Stärke. Das Xylem besteht wieder nur aus Spiral-Tracheïden. Im trockenreifen Zustande ist der Funiculus so sehr zusammengeschrumpft, dass er kaum erkannt werden kann. Ueber den Haarschopf der Samen von Epilobium sagt Harz (Samenkunde, p. 875), letztere seien in der Chalazagegend mit einem meist haarigen Arillus versehen. Da man aber einen Arillus gewöhnlich als eine Gewebewucherung des Funiculus definirt, so möchte jene Ausdrucksweise leicht zu Irrthümern Veranlassung geben. Wir können es hier mit keinem Arillus im gewöhnlichen Sinne zu thun haben, denn die Samen sind anatrop und die Haare sitzen in der Chalazagegend, während der Funiculus am entgegengesetzten Ende des Samens diesen mit der Placenta verbindet.

Die Samenhaare bilden sich schon im allerfrühesten Stadium aus, indem sich zunächst an dem kaum entwickelten Ovulum an den Zellen, welche von der Mikropyle aus am äussersten Ende des Samens liegen, kleine Ausstülpungen bemerkbar machen (vergl. Taf. XXII, Fig. 20), die durch Vergrösserung der Zellen des äusseren Integuments entstehen und mit anfänglich ganz hyalinem Protoplasma gefüllt sind. Diese vergrösseren sich mehr und mehr und bald treten die Zellkerne dieser Zellen in jene Auswüchse. Bei dem weiteren Wachsthum dieser Zellen entfernt sich in denselben der Zellkern langsam vom Samen und zwar halten sämmtliche Zellkerne bei dieser Bewegung ziemlich gleichen Schritt, so dass sie stets gleichweit, jedoch bei den ausgewachsenen Haaren kaum ein Zehntel ihrer Länge vom Samen entfernt sind. Es findet im Laufe des Wachsthums keine Zelltheilung statt und die Haare bestehen aus je einer Zelle, die sich nach beendeter Ausbildung vollständig entleert. Durch den Druck der anliegenden Samen sowie durch die Reibung der zarten Trichomgebilde mit der Fachwand der Kapsel während des rapiden Wachsthums sind dieselben anfangs oft zur Seite oder nach rückwärts gebogen. Alsdann aber, wenn sie kräftiger geworden sind — es zeigt vor Allem die Trichomspitze (vergl. Taf. XXII, Fig. 23 bei S) eine verdickte Wandung —, wachsen sie gerade aus und drängen sich der Länge nach in dem Raume zwischen den einzelnen Samenknospen und der Fachwand nach oben. Bei der Entfaltung der Blüthe, also vor der Befruchtung, sind die Samenhaare schon vollkommen ausgebildet; das durch den Funiculus wandernde Material wird dann vollständig und ausschliesslich zur Entwickelung des Samens verwandt.

9. Asclepias cornuti.

Bei Asclepias cornuti liegen die Verhältnisse ganz ähnlich wie bei Epilobium. Ein Unterschied besteht darin, dass die Samenhaare nicht in der Chalazagegend, sondern an der Mikropyle des anatropen Samens in unmittelbarer Nähe des Funiculus sitzen. Letzterer ist hier wieder so kurz, dass man kaum von einer Gestalt sprechen kann, doch lassen sich immerhin in der Jugend Epidermis, Parenchym, Phloëm und Xylem unterscheiden.

Harz sagt in seiner Samenkunde, dass der Mikropylesaum des Samens von Asclepias in einen Haarschopf auswächst.

Die Samenhaare entstehen auf dieselbe Weise wie bei Epilobium, indem die Zellen des äusseren Integuments an dem Ende des Samens, welches die Mikropyle trägt, zu dem Haarschopf auswachsen. Diese einzelligen Haare füllen tiefe Rinnen der Placenta aus; die erhabenen Riefen derselben tragen die Samen. Die centrale Placenta ist durch ein äusserst lockeres Schwammparenchym ausgezeichnet und zieht sich bei der Reife durch Entleerung und Eintrocknen sehr stark zusammen, so dass die Samen, durch die sich nicht zusammenziehenden Samenhaare aufgehalten, von der Samenleiste abgestreift werden.

Der Samenhaarschopf liegt vom Samen aus nach der Narbe hin, und an der Anheftestelle desselben bemerkt man neben ihm den winzigen Hilus, der nur manchmal von einer geringen Wucherung der Integumente gekennzeichnet ist. Hat der Samen die Frucht verlassen, dann bleibt die Placenta als trockene, tieffurchige Leiste zurück und es sind dann erst genau die Stellen zu erkennen, an denen die Samen befestigt waren, denn es ziehen sich von den betreffenden Anheftstellen aus Gefässbündel zu den übrigen Vasalsträngen der Placenta hin. Man könnte nun die übrig gebliebenen zusammenhängenden Stellen, an welchen die Samen befestigt waren und welche die tiefen Furchen der Placenta verursachen, für Reihen verwachsener Funiculi halten, weil sich hier in den unverzweigten Gefässbündeln ebenfalls ausschliesslich spiralig verdickte Tracheïden vorfinden bis zu den Gefässbündeln hin, welche der Länge nach die Placenta durchlaufen, die wieder getüpfelte und ringförmig verdickte Holzgefässe aufweisen und sich verzweigen. Bemerkenswerth ist, dass die Samenhaare erst bei beginnender Trockenreife verholzen, während sie vorher keine Ligninreaction erkennen lassen.

10. Magnolia tripetala.

Der Funiculus von Magnolia ist im Vergleich mit anderen Funiculis besonders merkwürdig insofern, als die Samen bei der Reife an langen, zarten Fäden aus der Frucht hängen; diese Fäden entstammen dem Funiculus.

Prantl sagt darüber: „Bei den meisten Magnolia und Michelia springen die Balgfrüchte am Rücken auf und hängen dann die mit fleischiger Aussenschicht versehenen Samen an den sich abrollenden Spiralgefässen des Funiculus aus den Früchten herab."

Der Funiculus hat ungefähr die Form des bei Lupinus beschriebenen, jedoch ist er bedeutend kürzer.

Er besteht im frühesten Stadium des unbefruchteten Ovulum aus einer Epidermis, an welche sich das Parenchym schliesst. In der Mitte des Funiculus liegen relativ grosse Partien langgestreckter Zellen. In diesen entstehen durch Resorption der Zwischenwandungen spiralig verdickte Elemente, die sich als Tracheïden und nach kurzer Zeit Ligninreaction erkennen lassen. Diese Tracheïden unterscheiden sich zunächst durchaus nicht von denjenigen der anderen Funiculi. Die langgestreckten Zellen, aus welchen jene Tracheïden entstehen, sind mit wasserhellem, stärkelosem Protoplasma gefüllt. An diese Zellen grenzt nach der Epidermis hin dünnwandiges Parenchym, welches eine deutliche Stärkescheide erkennen lässt, die als solche sich bis ins Ovulum hinein verfolgen lässt. Die Production der Tracheïden nimmt in denselben Zellpartien ihren Fortgang und auch sie zeigen alle nach kurzer Zeit Gehalt an Lignin. Wenn nun ca. 12—15 Tracheïden entstanden sind, lässt sich bei den letzten und noch hinzutretenden eine deutliche Abnahme des Ligningehaltes constatiren.

Während im Allgemeinen junge Tracheïden im Entstehungszustande noch nicht, sondern nach wenigen Tagen erst Lignin enthalten, welches bald soweit zunimmt, dass bei der Phloroglucinreaction eine kirschrothe Farbe eintritt, so ist an den Tracheïden der Magnolia-Funiculi, wenn auch sich eine blassrothe Farbe erkennen lässt, eine Zunahme der Verholzung nicht zu bemerken. Nun aber entstehen immer noch neue Tracheïden, welche überhaupt nicht mehr verholzen und keine Spur einer Ligninreaction mehr erkennen lassen. Während bei anderen Funiculis die Tracheïden nach kurzer Zeit, vielleicht bis zur Zeit der Befruchtung, vollständig ausgebildet sind und an Zahl nicht mehr zunehmen, nimmt die Tracheïdenproduction bei Magnolia ihren Fortgang und zwar so lange, bis die im jungen Funiculus zu diesem Zwecke vorgebildeten langgestreckten Zellen alle in Spiraltracheïden umgewandelt sind und diese den bei weitem grössten Raumtheil des Funiculus in Anspruch nehmen. Das Xylem des Funiculus von einem normal entwickelten, reifen Samen besteht aus ca. 120—150 Spiralgefässen, von denen jedes einen Durchmesser von 40 Mikromillimeter hat. Die Wandverdickung der Spiralen ist drei Mikromillimeter breit.

Im Parenchym des Funiculus zerstreut, liegen noch viele Gruppen verholzter, getüpfelter, ovaler Zellen, welche wohl nur den Zweck eines mechanischen Haltes haben. Durch das Schütteln der Samen in der zeitig sich öffnenden Frucht brechen jene leicht von den wenigen Zellen ab, welche ausser den vielen Tracheïden die Spitze des Funiculus ausmachen, während die Tracheïden vermöge ihrer Elasticität nicht reissen, sondern sich abwickeln, indem nur die dünnwandigen Stellen der Membran reissen.

Die Samen können nun bis über 4 cm aus der Frucht fallen, ohne dass die zarten Fäden reissen. Dieselben würden nun nach der Reife noch lange an dem Baume hängen bleiben, wenn nicht ein anderer Umstand zu Hülfe käme, der darin besteht, dass bei eintretender Trockenreife die tracheïdenförmigen Elemente nachträglich noch verholzen und spröde werden, in Folge dessen sie durch die durch den Wind verursachten Schwingungen abbrechen und die befreiten Samen fortgeschleudert werden.

Tracheïdenfasern von fast reifen und solche von trockenreifen Funiculis nebeneinander mit Phloroglucin und Salzsäure behandelt, zeigen deutlich den Unterschied, indem die jüngeren fast farblos bleiben, während die älteren eine bedeutende Röthung zeigen. Es besteht diese Thatsache, dass voll ausgewachsene Tracheïden erst nach relativ langer Zeit verholzen, wohl als Ausnahme, da, wenn überhaupt Verholzung eintritt, dieselbe sehr frühzeitig zu beginnen pflegt. Von allen Tracheïden des Samens sind nur die Spiral-Tracheïden ligninfrei. Es bezieht sich dies auch auf alle Verzweigungen der Fibrovasalstränge in der Samenschale, aus welcher man sie ebenfalls leicht durch Herausziehen entfernen kann. Wenn auch die Frage bezüglich der Einwirkung des Lignins auf die absolute Festigkeit der Zellhaut noch offen bleibt, so scheint das Lignin doch die Sprödigkeit der Zellwand zu bedingen, was auch die Ligninbestimmungen von F. Schultz darthun, wonach

1. Wallnussschale . . . . . . 56,92 %,
2. Eichenholz . . . . 54,12 %,
3. Roggenstroh . . . . 46,25 %,
4. Kiefernholz . . . . 41,99 % und
5. Flachs . . . . 17,08 %

Lignin enthalten, welche Reihenfolge bezüglich des Sprödigkeitsgrades mit unseren täglichen Erfahrungen in Einklang steht.

11. Nicotiana Tabacum.

Die Funiculi der Solanaceen sind je nach den verschiedenen Fruchtarten, welche in dieser Familie vorkommen, verschieden. Der Funiculus von Nicotiana ist warzenförmig. Der Samen liegt in einer kraterförmigen Vertiefung des Funiculus eingebettet. Die Epidermiszellen sind sehr breit und haben eine zarte Membran. An die Epidermis schliesst sich ein wohl ausgebildetes Schwammparenchym. Der Fibrovasalstrang geht durch die Mitte des Funiculus und besteht aus reichlich mit Plasma gefülltem Phloëm und einem Xylem mit nur spiralig verdickten Tracheïden. Das Schwammparenchym ist mit vielen Intercellularräumen durchsetzt, dessen Zellen enthalten Proteïnstoffe und transitorische Stärke. Die Epidermis enthält ebenfalls diese Stoffe. Die Intercellularräume des Schwammparenchyms, welches in das der Placenta übergeht, nehmen nach der Mitte der letzteren hin an Grösse und Zahl zu. Durch diese Intercellularräume unterstützt, zieht sich die Placenta bei der Trockenreife der Frucht analog den Erscheinungen bei Pisum und Papaver zusammen. Es sind an diese Thatsache wieder besondere mechanische Vorgänge geknüpft. Der Ablösungsact der Samen geht bei Nicotiana in derselben Weise vor sich wie bei Papaver. Das Eintrocknen der Placenta ist auch von Einwirkung auf die äussere Gestalt der Frucht und vor Allen auf die entstehenden Oeffnungen der Kapsel, da durch das Eintrocknen die

Form der Frucht gänzlich verändert wird. Taf. XXII, Fig. 25 stellt eine fast reife Frucht dar, welche eine solche Menge ausgebildeter Samen enthält, dass sie sich einzeln auf der Kapselwand nach aussen hin abheben. In der trockenreifen Frucht Taf. XXII, Fig. 26 ist die Placenta nach der Spitze hin eingetrocknet. Die Scheidewand hat sich jedoch von der oberen Seite grösstentheils abgelöst und gestattet einen freien Durchschnitt der Samen in beide Fächer. Durch das Eintrocknen und Zusammenziehen der Placenta haben sich die bisher entferntesten Punkte der Kapsel bedeutend genähert, so dass die vorher eiförmige Frucht nun im Längsschnitt einem umgekehrten Trapez nahe kommt. Die Kapsel musste dabei nothwendig springen, da der Umfang des oberen Theiles der Kapsel ein bedeutend grösserer geworden ist. Es sind auch hier durch das Einschrumpfen der Placenta die Funiculi einander so nahe gerückt, dass die Samen sich gegenseitig von einander losreissen müssen. Genau denselben Ablösungsvorgang beobachten wir bei Hyoscyamus und Capsicum. Letztere haben alle eine grössere Anzahl von Samenanlagen, wie zur Entwickelung kommen können.

12. Beerenfrüchte.

a) *Capsicum annuum.* Der Funiculus von Capsicum annuum ist auch warzenförmig und sehr kurz. Er besteht wieder aus Epidermis, Schwammparenchym, Phloëm und Xylem. Letzteres hat wiederum nur Spiral-Tracheïden. Die ersten drei Gewebe bestehen aus zartwandigen Elementen, die Plasma, transitorische Stärke und wenig Zucker enthalten. Das Schwammparenchym des Funiculus geht auch hier in dasjenige der Placenta über. Die Gewebe des Funiculus enthalten ätherisches und auch fettes Oel, denn der Aetherauszug hinterlässt einen bei 110° nicht flüchtigen auf Papier durchscheinenden Fettflecken.

Placenta und Funiculus von Capsicum geben starke Salpetersäurereaction. Durch Auskochen der mikroskopischen Schnitte auf dem Objectglase mit Wasser entsteht nach dem Verdunsten des letzteren ein Kreis von Krystallen um jene Schnitte herum. Diese Krystalle, in zwei Theile getheilt, geben einerseits starke Salpetersäurereaction und andererseits liessen sie sich mit Platindoppelchlorid durch die charakteristischen Würfel als Kaliumsalz erkennen. Da sich nun in den Geweben des Funiculus die Salpetersäure nachweisen liess, so muss auch das Kalium, da es an dieselbe gebunden ist, in den Geweben vorhanden sein. — Auch bei Capsicum sind die Samenanlagen dicht aneinander gedrängt, so dass die reifen Samen, wie bei Nicotiana, durch das Eintrocknen der Placenta sich gegenseitig abstreifen müssen.

b) *Solanum Dulcamara.* Im Stadium der Befruchtung sitzt das Ovulum (vergl. Taf. XXII, Fig. 27) an einem kurzen, dicken Funiculus frei an der Placenta. Dieser Funiculus besteht, wie gewöhnlich, aus Epidermis, Parenchym und einem Fibrovasalstrange, dessen Xylem aus Spiral-Tracheïden zusammengesetzt ist. Die innere Fruchtwand (vergl. Taf. XXII, Fig. 27a) weist im Querschnitt nur wenige unbedeutende Erhabenheiten auf. Aber kurze Zeit nach der Befruchtung ist das Bild des Querschnitts schon ein ganz anderes (Taf. XXII, Fig. 28). Die Placenta ist bedeutend grösser geworden und hat mehrere grössere und kleinere Intercellularräume, die vorher fehlten; ebenso haben sich die Pfeile der Scheidewand verbreitert und die innere Fruchtwand zeichnet sich durch unregelmässige Höcker aus, die weit in das Innere der Frucht hineinragen. Im Laufe des weiteren Wachsthums aller dieser Wucherungen berühren die grösseren Höcker der Fruchtwand schon einige Ovula und drängen diese in die an Intercellularräumen reiche Placenta zurück, welche letztere, zwischen die einzelnen Ovula gedrängt, nun der Fruchtwand resp. ihren Höckern entgegen wächst, bis sie sich berühren. Allmählich werden nun alle Ovula von den gemeinsamen Wucherungen der Fruchtwand, wie der Placenta eingeschlossen. Der Umstand, dass die einzelnen Ovula, die einen früher, die anderen später, von den Gewebewucherungen eingeschlossen und dann an weiterem Dickenwachsthum verhindert werden, hat zur Folge, dass die Samen später von ganz verschiedener Grösse sind, wodurch die Frucht keinen symmetrischen Querschnitt mehr bietet (vergl. Taf. XXII, Fig. 29). Die Epidermiszellen der Placenta wie der inneren Fruchtwand waren bis zur Berührung der beiden letzteren ausgezeichnet dadurch, dass sie mehr oder weniger gleichmässige, rechteckige Gestalt hatten (Taf. XXII, Fig. 29Ep) mit bedeutend hyalinerem Plasma und mit weniger Stärke gefüllt waren wie die übrigen Zellen der inneren Fruchtwand und Placenta. Die Epidermiszellen werden im Laufe des weiteren Wachsthums aneinander gepresst und die doppelte Zellreihe giebt dem durch die Intercellularräume veranlassten ungleichen Drucke entsprechend nach und durch Verschiebung der einzelnen Zellen gehen sie eine innige Verwachsung ein. Alsdann wird auch der Inhalt der Epidermiszellen ein anderer. Sie füllen sich wie die übrigen Zellen mit Stärke und das Plasma ist nicht mehr hyalin und die früheren Epidermiszellen können bald nicht mehr von den anderen unterschieden werden. Die Gewebe des Samens sind im Vergleich mit den Parenchymzellen des übrigen Fruchtgewebes gleichmässiger, mit wenig transitorischer Stärke und mit fast farblosem Protoplasma gefüllt. Eine wirkliche Verwachsung mit den anderen Fruchtgeweben tritt nicht ein. Dass das Ovulum aber eine Nahrungszufuhr von allen Seiten erhält, kann man annehmen, da eine Cuticularisirung sowohl der Zellen des äusseren Integuments wie der an diese sich anschliessenden Zellen bei der zuverlässigen Reaction mit concentrirter Schwefelsäure nicht wahrgenommen werden kann und man somit zugeben muss, dass eine Diosmose stattfinden kann. Hierfür spricht ferner der Umstand, dass die zwei oder drei Zellreihen, welche dem Ovulum zunächst liegen, sich durch Stärkekörner, welche genau von der Form und Grösse derjenigen sind, die sich in den Integumenten befinden und durch hyalineres Plasma auszeichnen, während die Stärkekörner des übrigen Parenchyms grösser und die Plasmakörper mehr körnig erscheinen. Ob aber die Stoffleitung, wenn sie wirklich auch durch die Integumente hindurch stattfindet, für die Entwickelung des Samens von Bedeutung ist, lässt sich schwerlich beweisen, da bei Beginn der Reife die inneren Wandungen des äusseren Integuments schon mit der Verholzung beginnen, während die Aussenwandungen die Ligninreaction noch nicht zeigen, so dass von dieser Zeit an also eine Stoffzufuhr nur in die Zellen des äusseren Integuments stattfinden könnte. Zudem hat der Funiculus an der Wucherung der Placenta Theil genommen und sich verbreitert und dadurch, dass die Placenta am Ovulum vorbei zur Spitze desselben hinaufwächst, um mit den Geweben der Fruchtwand zusammenzustossen, so verkürzt, dass man seine Existenz kaum noch wahrnehmen kann.

c) *Physalis Alkekengi.* Bei Physalis Alkekengi geht die Entwickelung der Frucht genau in derselben Weise vor sich wie bei Solanum und man kann bei der reifen Frucht die Stelle des Funiculus, dessen Epidermis bei der Wucherung der Placenta mit nach der Spitze des Samens hingezogen wird, nur daran erkennen, dass sich hier im Fibrovasalstrange nur Spiral-Tracheïden befinden, während das Xylem der übrigen Fruchttheile die mannigfaltigsten Formen und Tüpfelungen der Gefässe zeigen (vergl. Taf. XXII, Fig. 31 u. 32 Fibrovasalstrang der Placenta mit Fig. 33 u. 34 Fibrovasalstrang des Funiculus).

d) *Bryonia dioïca.* Die anatropen Ovula entwickeln sich in gewohnter Weise (vergl. die drei ersten Stadien ihrer Entwickelung: Taf. XXII, Fig. 36, 37 u. 38). Im Allgemeinen liegen auch hier die Verhältnisse ähnlich wie bei der Beere von Solanum Dulcamara. Eine Verwachsung des Ovulum mit der Placenta findet nicht statt, jedoch werden die Ovula mit Gewalt und fest in die Placenta hineingedrängt, indem sich die Samenanlagen (Taf. XXII, Fig. 38) umbiegen und anatrope Samenknospen bilden. Auf Taf. XXII, Fig. 35 ist ein Ovulum im Stadium der Blüthe. Wenn eine wirkliche Verwachsung einträte, so würde der Pollenschlauch die Mikropyle nicht erreichen können. Jedoch sind auch bei Bryonia die dem Ovulum zunächst liegenden Zellschichten, als von den übrigen Zellen der Placenta unterschieden, sehr gut zu erkennen, indem sie mehr Plasma, aber keine Stärke enthalten, während die vom Ovulum weiter entfernt liegenden Zellen viel Stärke und weniger Plasma enthalten. Das Ovulum enthält ebenfalls keine Stärke. Hieraus kann man ebenso wie bei Solanum schliessen, dass eine Diosmose zwischen dem Parenchym und dem Ovulum wahrscheinlich ist, zumal auch hier die Cuticularisirung fehlt. Es würde dann der Funiculus bis zum Beginn der Verholzung der Samenschale nicht der alleinige Leiter der Nährstoffe sein.

Auffallend ist, dass sich vom ersten Stadium an feinkörnige Stärke im Gewebe des unterständigen Fruchtknotens anzusammeln beginnt und quantitativ den Höhepunkt erreicht, wenn die Blüthenblätter sich innerhalb der Knospe auszubilden beginnen; ist jedoch die Blüthe vollständig entfaltet, dann ist auch das letzte Stärkekorn im Parenchym der Placenta verschwunden. Die Stärke ist offenbar zum Aufbau der Zellen der einzelnen Blüthentheile verbraucht worden. Nach der Befruchtung fängt dann die Stärkeansammlung allmählich wieder an und nimmt bis zur Fruchtreife zu. Es geht hieraus mit Sicherheit die Richtigkeit der mehrfach oben erwähnten Annahme hervor, dass das Parenchym in hervorragender Weise an der Stoffleitung betheiligt ist.

13. Canna iridiflora.

Der Funiculus von Canna iridiflora ist im frühesten Stadium cylindrisch und glatt. Bald jedoch (vergl. Taf. XXII, Fig. 39) entstehen in der Epidermis leichte, gleichgrosse Erhöhungen, dicht aneinander gedrängt. Eine jede besteht schon aus einer Gruppe von Epidermiszellen. Diese wuchern bald (Fig. 40) und werden schliesslich zu langen, weichen Haaren, die unregelmässig durcheinander wachsen und sich verworrenen Knäueln von Fäden gleich, als Polster um die Samen legen und einen grossen Theil der Frucht ausfüllen. Diese Wucherungen bestehen daher nicht aus einzelnen oder wenigen Zellen, sondern aus ganzen Geweben von nur gleichartigen, langgestreckten Zellen; diese sind mit fast farblosem Protoplasma gefüllt und haben einen meist wandständigen Zellkern (Taf. XXII, Fig. 42). Auch die Funiculi der nicht vollständig zur Ausbildung kommenden Samen nehmen an den Gewebewucherungen Theil. — Das Parenchym, welches sich an die Epidermiszellen anschliesst, ist ebenfalls sehr zartwandig. Das Phloëm ist parenchymatisch. Das Xylem besteht nur aus Spiral-Tracheïden und ist unverzweigt. — Im Funiculus konnten reichliche Mengen Eiweissstoffe, Kalisalpeter — letzterer wie bei Capsicum angegeben — und Zucker nachgewiesen werden.

14. Trockene Schliessfrüchte.

So ausgebildet der Funiculus in Kapselfrüchten, in Hülsen und Schoten ist, so wenig in die Augen fallend ist er bei Schliessfrüchten, bei welchen er nur insofern in Betracht kommt, als er der Stoffleiter für den Samen ist. Vollständig ohne Funiculus ist die Caryopse der Gramineen. — Sie macht von den vorher beschriebenen Früchten einen Unterschied, als eine wirkliche Verwachsung des Ovulums mit der Fruchtwand eintritt. Die Anlage der Frucht und der Blüthe findet schon statt, wenn der Halm sich erst wenig aus dem Erdboden erhoben hat. Bei einer Halmlänge von 15 cm (Taf. XXII, Fig. 43) sind die Höcker des Vegetationskegels der Frucht schon deutlich ausgebildet, und man kann die Differenzirung in die einzelnen Theile der Blüthe bereits erkennen. Bei einer Halmlänge von 25 cm (Taf. XXII, Fig. 44) bemerkt man schon, wie die beiden Höcker, welche sich seitlich einer in der Mitte liegenden Erhöhung befinden, die letztere umschliessen. Diese drei Blattanlagen bilden die Frucht und verwachsen noch, bevor die Blüthe zur Ausbildung gelangt, vollständig miteinander. Die Spitzen der beiden sich an das Ovulum anlegenden Blattanlagen wachsen dann zu den beiden federartigen Narben aus. Während das Ovulum im Stadium der Befruchtung stärkelos ist, füllt sich der übrige Theil der Frucht allmählich mit transitorischer Stärke. Die zunächst dem Ovulum liegenden Zellen sind durch Chlorophyll grün gefärbt und reichlich mit Plasma gefüllt. Bei der Reife entleeren sich die ausserhalb des Ovulums liegenden Zellen. Wahrscheinlich wird der plasmatische Inhalt und die Stärke zur Bildung der Kleberschicht und zur Ausbildung der Fruchtschale benutzt.

Es geht nun aus diesen Thatsachen hervor, dass das Ovulum der Caryopse seine Nahrung nicht allein durch den Funiculus erhält, sondern dass das ganze übrige Gewebe sich an der Zuleitung der Nährstoffe betheiligt. Daher fällt die Bedeutung des Funiculus bei der Caryopse als alleiniger Leiter der Nährstoffe fort. Ebensowenig kann der Funiculus wegen der allseitigen Verwachsung einen mechanischen Halt des Samens zum Zwecke haben.

Nicht verwachsen mit der Fruchtwand und unbedeutend ausgebildet, d. h., er ist relativ kurz und glatt, ist der Funiculus bei der Achaene der Compositen, der Doppel-Achaene der Umbelliferen, dem Nüsschen der Labiaten, bei den Geraniaceen und vielen anderen Familien mit Schliessfrüchten; in diesen Fällen besteht der Funiculus auch aus Epidermis, Phloëm, Xylem und Parenchym (vergl. Taf. XXII, Fig. 45 Querschnitt des Funiculus von Heracleum dissectum, in welchem sich noch ausserdem Xylem-Zellpartien mit verholzten, getüpfelten, rundlichen Elementen befinden, die lediglich einer mechanischen Function dienen).

Ergebnisse.

Ueberblickt man nun die mitgetheilten Thatsachen, so kann man das Resultat dieser Arbeit in Folgendem kurz zusammenfassen:

Die Function, welche der Funiculus in allen Fällen ausübt, ist die der Stoffleitung für den Samen. Jedoch fällt dem Funiculus, wie häufig auch anderen Theilen der Frucht und der Blüthe, mitunter eine besondere Aufgabe zu, sei es die Ablösung der Samen zu bewerkstelligen, sei es, denselben als Arillus zum Schutz und Verbreitungsmittel oder als Polster zur Schonung zu dienen, dann aber zeichnet er sich durch Gewebewucherungen und überhaupt durch in die Augen fallende Gestaltung aus. — Ist der Funiculus jedoch nicht dazu berufen, ausser der Stoffleitung eine Rolle bei oder nach der Samenreife zu spielen, so tritt auch jene äussere Gestaltung in den Hintergrund; vor allem aber in jenen Fällen, in welchen der Samen die Frucht auch nach der Reife nicht verlässt oder doch von einem Theile der Frucht umhüllt bleibt.

Die Gewebe des Funiculus sind im Allgemeinen differenzirt in Epidermis, Phloëm, Xylem und (Schwamm-)Parenchym. Als Merkmal kann in fraglichen Fällen die Thatsache dienen, dass das Xylem nur aus Spiral-Tracheïden besteht und dass der Fibrovasalstrang des Funiculus nie verzweigt ist.

Der Inhalt der Zellen des Funiculus, soweit er nicht aus im Zellsafte unlöslichem Material (Calciumoxalat) besteht, das auch nach der Trockenreife noch im Funiculus vorgefunden wird, belehrt uns darüber, in welcher Form die Nährstoffe für den Embryo in den Samen gelangen, denn wir sehen diese Stoffe im reifen Zustande aus dem Funiculus verschwunden, also offenbar dem Samen zugeführt.

Der Inhalt der Funiculi besteht im Wesentlichen aus:

I. Eiweissstoffen (Protoplasma), welche stets vorhanden sind;

II. Zucker und Stärke — meist vorhanden und bisweilen

III. Salpetersäure, auch Kalisalpeter und Schleim, fette und ätherische Oele sowie Chromoplasten.

Und zwar finden sich diese Wanderungsstoffe vorwiegend im Parenchym und in der Epidermis, während das Phloëm allerdings auch solche Stoffe enthält, aber doch jedenfalls nicht der alleinige Träger derselben ist. Es würde das übereinstimmen mit der Hypothese, wonach das Phloëm weniger als Leitungsgewebe, sondern als Reservestoffbehälter für das Cambium behufs der Holzbildung aufzufassen ist, wie Frank (Pflanzenphysiologie, Berlin 1890, p. 162) zuerst ausgesprochen und Blass (Berichte der deutschen botanischen Gesellschaft 1890, Heft 3) näher erwiesen hat.

Erklärung der Abbildungen.

Tafel XX.

Fig. 1. Querschnitt des Funiculus eines fast reifen Samens von Pisum sativum am Samenende mit theilweise coagulirtem Plasma.

ht Tüpfel, ähnlich den Hoftüpfeln; St Stärke; Schwp Schwammparenchym; Tt treppenartig angelegte Tüpfel; Kr Calciumoxalat-Krystalle; Phl Phloëm; X Xylem; Ep Epidermis; Sch Celluloseschichtung. a und b Längsschnitte eines noch im Wachsen begriffenen und eines trockenreifen Funiculus. Trockenreifer Funiculus: Fvstrg Mündung des Fibrovasalstranges in den Samen; ht' Stelle, an welcher sich die Hoftüpfel befinden.

Fig. 2. Längsschnitt des Funiculus von Fig. 1.

Tt treppenartig angelegte Tüpfel; Schwp Schwammparenchym; Sp Siebplatten; Kr Calciumoxalat-Krystalle; Phl Phloëm; X Xylem; St Stärke; b Panzer von Cellulose und Calciumoxalat; f Fibrovasalstrang des Fruchtblattes; Chph Chlorophyll; a nährstoffreichste Stelle des Funiculus; c Epidermiszellen, welche die Trennungsstelle der Fruchtblatthälften angeben. g und e, 1, 2 u. 3 Querschnitte des Funiculus zur Orientirung über den Lauf des Fibrovasalstranges.

Tafel XXI.

Fig. 3. Asparaginkrystalle in Epidermis und Schwammparenchym von Brassica Napus.

Fig. 4. Krystalle von reinem Asparagin.

Fig. 5. Asparaginkrystalle in einem verkümmerten Samen von Papaver somniferum.

Fig. 6a fast reifer Funiculus von Vicia faba; b trockenreifer Funiculus; c Lauf des Fibrovasalstranges.

Fig. 7. Funiculus von Orobus niger, fast reif und trockenreif.

Fig. 8. Querschnitt des Funiculus von Lupinus luteus. Calciumoxalat an der Aussenseite der Epidermis.

SkP Sklerenchym-Parenchym; P Parenchym; Phl Phloëm; X Xylem; T Tüpfel.

Fig. 9. Schematischer Längsschnitt des Funiculus und Samenansatzes von Lupinus.

Pl Pallisadenzellen der Samenschale; Dr Durchreissstelle; SkP Sklerenchym-Parenchym; P Parenchym; Phl Phloëm; X Xylem.

Fig. 10. Längsschnitt eines ausgewachsenen Funiculus von Brassica Napus.

Et Epidermistüpfel; Rt Rosenkranztüpfel; X Xylem; Tt correspondirende Wandverdickungen; Ut Uebergangstüpfel zu Spiralen; Sp Siebplatten; Phl Phloëm; b Scheidewand der Schote; c Uebergang des Schwammparenchyms des Funiculus in das der Placenta.

Fig. 11. Querschnitt des Funiculus von Fig. 10 mit denselben Bezeichnungen.

Fig 12 u. 13. Fast reife und trockenreife Frucht des Mohn.

Fig. 14—17. Funiculus mit Samenmantel von Nymphaea Lotos, N. Sansebarensis, Victoria regia, Euryale ferox.

Fig. 18. Funiculus von Nuphar luteum.

Tafel XXII.

Fig. 19—24. Entwickelungsgeschichtliche Darstellung der Samenhaare von Epilobium angustifolium.

Fig. 25 u. 26. Fast reife und trockenreife Frucht von Nicotiana Tabacum.

Fig. 27—29. Drei Stadien der Frucht von Solanum Dulcamara bis zum Verwachsen der Epidermis der Placenta mit derjenigen der Fruchtwand (bei Ep Fig. 29).

Fig. 30. Ovulum in der Placenta; Fv entspricht den Fig. 1 u. 2.

Fig. 31 u. 32. Querschnitt und Längsschnitt eines Fibrovasalstranges der Placenta einer reifen Frucht von Physalis Alkekengi mit zerstörten Chromatophoren. Phl (zerstreutes) Phloëm; P Parenchym; X Xylem; Ot Oeltropfen.

Fig. 33 u. 34. Querschnitt und Längsschnitt des Fibrovasalstranges der Fig. 30 bei f.

Fig. 35. Ovulum von Bryonia dioica zur Zeit der Blüthe.

Fig. 36—38. Drei frühere Stadien.

Fig. 39—41. Drei Stadien des Funiculus von Canna iridiflora.

Fig. 42. Gewebe eines Funiculushaares von Canna iridiflora.

Fig. 43 u. 44. Schema der Vegetationskegel der Blüthe von Secale cereale.

Fig. 45. Querschnitt des Funiculus von Heracleum dissectum.

Inhalt

des vorliegenden 3. Heftes, Band XXIII.

Das Wachsthum der Pilzhyphen.

Ein Beitrag zur Kenntniss des Flächenwachsthums vegetabilischer Zellmembranen.

Von

M. O. Reinhardt in Berlin.

Mit Tafel XXIII—XXVI.

Einleitung.

Bei Versuchen, die Art und Weise zu ermitteln, in welcher die Hyphen der Peziza Trifoliorum die Epidermis der befallenen Wirthspflanzen durchwachsen, traten in den von Mucor verunreinigten Kulturen der Peziza eigenartige knäulige Verschlingungen der Hyphen so regelmässig auf, dass ich das Entstehen und die Veranlassung des Auftretens dieser Gebilde auf den Rath des Herrn Professor de Bary zu erforschen versuchte. Im Laufe der Untersuchung verallgemeinerte ich die Fragestellung, da einestheils das Wachsthum der Hyphen selbst werth schien, genauer verfolgt zu werden, als es bis jetzt von den Pilzforschern geschehen war, welche weniger günstige Objecte beobachtet hatten; anderentheils auch diese einfachen, schnell wachsenden Hyphen leichter Aufschluss über die Art des Wachsthums überhaupt geben zu können schienen, als langsamer wachsende und complicirter gebaute Pflanzenkörper.

Die Empfänglichkeit dieser Hyphen für Reize sowohl chemischer, wie mechanischer Art, und die Verschiedenartigkeit der Reactionen auf diese Reize wurden festgestellt; und ebenso wurden auch die diese Reize bewirkenden Ausscheidungen der verschiedenen Pilze in den Kreis der Untersuchungen hineingezogen. Die grosse Empfindlichkeit der lebhaft wachsenden Hyphen gegen Reizmittel jeglicher Art gestattete jedoch nicht, die aus den Beobachtungen der wechselnden Wuchsformen abgeleiteten Wachsthums-Gesetze experimentell zu prüfen. Für Versuche dieser Art traten die weniger empfindlichen Wurzelhaare, deren Wachsthum dem der Pilzhyphen ähnlich ist, an deren Stelle.

I. Regelmässiges Wachsthum.

In den beiden ersten Capiteln seiner vergleichenden Morphologie und Biologie der Pilze[1]) giebt de Bary unter der Ueberschrift „Histologische Eigenthümlichkeiten" und „Gliederung des Thallus" eine Uebersicht über das, was wir jetzt über das Wachsthum der Pilze wissen. Es genüge daran zu erinnern, dass auch der zusammengesetzte Pilzkörper meistens in der Weise wächst, dass die ihn bildenden Hyphen durch Spitzenwachsthum in die Länge wachsen. Eine andere Art des Wachsthums scheint nur bei dem Strecken der Fruchtkörper der Basidiomyceten stattzufinden.[2]) Nur mit dem Wachsthum der einzelnen Hyphe haben wir es hier zu thun; wie aus den einzelnen Hyphen sich der zum Theil massig entwickelte Körper vieler Pilze aufbaut, lassen wir hier dahin gestellt.

Nach de Bary[3]) wächst die Hyphe „durch andauerndes Scheitel- oder spitzenwärts progressives Wachsthum". Dieses Spitzenwachsthum der Hyphen nehmen alle neueren Beobachter des Wachsthums der Pilze an, ohne jedoch Näheres über diesen Vorgang anzugeben, ohne zu untersuchen, welche Theile der Spitze und wie weit noch Theile unterhalb der Spitze am Wachsthum theilnehmen oder davon ausgeschlossen sind.

Streng unterscheidet schon 1846 Nägeli[4]) zwei Arten des Wachsthums der Zelle: allseitiges Wachsthum und Spitzenwachsthum. „Das Wachsthum der Zelle ist doppelter Art. Entweder bildet sich der Inhalt der ganzen Zelle gleichzeitig um, und die

1) A. de Bary: Vergleichende Morphologie und Biologie der Pilze. Leipzig, 1884.

2) A. a. O. S. 53, 54, 58.

3) A. a. O. S. 1.

4) Zeitschrift für wissenschaftliche Botanik von M. J. Schleiden und Carl Nägeli. Zürich, 1846.

Membran dehnt sich an der ganzen Zelle gleichzeitig aus. Ich will dies allseitiges Wachsthum nennen. Oder es bildet sich an einem Punkte der Zellenoberfläche fortwährend neuer Jnhalt und ebendaselbst fortwährend neue Membran. Ich habe diesen Process Spitzenwachsthum genannt.“ An derselben Stelle schreibt Nägeli über das Membranwachsthum: „Man stellt sich dasselbe (Wachsthum der Membran) als eine Expansion in Folge von Intussusception von organischen Molecülen vor und nennt es eine Ernährung der Membran“.[1])

Bei der Aufzählung der Objecte, an denen Nägeli Spitzenwachsthum beobachtet hat, nennt er neben einzelligen Algen, wie Caulerpa und Bryopsis, auch Pilze, Haare und Pollenschläuche, auswachsende Epidermiszellen höherer und niederer Pflanzen u. s. w.[2]) Neben dem Spitzenwachsthum schreibt Nägeli diesen Pflanzen noch ein begrenztes Wachsthum unterhalb der Spitze zu: „Unterhalb der Spitze dehnt sich die Membran ebenfalls noch aus, und sie zeigt da die gleichen Erscheinungen, wie beim allseitigen Wachsthum der Zellen ohne Spitzenwachsthum.“ [3])

Schon vor Nägeli hatte J. Schmitz[4]) werthvolle Beobachtungen über das Wachsthum des Pilzthallus veröffentlicht, in denen er nachweist, dass der Thallus einzelner Pilze nur am Rande, beziehentlich bei Pilzsträngen nur streng an der Spitze wachse. Ein Schluss auf den Antheil, welchen die einzelne Hyphe an diesem Zuwachse habe, lässt sich aus seinen Beobachtungen nicht machen.

In den Arbeiten auch der neueren Mycologen werden vorzugsweise die Fruchtkörper berücksichtigt; Angaben über das Wachsthum der Hyphen, der Mycelien finden sich selten. In der Entwicklungsgeschichte von Penicillium giebt Loew[5]) eine genaue Darstellung des Wachsthums dieses Pilzes. Aus derselben hebe ich folgendes hervor: „Nur die fortwachsende Endzelle des Fadens theilt sich weiter. Es theilt sich somit jede Endzelle als primäre Zelle n^{ten} Grades in eine andere

1) A. a. O. Heft 3 u. 4, S. 74.

2) Ebenda S. 88.

3) Ebenda S. 82.

4) J. Schmitz: Beiträge z. Anatomie u. Physiologie der Schwämme. Linnaea 1843.

5) E. Loew: Zur Entwicklungsgeschichte von Penicillium. Jahrbücher für wissensch. Botanik. Bd. VII.

primäre Zelle n + 1ten Grades und eine n^{te} secundäre Zelle."[1]) Wie diese Endzelle in die Länge wächst, hat Loew nicht untersucht.

Brefeld, dem wir genaue anatomische Schilderungen der vegetativen Organe vieler Pilze verdanken, beschränkt sich hinsichtlich des Spitzenwachsthums auf folgende Angaben. Für das Mycelium von Penicillium: „das Wachsthum geschieht, wie es scheint, nur an der Spitze der Schläuche" und weiter unten „... die Endzelle allein durch Spitzenwachsthum in die Länge wächst."[2]) Ferner bei Schilderung der Keimung der Sporen von Coprinus: „... durch fortdauerndes Spitzenwachsthum fadenförmige Keimschläuche entwickeln."[3])

Eschenhagen[4]) nimmt in einer kürzlich erschienenen Arbeit neben dem Spitzenwachsthum noch ein Strecken der einzelnen Zellen des Fadens an (Aspergillus niger), und zwar noch nachdem die Zelltheilung schon sistirt ist, nach Einleitung der Conidienbildung. Diese nachträgliche Streckung hat Eschenhagen wohl nicht direct beobachtet, sondern nur aus vergleichenden Messungen an jungen und alten Zellen erschlossen. Die Thatsache, dass ältere Gliederzellen kürzer sind als jüngere, findet ihre Erklärung darin, dass die Bildung der Gliederzellen schaffenden Querwände zwar allgemein acropetal erfolgt, dass aber auch nachträglich noch einige zwischen den schon vorhandenen entstehen; an älteren Fäden ist somit die Anzahl der Gliederzellen grösser geworden und damit natürlich die durchschnittliche Länge der 150—200 gemessenen einzelnen Zellen geringer. Die Unterschiede in den Längen der jüngeren und älteren Gliederzellen sind nicht erheblich, wie die Tabelle auf Seite 12 der angegebenen Arbeit zeigt, was in dem seltenen Auftreten nicht acropetal gebildeter Querwände seinen Grund hat; auch ist hieraus erklärlich, wie einige Messungsreihen eine grössere Durchschnittslänge für die älteren Zellen ergaben, was, wie der Verfasser richtig hervorhebt, nicht überraschen kann, da die Hyphen in ihren Dimensionen bei völlig homogenen Kulturen bedeutend abweichen.

Grösser sind nach derselben Tabelle die Längenunterschiede

1) A. a. O. S. 474.

2) Brefeld: Schimmelpilze II, S. 27 u. 28.

3) Schimmelpilze III, S. 15.

4) Ueber den Einfluss von Lösungen verschiedener Concentration auf das Wachsthum von Schimmelpilzen. Stolp 1889.

der Scheitelzellen. Die jüngeren sind um 1/5 bis über das Doppelte länger als die älteren. Da nun allgemein die Scheitelzellen etwa 3—6 mal so lang als die Gliederzellen sind, so wird zur Zeit der Messungen der jungen Scheitelzellen die Theilung noch nicht sistirt gewesen sein, sondern es erfolgte noch die acropetale Anlage von 3—6 Querwänden, welche noch die gleiche Anzahl Gliederzellen von der Scheitelzelle abgliederten.

Wortmann und Noll verlegen das Wachsthum unmittelbar hinter den Scheitel.

Wortmann schreibt bei Darstellung des Wachsthums von Saprolegnia: „... dass das Wachsthum der Schläuche unmittelbar hinter dem Scheitel stattfindet, also Spitzenwachsthum vorhanden ist, ...“[1])

Noll sagt bei Besprechung der Reizkrümmungen: „Weiterhin führen Wurzelhaare von Nitellen und Charen, auch Pilzhyphen, scharfe Reizkrümmungen dicht hinter der Spitze, also an Stellen aus, wo sie noch ganz mit Protoplasma vollgepfropft sind, wo also eine ungleiche Vertheilung desselben gar nicht auftreten kann.“[2])

Die Ursache, dass das Spitzenwachsthum der Pilzhyphen bis jetzt so wenig streng untersucht und beschrieben ist, liegt in der Schwierigkeit der Objecte. Die wachsende Spitze der meisten Hyphen ist so völlig gleichartig gebaut, dass die einzelnen Stellen nirgends feste Punkte für das beobachtende Auge bieten. Auch ist der Inhalt in diesem Theile so gleichmässig gestaltet, wie es schon Wortmann a. a. O. sehr richtig hervorhebt, dass man vergeblich nach einem sich bietenden Anhalte sucht. Zudem sind die Objecte so empfindlich, dass es nicht möglich ist, durch äussere Marken bestimmte Punkte zu bezeichnen. Erschwerend wirkt für die meisten Beobachter, wie z. B. Loew, die Kleinheit des Objects; oder die für diesen Zweck weniger günstige Gestaltung und Wuchsform, wie sie sich Brefeld bei dem Mycel der Mucorideen darbot.

Zu meinen Untersuchungen dienten die Mycelien von

Peziza Sclerotiorum,

P. Trifoliorum,

1) J. Wortmann: Zur Kenntniss der Reizbewegungen. Bot. Zeit. 1887, S. 812.

2) Noll: Beitrag zur Kenntniss der physikalischen Vorgänge, welche den Reizkrümmungen zu Grunde liegen. Arbeiten d. bot. Inst. i. Würzburg, Bd. III, H. 4, S. 530.

P. Fuckeliana,
P. tuberosa.

Hinsichtlich der Speciesfrage der erst genannten Pezizen verweise ich auf die unten citirte Arbeit de Bary's.[1])

Das Ausgangsmaterial der Versuche verdanke ich Herrn Professor de Bary, mit Ausnahme der P. tuberosa, welche ich in schönen Bechern im Frühjahr 1888 im Bredower Forst sammelte. Die Beobachtungen sind meistens am Mycel von P. Sclerotiorum gemacht, und ist diese Art gemeint, wenn im folgenden nicht eine andere Art besonders bezeichnet ist; doch sind die meisten Versuche auch zur Prüfung noch mit dem Mycel von P. Trifoliorum angestellt worden.

Diese vier Pilze leben, wie bekannt, als Schmarotzer auf verschiedenen Wirthspflanzen, doch sind sie alle leicht als Saprophyten in den verschiedensten Nährlösungen und auch auf festen Nährböden, wie rohen und gekochten Rüben, Möhren, Kartoffeln u. s. w., zu züchten. Wie weit ihren erfolgreichen, parasitischen Angriffen bestimmter lebender Pflanzen eine gewisse saprophytische Ernährung und Stärkung voraufgehen muss, hat de Bary in der schon erwähnten Untersuchung nachgewiesen.[2]) Ebenfalls ist dort erörtert, wie die zarte Hyphe die immerhin starken Zellwände der Wirthspflanze zu durchwachsen vermag; es geschieht dies, indem die Hyphen eine Flüssigkeit, welche Oxalsäure und ein Enzym enthält, absondern und durch deren Einwirkung die Zellmembran töten und verjauchen. Das Mycel, wie es sich in den Wirthspflanzen und festen Nährböden vorfindet, bietet wenig bemerkenswerthes; es besteht aus dünnen, cylindrischen, septirten, vielfach verästelten Fäden. Eine Eigenthümlichkeit des Mycels sind jene eigenartigen Haftorgane, wie sie von de Bary[3]) und Brefeld[4]) beschrieben und von letzterem vortrefflich abgebildet sind. Dieselben bilden sich nicht nur in Nährlösungen bei Berührung der Hyphen mit festen Gegenständen, sondern auch in den Zellen der Wirthspflanzen, sobald eine

---

1) de Bary: Ueber einige Sclerotinien- und Sclerotien-Krankheiten. Bot. Zeit. 1886. S. 455 ff.

2) A. a. O. S. 396 ff.

3) A. a. O. S. 383.

4) Schimmelpilze IV, S. 112 u. Taf. IX, Fig. 15.

Zellwand der gegenwachsenden Hyphe, trotz der auflösenden Ausscheidungen, längeren Widerstand entgegensetzt.

In zusagenden Nährlösungen und vor Störungen bewahrt, ist das spätere Wachsthum des Mycels ein gleiches, ob dasselbe aus Sporen, sowohl Ascosporen wie Conidien (P. Fuckeliana), gezogen wurde, oder sich aus kleinen, anderen Kulturen entnommenen Mycelstückchen, oder aus dünnen Schnitten von Sclerotien weiter entwickelte. Es bilden sich zunächst dünne, farblose Fäden von etwa 5 μ Breite, welche sich unregelmässig verästeln und vielfach durch Anastomosen untereinander verwachsen. Die Verästelung ist unter gewöhnlichen Umständen, namentlich an der Peripherie des Mycels keine reichliche. Während im Mittelpunkte des Mycels, überhaupt an älteren Theilen sich auch noch später zahlreichere dünne Hyphen als Nebenäste entwickeln, erreichen die Hauptäste sehr bald eine bedeutende Dicke und wachsen nach allen Richtungen weit in die Nährlösung hinein. Auf diese Hyphen beziehen sich die folgenden Angaben über Grösse und Gestalt, Geschwindigkeit des Wachsthums, und an diesen sind die Beobachtungen über Formänderung und Reaction gegen Reize angestellt worden. Ihre Gestalt ist streng cylindrisch, nur wenige Nebenäste entspringen in ungleichen Abständen hier und da, fast senkrecht zur Haupthyphe. Nur die End- oder Scheitelzellen der Hyphen, sowohl der Haupt- wie der Nebenäste, wachsen in die Länge; nach rückwärts werden durch acropetal angelegte, senkrechte Querwände Gliederzellen von ungleicher Länge abgetheilt. Es theilt sich somit, wie es Loew[1]) für Penicillium beschreibt, auch hier jede Endzelle als primäre Zelle n^{ten} Grades in eine andere $n + 1^{ten}$ Grades und eine n^{te} secundäre Zelle. Ausser diesen acropetal angelegten Querwänden treten hier und da noch neue Querwände auf, sodass sich in älteren Fäden öfter ganz kurze Gliederzellen finden, wie sie in jungen Mycelien nicht zu beobachten sind. Immer ist in lebhafter wachsenden Hyphen die Endzelle die bei weitem grösste, und erreichen solche Endzellen oft die Länge von 1 mm und darüber. Als Beispiel folge das Grössenverhältniss der einzelnen Zellen eines 18 μ starken Fadens, dessen Endzelle 774 μ lang war, während die Gliederzellen in acropetaler Folge die Längen von 171, 144, 117,

---

1) A. a. O. S. 474.

57,6, 126, 144, 68,4, 125, 75,6, 14,4, 99, 93,6, 180 Mikromillimetern hatten. Der jüngste Seitenast der Endzelle wurde angelegt in einer Entfernung von 486 μ von der fortwachsenden Spitze. Der Durchmesser dieser Hyphe blieb in der angegebenen Region der 15 Zellen annähernd derselbe. Die stärksten Hyphen erreichen bei regelmässigem, gleichmässigem Wachsthum einen Durchmesser von über 30 μ. Diese regelmässig glatten, cylindrischen Hyphen bieten dem Beobachter ein ganz anderes Bild als das unter gleichen Bedingungen wachsende Mycel einer Mucoridee oder anderen Schimmelpilzes, obwohl die Hyphen der grossen Mucor-Arten, wie des Phycomyces nitens, denen der Peziza an Grösse wenig nachstehen. Zum Vergleiche mögen dienen die Messungen von Loew[1]) an Penicillium-Hyphen, welche mit den von Brefeld angegebenen übereinstimmen, und von deren Richtigkeit man sich leicht bei der Verbreitung von Penicillium überzeugen kann; die Breite der Penicillium-Hyphen schwankt, je nach der mehr oder weniger günstigen Nährflüssigkeit, zwischen 1 und 7 μ. Während auch in günstigen Nährlösungen das Wachsthum der Peziza ein lockeres bleibt, indem die schnell wachsenden Hyphen, wie schon oben gesagt, weit in die Nährlösung hineinwachsen, kennzeichnet sich Penicillium, wie auch die Abbildung von Brefeld[2]) zeigt, durch gedrungenen Wuchs; aus dem Gewirr der dicht durcheinander wachsenden Fäden ragen auf kurze Entfernung ringsherum, im Radius gestellt, frei die Endzellen hervor, parallel neben einander hinwachsend. Die Mucorideen wachsen lockerer, ähnlich der Peziza, doch bietet die einzelne Hyphe ein ganz anderes Bild dar. Die Verzweigung ist reichlicher, die Nebenäste gehen unter spitzem Winkel vom Hauptfaden ab, der Bau des Mycels erhält daher ein sparriges Ansehen. Den Hyphen selbst fehlt das glatte Aussehen der Peziza, obgleich sie doch ebenfalls cylindrisch sind; es kommt dies daher, dass, wegen der reicheren Verästelung, längere gleichmässige Cylinderoberflächen fehlen; auch bringen die unter spitzem Winkel abgehenden Nebenäste grössere Unregelmässigkeiten hervor als die fast immer senkrecht stehenden Nebenäste der Peziza. Dazu kommt die Neigung, jene bekannten blasigen Anschwellungen zu bilden, welche nicht nur dort entstehen,

1) A. a. O. S. 474.

2) Schimmelpilze II, Taf. II, Fig. 19.

wo sich später die Fruchthyphe erhebt, sondern auch an beliebigen anderen Punkten. Kurze, eckige Höcker werden zudem häufig kurz hinter der wachsenden Spitze angelegt, welche dauernd so kurz bleiben oder erst nach längerer Pause zu Seitenästen auswachsen; häufig ändert ausserdem die Hyphe die Wachsthumsrichtung, wie es schon das kleine Bild des Mycels von Phycomyces in Sachs' Lehrbuch[1]) erkennen lässt. Auch verjüngt sich jede Hyphe nach der Spitze zu etwas, sodass die Endzellen nicht jene strenge Cylinderform darbieten, wie die Hyphen von Peziza und auch die dünneren Penicillium- und Aspergillus-Fäden; dass trotz dieser Verjüngung das Mycel von Phycomyces Hyphen von 15—25 μ Durchmesser aufweist, hat seinen Grund in jenen schon erwähnten blasigen Anschwellungen, welche zu starken Hyphen weiter wachsen, wenn sie nicht Fruchtträgeranlagen den Ursprung geben. Unterlassen will ich nicht, auf das wichtige Unterscheidungsmerkmal aufmerksam zu machen, dass bei Phycomyces, wie bei allen Mucorideen, Querwände erst mit der Anlage der Fruchthyphen auftreten; bis zu diesem Zeitpunkte bildet das aus einer Spore erwachsene Mycel mithin nur eine Zelle. Ein so wichtiges Merkmal für systematische Zwecke dieses Fehlen der Querwände, beziehentlich ihr spätes Auftreten ist, für den Beobachter der Wachsthumserscheinungen ist es ein minderwerthiges Kennzeichen, da ja auch bei Peziza die jüngste Querwand oft mehrere Gesichtsfeldbreiten von der wachsenden Spitze entfernt liegt.

Auch alle anderen daraufhin in den verschiedensten Nährlösungen geprüften Mycelien waren weniger günstig zur Beobachtung des Spitzenwachsthums, sei es der Kleinheit der Hyphen wegen, wie Penicillium, die verschiedenen Aspergillus-Arten, Trichothecium, Acrostalagmus und andere; sei es, dass die Mycelien bei üppiger Ernährung, welche ein schnelles Wachsthum bedingt, zu Unregelmässigkeiten neigen und aus dem fädigen in ein hefeartiges Wachsthum übergehen, wie Mucor racemosus, Dematium, Fumago u. a. Oft auch wird ein üppiges und schnelles Längenwachsthum verhindert durch zeitige und ausgiebige Fructification, sei es durch fast unbegrenztes Abschnüren von Conidien oder durch zeitige Anlage und Ausbildung von Sporangien.

---

1) IV. Aufl., Fig. 174 B.

Kulturen.

Den Ausgangspunkt für die einzelnen Kulturen bildeten Aussaaten von Ascosporen, sobald reife Becher vorhanden waren; einige Male auch dünne Scheiben aus jungen Sclerotien, gewöhnlich aber kleine Mycelpartieen, welche aus Gelatine-Reinkulturen entnommen wurden. Frische Ascosporen stehen nicht immer zur Verfügung, wenn auch die Becherchen, mässig warm und feucht gehalten, längere Zeit hindurch schleudern. Dünne Sclerotienscheiben wachsen nicht immer zu Fäden aus; bieten ausserdem den Uebelstand, dass die Kultur selten rein ist, da trotz aller Vorsicht beim Schneiden fremde Keime auf die Scheiben und damit in die Kultur gerathen. Leicht lassen sich die Mycelien in Nährlösungen ziehen, aus solchen Kulturen würden sich bei dem schnellen Wachsthum des Pilzes leicht neue Kulturen in beliebiger Anzahl ansetzen lassen; doch bergen diese Nährlösungskulturen die Gefahr in sich, dass etwaige Verunreinigungen erst zu spät erkannt werden können, während die Möglichkeit einer Verunreinigung bei der häufigen Entnahme von Aussaatmaterial eine grosse ist und sich selbst bei äusserster Vorsicht nicht leicht vermeiden lässt. Aus diesem Grunde wurde das Ausgangsmaterial auf Gelatineplatten gezogen und nur von den als rein erkannten Platten zur Aussaat entnommen. Wie aus den späteren Ausführungen hervorgehen wird, bietet der Pilz selbst, bei seiner übergrossen Empfindlichkeit gegen Störungen jeglicher Art, das beste Kriterium für die Reinheit einer Kultur. Ausserdem bietet die Gelatine vor der Nährlösung den Vortheil, dass etwaige Verunreinigungen nicht sofort die ganze Kultur inficiren, sondern an den Ort der Infection gebunden sind.

Die Kulturen selbst wurden je nach dem bestimmten Zweck in Nährlösungen, auf Gelatine oder auf festeren Nährböden, wie Früchten, Rüben, Brot u. a., angestellt. Als Nährlösungen dienten Most, Pflaumendecoct und künstliche Nährlösungen bekannter Zusammensetzung; mittelst derselben Nährlösungen wurden auch die Gelatinen zubereitet. Bei gewöhnlicher Zimmertemperatur konnte ein Unterschied in der Wachsthumsintensität für die erwähnten Nährböden nicht festgestellt werden. Hinsichtlich ihrer parasitären Lebensweise sind die Unterschiede von de Bary angegeben worden[1]).

1) A. a. O. S. 466 ff.

Wachsthumsgeschwindigkeit.

Die Wachsthumsgeschwindigkeit wurde auf die beiden schon von Loew[1]) unterschiedenen Weisen ermittelt:

1. Es wurde der Zuwachs für eine längere Zeit gemessen und daraus der Antheil für eine Minute ermittelt.

2. Es wurde die fortwachsende Spitze direct beobachtet und am Mikrometer der Zuwachs für eine Minute abgelesen.

Bei der Beobachtung nach der ersten Methode wurde die Aufmerksamkeit auch darauf gerichtet, ob das Wachsthum von den verschiedenen Tageszeiten beeinflusst wurde; es liess sich trotz Verschiedenheiten im Wachsthum eine solche Einwirkung nicht erkennen, da sowohl dieselbe Kultur mehrere Tage hinter einander fortwachsend, als auch verschiedene gleichzeitig unter denselben und verschiedenen Bedingungen gehaltene, bald am Tage, bald während der Nacht am schnellsten wuchsen.

Als Maximum wurde ein Zuwachs von 34 μ für eine Minute gemessen.

Die meisten Messungen ergaben 14—23 μ für eine Minute.

Die directe Ablesung ergab sehr ungleiche Werthe, was nicht überraschen wird, da der Pilz gegen Störungen sehr empfindlich ist und solche mit den Vorbereitungen zum Ablesen und Messen unabwendbar verbunden sind. Obgleich häufig Messungen an den am üppigsten wachsenden Hyphen angestellt wurden, gelang es doch nicht, direct eine Wachsthumsgeschwindigkeit zu beobachten und zu messen, welche dem berechneten Maximum nach der ersten Methode gleichkam, während doch zunächst zu erwarten stand, dieses Maximum übertroffen zu finden, da bei veränderlicher Wachsthumsgeschwindigkeit einzelne Hyphen nothwendiger Weise vorübergehend ein intensiveres Wachsthum haben müssen, als es der Gesammtzuwachs für dieselbe Zeiteinheit im Durchschnitt zeigen kann.

Dass das Längenwachsthum keineswegs gleichmässig stattfindet, wird unten noch eingehender erörtert werden. Oft steht das Längenwachsthum sogar ganz still und wird ohne erkennbare Veranlassung erst nach kürzerer oder längerer Pause, manchmal sofort sehr lebhaft, wieder aufgenommen. Während der Pause im Wachsthum fand häufig ebenso lebhafte Plasmaströmung statt wie beim aus-

1) A. a. O. S. 474 und Derselbe: Zur Physiologie niederer Pilze. Verh. d. k. k. bot. Gesell. in Wien 1867, p. 634.

giebigsten Längenwachsthum. Aus der weiter oben gegebenen Beschreibung der Art der Verästelung könnte der Eindruck entstanden sein, als ob die Hyphen des Mycels sich streng monopodial aufbauten, das ist jedoch nicht der Fall. Obgleich die Nebenäste fast senkrecht vom Hauptfaden abgehen, so haben doch die meisten das Bestreben, namentlich die an der Peripherie des Mycels entstehenden, sich dem Hauptfaden parallel zu stellen, und oft nimmt nach einer Wachsthumspause nicht der Hauptfaden, sondern einer der Nebenfäden das intensivste Wachsthum auf.

Nach dieser Abschweifung kommen wir auf die directen Messungen zurück.

Als Maximum wurde direct ein Vorrücken der Spitze um 18 μ für eine Minute abgelesen. Geschwindigkeiten von 12—16 μ wurden häufig beobachtet; doch zeigten auch normal wachsende Hyphen mit lebhafter Plasmaströmung nur Zuwachse von 1—2 μ für die Minute. Zum Vergleiche füge ich die von Schmitz, Loew und anderen gefundenen Werthe an.

In den oben erwähnten „Beiträge zur Anatomie und Physiologie der Schwämme“ hat Schmitz für Tage die Zuwachse an Pilzkörpern angegeben und, wie oben erwähnt, auf das streng beobachtete Spitzenwachsthum hingewiesen. Die für Tage in Linien angegebenen Maasse sind ($1^1/_2$ Linie = 1 Par. L.) für eine Minute in Mikromillimeter umgerechnet.

So wuchs der Rand von Telephora sericea in 10 Tagen um 1,4 Linien, also

für eine Minute 0,146 μ.

Der Thallus von Sphäria carpophila Pers. in drei Tagen um 2,3 Linien, also

für eine Minute 0,8 μ.

Der Strang von Rhizomorpha fragilis (Durchschnittswerth von mehreren Einzelbeobachtungen) in zwei Tagen um 5 Linien, also:

für eine Minute 2,6 μ[1]).

Loew giebt für Penicillium als Mittelwerth:

für eine Minute 0,2 μ

und ferner direct abgelesen:

für eine Minute 0,3 μ an[2]).

---

1) A. a. O. S. 443, 461 und 509.

2) A. a. O. S. 474.

Der Zuwachs von Rhizomorpha fragilis mit 2,6 μ entspricht also dem Werthe, der bei langsam wachsenden Hyphen von Peziza direct beobachtet wurde. Das für Penicillium von Loew gefundene Maximum des Zuwachses bleibt um das Hundertfache gegen das von Peziza zurück.

Das Wachsthum des Mycels von Phycomyces nitens ist zwar ebenfalls ein sehr lebhaftes, ohne jedoch in den verglichenen Kulturen das von Peziza zu erreichen, wohl hauptsächlich aus dem Grunde, dass Phycomyces schon zeitig Fruchthyphen anlegt und seine Kraft in der Ausbildung der Fruchtträger und Sporen erschöpft, während Peziza vor allem ein weit ausgedehntes, kräftiges Mycel entwickelt und erst spät zur Bildung von Sclerotien schreitet. Als Maximum eines 25 Stunden alten aus der Spore gezogenen Mycels von Phycomyces wurde ein Zuwachs von 6,5 μ für eine Minute abgelesen; dieses würde annähernd dem der Fruchthyphe mit Spitzenwachsthum gleichkommen. Die Fadenbreite der bechachteten Hyphe betrug unterhalb der wachsenden Spitze 14,4 μ.

Ein noch energischeres Wachsthum als das von Peziza giebt Errera in der bekannten Arbeit[1]) für die Fruchthyphen von Phycomyces an. Seine genaueren Messungen stimmen, soweit sie unsere Frage berühren, mit den älteren, in gröberer Weise angestellten von Carnoy[2]) überein. Vor Anlage des Sporangiums hat die Fruchthyphe reines Spitzenwachsthum, dasselbe beträgt nach Errera 8 μ für eine Minute. Während der Bildung des Sporangiums tritt ein Stillstand im Längenwachsthum der Fruchthyphe ein, um nach derselben um so ausgiebiger wieder aufgenommen zu werden. Als Mittelwerthe giebt Errera in den ersten Stadien 20—40 μ an; als Maximum wurde von ihm bei schon gebräuntem Sporangium ein Zuwachs von 65,6 μ für eine Minute beobachtet. Es übertrifft dieser absolute Werth den von Peziza um das Doppelte. Dies Längenwachsthum nach Anlage des Sporangiums findet zwar in einem Cylinder von geringer Höhe, unmittelbar unter dem Sporangium statt, vertheilt sich aber dennoch über eine grössere Zone, wie bei Peziza. Bei den Fruchtträgern von $^1/_4$ — $^1/_3$ mm Dicke hat

1) L. Errera: Die grosse Wachsthumsperiode bei den Fruchtträgern von Phycomyces. Bot. Zeit. 1884, p. 497 ff.

2) J. B. Carnoy; Recherches anatomiques et physiologiques sur les Champignons. Bul. d. l. soc. roy. d. Bot. de Belgique, t. IX, 1870.

nach Errera die wachsende Zone eine Höhe von 200 — 600 μ; sie übertrifft die wachsende Region der Peziza-Hyphen, deren Höhe, wie unten ausgeführt werden wird, etwa gleich dem Durchmesser der Hyphen ist, in den stärksten Hyphen somit etwa 30 μ beträgt, an Länge um das 6 — 20 fache, um welchen Werth also der Antheil der Flächeneinheit am Wachsthum geringer sein würde.

Gestalt der wachsenden Spitze.

Man beobachtet mit stärkeren Vergrösserungen die in Nährlösungen und Nährgelatine wachsenden Hyphen am besten in Hängetropfenkulturen mit möglichst flachem Tropfen, oder in Kulturen von dünnen Gelatineplatten auf länglichen Deckgläschen, welche man seitlich unterstützt, die Gelatine nach unten, so auf dem Objectträger befestigt, dass kleine feuchte Kammern gebildet werden. So lässt sich die direct unter dem Deckgläschen in der flachen Flüssigkeits- beziehentlich Gelatineschicht wachsende Hyphe selbst mit den stärksten Immersionen beobachten und in ihrem Wachsthum verfolgen, ohne letzteres störend zu beeinflussen.

Die Gestalt der ruhig wachsenden Spitze lässt sich am treffendsten vergleichen mit einer Halbkugel, welche nach hinten durch die paraboloidische in die Cylinderform des Fadens übergeht[1]). Auf weitere Abweichungen von der Gestalt der Halbkugel wird weiter unten zurückzukommen sein, schon hier sei erwähnt, dass bei lebhafterem Wachsthum die Spitze schlanker wird und eine Form annimmt, welche im Längsschnitt den Figuren 3 und 4 ähnlich ist und mit einer ellipsoidischen verglichen werden möge.

Der Inhalt des oberen Theiles der Hyphe ist ein durchaus gleichförmiger, reich an kleinen, stark lichtbrechenden Körnchen, welche von dem lebhaft strömenden Plasma im allgemeinen gleichmässig mit fortgeführt werden, von denen aber einige öfter an der Spitze in eine kreisförmig wimmelnde Bewegung übergehen, bis sie wieder vom allgemeinen Plasmastrom ergriffen werden. Die Membran selbst ist an der jungen wachsenden Hyphenspitze nicht zu erkennen; man glaubt eine membranlose Plasmamasse eines Plasmodiums zu sehen, von allerdings sehr bestimmtem Umrisse. Die

1) Vergl. Hofmeister: Die Lehre von d. Pflanzenzelle 1867, S. 161.

Membran lässt sich jedoch leicht durch gewaltsame Eingriffe, welche ein Zersprengen derselben bewirken, sichtbar machen; in solchen Fällen zieht sich der Protoplasmaschlauch stark zusammen, sobald der Inhalt aus der Oeffnung der Membran heraustritt. Die Membran, obgleich vorher nicht erkennbar, ist selbst an den jüngsten Theilen so fest, dass sie ihre Gestalt vollständig beibehält, und trotz wiederholter Messungen gelang es nicht, eine Contraction derselben nachzuweisen. Plasmolytische Versuche an jungen, lebhaft wachsenden Hyphen sind nie gelungen; immer trat vorher ein Zersprengen der Membran kurz unterhalb der Spitze ein.

Bei ungestörtem gleichmässigem Wachsthum sieht man die Spitze der wachsenden Hyphe in immer gleichbleibender Gestalt, gleichsam passiv durch das Gesichtsfeld geschoben. Bei der völlig glatten und regelmässigen Oberfläche, dem gleichförmigen Inhalte ist von einem Wachsthum an der Spitze selbst, da eben sichtbare Veränderungen jeglicher Art völlig fehlen, nichts wahrzunehmen; die Spitze scheint vom Wachsthumsvorgange unberührt zu bleiben und passiv vorgeschoben zu werden, wie es, etwa ähnlich, in der That ja mit der Wurzelhaube geschieht, indem nach rückwärts liegende Theile intercalar in die Länge wachsen. Dem ist nun nicht so, wie genaue Beobachtung zeigt, welche möglich, da das Wachsthum keineswegs so regelmässig und gleichförmig verläuft, als es bei kurzer Betrachtung der durch das Gesichtsfeld geschobenen Spitze den Anschein hat. In der That ist das Bild, welches eine genügend grosse, wachsende Hyphenspitze darbietet, ein sehr wechselndes, ganz abgesehen von den bizarren Formen, welche durch Störungen und Reize weitgehender Art hervorgerufen werden. Zunächst wechselt die Form der Spitze mit der Intensität des Wachsthums, indem die halbkugelige Form in die ellipsoidische übergeht, und auch diese bei noch steigender Intensität sich mehr und mehr zuspitzt, bei Verlangsamung des Wachsthums allmählich wieder in die halbkugelige übergeht und manchmal noch weiter sich abflacht. So entstehen bei schnell wechselnder Wachsthumsintensität jene von de Bary[1]) beschriebenen undulirten Profile. (Vergl. Fig. 9.)

Diese Formänderungen sind nur möglich, wenn das Wachsthum in der sich ändernden Spitze selbst stattfindet.

---

1) A. a. O. S. 381.

Genaue Messungen an solchen nur wenig die Form ändernden, wachsenden Spitzen, bei denen zufällig ausgeschiedene Krystalle und die jüngsten Nebenäste als weitere Anhaltspunkte dienten, haben ergeben, dass Längenwachsthum nur direct an dem oberen halbkugeligen, beziehentlich ellipsoidischen Theile stattfindet, und dass dasselbe in der Entfernung etwa Eines Querdurchmessers vom Scheitel schon völlig erloschen ist. Alle weiter rückwärts liegenden Theile der Hyphe behalten streng die einmal angenommene Gestalt, und so entstandene, undulirte Profile der Spitze, lassen sich noch an der alten Hyphe erkennen (Fig. 15). Gewiss gehen später noch Veränderungen mit der Membran vor, aber die einmal hinter der Spitze erlangte äussere Gestalt bleibt erhalten, bis auf jene Partien der Membran, welche früher oder später zu Nebenachsen auswachsen.

Sehr günstige Objecte, den Ort des Wachsthums direct zu beobachten, bieten die unten geschilderten Krümmungen der Hyphen dar. Der Theil der Hyphe unterhalb der wachsenden Spitze behält die Form und Lage streng bei, und nur die wachsende Spitze beschreibt den Bogen, welchen später die gekrümmte Hyphe einnimmt. (Vergl. Fig. 14, 22 — 25 u. 30.) Alle diese Krümmungen sind so entstanden, und die kurzen Hyphenäste waren nicht etwa bei ihrem Entstehen gerade und haben sich dann nachträglich rankenartig eingerollt, sondern auch ihre Spitzen haben beim Wachsthum den Bogen beschrieben, den die fertige Hyphe einnimmt. Die Bildung der Bögen in Fig. 14 vollzog sich ohne Stockung des gleichmässigen Wachsthums. Von den drei Aesten (Fig. 14), welche aus der leichten Anschwellung hervorgingen, wuchs der mittelste am lebhaftesten, drang daher am weitesten in der ursprünglichen Richtung vor und kehrte dann mit den beiden seitlichen zu gleicher Zeit um; alle drei behielten während der Bildung des Bogens ihre Wachsthumsintensität bei, und bald überholte daher der mittlere wieder die beiden seitlichen, wie auch aus der Zeichnung zu ersehen ist.

Jegliches Längenwachsthum findet also in der halbkugeligen, beziehentlich paraboloidisch gestalteten Spitze und der sich daran anschliessenden schmalen Cylinderzone statt, deren Höhe etwa gleich dem Radius ist. Denkt man sich die Spitze als Halbkugel und setzt deren Radius und den des Cylinders gleich r, so erhält man als Oberfläche O der wachsenden Region: Oberfläche der Halbkugel + Mantelfläche des Cylinders von der Höhe r:

$$O = 2\,r^2\pi + 2\,r\,\pi.\ r = 4\,r^2\,\pi.$$

Der Flächenzuwachs Z in der Zeiteinheit würde gleich sein dem Mantel eines Cylinders vom Radius r, dessen Höhe l gleich der Grösse der Strecke ist, welche die wachsende Spitze in der Zeiteinheit zurücklegt:

$$Z = 2\,r\,\pi\,l.$$

Die Oberfläche O der wachsenden Region verhält sich also zur Oberfläche Z des Zuwachses wie:

$$O : Z = 4\,r^2\,\pi : 2\,r\,\pi\,l$$
$$= 2\,r : l \text{ und da}$$
$$2\,r = d \text{ (Durchmesser der Hyphe)}$$
$$= d : l.$$

Nimmt man als Durchmesser, wie ihn die meisten üppig wachsenden Hyphen haben, $d = 16$—$18\,\mu$ an, und nach Seite 489 und 490 als durchschnittlichen Zuwachs für eine Minute $l = 18\,\mu$, als maximalen $l' = 34\,\mu$, so erhält man annähernd:

$$1.\ d : l = 1 : 1$$
$$2.\ d : l' = 1 : 2.$$

Bei gleicher Antheilnahme aller Theile der wachsenden Region am Längenwachsthum, und dieses selbst durch Dehnung zu stande gekommen gedacht, müssten die einzelnen Flächentheilchen in jeder Minute im ersten Falle um das Doppelte, im zweiten Falle um das Dreifache gedehnt werden.

II. Durch Reiz bewirkte Störungen im Wachsthum.

Um jene noch zu schildernden, eigenartigen Umschlingungen von Mucor-Hyphen seitens der Peziza in ihren Entwickelungen verstehen zu lernen, mussten einfachere Störungen des regelmässigen Wachsthums hervorgerufen und verfolgt werden; eine Schilderung derselben möge hier folgen.

Schon oben wurde erwähnt, dass genaue Messungen über den Ort des Längenwachsthums an den so wenig Anhaltpunkte bietenden Hyphenenden erleichtert wurden dadurch, dass Hyphen gewählt wurden, welche bei lebhaftem Längenwachsthum geringe Formänderungen zeigten. Solche Hyphenenden bieten sich dem Beobachter in jeder Kultur dar, so dass sie von de Bary als charakteristisches Merkmal hervorgehoben werden: „Diese (die Zellen) wohl der Mehrzahl nach glatt-cylindrisch, nicht selten aber mit abwechselnden leichten Einschnürungen und Vorwölbungen der Seitenwand, daher undulirtem Längsprofil"[1]). Fig. 9 stellt den oberen Theil einer solchen Endzelle mit undulirtem Längsprofil dar; die Spitze mit der letzten Vorwölbung bildet dann eine in allen Kulturen zu findende schlangenkopfartige Form. So häufig diese undulirten Profile auch auftreten, sie entstehen nur, wenn das Wachsthum durch äussere Factoren störend beeinflusst wird; es genügt, dass die Nährlösung durch Verdunsten des Wassers bei der Beobachtung concentrirter wird, und dasselbe geschieht, wenn durch Zusatz einer geringen Menge Wassers die Nährlösung verdünnt wird. In Kulturen zu schneller, vorübergehender Betrachtung angestellt, fehlen die undulirten Contouren nie; ja streng cylindrische Fäden von grösserer Länge mit regelmässiger Spitze lassen sich nur in eigens dazu angestellten Kulturen erzielen; und auch in solchen treten die regelmässigen Formen nur so lange auf, bis das üppige Wachsthum so vieler nach der Peripherie des Nährbodens dringender Hyphen nicht durch gegenseitige Störungen leidet.

Während der Wechsel der Temperatur das regelmässige Wachsthum in demselben Sinne beeinflusst, wie geringe Aenderungen in der Beschaffenheit der Nahrung, konnte eine Einwirkung des Lichtes nicht beobachtet werden. Es mag auch erwähnt werden, dass das Licht auch auf die Intensität des Wachsthums keinen Einfluss auszuüben scheint, wenigstens konnte ein solches bei Gelegenheit der oben erwähnten Messungen nicht nachgewiesen werden.

Sind die Störungen anhaltender Art, so rundet sich die Spitze, wie es Fig. 5 u. 6 darstellen, ab und schwillt kugelig an. Der Durchmesser dieser Kugel ist um $1/4$—$1/2$ grösser als der des Cylinders, dem sie am Ende aufsitzt. Das Längenwachsthum steht mit diesem Anschwellen der Spitze zur Kugel still; wird es sogleich wieder aufgenommen, so wächst die äusserste Kugelcalotte wieder zur Spitze aus (vergl. Fig. 7 u. 8), mit grösserem oder kleinerem Durchmesser, je nachdem ein üppigeres oder weniger ausgiebiges Wachsthum von der Hyphe erfolgt. Nur auf diese Weise entstehen, der Vorgang kann sich mehrmals kurz hinter einander wiederholen, die undulirten Profile, während der fertige Zustand an

---

1) A. a. O. S. 381.

der wachsenden Hyphe, bei nicht continuirlicher Beobachtung derselben Spitze, zunächst den Eindruck hervorruft, als ob die Theile kurz hinter der Spitze durch den Turgor tonnenförmig aufgeschwellt würden.

Bei noch weitgehenderen Störungen plattet sich die Kugel vorn ab, das Wachsthum an der Spitze erlischt zuerst, während die nach den Längsseiten zu liegenden Theile noch weiter wachsen und die ruhende Spitze in extremen Fällen wie ein Ringwall überragen (vergl. Fig. 10 u. 11), bis auch hier das Wachsthum zum Stillstand kommt. Das weitere Wachsthum, oft schon nach wenigen Minuten, wird nicht von der Spitze, sondern von einzelnen Punkten des Ringwalles wieder aufgenommen durch Hervorsprossungen, welche ihrerseits durch Spitzenwachsthum zu Hyphen auswachsen. Diese zuerst fast hefeartigen Sprossungen (Fig. 12) entstehen nicht immer gleichzeitig; auch ist ihr weiteres Wachsthum ein sehr ungleiches. Gewöhnlich wird nur ein Spross in seinem Wachsthum besonders gefördert, während die übrigen zurückbleiben, oder noch mehreren kleineren Nebenästen zweiter und noch höherer Ordnung den Ursprung geben. Diese meist quirlartig stehenden Verzweigungen erster Ordnung bilden mit der Endzelle, aus deren kugeliger Endanschwellung sie hervorsprossen, oft lange Zeit eine einzige Zelle. Fig. 16 stellt eine solche dar mit vier fast gleichmässig entwickelten, sehr starken Quirlästen, deren längster b 117 μ, deren kürzester a 90,8 μ lang war bei 18 μ Durchmesser, während die Mutterzelle, wenn diese Bezeichnung gestattet sei, eine Länge von 219,6 μ hatte. Das Wachsthum war anfangs in den vier Quirlästen fast gleich, wie direct beobachtet wurde und auch aus der fast gleichen Grösse gefolgert werden kann; doch noch während Aufnahme der Zeichnung begann der anfangs kürzeste Ast a am lebhaftesten zu wachsen und setzte sehr bald allein das Längenwachsthum fort.

Fig. 15 zeigt eine andere ähnlich entstandene Zelle.

In der betreffenden Kultur fand während der Beobachtungszeit das lebhafteste Wachsthum an den verschiedensten Stellen statt, sie war aber nicht genügend gegen Verdunstung geschützt, und so entstanden die undulirten Profile jener wachsenden Hyphe, die tonnenförmigen Anschwellungen hinter den allerdings erst später entstandenen Querwänden AB und CD. Die Querwand AB wurde gebildet während einer kurzen Pause im Längenwachsthum, kurz darauf traten an der Spitze zwei hefeartige Sprossungen hervor, von denen a sehr bald sein Wachsthum einstellte, während aus dem ein wenig kugelig anschwellenden b drei Aeste hervorsprossen, von denen der mittlere nicht weiter wuchs, die beiden seitlichen gabelten sich nach kurzer Zeit, um dann ihr Wachsthum ebenfalls einzustellen, bis auf den Gabelast i, welcher mit einer Geschwindigkeit von 17 μ pro Minute sein Wachsthum fortsetzte; nach 25 Minuten trat kurz hinter der letzten Querwand eine neue CD auf; bis dahin hatte der untere Theil der vielgestalteten Hyphe von Querwand AB an, also ADdh icagfCB, eine gemeinsame Zelle gebildet, welche nur an der Kuppe von i die letzten 25 Minuten sich vergrösserte und zwar in der angegebenen ausgiebigen Weise.

Bei solchen Verästelungen sieht man den Plasmastrom sich theilen und in jede Aussprossung hineinströmen, bis er in den Aesten, deren Längenwachsthum stillsteht, allmählich fast ganz zur Ruhe kommt. In der oben beschriebenen Hyphe bewegte sich so zuletzt nur ein Strom von der Haupthyphe in Richtung der Pfeile (Fig. 15) durch b und d nach i. Bei sehr lebhaftem Wachsthum ist nur eine Bewegung in der Richtung dieses Wachsthums zu beobachten; rückläufige Strömungen werden ja ebenfalls vorhanden sein, lassen sich aber nicht wahrnehmen. Das ganze Plasma der älteren Partien scheint in Wanderung begriffen nach dem Punkte stärksten Wachsthums. Eine so lebhafte Bewegung des Plasmas resultirt nicht allein aus der Vermehrung desselben, sonst müsste auch der absteigende Strom etwa gleich dem aufsteigenden sein; sie kommt zu Stande dadurch, dass das Plasma auswandert aus den älteren Hyphen bis auf jenen geringen Rest, welcher die Wandung der Membran und die zahlreichen Vacuolen in dünner Schicht umkleidet. Dieses Schäumigwerden des Plasmas in älteren Hyphen geht sehr schnell vor sich und schreitet deutlich sichtbar nach der Spitze vor. Sehr bald folgt dem „schäumigen“ Zustande der Zelle derjenige, wo das Plasma nur noch als dünner Wandbelag vorhanden ist. Auch aus nicht wachsenden Endzellen wandert das Plasma aus, also in rückläufiger Bewegung, nach Nebenästen starken Wachsthums; öfter sieht man das Plasma mehrerer Nebenäste sich vereinigen, um das lebhafte Wachsthum des zum Hauptzweig werdenden Astes zu unterstützen. Das körnerreiche Plasma wandert dann durch schon vorher ihres ursprünglichen Inhalts entleerte Hyphen wie in Röhren dahin. Je mehr sich der Strom der Spitze nähert, um so ruhiger wird er, und um so gleichförmiger wird auch die ganze Plasmamasse, in der nur die kleinen, das Licht stark brechenden Körnchen die Bewegung vor allem sichtbar machen; diese Körnchen werden am wachsenden Endpunkte hin- und hergeschoben, gleiten kurze Strecken vor und zurück und gehen oft in eine kreisende Bewegung über.

Die drei Theile: Membran, Hyaloplasma und Körnchenplasma sind an der wachsenden, gesunden, unverletzten Spitze nicht zu unterscheiden; die Hyphe macht hier den Eindruck, als ob die ersten beiden nicht vorhanden wären, und als ob nur das Körnchenplasma wie ein Myxomycet sich nach vorn bewege. Ich komme noch einmal auf den Vergleich mit einem Myxomyceten-Plasmodium zurück, weil in der That dies wandernde Plasma mit den Bewegungen des Plasmodiums grosse Aehnlichkeit hat. Der ganze sichtbare Unterschied liegt in dem Mangel der Membran bei dem Plasmodium. Das wandernde Plasmodium lässt auf seiner Unterlage eine weiche Hülle haften[1]), welche hier vertrocknet; das aus den älteren Theilen der Hyphen auswandernde Plasma lässt an der stabilen Membran das Hyaloplasma zurück. Die junge Membran, obgleich in bestimmter Form das Plasma umgebend und einschliessend, scheint auf seine Bewegungen keinen Einfluss auszuüben, im Gegentheil nur dort eine weitere Umgestaltung und Ausbildung zu erfahren, wohin das wandernde Plasma drängt. Um auf den zuletzt beschriebenen Fall zurückzukommen, die Membran der vielgestalteten Zelle (Fig. 15) zeigt keinerlei Verschiedenheiten, der Druck, welcher vom Inhalte auf die Membran ausgeübt wird, ist überall derselbe; verschiedenartig verhält sich nur das Plasma selbst, welches in Ruhe an den Endpunkten f, g, a, c und h zu sein scheint, während es sich lebhaft bewegt bei i, der allein wachsenden Endzelle. Das Plasma ist das Bewegende, das Gestaltende; es giebt der jungen Membran Nahrung und wirkt ein auf die Gestaltung seiner Form, und diese letztere ist schon kurz hinter der wachsenden Spitze, einmal angenommen, bei aller Zartheit eine unveränderliche, wie oben ausgeführt ist. Während die ältere Membran dem Inhalte Gestalt und

1) de Bary, Vergleichende Morphologie u. Biologie der Pilze, Mycetozoen u. Bacterien 1884, S. 463.

Stütze gewährt und auch die zarte junge Membran der wachsenden Spitze jene bestimmte Gestalt giebt, scheint sie dennoch ohne Einwirkung auf die Formänderungen und die eigenartigen Verästelungen zu sein und diese allein in dem Plasma ihren Urheber zu haben.

Diese kugeligen und tonnenförmigen Anschwellungen, die quirlartigen und anderweitig unregelmässigen Verästelungen können durch die geringfügigsten Störungen hervorgerufen werden, und keine Kultur bleibt ganz von ihnen frei.

Veränderungen der Hyphen hinter der Spitze.

Bei ungestörtem Wachsthum entstehen die Nebenäste in grösserer oder geringerer Entfernung hinter der Spitze, in acropetaler Reihenfolge, indem am Hauptfaden kleine, zunächst halbkugelige, ein wenig zugespitzte Hervorstülpungen auftreten, die bald zu meist schwächeren Nebenästen weiterwachsen (vergl. oben S. 485). Ausser diesen acropetal entstehenden wachsen öfter aus älteren Hyphen neue Nebenäste auf gleiche Weise hervor, ohne erkennbare Veranlassung. Ob bei diesem Auswachsen die ältere Membran, oft von nicht unerheblicher Dicke, vorher eine chemische Umänderung erleidet, bleibe hier unerörtert. Was die Zeit betrifft, nach welcher Membrantheile noch zu neuen Fäden auswachsen können, so ist zu beachten, dass darauf die Art und Weise, wie die Pilzfäden im Ruhezustande gehalten sind, nicht ohne Einfluss ist. Myceltheilchen, von Kulturen entnommen, die seit Wochen kein Wachsthum mehr gezeigt hatten, aber in mässig feuchter Kammer aufbewahrt waren, nahmen an den verschiedensten Punkten das Wachsthum schon nach einigen Stunden wieder auf, sobald sie in zusagende Nährlösung gebracht wurden. Aus Sclerotien, welche über ein Jahr lang trocken gelegen hatten, geschnittene Scheiben wuchsen nach zweimal 24 Stunden an einigen Punkten der Schnittflächen zu neuen Fäden aus.

Aber nicht allein der Zusatz neuer Nahrung, beziehentlich das Uebertragen in frische Nährlösungen oder das Eintreten sonstiger günstiger Vegetationsverhältnisse veranlasst das Auswachsen neuer Nebenäste, sondern auch die wachsende Nachbarhyphe giebt dazu direct Veranlassung. Anastomosen zwischen Pilzhyphen sind bei Keimschläuchen, namentlich bei Aussaat vieler Sporen, eine allgemeine

Erscheinung; an jungen, schwach ernährten oder dem Nährboden noch nicht genügend angepassten Mycelien von Peziza sind sie ebenfalls häufig. An älteren Hyphen kommen sie auf zweierlei Weise zu stande und führen dann zu unvollkommener oder vollkommener Fusion. Die Spitze einer wachsenden Hyphe wächst direct senkrecht auf die ältere Wand einer anderen Hyphe zu bis zur Berührung, plattet dann an derselben ab und verwächst mit ihr. Die Verbindung bleibt eine äusserliche, die ältere Membran bleibt erhalten, und ein Verkehr der Inhalte kann nur auf osmotischem Wege vor sich gehen (vergl. Fig. 13 A). Ob überhaupt ältere Membranpartien bei solchen Anastomosen direct von jungen sich anlegenden Hyphen aufgelöst werden, ist fraglich und konnte jedenfalls nie beobachtet werden; wogegen in vielen Fällen leicht festgestellt wurde, dass die Fusion dauernd eine unvollkommene blieb. Auf andere, gleich zu beschreibende Weise entstandene Fusionen machen im fertigen Zustande leicht den Eindruck, als ob ein Auflösen älterer Membrantheile, gewissermaassen ein Eindringen der jungen fusionirenden Hyphe in die ältere stattgefunden hätte. Die zweite Art, eine wirkliche offene Fusion, entsteht vielmehr auf folgende Weise. Von zwei neben einander liegenden Hyphen entwickelt die eine einen Nebenast, der mehr oder weniger senkrecht auf die zweite Hyphe zuwächst, und von dieser zweiten Hyphe erhebt sich nun, genau der heranwachsenden Spitze gegenüber, ebenfalls ein Nebenast, beide wachsen weiter und nähern sich einander bis zur Berührung, und die Spitzen platten sich an einander ab (Fig. 13a u. bB); die Membranen erscheinen an der Verschmelzungsstelle noch kurze Zeit als stärker lichtbrechende Masse, werden aber dann bald völlig resorbirt (Fig. 13c B). Querwände treten auch in solchen Anastomosen auf, jedoch an anderen Stellen als dort, wo die Fusion vorher stattgefunden hatte (vergl. Fig. 13 d u. e bei B). Ein Vorgang, der eine gewisse Aehnlichkeit hat mit dem von Brefeld geschilderten Entstehen der sogenannten Schnallen[1]). Ferner erinnert dieses Veranlassen der Bildung eines Nebenastes durch einen anderen, kurz zuvor entstandenen zum Zwecke der Fusion an jene von de Bary[2])

1) Schimmelpilze III, S. 17.

2) Beitr. z. Morphol. u. Physiol. d. Pilze IV. Abh. der Senck. Naturf.-Gesell. Bd. XII, 1881, S. 309.

angegebenen Einwirkungen auf die Bildung von Antheridien bei den Peronosporeen; indem das Entstehen eines Oogonium die Veranlassung zur Anlage von Antheridien auf benachbarten Hyphenästen giebt.

Einfluss eines von Mucorideen ausgeübten Reizes auf Peziza.

Peziza-Kulturen, in welche Mucor-Mycelien auf irgend eine Weise gelangt sind, zeigen eigenartige Mycel-Wucherungen der Peziza; verschieden von jenen oben erwähnten, von de Bary[1]) und Brefeld[1]) geschilderten und abgebildeten, sogenannten Haftbüscheln; verschieden auch von jenen knäueligen, als Luftmycel sich erhebenden, kurzzelligen Wucherungen, mit welchen junge Sclerotienanlagen ihr Wachsthum beginnen[2]). Die sehr bald absterbenden, an ihrer gelblichen Färbung kenntlichen Mucor-Hyphen sind von dichten Knäueln von Peziza-Hyphen umschlungen; gar bald findet man in solchen Kulturen keine freien Mucor-Hyphen mehr, an ihrer Stelle liegen lange, wulstige, knäuelige Hyphenwalzen, zwischen welchen sich einige freie Peziza-Fäden hinziehen, die jenen Umschlingungshyphen den Ursprung gegeben haben. In drei- bis vierfacher Lage werden so häufig die Mucor-Hyphen umwachsen, indem die äussersten Peziza-Hyphen durch Lücken zwischen den inneren bis zum Mucorfaden vordringen; so entstehen unregelmässig walzenförmige Gebilde von beträchtlicher Dicke.

Eigentliche Umschlingungen, welche sich etwa mit denen von Schlingpflanzen um ihre Stütze vergleichen liessen, kommen hierbei nicht zu Stande. Auch solche schraubenförmige Umwachsungen, wie sie Fig. 21 u. 23 als Anfangsstadien der Umschlingungen darstellen, sind selten; gewöhnlich wachsen die Haupthyphen der beiden feindlichen Pilze mehr oder weniger parallel neben einander hin, und Seitenäste von Peziza, in immer grösserer Anzahl entstehend und sich ausserdem noch weiter verzweigend, legen sich mit längerer oder kürzerer Berührungsfläche an den Mucorfaden an, diesen zuletzt völlig bedeckend. Um die Einzelheiten dieser Umschlingungen verfolgen zu können, wurden in einiger Entfernung von einem Peziza-

1) Oben S. 484, Anm. 3 und 4.

2) Schimmelpilze IV, Taf. IX, Fig. 11.

Mycel Mucor-Sporen ausgesäet oder wachsende Mucor-Mycel-Stückchen ausgepflanzt. Auf die hierauf folgenden Störungen reagirten die Peziza-Hyphen in der oben geschilderten Weise, sie schwollen kugelig an und das Längenwachsthum stand eine Zeit lang still, darauf bildeten sich reichlich Quirläste, von diesen letzteren wuchsen die meisten nach einiger Zeit den sich ihnen ebenfalls nähernden Mucor-Hyphen entgegen, und, nachdem sich die beiden Mycelien im Wachsthum erreicht hatten, wuchsen die Hyphen gegenseitig in die Lücken zwischen den Hyphen des anderen Mycels hinein; häufiger kreuzten sich hierbei auch Mucor- und Peziza-Hyphen, ohne dass ein Einfluss beider aufeinander zu bemerken gewesen wäre. Nach einiger Zeit jedoch, nach einer bis zwei und selbst mehreren Stunden erst, entspringen von jenen Peziza-Hyphen, welche in der Nähe von Mucor liegen, reichliche Nebenäste, welche auf die Mucor-Hyphen zu wachsen und sich denselben dicht anlegen, wie Fig. 21—23 zeigen. Die wachsenden Hyphenenden biegen dabei oft von ihrer Wachsthumsrichtung ab und wachsen direct auf eine Mucor-Hyphe zu, sich dabei quirlig und oft auch in vielfach verschiedener Weise verästelnd, wie es Fig. 30 darstellt. Das Endresultat ist immer dasselbe, Peziza durchwächst das ganze Mucor-Mycelium, und schliesslich sind sämmtliche Mucor-Hyphen von dichten Knäueln der Peziza umgeben. Auch die sich über das Substrat erhebenden Fruchthyphen werden von Luftmycelien der Peziza ergriffen, zu Falle gebracht und in gleicher Weise wie die Mycelfäden umwachsen. Die umschlungenen Mucor-Hyphen, auch die Fruchthyphen, sterben schnell ab; ein eigentliches Collabiren findet dabei nicht statt; die Einwirkung der Peziza beschränkt sich darauf, den Mucor-Hyphen den Inhalt zu entziehen, während die Membran unverletzt zu bleiben scheint. Ein Eindringen von Hyphen oder Hyphenfortsätzen, welche als Saugorgane zu dienen hätten, wie das von den auf Mucor schmarotzenden Verwandten desselben bekannt ist[1]), konnte nirgends nachgewiesen und beobachtet werden. Die Aufnahme des Zellinhaltes geschieht also durch osmotische Kräfte[2]). Auch bei anderen Pilzen, welche von Peziza umwachsen und getödtet oder doch in ihrer weiteren Entwickelung

1) Brefeld, Schimmelpilze I, S. 33 u. 43.

2) Vergl.: Kihlmann, Zur Entwickelungsgeschichte der Ascomyceten 1883, S. 10.

gehindert werden, konnte festgestellt werden, dass kein Eindringen von Hyphen oder Hyphenfortsätzen in den ergriffenen Pilz stattfindet. Peziza verhält sich also den Pilzen gegenüber anders als den phanerogamen Wirthspflanzen, auf welchen sie in der Natur schmarotzend gefunden wird. Die Zellen dieser Wirthspflanzen, ebenso wie die Zellen von Rüben, auf welchen Peziza künstlich gezogen wird, werden von den Ausscheidungen der Peziza zunächst verjaucht und darauf von den Hyphen durchwachsen, oft erst nach Bildung jener oben erwähnten Haftbüschel, von welchen dann der die Zellwand durchbohrende Hyphenast seinen Ursprung nimmt. Dass mit diesen Umschlingungen der Mucor-Hyphen thatsächlich ein Entziehen des Zellinhaltes erfolgt, ist auch daraus zu schliessen, dass selbst üppige Mucor-Mycelien, die ihre erste, die vegetative Entwickelung fast beendet hatten und nun vor der zweiten Periode, der der Fruchthyphen und Sporangienbildung standen, sobald sie dann von Peziza überfallen wurden, nur wenige und kleine Sporangien bildeten. Ausser Phycomyces nitens wurde Mucor racemosus, M. Mucedo und M. stolonifer (Rhizopus nigricans) in Peziza-Kulturen gebracht, und allen gegenüber war das Verhalten der Peziza das Gleiche; alle, auch der sonst Reinkulturen so leicht zerstörende und daher gefürchtete M. stolonifer, unterlagen den Umschlingungen der Peziza.

Die zarteren Hyphen von Acrostalagmus cinnabarinus und Trichothecium roseum starben so schnell unter den Umschlingungen der Peziza, dass jegliche Sporenbildung unterblieb, obgleich letztere sonst bei guter Ernährung in kurzer Zeit eintritt. Die Umschlingungsknäuel waren, den dünneren Hyphen entsprechend, weniger mächtig, sonst aber den oben beschriebenen von Mucorideen durchaus ähnlich.

Dematium pullulans und Fumago salicina wurden, in Hyphenform wachsend, gleichfalls in derselben Weise umschlungen; sie gingen in den betreffenden Kulturen sehr bald zu der bekannten Hefesprossung[1]) über, und diese Hefezellen wurden zwar nicht direct umschlungen in Knäueln, doch legten sich die Peziza-Hyphen ihnen

1) Loew, Ueber Dematium pullulans, in Jahrb. für wissenschaftl. Bot. Bd. VI. — Zopf, Die Conidienfrüchte von Fumago, in Nov. Act. Leopoldin. 1878. — Tulasne, Selecta fungorum carpologia.

dicht an. Die dunkleren Zellen von Fumago glichen in der Art, wie sie von Peziza umstrickt wurden, den Bornet'schen[2]) Abbildungen jener Algen, welche von Flechten bildenden Pilzen ergriffen werden. Dass ein Eindringen der Peziza auch in diese Hefezellen nicht stattfand, konnte auch hier festgestellt werden.

Aehnlich verhält sich Peziza noch gegen andere, nicht ausführlicher daraufhin untersuchte Pilze; einige starben unter den Umschlingungen bald ab, ähnlich wie Trichothecium und Acrostalagmus; andere werden nur zum Theil ergriffen und behalten Zeit sich an den freien Theilen weiter zu entwickeln, wie Dematium und Fumago, sie werden in ihrer Entwickelung zwar gehemmt, ohne jedoch gänzlich daran verhindert zu werden. Auch diesen letzteren werden von Peziza, soweit sie ergriffen sind, Nährstoffe entzogen, wie aus dem krankhaften Aussehen der befallenen Zellen, deren Inhalt sich eigenartig verfärbt, zu schliessen ist.

Verhalten der Peziza gegen Penicillium und Aspergillus.

Ganz anders ist die Einwirkung wachsender Mycelien von Penicillium glaucum und Aspergillus auf Peziza. Zu den Versuchen dienten A. niger und A. flavus. Ueppig wachsende Mycelien dieser drei verbreiteten Schimmelpilze tödten Peziza, indem sie über das Mycel derselben hinwachsen. Von Penicillium und Aspergillus angegriffen, stellen die Hyphen von Peziza zunächst ihr Längenwachsthum ein, nehmen eine gelbe Färbung an und sterben bald ab, über sie hin wachsen die genannten Schimmelpilze wie auf anderen Substraten und fructificiren reichlich. Um die Art der Einwirkung dieser Pilze auf Peziza zu ermitteln, wurden wiederum Kulturen der verschiedensten Art angestellt, in denen auf das Peziza-Mycel z. Th. keimende Sporen, z. Th. mehr oder weniger entwickelte Mycelien direct oder aus gewissen Entfernungen einwirkten. Diese Einwirkungen werden ebenfalls hervorgebracht durch Ausscheidungen, von welchen ein Reiz auf Peziza ausgeübt wird, der sich nach aussen kundgiebt durch eigenartige Wachsthumsformen, durch Wachsthumsstillstand und in den äussersten Fällen durch Absterben der Hyphen.

---

2) Bornet, Recherches sur le Gonidies des Lichens, Ann. d. sc. nat. s. V, t. XVII; vergl. Taf 6, Fig. 4 u. 8.

Um keine grossen Störungen durch Umpflanzen der Mycelien hervorzurufen, genügte es in vielen Fällen, die Kulturen an den entgegengesetzten Seiten einer Gelatineplatte anzusetzen und gegen einander wachsen zu lassen. War es nöthig, diese Abscheidungen allmählich einwirken zu lassen, so wurden die beiden zu prüfenden Pilze, je einer an den beiden Enden längerer Objectträger gezogen und die beiden Kulturen durch einen dünnen Gelatinefaden verbunden. Um sogleich die Wirkung üppig wachsender Mycelien beobachten zu können, wurden die betreffenden Gelatinekulturen ebenfalls auf denselben Objectträger isolirt angesetzt, es wurde die Zeit lebhaften Wachsthums abgewartet, und erst behufs der Beobachtung und kurz vor derselben wurden die Kulturen mittelst eines Gelatinestreifens verbunden. Dieser Gelatinestreifen, je nachdem dünner oder breiter, hatte natürlich dieselbe Zusammensetzung wie die Gelatine auf der betreffenden Versuchsplatte.

Am stärksten ist die Einwirkung von Penicillium, schwächer wirken die beiden Aspergillusarten, von denen wieder A. flavus schneller und stärker einwirkt wie A. niger.

Gegen Penicillium wuchs Peziza zunächst normal weiter, nachdem die Verbindung zwischen beiden Mycelien durch einen breiteren Gelatinestreifen hergestellt war, bei sehr üppigem Wachsthum von Penicillium jedoch nur eine kurze Strecke, dann stellten die vordersten Hyphen, ohne weitere Gestaltänderung, ihr Wachsthum ein, während von hinten her noch andere Hyphen vorwuchsen, aber auch nur bis zu derselben Grenze, so dass sich eine scharf markirte Zone bildete, über welche keine Peziza-Hyphen hinüberwuchsen. Die nachfolgenden Hyphen wurden durch eintretende reichliche Verästelungen immer dünner, und parallel neben und über einander, fast in geschlossener Masse, wuchsen zuletzt die jüngsten Hyphen hinein zwischen die älteren, von denen schon einige sich gelb färbten mit allen Anzeichen eines schnellen Verfalls, welches Schicksal nach etwa drei Stunden alle bis zur Grenze vorgewachsenen Hyphen ereilte.

Wurden Penicillium-Rasen einer anders zusammengesetzten Nährlösung entnommen und in die Peziza-Kultur übertragen, wobei ihr Wachsthum auf einige Zeit völlig sistirt und erst allmählich und von einzelnen Hyphenenden aufgenommen wurde, so wuchsen die vordersten Peziza-Hyphen in diese schwach wachsenden Penicillium-Fäden hinein, um hier jedoch ebenfalls bald abzusterben; weiter zurückliegende verlangsamten ihr Wachsthum, und einige stellten dasselbe völlig ein, während noch andere, theils nach vorangegangenem schwachen kugeligen Anschwellen, theils ohne dieses, schwache Nebenäste entwickelten, die nur kurz blieben und nach einiger Zeit abstarben. Eine scharfe Grenzzone bildete sich hier nicht. Das von dem sich erholenden und bald lebhaft wachsenden Penicillium abgesonderte Medium drang weiter in das Peziza-Mycel hinein und brachte die Hyphen immer früher zum Stillstand im Wachsthum und zum Absterben. Gegen keimende Sporen von Penicillium bildete Peziza in ähnlicher Weise wie gegen Mucor kurze Nebenäste, die sich den Keimschläuchen anlegten, aber abstarben, sobald sich Penicillium weiter entwickelte.

Weniger energisch wirken die Ausscheidungen der Aspergillus-Arten. Auch von ihnen wird schliesslich Peziza überwachsen und stirbt ab. Eine Einwirkung vor dem Ueberwachsen so weitgehender Art, wie sie von kräftig wachsendem Penicillium ausgeübt wurde, hat ähnlich nur bei sehr üppigem und reichem Wachsthum von A. flavus beobachtet werden können; und auch dann war die Einwirkung nicht so schnell; die Peziza-Hyphen hatten Zeit anzuschwellen, wie sie es auch bei anderen Störungen thun, zu jenen bekannten kugeligen Formen. Da fast alle Hyphen in gleicher Weise anschwollen und sich dann quirlig verästelten, diese Aeste ein ziemlich gleiches Wachsthum hatten und ebenfalls wiederum, und zwar öfter nach einander, quirlartige Verzweigungen bildeten, so vervielfachte sich die Anzahl der Endzellen sehr schnell, und es wuchs allmählich eine gedrungene Masse fast parallel neben und über einander liegender Hyphen auf den Aspergillus zu. Das Wachsthum von A. flavus selbst blieb hierbei nicht völlig ungestört, auch seine Hyphen wurden kürzer, d. h. schritten früher, als es sonst der Fall gewesen wäre, zur Bildung von Nebenästen und gabelten sich auch vielfach. In einiger Entfernung vom Aspergillus-Mycel erlosch das Wachsthum der Peziza-Hyphen, welche dann nach vorangegangener Verfärbung allmählich abstarben. In schwächer wachsende Mycelien von A. flavus wuchsen die Hyphen von Peziza hinein, sie wurden aber von Aspergillus-Hyphen überwachsen und starben nach einiger Zeit ab.

Nicht diese unbedingt tödtliche Wirkung scheint A. niger auszuüben. Auch in üppige grosse Mycelien wuchsen die Peziza-Hyphen hinein, starben allerdings meist darin ab; einige wuchsen jedoch auch wiederum daraus nach rückwärts hervor, noch andere kehrten vor dem Aspergillus-Mycel in grösserem oder kleinerem Bogen um und wuchsen ebenfalls zurück. Sehr charakteristisch zeigte diese Umkehr eine in Fig. 14 dargestellte Hyphe, welche üppig bis auf etwa 2 mm an den A. niger heranwuchs, dann erlosch ihr Längenwachsthum, die kugelige Anschwellung bildete sich und aus derselben wuchsen drei Aeste hervor, welche bald umbogen[1]) und in Richtung der Pfeile rückwärts, parallel dem Hauptfaden, wuchsen, sich der schädlichen Einwirkung gewissermassen durch die Flucht entziehend. Wenige Hyphen starben kurz vor dem Aspergillus-Rasen ab. Wie A. flavus, bleibt auch A. niger in seinem Wachsthum nicht unbeeinflusst von üppig wachsenden Peziza-Mycelien. Statt der cylindrischen Fäden treten blasige Anschwellungen und gabelige und quirlige Verästelungen auf[2]).

Von weiteren Versuchen sei noch erwähnt das Verhalten von Penicillium zu den beiden genannten Aspergillus-Arten und das der beiden unter einander. Die drei Arten beeinflussen sich gegenseitig, sobald zwei von ihnen in derselben Kultur wachsen, indem das Wachsthum beider verlangsamt wird, und eigenartige Missbildungen auftreten. Der stärkste von den dreien ist Penicillium, dem ja auch Peziza am schnellsten erlag, und von den beiden Aspergillus-Arten ist bei gewöhnlicher Zimmertemperatur, bei welcher allein diese Versuche angestellt sind, A. flavus dem A. niger überlegen.

Die Einwirkung auf Aspergillus, soweit sie sich in dem veränderten Wachsthum kundgiebt, ist derselben Art, als ob derselbe in Nährlösungen wüchse, die einen zu hohen Gehalt eines an sich nicht schädlichen Stoffes haben, z. B. in hochprocentigen Zuckerlösungen, denen die übrigen zum Gedeihen nöthigen Bestandtheile in zureichender Weise zugesetzt sind. Das Längenwachsthum erlischt, der obere Theil der Endzellen schwillt kugelig an und treibt dann hefeartige Sprossungen oder Sterigmen ähnliche Fortsätze, Bildungen, wie sie jedem Mykologen bekannt sind, und nach Nägeli

---

1) Vergl. oben S. 494.

2) Vergl. Wilhelm, Beiträge zur Kenntniss der Pilzgattung Aspergillus, Berlin 1877.

kurz als Involutionsformen bezeichnet werden mögen. Fig. 37 stellt solche Hyphen von A. flavus dar, auf welche ein, in einem Abstand von 5 mm wachsender Penicillium-Rasen einwirkte.

Penicillium unter gleichen Bedingungen immer siegreich, hat ebenfalls zu leiden unter den Einwirkungen von Aspergillus, namentlich A. flavus, sobald man letzterem einen genügenden Vorsprung in der Entwickelung giebt. Blasige Anschwellungen konnten bei Penicillium nie beobachtet werden, doch mehrten sich in diesem Falle die sonst sparsam angelegten, monopodialen Verzweigungen in solcher Weise, dass an der Peripherie des Mycels zuletzt die kurzen Hyphen dicht gedrängt, parallel neben einander hinwuchsen. Von grossen üppig wachsenden Mycelien des A. flavus kann sogar das Längenwachsthum von Penicillium sistirt werden, bis auf wenige Hyphen, welche über die Peripherie jener parallel gestellten ein wenig hinauswachsen, in eigenthümlich kurz verästelten Formen, wie sie Fig. 29 darstellt. In solchen Fällen stellen beide Pilze das Längenwachsthum ein und erschöpfen das Nährmaterial durch Sporenbildung. In einigen Fällen sah ich auch, sowohl Penicillium wie Aspergillus, ein reichliches Luftmycel an den einander zugekehrten Grenzseiten bilden, welches um einige Millimeter die Sporenschicht überragte und dann von neuem Fruchthyphen und Sporen entwickelte, bis das Substrat erschöpft war.

Einwirkungen der verschiedenen Peziza-Arten auf einander.

Aus den Untersuchungen von de Bary[1]) geht hervor, dass nicht allein eine abgeschiedene Säure das Mittel ist, durch das Peziza die Zellen der Pflanzen abtötet, auf welchen sie schmarotzt, sondern dass dies vor allem durch ein abgesondertes Enzym bewirkt wird. Die eigenen Versuche zeigten, dass von den verschiedenen Peziza-Arten, welche alle lebhaft Oxalsäure abscheiden, verschiedenartige Enzyme gebildet und abgeschieden werden. Diese Versuche bestätigen die von de Bary[2]) aus morphologischen und biologischen Verschiedenheiten gefolgerte Annahme, dass Peziza Sclerotiorum,

1) A. a. O. 7. S. 416 ff.
2) A. a. O. 11. S. 457 ff.

P. Trifoliorum und P. Fuckeliana, trotz gewisser Aehnlichkeiten im Bau der Fruchtbecher, der Sporen, der Lebensweise u. s. w. drei verschiedene Arten sind. Sie machen es erklärlich, wie dieselben nur bestimmte, und zwar eine jede andere Arten von Nährpflanzen, denen sie gewissermassen angepasst sind, mit Erfolg zu befallen vermögen. Wir wissen aus den de Bary'schen Versuchen, dass P. Sclerotiorum nicht direct, wie eine Uredinee die Wirthspflanze befallen kann; dass ihre Sporen bei genügender Feuchtigkeit zwar überall zu keimen, dass die jungen Keimschläuche aber nicht in die Wirthspflanze einzudringen vermögen, sondern zu Grunde gehen müssen, wenn sie nicht kurze Zeit saprophytisch ernährt werden. Hierdurch gekräftigt, werden sie erst in den Stand gesetzt als Parasiten die Epidermiszellen der Wirthspflanzen zu verjauchen und dann einzudringen. Durch Versuche mit verschiedenen Pflanzen kann ich dasselbe Verhalten für P. Trifoliorum bestätigen.

Auch P. tuberosa scheint sich ebenso zu verhalten. Mit frisch ejaculirten Sporen bestäubte, feucht gehaltene Rhizome von Anemone nemorosa blieben immer vom Pilze verschont; jedoch missglückten auch mehrere Infectionsversuche mit üppig auf Pflaumendecoct, Möhrenschnitten und Brod gezogenen Mycelien; hatte P. tuberosa jedoch erst ein Rhizom ergriffen, so ging es auf alle in der Nähe befindlichen über, dieselben auch äusserlich als weisser Schimmel bedeckend. Die jungen Keimlinge aller drei Peziza müssen also erst genügend durch saprophytische Nahrung erstarkt sein, ehe sie den zum Eindringen nöthigen Angriff durch Abscheidung eines Enzyms beginnen können. Eine Erklärung, weshalb von den verschiedenen Pezizen nur bestimmte, für jede Art andere Pflanzen befallen werden können, müsste dann darin gesucht werden, dass die Epidermiszellen der angegriffenen Pflanzen den meisten Enzymen wiederstehen könnten und nur dem einen Enzym unterlägen, welches die auf dieser Pflanze in der Natur schmarotzende Peziza abscheidet.

Dass die ausgeschiedenen Enzyme in der That verschieden in ihren Wirkungen sind, ergeben folgende Versuche. Lässt man von zwei entgegengesetzten Seiten einer Gelatineplatte, oder von zwei entfernten Orten einer Nährlösung, zwei Mycel-Rasen derselben Peziza-Art gegen einander wachsen, so verhalten sich die Hyphen so, als ob nur ein Mycel in der Kultur wüchse; die Hyphen beider Rasen nähern sich einander ohne abweichende Bildungen vom regelmässigen

Wachsthum zu zeigen, sie wachsen darauf durch einander ohne Störungen hin, wie die Hyphen eines Mycels, unter Bildung von Anastomosen. Ganz anders gestaltet sich das Bild, sobald man Mycelrasen zweier verschiedenen Arten in derselben Weise gegen einander wachsen lässt. Die Versuche wurden angestellt mit Peziza Trifoliorum, P. Sclerotiorum und P. tuberosa. — P. Fuckeliana, aus Conidien (Botrytis cinerea) gezogen, wurde nur zum Vergleiche in wenigen Kulturen geprüft, da die sich lebhaft entwickelnden Conidien nur das Reinhalten der Kulturen erschweren.

Von den drei Peziza-Arten, Trifoliorum, Sclerotiorum, tuberosa, kann keine die andere völlig verdrängen; dies Ergebniss hat natürlich nur Gültigkeit für die bei diesen Versuchen angewandten Nährböden, als welche wiederum Pflaumendecoct, künstlich zusammengesetzte Lösungen, rohe und gekochte Daucus-Schnitte dienten, und für so günstige, allen dreien gleichmässig zusagende Entwicklungsbedingungen. Wachsen einige Hyphen der einen Art zwischen Hyphen einer anderen Art hinein, so gehen die in geringerer Anzahl hineinwachsenden Hyphen an ähnlichen Umschlingungen der anderen Art zu Grunde, wie es oben von Mucor-Hyphen geschildert worden ist (Fig. 30). Das Verhalten der Peziza-Hyphen ist dabei aber ein anderes als gegen Mucor; während sie bei jenen normal wuchsen bis zur Bildung der kurzen Umschlingungsäste, treten hier schon vorher eigenartige Verästelungen auf, sobald die Ausscheidungen den Gegner erreicht haben (vergl. Fig. 33); und in vielen Fällen sind diese Astbildungen so zahlreich, dass sie, ähnlich wie oben geschildert, mit parallel gestellten Hyphen, die wieder kurze Seitentriebe bilden, vorwärts wachsen in geschlossener Phalanx, vor welcher der Gegner in kurzer Entfernung, nach Bildung ähnlicher Verästelungen, halt macht. Es bleibt zwischen beiden Mycelien öfter für längere Zeit, manchmal dauernd, eine hyphenfreie Zone; in anderen Fällen wachsen nach der Verästelung die beiden Pilzrasen eine Strecke weit gegenseitig in einander hinein. Die einzelnen eindringenden Hyphen sterben dann entweder sogleich ab, oder töten ihrerseits die ergriffenen feindlichen Hyphen und dringen weiter vor, bis sie schliesslich selbst unterliegen. Ziemlich weit dringen Hyphen von P. Sclerotiorum und Trifoliorum in das Mycel von tuberosa ein, dies letztere somit wie das einer Mucoridee abtötend, darauf allerdings selbst absterbend. Bei P. Sclerotiorum und Trifoliorum, sobald sie gegen einander wachsen, geschieht dies Hineinwachsen von beiden Seiten gleich stark, hier überwiegt die eine, dort die andere etwas, und so bildet sich die Grenzlinie von geringer Breite zwischen beiden zickzackartig aus.

Indem man mit sehr kleinen Theilen des Mycels, mit der Platinnadel aus dieser Grenzlinie entnommen, neue Reinkulturen ansetzt, lässt sich bestimmen, welche von beiden kämpfenden Pezizen gesiegt hat. Versuche dieser Art sind gemacht worden, um zu entscheiden, ob eine der Pezizen im Stande sei, die anderen auf den angewandten Nährböden zu verdrängen, was durch directe Beobachtung, bei völliger Gleichheit der Hyphen an Gestalt und Aussehen, nicht zu ermitteln ist. Die Bestimmung, welche von beiden Pezizen siegreich, d. h. in der Grenzlinie lebend und entwicklungsfähig geblieben war, geschah, indem zwei Stückchen Mycel aus dem Grenzgebiet verpflanzt wurden, je eins in zwei verschiedene Kulturen: von denen jede je einen der in Frage stehenden Pilze in Reinkultur enthielt. Nur in der Kultur fanden keine neuen Complicationen im Wachsthum statt, in welcher ein Mycel derselben Art wuchs, und hieraus wurde geschlossen, dass das angepflanzte Stückchen derselben Art angehören müsse, dem in diesem Falle siegreichen Pilze. In der Hälfte der Fälle wuchsen aus den kleinen Mycelstückchen des Grenzgebietes beide Gegner hervor, was sich zum Theil wiederum gleich bei der weiteren Entwickelung bemerkbar machte, zum Theil erst aus den bekannten Störungen nach genügender Entwicklung geschlossen werden konnte. Ein endgültiges Uebergewicht hat sich nicht gezeigt, doch scheint P. Trifoliorum unter diesen Umständen am günstigsten zu wachsen, P. tuberosa am schwächsten, während Sclerotiorum der Trifoliorum nur wenig nachsteht; die beiden letzteren gingen gleich oft als Sieger hervor, während tuberosa niemals allein aus Grenzmycelien gezogen wurde und selten mit einer der beiden anderen zusammen. Einen dieser Fälle stellt die Skizze Fig. 34 dar. Auf einem etwa 8 mm breiten Gelatinestreifen wurde ein Stückchen Mycel aus dem Grenzgebiet von P. Trifoliorum und tuberosa ausgepflanzt, aus ihm wuchsen auf der oberen Seite P. Trifoliorum, auf der unteren Seite P. tuberosa fast gleichzeitig und gleich stark hervor, die ersteren dem oberen, die letzteren dem unteren Rande der Gelatine zustrebend. Beide Pilze wuchsen dann einander und dem Rande des Gelatinestreifens parallel dahin, zwischen sich eine etwa 2 mm breite freie Zone lassend, die allmählich schmäler wurde, ohne jedoch ganz zu verschwinden; beide Pilze, am Rande normal wachsend, bildeten an den inneren Hyphen baumartig verzweigte und kurze korallenartig gegliederte Hyphen nach der centralen Zone zu (vergl. Fig. 30, 31, 32 und 33). Nach 24 Stunden hatte P. Trifoliorum dennoch das Uebergewicht gewonnen und füllte die ganze Breite des Gelatinestreifens, während tuberosa auch am Rande sein Längenwachsthum einstellte, unter Bildung ähnlicher kurzer Hyphen, wie nach der centralen Zone hin, und so auf die linke untere Ecke beschränkt blieb; beide Pilze trennte dauernd die neutrale, hyphenfreie Zone, die schräg von der Mitte nach dem unteren Rande verlief.

Gegen P. Fuckeliana sind die Wachsthumserscheinungen ähnliche, auch gegen P. Sclerotiorum, ein weiterer Grund, dass diese beiden Pilze als verschiedene Arten von einander zu trennen sind[1]).

Oxalsäure wird von allen untersuchten Peziza-Arten abgeschieden und ist selbst in Calcium freien Kulturen, wo sie nicht nach ihrer Abscheidung als Kalksalz gebunden wird, der Entwicklung der Mycelien nicht hinderlich, noch giebt sie zu abweichenden Wachsthumsarten Veranlassung. So muss denn der nachtheilige Einfluss, den die Peziza-Arten auf einander im Wachsthum ausüben, da sich derselbe schon in einer gewissen Entfernung geltend macht, in einer zweiten Absonderung liegen. Von solchen Absonderungen ist bis jetzt nur das von de Bary[2]) nachgewiesene Enzym bekannt. Wir müssen daher den von den verschiedenen Arten ausgeschiedenen Enzymen verschiedenartige Wirkungen zuschreiben und somit annehmen, dass jede Peziza-Art ein eigenartiges, von den anderen verschiedenes Enzym bilde; und finden darin zugleich die Erklärung, weshalb in der Natur die verschiedenen Arten nur auf bestimmten, einer jeden eigenthümlichen Wirthspflanze vorkommen, während doch ihre saprophytische Ernährung keine solchen Unterschiede hat erkennen lassen.

1) Vergl. de Bary, Bot. Zeit. 1886, S. 457.

2) a. a. O. 7. S. 416 ff.

Einwirkungen von Bacterien auf Peziza.

Gegen Bacterien werden Pilz-Kulturen im allgemeinen von den Mykologen durch schwaches Ansäuren der Nährlösung geschützt; Peziza besorgt dies durch Ausscheidung der Oxalsäure selbst. Auch in der Natur ist die reiche Abscheidung der stark saueren Flüssigkeit, welche in Tropfen die jungen Sclerotien bedeckt[1]), ein wirksamer Schutz gegen Bacterien, und gelangen die Sclerotien auch dann fast ausnahmslos zur vollen Ausbildung, wenn das Nährsubstrat und selbst das Mycel von Bacterien angegriffen und zerstört werden. Eine solche Zerstörung wurde öfter von Bacillus Amylobacter bewirkt an Rüben, auf welchen Peziza gezogen wurde; es erwiesen sich aber dennoch die solchen Kulturen entnommenen Sclerotien völlig gesund und normal ausgebildet und von Bacterien nicht angegriffen, obgleich die Zellen der Rübe und des Mycels unter Buttersäurebildung vollständig zerstört waren.

In einigen schwach angesäuerten Kulturen traten dennoch Bacterien auf und riefen an Peziza die Bildung abnormer Wuchsformen hervor.

Dass nicht Erschöpfung des Substrates die Veranlassung der Wachsthums-Hemmung und Sistirung sei, sondern Auftreten, beziehentlich Anhäufung schädlicher Stoffe, wurde in den früheren Versuchen (mit Penicillium, Mucor u. a.) dadurch nachgewiesen, dass den betreffenden Kulturen in geeigneter Weise von Zeit zu Zeit neue Nahrung zugeführt wurde; hinsichtlich der Wirkung der Bacterien ergab sich dieses in einigen Fällen von selbst, wie der folgende Versuch, der zugleich als Beispiel der Einwirkung einer Bacterien-Kolonie auf Peziza dienen mag, zeigen wird. In einer Gelatine-Kultur, die mit mehreren anderen in derselben Art und zu gleicher Zeit angesetzt war, gedieh P. Trifoliorum 36 Stunden normal, das Mycel hatte in dieser Zeit etwa den dritten Theil der Gelatineplatte in regelmässigen Hyphen durchwachsen, darauf stellten die am weitesten vorgedrungenen Hyphen das Längenwachsthum ein, während zurückliegendere sich kurz verästelten und in der oben beschriebenen, dicht gedrängten Form sich einander parallel stellender, eigenthümlich gestalteter Hyphen, bis zu derselben Grenze vordrangen. Die

1) de Bary, l. c. S. 403.

Kultur befand sich auf einer offenen Gelatineplatte, welche unter einer grossen Glasglocke, auf einem Gestell, zugleich mit den anderen gleichartigen Platten feucht und gegen zufällige Infectionen möglichst geschützt gehalten wurde. Alle anderen Kulturen unter dieser Glocke waren normal gewachsen und zeigten auch später keine Störungen, ihre Mycelien hatten schon beim ersten Bemerken der Störungen in der einen Kultur das Mycel derselben an Ausdehnung überholt. Eine Ursache für das von den anderen abweichende, auf Störungen hindeutende Verhalten dieser einen Platte liess sich bei flüchtiger, schneller Musterung derselben unter dem Microscop nicht feststellen. Ein genaueres Prüfen der Platte musste vermieden werden, um durch damit verbundenes Eintrocknen der Gelatine nicht Anlass zu weiteren Abweichungen zu geben, und um ferner die Platte bei längerem Verweilen an freier Luft nicht neuen unbeabsichtigten Infectionen auszusetzen. Am folgenden Tage liess sich der Grund der Störung in einer kleinen Bacterien-Kolonie entdecken, welche, fast am anderen Ende der Platte, 25 mm von den Endzellen des Peziza-Mycels entfernt sich entwickelnd, auf letzteres die beschriebene weitgehende Wirkung hervorgebracht hatte. Die Bacterien-Kolonie entwickelte sich in den folgenden Tagen weiter, blieb aber immer mikroskopisch klein; das Peziza-Mycel drang nicht weiter in der Gelatine vor, ohne jedoch Zeichen des Verfalls zu zeigen, und ein Stückchen Grenzmycel, mit der Nadel auf eine frische Gelatine übertragen, erholte sich schnell und wuchs normal weiter. Diese kleine Bacterien-Kolonie kann unmöglich durch Entziehen der Nahrung so plötzlich das Wachsthum der Peziza gehemmt haben, denn wäre von einem für das Bacterium und für Peziza gleich nothwendigen Stoffe so wenig in der Gelatine enthalten gewesen, so hätte die Entwicklung der Peziza in den andern, gleichartig zusammengesetzten Kulturen bis zum völligen Durchwachsen der Gelatineplatte nicht so üppig sein können.

Schlussbetrachtungen über die Einwirkungen der Pilze auf einander.

Fassen wir diese Erscheinungen des Bekämpfens, Verdrängens und Abtötens von Pilzen durch andere kurz zusammen. Penicillium verhindert durch Ausscheidungen und schliessliches Ueberwachsen, gleichsam durch Ersticken, das Wachsthum von Aspergillus flavus und niger und in noch entschiedener Weise das der Peziza- und Mucor-Arten. Aehnlich, wenn auch schwächer, wirken die beiden Aspergillus-Arten. Die Peziza-Arten werden ausserdem, sowohl von Penicillium und Aspergillus, als auch von jeder anderen Peziza-Art, zur Bildung eigenthümlicher Wuchsformen veranlasst, bevor ihr Wachsthum gehemmt, beziehentlich ganz unterdrückt wird; auch von den Mucor-Arten wird aus der Ferne ein ähnlicher Reiz auf das Wachsthum der Peziza ausgeübt, dieses selbst aber dadurch eher gefördert als gehemmt; auch geben die Mucor-Arten und andere Pilze, Fumago, Trichothecium u. a., zu jenen wulstigen Umschlingungen Veranlassung, denen sie ebenfalls unterliegen, von Peziza an den Berührungsflächen durch osmotische Vorgänge ihres Inhalts beraubt.

Jedenfalls haben diese Einwirkungen der verschiedenen Pilze auf einander auch eine Bedeutung für die Verbreitung der betreffenden Pilze in der Natur. Natürlich werden die schmarotzenden Pezizen nicht von ihren Wirthspflanzen durch Penicillium und Aspergillus verdrängt, noch suchen sie selbst die mistbewohnenden Mucorideen auf, um auf denselben wie schmarotzende Schlingpflanzen zu leben. Da jedoch die Peziza-Keimlinge ein saprophytisches Vorstadium in der Natur durchmachen müssen, bevor sie als Parasit fähig sind, die Wirthspflanze zu befallen, so kann ihre Verbreitung durch so allgemein vorkommende Schimmelpilze wie Penicillium und Aspergillus sehr beschränkt werden; auch Bacterien können ihrer Entwickelung hinderlich sein. Die Peziza besitzt in den Sclerotien äusserst widerstandsfähige Dauerzustände, und leicht entwickelt sich aus diesen der Becher mit zahlreichen Ascosporen. Ihrem Angriffe kann die Wirthspflanze kaum widerstehen, und trotzdem sind die Pezizen bei der grossen Verbreitung ihrer Wirthspflanzen, die zum Theil allgemein gebaute Kulturpflanzen sind, nicht häufige Pilze und auch ihr epidemisches Auftreten ist auf gewisse Oertlichkeiten beschränkt[1]). Vielleicht liegt die Ursache hierfür in der Empfindlichkeit der saprophytisch lebenden Hyphen, und die jungen Keimlinge gehen wohl meist in diesem saprophytischen Stadium zu Grunde, bei der grossen Verbreitung der ihnen

1) Rehm, Peziza ciborioides. Göttingen 1872.

schädlichen Pilze und Bacterien, bevor sie die Fähigkeit erlangt hatten, in die Wirthspflanzen einzudringen.

Gewisse Mucorideen werden in der That, ausser von ihren specifischen Schmarotzern, den ihnen verwandten Chaetocladium und Piptocephalis, von Aspergillus und Penicillium, auch von ihren natürlichen Standorten verdrängt, und ebenso ergeht es den Coprinus-Arten, wie es Brefeld meisterhaft schildert[1]).

Jedenfalls sind auch diese Ausscheidungen, mit ihren für die Verdrängten so nachtheiligen Folgen, eines von den Mitteln, denen die weniger gut angepassten Formen im Kampfe ums Dasein unterliegen. Ganz allgemein betrachtet, verdrängt die eine Art die andere, weil sie besser als jene unter den gegebenen Bedingungen Licht, Luft, Wärme und die gebotenen Nährstoffe ausnützen oder für längere Zeit den Mangel derselben ertragen kann, weil sie besser angepasst ist, den sich unter gewissen Umständen einstellenden Gefahren mannigfachster Art, wie anhaltender Feuchtigkeit oder Trockenheit, grosser Kälte oder Hitze, Verletzungen durch Thiere oder schädliche Stoffe u. a., zu widerstehen. Wie weit dies Verdrängen der einen Art durch die andere einen Einfluss auf die Artbildung ausüben kann, braucht hier um so weniger erörtert zu werden, als unsere Untersuchungen keine Anhaltspunkte für die Entwickelung der untersuchten Peziza-Arten und ihre verschiedenartigen Anpassungen ergeben haben; solche Beziehungen sind für die verschiedensten Organismen von Nägeli in klassischen Untersuchungen auf ihren Werth geprüft worden. Zum Vergleiche ziehe ich einige Beispiele aus den Untersuchungen Nägeli's heran.

In „Die niederen Pilze“ schreibt Nägeli[2]): „Der Kampf ums Dasein wird bei den niederen Pilzen ebenso heftig, und wie der Erfolg zeigt, mit viel energischeren Mitteln geführt als bei allen anderen Pflanzen. Man hat früher von den Gewächsen angenommen, dass sie überall da vorkommen, wo Klima und Boden günstig sind, vorausgesetzt, dass einmal Keime dahin gelangen. Man weiss jetzt aber, dass es ebenso sehr auf die übrige Vegetation ankommt, dass namentlich die nächst verwandten Pflanzen oft entscheidend einwirken.

---

1) Schimmelpilze II, S. 3.

2) Nägeli, Die niederen Pilze i. ihren Bez. z. d. Infect. u. d. Gesundh. München 1877. S. 31.

Viele Arten können an bestimmten Orten nur wachsen, wenn andere Arten der gleichen Gattung fehlen. Die rostige Alpenrose gedeiht auf Kalk sehr gut, aber nur dann, wenn die haarige Alpenrose nicht vorkommt; ist letztere vorhanden, so verdrängt sie die erstere gänzlich ......"

„Das gleiche Gesetz beherrscht das Gebiet der niederen Pilze. Eine Gattung, die unter bestimmten Verhältnissen ganz gut gedeiht, wird durch eine andere Gattung, die hier als die bevorzugtere erscheint, verdrängt, — während die erstere unter anderen Verhältnissen im Gegentheil die letztere zu verdrängen vermag ...... Beispiel:

„Wenn man in bestimmte zuckerhaltige Nährlösungen, welche neutral reagiren, Keime der drei niederen Pilzgruppen (Spaltpilze, Sprosspilze, Schimmelpilze) hineinbringt, so vermehren sich nur die Spaltpilze und bewirken Milchsäurebildung. Wenn man aber der nämlichen Nährlösung 1/2 % Weinsäure zusetzt, so vermehren sich bloss die Sprosspilze und verursachen eine weingeistige Gährung. Bringt man endlich in die gleiche Nährlösung 4 oder 5 % Weinsäure, so erhält man bloss Schimmelvegetation."

„Ein anderes Beispiel mag die Thatsache noch in etwas veränderter Weise illustriren. Wenn man frischen oder gekochten, nicht allzu zuckerreichen Traubenmost oder einen anderen Fruchtsaft offen stehen lässt, so dass alle möglichen Pilzkeime hineinfallen, so vermehren sich bloss die Sprosspilze und der Most verwandelt sich in Wein. — Nun hört die Vermehrung der Weinhefezellen auf und andere Keime, die bisher nicht wachsthumsfähig waren, entwickeln sich. Es tritt eine Kahmhaut an der Oberfläche auf, welche den Weingeist zu Essigsäure verbrennt. Ist der Wein zu Essig geworden, so beginnt die Schimmelbildung; die Schimmeldecke, welche an die Stelle der Kahmhaut tritt, verzehrt die Säure und macht die Flüssigkeit neutral. Jetzt werden die Spaltpilze existenzfähig; bald wimmelt es von ihnen, und es erfolgt Fäulniss."

Während in dem letzten Beispiel die eine Pflanze durch ihre eigenen Abscheidungs- beziehentlich Umbildungsproducte anderen Arten erst die zum Leben und Gedeihen günstigen Bedingungen schafft, sehen wir bei unseren Pilzen das Umgekehrte eintreten. Nicht allein durch bessere Anpassung und Ausnutzung des Gebotenen, sondern durch directe Waffen bekämpfen sie den Concurrenten, indem sie ihm direct auf osmotischem Wege den Inhalt der Zellen entziehen oder durch Ausscheidungen schädlicher Art ihn im Wachsthum hemmen, hindern und selbst ihn töten. Die untersuchten Schimmelpilze sehen wir also ebenso energische Mittel anwenden wie die von Nägeli angeführten niederen Pilze, und bei allen handelt es sich dabei um Ausscheidungen gewisser Art.

Ueber die Art der Abscheidungen.

Als Schmarotzer auf lebenden Pflanzen sondern die Pezizen also Oxalsäure und ein Enzym ab, töten vermittelst derselben die Zellen der Wirthspflanzen und können erst dann in diese eindringen. Wie de Bary nachgewiesen hat[1]), ist es im wesentlichen das Enzym, welches die Zellmembranen verjaucht, wenngleich die Oxalsäure auch hierbei mitwirkt, indem nur in saueren Lösungen das Enzym diese Wirkung auszuüben vermag. Ob die Ausscheidungen dieser beiden Stoffe für das Leben der Peziza nöthig sind, d. h. ausgeschieden werden müssen im Lebensprocess als Endproducte der stofflichen Zersetzung, wie Kohlensäure und Sauerstoff, kann nach den vorliegenden Versuchen nicht entschieden werden. Wie diese Ausscheidungen durch äussere Umstände beeinflusst werden, lehren die folgenden Versuche. Das Enzym in kleinen Mengen nachzuweisen bietet grosse Schwierigkeiten, und ist nicht gelungen. Oxalsäure zeigt sich dagegen in den geringsten Mengen in calciumhaltigen Nährlösungen sofort durch das Auftreten von Calciumoxalat-Krystallen an.

Oxalsäure.

Zu welchem Zwecke verschiedene Pflanzen Oxalsäure bilden, ist eine offene Frage[2]) und gerade in neuerer Zeit mehrfach erörtert worden, um zu erklären, ob der in vielen Pflanzentheilen aufgespeicherte oxalsaure Kalk als ein endgültiges Ausscheidungsproduct oder als wandernder Reserve-Nährstoff zu betrachten sei[3]).

1) a. a. O. S. 418 ff.

2) Vergl. Pfeffer, Pflanzenphysiologie I, S. 302 ff.

3) A. F. W. Schimper, Ueber Kalkoxalatbildung in den Laubblättern. Bot. Zeit. 1888, S. 65. — Wehmer, Das Verhalten des oxalsaueren Kalkes in d. Blättern v. Symphoricarpus ff. Bot. Zeit. 1889, S. 141. — Kohl, Anatomisch-physiologische Untersuch. der Kalksalze u. Kieselsäure in d. Pflanze. Marburg 1889.

Von den Pezizen könnte die Oxalsäure als ein für den weiteren Lebensprocess unwesentliches Endproduct ausgeschieden werden, könnte als höhere Oxydationsstufe des zur Nahrung dargebotenen Zuckers als Kraftquelle dienen[1]). Andererseits aber könnte sie auch wieder von den parasitisch lebenden Arten als nothwendiges Mittel abgeschieden werden, ohne welches ja der Angriff des Enzyms auf die Wirthspflanze wirkungslos bleiben würde. De Bary hat die Oxalsäure überall nachweisen können, wo Peziza wuchs, auch in Nährlösungen, wo von einem parasitischen Angriff keine Rede sein kann; vielleicht genügen hier aber die Wachsthumsstörungen, welche bei grösseren Kulturen unvermeidlich sind, um ihre Ausscheidung hervorzurufen. In vor Störungen jeglicher Art geschützten Gelatine-Reinkulturen treten die Calciumoxalat-Krystalle auch fast immer auf, wenn auch in beschränkter Anzahl; hier müssten die bei der Beobachtung selbst entstehenden geringen Störungen genügen, eine schwache Oxalsäure-Abscheidung zu veranlassen, oder es handelt sich, wenn die Bildung der Oxalsäure nicht als reine Kraftquelle dient, in diesem Falle um eine Eigenschaft des Pilzes, welche, für parasitische Lebensweise erworben und nöthig, auch bei saprophytischem Wachsthum beibehalten worden ist.

Um diese Frage zu entscheiden, ob also äussere Umstände die Abscheidung der Oxalsäure veranlassen oder auch nur beeinflussen könnten, wurden folgende Versuche angestellt. Auf Objectträgern wurden je zwei Gelatinestreifen von etwa je 60 mm Länge und 5 mm Breite angebracht. Die beiden Gelatinestreifen liefen auf dem einen Ende bis zur Berührung zusammen und divergirten, so weit es die Breite des Objectträgers zuliess, nach der andern Seite. Am Berührungspunkte wurden die Peziza-Mycelien so ausgepflanzt, dass sie in beide Schenkel der so gebildeten Gelatinewinkel hineinwuchsen. Nach 24 Stunden wurde an dem entgegengesetzten Ende des einen Schenkels ein Mucor-Mycelium eingepflanzt. In dem anderen, mucorfreien Schenkel wuchs die Peziza ruhig weiter; in dem Schenkel aber, in welchem ihr Mucor entgegenwuchs, fanden jene bekannten Anschwellungen mit reicher Astbildung in Quirlen statt, und ausserdem trat nach wenigen Stunden in der zwischen beiden Mycelien, von Peziza- und Mucor-Hyphen freien Gelatine von etwa 40 mm

---

1) Vergl. Zopf, Oxalsäuregährung. Berichte d. D. bot. Gesell. 1889, S. 94.

Länge ein reichlicher Niederschlag von Calciumoxalat auf. Die Krystalle, von denen einige wohl ausgebildete Octaeder waren, waren schon nach 18 Stunden so zahlreich, dass sie als wolkiger Niederschlag mit unbewaffnetem Auge in der Gelatine wahrnehmbar waren. Einige Krystalle, meist wohl ausgebildete Octaeder, fanden sich überall in der ganzen Gelatineplatte zerstreut; die kleinere, nicht scharf ausgeprägte Form, in so grosser Menge vorhanden, dass sie jene wolkige Masse bildete, fand sich in dieser Menge nur in dem Theile der Gelatine, welche von den ersten Anschwellungen der Peziza-Hyphen bis zu den ersten Hyphen des Mucor-Mycels reichte. Dieser Niederschlag begann in einigen Kulturen mit breiter Basis im Peziza-Mycel, erfüllte bis zur Hälfte etwa die ganze Breite der Gelatineplatte, verschmälerte sich von da an, um in einer Spitze zwischen den ersten Mucor-Hyphen zu endigen. Ich spreche, der Kürze wegen, von einem Niederschlag der Krystalle, in Wirklichkeit sind dieselben in der Gelatine suspendirt und finden sich, wie durch Verstellung des Mikroskops sofort nachgewiesen werden konnte, in gleicher Anzahl oben, unten und in der Mitte der im Verhältniss zu den kleinen Krystallen dicken Gelatineschicht. Die Krystalle lagen dort, wo sie sich gebildet hatten, und gaben durch ihre Lage ein Bild von dem Vordringen der Oxalsäure. Diese, von Peziza ausgeschieden, durch die Gelatine diffundirend, erfüllte letztere der Länge nach ganz bis zur Hälfte, ihr Diffusionsstrom spitzte sich von da an bis zum Mucor-Mycel allmählich zu, leichter in der etwas dickeren Mittelschicht vordringend als in den dünn auslaufenden Randpartien (vergl. Fig. 39). In dem mucorfreien Schenkel war die Peziza meist ohne Störungen hineingewachsen und hatte ihn in 48 Stunden, nach Einbringen des Mucor-Mycels in den anderen Schenkel, völlig durchwachsen. Oxalat-Krystalle traten hier nur ganz vereinzelt auf und in einigen Kulturen blieb dieser mucorfreie Schenkel ganz rein von Krystallen, bis die Peziza-Hyphen ihn ganz durchwachsen hatten und sich zur Sclerotienbildung anschickten.

Diese reiche Oxalsäureabscheidung könnte ja auch von Mucor bewirkt sein, obgleich dagegen schon die Anordnung der kleinen Krystalle spricht; diese Annahme ist jedoch widerlegt durch Befunde in anderen zu diesem Zwecke angesetzten Mucor-Kulturen. Mucor bildet auch Oxalsäure, was aus dem Befunde von Calciumoxalat-Krystallen auf Mucor-Hyphen hervorgeht; doch sind diese Krystalle sowohl in Reinkulturen von Mucor als auch in solchen Kulturen, die mit Penicillium, Aspergillus und anderen Pilzen inficirt wurden, um etwaige Reize auf Mucor auszuüben, verhältnissmässig selten zu finden, treten ziemlich spät auf und meist als wohl ausgebildete Octaeder. Ausserdem scheidet Peziza ebenfalls lebhaft Oxalsäure ab, wenn sie gegen Penicillium, Aspergillus u. a. wächst; dass der Niederschlag von Krystallen nicht so reich ausfällt als gegen Mucor, hat wohl darin seinen Grund, dass das Wachsthum von Peziza durch die beiden ersten Pilze gehemmt, ja sistirt wird, während es durch den Reiz, welchen Mucor ausübt, eher gefördert wird durch die Anlage schnellwachsender, zahlreicher Nebenhyphen. Aus allen Versuchen ging hervor, dass die reichliche Menge von Oxalsäure von Peziza ausgeschieden wurde und dass diese Ausscheidung, sobald Peziza als Saprophyt lebte, nur dann so reichlich ausfiel, wenn sie durch Reize im Wachsthum beeinflusst wurde.

Recht augenscheinlich liessen dies Letztere noch einige Kulturen erkennen, in denen eine geringe Anzahl keimender Mucor-Sporen zwischen junge Hyphen eines Peziza-Mycels gebracht wurde. Die Mucor-Sporen hatten vorher im Wasser gelegen, um anzukeimen, sie wurden mit der Platinnadel auf das Peziza-Mycel gebracht, als einige gerade anfingen den Keimschlauch zu treiben. Die keimenden Sporen wurden nach kurzer Zeit in der oben beschriebenen Weise von Peziza umwachsen und getötet (Fig. 24). Die Stellen, an welchen dies geschah, waren schon mit schwacher Vergrösserung in der Kultur aufzufinden, durch eine Wolke jener kleinen Oxalat-Krystalle kenntlich, welche streng die Fläche eines Kreises bedeckten, dessen Mittelpunkt der Ort war, wohin die Mucor-Sporen mit der Nadel gebracht waren. Diese von Krystallen völlig erfüllten Kreise hatten einen Durchmesser von 1—4 mm, je nach der Anzahl der keimenden Mucor-Sporen. Auch hier reichliche Oxalsäurebildung an dem Orte, wo ein Reiz auf die Hyphen ausgeübt wurde. Ausser diesen streng kreisförmig umschriebenen Haufen von Kalkoxalat-Krystallen fanden sich in den betreffenden Kulturen auch einige grössere, regelmässig ausgebildete Octaeder an verschiedenen Orten.

Es braucht kaum besonders hervorgehoben zu werden, dass sich die verschiedenartig gebildeten grossen und kleinen Krystalle gegen Reagentien völlig gleich verhielten. Auch erfolgte ihre Auflösung in schwachen Säuren unter denselben Erscheinungen allmählich und in gleichen Zeiträumen.

Nach allem scheint also die Oxalsäure nicht nothwendig zu sein, um das Wachsthum der Peziza zu ermöglichen und zu fördern, wie das Fehlen der Oxalsäure in dem mucorfreien Gelatinestreifen zeigte, in welchem unter denselben sonstigen Bedingungen wachsende, von demselben Mycel entspringende Hyphen ebenso üppig wuchsen wie die anderen, welche auf Mucor-Reiz hin Oxalsäure ausschieden. Die Bildung und das Ausscheiden der Oxalsäure geschieht von den parasitisch lebenden Pezizen, um den Angriff zu unterstützen; von den saprophytisch lebenden auf Einwirkung eines Reizes, und es scheinen geringe Störungen zu genügen, um die Ausscheidung kleiner Mengen zu veranlassen, während sie bei anhaltendem Reize sehr reichlich erfolgt; ja sie scheint, wie die Aussaaten keimender Mucor-Sporen zwischen wachsende Peziza-Hyphen zeigten, fast proportional der Grösse dieses Reizes zu sein. Dies letztere Verhältniss liess sich nicht zahlenmässig nachweisen; auf eine derartige Beziehung deuteten zunächst die mit der reichlicheren Aussaat von Mucor-Sporen grösser werdenden Kreise von Krystallen hin; Versuche einer stufenweisen Steigerung der Abscheidung wurden in folgender Weise angestellt: Es wurden kleine Mengen Sporen, so viel an der flüchtig eingetauchten Nadelspitze haften blieben, zunächst zwischen die Hyphen, dann in verschiedenen Kulturen in allmählich zunehmender Entfernung vor den heranwachsenden Hyphen ausgepflanzt; indem den Mucor-Keimlingen so ein allmählich von Kultur zu Kultur sich steigender Vorsprung im Wachsthum gegeben wurde, bis sie von den Peziza-Hyphen erreicht, umwachsen und abgetötet wurden, ging damit zugleich Verlängerung und Vergrösserung der Reizwirkung Hand in Hand, dem nun in der That eine ebenfalls gesteigerte Absonderung von Oxalsäure entsprach, angezeigt durch immer reichlichere Krystallbildung.

Ein Mittel, das Enzym in kleinen Mengen nachzuweisen, ist nicht gefunden worden, daher liess sich auch nicht ermitteln, ob die Ausscheidung des Enzyms sowohl hinsichtlich der Menge, als auch in seiner Bildung überhaupt in ähnlicher Weise wie die der Oxalsäure von Reizen beeinflusst würde. Für eine solche Abhängigkeit scheint zu sprechen die von de Bary[1]) erwähnte Thatsache,

1) a. a. O. S. 420.

dass er die „Wirkungsintensität“ des von den Sclerotien abgesonderten Saftes auf die Zellmembran minder wirksam gefunden hat, wenn die Sclerotien sich auf Nährlösungen bildeten, also saprophytisch lebten, als wenn sie sich auf Mycelien entwickelten, die parasitisch auf und in ungekochten Rüben lebten.

Ebensowenig konnte festgestellt werden, welcher Art die Ausscheidungen seien, durch welche Mucor, Penicillium u. a. reizend auf Peziza wirkten, indem sie dieselbe zu abweichenden Wuchsformen veranlassten oder im Wachsthum hemmten und letzteres sogar sistirten. Der Weg, welcher einzuschlagen war, um dies, wenn möglich, nachzuweisen, war durch die Versuche gegeben, welche de Bary anstellte, um die Qualität der in dem von Peziza abgeschiedenen Safte vorhandenen wirksamen Körper zu ermitteln. Den Nachweis, dass diese Kraft ein Enzym und nicht die Oxalsäure sei, führte de Bary[1]), indem er ihre Einwirkung auf die Zellmembranen der Wirthspflanzen direct in der a. a. O. geschilderten Weise prüfte.

Als Prüfstein musste in unserem Falle die Peziza-Hyphe selbst dienen. Bei der grossen Empfindlichkeit gegen selbst geringfügige Störungen der verschiedensten Art und bei der Aehnlichkeit, mit der sich alle diese verschiedenen Störungen als Wachsthumsstockung oder Stillstand, ferner als eigenthümliche Wuchsformen kenntlich machten, musste es unwahrscheinlich erscheinen, in ähnlicher Weise, wie dies Pfeffer[2]) für gewisse Samenfäden hinsichtlich der Apfelsäure festgestellt hat, für die Peziza-Hyphen ein specifisches Reizmittel zu finden, gesetzt auch, dass ein solches wirklich vorhanden sei. Ja es machte schon Schwierigkeiten, auch nur günstige oder schädliche Wirkungen auf das Wachsthum, gleichsam anziehende oder abstossende, festzustellen, weil zunächst auch das Wachsthum fördernde und ihm dienliche Stoffe vorübergehende Störungen, welche bis zum Sistiren der Plasmaströmung führen können, ebenfalls hervorbringen.

Dennoch wurden in ähnlicher Weise, wie Pfeffer[3]) bei seinen Untersuchungen über chemotaktische Bewegungen verfuhr, verschiedene

1) a. a. O. S. 417 ff.

2) Pfeffer, Untersuchungen aus d. b. Inst. z. Tüb., Bd. I, p. 363 ff.

3) a. a. O. p. 409 ff.

Stoffe auf ihre Wirkung auf Peziza geprüft; ebenso die Abscheidungen anderer Pilze, nachdem sie in ähnlicher Weise behandelt waren, wie es de Bary a. a. O. für die Abscheidung der P. Sclerotiorum beschreibt.

Die Hyphen zeigten sich für diese Versuche, wie zu erwarten war, nicht in der Weise tauglich, wie die Samenfäden, Bacterien Flagellaten und Volvocineen in den Pfeffer'schen und die Myxomyceten in den Stahl'schen[1]) Versuchen. Während die Endzellen, welche gerade in lebhaftem Wachsthum begriffen sind, schon durch einen geringen Zusatz einer Lösung, welche den zu prüfenden Körper in sehr geringer Menge enthält, so beeinflusst werden können, dass sie direct absterben, zeigen die älteren Gliederzellen und auch seit kürzerer Zeit in Ruhe befindliche Endzellen keinerlei Einwirkung, und namentlich aus letzteren wachsen, oft sehr bald, in selbst hochprocentige, an sich nicht schädliche Lösungen, welche die weitgehendsten Störungen im Wachsthum verursacht hatten, normale Hyphen hinein. Die Frage, nach der Art des die Reizwirkung hervorbringenden Körpers, exact zu beantworten, war somit nicht möglich; es konnte nur die Schädlichkeit gewisser Abscheidungen für das Wachsthum der Peziza festgestellt werden. Hinsichtlich bestimmter chemischer Stoffe hätte sich die Frage dahin zugespitzt, nachzuweisen, in welchem Gehalte die zu prüfenden Stoffe in der Nährlösung vorhanden sein müssten, um jegliches Wachsthum der Hyphen verhindern zu können; eine Frage, die unseren Untersuchungen ferner lag, so dankenswerth es auch wäre, die von Raulin[2]) und in jüngster Zeit von Eschenhagen[3]) in diesem Sinne gefundenen Ergebnisse zu vervollständigen. Schliesslich wirkt jeder lösliche Körper, in genügend grosser Menge in der Nährlösung vorhanden, schädlich auf das weitere Wachsthum, die Empfindlichkeit der Hyphen ermöglichte es aber nicht, genau die Grenzen im Procentgehalt festzustellen, bei welchen die schädliche Wirkung beginnt.

Von den Versuchen führe ich noch Folgendes zur weiteren Erläuterung an. In Lösungen, welche bis 10 % Rohrzucker enthalten, bildet Peziza die oben beschriebenen normalen grossen Hyphen;

---

1) Stahl, Zur Biologie der Mycomyceten. Bot. Zeit. 1884, S. 145 ff.

2) Raulin, Ann. d. sc. nat. s. V, t. XI, p. 220 ff.

3) Eschenhagen, siehe oben S. 482.

in Lösungen bis 20 % wächst sie schon weniger schnell und die Hyphen sind dünner, die Verzweigungen bleiben aber normal. Ein Gehalt von über 30 % Zucker veranlasst die Bildung zahlreicher kurzer Nebenzweige, die Hyphen sind sehr dünn, nicht mehr streng cylindrisch, sondern eckig, das Mycel erhält ein sparriges Aussehen (vergl. Fig. 35). Bei zunehmendem Gehalte an Zucker werden die Nebenzweige immer kürzer, das Mycel erhält ein korallenartiges Aussehen, und bei 60 % Rohrzucker vermag Peziza nur noch in jenen blasigen, in Fig. 36 abgebildeten Formen zu wachsen.

Wurden zu Peziza-Kulturen auf Gelatine Rohrzuckerlösungen gesetzt, die in die Gelatine allmählich diffundirten, so treten die bekannten Störungen auf, mehr oder weniger abhängig von dem Concentrationsgrade der zugesetzten Lösung, ohne aber auch hier eine exacte Grenze erkennen zu lassen. Zunächst platzten einige Hyphen, andere wurden in ihrem Wachsthum gehemmt, von diesen schwollen einige kugelig an, um sich dann quirlig zu verästeln; noch andere wuchsen, zweimal im rechten Winkel abbiegend, direct in entgegengesetzter Richtung zurück, ähnlich den in Fig. 14 abgebildeten Hyphen (gegen Aspergillus wachsend), mit oder ohne quirlartige Verästelungen; noch andere Hyphen derselben Kultur wuchsen dem diffundirenden Zucker direct entgegen, zunächst lebhaft, bis der Gehalt an Zucker ein so hoher wurde, dass er das Wachsthum hinderte, welches letztere nur eintrat, wenn hochprocentige Lösungen in die Gelatine diffundirten.

Aehnlich wirkten in entsprechenden Concentrationsgraden Glycerin, Kalisalpeter, Chlornatrium, phosphorsauere, weinsauere, essigsauere, citronensauere Salze und Alkohol. Wachsthumshinderung trat bei allen entsprechend früher ein als beim Zucker, d. h. bei geringeren Concentrationsgraden. Ein mittlerer Gehalt einiger dieser Stoffe veranlasste Peziza zur Bildung ähnlicher, zahlreicher, kurzer, sich einander parallel stellender Hyphen, wie es die allmählich einwirkenden Ausscheidungen von Penicillium thaten. Alkohol verursachte mehr als die übrigen lebhafte Bildung von Luftmycelien, ohne dass es hierbei zur Anlage von Sclerotien gekommen wäre; in solchen Fällen fand keine weitere Vermehrung der Hyphen in der Nährgelatine statt, die darin vorhandenen mussten aber noch Wasser und Nährstoffe aus ihr aufnehmen, um die Bildung der oft grossen Luftmycelien zu ermöglichen.

Pflaumendecoct ist ein gutes Nährmittel für Peziza und auf Lösungen und Nährgelatinen davon bereitet, denen 5—10 % Rohrzucker zugesetzt waren, wurden die üppigsten Kulturen gezogen. Wurde Pflaumendecoct bis zur Syrupdicke eingedampft, so wirkte es zunächst ebenfalls reizend, wenn es auf eine Gelatine-Kultur gebracht wurde, später wuchsen die Hyphen lebhaft hinein. Wurde Pflaumendecoct, in welchem Mucor gewachsen war, verwandt, so waren die Erscheinungen ähnlicher Art; wohingegen Pflaumendecoct, in dem Penicillium kürzere oder längere Zeit gezogen war, entschieden das Wachsthum von Peziza hemmend beeinflusste. Welcher Art der von Penicillium ausgeschiedene Stoff war, konnte nicht festgestellt werden. Sowohl Abkochungen, wie bei gewöhnlicher Temperatur abfiltrirte, wässerige Auszüge des Penicillium-Mycels und ebenso behandelte, durch Thonfilter von dem darin gewachsenen Mycel und etwaigen Sporen gereinigte Nährlösungen wirkten alle nur mehr oder weniger hemmend auf das Wachsthum von Peziza ein und schlossen hierdurch eine weitere Prüfung aus.

In einigen Versuchen konnte eine die Wachsthumsrichtung direct beeinflussende, eine chemotaktische Reizwirkung nachgewiesen werden. Peziza wurde in an Nährstoffen sehr armen Gelatinen gezogen und bildete lange, dünne, wenig verästelte Hyphen; auf die Gelatine wurden einige, wenn möglich an jedem Aussaatorte nur eine einzelne Mucor-Spore oder Hefezelle von Dematium oder Fumago gebracht. In vielen Fällen und so oft, dass der Zufall ausgeschlossen scheint, wurde nun beobachtet, dass die Hyphe auf die Spore beziehentlich Hefezelle loswuchs; in einigen Fällen direct, in anderen, wie es Fig. 25 zeigt, seitlich vorbeiwachsend und dann in kurzem Bogen auf sie eindringend. Hier aus grösserer Entfernung, sonst in derselben Weise, wie es Kihlman[1]) von den Hyphen der Isaria beschreibt, nur dass dort die wachsende Hyphe vom Schmarotzer (Melanospora parasitica) angezogen wird, während hier der Schmarotzer seinen Wirth aufsucht. Da es sich bei diesem Anlegen der Hyphen thatsächlich um ein Entziehen von Nährstoffen handelt, wie oben ausgeführt worden ist, so ist man berechtigt von einem Aufsuchen der Nahrung zu reden.

Ein weiteres Beispiel des directen Aufsuchens der Nahrung

1) Kihlman, l. c. p. 11 u. 12.

seitens der Hyphen der Schmarotzer-Pilze, wie es von schwärmenden Bacterien, Schwärmsporen der Peronosporeen, Saprolegnieen und Chytridieen bekannt ist, habe ich in der Literatur nirgends erwähnt gefunden, obgleich doch gerade die schmarotzenden Pilze meist nur an wenige Wirthspflanzen angepasst sind und somit ganz vom Zufalle abhängen, ob dieser ihre Sporen, deren ja allerdings eine fast unbegrenzte Menge gebildet wird, an einen für die weitere Entwickelung günstigen Ort trägt.

Selbst die Hyphen solcher Pilze, welche zu ihrer weiteren Entwickelung nothwendig auf andere Pilzhyphen angewiesen sind, scheinen nicht die Fähigkeit zu haben, diese aufzusuchen. So dringen die Keimlinge von Cicinnobolus nach de Bary[1]) nur in die Erysipheen-Hyphen ein, wenn letztere nicht mehr als drei Sporenlängen entfernt sind. Ebensowenig erwähnt Brefeld[2]) etwas von einer anziehenden Wirkung des Mucor Mucedo auf die ohne seine Gegenwart zu Grunde gehenden Keimlinge von Chaetocladium Jonesii und Piptocephalis Freseniana.

Eine Thatsache aus den Befruchtungsvorgängen hat grosse Aehnlichkeit mit den hier erwähnten. De Bary[3]) beobachtete, dass die Antheridienschläuche einiger Saprolegnieen durch einen Reiz, welchen das Oogonium ausübt, in ähnlicher Weise in der Wachsthumsrichtung beeinflusst wurden.

Dass in der That die Ablenkung der Peziza-Hyphen von der ursprünglichen Wachsthumsrichtung durch die Einwirkung eines trophotropischen Reizes erfolgt, bestätigten folgende Versuche. Es wurde seitlich an Gelatinekulturen, in Höhe der wachsenden Hyphenspitzen, neue Nährgelatine mit etwas höherem Nährgehalt (es genügte schon höherer Gehalt an Zucker) zugesetzt; die meisten Hyphen, und zwar alle ohne Ausnahme an der betreffenden Seite wachsenden, bogen unter rechtem Winkel in die zugesetzte Gelatine ein; auch von den entfernteren wuchsen die meisten oder doch deren stärkere Nebenäste hinüber. Aehnliche Ablenkungen in der Richtung, wenn auch mit der Complication, dass vorher die bekannten Anschwellungen und aus diesen reichere Verästelungen auftraten,

1) de Bary, Beiträge z. Morphologie u. Physiologie d. Pilze III, 1870, S. 426 u. 427.

2) Brefeld, Schimmelpilze I, S. 31.

3) de Bary, Beiträge IV, 1881, p. 301.

wurden veranlasst durch seitliches Zuführen von Zuckerlösungen, eingekochtem Pflaumendecoct u. a. Die Regelmässigkeit, mit welcher dies Umbiegen nach der neuen Nährquelle hin in allen Fällen stattfand, sodass eine ganze Reihe einander parallel gestellter Hyphen senkrecht auf sie zuwuchs, schliesst die Annahme aus, dass zufällig in der neuen Richtung wachsende Hyphen oder Hyphenverzweigungen nur zu einem lebhafteren Wachsthum durch reichlichere Nährstoffzuführung angeregt seien. Es ging aus allen Versuchen hervor, dass die Peziza-Hyphen durch Aenderung der Wachsthumsrichtung passende Nahrung aufzusuchen vermögen.

III. Das Spitzenwachsthum.

Wir haben oben S. 493 ausgeführt, dass am Längenwachsthum nur die Spitze theilnimmt und dass Membrantheile, welche um eines Hyphen-Querdurchmessers Länge von der Kuppe entfernt sind, überhaupt nicht mehr wachsen, auch nicht passiv in die Länge gedehnt werden. Auch sind oben S. 481—483 die Vorstellungen erörtert, welche in der mir zugänglichen Literatur über das Spitzenwachsthum sich vorfinden. Welche Theile der Spitze daran theilnehmen, ob die Kuppe allein oder auch der sich ihr zunächst anschliessende Cylinderring oder alle beide, und in welchem Maasse jeder von ihnen, ist nicht streng untersucht worden. Am verbreitetsten war wohl die Vorstellung, dass die Spitze passiv vorgeschoben würde von der unterhalb derselben wachsenden Region, wie es genaue Beobachtungen für das Wachsthum der mit einer Sporangiumanlage versehenen Fruchthyphe der Mucorideen festgestellt hatten. Ohne der Spitze jegliches Wachsthum abzusprechen, hätte sie doch in diesem Falle bei zugespitzter Gestalt das Eindringen der Hyphe in ein fremdes Medium erleichtert; oder sie hätte bei abgerundeter Form eine „der Wurzelhaube im Kleinen ähnliche Function“ erfüllen können, wie es Haberlandt[1]) noch 1884 der oft verdickten Kuppe der Wurzelhaare beim Eindringen derselben in das Erdreich zuschreibt.

Haberlandt selbst hat aber schon 1886 experimentell nach-

1) Physiologische Pflanzenanatomie 1884, p. 152.

gewiesen, dass die Wurzelhaare nur streng an der Kuppe wachsen, auf welche Versuche noch unten zurückzukommen sein wird. Auch die Pilzhyphen wachsen in derselben Weise. Für ein Wachsthum der Hyphen unmittelbar hinter dem Scheitel, scheint ja die Thatsache zu sprechen, dass ein Zerreissen der Membran nur hier erfolgt und niemals an der Spitze (vergl. Fig. 26, 27 und 28). Dies Zerreisen lässt sich jedoch auch erklären, wenn das Wachsthum an der Spitze und der sich anschliessenden Cylinderzone stattfindet, ohne dass die Membran an der Spitze widerstandsfähiger zu sein braucht, als an der Stelle des Cylindermantels, wo die Sprengung erfolgt. Hier im cylindrischen Theile ist die Tangentialspannung[1]) doppelt so gross als in der Kuppe, wenn man als Form der letzteren eine Halbkugel von demselben Radius annimmt, wie der Cylinder ihn hat. In der mehr ellipsoidisch gestalteten Hyphenspitze ist die Tangentialspannung noch geringer, da selbige in demselben Verhältniss abnimmt, wie der Krümmungsradius kleiner wird.

Für ein ausschliessliches Wachsthum der Kuppe der Spitze führen wir folgende Gründe an:

1. Die wechselnde Form der Spitze, welche bei langsamerem Wachsthum ähnlich einer Kugelcalotte ist, sich bei gesteigertem Wachsthum allmählich mehr und mehr ellipsoidisch zuspitzt, um mit Abnahme der Wachsthums-Grösse wieder in die Calotte überzugehen u. s. f.

2. Die eigenartigen Verästelungen der Spitze, wie sie oben beschrieben sind.

3. Die Art und das Zustandekommen der Krümmungen.

4. Die Beobachtungen an Wurzelhaaren, welche mit feinem Mennigepulver bestreut waren und dies Pulver, welches die Kugelcalotte bedeckte, durchwuchsen und als mehr oder weniger lockeren Ring zurückliessen[2]).

Bevor wir weiter auf die Betrachtung dieses Spitzenwachsthums eingehen, ist es nöthig, die jetzt herrschenden Ansichten über Flächenwachsthum der Membran einer kurzen Besprechung zu unterziehen. Von einer historischen Darstellung der Erklärungen des Flächenwachsthums können wir an dieser Stelle absehen, da dieselbe in letzter Zeit mehrfach gegeben ist; ich verweise vor allem auf

1) Vergl. Nägeli-Schwendener, Das Mikroskop. Aufl. II. 1877. p. 412ff.
2) Vergl. unten.

Noll[1]). Weiteres findet sich in den unten zu besprechenden Schriften von Strasburger und Krabbe.

Ueber das Zustandekommen des Flächenwachsthums der Membran stehen sich jetzt folgende Ansichten gegenüber.

Nach der einen findet Flächenwachsthum statt durch Dehnung der auf irgend eine Weise von Plasma gebildeten oder ausgeschiedenen Membran; diese Dehnung wird bewirkt durch den Turgor der Zelle.

Die andere legt die treibende Kraft in die wachsende Membran selbst; unter Mitwirkung des Plasmas, welches ja das Material liefern muss, werden neue Membrantheilchen zwischen den alten eingelagert.

Von einer Kritik dieser Theorien, auf Grund der Thatsachen, aus welchen dieselben abgeleitet sind, sehen wir ab und suchen vielmehr zu prüfen, wie weit unsere Beobachtungen an dem vorliegenden Materiale für die eine oder die andere entscheiden.

Der Theorie Nägeli's über das Wachsthum durch Intussusception sich anschliessend, kommt Sachs durch seine eigenen Untersuchungen und diejenigen seines Schülers de Vries zu folgender Ansicht vom Flächenwachsthum der Zellmembran, welche er selbst so ausspricht[2]): „... dass durch die passive Dehnung der Zellhäute, welche der Turgor oder auch die Schichtenspannung in passiv gedehnten Geweben bewirkt, die vollständig durchtränkte Zellhaut erst befähigt wird, in den Flächenrichtungen neue Substanz einzulagern, womit jedoch nicht gesagt ist, dass nicht noch andere Ursachen auf diese Einlagerung mitwirken." und ferner[3]): „Nach der von mir aufgestellten Theorie ist eine wesentliche Bedingung des Wachsens der Zelle der hydrostatische Druck, ..." Diese Annahme von Sachs stützt sich vorzüglich auf die Untersuchungen von de Vries, welcher das Resultat derselben selbst kurz so zusammenfasst[4]): „Als das Resultat unserer Versuche betrachten wir also den Satz, dass in hinreichend jungen Objecten die Turgorausdehnung von der Spitze aus erst zunimmt, dann in der Höhe des Maximums der

1) Noll, Experimentelle Untersuchungen über das Wachsthum der Zellmembran. Würzburg 1887. S. 102—108.

2) Lehrbuch IV. Aufl. p. 773.

3) Ebenda p. 852.

4) Untersuchungen über die mechanischen Ursachen der Zellstreckung. 1877. p. 106.

Partialzuwachse ein Maximum erreicht und dann wieder allmählich abnimmt, um endlich an der hinteren Grenze der wachsenden Strecke aufzuhören." Und weiter unten[1]): „Mit der Grösse der Turgorausdehnung steigt und fällt die Geschwindigkeit des Längenwachsthums in den Partialzonen wachsender Organe." Nur auf diese Uebereinstimmung der Maxima der Turgorausdehnung und des Zuwachses gründet Sachs seine Ansicht.

Gegen die soeben citirte Auffassung von Sachs „dass durch den Turgor die Zellhaut erst befähigt wird" nimmt als der Erste de Vries selbst Stellung. Für ihn handelt es sich nur um eine das Wachsthum durch Intussusception fördernde Mitwirkung des Turgors. Er schreibt: „Die Ausdehnung der Zellwände durch diesen Turgor beschleunigt die Einlagerung neuer fester Theilchen zwischen den bereits vorhandenen Molekülen der Zellhaut; diese Einlagerung ermöglicht ihrerseits eine weitere Turgorausdehnung[2])."

Zur weiteren Stütze seiner Ansicht führt Sachs die Thatsache an, dass ohne Turgor kein Wachsthum stattfinde[3]). Dagegen lässt sich sagen, dass mit Aufhebung des Turgors, bei eintretender Plasmolyse, zugleich der Contact des Plasmas und der Zellwand unterbrochen wird, dass dann keine Zuführung von Wachsthumsmaterial und deshalb auch kein Wachsthum stattfinden kann[4]). Dass „welk gewordene Pflanzentheile" auch ohne Eintreten eines „merklichen Erschlaffens" nicht wachsen, braucht nicht unmittelbar von dem, bei Verminderung der Turgescenz, geringeren hydrostatischen Drucke abzuhängen, sondern kann seinen Grund darin haben, dass der Zellhaut das zum Wachsen nöthige Wasser fehlt.

Wie lassen sich nun die oben angeführten Thatsachen über das Wachsthum der Hyphen mit der Ansicht von Sachs in Einklang bringen? Die Turgorkraft, der hydrostatische Druck auf die Membran ist in diesen einzelligen Organen überall der gleiche, das Wachsthum findet aber nur in der oben geschilderten Weise statt; sehen wir von unbekannten Kräften im Protoplasma ab, da wir es mit einer mechanischen Erklärung des Vorganges zu thun haben,

---

1) P. 107.

2) L. c. p. 3.

3) Vorlesungen über Pflanzen-Physiologie. 1882. p. 692.

4) Vergl. Krabbe, das gleitende Wachsthum bei der Gewebebildung der Gefässpflanzen. 1886. p. 68.

so kann dafür nur noch die Eigenschaft der Membran in Frage kommen. Da nur die Turgorsausdehnung die Einlagerung neuer Theilchen bewirken soll, so muss diese Dehnung und damit auch das Wachsthum das Maximum an der Stelle grösster Spannung erreichen, nach den oben (Seite 530) angeführten Thatsachen und den dort gegebenen Erörterungen also in einem kurzen Cylinderring unmittelbar hinter der Spitze, und hier müsste ein kugeliges Auftreiben erfolgen.

Es sei hier keineswegs eine Einwirkung des Turgors auf das Wachsthum der Membran geleugnet, aber für das hier vorliegende Spitzenwachsthum genügt der Turgor und seine die Einlagerung beeinflussende Dehnung nicht; es müssen auf das Wachsthum noch andere Kräfte einwirken.

Dieselbe Forderung haben Sachs[1]) selbst und später Wortmann[2]) zur Erklärung der auf Wachsthum beruhenden Reizbewegungen einzelliger Organe gestellt. Wortmann findet diesen Factor in der Membran selbst und zwar in der ungleichen Dehnbarkeit der einzelnen Stellen der Membran. Diese verschiedenartige Dehnbarkeit der Membran wird nach Wortmann nicht hervorgerufen dadurch, dass vom Protoplasma unbekannte chemische Einflüsse auf die Membran ausgeübt werden, die diese dehnbarer machen, sondern durch vermehrte, beziehentlich verminderte Membranbildung, „durch Anlegung neuer Membranelemente nimmt der Querschnitt der ursprünglichen Membran zu und dementsprechend ihre Dehnbarkeit ab[3]).“

Wortmann schliesst sich in seinen Arbeiten völlig den Ansichten von Strasburger und Schmitz an, welche das Flächenwachsthum der Membranen nur als Dehnung der vom Plasma auf irgend eine Weise ausgeschiedenen oder angelegten Membranlamellen auffassen. Bevor wir in der Erörterung der vorliegenden Wachsthumserscheinungen weitergehen, ist es nöthig, diese Annahme von Strasburger und Schmitz einer Betrachtung zu unterziehen.

Die Frage nach dem Wachsthum der Membran ist in letzter Zeit so vielfach erörtert worden, dass ich, auf die Arbeiten von

---

1) Lehrbuch. IV. Aufl. p. 806 und Vorlesungen p. 830.

2) Zur Kenntniss der Reizbewegungen. Bot. Zeit. 1887. p. 788 ff.

3) Wortmann, Beiträge zur Physiologie des Wachsthums. Bot. Zeit. 1889. p. 231.

Klebs, Krabbe, Noll, Schmitz, Strasburger, Wortmann und Zacharias verweisend, mich hier kurz fassen kann.

Mit Krabbe sage auch ich: Eine wirkliche Theorie des Membranwachsthums existirt nicht. Man hatte Nägeli's Gründe für die Theorie über das Wachsthum der Stärkekörner auf eine solche für das Wachsthum der Membran übertragen, indem man als Hauptargument die Differenzirung der Schichten annahm; nun glaubte man, nachdem nachgewiesen war, dass die Schichtung der Membran, soweit selbige auf Lamellenbildung beruht, auch auf andere Weise, als Nägeli es angenommen hat, zu Stande kommen kann, dass damit auch die Thatsache des Wachsthums durch Intussusception widerlegt sei. Dass der Nachweiss der Schichtenbildung durch Apposition von neuen Lamellen auf ältere die Annahme eines Wachsthums durch Intussusception nicht ausschliesse, darauf hat schon Nägeli in den „Stärkekörnern“ hingewiesen: „Es liesse sich denken, dass jede Schicht durch Apposition entstehe, aber durch Intussusception in die Fläche und Dicke wachse[1]).“ Allerdings spricht Nägeli von Schichten verschiedener Qualität, während es sich hier um Lamellen etwa gleicher Beschaffenheit handeln würde. Sobald man aus der Thatsache der wiederholten Lamellenbildung auf ein Dickenwachsthum durch Apposition geschlossen hatte, galt es auch das Flächenwachsthum ohne Intussusception zu erklären. Dies geschah von Schmitz in der Abhandlung „Ueber Bildung und Wachsthum der pflanzlichen Zellmembran[2]).“

Wie aus den weiter unten anzuführenden Sätzen seiner Arbeit hervorgeht, hat Schmitz keineswegs geglaubt, nachgewiesen zu haben, dass in den von ihm beobachteten Fällen ein Wachsthum durch Intussusception ausgeschlossen sei; er beobachte vielmehr Lamellenbildung und ein Sprengen der älteren äussersten Membranlamellen und schloss aus diesen Thatsachen, dass die älteren Membranlamellen nur durch passive Dehnung in die Länge gestreckt würden, und dass deren actives Längenwachsthum erloschen sei. Schmitz sagt: „...in zahlreichen Fällen, die ich bisher beobachtet habe, währt die Flächenausdehnung dieser jüngsten Membranlamelle nur eine begrenzte Zeit, dann bildet sich der Protoplasmakörper

1) Stärkekörner. p. 286.

2) Verhandlungen des naturhistorischen Vereins der preuss. Rheinlande und Westfalens. Sitzungsberichte d. niederrh. Gesell. f. Nat.- u. Heilkunde. Bonn. 1880.

der wachsenden Zelle eine neue Membran, jene ältere Membranlamelle aber nimmt von nun an anscheinend nur durch passive Dehnung an Flächenausdehnung zu. Wie weit nun diese erstere Flächenausdehnung der innersten Membranlamelle auf activem Wachsthum beruht oder ebenfalls nur auf passive Dehnung zurückzuführen ist, das mag vorläufig dahingestellt bleiben. — In anderen Fällen länger ausdauernden Wachsthums der einzelnen Zelle war allerdings an der dünnen Zellwand eine Schichtenbildung bisher nicht nachzuweisen. Solche Fälle sprechen dann sehr für ein Flächenwachsthum mittels Intussusception. Allein die Annahme, dass hier die Schichtenbildung gleichwohl vorhanden und nur schwierig nachzuweisen sei, ist nicht mit genügender Sicherheit ausgeschlossen, sodass ich auch solche Fälle lieber vorläufig noch unentschieden lassen möchte[1]).“

Ferner, indem er das Spitzenwachsthum von Bornetia secundiflora bespricht, „... dabei ergab sich dann, dass hier an der fortwachsenden Spitze der Zelle wiederholt neue kappenförmige Membranlamellen vom Protoplasma ausgebildet werden. Diese setzen mit ihrem unteren verdünnten Ende an die jeweilig nächst ältere Lamelle an und verschmelzen hier fest mit derselben. An ihrem oberen Ende aber nimmt die jeweilig jüngste kuppenförmige Lamelle eine Zeit lang an Flächenausdehnung zu, bis abermals eine neue innerste Lamelle, die etwas weniger weit abwärts reicht, gebildet wird. Dann folgt die erstere nur noch durch passive Dehnung der Ausdehnung des fortwachsenden Zellendes und wird schliesslich infolge dieser passiven Dehnung oberhalb der Scheitelwölbung mit dem Complex der älteren kuppenförmigen Lamellen zu einer zusammenhängenden Schicht fest zusammengepresst... (ihren äusseren Lagen wohl auch zerrissen)...“.

„Es erfolgt somit in dem beschriebenen Falle von Bornetia das Spitzenwachsthum der Zellwand keineswegs durch einfache Intussusception, sondern in der Weise, dass an der fortwachsenden Spitze der Zelle fortgesetzt neue kappenförmige Membranlamellen ausgebildet werden, während die älteren Lamellen passiv gedehnt und oberhalb der Wölbung des fortwachsenden Scheitels zu einer zusammenhängenden Schicht verklebt werden. In den geschilderten

1) A. a. O. p. 256.

Fällen erfolgt somit das Wachsthum der Zellmembran in die Dicke und in die Fläche im Wesentlichen nicht mittels Intussusception, oder es geben doch wenigstens diese Fälle nirgends zwingenden Anlass zur Annahme eines derartigen Wachsthums. Diese Fälle sind aber noch keineswegs zahlreich genug, um über die Verbreitung des Wachsthums mittels Intussusception bei pflanzlichen Zellmembranen ein bestimmtes Urtheil abzugeben. — Jedenfalls aber zeigen sie, dass die bisher herrschende Lehre, welche alle Veränderungen der Zellmembran auf ein solches Wachsthum mittels Intussusception und nachträgliche innere Differenzirung zurückzuführen sucht, für viele Fälle der Einschränkung und der Abänderung bedarf..."[1]).

Wie aus vorstehendem erhellt, giebt Schmitz keine Erklärung, wie die „Flächenausdehnung" der neuen Lamelle geschieht; und dort, wo er überhaupt keine Schichtenbildung nachweisen kann, sollen solche Fälle sehr für ein Wachsthum mittels Intussusception sprechen.

Strasburger schloss sich dieser Auffassung von Schmitz an, nahm aber, gestützt auf seine Untersuchungen über das Dickenwachsthum der Membran, an, dass auch das Flächenwachsthum nur ohne Intussusception geschehen kann. Nach Strasburger kommt Dickenwachsthum der Membran nur durch Apposition neuer Lamellen auf die älteren zu stande; und diese neuen Lamellen entstehen, indem sich das Protoplasma direct in Cellulose-Lamellen verwandelt. Da es ihm a priori unwahrscheinlich erschien, dass Flächenwachsthum so ganz anders als Dickenwachsthum stattfände, übertrug er seine Erfahrungen über Dickenwachsthum auf das Flächenwachsthum uud liess letzteres, gestützt auf die Beobachtungen von Schmitz, nur durch Dehnung neugebildeter Lamellen oder Kappen zu stande kommen. Die Hauptstütze für diese Ansichten von Schmitz und Strasburger über das Flächenwachsthum bildet, wie aus obigem erhellt, die Beobachtung des Spitzenwachsthums der Alge Bornetia secundiflora: Die Neubildung von kappenförmigen Membranlamellen, welche direct aus dem Plasma abgeschieden werden und die älteren Membranlamellen vom Protoplasma abschliessen, passiv dehnen und schliesslich zersprengen. Wird wirklich die ältere Membran passiv gedehnt, woran in Fällen, in welchen schliesslich ein Zersprengen der Membran erfolgt, nicht zu zweifeln ist, so ist aus dieser passiven

1) A. a. O. p. 257 u. 258.

Dehnung dennoch kein Schluss zu machen auf das Wachsthum der diese Dehnung verursachenden oder vermittelnden jüngsten Membranlamelle.

Die Neubildung der Membranlamellen ist in jüngster Zeit nach einer sinnreichen Methode von Noll[1]) direct nachgewiesen und durch Färbungen sichtbar gemacht worden. Leider fehlen bei Noll Angaben über die Grösse der Zuwachse, und auch hinsichtlich der Zeitdauer derselben ist man auf einige gelegentliche Bemerkungen angewiesen, aus welchen hervorgeht, dass die Versuche je etwa 2—4 Wochen dauerten. Aus den Zeichnungen zu schliessen, sind die Zuwachse in dieser Zeit relativ geringe gewesen. Von einer nothwendig sehr grossen, fast unbegrenzten Dehnbarkeit der älteren Membranlamellen kann nicht die Rede sein; nach den Zeichnungen und der klaren Schilderung von Noll sind die Membranen nach einer mässigen, jedenfalls nicht bedeutenden Dehnung gesprengt. Unzweideutig geht aus den Noll'schen Untersuchungen hervor, dass bei Caulerpa, Derbesia und Bryopsis reichliche Lamellenbildung stattfindet, dass die Dicke der Membran dieser Algen eine ziemlich bedeutende ist, und dass die älteren Membranlamellen auf ein gewisses Maass gedehnt und in vielen (allen?) Fällen an der Spitze gesprengt werden. Ueber die Art des Wachsthums der jüngsten Lamelle geben auch sie keinen Aufschluss.

Aus der Thatsache, dass bei seinen Tinctionsversuchen an lebenden Algen die Grenze zwischen gefärbter und ungefärbter Substanz haarscharf gezogen war, zieht Noll den Schluss, dass das spätere Wachsthum nicht durch „gleichmässig vertheilte Intussusception“ vor sich gegangen sein kann. Gewiss sind in die älteren Lamellen keine kleinsten Theilchen mehr durch ein Intussusceptionswachsthum eingelagert worden; sie sind vielmehr passiv gedehnt, schollenartig gesprengt worden. Ueber die Grösse dieser passiven Dehnung der älteren Membranlamellen wage ich aus den Angaben von Noll keine bindenden Schlüsse zu ziehen, doch scheint mir die Thatsache der häufigen Lamellenbildung bei relativ geringem Längenwachsthum und dies schollenartige Sprengen keine grosse, geschweige denn eine fast unbegrenzte Dehnbarkeit zu fordern. Bestärkt werde ich in dieser Annahme durch die Abbildung, welche Strasburger[2]) von Bornetia secundiflora nach Schmitz giebt. Hier werden La-

1) Experimentelle Untersuchungen über das Wachsthum der Zellmembran.

2) Ueber den Bau u. das Wachsthum der Zellhäute. Jena 1882. Taf. IV. Fig. 55.

mellen, welche in der Entfernung von zwei Querdurchmessern von der Spitze aus angelegt waren, ziemlich schnell nach aussen gedrängt und erreichen die Oberfläche in einer Entfernung von der Spitze, welche etwa gleich dem Querdurchmesser ist. Jede dieser zwischen den älteren gesprengten und der jüngsten Lamelle liegenden Membranlamellen hat also etwa die Länge eines Querdurchmessers, sie kann daher, nachdem sie durch die Anlage der nächst jüngeren Lamelle vom Protoplasma abgeschlossen war, nur um ein weniges passiv gedehnt sein. Ob in Wirklichkeit die Lamellen immer so steil nach aussen gedrängt werden, können wir aus Mangel an eigenen Untersuchungen nicht entscheiden.

Ein actives, auf Intussusception beruhendes Wachsthum können hiernach die äusseren Lamellen nicht haben, sie werden vielmehr von der bestimmt gestalteten „untergelagerten" jüngsten Lamelle passiv gedehnt und gesprengt unter Mitwirkung des Turgors. Wie aber diese jüngste Lamelle wächst und sich gestaltet, erklären die Experimente von Noll nicht.

Dieser Annahme des Flächenwachsthums durch Dehnung neugebildeter Lamellen stehen dieselben Bedenken entgegen, welche seiner Zeit Nägeli bestimmten, seine Theorie des Wachsthums der Stärkekörner nicht unbedingt auf das Wachsthum der Membran zu übertragen. Nägeli führt in den „Stärkekörnern" aus: „Der Druck des Inhalts auf die Wandung muss ein hydrostatischer sein, da die Zellflüssigkeit blos von dem weichen, halbflüssigen Primordialschlauch und von noch weicherem Protoplasma umschlossen ist. Alle Stellen der Membran erfahren daher eine gleiche Pressung, und die frei im Wasser oder in der Luft befindliche Zelle muss beim Wachsthum immer das Bestreben zeigen, sich der Kugelform zu nähern. Wenn die Membran blos durch Apposition wächst, so kann die Ursache, warum sich die freien Zellen zu anderen als sphärischen Gestalten ausbilden, einzig und allein in dem ungleichen Widerstand der Membrantheile überhaupt oder in bestimmter Richtung liegen" [1]).

Da die äusseren alten Membranlamellen gedehnt werden, so können dieselben die Dehnung der jüngsten Lamelle wohl etwas beeinflussen, aber nicht in dem Maasse, wie etwa ein mehr oder weniger starrer Hohlcylinder es thun würde; auch für diese Zellen gilt also obige Forderung Nägeli's für das Wachsthum durch Appo-

1) A. a. O. p. 279.

sitiou und Dehnung; sie müssen sich zu sphäroidischen Gestalten ausbilden, es sei denn der Unterschied der Cohäsion der Membrantheilchen nach verschiedener Richtung ein sehr grosser; die Verschiebbarkeit der Membrantheilchen in der Längsrichtung des Cylinders müsste eine sehr grosse sein und die in der Querrichtung eine geringe. Eine so grosse Ungleichheit in der Dehnbarkeit der Membran nach verschiedener Richtung hat sich bis jetzt durch keinen Versuch nachweisen lassen, nicht einmal lässt sie sich durch theoretische Erwägungen wahrscheinlich machen.

Noll[1]) hat plasmolytische Versuche mit einzelligen, durch Reiz gekrümmten Organen, wie Nitella und Phycomyces, angestellt; dieselben zeigten, dass die convexe Seite der Membran stärker gedehnt war als die concave. Messungen über die Grösse der Contraction in der Längsrichtung sind nicht angegeben, ebensowenig solche über eine etwaige Contraction in der Querrichtung, obgleich auch diese letztere vorhanden gewesen sein wird. Genaue Messungen gerade der letzteren bieten grosse Schwierigkeiten, und doch würde ihre Kenntniss unerlässlich sein, um einen Schluss auf die Grösse der Dehnbarkeit der Membran nach verschiedenen Richtungen ziehen zu können. Lassen somit diese Versuche auch keinen Schluss zu auf eine Ungleichheit der Dehnbarkeit der Membran nach verschiedener Richtung, so erweisen sie doch unwiderleglich eine grössere Dehnbarkeit der Membran der convexen Seite. Allerdings verlangt das gleichzeitige Vorhandensein grösserer Dehnbarkeit und ausgiebigeren Wachsthums einer Membran noch nicht die causale Abhängigkeit des einen vom anderen; jedenfalls könnte grössere Dehnbarkeit eben so gut die Folge lebhafteren Wachsthums, als lebhafteres Wachsthum die Folge grösserer Dehnbarkeit sein[2]).

---

1) Beitrag zur Kenntniss der physikalischen Vorgänge, welche den Reizkrümmungen zu Grunde liegen. Arb. d bot. Inst. i. Würzburg. Bd. III.

2) Die erwähnten Versuche, durch welche Noll eine grössere Dehnung der stärker wachsenden, convexen Seite gegenüber der concaven Seite nachwies, sind in folgender Weise angestellt:

Noll liess auf lebhaft wachsende Internodien von Nitella und auf Phycomyces-Fruchtträger einen heliotropischen oder geotropischen Reiz einwirken. Sobald die Reizwirkung sich durch eine Krümmung bemerkbar gemacht hatte, wurden die Objecte in eine Salzlösung gelegt, welche Plasmolyse verursachte. Noll beobachtete nun in den meisten Fällen, dass zunächst die Krümmung sich verstärkte uud erst spater zurückging, und zwar wurde die Krümmung flacher, als sie

Hinsichtlich der älteren Versuche genüge es auf Nägeli, „Stärkekörner“ S. 279 und 280 und auf Sachs, „Experimental-Physiologie“ S. 435 zu verweisen.

Unterschiede in der Dehnbarkeit der Membran nach verschiedener Richtung sind bisher also nicht nachgewiesen. Die An-

---

beim Einlegen des Objectes in die Salzlösung gewesen war. Aus dieser letzteren Thatsache ist mit Recht auf eine grössere Dehnbarkeit der convexen Seite geschlossen worden.

In dem Zunehmen der Krümmung bei Beginn der Plasmolyse findet Noll eine Stütze für die oben des weiteren erörterte Annahme, dass Wachsthum durch Dehnung der Membran zu stande komme; indem er weiter folgert, die Dehnbarkeit der convexen Seite nehme zu, die der concaven Seite ab; oder positiv ausgedrückt, wie Noll es a. a. O. thut, die Contractionskraft der concaven Seite müsse stärker, die der convexen Seite müsse geringer werden, dies geschehe noch beim Eintritt der Plasmolyse, und daher werde die Krümmung verstärkt. Der von Noll auf Seite 517 gegebenen Erklärung dieser Zunahme der Krümmung kann ich nicht zustimmen, nach derselben soll die concave Seite bei Aufhebung des Turgors sich mit mehr Krafteinheiten verkürzen als die convexe. Die beiden Seiten werden von demselben hydrostatischen Drucke gedehnt, die eine allerdings starker als die andere, weil die Eigenschaften der Membran hinsichtlich der Dehnbarkeit verschieden sind; aber der auf beide Seiten ausgeubte Zug ist derselbe. Bei dem Aufheben dieses Druckes ziehen sich die beiden Seiten daher auch mit gleicher Kraft zusammen, wie es Noll selbst auf Seite 522 ganz richtig angiebt; die stärker gedehnte nur um eine grössere Strecke. Es verkürzt sich also nicht die eine mit mehr Krafteinheiten als die andere, sondern beide mit gleicher Kraft, und die Krümmung muss entsprechend der Abnahme des Turgors zurückgehen.

Mit diesem rein mechanischen Vorgange hat die beobachtete Zunahme der Krümmung beim Eintreten der Plasmolyse nichts zu thun.

Welches der Grund dieser Erscheinung ist, kann hier um so weniger discutirt werden, als eigene Beobachtungen von mir nicht angestellt sind; nur folgende Erwägung sei noch gestattet anzuführen. Noll scheint eine weitere Aenderung in den Eigenschaften der beiden Membranhälften, wie sie durch die Einwirkung des Reizes verursacht ist, auch noch bei und nach dem Eintritt der Plasmolyse anzunehmen, etwa in Folge einer Nachwirkung, das wäre denkbar, doch lässt diese Erscheinung auch andere Deutungen zu. So könnte z. B. die Salzlösung, die doch zunächst durch die Membran wandern muss, bevor sie auf den Inhalt wirken kann, die Membran selbst in der Art verändern, dass eine solche Verstärkung der Krümmung einträte.

Eine befriedigende Erklärung dieser Zunahme der Krümmung bei Eintritt der Plasmolyse ist nicht gegeben. Für die Annahme, dass Flächenwachsthum auf Dehnung beruhe, und dass die Reizkrümmungen dadurch zu stande kämen, dass die convexe Seite zunächst dehnbarer gemacht würde und erst dadurch befähigt wäre, ausgiebiger zu wachsen als die concave Seite, bieten somit diese Beobachtungen keine neuen Anhaltspunkte.

nahme eines Flächenwachsthums durch Dehnung muss aber solche Unterschiede voraussetzen, und zwar, wie oben ausgeführt, grosse Unterschiede; während die Annahme eines Wachsthums durch Intussusception diese Unterschiede nicht verlangt, denn die „Intussusception wird durch Molecularkräfte geschehen“[1]); die Consequenzen des verminderten Zusammenhanges der Molecüle in gewisser Richtung sind bei der Intussusceptionstheorie nicht die nämlichen wie bei der Appositionstheorie. „Bei der letzteren muss die Ungleichheit der Cohäsion zwischen Längs- und Querrichtung sehr ungleich sein, weil in jener Richtung die Membranschichten entweder aus einander gezogen oder zerrissen werden. Für die Theorie der Intussusception genügt eine unendlich geringe Verminderung der Cohäsion in der Längsrichtung. Dieselbe veranlasst eine unendlich geringe Einlagerung, wodurch momentan das Gleichgewicht sich herstellt, das aber im nächsten Augenblick wieder gestört wird; darauf findet eine neue Einlagerung statt u. s. f.“[2]).

Während in seiner letzten Abhandlung[3]) Strasburger für viele Fälle ein Dickenwachsthum durch Intussusception zugiebt, hält er für die von Schmitz und Noll untersuchten Fälle hinsichtlich des Flächenwachsthums an seiner alten Ansicht fest. Strasburger's Ausführungen mögen hier folgen: „Im Anschluss an Schmitz (Stzber. d. niederrrh. Gesell. f. Natur- und Heilkunde in Bonn, 6. Dec. 1880. Sep.-Abdr. p. 8) war ich (Zellhautbuch p. 189) bereits zu dem Resultate gelangt, dass beim Scheitelwachsthum bestimmter Algen die Membranlamellen an den Vegetationspunkten fortdauernd gedehnt und gesprengt werden, während in dem gleichen Maasse neue Membrankappen von innen aus der Scheitelwölbung apponirt werden. Noll erweiterte diese Angaben und begründete dieselben auf experimentellem Wege (l. c. p. 121, 132, 152 u. a. m.). Es geschah dies vornehmlich bei Caulerpa ..... — Nach diesen Erfahrungen findet somit ein Spitzenwachsthum älterer Membramlamellen durch Intussusception an den untersuchten Objecten nicht statt.“

„Ob aber alles Flächenwachsthum auf Dehnung, respective Sprengung älterer und Bildung neuer Membranlamellen beruht, muss

1) Nägeli, Stärkekörner. p. 281.

2) Stärkekörner. p. 281.

3) Histologische Beiträge. Heft II. Ueber das Wachsthum vegetabilischer Zellhäute. Jena 1889.

zunächst noch dahingestellt bleiben. Ist constatirt, dass Membranen durch Einwanderung neuer Substanzen wachsen können, ist es wahrscheinlich gemacht, dass locale Erweiterungen und Faltenbildungen bei manchen Zellhäuten auf ähnlichen Ursachen beruhen, so brauchen derartige Vorgänge auch von denjenigen Wachsthumsvorgängen der Membranen, welche mit der Längenzunahme der Zellen verbunden sind, nicht ausgeschlossen zu sein. Bemerkt muss aber werden, dass augenblicklich die Sache so steht, dass bei ergiebigem Flächenwachsthum der Membranen für bestimmte Fälle eine Dehnung und Sprengung der vorhandenen und die Apposition neugebildeter Membranlamellen sicher gestellt ist, während der Nachweis eines ergiebigen Flächenwachsthums durch Einschaltung neuer Substanztheile in schon vorhandene Lamellen noch zu führen ist." [1])

Die Bedenken gegen die hier gemachte Folgerung aus dem Nachweis der Neubildung und Apposition neuer Lamellen auf ein Flächenwachsthum durch Dehnung haben wir oben ausgeführt. Aus den weiteren Ausführungen wird hervorgehen, wie weit die hier an den Pilzhyphen beobachteten Thatsachen gegen die Annahme eines Wachsthums durch Dehnung und für eine solche durch Intussusception sprechen. Da es sich hierbei um molekulare Einlagerungen handelt, so können diese natürlich nicht selbst Gegenstand der directen Beobachtung sein; selbige müssen aus den der Beobachtung zugänglichen Thatsachen erschlossen werden.

Für die uns vorliegenden Objecte, Hyphen der Peziza, bei denen an der Spitze eine Lamellenbildung nirgends nachweisbar war, auch bei der Zartheit und geringen Dicke der Membran nicht einmal wahrscheinlich ist, welche ausserdem ein so ausgiebiges und schnelles Längenwachsthum besitzen, wie oben [2]) beschrieben ist, kämen wir zu der Forderung einer nicht nur annähernd, sondern ganz und gar unbegrenzten Dehnbarkeit. Und ferner verlangt die Deutung aller jener Formänderungen die willkürlichste Annahme von Verschiedenheit und Wechsel der Cohäsion nicht nur hinsichtlich der Längs- und Querrichtung, sondern auch nach jeder beliebigen Richtung. — Bei der Annahme eines Wachsthums durch Intussusception genügt der geringste Anstoss eine andersartige Einlagerung zu ermöglichen

---

1) L. c. p. 166 u. 167.

2) Siehe S. 489 u. 495.

und jene von Nägeli a. a. O. geschilderte Wechselwirkung zwischen gestörtem und wiederhergestelltem Gleichgewicht hervorzurufen, um auch die bizarresten Wuchsformen zu erklären.

Betrachten wir nun, wie nach der Intussusceptionstheorie das Spitzenwachtsthum zu geschehen hat. Nehmen wir also den Fall an, dass die Spitze eine Halbkugel bilde, welche durch die paraboloidische in die Cylinderform übergehe. Eine solche Spitze ist in Fig. 1 im Längsschnitt dargestellt. Wie oben ausgeführt, sieht man die Spitze in immer gleichbleibender Form längere Zeit eine grosse Strecke fortwachsen. Wäre man nicht gezwungen, aus Wuchsformen mit sich ändernden Umrissen auf ein actives Wachsthum der Spitze zu schliessen, dies regelmässige Wachsthum böte keinen Anhaltpunkt dazu. Scheinbar passiv scheint die Spitze schnell durch das Gesichtsfeld des Mikroskops geschoben zu werden. Soll so immer dieselbe Form der Spitze beibehalten werden, so kann dies nur geschehen, indem die einzelnen Theilchen der Kuppe in gesetzmässiger Regel nach aussen geschoben werden, bis sie ihre endgültige Lage im Cylindermantel erreicht haben. Dies geschieht durch Einlagerung neuer Theilchen zwischen die vorhandenen; ohne weiteres leuchtet ein, dass diese Einlagerung nahe der Längsaxe am ausgiebigsten sein und nach dem Rande zu allmählich abnehmen muss, um im Cylindermantel ganz zu erlöschen. Die Verschiebung kleinster Theilchen geschieht, oder muss vielmehr geschehen, sobald dieselbe Form beibehalten werden soll, in orthogonal-trajectorischen Curven, wie Schwendener zuerst in seinen „Untersuchungen über den Flechtenthallus“ [1]) gezeigt und später des weiteren entwickelt hat.[2])

Die Figuren 1, 2 und 3 stellen diese orthogonalen Trajectorien in medianen Längsschnitten wachsender Spitzen dar; sie zeigen zugleich die bedeutende Zunahme des Wachsthums nach der Axe der Spitze zu, da dieses in dem Maasse zunimmt, wie die von den Trajectorien bewirkten Abschnitte, auf der Umrisslinie, nach der Axe zu, grösser werden. Bei nicht lebhaft wachsenden Hyphen ist die Spitze halbkugelig und stellt sich im medianen Längsschnitt als Halbkreis dar; für diesen Fall würde Fig. 1 zugleich die

1) Beiträge zur wissenschaftlichen Botanik von Carl Nägeli. Heft 2. 1860.

2) Schwendener. Ueber die durch Wachsthum bedingte Verschiebung kleinster Theilchen in trajectorischen Curven. Sitzungsber. der Königl. Preuss. Acad. d. Wissensch. Berlin 1880.

Zuwachse in den einzelnen Regionen und ihre Verhältnisse zu einander veranschaulichen. Lebhaft wachsende Hyphen spitzen sich mehr und mehr zu; die sich ergebende paraboloidische Form hat am meisten Aehnlichkeit mit der spitzen Kappe eines Ellipsoids, wie es entstehen würde durch Rotation um die längere Axe von Ellipsen, wie sie in Fig. 2 und 3 dargestellt sind. Fig. 3 zeigt den Fall des ausgiebigsten Wachsthums. Die Durchmesser der beiden Ellipsen sind in ihrem Verhältniss, Fig. 2, wie 2 : 3, Fig. 3, wie 2 : 4 angenommen (eine gleichmässige Steigerung, für den Kreis, Fig. 1, 2 : 2). Aus den Figuren erhellt sofort, wie das Wachsthum nach der Axe zunimmt.[1]) Sie zeigen zugleich, wie mit dem lebhafteren Wachsthum, einer grösseren Einlagerung an der Spitze eine Formveränderung verbunden sein muss, wie hiermit der Krümmungsradius der Kuppe kleiner und kleiner wird. Mit der Abnahme des Krümmungsradius nimmt auch die Tangentialspannung in den be-

1) Zum Zwecke der Flächenberechnung der Zuwachse in den einzelnen Regionen sind die Orthogonaltrajectorien, ähnlich wie in den Figuren 1—3, für einen Längenzuwachs im Betrage des Durchmessers in vergrössertem Maassstabe gezeichnet worden, indem die Verschiebung der Punkte a. b. c. d. . . ., die einen gleichen Abstand von einander auf der untersten Curve in allen 3 Figuren haben, von Hulfscurve zu Hulfscurve construirt wurde. Die Strecken, welche auf der obersten Curve von den einzelnen Trajectorien abgeschnitten werden, veranschaulichen, wie schon bemerkt, den Wachsthumsantheil, welchen die betreffenden Regionen am Zuwachs gehabt haben.

Berechnet man die Oberflächen der so abgeschnittenen Kugel- und Ellipsen-Calotten, beziehentlich Zonen und vergleicht die betreffenden Flächenstücke der untersten mit den entsprechenden der obersten Curve, so ergiebt sich fur die vier der Axe nächsten Abschnitte, dass bei der

	Kugel	Ellipse I (2 : 3)	Ellipse II (1 : 2)
die Calotte	um das 44 fache,	104 fache,	133 fache
Zone I	„ „ 30 „	28 „	23 „
„ II	„ „ 12 „	9 „	8 „
„ III	„ „ 5 „	5 „	5 „

zugenommen hat.

Die der Axe am nächsten liegende Region, die Calotte, steigt hinsichtlich der Zunahme am Wachsthumsantheil beim Uebergang zur Ellipse und zur weiteren Zuspitzung vom 44fachen zum 104 und 133fachen. In der nächsten Zone nimmt umgekehrt die Zunahme ab, da sich hier bei den Ellipsen die Form dem Cylinder schon mehr nähert als bei der Kugel in der entsprechenden Zone. Bei den von uns gewählten Abständen ist der Unterschied schon in der vierten Region fast verschwunden, er beträgt bei allen annähernd noch das 5fache.

treffenden Partien ab; es findet gerade das Gegentheil von dem statt, was die Dehnungstheorie verlangt. Wollte man dasselbe Wachsthum durch Dehnung erklären, so müsste man bei der bis auf die doppelte Kraft nach rückwärts zunehmenden Tangentialspannung annehmen, dass die Membran in demselben Sinne und Maasse widerstandsfähiger würde; was geschehen könnte durch Aenderung der Qualität der Molecüle in diesem Sinne, oder, bei gleichbleibender Eigenschaft der letzteren, durch Verdickung der Membran auf die doppelte Stärke. Von letzterem ist nichts wahrnehmbar; gegen beide Annahmen spricht aber, dass das Sprengen der Hyphen ausnahmslos an diesen Stellen grösster Tangentialspannung stattfindet,[1]) während es doch bei lebhaft wachsenden Hyphen an den Stellen der grössten Dehnung, Wachsthum durch Dehnung auf Grund hydrostatischen Druckes vorausgesetzt, also an der Kuppe, sogar direct an der Spitze, hätte geschehen müssen. Niemals geht diesem Sprengen eine nach aussen sichtbare Dehnung, etwa tonnenförmige Gestaltung vorauf; man sieht das Längenwachsthum der Hyphe erlöschen, ohne dass eine andere Gestaltänderung einträte als das geschilderte Abrunden zur Halbkugel, dann quillt plötzlich ein grosser Theil des Inhalts an der betreffenden Stelle, wo die Halbkugel in die Cylinderfläche übergeht, hervor. Denken wir uns, nicht durch Dehnung der auf irgend eine Weise gebildeten Membranlamelle, sondern durch eine Wechselwirkung zwischen Membran und Plasma, das Flächenwachsthum zustandegekommen, auf dem Wege der Intussusception, so ist das Sprengen der jungen Membran an der Stelle grösster Spannung natürlich, sobald ein Ueberdruck in der Zelle vorhanden ist, dem diese nicht durch Wachsthum nachgeben kann.

Es ist oben ausgeführt, wie alle Störungen, welche nicht ein Zersprengen der Hyphen verursachten, sich durch Wachsthumsstillstand oder durch abnorme Formbildungen bemerkbar machten. Betrachten wir diese Erscheinungen von beiden Standpunkten. Nach der Intussusceptionstheorie bietet die Annahme keine Schwierigkeiten, dass mit Verlangsamung des Wachsthums, d. h. unter Umständen, in denen das Plasma weniger günstig lebt als vorher, auch die Einlagerung kleinster Theilchen in die Membran eine weniger ausgiebige sein wird. Sehen wir Fig. 1 und 3 hierauf an, so leuchtet ohne

1) Vergl. Fig. 26, 27 u. 28

weiteres ein, dass diese Kürzung der Einlagerung vor allem die Membrantheile treffen muss, welche bis dahin ein Maximum der Einlagerung erfuhren, also die in der Nähe der Axe liegenden. Hiermit würde der Rückgang aus der gestreckt ellipsoidischen in die halbkugelige Form der Spitze bei Verlangsamung des Wachsthums erklärt sein. Werden wiederum unter günstigeren Bedingungen, also bei schnellerem Wachsthum der Hyphen, reichlichere Einlagerungen bewirkt, so kommen diese denselben, den der Axe nahen Theilen in reicherem Maasse zu, und die halbkugelige Form geht wiederum in die gestreckt ellipsoidische über.

Dauert der Einfluss der Störung fort, nachdem die Spitze die halbkugelige Form angenommen hat, so haben wir drei Fälle zu unterscheiden:

1. Die Hyphe behält diese Form, d. h. die Spitze bleibt halbkugelig, ein Wachsthum der Membran findet vorläufig nicht statt; und ist somit in diesem Falle auch nichts zu erklären.

2. Die Spitze schwillt kugelig an. Unsere Forderung der Einlagerung kleinster Theilchen in der Weise, dass ein Verschieben der einzelnen Membrantheilchen in orthogonalen Trajectorien erfolge, leiteten wir aus der Thatsache der unter gleichen äusseren Bedingungen immer gleichbleibenden Form der wachsenden Hyphenspitze ab. Mit Aenderung der Form muss auch eine solche des Einlagerungsmodus eintreten. Was beide Aenderungen bewirkt, muss nach dem Stande unseres Wissens unerörtert bleiben; es ist uns so unerklärlich, wie überhaupt die Kraft und das Gesetz, welches lebenden Dingen Form und Gestalt giebt, so weit diese nicht durch statische Momente bedingt sind. — Fällt in diesem Falle, wegen Hemmung des Längenwachsthums, also des weiteren Vordringens der Hyphe im Substrat, auch die Nothwendigkeit des Beibehaltens der von der Natur des Pilzes bedingten Form der Hyphe fort, so kann auch die Einlagerung an allen wachsthumsfähigen Theilen gleichmässig geschehen, und es muss sich dann die Hyphenspitze zur Kugel gestalten; diese kann bei längerer Hemmung des Längenwachsthums, ohne dass die Störung so weit geht, dass auch die Thätigkeit des Plasmas stillsteht, eine Grösse erreichen, dass ihr Durchmesser den des angrenzenden cylindrischen Theiles der Hyphe um mehr als das Doppelte übertrifft. Gewöhnlich kommt es bei diesen leichten Störungen nicht soweit; eine geringe Anschwellung zur

Kugel findet statt, dann tritt wieder Längenwachsthum ein unter ähnlichen Bedingungen, wie vor der Störung, und wie früher wird das Wachsthum der der Axe nahen Theile entsprechend gefördert. Die Hyphe erhält dadurch zunächst die schlangenkopfartige Form (Fig. 7) und wächst dann in der normalen Gestalt weiter (Fig. 8).

3. Die Störung dauert an, wie es bei vermehrter schädlicher Absonderung der Fall ist, ihre Einwirkung nimmt zu und schreitet allmählich vor. Die Spitze und der vordere Theil des Plasmas werden zuerst getroffen, und während das Wachsthum der Membran an der Spitze beim Anschwellen zur Kugel noch gleichen Schritt hielt mit den hinter ihr liegenden Membranpartien, so erlischt jetzt ihr Wachsthum zuerst, dasjenige der hinteren Partien dauert noch ein wenig an, die Spitze muss sich abplatten, und die am weitesten zurückliegenden Theile können sie sogar ringwallartig überwachsen, wie es oben geschildert ist. Kann sich die Hyphe, oft erst nach längerer Zeit, den neuen Verhältnissen völlig anpassen, so wachsen aus dem Ringwall die oben als Quirläste bezeichneten neuen Hyphen hervor[1]). Aus Theilen der Anschwellung also, die bis zuletzt wachsthumsfähig geblieben waren, entstehen bei völliger Anpassung normale Hyphen. Bei weiter anhaltenden und schädlichen Störungen sprossen auch neue Hyphen hervor, diese sind aber dünner, auch wachsen dann oft weiter zurückliegende Membranpartien, wo das Wachsthum schon länger erloschen war, ebenfalls zu dünneren Nebenästen aus[2]), schliesslich treten noch andere oben beschriebene Unregelmässigkeiten und Abweichungen vom normalen Wachsthum auf. Aber alle diese Neubildungen zeigen beim Entstehen den normalen Hyphen ähnliche Form; und so lange das Längenwachsthum anhält, oft nur sehr geringe Zeit, ist selbst in ganz kurzen Aesten die charakteristische Spitze deutlich kenntlich, wie sie nur ein nach der Axe zu progressiv fortschreitendes Wachsthum erzeugen kann; erst nachträglich runden sich diese kurzen Neubildungen kugelig ab. Man vergleiche Fig. 31 und 32. Die kurzen Nebenäste zeigen die zugespitzte Form und nicht eine kugelige, wie sie durch passive Dehnung gewisser umschriebener Membranpartien in solchen Fällen zu Stande kommen müsste.

---

1) Vergl. Fig. 5 u. 6, 10—12.

2) Vergl. Fig. 12, 17—20.

Wie erklären sich nun diese Erscheinungen, unter der Annahme, dass das Flächenwachsthum durch passive Dehnung der auf irgend eine Weise gebildeten Membran zu Stande komme? Wie oben ausgeführt, müsste man in den wachsenden Theilen den einzelnen Molecülen, dem gleichen Drucke gegenüber, stets wechselnde und zwar nach den verschiedenen Richtungen hin zudem in verschiedenartiger Weise sich ändernde Cohäsion geben. Nähme man nun für das regelmässige Wachsthum eine sich stetig ändernde, von der Natur gegebene Eigenschaft der Membranmolecüle an, derart, dass schliesslich immer nach bestimmter Zeit aus der wachsenden Spitze die Cylinderform resultiren muss, indem die Dehnbarkeit und mit ihr das Wachsthum in der so postulirten, gesetzmässigen Weise sich ändert und allmählich erlischt. Wie soll sich dann diese so postulirte Eigenschaft der Membranmolecüle ändern bei den Störungen? Soll die Membran selbst den Reiz empfinden und dementsprechend ihre Eigenschaften ändern, oder soll das Plasma zuerst den Reiz empfangen und dann die Eigenschaften der Membran umgestalten? Im ersten Falle würde die Membran ihrer passiven Rolle, nur Dehnungsobject des Turgors zu sein, entkleidet; legt man einmal die die Cohäsion der Molecüle ändernde Kraft in die Membran selbst, weshalb soll sie dann nicht bis zur Einlagerung neuer gleichartiger Molecüle zwischen die alten führen? Ausgeschieden müssen solche gleichartigen Molecüle vom Plasma werden, denn sonst wäre auch eine Neubildung der Lamellen nicht möglich, obgleich wir über das „Wie“ noch nichts wissen[1]).

Im anderen Falle, dass also das Plasma den Reiz empfange und die Eigenschaften der Membran verändere, müsste das Plasma die Macht haben, die kleinsten Membrantheilchen in der Weise zu beeinflussen, dass es denselben Molecülen bald geringere, bald grössere und darauf wieder geringere Cohäsion nach bestimmten Richtungen verleihen könnte. Nehmen wir z. B. den Fall: Die Spitze schwillt zur Kugel an. Bei gleichbleibender Form nimmt die Cohäsion zwischen den Molecülen, in Richtung des Umfanges, nach dem cylindrischen Theile allmählich zu. Sie muss, wie oben ausgeführt, die Spitze als Halbkugel gedacht, an der Spitze nur halb so gross sein als dort, wo die Kuppe in den Cylinder übergeht, im para-

---

1) Vergl. Zacharias. Ueber Entstehen und Wachsthum der Zellhaut. a) Berichte der D. bot. Gesellsch. 1888. b) Jahrbücher f. wiss. Bot. 1889.

boloidischen Theile nach rückwärts allmählich zunehmen, und im Cylinder also doppelt so gross sein als in der Halbkugel, um nur Gleichgewicht dem hydrostatischen Drucke gegenüber zu halten. Um das Abnehmen und schliessliche Erlöschen der Dehnung nach hinten zu, beim regelmässigen Wachsthum, zu ermöglichen, werden noch grössere Unterschiede gefordert. Und diese Unterschiede müssten verschwinden, um die Gestaltung zur Kugel, und deren Anschwellen bis zur Grösse vom doppelten Durchmesser, zu ermöglichen. Wächst diese Kugel dann wieder zur normalen Hyphe aus, so müssen an denselben Molecülcomplexen wieder den alten ähnliche Unterschiede in der Cohäsion auftreten. Solche Wandlungen spielen sich unter dem Auge des Beobachters in Minuten ab. Einzelne Membrantheile würden so garnicht, andere um das doppelte, vierfache und noch mehr gedehnt werden müssen, ohne dass ein Unterschied in der Dicke der Membran sichtbar wird.

Ein weiteres Beispiel: Jene älteren Membranpartien, die Stellen hinter der Spitze, welche zu Seitenzweigen auswachsen, zeigen immer die eigenthümlich zugespitzte Form, auch bei beschränktem Wachsthum (vergl. Fig. 31 u. 32). So auswachsende Theile sind in der Gestalt einander gleich, ob sie so reihenartig an der jungen Hyphe entstehen, wie Fig. 31 u. 32 zeigt, oder ob ältere Hyphen mit messbar verdickter Membran auswachsen, wie bei der Anastomosenbildung oder auf Reize verschiedener Art. Nehmen wir mit Noll[1]) eine chemische Einwirkung auf die Membran an, welche sie in gewisser Weise verändere, so dass sie sich an diesen Stellen anders verhält als an den benachbarten nicht auswachsenden; und für eine solche Einwirkung spricht das gänzliche Verschwinden der Membran an den Spitzen zweier, bei der Anastomose verschmelzender Hyphen[2]). Das Auflösen der Membrantheile ist als chemische Einwirkung wohl verständlich; auch wäre es möglich, dass ein Theil der dickeren Membran, vielleicht der innere, gelöst würde; wie aber soll die chemische Kraft beschaffen sein, welche die Cohäsion unter den, nach der etwaigen Lösung, noch übrig bleibenden Membrantheilchen so beeinflusst, dass sie unter einem gleichartig wirkenden Drucke nicht kugelig, sondern in der beschriebenen Weise sich vorwölben?

---

1) Arb. des bot. Inst. Würzburg. 1889. S. 532.

2) Vergl. oben S. 501 u. Fig. 13.

Ich weiss wohl, dass diese Untersuchungen keine Thatsache vorbringen, welche zwingend ein Wachsthum durch Intussusception verlangte. Unerklärt bleiben die Kräfte, welche jene Wechselwirkung zwischen Membran und Plasma so beeinflussen müssen, dass jene unregelmässigen und in ihrer Unregelmässigkeit doch wieder gleichartigen Wachsthumsvorgänge bei den verschiedenartigen Störungen eintreten. Eines aber glaube ich nachgewiesen zu haben, dass sich nämlich diese Wachsthumserscheinungen, regelmässige sowohl wie unregelmässige, mit Annahme eines Wachsthums durch Intussusception ungezwungener erklären lassen als auf eine andere Weise.

Vergegenwärtige man sich die Schnelligkeit dieses Wachsthums. Niemals hat ein Unterschied in der Dicke der allerdings sehr zarten und für solche Feststellung ein nicht gerade günstiges Object darbietenden Membran nachgewiesen werden können. Wir kämen somit bei Annahme des Wachsthums durch Dehnung, zu der Forderung einer ununterbrochenen Lamellenbildung, von der sich wiederum nichts hat bemerken lassen, obgleich doch bei schnellem Wachsthum 1—2 solcher Neubildungen für jede Minute verlangt werden, sobald nur eine Dehnung auf das Doppelte der ursprünglich angelegten Grösse vorausgesetzt wird. Und diese Forderung einer „Dehnung auf das Doppelte“ bei gewöhnlichem regelmässigen Wachsthum genügt auch nur, wenn alle Theile der Kuppe gleichmässig gedehnt werden; um aber nur so gewöhnliche Gestaltänderungen, wie das Uebergehen der halbkugeligen in die ellipsoidische Gestalt der Spitze, beim Eintreten ausgiebigeren Wachsthums zu bewirken, müsste der Antheil an der Dehnung für die der Axe nahen Theile ein ungleich grösserer sein (vergl. die Zahlen, Seite 544, Anm.). Eine solche Dehnung müsste sich durch Abnahme der Dicke bemerkbar machen, auch diese hat nicht wahrgenommen werden können; direct gegen so ausgiebige Dehnung spricht das geringe Vorwölben und Sprengen junger Querwände[1]).

Die hier beschriebenen Beobachtungen an wachsenden Pilzhyphen bilden, glaube ich, ein Gegengewicht gegen die Beobachtungen von Schmitz und Noll, welche Strasburger veranlassten für Flächenwachsthum durch Dehnung einzutreten. Der Annahme, dass

1) Siehe unten.

Flächenwachsthum auf Dehnung beruhe, stehen gewichtige Bedenken gegenüber und ist dasselbe bis jetzt nirgends vorwurfsfrei nachgewiesen, wie oben ausgeführt ist.[1]) Dagegen ist eine Theorie hinsichtlich des Wachsthums durch Intussusception von Nägeli für Stärkekörner entwickelt worden und bis jetzt durch keine Thatsache widerlegt worden. Und so halte auch ich ein Wachsthum der Membran durch Intussusception nach obigen Ausführungen für wahrscheinlicher, und um so mehr, da ein ausgiebiges Flächenwachsthum, welches auf Dehnung beruht, noch nicht nachgewiesen ist. Ich komme somit zu dem umgekehrten Schlüsse, wie Strasburger in seiner letzten Arbeit über das Flächenwachsthum[2]).

IV. Wurzelhaare.

Aus der gleichbleibenden Gestalt der wachsenden Spitze war ein Verschieben der kleinsten Theilchen in orthogonalen Trajectorien gefolgert worden. Wie hiermit auch nach der Spitze hin progressiv zunehmendes Wachsthum verbunden ist, veranschaulichen die Figuren 1, 2 und 3. Diese nach der Spitze zu gesetzmässig gesteigerte Zunahme des Wachsthums experimentell an den Hyphen zu prüfen war wegen der grossen Empfindlichkeit derselben nicht möglich. Versuche an den ähnlich wachsenden Wurzelhaaren missglückten zunächst ebenfalls, wurden aber nach dem Erscheinen der Publication Haberlandt's über das Längenwachsthum von Rhizoiden[3]) wieder aufgenommen.

Als Versuchsobject dienten Wurzelhaare von Lepidium sativum. Die Wurzeln der kleinen Samen können nach dem Auskeimen leicht unter dem Deckglas beobachtet werden. Die Kulturen wurden angestellt in destillirtem oder ausgekochtem Leitungswasser, und zu gewissen Zwecken in schwachen Zuckerlösungen verschiedener Concentration. In Wasserkulturen sind die Wurzelhaare sehr regelmässige Gebilde, mit breiter Basis aus der Epidermiszelle entspringend, verjüngen sie sich sofort etwas und wachsen dann streng cylindrisch weiter, in der Form und in der Wachsthumsart einer Pilzhyphe ähnlich.

---

1) Oben siehe S. 538 ff.

2) Citirt oben S. 542 u. 543.

3) Oesterr. botan. Zeitschrift. 1889. No. 3.

Der Durchmesser der Wurzelhaare von Lepidium schwankt zwischen 10—13 μ, bleibt also hinter der Durchschnittsgrösse der Peziza-Hyphen zurück; ihre Länge beträgt etwa 1—3 mm. Die Wachsthumsgeschwindigkeit ist gegen die der Peziza-Hyphen nur eine geringe; nach 24 stündigem Zuwachse berechnet sich dieselbe auf 0,3—0,7 μ für eine Minute. Direct wurde als Maximum eine Geschwindigkeit von 0,9 μ abgelesen; eine Grösse, welche gegen die von Peziza mit 34 μ ermittelte bedeutend zurückbleibt. Entsprechend dem weniger ergiebigen Längenwachsthum ist die Spitze des Wurzelhaares fast streng halbkugelig, häufig sogar schwach abgeplattet, während jene für lebhaft wachsende Hyphen oben geschilderte Zuspitzung an Wurzelhaaren nicht beobachtet wurde.

Die von Haberlandt experimentell nachgewiesene Thatsache, dass nur der „calottenförmige Scheiteltheil des Wurzelhaares" wachse, wurde auch durch diese Versuche vollauf bestätigt. Man kann die Wurzeln, ohne dass die Haare ein gestörtes, unregelmässiges Wachsthum erlitten, von einem Medium in ein anderes, ihnen zuträgliches übertragen und ebenfalls vorher mit genügend kleinen Körperchen ein Fixiren gewisser Punkte der wachsenden Region des Haares vornehmen. Zum Fixiren diente mir Mennigepulver, welches auf Wasser geblasen und durch Umrühren auf demselben gleichmässig vertheilt wurde; die grösseren Theilchen sanken unter und nur die kleinsten blieben als dünne Schicht auf dem Wasser schwimmen; durch diese Schicht wurden die Wurzeln einige Male gezogen, so dass sie von den anhaftenden Mennigetheilchen roth gefärbt waren. Die klebrige Beschaffenheit der Oberfläche der Haare erleichtert dies Haftenbleiben der Mennigekörnchen und gestattet selbst ein derberes Abspritzen, um zu verhindern, dass die Mennige in zusammenhängender Kruste haften bleibt. Dies Abspritzen ist nöthig, um einmal nur eine beschränkte Anzahl fixirter Punkte zu haben, zweitens aber auch, um die grösseren Körnchen zu entfernen, welche sonst wie grobe Bodenpartikelchen wirken und ein Ablenken im Wachsthum hervorbringen. Misst man an jungen Haaren so behandelter Wurzeln den Abstand anhaftender Mennigetheilchen von einander und von der Wurzel, und beobachtet das Object nach einigen Stunden von neuem, so findet man, dass die Mennigetheilchen genau in dem gemessenen Abstand von einander und von der Wurzel geblieben sind, dass kein Wachsthum, keine Streckung oder Dehnung der älteren Theile des Haares stattgefunden hat. Wurden Haare gewählt, die an der Kuppe selbst von Mennige bedeckt waren, so fand sich, dass die Mennigetheilchen von den Haaren durchwachsen waren, und dass sie als lockerer Ring den älteren Theil des Haares umgaben, genau in dem Abstand von der Wurzel, welchen nach der ersten Messung bei der Fixirung die Kuppe einnahm. Ein Wachsthum hatte somit nur an der Kuppe stattgefunden.

Schwieriger ist die directe Beobachtung des Vorganges selbst; handelt es sich doch hierbei nicht nur darum, festzustellen, dass die Mennigekörnchen fest am Orte ihrer ersten Fixirung bleiben, sondern jene geringen Verschiebungen unter ihnen zu messen, welche beim Wachsthum stattfinden müssen. Zunächst bringt das Fixiren mit Mennige, das Wechseln des Mediums und das Abspritzen trotz aller Vorsicht ein Sistiren des Wachsthums, gewöhnlich von 1 bis 3 Stunden, hervor, meistens so weit, dass auch die Plasmabewegung erlischt. Kurze Zeit nach Wiedereintritt der Plasmabewegung beginnt auch das Membranwachsthum wieder; diesen Augenblick gilt es durch andauerndes Beobachten abzuwarten; trotz vieler Versuche gelang es nur wenige Male diesen Vorgang vorwurfsfrei zu beobachten. Dies mag zunächst überraschen, wird aber im folgenden seine Erklärung finden. Die Beobachtung muss bei möglichst starker Vergrösserung geschehen, um die Abstände der kleinen Mennigepartikelchen genau messen zu können, es kommt im Gesichtsfeld immer nur ein Object zur Beobachtung. Wenn ferner auch an fast allen Haarspitzen Mennige haftet, nur an einer kleinen Anzahl ist die Fixirung derart, dass beim Wachsthum aus der beobachteten Verschiebung ein sicherer Schluss gemacht werden kann. Streng genügen nur die Haare dieser Anforderung, an welchem auf einem grössten Kreise der kugeligen Kappe[1]) mehrere Punkte fixirt sind, die alle zugleich, nach Einstellung des Objectivs auf die horizontale, mediane Längsebene des Haares, beobachtet werden können. Es genügt ferner nicht, dass man geeignete Haare zu Anfang des Versuchs auswählt und zur Beobachtung einstellt, denn die Lage der Haare wird während der Dauer des Versuchs, welcher mehrere Stunden währt, verändert, da die Wurzel weiter wächst und auch sonst ihre Lage ändert. Die geeigneten Objecte müssen gewählt werden kurz vor

1) Eigentlich „Halbkreis“ und „halbkugeligen“.

der Wiederaufnahme des Wachsthums. Da das Maximum der Verschiebung an den kenntlich gemachten Stellen der Kuppe natürlich sofort beim Beginn des Wachsthums stattfindet, würde man immer zu spät kommen, wenn nicht die Haare nach ungleichen Zeiträumen zwar, aber in denselben Regionen der Wurzel doch fast gleichzeitig ihr Wachsthum wieder aufnähmen, was durch Beobachtung mit schwächeren Vergrösserungen abgewartet werden kann, und wofür auch das etwas zeitigere Eintreten der Plasmabewegung einen Anhalt bietet. Der geeignete Zeitpunkt wird dennoch meist verpasst. So musste ich mich trotz grossen Zeitaufwandes mit einigen wenigen Messungen begnügen; auch diese entsprechen nicht ganz der Forderung, dass die fixirten Punkte auf einem grössten Kreise der Horizontalmediane liegen und verschoben werden sollen.

Es genüge, von diesen Beobachtungen den in Fig. 40 a, b, c dargestellten Fall zu beschreiben. Die Lage der 3 Punkte war von Anfang an um ein weniges oberhalb der Mediane, ihre Verschiebung erfolgte auf der dem Beobachter zugekehrten oberen Fläche des Haares. Deutlich ist die grössere und stärker zunehmende Entfernung zwischen Punkt 1 und 2 gegenüber der von 2 und 3 zu erkennen.

Dies stärkere Auseinanderrücken der der Axe näher liegenden Punkte wurde in allen Fällen regelmässigen Weiterwachsens, die überhaupt eine Beobachtung gestatteten, festgestellt. Das so gefundene Material genügt aber nicht, um durch Rechnung festzustellen, ob dies stärkere Auseinanderweichen nach der Axe zu mit der von der Theorie der Verschiebung kleinster Theilchen in orthogonalen Trajectorien geforderten Grösse übereinstimme. Klar ging aber aus allen Beobachtungen hervor, was schon aus den fertigen Zuständen zu schliessen war, bei welchen Mennigetheilchen als lockerer Ring am fixirten Theile des Haares zurückblieben, dass von einer Membrandehnung grösseren Umfanges nicht die Rede sein kann.

Einen weiteren Aufschluss aber geben diese Versuche über die von Wortmann angeregte und von Errera und Noll bekämpfte Ansicht, dass Membranverdickungen, als das Prius, Krümmungen und abweichende Wuchsformen in einzelligen Organen bewirken sollen. Bekannt aus den Lehrbüchern von Sachs und Pfeffer sind die unregelmässigen Formen der Wurzelhaare, vielleicht die einzigen Formen, in denen sie in der Natur vorkommen dürften, denn so regelmässige cylindrische Formen werden sich wohl nur in Wasserkulturen bilden. Die Wurzelhaare bilden unregelmässige Auswüchse und wulstige Knäuel, sie legen sich wie eine teigige, bildsame Masse den Bodentheilchen an und werden von diesen letzteren zur Seite gedrängt und zu Krümmungen gezwungen. In der That finden sich, wie die Abbildungen bei Sachs, Pfeffer, Schwarz und Wortmann zeigen, an den nicht weiter wachsenden Enden und den concaven Theilen der Krümmungen Membranverdickungen, oft von beträchtlichem Umfange. Das Entstehen der Krümmungen und das Auftreten der Verdickungen der Membran wurden in ihrer Entwicklung bei obigen Versuchen beobachtet; reichlichere Fixirung mit Mennigetheilchen genügt schon, erstere hervorzubringen, und war oft der Grund, weshalb auf einem grössten Kreise liegende Mennigestückchen dennoch unregelmässig verschoben wurden.

Wie Fig. 42 zeigt, lag ein Häufchen Mennige direct auf der Kuppe des Haares; die einzelnen Theilchen liessen kaum einen Abstand unter einander erkennen; beim Wachsthum der Spitze wurden sie zunächst in drei, darauf in fünf Theile zerlegt. Die in der Zeichnung oberen Theile lagen um ein geringes weiter zurück und wurden daher später getrennt als die unteren; am frühesten trat die Lücke in der Mitte auf und wurde auch am grössten. Das Haar wurde aber von der geraden Richtung abgelenkt; die untere Seite wuchs stärker, und so kamen die Mennigetheilchen auf der oberen und nicht auf den seitlichen Flächen zur Ruhe. Die Krümmung des Haares in der Zeichnung soll dies Wachsthum nach oben veranschaulichen.

Folgender Versuch bringt das Beispiel einer seitlichen Abweichung von der geraden Wachsthumsrichtung. Auch hier ist die Abweichung von der ursprünglichen Richtung noch eine geringe; an der Wiederaufnahme des Wachsthums ist jedoch nur der kleine, zwischen den Stückchen b und c liegende Theil betheiligt. Fig. 11 zeigt ein durch 6 Punkte an der Peripherie der Kuppe gekennzeichnetes Haar im Medianschnitt. Das Wachsthum war durch die Manipulation der Fixirung mit Mennige sistirt und wurde erst nach mehreren Stunden wieder aufgenommen. Während die übrigen Punkte fast keine Verschiebung zu einander erkennen liessen, rückten Punkt b und c zunächst etwas auseinander, und unter Punkt e ward eine schwache Biegung sichtbar, welche mit dem weiteren Auseinanderrücken von b und c deutlicher wurde, etwa nach 30 Minuten war jene kugelige Spitze von kleinerem Durchmesser entstanden, zugleich hatte sich die Wachsthumsrichtung in der durch die Pfeile angezeigten Weise geändert; die letztere Richtung wurde auch beim späteren Weiterwachsen innegehalten. Der aus diesem Wachsthum hervorgehende obere Theil des Haares, der nicht weiter gezeichnet ist, hatte regelmässige cylindrische Gestalt, sein Durchmesser war kleiner als der des unteren Theiles. Das unterhalb des Punktes e auftretende Einknicken der Membran wird auf einen Druck, den die starke Vergrösserung der Theile zwischen b und c ausgeübt hatte, zurückzuführen sein. — Die Strecke „ab" blieb völlig gleich, obschon sie doch so nahe der Axe lag, dass bei regelmässigem Wachsthum eine Verschiebung in bemerkbarer Weise hätte stattfinden müssen. Die der Axe gleich nahe liegende Strecke „cd" wie die wachsende „bc", und zudem bei Beginn des Versuches gleich gross, vergrösserte sich im Verhältniss nur von 2:3, während „bc" wie 2:7 grösser wurde. „de" im gleichen Abstand von der Axe wie „ab" vergrösserte sich wie 3:4 und auch „ef" wurde um ein geringes grösser (wie 12:13) (vergl. Fig. 41 A und B). Dann erlosch auch das Wachsthum dieser Theile, und nur die Kuppe „bc" wuchs weiter, wie es Fig. 41 C zeigt. Ob das grössere Mennigestückchen b, in der Zeichnung noch mehr hervorgehoben, als es in Wirklichkeit der Fall war, welches an Masse jedes der übrigen etwa um das Dreifache übertraf, einen Berührungsreiz ausübte, wage ich nicht zu entscheiden.

In diesen beiden Fällen trat ja ein Ablenken der Wachsthumsrichtung nach der Reiz bewirkenden Quelle, die Mennigestückchen als solche vorausgesetzt, hin ein, in vielen weiteren Fällen konnte dasselbe, in ebenso vielen jedoch auch das Gegentheil beobachtet werden. Bald wuchsen die Haare nach der Seite der anhaftenden Mennige hin, bald nach der entgegengesetzten, noch andere Haare, einseitig mit Mennigetheilchen an der Spitze bedeckt, wuchsen zudem regelmässig gerade aus; diese letzteren und die nicht fixirten, welche so wie so meist gerade blieben, schliessen die Annahme aus, dass Heliotropismus oder Geotropismus diesen Berührungsreizen entgegengewirkt hätten. Weitere Beispiele aus den vielfach beobachteten zu schildern, ist nicht nöthig; alle zeigten, dass bei unregelmässigem

Weiterwachsen nur bestimmte, engumschriebene Membranpartien das neue Wachsthum wieder aufnehmen. Diese Versuche bestätigen die schon vorher ohne Fixirungspunkte direct beobachtete Thatsache, dass alle Krümmungen der Wurzelhaare auf die Weise entstehen, dass die auf der convex werdenden Seite liegenden Membrantheile der Spitze allein zunächst das Wachsthum aufnehmen und so lange fortsetzen, bis die spätere Richtung erreicht ist, worauf dann erst wieder allseitiges Wachsthum folgt. Theile hinter der Spitze sind unfähig, sich zu krümmen (vergl. oben Seite 494, 508 u. 526). Eine Verdickung der Membran an den nicht mit auswachsenden Partien findet hierbei vorher nicht statt, sondern ist erst später, nach mehreren Stunden, oft Tagen erst bemerkbar.

Bevor wir auf diese Verdickungen weiter eingehen, möge den tonnenförmigen Anschwellungen eine kurze Betrachtung gewidmet sein. Wortmann hat solche Formen in seiner oben erwähnten Abhandlung[1]) auf Seite 283—285 abgebildet und verwerthet das Auftreten dieser blasigen Auftreibungen bei gesteigertem Turgor für die Begründung der Annahme, dass das Flächenwachsthum auf Dehnung der am wenigsten Widerstand leistenden Membranpartien beruhe. Diese Anschwellungen treten auf, sobald man die Wurzelhaare in schwache Zucker- oder Salpeterlösungen bringt[2]); sie haben grosse Aehnlichkeit mit den oben für die Pilz-Hyphen beschriebenen und kommen auch auf dieselbe Weise zu stande. Man vergleiche Fig. 6—9. Das Längenwachsthum erlischt und die Spitze erhält kugelförmige Gestalt, dann wird vom oberen Theile das Längenwachsthum wieder aufgenommen, und derselbe wächst zum Cylinder aus. Ein Dehnen der unterhalb der Spitze liegenden Cylinderfläche, welche doch den doppelten hydrostatischen Druck auszuhalten hat, ist niemals beobachtet worden. Somit halten wir auch für diese Vorgänge die oben gegebene Erklärung des Wachsthums für wahrscheinlicher.

Die Entstehung der Verdickung zu erklären und daraus Schlüsse für das Dickenwachsthum zu ziehen, hat Zacharias an Wurzelhaaren von Chara versucht[3]). Der in dieser Art der Untersuchungsmethoden geschulte Forscher kommt zu dem Resultate, dass nach

1) Bot. Zeit. 1889.

2) Vergl. Wortmann. l. c. p. 277 ff.

3) Vergl. oben Seite 548.

den bis jetzt vorliegenden Versuchen über die Art des Entstehens dieser Verdickungen nichts Entscheidendes festzustellen sei: „Es entspricht unseren gegenwärtigen Kenntnissen, zu sagen: Es ist unentschieden, ob hier die Membran durch Intussusception in die Dicke wächst, oder dadurch, dass successive kleinste Theilchen von Cellulose auf die vorhandene Membran abgelagert werden“ [1]).

Nach der Operation, welche Zacharias mit den Wurzelhaare tragenden Knoten vorgenommen hatte, traten diese Verdickungen schon nach wenigen Minuten auf. Zum Vergleiche von mir beobachtete Rhizoiden von Lebermoosen zeigten ebenfalls starke Membranverdickungen, doch war die Geschwindigkeit des Längenwachsthums dieser im Verhältniss zu den kurzen Haaren von Lepidium relativ langen Gebilde eine geringe. Die fast zehnmal so schnell wachsenden Wurzelhaare von Lepidium boten für die Entscheidung des „prius“, der veränderten Wachsthumsrichtung vor der eintretenden Membranverdickung, ein ungleich günstigeres Object dar.

Der von Zacharias gestellten Frage nach der Art des Dickenwachsthums dieser Partien bin ich nicht näher getreten, sondern habe mein Augenmerk ausschliesslich dem zeitlichen Auftreten derselben zugewandt. Es ist schwierig, bei so zarten Objecten, wie es die junge Membran der wachsenden Spitze ist, das Eintreten einer geringen Verdickung sicher nachzuweisen. Ein besseres Kriterium boten die in den Figuren 43—52 dargestellten Kappenbildungen; allerdings auch nur hinsichtlich des zeitlichen Auftretens, welches relativ spät erfolgt. Die Natur der ersten Anlage, sobald eine solche bemerkbar war, durch Fixiren, Färben oder chemische Reactionen zu bestimmen, gelang nicht; die erste Anlage verhielt sich immer wie das Plasma selbst und war nach den chemischen Eingriffen von dem übrigen peripherisch liegenden, plasmatischen Inhalt der Zelle nicht weiter zu unterscheiden.

Die Kappenbildung an den Wurzelhaaren tritt namentlich in schwachen Zuckerlösungen auf, und werden hier, wenn andere Störungen ferngehalten werden, wie sie Bacterien und Hefepilze verursachen, öfter in einem Haare mehrere Kappen hinter einander gebildet (vergl. Fig. 52), ein Vorgang, der an die ähnlichen Bildungen erinnert, welche Krabbe für die Bastzellen von Nerium

1) L. o. a. p. LXV.

und Euphorbia palustris beschreibt und abbildet[1]). Die äussere Membran zeigt in diesen Fällen überhaupt keine Verstärkung und kann somit eine solche auch nicht die Veranlassung der an solchen Haaren eintretenden veränderten Wachsthumsrichtung sein. Statt der Membranverdickung tritt eine neue Membran auf, gewissermaassen eine Verdickung, welche der alten Membran nicht als Lamelle direct aufliegt, sondern von ihr durch einen kleineren oder grösseren Zwischenraum getrennt ist. Diese Kappen entstehen in folgender Weise. Zunächst strömt das Plasma gleichmässig an der Membran entlang und nimmt, wenn der Auswuchs seitlich unter der Kuppe hervorsprosst, wie in Fig. 46—50, von der Kuppe aus, diese ganz im Innern umkreisend, eine rückläufige Bewegung an, in den jungen Seitenzweig hinein; allmählich aber sieht man, wie die Hauptströmung des Plasmas ablenkt, in Fig. 43 direct in den seitlichen Auswuchs einbiegt, etwa der Linie m—n in Fig. 43 folgt; diese Linie kennzeichnet zugleich die Stelle, welche später die neue Membranlamelle einnimmt, sodass diese gleichsam wie eine Ausscheidung das strömende Plasma begrenzt. Das betreffende Haar war durch zwei Mennigetheilchen gekennzeichnet, es konnte leider erst im Weiterwachsthum verfolgt werden, als die erste abweichende Form, wie sie Fig. 43 a darstellt, schon eingetreten war. Fig. 43b stellt das Haar 15 Minuten später dar, von irgend einer Verdickung der Membran war nichts zu erkennen; noch füllte das lebhaft strömende Plasma gleichmässig den oberen Theil des Haares, doch schon nach einigen Minuten liess sich eine das Licht stärker brechende Schicht erkennen, an welcher die Plasmakörnchen dahinglitten, um direct in die Kuppe zu gelangen, während sie vorher den Winkel „nom" durchströmten, bei „o" scharf abbiegend. An Stelle dieser stark lichtbrechenden Schicht, durch die Linie m—n angedeutet, war am anderen Tage, wie die Reaction zeigte, eine Cellulosemembran getreten.

In Fig. 44—47 sind Haare dargestellt, bei welchen der Plasmastrom nur wenig von der Kuppe abbog; bei Fig. 50 sogar nur an der rechten Seite um ein geringes; die neue Lamelle ist in diesen Fällen wenig von der alten Membran entfernt. In Fig. 46 war der rechtwinklig abbiegende Ast schon zu der angegebenen Grösse aus-

1) Krabbe. Ein Beitrag zur Kenntniss der Structur und des Wachsthums vegetabilischer Zellhäute. 1887.

gewachsen, ohne dass überhaupt eine Veränderung an der Spitze zu bemerken war, auch das Plasma zeigte keine Abweichung von seiner Strombahn. Erst am anderen Tage war die Kappe erkennbar; der Seitenast war bedeutend in die Länge gewachsen.

Anders in Fig. 48 und 49; hier liegt die neue Lamelle 3—4 μ von der alten Membran entfernt, und in Fig. 51 sogar um eines ganzen Durchmessers Länge. In solchen Fällen tritt eine Spaltung in dem strömenden Plasma ein, welche schliesslich zu einer völligen Trennung der Inhalte und zum Entstehen der neuen Membranlamelle führt. In einigen Fällen gelang es, die Bildung solcher Kappen von Anfang bis zu Ende zu verfolgen und in den Einzelheiten zu beobachten. Einen solchen Fall stellen Fig. 51 a. b. c. dar. Das Haar hatte das Längenwachsthum eingestellt, zeigte aber lebhafte Plasmaströmung, eine Veränderung der Gestalt trat nicht ein. Zunächst bog der Plasmastrom bei A ab und floss rechtwinklig auf B zu, und von hier nach der Ansatzstelle an der Wurzel, anstatt den vollen Umlauf bis C zu beschreiben. Gleichzeitig hatte sich ein zweiter Plasmastrom gebildet, im oberen Theile des Haares, in Richtung der Pfeile, sodass bei AB zwei entgegengesetzte Ströme an einander vorbeiflossen. Zahlreiche stark lichtbrechende Körnchen wurden in gleicher Schnelligkeit von dem strömenden Plasma herumgeführt; ein Theil derselben sammelte sich jedoch unterhalb und oberhalb von AB an und hielt sich dort in wimmelnder Bewegung; von Zeit zu Zeit gingen einzelne dieser Körnchen wieder in den Plasmastrom über, neue traten aus demselben heraus. Einige Körnchen nahmen eine kreisende Bewegung an und wurden an bestimmten Stellen in den anderen Theil hinübergerissen, also aus der Plasmabahn unterhalb AB in die oberhalb, und umgekehrt. Mehrere Körnchen sah ich öfter hinter einander in ihrer kreisenden Bewegung an die Durchtrittsstelle gelangen, dort ihre Bewegung verlangsamen und hindurchtreten. Wie bemerkt, sind es nur bestimmte Stellen, an welchen dies Uebertreten aus einem Strom in den anderen stattfindet; auch scheinen die Lücken allmählich kleiner zu werden; so konnte in einem Falle ein durch seine Grösse auffallendes Körnchen beobachtet werden, wie es mehrmals durch die sich bildende Wand AB hindurchglitt, und zwar immer an derselben Stelle, bis diese für das relativ grosse Körnchen verschlossen war, trotzdem kehrte es in grösseren und kleineren

Kreisen nach der Lücke zurück, durch welche kleinere Körner auch noch ferner hindurchtraten. Zuletzt fand auch ein Uebertreten kleiner Körnchen an keiner Stelle mehr statt und es bestanden zwei völlig gesonderte Plasmaströme. Im oberen Kreise erlischt die Plasmabewegung allmählich. Ein versuchtes Fixiren eines solchen Zustandes hatte, wie oben gesagt, keinen Erfolg. Ueber die Natur der Wand in diesem Stadium kann ich somit nichts aussagen; ältere Zustände ergeben Cellulose-Reaction.

Die Beobachtung des Entstehens solcher Kappen, das Verfolgen der Lücken, in welchen das Uebertreten der Plasma-Körnchen stattfindet, lässt am wahrscheinlichsten die Deutung Noll's über das Entstehen der ersten Membranlamelle zu; wir hätten demnach hier zuerst Plasmafäden in der Richtung AB, bis zur Ablenkung der Plasmaströmung vielleicht nur sehr wenige und dünne, welche sich vermehren und allmählich verdicken, dann nur noch kleine Lücken zwischen sich lassen und zuletzt eine zusammenhängende Plasmamasse bilden, aus welcher die neue Wand entsteht.

Im Anschluss an diese Schilderung der ersten Anlage der Kappe sei es vergönnt, auf einen hiervon abweichenden Vorgang bei der Querwandbildung in den Peziza-Hyphen aufmerksam zu machen. Diese Querwände werden sehr schnell gebildet, nach wenigen Minuten findet sich eine völlig ausgebildete Querwand am untern Theile der Endzelle, wo vor dieser Zeit das lebhaft dicht an der Wandung hinströmende Plasma keinerlei Ansatz einer Wand erkennen liess. Wird die Endzelle gesprengt, so tritt das Plasma heraus und die letzte Querwand schliesst den Faden ab, eine weitere sichtbare Einwirkung auf die vorletzte Zelle des Fadens hat das Sprengen der Endzelle nicht. Bei absichtlichem Sprengen von Endzellen, an deren Basis die junge Querwand soeben erst gebildet war, sieht man diese Wand mit dem Austreten des Plasmas auch sofort völlig verschwinden, ohne dass auch nur die Ansatzstelle derselben an der Seitenwand nachweisbar bliebe. Die so gesprengten und völlig verschwindenden Querwände waren in ihrer ganzen Ausdehnung sichtbar und nicht von den nächst älteren, erhaltenen zu unterscheiden gewesen. Reactionen auf Pilzcellulose sind bei der leichten Zerstörbarkeit der jungen Membran schwer ausführbar, und so konnte auch diese Frage nicht weiter verfolgt werden. Die schnelle Ausbildung der jungen Querwand einerseits, andererseits ihr vollständiges

Verschwinden, ohne dass die geringsten Ansätze an den Seitenmembranen erhalten blieben, lassen die Deutung zu, dass die Ausbildung dieser Querwände in derselben Art erfolge, wie die der Kappen in den Wurzelhaaren, dass eine Plasmaschicht sich allmählich in eine Membran umändere. Dagegen spricht folgende Erscheinung und zugleich für eine Ausbildung dieser Wände in der Weise, wie sie Strasburger für die Querwände von Spirogyra beschreibt, nämlich dass von den Seiten her die junge Wand allmählich bis zur Mitte vorwächst. Oefter sieht man nämlich, dass das strömende Plasma einer Gliederzelle des Fadens vor der jungen Querwand nicht in seiner ganzen Masse in rückläufige Bewegung übergeht, sondern es treten einzelne Theile deutlich sichtbar in die Nebenzelle durch die Querwand über[1]); ruckweise, ähnlich etwa, wie bei Phytophthora und Pythium das Gonoplasma des Antheridiums durch eine enge Oeffnung in das Ei eintritt. Dieses ruckweise, deutlich sichtbare Uebertreten in die Nachbarzelle erfolgt immer streng im Mittelpunkt der Querwand. Bringt man etwas ältere Zellen in schwache Jodlösung, so erfolgt ein Zusammenziehen des Plasmas von der Wand; eine Reihe so behandelter junger Gliederzellen zeigt das contrahirte Plasma als zusammenhängende Masse; die Inhalte der aneinanderliegenden Zellen stehen in der Mitte der Querwand mit einander in Verbindung.

Das völlige und gleichmässige Verschwinden der jungen Wandanlage ist beiden gemeinsam, Peziza und den Wurzelhaaren; unterschieden sind darin beide, dass bei Peziza-Hyphen nur diese centrale Oeffnung nachweisbar war, wo hingegen bei den Wurzelhaaren mehrere, netzartig zerstreute Oeffnungen vorhanden sind.

Von einer directen Betheiligung des Zellkerns bei diesen Kappenbildungen war nichts zu bemerken; derselbe lag im unteren Theile des Haares.

Liessen sich somit auch aus den Beobachtungen an den wachsenden Wurzelhaaren keine zwingenden Gründe für ein Wachsthum durch Intussusception ableiten, so zeigten sie doch Uebereinstimmung in der Art des Spitzenwachsthums mit den Pilzhyphen und unterstützten die aus demselben oben gemachten Schlüsse.

---

1) Vergl. Fig. 38.

Sie bieten ferner ein weiteres Material gegen die Annahme, dass Flächenwachsthum auf Dehnung neugebildeter Membranlamellen beruhe, auch zeigen sie, dass eine befriedigende Erklärung, in welcher Weise Reize die Wachsthumsrichtung von Pflanzentheilen beeinflussen, noch nicht gegeben ist.

Vorliegende Arbeit ist im Anfang des Jahres 1890 abgeschlossen worden, ihre Drucklegung ist aus äusseren Gründen bis jetzt verzögert worden. Später erschienene Arbeiten konnten nicht mehr berücksichtigt werden.

Auf zwei Arbeiten, denen sich die unsrige hinsichtlich der theoretischen Erwägungen, beziehentlich Versuchsanstellung an ähnlichen Objecten anschliesst, sei besonders hingewiesen.

Askenasy giebt in seiner Arbeit, „Ueber einige Beziehungen zwischen Wachsthum und Temperatur" (Berichte d. Deutsch. bot. Gesellsch. 1890. S. 85 ff.) eine kritische Betrachtung der theoretischen Anschauungen über das Flächenwachsthum der Zellhaut.

Zacharias erweitert und ergänzt seine früheren Untersuchungen (vergl. oben S. 548) in der letzten Arbeit, „Ueber das Wachsthum der Zellhaut bei Wurzelhaaren". (Flora, oder allgemeine botan. Zeitung. 1891. S. 466 ff.)

Figurenerklärung.

Tafel XXIII.

Fig. 1—3. Schaaren coaxiler Kreise und Ellipsen von je gleichen Durchmessern und ihre orthogonalen Trajectorien. Vergl. Text, Seite 543 ff.

Fig. 1. Halbkreis A D B stellt im medianen Längsschnitte die halbkugelige Spitze einer Hyphe dar. Nach Verlängerung der Hyphe um die Strecke DC=AB stellt der Längsschnitt die Form AECFB dar; während Punkt D nach C gerückt ist, sind die Punkte a, b, c, d... orthogonal trajectorisch verschoben nach a', b', c', d'...

Fig. 2. Ellipsen, deren Axen sich zu einander verhalten wie 2 : 3, sonst wie Fig. 1.

Fig. 3. Ellipsen, deren Axen sich zu einander verhalten wie 2 : 4, sonst wie Fig. 1.

Fig. 4. Form der Spitze einer lebhaft wachsenden Hyphe.

Fig. 5. Abrundung der Spitze zur Halbkugel.

Fig. 6. Auftreiben zur Kugel.

Fig. 7 u. 8. Auswachsen zur normalen Hyphe.

Fig. 9. Wiederholtes Anschwellen zur Kugel. Sogenannte undulirte Form.

Fig. 10 u. 11. Weiteres Abplatten des kugeligen Hyphenendes.

Fig. 12. Hervorwachsen neuer Aeste aus dem Ringwall. Vergl. Text, S. 497.

Fig. 13 a. Zwei neben einander hinwachsende Hyphen; von der oberen ist ein kurzer Nebenast gegen die untere hingewachsen und hat sich an dieselbe bei A fest angelegt, nach vorheriger Abplattung der Spitze. Die weiterwachsende Spitze des Hauptfadens ist ebenfalls rechtwinklig abgebogen auf die untere Hyphe zu, von welcher ihr bei B ein kurzer Nebenast entgegenwächst. — b. Gegenseitiges Berühren und Abplatten der Spitzen bei B. — c. Die noch eine kurze Zeit hindurch als stärker lichtbrechende Schicht kenntliche, trennende Wand ist resorbirt worden. — d. Auftreten einer neuen Wand, unterhalb von B, also unterhalb der Stelle, an welcher die Verschmelzung der Spitzen stattgefunden hatte. — e. Bildung einer zweiten Querwand in der oberen Hyphe. Auswachsen zweier, rückwärts bei C liegender Stellen zu Nebenästen, behufs einer neuen Fusion. Vergl. Text, S. 501 ff.

Tafel XXIV.

Fig. 14. Verhalten einer Hyphe von Peziza Trifoliorum gegen die Abscheidungen eines schwach wachsenden Mycels von Aspergillus niger. Vergl. Text, S. 508.

Fig. 15. Siehe Text, S. 497 ff.

Fig. 16. Quirläste aus einer Anschwellung normal weiterwachsend.

Fig. 17—20. Unregelmässiges Auswachsen der Hyphenenden von Peziza, auf Grund eines von Mucor-Abscheidungen bewirkten Reizes.

Fig. 21—23. Anfangsstadien der knäueligen Umschlingungen von Mucor-Hyphen seitens der Peziza. P. Peziza, M. Mucor.

Fig. 24. Eine keimende Spore (M.) von kurzen Peziza-Hyphen ergriffen.

Fig. 25. Beeinflussung der Wachsthumsrichtung einer Peziza-Hyphe durch die Absonderungen einer keimenden Mucorspore (M.).

Fig. 26—28. Austreten von Protoplasma aus gesprengten Hyphen unterhalb der Spitze.

Fig. 29. Penicillium, kurz verästelt wachsend gegen ein üppig wachsendes Mycel von Aspergillus flavus. Vergl. Text, S. 509.

Tafel XXV.

Fig. 30. Peziza Trifoliorum treibt kurze Nebenäste gegen P. tuberosa, welche die letztere in Windungen umschlingen.

Fig. 31 u. 32. P. tuberosa. Bildung kurzer Nebenäste auf Einwirkung der Abscheidungen von P. Trifoliorum. Aus dem Grenzgebiet beider Pezizen der Kultur Fig. 34.

Fig. 33. P. Trifoliorum. Baumartige Verästelungen, verursacht durch die Abscheidungen von P. tuberosa. Ebenfalls aus dem Grenzgebiet beider Pezizen der Kultur Fig. 34.

Fig. 34. Gelatinekultur, oben Peziza Trifoliorum, unten P. tuberosa. Vergl. Text, S. 512 ff.

Fig. 35. P. Sclerotiorum in 33 % Zuckerlösung wachsend; die Hyphen sind dünn, die Verzweigung reichlich, aber nicht unregelmässig.

Fig. 36. P. Sclerotiorum in 66 % Zuckerlösung wachsend.

Fig. 37. Aspergillus flavus. Blasige Anschwellungen der Hyphen, Involutionsformen, auf Einwirkung der Abscheidung von Penicillium. Vergl. Text, S. 509.

Fig. 38. Peziza Sclerotiorum. Ruckweise Wanderung von Protoplasma durch den mittleren Theil der Wand AB. Vergl. Text, S. 562.

Fig. 39. Gelatinekultur. Peziza (P.) wächst in beide Gelatinestreifen, von links aus, hinein; in dem oberen wächst ihr Mucor (M.) von rechts entgegen. K. Niederschlag von Calciumoxalat-Krystallen. Vergl. Text, S. 520 ff.

Tafel XXVI.

Wurzelhaare von Lepidium sativum.

Fig. 40 a. Junges Haar, an der Spitze drei Mennigepartikelchen 1, 2, 3 — b. u. c. veranschaulichen das Auseinanderrücken der drei Mennigetheilchen beim Wachsthum des Haares. Die Entfernung zwischen 1 u. 2 wird am grössten.

Fig. 41. Siehe Text, S. 555 ff.

Fig. 42. Siehe Text, S. 555.

Fig. 43—45. Siehe Text, S. 559 ff.

Fig. 46—50. Kappenbildungen verschiedener Art.

Fig. 51 a. b. c. Entstehen der Kappe, beziehentlich der Querwand am Orte der Differenzirung und Trennung beider Plasmakörper in Höhe von A B.

Fig. 52. Drei Kappen in demselben Haare.

Die Stabbildungen im secundären Holzkörper der Bäume und die Initialentheorie.

Von

Wilh. Raatz in Berlin.

Mit Tafel XXVII—XXXII.

Einleitung.

Die vorliegende Arbeit enthält Beiträge zur Holzanatomie, die sich, wie schon die Ueberschrift besagt, im Wesentlichen um zwei Centren gruppiren. Diese Zusammstellung der Stabbildungen mit der Sanio'schen Initiale, welche auf den ersten Blick etwas befremden könnte, wird durch den eigenartigen, bei der Darstellung getreu wiedergegebenen Gang der Untersuchungen, durch die Verwendung der ersteren zur Beleuchtung der letzteren, ihre Rechtfertigung finden.

Der erste, von den Stabbildungen handelnde Theil verwerthet denselben Stoff, wie die Anfang dieses Jahres in den Berichten der Deutschen Botanischen Gesellschaft (Jahrgang 1890, Band VIH, Generalversammlungsheft) erschienene Abhandlung von Dr. C. Müller „Ueber die Balken in den Holzelementen der Coniferen." Von dem Vorhandensein derselben erhielt ich erst nach der Bremer Naturforscherversammlung, woselbst sie zum Vortrag gelangt war — etwa Mitte October vorigen Jahres — Kunde, nachdem mein Manuscript bereits Ende Juli Herrn Prof. Schwendener zur Genehmigung, behufs Verwendung als Doctordissertation, vorgelegen hatte. Meine

Arbeit kann deswegen, obwohl sie erst ein volles Jahr später zum Abdruck gelangt, als Parallelarbeit gelten. Es kann dies um so eher geschehen, als ich an Form und Inhalt nichts wesentliches geändert habe; nur glaubte ich an den geeigneten Stellen auf die Müller'sche Arbeit eingehen, die gleichen Resultate kurz erwähnen und die abweichenden Ansichten besprechen zu sollen.

Abgesehen von naturgemässen Parallelstellen gehen unsere Darstellungen theils auseinander, so besonders in der gänzlich verschiedenen Entstehungstheorie der Stabbildungen, theils ergänzen sie sich; und dies sowohl in rein descriptiver Hinsicht als in der weiteren Verwerthung des Stoffes und in Behandlung einzelner mehr nebensächlicher Beobachtungen. Vornehmlich gestattet mir das erste Capitel, in welchem Dr. Müller „das Geschichtliche der Frage" mit dankenswerther Gründlichkeit behandelt, mich meinerseits auf die nothwendigsten Litteraturangaben zu beschränken.

Berlin, den 27. September 1891.

Wilh. Raatz.

I.

Bei der anatomischen Untersuchung des secundären Holzkörpers unserer Bäume sind von älteren Autoren eigenartige stabförmige Gebilde beobachtet worden, welche die Zellen als freie Balken in radialer Richtung durchsetzen. Diese „nach Art von Leitersprossen von einer Wand zur anderen durch das Lumen ausgespannten stäbchenförmigen Körper" hat zuerst Carl Sanio beschrieben. Nachdem er dieselben bereits in den durch Maceration isolirten Tracheïden von Hippophaë rhamnoides bemerkt hat (vergl. Untersuchungen über die Elementarorgane des Holzkörpers. Bot. Ztg. 1863), fand er sie später auch bei Pinus silvestris. In seiner „Anatomie der gemeinen Kiefer" (Pringsheim's Jahrb. IX. S. 58) sagt er hierüber unter anderem: „Diese Körper, natürlich aus Cellulose als Grundmasse bestehend, finden sich auch garnicht so selten in den Holzzellen der Kiefer und sind dann einer ganzen radialen Holzreihe in der Weise eigenthümlich, dass sämmtliche Holzzellen in derselben Höhe und in derselben Richtung diese Stäbchen zeigen. Bei glücklichen radialen Schnitten habe ich dieselben durch mehrere Jahresringe desselben Präparates verfolgen können, und ich zweifle nicht, dass sie zuweilen den ganzen Stamm in einer radialen Reihe durchsetzen. Diese stäbchenförmigen Körper nehmen ihre Entstehung im Cambium, wo sie die Mutterzellen ebenso wie im Holze durchsetzen" (vergl. dazu seine Fig. 1 Tafel VI).

Die von Sanio gemachten Beobachtungen sind von anderen Autoren, so von Russow (Bot. Centralbl. X. S. 63), Kny (Text zu den bot. Wandtafeln S. 199 und Fig. S. 200), de Bary (vergl. Anatomie S. 495) für Pinus silvestris (von de Bary und Russow auch je einmal für Drimys Winteri resp. Abies Pichta) und zuletzt von Winkler (Bot. Ztg. 1872, Nr. 32 S. 585 und Tafel VII) für Araucaria brasiliensis bestätigt worden, ohne eine Erweiterung zu erfahren (vergl. Schenk, Handbuch III 2, S. 634). Da Sanio selbst — obwohl er es in Aussicht stellte — später auf diesen Gegenstand nicht mehr zurückkommt, so ist bisher, abgesehen von der oben erwähnten Arbeit von Carl Müller, weder die histologische Bedeutung dieser Gebilde noch die Art und Weise ihrer Entstehung Gegenstand eingehenderer Erörterung gewesen.

Obgleich sie nun wegen ihrer Seltenheit jedenfalls nicht zu den normalen Erscheinungen zu rechnen sind, so treten sie dem Anatomen doch häufig genug entgegen, um einer näheren Untersuchung werth zu erscheinen, zumal sie, wie wir sehen werden, geeignet sind, auf die Zelltheilungen im Cambium Licht zu werfen.

Nachdem der Verfasser diese Stäbe bei seinen Studien über vergleichende Anatomie des Markstrahlengewebes zuerst auf radialen Längsschnitten von Abies pectinata gefunden und sodann auch auf Tangential- und Querschnitten desselben Objectes aufgesucht hatte, wandte er sich der Frage nach dem Vorkommen und der Entstehungsweise dieser Gebilde zu und suchte sie zunächst bei anderen Coniferenhölzern. Dabei kam er sehr bald zu dem Schlusse, dass sie jedenfalls eine weit grössere Verbreitung besitzen, als man nach bisherigen Litteraturangaben vermuthen sollte; denn bei allen Untersuchungsobjecten fand er dieselbe Erscheinung, bald schon auf einem der ersten Schnitte, bald freilich erst nach längerem planmässigen Durchsuchen der in radiale Serienschnitte zerlegten Holzstücke.

Als Material haben ausser unseren einheimischen auch viele eingeführte Nadelhölzer gedient. Als ganz besonders geeignete Objecte erwiesen sich ein siebenjähriges Stammstück von Araucaria imbricata aus dem hiesigen botanischen Museum und Stammausschnitte älterer Bäume von Pinus silvestris, Strobus und excelsa und Abies pectinata, welche ich dem Kgl. Forstgarten zu Chorin verdanke.

Ausser bei diesen Coniferen habe ich die Stabbildungen noch bei Pinus Pumilio, Pinea und austriaca; Abies balsamea, cephalonica, Nordmanniana und Pichta; Pseudotsuga Douglasii; Larix europaea; Thuja gigantea und occidentalis; Cupressus Lawsoniana; Juniperus communis und Sequoia gigantea gefunden.

Von Laubhölzern habe ich nur Hippophaë rhamnoides, Casuarina equisetifolia und Salix fragilis — und zwar mit Erfolg — auf Stäbe untersucht.

Was somit die Verbreitung dieser Erscheinung betrifft, so glaube ich mich nach meinen bisherigen Erfahrungen zu dem Schlusse berechtigt, dass die Stabbildungen und die damit verwandten später zu besprechenden Gebilde bei allen durch einen Cambiumring in die Dicke wachsenden Nadel- und Laubhölzern vorkommen dürften. Innerhalb derselben Pflanze finden sie sich in allen Theilen des Holzkörpers und der secundären Rinde: in Wurzel, Stamm und Zweigen[1]).

Da diese stabförmigen Gebilde, die langgestreckten Tracheïden des Coniferenholzes rechtwinklig kreuzend, sich auf radialen Längsschnitten am deutlichsten abheben, so findet man sie hier leichter als auf den übrigen Schnitten, ohne sie auch beim Aufsuchen mit schwacher mikroskopischer Vergrösserung mit den gleich gerichteten Grenzwänden benachbarter Markstrahlzellreihen gut verwechseln zu können. Die durch die Tracheïdenwände begrenzten Theilstücke

1) Dr. Müller gelangt zu einem ganz analogen Resultat. Durch seine Untersuchungen, welche sich allerdings nur auf Coniferen beziehen, werden die Stabbildungen durch Wahl beliebiger Stichproben für alle Coniferenhölzer — für 15 genera aus allen vier Gruppen der Eichler'schen Eintheilung — und für alle Regionen des Holzes nachgewiesen. Er gelangt zu dem Schluss: „dass die Sanio'schen Balken in allen Axenorganen (im Stämmen, Zweigen und Wurzeln) in jeder Höhe und in jeder Region (in den jüngsten und ältesten Jahresringen) bei allen Coniferen vorhanden sind. Die Balkenbildung gehört somit zur Charakteristik der Coniferenhölzer."

sind im Frühlingsholze meist dünn und fadenförmig, während sie zugleich mit den Wänden des Herbstholzes an Dicke zunehmen und diese als Streben mit verbreiterten Enden verbinden (Taf. XXVII, Fig. 1).

Dass man es in der That nicht mit Zellwänden, sondern mit frei durch das Lumen gehenden Stäben zu thun hat, beweisen die auf tangentialen Längsschnitten sichtbaren Querschnittsbilder derselben. Hier zeigen sie meist eine rundliche, elliptische bis längliche Form.

Ihre Structur gleicht derjenigen der Tracheïdenwände; wie an jenen lässt sich eine Mittellamelle und die secundäre Verdickungsschicht mit der stärker lichtbrechenden Randlamelle unterscheiden. Die Mittellamelle erscheint auf dem Querschnitt bei den dünnen, rundlichen Stäben meist fast kreisförmig und lässt oft in der Mitte einen dunkleren Punkt erkennen (Taf. XXVII, Fig. 2), bei den grösseren elliptischen bis länglichen ist sie stets schmal linear mit wenig verbreiterten Enden (Taf. XXVII, Fig. 3—5); sie hat also in Wirklichkeit im ersteren Falle mehr eine cylinderische Form, im letzeren etwa diejenige eines seitlich zusammengedrückten Schlauches. Im übrigen zeigt sie dieselben Eigenthümlichkeiten wie die Mittellamelle der Tracheïdenwände. So erweitert sie sich — auf Radialschnitten gesehen — bisweilen trichterförmig an den Schnittpunkten mit den Mittellamellen der Wände und schliesst einen Raum ein, welcher bei kreisförmigen Stäben die Form eines Doppelkegels mit concaven Seiten hat (Taf. XXVII, Fig. 7). Derselbe bleibt, wie die von den Mittellamellen zusammentreffender Tracheïdenwände gebildeten „Zwickel", fast immer ausgefüllt (Fig. 7, Taf. XXVII bei b, c und d). Nur selten finden sich wirkliche Intercellularräume, so z. B. bei den parenchymatischen Zellen des Harzganges (Fig. 1 bei h). Sind die Axen zweier Stäbchen nicht genau in einer geraden Linie, hat also eine Verschiebung der Tracheïdenwände gegeneinander stattgefunden, so sind die Hälften des Doppelkegels durch eine meist S förmig gestaltene Lamelle getrennt (XXVII, 7 bei c). Oft kann man auch die Mittellamelle völlig intact durch diejenige der Tracheïdenwand hindurchgehen sehen; letztere geht dann continuirlich mit etwas verbreitertem Rande in die erstere über (XXVII, 7 bei a). Da die Mittellamelle das Licht anders bricht als die sie umgebende secundäre Verdickungsschicht (und auch als die von ihr eingeschlossenen

Zwickel), so bietet sie dem Auge das Bild einer capillaren Röhre, d. i. eines von zwei helleren Linien begrenzten dunkleren Streifens dar. Wo diese „scheinbare Capillare“ bei rundlichen Stäben ununterbrochen durch die Tracheïdenwand hindurchgeht, erscheint sie an den Schnittpunkten bisweilen etwas verengt.

Auch in den Rindenzellen, besonders den Siebröhren lässt sich eine centrale Lamelle meist erkennen.

Alle diese Erscheinungen treten deutlicher hervor, wenn man das in absolutem Alkohol entwässerte Präparat in stark lichtbrechende Medien — am besten in Benzol — bringt.

Im Cambium, wo die Stäbe in jeder Zelle sichtbar sind, haben sie in den einzelnen Zellen die Form eines zwischen den Fingerspitzen auseinandergezogenen, etwas dickflüssigen Tropfens (XXVII, 1 bei c). Bei der Theilung einer Cambiumzelle tritt an den Schnittpunkten des Stäbchens mit der jungen Wand dieselbe allmähliche, mit dem Alter der Wand zunehmende Abrundung der Ecken ein, wie an den Insertionsstellen der tangentialen und radialen Wände. In der weiteren Entwicklung theilen sie das Schicksal der tangentialen Wände, nehmen in den jungen Rindenzellen, und zwar in den Siebröhren mehr als in den parenchymatischen Elementen, an Dicke zu, während sie in den jungen Tracheïden während der Streckung zunächst dünner werden, um dann erst bei der weiteren Differenzirung in die Tracheïdenlamellen die oben beschriebene Beschaffenheit zu erhalten. Wie in den parenchymatischen Zellen der Rinde, so behalten sie auch in den dünnwandigen des Holzes, welche die Harzgänge umgeben, den Jungcellulose-Charakter, während sie in den Tracheïden verholzen. Da sie wie die Tracheïdenwände auf Salzsäure und Phloroglucin roth, auf Jodkalium gelb reagiren, so bleibt über ihre Verholzung kein Zweifel übrig.

Ueber die Verbreitung der Stäbe innerhalb der einzelnen Zellen geben tangentiale Längsschnitte Aufschluss. Hier zeigt sich, dass sie bald einzeln, bald zu zweien oder mehreren in Reihen mit ungleichen Intervallen angeordnet (Taf. XXVIII, Fig. 2) in allen Theilen der Tracheïden vorkommen können. Wenn sie auch häufig in der Nähe der Markstrahlen gefunden werden, so ist ihr Vorkommen doch sicher nicht an jene gebunden. Meist stehen sie in der Mitte des Lumens, doch können sie auch etwas zur Seite rücken und bisweilen sogar der Wand anliegen.

In einzelnen Zellen können die Stäbchen entweder ganz fehlen oder, was häufiger ist, gezerrt oder zerrissen sein; in diesem Falle sind die Enden einem dünnen durchschmolzenen Drahte ähnlich, oder, bei den etwas mehr verdickten Theilstücken, an der Zerreissungs- oder Zerrungsstelle durch zackige oder knorrige Wucherung verdickt (Fig. 8, Taf. XXVII). Solche dünnen fadenförmigen Stäbe — doch auch nur diese — können bisweilen ganz aufhören. Dass dem so ist, und dass sie nicht etwa durchschnitten sind, kann man auf radialen Längsschnitten durch Vergleich mit den Markstrahlen, denen sie genau parallel sind, ersehen. In diesem Falle muss man annehmen, dass sich ein dazugehöriger Stab auch in der Rinde befindet.

Ausser den oben beschriebenen, durch ganze Jahresringe hindurchgehenden Stäben finden sich auch häufig solche, welche nur durch eine Zelle oder doch nur durch wenige hindurchgehen. Diese Kurzstäbe zeigen dieselben Eigenthümlichkeiten wie die Langstäbe, nur sind sie durchschnittlich breiter als jene (Fig. 9—10). An ihren äusseren, nicht mittleren Ansatzstellen an die Tracheïdenwände sind sie schalen- bis krugförmig eingebogen (Fig.10, Taf. XXVII). An einem Präparate von Abies pectinata bemerkte man in diesen schalenförmigen Einsenkungen deutliche, als rothe Linien erscheinende Spaltungen der Mittellamelle (Fig. 9, Taf. XXVII). Bei Araucaria fand sich diese Eigenthümlichkeit oft noch ausgeprägter. Diese beiden Vorkommnisse beweisen, dass die Stäbe bei der radialen Streckung der jungen Tracheïden einen Widerstand geleistet haben. Hierfür spricht auch das Aussehen der breiteren Stäbe (Fig. 9, 10, 17) und die häufigen Zerrungen und Zerreissungen der dünnen Langstäbe.

Eine bei Rundstäben sich findende Eigenthümlichkeit bilden kleine grubenartige Vertiefungen und Höhlungen, welche die kleineren Theilstücke eines Stabes in der Mitte, die längeren an beiden Enden besitzen. Man nimmt sie am leichtesten auf radialen Längsschnitten wahr. Ihre Form ist keine bestimmte; am häufigsten besitzen sie linsenförmige Gestalt und lassen bisweilen im Innern eine in der Mitte verdickte Lamelle erkennen (Taf. XXVII, Fig. 12 und 18); entweder sind sie Höhlungen im Innern des Stabes oder wirkliche Perforationen, nicht selten seitliche grubenartige Vertiefungen (Fig. 12); in einigen Fällen fand ich an ihrer Stelle eine kurze Unterbrechung des Stabes, dessen Enden nur noch durch ein dünnes, die Mittellamelle fortsetzendes Fädchen verbunden waren (Fig. 14). Auf dem Querschnitt des Stabes fand ich nur solche, welche als einseitige Grübchen bis zur Mittellamelle reichten (Fig. 15, 16). Man dürfte kaum fehlgehen, wenn man diese Gebilde als rudimentäre Hoftüpfel auffasst. So könnte man Fig. 12 und 18 als Hoftüpfel ohne Ausmündungskanäle beschreiben; Fig. 13 desgleichen, jedoch mit einseitiger, rudimentärer Kanalanlage; Fig. 14 als Tüpfel mit völlig unterbliebener Hofbildung; Fig. 15 als nur einseitig zur Ausbildung gelangten Hoftüpfel; Fig. 16 desgleichen, jedoch mit theilweis unterbliebener Hofbildung. Ihrer Gestalt und Lage nach entsprechen sie den kleinen behöften Tüpfeln, wie sie die Querwände der „gefächerten", in unmittelbarer Nähe der Harzgänge vorkommenden Tracheïden besitzen[1]).

Ausser diesen kleinen Tüpfelrudimenten, welche den Hoftüpfeln horizontaler Querwände entsprechen, giebt es andere grössere, welche ich als den grossen Hoftüpfeln der radialen Längswände analoge Rudimente auffasse. Dieselben finden sich häufig auf den breiten, d. i. im Querschnitt elliptischen Kurzstäben als grössere grubenartige Einsenkungen (Fig. 17, Taf. XXVII) von unregelmässiger oft halbmondförmiger Gestalt. Diese Auffassung gewinnt durch Vergleich mit einer anderen Erscheinung an Wahrscheinlichkeit. Nicht selten sieht man nämlich auf tangentialen Längsschnitten von einer Tracheïdenwand aus kürzere oder längere frei endende Wände zungenartig in das Lumen der Tracheïden hineinragen (Taf. XXVIII, Fig. 3). An einer dieser „zungenförmigen Zwischenwände", welche, an einem Markstrahl beginnend, die etwas erweiterte Tracheïde durchzog, waren vier Hoftüpfel deutlich sichtbar, die denen der benachbarten Wände völlig glichen. Diese Tüpfel verbinden also Theile ein und derselben Tracheïde. Ausser bei Araucaria imbricata fand ich diese seltsame Erscheinung noch dreimal bei Pinus silvestris und excelsa; in einem Falle enthielt die frei endende, ziemlich lange Wand ebenfalls fünf, in den beiden anderen, wo die Wand nur kurz war,

1) Diese gefächerten Tracheïden bilden gewissermassen die Uebergänge von den aus Cambiumzellen durch Quertheilung entstandenen Holzparenchymzellen zu den Tracheïden, insofern als einzelne Fächer dieser Tracheïden zartwandige Holzparenchymzellen bleiben, während die übrigen den Tracheïdencharakter zeigen.

einen behöften Tüpfel. Auf dem radialen Längsschnitt fand ich auf solcher zungenförmigen Zwischenwand neben einem Hoftüpfel eine grubenartige Einsenkung, wie sie die breiten Kurzstäbe zeigen. Ein interessanter Fall ist in Fig. 1, Taf. XXVIII (Radialschnitt von Pinus silv.) dargestellt. Auf der rechten Seite der mit einem Hoftüpfel versehenen Querwand befinden sich zwei breite, plattenförmige, zweizellige Kurzstäbe, deren einer ein Tüpfelrudiment besitzt (bei b); auf der anderen Seite (bei a) sehen wir in den beiden Zellen je eine mit einem deutlichen Hoftüpfel versehene Zwischenwand. Dass diese Tüpfel nicht etwa der darüber oder der darunter liegenden Zellwand angehörten, davon konnte man sich durch verschiedene Einstellung des Mikroskops leicht überzeugen. Da diese Zwischenwände und die Stäbe, wie wir später sehen werden, theilweise genetisch gleichwerthig sind, so scheint mir die Auffassung der oben beschriebenen Grübchen als Tüpfelrudimente um so richtiger, als auch sonst Fälle bekannt sind, in denen Zellen bei veränderten Bedingungen — gleichsam ihre Eigenart bewahrend — tüpfelähnliche Wandvertiefungen zeigen, die offenbar, soweit man sehen kann, zwecklos sind[1]). Als besten Belag für die Richtigkeit meiner Auffassung fand ich schliesslich bei Araucaria zwei breite durch acht resp. sechs Zellen hindurchgehende Kurzstäbe, wovon der letztere einmal vier, der erstere dreimal je drei, zum Theil rudimentäre Hoftüpfel neben einander zeigte (Taf. XXVIII, Fig. 2); dieselben glichen ganz denen der radialen Längswände, nur waren sie etwas kleiner.

Eine besondere Erwähnung verdienen noch die in Fig. 4, 6 und 9, Taf. XXXII dargestellten Tüpfelrudimente an den Enden partieller Zwischenwände, wie ich sie bei Thuja occident. mehrmals gefunden habe; der knopfförmige Torus wird von zwei Vorsprüngen umgeben, welche fast das Bild einer Krebsscheere abgeben.

An dieser Stelle muss ich im Anschluss an die Stäbe kurz auf einen anderen, hierhergehörigen Gegenstand eingehen.

1) So besitzen z. B. die Thyllen, welche ich bei Pinus excelsa gefunden habe, auf der ganzen Ausdehnung der Wände, also auch da, wo sie den dicken Tracheidenwänden fest anliegen, tüpfelartige Einsenkungen. — Die Thyllenbildung ist bisher bei jetzt lebenden Coniferen, sonst nicht beschrieben worden; ich gedenke deswegen demnächst auf diese Beobachtung in einer eigenen Arbeit zurückzukommen.

Paul Schulz beschreibt in seiner Inauguraldissertation (Das Markstrahlengewebe und seine Beziehungen zu den leitenden Elementen des Holzes. Berlin 1882.) eigenartige „Querversteifungen der Tracheïden". „Im (tangentialen) Längsschnitt bieten dieselben dem Auge ein doppeltes T (I) dar. Ein kurzes Mittelstück trägt an seinen Enden je eine Scheibe; das mittlere cylindrische Stück geht allmählich in die Scheiben über, und diese flachen sich nach und nach ab; . . ."

„Sie sind meistens senkrecht zum Markstrahl oder auch schief zu ihm gestellt." (Diese Gebilde sollen also nach P. S. im Wesentlichen nicht, wie die oben beschriebenen Stäbe, radial, sondern tangential gerichtet sein.) „Man findet diese Membranversteifungen nur an jenen Stellen der Tracheïden, welche an die Markstrahlen angrenzen, und zwar sind sie hier garnicht selten, sowohl im Frühjahrsholz als in dem des Herbstes." Diese „Doppel-T-Träger", welche schon mehrfach in der Litteratur erwähnt worden sind, beruhen auf einem Beobachtungsfehler. Sie sind in lebendem Holze, wo ich sie lange vergeblich gesucht habe, niemals, sondern nur in abgestorbenem zu finden und bestehen nicht aus verholzter Cellulose, sondern aus einem harzgummiartigen Secret, wie es allmählich abgestorbenes Holz nicht selten ausscheidet. Wie ein Flüssigkeitstropfen in einem engen Glasröhrchen werden sie von zwei Meniscen begrenzt und finden sich naturgemäss überwiegend (aber nicht ausschliesslich!) an den durch die Markstrahlen verursachten Verengungen der Tracheïden. Da die Tracheïden häufig da, wo sie den Markstrahlen benachbart sind, in der tangentialen Richtung viel enger werden, so dürften diese Secrete an solchen Stellen bisweilen die Form eines zwischen den Fingern auseinandergezogenen, zähflüssigen Tropfens haben, also als freie Säulen in tangentialer Richtung durch das Lumen der Zelle ragen. Obwohl nun dies gerade von mir nicht beobachtet wurde, so ist doch anzunehmen, dass solche Formen die Veranlassung zu der von Paul Schulz gegebenen Beschreibung und Abbildung gegeben haben. Der Irrthum ist um so erklärlicher, als diese Secrettropfen durch Zusammentrocknen gegen Säuren sehr widerstandsfähig werden und wenigstens auf den tangentialen Längschnitten kaum noch an Flüssigkeitstropfen erinnern, sondern thatsächlich der von Paul Schulz gegebenen Zeichnung entsprechen. Eine schärfere Vergrösserung freilich oder ein radialer Längsschnitt durch das Holz hätte die wahre Natur dieser Erscheinung sofort erkennen lassen.

Mit den stabförmigen Gebilden müssen ferner die theilweisen Verwachsungen tangentialer Tracheïdenwände in Zusammenhang gebracht werden, da dieselben besonders mit den Kurzstäben fast immer gleichzeitig auftreten.

Auf radialen Längsschnitten findet man sehr häufig, vornehmlich im Frühjahrsholze, zwei benachbarte tangentiale Tracheïdenwände eine kürzere oder längere Strecke vereinigt, wobei bisweilen die Mittellamellen deutlich in einander übergehen (Fig. 5, Taf. XXVIII). Durch Vergleich mit den benachbarten Tracheïden derselben Radialreihe überzeugt man sich, dass man es hier nicht mit den Enden zweier Tracheïden zu thun hat; denn diese finden sich alle in nahezu gleichem Niveau und sind überdies ja auch durch gleitendes Wachsthum theilweise an einander vorbeigeschoben. Diese theilweisen Verwachsungen können sich in denselben Zellen auch mehrmals wiederholen. Fast ebenso häufig kommen auch Verwachsungen der Wände zweier benachbarter Zellen vor. In diesem Falle sind die äusseren Wände in der oben beschriebenen Weise vereinigt; die mittlere Wand setzt sich dann nicht genau an die Vereinigungsstelle, sondern stets etwas seitlich derselben an. Man ersieht hieraus, dass die äusseren Wände schon vereinigt waren, als sich die Zelle noch einmal theilte, wobei die junge Wand, nach dem bekannten Zelltheilungsgesetze, sich unter möglichst grossem Winkel an die eine der Wände ansetzte. Verwachsungen dreier bereits vorhandener Wände an einer Stelle kommen niemals vor.

Ueber die räumliche Beschaffenheit dieser Verwachsungen geben tangentiale Längsschnitte Aufschluss. Hier zeigen sich nämlich Gebilde, die bei überaus mannigfaltigem Aussehen etwa drei Grundformen besitzen:

1. Die elliptischen, welche mit ihren schmalen Seiten das Lumen der Zelle mehr oder weniger ausfüllen, so dass es nur am Rande noch zusammenhängt (Fig. 5 d, Taf. XXVIII).

2. Die halbelliptischen, welche, mit ihren langen Breitseiten der Tracheïdenwand anliegend, mehr oder weniger tief in das Lumen der Zelle hineinragen (Fig. 5a, Taf. XXVIII).

3. Die oben schon beschriebenen, zungenförmigen Formen, welche, an irgend einer Stelle der Tracheïdenwand ansetzend, die Zelle eine kürzere oder längere Strecke durchziehen (Fig. 3, Taf. XXVIII).

Die halbelliptischen zeigen auf Tangentialschnitten stets, die elliptischen Formen bisweilen eine doppelt conturierte Umgrenzungs- und eine schwächere Innenlinie. Das Zustandekommen dieser drei Linien erklärt sich folgendermassen: Die scharfe Aussenlinie giebt die wirkliche Umgrenzung der Verwachsungsstelle an; ihre Doppelcontur wird durch die stärker lichtbrechende Randlamelle der secundären Verdickungsschicht verursacht; die schwächere, etwas unbestimmte Innenlinie umgrenzt die Vereinigung der beiden Mittellamellen (vergl. Fig. 5 auf Taf. XXVIII; a und b, sowie d und c gehören zusammen; auf dem Radialschnitt ergeben beide die Fig. 5).

Zwischen diesen drei Grundformen giebt es alle Uebergänge; so können z. B. die elliptischen der Wand mehr oder weniger anliegen, indem sie entweder gerade oder etwas schräg zur Tracheïdenachse gerichtet sind; im ersteren Falle bilden sie dann den Uebergang zu den halbelliptischen, im zweiten zu den zungenförmigen Formen.

Alle diese Gebilde können mit Ausnahme der schmalen halbelliptischen auf dem tangentialen Längsschnitte auch die Structur der oben beschriebenen Stäbe zeigen, d. h. sie lassen eine deutliche, nach der Form des Gebildes sich richtende bandartig lineare Mittellamelle und eine secundäre Verdickungsschicht mit hellerem Rande erkennen. Mit andern Worten, wir finden zwischen den „Verwachsungen" und den Stäben auf den tangentialen Längsschnitten alle Uebergangsformen.

Was ihr lokales Auftreten betrifft, so fanden sich auf tangentialen Schnitten neben einander in derselben Zelle:

1. Eine grössere elliptische Verwachsungsstelle mit deutlicher Mittellamelle und ein Rundstab.

2. Eine längere, lineare Verwachsung mit freien Enden und ein Rundstab.

3. Eine elliptische Verwachsung mit Mittellamelle und eine solche ohne dieselbe; die erstere dürfte also einem Stabe ähnlich sein.

4. In zwei Fällen ein zungenförmiger Fortsatz mit Mittel-

lamelle nnd ein Stab. In einem Falle zeigte der Fortsatz die oben erwähnten Hoftüpfel (Fig. 3, Taf. XXVIII).

5. Recht instructiv war ein Präparat von Pinus excelsa, dasselbe zeigte neben einander zwei halbelliptische Verwachsungen, welche je einen zungenförmigen Fortsatz mit deutlicher Mittellamelle aussandten, an die sich wiederum je ein Stab, der eine direct, der andere mit kurzem Intervall reihte (Fig. 4 auf Taf. XXVIII).

6. Fig. 4 auf Taf. XXXII stellt den seltenen Fall dar, wo sich in der darunterliegenden Zelle eine grosse, fast bis zu den Wänden reichende Verwachsungsstelle und in der darüberliegenden eine längere partielle Zwischenwand zeigte.

Kehren wir nunmehr zu den Ansichten auf den radialen Längsschnitten zurück, so finden wir auch hier zwischen den Verwachsungen und den Stäben alle Uebergänge. So findet man in der ersten Zelle des Frühlingsholzes Kurzstäbe, die mit dem einen Ende, der letzten Wand des Winterholzes anhaften, während sie mit dem anderen die schalen- und becherartigen Einsenkungen der Zellwand verursachen. Diese Einsenkungen können trichterförmig bis zur gegenüberliegenden Wand reichen, so dass wir sie als Verwachsungen bezeichnen müssen. In einem Falle war solch eine Zelle noch getheilt, so dass die trichterförmige Einsenkung durch die mittlere Wand hindurch bis zur letzten Winterholzwand reichte (Fig. 11, Taf. XXVIII).

Ein anderes Mal hatte die erste Zelle einen Kurzstab, an den sich in der zweiten eine trichterförmige Einsenkung anschloss (Fig. 7, Taf. XXVIII). Dem entsprechend finden sich auch zweizellige Kurzstäbe in den ersten beiden Zellen des Frühjahrsholzes. Bei der Verwachsung zweier Zellen mit ihren äusseren Wänden sieht die Verbindungsstelle einer derselben einem kurzen breiten Stabe mit becherförmiger Einsenkung ähnlich, während wieder in andern Fällen die eine Zelle eine Verwachsung, die benachbarte einen Stab — bei Araucaria einmal sogar zwei Kurzstäbe dicht neben einander, Fig. 6 — zeigte.

Wie schon oben die tangentialen, so zeigen hier noch deutlicher die radialen Schnitte das lokal gleichzeitige Auftreten dieser Gebilde sowohl in derselben Zelle, als auch in den Zonen gleichen Alters. So besassen zwei Zellen bei Araucaria und ebenso bei Pinus silvestris viele Verwachsungen und Kurzstäbe neben einander;

bei Pinus Strobus waren einmal die äussersten Wände dreier Zellen zu einer Verwachsung vereinigt, neben der sich ein (dem entsprechend) dreizelliger Kurzstab[1]) befand (Fig. 9, Taf. XXVIII).

Aus dem Vorhandensein aller Uebergangsformen und dem lokal gleichzeitigen Auftreten aller dieser Gebilde muss man auf ihren genetischen Zusammenhang schliessen. Zu diesem Schluss glaube ich mich ganz besonders durch zwei Präparate berechtigt. Bei dem einen fand sich an einem achtzelligen Kurzstabe auf der einen Seite eine schalenförmige Einsenkung, auf der anderen eine Verwachsung zweier Zellen (Fig. 12, Taf. XXVIII).

Bei dem anderen schloss sich an eine breite Verwachsung zweier Herbstholzzellen ein breiter bandartiger Stab, der sich zuerst durch die übrigen sechs Herbstholzzellen und dann durch viele Jahresringe hindurch verfolgen liess. In dem ersten blieb er noch breit und bandartig, um, allmählich schmaler werdend, in einen dünnen Rundstab mit den charakteristischen Grübchen überzugehen (Fig. 8, Taf. XXVIII). Neben diesem befand sich ein gleicher Stab, der, einer Verwachsung derselben Zellreihe entspringend, nur von vornherein schmaler, denselben Verlauf nahm.

Ehe wir nach der Bedeutung all dieser Gebilde fragen, will ich noch kurz eine andere interessante Beobachtung mittheilen.

Kurzstäbe kommen nämlich nicht nur bei den Coniferen, sondern auch bei Laubhölzern vor, nur sind sie hier wegen der geringen Dimensionen der Stereïden viel schwerer zu finden. Als ich im Anschluss an Sanio Holz von Hippophaë rhamnoides auf Stäbe untersuchte, fand ich neben mehreren einzelligen auch einen vierzelligen Kurzstab (Fig. 15, Taf. XXVIII). Die vier Zellen, welche die Theilstücke desselben enthielten, lagen jedoch nicht neben einander, wie dies bei den Coniferen regelmässig der Fall ist, sondern waren durch je eine Zelle, welche sich durch gleitendes Wachsthum dazwischen geschoben hatten, von einander getrennt. In einem anderen Falle enthielten auf einem Querschnitt sechs theilweis von einander getrennte, ziemlich unregelmässig gestellte Stereïden solche Stäbchen.

Während diese Erscheinung bei den Laubhölzern infolge des bedeutenden Längenwachsthums der Stereïden regelmässig zu finden

---

1) Diese Bezeichnung soll bedeuten, dass sich der Stab durch drei Zellen hindurch findet, und sei wegen der Kürze des Ausdrucks gestattet.

sein dürfte, findet sich dieselbe bei Coniferen, deren Tracheïden sich bei der Differenzirung nur noch wenig strecken, seltener. Beobachtet habe ich ähnliches einmal auf einem radialen Längsschnitt von Abies cephalonica. Hier waren fünf dicht neben einander befindliche Langstäbe an einer Stelle durch eine dazwischen geschobene Tracheïde, welche der benachbarten Radialreihe angehörte, von einander getrennt. Auch die Gefässe des Laubholzes besitzen die Stäbe, wie ich zweimal bei Salix fragilis und einmal bei Casuarina equisetifolia beobachtet habe[1]).

Langstäbe habe ich bei Laubhölzern nicht gefunden, doch dürften auch diese vorhanden sein.

Was nun die Bedeutung dieser Stäbe anlangt, so ist aus dem bisher Gesagten ohne Weiteres klar, dass sie einem Zwecke, etwa einem mechanischen, nicht dienen können. Vielmehr hat man es hier, wie schon die relative Seltenheit beweist, mit abnormen Erscheinungen zu thun. Man findet sie nicht überall gleich häufig, weder an verschiedenen Bäumen derselben Species, noch in den verschiedenen Jahresringen eines Stammes, noch in den verschiedenen Regionen desselben Jahresringes. Vielmehr ist das erste Frühjahrsholz einzelner Jahre ganz besonders ausgezeichnet. So fand ich bei vier Pflanzen des Choriner Forstgartens, je einer Pinus Strobus und excelsa, Abies pectinata und cephalonica, die ich speciell daraufhin untersucht habe, diese Gebilde im ersten Frühlingsholze des Jahresringes 1889 unverhältnissmässig häufiger als in den früheren; erst derjenige des Jahres 1884 zeigte sie wieder nahezu ebenso zahlreich. Deswegen ist wohl der Schluss gerechtfertigt, dass ihre Bildung durch besondere klimatische Verhältnisse bisweilen begünstigt wird.

Die Ursache ihrer Entstehung ist wohl überwiegend in den Schluss der Vegetationsperiode zu verlegen. Obgleich ihr Auftreten im Frühlingsholz am häufigsten ist, so spricht doch ein Umstand für meine Annahme, nämlich der, dass sowohl Lang- als Kurzstäbe häufig noch in den letzten Winterholzzellen beginnen,

1) Seite 45, Anm. 2 theilt Dr. Müller mit, dass Prof. Kny bei Tilia auf einem Radialschnitt Sanio'sche Balken durch mehrere Libriformzellen und ein ziemlich weites Gefäss hindurchgehen sah.

wie ich dies fünfmal bei Abies cephalonica und noch häufiger bei Pinus silvestris beobachtet habe.

Trotz meines umfangreichen Materials vermag ich diese Frage nicht endgültig zu lösen, denn neben den die obige Annahme stützenden Fällen kommen auch Ausnahmen häufig genug vor.

Auf die Art und Weise, wie diese Gebilde entstehen, lässt theils ihr anatomischer Bau, theils der genetische Zusammenhang der verschiedenen Uebergangsformen schliessen.

Es sei im Folgenden gestattet, des Näheren auf diese Frage einzugehen, da die Behandlung solcher Monstrositäten nur dann als kritische Basis für andere Fragen einen Werth erhält, wenn über ihre Entwicklungsgeschichte und, wenn möglich, über die Ursache ihrer Entstehung kein Zweifel obwaltet.

Bei den ersten Präparaten mit Stäben lag es nahe, dieselben für Wandrudimente zu halten. Die Wahrscheinlichkeit war um so grösser, als der Zusammenhang zwischen den Stäben und den zungenförmigen Zwischenwänden, in deren directer Verlängerung sich (auf tangentialen Schnitten) die ersteren häufig finden, ausser Zweifel zu sein schien (Taf. XXVIII, Fig. 3). Die eigenartigen Tüpfelrudimente waren geeignet, die Ansicht zu bekräftigen, dass den Stabbildungen gleichsam die Wandnatur bis zu einem gewissen Grade geblieben sei.

Es könnte sich natürlich nur um die Ueberreste radialer Längswände handeln, denn alle diese Gebilde sind stets radial, niemals tangential gerichtet und haben sowohl ihre grösste Ausdehnung — so die Zwischenwände und die plattenförmigen Stäbe — in der Längsrichtung der Zelle, oder sind, wenn zu mehreren vorhanden, zu Längsreihen angeordnet (Taf. XXVII, Fig. 2).

Gegen die Auffassung spricht jedoch folgende Ueberlegung. Es können nicht ältere Wände sein, aus denen jene hervorgehen, denn die Stäbe finden sich niemals als Verlängerungen radialer Wandreihen; und die jüngeren Radialwände werden, wie wir später sehen, nicht als Längswände angelegt, sondern gehen aus ursprünglichen Querwänden durch allmähliche Schiefstellung hervor. Ausserdem sähe man ja auch nicht ein, weshalb die viel häufigeren tangentialen Wände nicht auch einmal resorbirt und zu tangential gerichteten Stäben werden sollten.

Indess der am meisten gegen diese Ansicht sprechende Factor, ist der augenscheinliche genetische Zusammenhang zwischen der Stabbildung und den Verwachsungen tangentialer Wände. Wie wir oben gesehen haben, lässt sich eine Grenze zwischen Verwachsungen und Stäben garnicht ziehen; zudem finden sich beide in derselben Zelle vielfach in allen Uebergängen neben einander (Taf. XXIX, Fig. 4 und Taf. XXVIII, Fig. 1, 4 und 9), und Lang- und Kurzstäbe bilden in den folgenden Zellen einer Reihe oft genug die directe Verlängerung solcher Vereinigungsstellen tangentialer Wände (Taf. XXVIII, Fig. 8, vergl. Taf. XXXII, Fig. 4).

Da bei den letzteren eine vollständige Verschmelzung der Mittellamellen vorhanden ist (Taf. XXVIII, Fig. 5 b und c), so muss ihrer Bildung eine Berührung oder grosse Annäherung der tangentialen Wände vorausgehen. Vergegenwärtigt man sich die auf dem Querschnitt schmale, längliche Form der Cambiumzellen während der Vegetationsruhe, so ist eine derartige Berührung der tangentialen Wände durch geringe wellige Faltung derselben recht wohl denkbar, denn auf den besten Schnitten findet man immer Wände, welche sich berühren, während die übrigen völlig straff gespannt erscheinen.

Die Ursache der Berührung tangentialer Wände dürfte in den einzelnen Fällen, soweit man aus den anatomischen Befunden schliessen kann, sehr verschiedener Art sein.

Häufig findet man Tracheïden, welche durch diese Missbildungen ganz besonders ausgezeichnet sind; zehn und noch mehr dieser Monstrositäten können sich in solch einer Zelle finden; bald sind die Wände kürzere oder längere Strecken vereinigt, bald durch Stäbe mit einander verbunden. Wie sonderbare Bilder hierdurch zu stande kommen können, zeigt Fig. 4 auf Taf. XXIX; hier gehen Verwachsungen dreier Zellen mehrfach in Stäbe resp. partielle Zwischenwände über. In solchen Fällen ist der Berührung der tangentialen Wände augenscheinlich ein zeitweiliges pathologisches Collabiren vorausgegangen. An einigen Präparaten hatte diese Auffassung um so grössere Wahrscheinlichkeit für sich, als sich die Zellen in nächster Nähe von vernarbten Verwundungen (Wundparenchym) befanden, wie ich dies bei Picea excelsa, Pinus excelsa und Thuja gigantea gefunden habe. Man muss wohl annehmen, dass solche Zellen durch die Verwundung ungünstig beeinflusst, zeitweilig einen geringeren Turgor besitzen als die benachbarten und in Folge dessen stellenweise von diesen zusammengedrückt werden.

Eine besondere Rolle spielt bei der Stabbildung gewiss auch das Längenwachsthum der Cambiumzellen und der jungen Tracheïden. Obgleich die ersteren zweifellos überwiegend an der Spitze wachsen, so lässt die Verschiebung der Stabaxen gegen einander (Taf. XXVII, Fig. 7 bei c) doch auch auf eine Streckung der Längswände schliessen. Mit Hilfe dieser glaube ich die zahlreichen Stäbe und Verwachsungen, durch welche gerade die ersten Tracheïden des Jahresringes ausgezeichnet sind, erklären zu sollen. Denn man kann sich wohl vorstellen, dass zu Beginn der Vegetation die erste dem Winterholze anliegende Cambiumzelle durch den Contact mit dem Holze im Längenwachsthum einseitig behindert, eine welligfaltige Form der freien Wand und damit die Vorbedingung zur Berührung der tangentialen Wände erhalten.

Es ist freilich auch die Möglichkeit vorhanden, dass auch hier ein blosses zeitweiliges Collabiren einzelner Zellen als Ursache angesehen werden muss.

In anderen Fällen schienen Wachsthumsstörungen die wirkenden Ursachen gewesen zu sein. So ist das Spitzenwachsthum der Zellen besonders geeignet, in den benachbarten lokale Berührung der Wände hervorzurufen. Sehr schön trat dies an einem Radialschnitt von Pinus silvestris hervor; hier hatte sich eine Zelle zwischen die der Nachbarreihe gedrängt und dabei selbst drei Kurzstäbe erhalten und in der Nachbarzelle, welche zufällig Initiale war, die Anlage zu einem Langstab verursacht.

An dieser Stelle muss ich auf eine der Stabbildung verwandte Erscheinung hinweisen, auf die Bildung von Zellwandfaltungen.

Wenn das Spitzenwachsthum der Cambiumzellen irgend wie gehindert wird, so können die sonderbarsten Gebilde zu stande kommen. Wenn die Spitze auf einen Markstrahl stösst, so kann sie sich entweder fussartig erweitern, umbiegen oder, was häufig zu beobachten, sich gabeln und so auf beiden Seiten des Markstrahls zugleich vorbeiwachsen, was auf Tangentialschnitten natürlich sehr eigenartige Bilder hervorruft.

In anderen Fällen genügt der Widerstand anderer Zellwände, um in der Spitze eine Faltenbildung zu verursachen. Wächst dann nach einiger Zeit nur eine der beiden Kuppen weiter, so wird die

Falte zur Seite gedrängt (Taf. XXXII, Fig. 5 und 11) und scheint dann entweder einer Tangential- oder einer Radialwand zu entspringen. Gewöhnlich pflegen die Cambiumzellen, ihrem Querschnitte gemäss, radial gerichtete, die sich differenzirenden Jungtracheïden dagegen tangential gerichtete Falten zu bilden (Taf. XXXII, Fig. 8).

Obwohl diese Falten zweifellos mit den Stäben bisweilen dieselbe Entstehungsursache haben können, so ist der Bildungsvorgang doch ein anderer.

Merkwürdig ist dabei, dass die Membranfalten in derselben Weise Hoftüpfel oder deren Rudimente besitzen können wie die partiellen Zwischenwände, welche durch Berührung tangentialer Wände entstehen.

Den weiteren Entwicklungsgang bei der Stabbildung denke ich mir folgendermassen.

An den durch Collabiren oder durch wellige Faltung verursachten Berührungsstellen der tangentialen Wände erfolgt nunmehr durch unbekannte Vorgänge im Plasma Ansammlung von Cellulose. Dieselbe verhindert bei breiten Berührungsstellen, besonders wenn sie auf einer längeren Strecke einer radialen Wand anliegt, lokal die Streckung der Zelle und verursacht die oben beschriebene Verwachsung (vergl. Fig. 9, Taf. XXVIII bei a und Fig. 13, Taf. XXVIII bei a); oder aber die Celluloseansammlung wird (wie ein Flüssigkeitstropfen zwischen den Fingern) je nach ihrer Form entweder zu einer partiellen Wand (vergl. Fig. 1, Taf. XXVIII bei a, Taf. XXXII, Fig. 4, 7, 9 und 10) oder zu einem Faden ausgezogen (vergl. Taf. XXVIII, Fig. 9 bei b; Fig. 14 bei a und Fig. 1 bei b).

Hierbei leistet sie, natürlich wie auch die schalen- und becherförmigen Einsenkungen der tangentialen Wände beweisen, Widerstand. Hat die Berührungsstelle und damit die sich bildende (oft wohl mehr peripherische) Celluloseansammlung einen grösseren Umfang, so wird bei der radialen Dehnung dieser Stelle der Celluloseschlauch von dem hohen Turgor seitlich zusammengedrückt. Bisweilen entsteht aber auch eine wirkliche Höhlung, die entweder leer oder mit körniger Masse angefüllt sein kann. Wirkliche Höhlungen sind indess selten, doch kommen sie sowohl bei randständigen als centralen Verwachsungen vor. In einem Falle grenzte an solch eine Höhlung (bei Thuja gigantea) ein natürlich nur einseitig ausgebildeter Hoftüpfel. Eine für meine Auffassung recht charakteristische Form zeigt die Fig. 10, Taf. XXXII. Hier ist der Celluloseschlauch grösstentheils vom Turgor zu einer partiellen Zwischenwand zusammengedrückt; nur in der Mitte bleibt eine wirkliche Höhlung übrig.

Erfolgt nunmehr die Theilung, so enthält jede der beiden Tochterzellen den Stab resp. die partielle Wand. Theilt sich jede der beiden Tochterzellen noch einmal, so enthalten natürlich alle vier Zellen den Stab. Liegt die Ursache in der Initiale, so vererbt sich der Stab (oder die partielle Wand) auf alle von dieser abstammenden Zellen.

Bei fortgesetzter Theilung müsste der Cellulosetropfen natürlich dünner und dünner werden und zuletzt ganz verschwinden, wenn nicht derselbe durch Wachsthum immer wieder erneuert würde. Dass ein solches Wachsthum stattfindet, beweisen die durch viele Jahresringe hindurch zu verfolgenden dünnen Langstäbe[1]), welche ohne Wachsthum ja schon nach wenigen Theilungen aufhören müssten; dass andererseits aber das Wachsthum die durch Dehnung entstehende Querschnittsverringerung eines Stabes nicht völlig zu compensiren vermag, beweist der Umstand, dass die Langstäbe, auch wenn sie mit breiter Basis beginnen, doch allmählich schmaler werden und zuletzt in einen dünnen fadenförmigen Rundstab übergehen (Fig. 8, Taf. XXVIII) und schliesslich gelegentlich gänzlich aufhören.

Wenn man sich vorstellte, dass das Wachsthum der Stäbe, d. i. die Einlagerung neuer Molecüle durch Zug veranlasst, also nur ein passives ist, und dass es ferner nicht dem Lumen, sondern der Oberfläche des Stabes proportional erfolgt, so dürfte man wohl dem wahren Sachverhalte, der sich durch Messung wegen Unkenntniss der jeweiligen Querschnittsform nicht wohl genau feststellen lässt, soweit man nach dem blossen Augenschein urtheilen kann, sehr nahe kommen. Man verstände dann, weshalb der mit breiter Basis beginnende Stab (Fig. 8, Taf. XXVIII) anfänglich an Lumen so schnell abnimmt und erst dann, wenn dies eine bestimmte, für alle Stäbe gleiche Grenze erlangt hat, nahezu constant bleibend, nur sehr allmählich abnimmt, und weshalb er erst nach einer sehr grossen Anzahl von Theilungen so dünn wird, dass er in der Initiale — vielleicht bei ausnahmsweise gesteigertem Turgor — gelegentlich zerreisst.

---

1) Bei Abies cephalonica konnte ich eine Stabreihe durch 17, allerdings nur schmale Jahresringe hindurch verfolgen.

Man muss hierbei von der secundären, erst bei der Differenzirung in die Tracheïden gebildeten Schicht, welche im Herbstholz viel dicker ist als in dem des Frühjahres, und von der verschiedenen Individualität der einzelnen Zellen natürlich absehen.

Mit diesem Wachsthum unter Zugspannung hängt offenbar auch die Thatsache zusammen, dass alle Langstäbe, welche Form auch immer die Berührungsstelle und die erste Celluloseansammlung in der Mutterzelle gehabt haben mag, doch schliesslich bei genügend oft wiederholter Theilung in Stäbe mit rundem Querschnitt übergehen.

Werfen wir an dieser Stelle noch einen Rückblick auf die Mittellamelle, so ist klar, dass das Wachsthum unter Zugspannung die oben beschriebene Form derselben nicht bewirken kann. Diese beiden Factoren allein vermögen nicht die Thatsache zu erklären, dass breite elliptische Stäbe nicht gleichfalls eine elliptische, sondern eine lineare, die Form eines seitlich zusammengedrückten Schlauches zeigende Mittellamelle erhalten. Vielmehr scheint mir dieser Umstand einen Beweis für die Richtigkeit der älteren Sanio'schen Theorie abgeben zu können. Nach seiner ersten Auffassung rücken während der Streckung der jungen Tracheïden die auf den radialen Cambiumwänden sichtbaren „Grenzlamellen“ der Zellen durch Resorption der dazwischen liegenden weicheren Schicht an einander und bilden durch Verschmelzung die spätere Mittellamelle. Ueberträgt man diesen Vorgang auf die Stäbe, so kann man sich vorstellen, dass die im Cambium noch kreisförmige oder elliptische Aussenlamelle des Stabes, nach Resorption der Innenschicht vom Turgor der Zellen seitlich zusammengedrückt, zu einer Mittellamelle von der beschriebenen Form wird. Dadurch wird auch die oben beschriebene Verengung der „scheinbaren capillaren Röhren“ an den Kreuzungsstellen mit den Wänden begreiflich. Die während der Bildung noch kreiscylindrische „Grenzlamelle“ kann nach der erst später erfolgenden Resorption der Innenschicht nur im Lumen der Zelle, nicht aber an den Schnittpunkten mit der Wand vom hydrostatischen Druck seitlich zusammengedrückt werden, weswegen sie hier bisweilen schmaler erscheint als im Lumen der Zelle.

Von einigem Interesse, wenn auch nur von nebensächlicher Bedeutung dürfte noch die folgende Erscheinung sein.

Nicht selten beobachtet man nämlich, dass zwei dicht neben einander befindliche Langstäbe nach dem Cambium zu langsam convergiren und bei genügender Annäherung sich ganz vereinigend als ein einziger Stab weitergehen (Taf. XXXII, Fig. 2). Diese Thatsache scheint mir durch das Wachsthum der Stäbe unter Zugspannung eine genügende Erklärung finden zu können. Wenn eine Cambiumzelle mit zwei neben einander befindlichen Stäben a und b sich soeben getheilt hat und die so entstandenen beiden Zellen sich behufs neuer Theilung in radialer Richtung strecken, so werden in Folge des Zuges die Stäbe in ihrer ganzen Ausdehnung, also auch an den Schnittpunkten mit der jungen Wand, eine Querschnittsverringerung erfahren. Infolge der Cohäsion wird natürlich auch die junge Wand in der Nähe der Stäbe etwas contrahirt. Es werden also auf der Wand secundäre, centripetal nach den Axen der Stäbe gerichtete Kräfte wirksam.

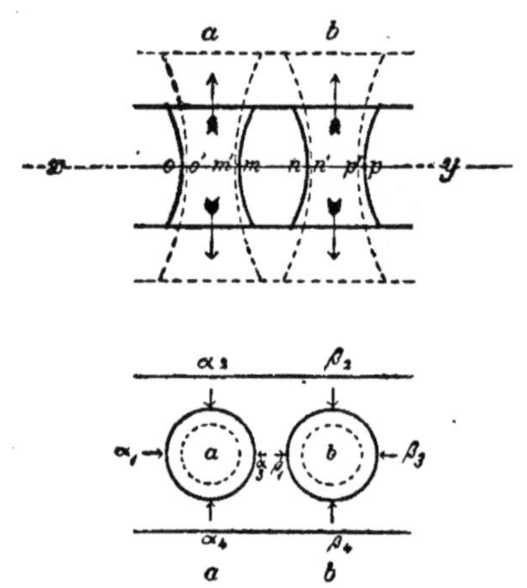

Denkt man sich dieselben um a und um b in je vier sich rechtwinklig schneidende Componenten zerlegt, so werden sich α_2 und β_2 gegen α_4 und β_4 aufheben, ohne die Richtung der Stäbe verändern zu können. Dagegen werden $\alpha_3 + \beta_1$ eine gegenseitige Annäherung der Stäbe a und b bewirken müssen, sobald sie sich mit $\alpha_1 + \beta_3$ ausgleichen; denn aus dem Hook'schen Gesetze: — die Grösse der bewirkten Formveränderung eines Körpers wächst innerhalb der Elasticitätsgrenze in gleichem Verhältniss mit der Grösse der wirkenden Kraft — folgt, dass bei Körpern verschiedener Länge zur Dehnung um dasselbe absolute Stück die erforderlichen Kräfte umgekehrt proportional der Länge sein müssen. Wären die Axen der Stäbe starr, so würde also zur Dehnung der Strecke mu um mm' + nn' eine ungleich grössere Kraft nöthig sein, als zur Dehnung von xo + py um oo' + pp' (= mm' + nn'). Da nun die Axen nicht starr sind, so kommt nur die Reaction jenes ungleichen Zuges zur Wirkung, oder mit anderen Worten: mu übt seinerseits einen ungleich grösseren Zug auf die Stäbe aus als xo + py und bewirkt eine Annäherung der Stabaxen. Obwohl $\alpha_3 + \beta_1$ gleich $\alpha_1 + \beta_3$ ist, so bleibt $\alpha_3 + \beta_1$ doch nur allein wirksam. In Wirklichkeit hat $\alpha_3 + \beta_1$ noch den Reibungswiderstand, ferner den aus α_2, α_4, β_2 und β_4, sowie den aus der Zugspannung der Stäbe selbst resultirenden Widerstand zu überwinden. Sehen wir indessen von der Wirkung dieser doch nur geringfügigen Momente ab, so leuchtet ein, dass bei fortgesetzter Dehnung der Stäbe sich zwar die Mittelpunkte der Axen, nicht aber die Punkte m und n einander nähern können. Denn durch die Dehnung der Stäbe kann mu länger, aber niemals kürzer werden.

Die Strecke mu wäre also gleichsam der Grenzwerth für die Annäherung der Stabaxen, über die hinaus auch die Einführung neuer Wände offenbar nicht hinaushilft.

Es kann also eine Verschmelzung der Stäbe mit einander nicht eintreten, wenn nicht ein anderer Factor, nämlich das Dickenwachsthum der Stäbe, hinzukommt.

Denken wir uns: 1. die Dehnung der Stäbe, 2. das Dickenwachsthum derselben und 3. das Auftreten der jungen Theilungen sprungweise nach einander vor sich gehen, so werden, wenn sich die Mittelpunkte der Stabaxen in der oben beschriebenen Weise um eine Strecke d einander genähert und darauf die Stäbe durch Wachsthum wieder ihre normale Dicke erlangt haben, bei den nunmehr erfolgenden Theilungen die Stäbe an den Schnittpunkten mit den jungen Wänden nicht mehr um mn, sondern um mn — d von einander entfernt sein. Da sich dieser Vorgang fortgesetzt wiederholt, so wird auch eine wirkliche Annäherung der Stäbe und schliesslich ein Verschmelzen mit einander erfolgen.

Wenn nun auch nicht sprungweise oder zeitlich ganz von einander getrennt, so dürften diese drei Momente doch auch nicht völlig gleichzeitig neben einander wirksam sein, wodurch die Wirkung natürlich aufgehoben würde.

Eine andere, hierher gehörige Erscheinung ist die folgende.

Auf radialen Längsschnitten verschwinden Stäbe bisweilen in der Weise, dass sie sich einer radialen Wandreihe mehr und mehr nähern, bis sie schliesslich völlig mit derselben verschmelzen. Man sieht die Theilstäbchen in diesem Falle anfänglich deutlich von einer tangentialen Wand zur andern reichen, darauf werden sie in den folgenden Zellen kürzer und kürzer, indem sie zuerst an den Enden und schiesslich ganz von der secundären Tracheïdenmembran eingeschlossen werden. Auch die Mittellamelle, die man noch am längsten als zarten Faden in der Wand verfolgen kann, verschwindet endlich (Fig. 3, Taf. XXXII).

Bei Abies pectinata und Pinus silvestris und in der Rinde von Thuja occidentalis fand ich die entsprechenden Bilder auch auf dem Querschnitt: die anfänglich noch deutlichen Stäbe näherten sich den tangentialen Wänden, bis sie verschwanden; dabei konnte man sich durch Umwenden des Präparates leicht überzeugen, dass der Stab nicht etwa von den Schnittflächen getroffen worden war und dass man es nicht mit einer Täuschung irgend welcher Art zu thun habe. Dr. Müller berichtet von zahlreich beobachteten Fällen, wo sich die Stäbe gerade umgekehrt verhalten sollten, indem sie nicht peripheriewärts mit den radialen Wänden allmählich verschmelzen, sondern sich vielmehr von ihnen „emancipiren“ und „markwärts mehr und mehr in die betreffende Radialwand einsinken und sich bis zum völligen Verschwinden abflachen.“

Da ich die Müller'sche Angabe niemals beobachtet habe und mich von der Richtigkeit meiner Mittheilung durch nochmaliges Durchmustern meiner Präparate überzeugen konnte, so halte ich es für wahrscheinlich, dass Herr Dr. Müller, verleitet von der ihm vorschwebenden Entstehungstheorie, das Mark- und Peripheriewärts verwechselt hat; was übrigens bei Präparaten von Araucaria wegen des Mangels an scharf begrenzten Jahresringen leicht genug stattfinden kann.

Die Verschmelzung von Stäben mit radialen Wandreihen dürfte eine der obigen analoge Erklärung zulassen, mit dem einzigen Unterschiede, dass hier an Stelle eines zweiten Stabes eine radiale Wand tritt, in deren nächster Nähe sich der Stab befindet. Die schmale Membranstelle zwischen Wand und Stab übt dann denselben einseitigen Zug auf den letzteren, wie die Strecke mu im obigen Beispiel.

Es erübrigt, an dieser Stelle auf die abweichende Entstehungstheorie Dr. Müller's des Näheren einzugehen.

Für die Lösung dieser Frage stellt derselbe drei Möglichkeiten zur Erörterung:

1. Die Auffassung der Stäbe — resp. der Sanio'schen Balken, wie er sie mit vollem Recht genannt wissen will — als Ausscheidungsproducte von Plasmapfropfen,

2. die Entstehung durch theilweise Resorption von Tracheïden-Querwänden und

3. die Bildung aus Zellwandfalten.

Nachdem er die beiden ersten — mit gutem Grund — als unhaltbar abgewiesen, wendet er sich zur dritten und verarbeitet sie zu seiner Theorie. Er geht dabei von den Faltenbildungen aus, „welche an den Tracheïdenenden in allen Coniferenhölzern sehr häufig gebildet werden, sobald die Tracheïden so eingekeilt verlaufen, dass ihre durch Spitzenwachsthum ausgezeichneten Enden auf unüberwindliche Widerstände stossen“ (vergl. seine Fig. 7 und meine Figuren 5, 8 und 11 auf Taf. XXXII).

„Denken wir uns nun,“ so fährt er fort, „auf der Radialwand einer Cambiumzelle eine in das Lumen vordringende Falte, welche bei der wiederholten Tangentialtheilung immer kräftiger hervortritt, so wird sie ein Hemmniss für den an der Radialwand auf- oder absteigenden Plasmastrom bilden. Dieses Hemmniss fällt aber, wenn der Faltenansatz allmählich resorbirt wird. Es muss dann zwischen der Faltenkante und ihrer Basis eine Durchbrechung eintreten, der Faltenrest wird zu einem die Cambiumzelle durchsetzenden Balken bezw. zu einer Platte. . . . der Uebergang einer Falte zum Balken ist bereits ein Resorptionsvorgang, durch welchen die Falte theilweise beseitigt wird.“

Diese Faltentheorie wird sodann mit Hülfe seiner vorzüglichen Abbildungen durch Vergleich von Falten mit Balken auf Tangentialschnitten veranschaulicht. Ganz besonders leuchtet die Entstehung des plattenförmigen Balkens b seiner Fig. 1 aus der Falte Fig. 7 auf den ersten Blick ein.

Wenn indess schon die Annahme solcher weitgehenden, vom auf- oder absteigenden Plasmastrom bewirkten Resorptionen etwas gewagt erscheinen muss, und man nicht recht einsieht, warum als Faltenreste gerade solche runden Balken übrig bleiben sollen und warum diese nicht lieber ganz resorbirt werden, so liegt meines Erachtens der Hauptfehler doch in etwas anderem.

Dr. Müller bezeichnet die in seinen Figuren 8, 9 und 10 dargestellten Gebilde als Falten, in denen zum Unterschiede von

Fig. 7 „grosse Mengen von Intercellularsubstanz gespeichert sind," ohne sie uns auf Radial- oder Querschnitten zu zeigen. Meiner Auffassung nach haben wir es hier nicht mit Falten, sondern mit theilweisen Verwachsungen tangentialer Wände zu thun. Die weichere Innenlinie umgrenzt die Vereinigungsfläche der Mittellamellen, während die scharfe Aussenlinie erst mit der secundären Verdickungsschicht entstanden ist. Es treffen an diesen Stellen also die darüber- und die darunterliegenden Zellen unmittelbar zusammen (vergl. meine Fig. 5). „Grosse Mengen von Intercellularsubstanz" finden sich hier also keineswegs, obgleich ich das Vorkommen einer solchen in manchen plattenförmigen Balken oder partiellen Zwischenwänden damit nicht etwa in Abrede stellen will. Wenn man nun diese Gebilde als Falten bezeichnet, so muss man sich jedenfalls bewusst sein, dass sie ganz anderer Art sind als die in Fig. 7 dargestellten.

Sodann versäumt Dr. Müller, uns die Uebergänge von Falten zu Balken auf Radialschnitten zu zeigen; er lässt daher die vielfachen Beziehungen zwischen Verwachsungen und Stäben, das häufige gleichzeitige Vorkommen beider sowohl in denselben als in den aufeinander folgenden Zellen hier ganz unbeachtet[1]).

Nur auf ein sonderbares Verhalten der Balken auf Radialschnitten macht er aufmerksam, welches mehr als alles andere geeignet zu sein scheint, seine Theorie zu stützen. Er sagt hierüber: „Man begegnet nämlich häufig (?) beim Einsatz der Balkenreihen mit Platten der eigenartigen Erscheinung, dass die ersten Platten, vielleicht nur eine, dann auch zwei oder drei und mehr, nur eine untere oder obere Grenzlinie erkennen lassen. Es macht den Eindruck, als sei die Platte so hoch, dass ihre zweite Grenzlinie auf dem Präparate nicht mehr vorhanden ist. Dem widerspricht aber oft die tadellose Führung des Schnittes . . ."

Dr. Müller glaubt dieses Verhalten — seiner Theorie gemäss — durch Resorption, also durch allmählichen Uebergang einer Falte in plattenförmige Balken erklären zu sollen. Obgleich ich diese Erscheinung trotz meines umfangreichen Materials niemals selbst beobachtet habe, so halte ich doch dafür, dass man dieselbe auch

1) Fig. 11 ist bei Dr. Müller wohl nicht richtig erklärt, der Stab ist nicht die Fortsetzung einer Radialwand, sondern einer Verwachsung der tangentialen Wände in der Nachbarzelle; auf dem Radialschnitt würde dies etwa meiner Fig. 7, Taf. XXVIII entsprechen.

anders, ohne Resorption, erklären kann. Denkt man sich z. B. die erste Stabanlage in der Form von meiner Fig. 7, Taf. XXXII, nur dass das untere schmale Ende bis zu einer der Wände reicht, so würde durch das Wachsthum unter Zugspannung sehr bald an der schmalen Stelle eine Zerreissung eintreten, so wie ein Gummistreifen, den man an einer Stelle dünn genug geschnitten hat, bei starker Dehnung an der betreffenden Stelle einen Längsriss erhält; es würde also auf diese Weise die Isolirung des oberen breiten Theiles stattfinden und ein freier, zunächst plattenförmiger Stab entstehen. Es leuchtet ein, dass dieser Vorgang ein ganz der Müller'schen Beschreibung entsprechendes Bild auf dem Radialschnitt ergeben würde.

Was nun meine Ansicht über die Entstehungsweise der Sanio-schen Balken anbetrifft, so steht dieselbe nicht vereinzelt in der botanischen Litteratur da, sondern findet bei Leitgeb in den Beiträgen zur Physiologie der Spaltöffnungen (Mittheilungen aus dem bot. Inst. zu Graz) ein Analogon.

Derselbe machte bei den Blütenblättern von Galtonia candicans und anderen Monocotylen die Beobachtung, „dass die den Schliesszellen seitlich anliegenden Epidermiszellen von Fäden, Bändern oder Balken durchsetzt erscheinen, welche von der Rückenwand der Schliesszelle und quer durch das Lumen zur gegenüberliegenden Wand verlaufen ...“ Die Entstehung dieser Gebilde ist nach seiner Meinung folgende: „Bald nach Anlage der Spaltöffnungen wachsen die Schliesszellen sehr rasch in die Breite und kommen so, die schmalen anliegenden Epidermiszellen einstülpend und zusammendrückend, mit deren abgekehrten Seitenwänden in Berührung. An dieser Stelle tritt nun eine mehr oder weniger innige Verwachsung ein. Wenn nun die Streckung der Zellen beginnt, werden in Folge der eintretenden Zerrung die derart in Berührung getretenen Zellen theils in Fortsätze ausgezogen, oder es wird die Wandsubstanz der zusammengedrückten Zelle, die nicht vollständig resorbirt wurde, zu Fäden oder Bändern gedehnt.“

Aus den entwickelten Gründen vermag ich mich der Ansicht Dr. Müller's, wonach die Stabbildungen aus Membranfalten hervorgehen sollen, nicht anzuschliessen, vielmehr glaube ich die oben entwickelte Contacttheorie voll und ganz aufrecht halten zu sollen.

Wenn wir zum Schluss die wichtigsten aus den obigen Untersuchungen resultirenden Sätze zusammenfassen, so ergeben sich etwa folgende Thesen:

1. Die Stabbildungen sind eine mehr oder weniger häufig vorkommende Abnormität;

2. sie sind mit den Verwachsungen tangentialer Wände und den partiellen Zwischenwänden genetisch gleichwerthig;

3. sie entstehen durch Wachsthum unter Zugspannung aus Celluloseansammlungen, welche durch Berührung tangentialer Wände veranlasst werden.

Für die weiteren Untersuchungen will ich noch Folgendes als besonders beachtenswerth hervorheben:

Die Stabbildungen vererben sich auf alle Tochterzellen derjenigen Mutterzelle, welche sie zuerst enthielt, und werden niemals in zwei aufeinander folgenden Cambiumzellen derselben Radialreihe unabhängig von einander genau an derselben Stelle gebildet.

Die Sanio'sche Initialentheorie.

Da alle die im vorigen Kapitel behandelten Gebilde Abnormitäten sind, so verdienten sie kein so hohes Interesse, wenn sie nicht geeignet wären, als Kriterien für die Zelltheilungsvorgänge im Cambium zu dienen.

Schon Sanio hat die Langstäbe benutzt, der Hartig'schen Theorie gegenüber, dass zwei Cambiummutterzellen im Cambium thätig seien, die Existenz nur einer Initiale zu beweisen. Noch bessere Kriterien sind jedoch die Kurzstäbe, weil sie, wie wir gesehen haben, die Anzahl der Theilungen angeben, welche eine Tochterzelle erfahren kann[1]).

Ehe wir nun diese Anwendung der Kurzstäbe machen, sei es gestattet, mit wenig Worten den Entwicklungsgang der Initialentheorie anzugeben.

---

1) Wie aus einer kurzen Bemerkung auf Seite 29 hervorgeht, hat sich auch Dr. C. Müller der Gedanke an einen Zusammenhang zwischen den Kurzstäben und dem Uebertritt von Zwillingszellen in den Holzkörper aufgedrängt.

Ueber die Vorgeschichte dieser Theorie sagt Sanio, ihr Begründer, in der Einleitung zu seiner „Anatomie der gemeinen Kiefer" (Jahrbücher für wissensch. Botanik, Band IX, S. 50) unter anderem:

„Ueber die Zahl der vorhandenen Mutterzellen des Holzes und Bastes macht Hartig (bot. Ztg. 1853, p. 572) eine Mittheilung: darnach existiren für jeden Faserradius (d. h. radiale Holzzellenreihe) nur zwei Mutterzellen, die auf der Grenze zwischen Holz- und Bastkörper, gewissermassen mit dem Rücken an einander liegend und wie die siamesichen Zwillinge mit einander verwachsen, in entgegengesetzter Richtung die sterilen Tochterzellen des Holz- und Bastradius durch Abschnürung gebären. Ich selbst (Monatsbericht der Berl. Akademie 1857 Apr. 26) nahm an, dass jeder radialen Cambiumreihe nur eine Mutterzelle zukomme und dass daraus die Holz- und Bastzellen in der Weise hervorgehen, dass entweder die äussere oder die innere, der durch tangentiale Theilung der Cambiummutterzelle entstandenen beiden Tochterzellen zum Baste oder Holze als Dauerzellen übertreten. Später (bot. Ztg. 1863 p. 108 in der Anm.) theilte ich, der Hartig'schen und meiner früheren Ansicht entgegen, mit, dass ich bei Pinus silvestris drei eben tangential getheilte Cambiumzellen gefunden, wonach also die Bildungsschicht aus mehr als zwei Zellen zu bestehen scheine."

In der hierauf folgenden Abhandlung glaubt Sanio auf Grund seiner Untersuchungen an alten Kiefern seine ursprüngliche Ansicht: „das Vorhandensein einer Initiale" aufrecht erhalten zu müssen und stellt als „Hauptgesetz" der Zellbildung im Cambium die Regel auf, dass sich die von der Initiale abwechselnd abgeschiedenen Holz- und Bastzellen nur noch einmal theilen und als „Zellzwillinge" zum Holz resp. Bast übertreten. Nur ausnahmsweise theile sich eine der Zwillingszellen — gewöhnlich die der Initiale zunächst gelegene — noch einmal.

Zu diesem Resultat gelangt er, nachdem er die entgegengesetzte Ansicht, die Annahme zweier Initialen, ad absurdum geführt hat, auf deductivem Wege, indem er mit Hilfe von Altersunterschieden der Wände nachweist, dass die von ihm wiedergegebenen Querschnittsbilder des Cambiums alter Kiefern der Annahme einer Initiale nicht widersprechen. Da also die vorliegenden Thatsachen nach seiner Auffassung ihre vollkommene Erklärung finden, so betrachtet er seine Theorie als thatsächlich erwiesen.

In der Abhandlung: „Ueber das Wachsthum des Verdickungsringes und der jungen Holzzellen in seiner Abhängigkeit von Druckwirkungen“ (aus den Abhandlungen der Königl. Preuss. Akademie der Wissenschaften zu Berlin vom Jahre 1884) dehnt Dr. Krabbe die Sanio'sche Untersuchungsweise auch auf das Markstrahlenmeristem und auf den Cambiumring der Laubhölzer aus. Indem er sich besonders beim Feststellen der Initiale der Markstrahlzellen bedient, gelangt er zu dem Schluss: „In Bezug auf die Zelltheilungsvorgänge im Cambium stimmen die Laubhölzer in allen wesentlichen Punkten mit den Nadelhölzern überein.“

Neuerdings hat Mischke in seiner Doctordissertation (Beobachtungen über d. Dickenwachsthum d. Coniferen. Berlin 1890 bot. Centralbl.) gezeigt, dass bei üppiger Vegetation auch eine zweimalige Theilung einer Tochterzelle, also in vier Zellen, erfolgen kann (vergl. seine Fig. 1). Er formulirt das Theilungsgesetz deswegen folgendermassen: „Die Cambium-Initiale theilt sich und giebt dadurch xylem- und phloëmwärts Zellen ab, die sich je nach der Intensität des Wachsthums noch ein- bis zweimal theilen. Eine zweimalige Theilung, so dass aus einer von der Initiale abgeschiedenen Zelle vier gebildet werden, scheint der günstigste Fall zu sein, über den nicht hinausgegangen wird. Bei weniger intensivem Wachsthum, z. B. im Anfange der Jahresperiode, fällt eine der letzten Theilungen fort, so dass die abgeschiedenen Xylem- oder Phloëmzellen sich in zwei Tochterzellen und von diesen nur eine, die dem Cambium nächstgelegene, sich noch einmal theilt. Wird das Wachsthum noch beschränkter, so theilt sich die abgegebene Zelle nur noch einmal, und selbst diese Theilung unterbleibt zuweilen. In diesem Falle giebt also die Cambium-Initiale Zellen ab, die sofort ungetheilt sich zu Xylem- und Phloëmelementen differenziren.“

Mischke stellt also die zweimalige Theilung der Tochterzelle als Norm auf, von der die Theilung in drei oder zwei Zellen nur eine Ausnahme bildet. Dass sowohl ein-, als zweimalige Theilungen vorkommen, beweisen auch die zwei- bis vierzelligen Kurzstäbe. Ich fand an meinen, meist üppig wachsenden Stämmen entnommenen Untersuchungsobjecten, abgesehen von den einzelligen Kurzstäben, die ich nicht gezählt habe, über 35 zweizellige, 10 dreizellige und über 15 vierzellige Kurzstäbe, wobei die Verwachsungen mit eingerechnet sind. Jedenfalls findet die Mischke'sche Angabe hierdurch eine unerwartete Bestätigung, um so mehr, als hierbei die Thatsache in Betracht zu ziehen ist, dass die Bildung der Kurzstäbe überwiegend in den ersten Zellen des Frühjahrsholzes erfolgt und in der Mitte des Jahresringes, der Region üppigster Vegetation, meistens ganz fehlt. Hieraus erklärte sich ungezwungen die geringe Anzahl der beobachteten vierzelligen Kurzstäbe. Was die Reihenfolge anbetrifft, in der die Stäbe auftreten, so ist hervorzuheben, dass die ein- und zweizelligen Stäbe fast ausschliesslich in den allerersten Frühlingsholzzellen vorkommen, wogegen sich die vierzelligen stets in den darauf folgenden Schichten finden; die dreizelligen in der Mitte zwischen beiden bilden gleichsam den Uebergang.

Die bisher erwähnten ein- bis vierzelligen Kurzstäbe stehen also wenigstens für üppig wachsende Bäume — mit der Initialentheorie im Einklang, nicht jedoch die folgenden Erscheinungen. Denn ausser diesen kommen auch Kurzstäbe vor, welche durch fünf oder noch mehr Zellen reichen. So fand ich bei Pinus Strobus 1 sechs- und 3 fünfzellige Stäbe etwa im ersten Drittel eines breiten Jahresringes; einen neunzelligen bei Pinus excelsa an derselben Stelle, den gleichen Fall bei Pinus Strobus. Noch merkwürdiger war ein Stab bei Pinus silvestris, der, in der letzten Winterholzzelle eines Jahresringes mit breiter Basis beginnend, durch die beiden nächsten Jahresringe von 22 und 23 Zellen hindurchging und in der ersten Frühjahrszelle des vierten mit gleichfalls verbreitertem Ende aufhörte. Bei einem Aststück von Abies cephalonica fand ich im letzten (89er) Jahresring — ausser neun Langstäben, die, in einer der beiden ersten Zellen des jüngsten oder in der letzten (einmal in der drittletzten) des vorhergehenden Jahresringes beginnend, durch den 15zelligen Jahresring, das etwa 5zellige Wintercambium und drei bis vier Rindenzellen hindurchgingen, und ausser einer ganzen Reihe von 1 und 2zelligen Kurzstäben — in den ersten sechs resp. sieben Zellen 1 sechs- und 2 siebenzellige Kurzstäbe. Die beiden letzteren waren, derselben Radialreihe angehörig, nicht weit von einander entfernt.

Bei Araucaria fand ich 1 sechs- und 4 achtzellige Stäbe; von den letzteren gehörten drei gleichfalls derselben radialen Tracheïdenreihe an und standen dicht neben einander.

Dass alle diese Stäbe nicht Theilstücke von Langstäben waren, die entweder nur scheinbar durch einen nicht genau radial geführten Schnitt oder aber in Wirklichkeit durch Resorption in der Initiale zu Kurzstäben geworden waren, davon konnte ich mich leicht überzeugen, denn gegen die erstere Annahme sprach der Umstand, dass die Markstrahlen, denen sie immer genau parallel sind, nicht durchschnitten waren, und gegen die zweite, dass sie nicht die für aufhörende (also in der Initiale zerrissenen oder resorbirten) Langstäbe charakteristischen „Durchschmelzungen“, sondern sogar die napfförmigen Einsenkungen an ihren bisweilen verbreiterten Enden zeigten.

Wenn ich gleichwohl der Initialentheorie zu Liebe fehlerhafte Beobachtung annahm, die längsten dieser Gebilde als Theile von Langstäben anzusehen suchte und die kürzeren durch ein Hinausgehen über die Sanio-Mischke'sche Regel, also durch die Annahme einer höheren Theilungsfähigkeit der Tochterzellen — natürlich nur bei üppigem Wachsthum — zu erklären geneigt war, so liess mich eine Beobachtung bei Pinus silvestris an der Richtigkeit auch dieser Annahme zweifeln. Hier waren die zweite und dritte Zelle eines nur 14zelligen Jahresringes durch 8 zweizellige und die vierte bis siebente durch 5 vierzellige Kurzstäbe als zusammengehörig gekennzeichnet, den Rest des Jahresringes bildeten ein Harzgang und vier Wintertracheïden. Auf einem andern Schnitt waren die zweite und dritte Zelle eines 15zelligen Jahresringes durch 2 zweizellige und die vierte bis neunte durch 2 sechszellige Stäbe verbunden. Bei einem nur 11zelligen Jahresringe ferner reichte ein sechszelliger Stab von der dritten bis zur achten Zelle.

Soll man in diesen Fällen — die an Deutlichkeit nichts zu wünschen übrig liessen — bei so langsamem Wachsthum die Theilung einer Tochterzelle in vier resp. sechs Zellen und damit Betheiligung der Initiale an der Bildung des so geringen Restes annehmen? Das stände mit der individuellen Eigenschaft ungleich höherer Theilungsfähigkeit, welche man der Initiale bisher zugeschrieben hat, und mit den Beobachtungen Sanio's, welche sich ja gleichfalls auf das Cambium alter Kiefern erstrecken, offenbar im Widerspruch.

Dies Bedenken veranlasste mich, die bisher bei Beurtheilung der cambialen Theilungsvorgänge verwandten Kriterien zu prüfen und mich mit der Initialentheorie selbst zu befassen.

Bisher hat man zur Beurtheilung des Alters der Cambiumzellen nur die relative Dicke der tangentialen Wände und die „Abrundung der Ecken“, die beide mit dem Alter der Wand zunehmen, benutzt. Dies Kriterium ist nach Sanio und Krabbe nur für alte Stämme mit Sicherheit anwendbar, wo die radialen Wände infolge der vielen Theilungen eine relative Dicke erhalten haben, nicht aber für junge üppig wachsende Bäume. Ausserdem leidet dasselbe daran, dass es lediglich auf die cambiale Schicht anwendbar ist, da die Dicken- und Abrundungsunterschiede bei den jungen Holz- oder Rindenzellen bald ganz verschwinden. Man kann also bei der geringen Breite des Cambiumgürtels, der meist nur 10—15 Zellen in radialer Richtung zählt, gar nicht erwarten, dass man die Theilung einer Tochterzelle in mehr als vier Zellen durch Auffindung zweier mit einander an Form und Dicke völlig correspondirender Wände feststellen kann, da eine derselben schon, im jungen Holz oder in der jungen Rinde gelegen, sich von den benachbarten nicht mehr abhebt.

Es leuchtet demnach ohne Weiteres ein, dass die Cambiumquerschnitte wegen dieser Unsicherheit der besprochenen Merkmale oft eine recht verschiedene Deutung zulassen.

Dem gegenüber erscheint mir folgende Beobachtung geeignet zu sein, Licht in die Zelltheilungsvorgänge bringen zu können.

Bereits auf einem meiner ersten Schnitte bemerkte ich nämlich das Auftreten einzelner Wände, welche sich durch unverhältnissmässige Dicke und Kürze, d. h. durch sehr stark abgerundete Ecken ihrer Ansatzstellen, vor allen übrigen Wänden derselben Radialreihe deutlich auszeichneten.

Dieselben fanden sich am deutlichsten bei einem Präparat von einer sehr üppig wachsenden Pinus austriaca, und zwar immer nur in einzelnen Radialreihen, und in diesen an allen Stellen, am häufigsten da, wo die lebhafteste Zelltheilung stattfand, auf dem Initialengürtel.

Die Dicke derselben war jedoch keineswegs immer — auch nur nahezu — die gleiche, sondern zeigte alle Abstufungen, so dass ein durchgreifender Unterschied zwischen ihnen und den Wänden normaler Dicke nicht gemacht werden konnte.

Um dem Einwand entgegentreten zu können, dass diese dicken Wände auf Zufälligkeiten, etwa Schrägstellung der Wände oder gar optischer Täuschung beruhten, habe ich sie auf Serienschnitten verglichen und bin dabei zu der Ueberzeugung gelangt, dass dieselben, auf ihrer ganzen Länge durch Dicke von den übrigen verschieden, als erheblich ältere Wände anzusehen sind.

Dass man diesen Wänden wirklich Bedeutung zugestehen muss, bewies mir ferner eine derartige, offenbar auf dem Initialengürtel gelegene Wand, an die sich nur nach dem Holze zu zwei durch radiale Theilung einer Zelle entstandene Reihen von 10 und 11 Zellen anschlossen.

Sanio hat bereits einen ähnlichen Fall beobachtet. Er sagt hierüber (Jahrbücher f. wissensch. Bot. IX. S. 62): „Es hatte sich die zum Baste übertretende Tochterzelle des Cambiums zuerst radial getheilt, worauf sich aus diesen beiden Tochterzellen durch vielfache Theilung zwei radiale Bastreihen gebildet hatten, die auf die einfache Holzreihe, die jetzt allein vom Cambium aus weiter gebildet wurde, zuliefen. Dieser vereinzelte und gewiss sehr seltene Fall könnte der Hartig'schen Annahme zur Stütze dienen, wenn sich eben nicht nachweisen liesse, dass er eine Ausnahme ist."

An einer anderen Stelle berichtet er (Bot. Centralbl. IX. S. 316): „Als bemerkenswerthe Ausnahme habe ich einmal bei einer radialen Reihe zwei Fortbildungszellen beobachtet, von denen die eine nach innen Holz, die andere nach aussen Bast bildete; diese beiden Zellen sind, wie leicht begreiflich, von einander durch eine ansehnlich dicke Wand geschieden."

Ich stehe mit meiner Beobachtung also nicht allein da, nur habe ich solche dicken Wände, wie gesagt, viel häufiger und ausserdem in allen Theilen des Cambiumringes gefunden.

An dieser Stelle will ich bemerken, dass nur der Vergleich von Serienschnitten zu sicheren diesbezüglichen Resultaten führen kann, und dass man besonders der Täuschung durch das nachträgliche Spitzenwachsthum der jungen Holz- und Rindenzellen, das oft ähnliche Querschnittsbilder verursacht wie radiale Theilungen, nur auf diese Weise sicher entgeht.

Das einfachste und doch ausreichende diesbezügliche Verfahren ist das folgende. Man härtet 1 bis 2 cm lange Stückchen von etwa 2 bis 3 □mm Querschnitt, welche ausser dem Cambium auch noch junge Rinde und junges Xylem enthalten, in absolutem Alkohol, bettet sie zwischen Holundermark und fertigt entweder mit dem

Messer oder noch lieber mit dem Mikrotom dünne Schnitte an, welche man sämmtlich, der Reihe nach, mit dem in Wasser getauchten Pinsel auf den Objectträger bringt. Hierbei quillt das beim Schneiden etwas zusammengedrückte Cambium, solange der Alkohol aus demselben noch nicht ganz verdunstet ist, im Wasser wieder völlig auf und erhält seine ursprüngliche Gestalt. Auf diese Weise erhält man Präparate, welche auch ohne Anwendung von Färbungs- und Quellungsmitteln genügend klare Bilder geben.

Der Vergleich auf einander folgender Serienschnitte war auch noch in einer anderen Hinsicht lehrreich. Denn der gewöhnlichen Annahme gegenüber, dass die beim Dickerwerden des Baumes nothwendige Anlage neuer radialer Reihen durch „radiale Längstheilung" einer Cambiumzelle erfolge, fand ich bei Pinus silvestris, Strobus und austriaca immer nur schiefe, d. i. parallel zum Radius und schief zur Stammaxe gerichtete „Querwände". Je älter solche Wände waren, d. h. je mehr Theilungen die sie enthaltende Zelle erfahren hatte, um so mehr näherte sich ihre Richtung der Verticalen, und liessen sich dieselben auf um so mehr Serienschnitten verfolgen. Hatte sich solch eine „quergetheilte" Cambiumzelle noch nicht oder erst einmal tangential getheilt, so konnte man die Schiefstellung der jungen radialen Wand durch höhere und tiefere Einstellung des Mikroskops bereits an demselben Schnitte constatiren; natürlich findet man solche Wand, wenn überhaupt, nur noch auf dem folgenden oder vorhergehenden Schnitte (Taf. XXIX, Fig. 2).

Ich halte es demnach für höchst wahrscheinlich, dass die erste Anlage dieser Querwände nahezu in horizontaler Richtung erfolgt, und dass erst durch gleitendes Wachsthum der Zellhälften im Cambium selbst aus den ursprünglichen Querwänden allmählich radiale Längswände werden. Diese schiefen Querwände sind ferner nicht immer gleichsinnig, sondern bald rechts, bald links zur Tracheïdenaxe geneigt.

Es ist anzunehmen, dass durch die überwiegend rechts- resp. linksgeneigten „Quertheilungen" der Cambiumzellen eine allmähliche, mit der Dicke des Stammes zunehmende Schiefstellung der Holzfasern und damit die scheinbare Torsion der Bäume verursacht wird. Indess bedarf diese Frage noch einer eingehenden Untersuchung.

Ein Vergleich von aufeinander folgenden guten Serienschnitten zeigte mir den merkwürdigen Fall, dass sich zwei Cambiumzellen einer Radialreihe unabhängig von einander, wie die verschieden geneigten jungen Wände bewiesen, eben durch schiefe Querwände getheilt hatten (Fig. 2, Taf. XXIX).

Dem entsprechend konnte ich an sieben Serienschnitten denselben Fall constatiren, nur mit dem Unterschiede, dass die eine derselben sich bereits in 11 + 13, die andere in 3 + 3 Zellen getheilt hatte; die letztere Zellgruppe lag offenbar nicht mehr auf dem Initialengürtel, sondern hatte sich bereits theilweise zu Rindenzellen differenzirt.

Solche Querschnittsbilder des Cambiums, welche auf ähnliche Fälle deuteten, habe ich vielfach bei meinen Präparaten gefunden, nur liess sich dies aus Mangel an Serienschnitten nicht beweisen.

Auf die Bedeutung dieser Beobachtungen für unser Thema komme ich an einer anderen Stelle zurück.

Was nun das Auftreten der vereinzelten dicken, d. i. alten tangentialen Wände anlangt, so ist klar, dass die Initialentheorie dieselben nur bei Annahme bedeutender Verschiebungen der radialen Wandreihen gegen einander zu erklären vermag. Wenn sich in einer Radialreihe a eine ältere Wand α mehr auf der Holzseite, in der benachbarten b dagegen eine solche (β) mehr auf der Rindenseite befindet — ein nicht seltener Fall — so müssten, wenn die Initiale A längere Zeit nur Rindenzellen, die Initiale B dagegen ebenso nur Xylemzellen abgegeben hat, worauf die dicken Wände doch nur hinweisen könnten, die Initialen gegen einander, also A nach der Holzseite und B nach der Bastseite verschoben worden sein, und somit A etwa an der Wand α und B an β sich befinden; hierauf würden beide ihre Thätigkeit der entgegengesetzen Seite zuwenden müssen, und dadurch in ihre frühere Lage zurückgeschoben, wieder tangential neben einander zu liegen kommen oder aber sogar selbst auf die entgegengesetzte Seite rücken.

Liegt solch eine ältere Wand gerade mitten im Cambium — der häufigste Fall — also etwa auf dem Initialengürtel, so kommt die Initialentheorie auch mit blossen Verschiebungen nicht aus; vielmehr müsste sie, wenn sie consequent sein wollte, das Zustandekommen der ungleich älteren Wand so erklären, dass sie die Initiale schnell hinter einander mehrere Zellen nach der einen Seite hin abgeben lässt, welche sich erst strecken und wieder theilen, während die Initiale ihre Thätigkeit nach der anderen Seite hin richtet; natürlich würde so die ältere Wand abwechselnd auf der einen und auf der anderen Seite der Initiale zu finden sein. Da nun die Nachbarreihe entweder gar keine solche ältere Wand oder doch an einer anderen Stelle zeigt, so ist klar, dass dies verschiedene Wachsthum auch nicht ohne Verschiebungen der radialen Reihen gegen einander vor sich gehen kann. Gegen die Richtigkeit solch einer gezwungenen Erklärung spricht der Umstand, dass die Radialreihe auf beiden Seiten der dicken Wand aus Zellzwillingen besteht (Fig. 1, Taf. XXIX).

Sanio selbst vermeidet, wie wir gesehen haben, in diesem Falle eine Erklärung, die seiner Theorie entspräche, und nimmt inconsequenter Weise eine Doppelinitiale an.

Wie kommen dann aber die übrigen, nicht auf dem Initialengürtel gelegenen dicken Wände zustande?

Will man die Verschiebungen bei der Erklärung gänzlich vermeiden, so muss man die Differenz, welche durch die längere Thätigkeit der Initiale nur nach einer Seite hin entsteht, sich durch ungleich höhere Theilungsfähigkeit der durch die alte Wand von der Initiale getrennten Tochterzellen ausgleichen lassen. In diesem Falle würden also die Tochterzellen derselben Reihe auf der einen Seite eine sehr hohe, auf der anderen eine sehr geringe Theilungsfähigkeit besitzen, während das Verhältniss in der Nachbarreihe oft gerade das Umgekehrte ist.

Der innere Widerspruch dieser Erklärung mit dem wahren Sinne der Initialentheorie leuchtet ohne Weiteres ein.

Es lässt sich ferner zeigen, dass auch, abgesehen von den vereinzelten dicken Wänden, die bisher geltende Theorie ohne Verschiebungen, d. i. Entfernung tangential neben einander liegender Punkte einer Radialwand von einander, überhaupt nicht auskommt. Dies geht aus folgender Betrachtung hervor. Da die Zellen der einzelnen Radialreihen in Folge ihres Wachsthums in radialer Richtung gestreckt und, durch tangentiale Theilungen vermehrt, unausgesetzt sich auf der einen Seite zu Rinden-, auf der anderen zu Holzzellen differenziren, so muss es auf jeder radialen Wandreihe einen „Wendepunkt“ geben, von welchem aus alle übrigen sich dem Holze oder der Rinde zu bewegen. Alle diese Wendepunkte müssen, wie aus der annähernd stets gleichen Richtung der tangentialen Wände zu schliessen ist, tangential neben einander, also auf der Peripherie eines Kreises, des „Wendekreises", wie wir ihn nennen wollen, liegen.

Wenn zwei schräg neben einander liegende Initialen a und b — der gewöhnliche Fall — sich behufs Theilung auf das Doppelte ihres Volumens in radialer Richtung strecken, so muss sich jede Wand vom Wendekreise, auf welchem die Zellen ja liegen müssen, um das Doppelte entfernen. Erfolgt nunmehr die Theilung, so ist klar, dass nur die Theilzellen x und y' zu Initialen werden können; das heisst also, die Initiale ist von den Nachbarreihen darin abhängig, nach welcher Seite hin sie die Tochterzellen abzugeben hat!

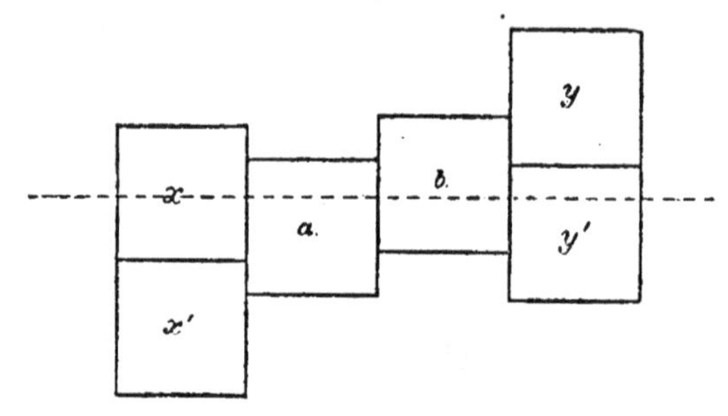

Wären zwei andere Zellen, y und x', die Initialen, so könnten diese nur durch Verschiebungen wieder tangential neben einander zu liegen kommen.

Wenn ferner die Initiale, gleichsam mit ihrer Nachbarin Fühlung behaltend, voraus wüsste, welche von ihren beiden Tochterzellen sie zur Nachfolge zu bestimmen hätte, so würde, wenn zufällig die junge Wand gerade auf dem Wendekreise gebildet wäre, dennoch eine Verschiebung stattfinden müssen, weil wir ja sonst nicht einsähen, wie die Tochterzellen der Initiale anders auf die entgegengesetzte Seite des Wendekreises gelangen sollten.

Aus alledem sehen wir, dass Verschiebungen der radialen Reihen gegen einander bei der bisher geltenden Initialentheorie stillschweigend vorausgesetzt waren. Obgleich sich weder Beweise dafür noch dawider beibringen lassen, so dürften so umfangreiche Verschiebungen, wie sie zur Erklärung der oben erwähnten dicken Tangentialwände nöthig wären, doch wenigstens recht unwahrscheinlich sein.

Die längsten, der oben angeführten Kurzstäbe finden auch bei Annahme von Verschiebungen keine Erklärung.

Die Initialentheorie vermag also die thatsächlichen Verhältnisse zum Theil garnicht, zum Theil nur sehr gezwungen — mit einer Hilfshypothese — zu erklären.

Ausserdem leidet ohnehin schon die individuell bevorzugte Stellung, welche man der Initiale zuschreibt, durch die von Mischke gezeigte höhere Theilungsfähigkeit. Denn nur das ist der Sinn dieser Theorie: es giebt eine Initiale, welche vermöge ihrer inneren individuellen Eigenschaft — nicht etwa blos lokal bevorzugten Lage — unbegrenzte Theilungsfähigkeit behält, während die jungen Tracheïden und Rindenzellen, welche sie bei ihrer Theilung abgiebt, nur noch eine, ausnahmsweise zwei Theilungen erfahren können.

Dass es — wenn überhaupt — nur eine Initiale geben kann, hat Sanio dadurch bewiesen, dass er Hartig's Annahme von zwei Cambiummutterzellen, von denen die eine die Rinden-, die andere die Holzzellen unbegrenzt abgebe, ad absurdum geführt hat.

Denn in diesem Falle müssten die Scheidewände dieser Zellen in Folge der vielen Theilungen unverhältnissmässig verdickt in jeder Radialreihe zu finden sein. Ausserdem — hätte Sanio hinzufügen können — müssten sie genau auf der Peripherie eines Kreises liegen, was aus folgender Betrachtung hervorgeht.

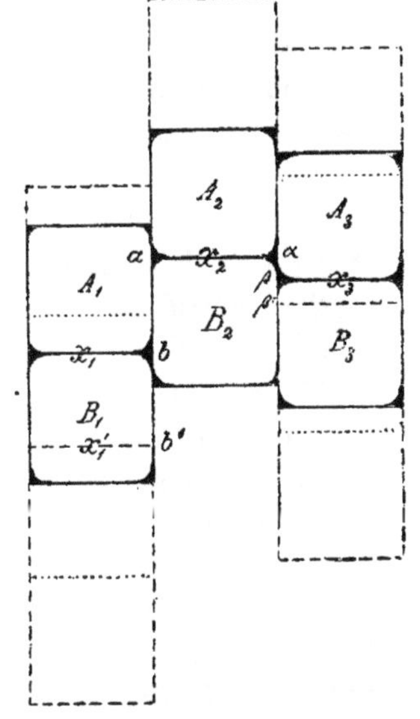

Nehmen wir an, die Zellen A und B seien die Mutterzellen und x die Scheidewände, so müsste, wenn sich die Zellen und mit ihnen die tangentialen Wände (hier um das Doppelte) strecken, sich auch die Theile ab und $\alpha\beta$ an Länge verdoppeln und somit bei festliegend gedachter Wand x_2 die Punkte b nach b' und β nach β' und mit ihnen die Wände x_1 und x_3 nach x_1' und x_3' gelangen. Wir sehen also, die Wände x_1 und x_2 müssten bei jeder neuen Theilung immer weiter auseinander rücken und endlich zur Rinde oder zum Holze übertreten.

Es bliebe also nur übrig, da ein Kreis solcher genau nebeneinander liegender Wände nicht zu finden ist, zu Gunsten der

Hartig'schen Theorie anzunehmen, dass durch fortgesetzte Verschiebung der Zellen ein Ausgleich stattfinde, oder dass die Strecken ab und $\alpha\beta$ nicht streckungsfähig seien. Also auch hier kommen wir ohne Hülfshypothese nicht aus.

Dagegen finden sowohl alle Stäbe, als auch die vereinzelten dicken Wände eine ungezwungene Erklärung, wenn wir die Initialentheorie fallen lassen und dem Cambium nicht mehr unterschieben, als wir thatsächlich beobachten.

Das Cambium stellt sich auf dem Querschnitt zunächst nur als eine dauernd theilungsfähige Zellschicht dar, deren radiale Reihen sich durch fortgesetzte intercalare Theilungen vermehren. Das Theilungsvermögen ist jedoch auf eine schmale Ringzone beschränkt und nimmt nach dem Holze und der Rinde zu schnell ab. Die nicht mehr theilungsfähigen Zellen differenziren sich, nachdem sie sich noch in radialer Richtung etwas gestreckt haben, zu Holz- und Rindenzellen.

Hieraus erhellt, dass es eine Zelle geben muss, unter deren Tochterzellen in absteigender Linie stets eine die Theilungsfähigkeit behält, also somit selbst unbegrenzt theilungsfähig bleibt. Dass es nur eine solche Zelle giebt, dass nicht etwa zwei derselben „unbegrenzt" theilungsfähig sind, beweisen die oben beschriebenen Langstäbe und diejenigen Doppelradialreihen, welche aus einer radial getheilten Cambiumzelle entstanden, sich nach dem Holze und der Rinde zu fortsetzen.

Nennen wir diese Zelle Initiale, so ist damit nur ihre lokal bevorzugte Stellung unter den übrigen gleichgearteten Zellen, nicht aber eine individuelle Eigenthümlichkeit, etwa ungleich schnellere Theilungsfähigkeit oder dergleichen bezeichnet.

Wie wir uns unter diesen gegebenen Verhältnissen einerseits die vereinzelten dicken, also ungleich älteren Cambiumwände und die hohe, durch die längsten Kurzstäbe angegebene Anzahl tangentialer Theilungen einzelner Tochterzellen — wenn wir sie so nennen wollen — zu erklären haben, geht aus folgender Betrachtung hervor.

Denken wir uns den oben bereits definirten Wendekreis feststehend, d. h. gleichsam an ein und denselben Atomen der radialen Wandreiheu haftend, wodurch er natürlich mit dem Cambium zugleich weiterrücken muss, so würde eine Wand, welche genau auf diesem Wendekreise gebildet wäre, für immer dieselbe Lage im

Cambium behalten; eine andere, welche bei ihrer Entstehung $^1/_8$ der mittleren radialen Länge einer Cambiumzelle von demselben entfernt war, würde noch nach der fünften intercalaren Theilung der radialen Reihe, wobei sie, sich jedesmal um das Doppelte entfernend, nach einander die Abstände von $^1/_8$, $^1/_4$, $^1/_2$, 1, 2, 4 Längeneinheiten haben möge, im Cambium zu finden sein und sich als die älteste durch Dicke vor allen übrigen auszeichnen.

Natürlich werden die dem Wendekreise noch näher entstehenden Wände dem entsprechend länger im Cambium verweilen.

Zu einem ähnlichen Resultat gelangen wir, wenn wir den Wendekreis nicht feststehen, sondern sich bewegen lassen.

Denken wir uns den Wendekreis von einer Theilung einer auf ihm liegenden Zelle bis zur anderen — der grösseren Anschaulichkeit halber sprungweise — um einen constanten Bruchtheil (m) der mittleren radialen Länge einer Cambiumzelle weiterrücken, so ist klar, dass eine um diesen selben Bruchtheil m in positiver Richtung entfernte Wand immer denselben Abstand vom Wendekreise behalten muss, denn der Wendekreis rückt um die Länge m jedesmal nach, wenn sich die Wand um m entfernt hat. Die Wände, welche nur ein wenig mehr oder weniger entfernt sind, werden wiederum lange Zeit im Cambium zu finden sein, und zwar werden sie in dem letzteren Falle vom Wendekreis überholt.

Denken wir uns schliesslich den Wendekreis nicht um einen constanten Bruch m, sondern das erste Mal um $m \pm d$, das zweite Mal um $m \pm 3d$, das dritte um $m \pm 6d$, das vierte um $m \pm 10d$ etc. weiterrückend, wobei also m immer gleich bleibt und d nach der Summenreihe der natürlichen Zahlen wächst, so ist klar, dass es hier ebenso wie bei den vorigen Annahmen einen Grenzfall geben muss, in welchem eine Wand immer in der Nähe des Wendekreises bleiben muss, und andere, welche ein geringes mehr oder weniger als diese entfernt sind, längere Zeit im Cambium zu finden sein müssen.

Dieser letzte Fall ist in der Weise graphisch veranschaulicht, dass zwei Cambiumzellen A und B in ihren auf einander folgenden Theilungsphasen in den Reihen 1, 2, 3 etc. dargestellt sind. Der Kreis, den man sich mitten durch das Cambium gezogen denken kann, ist als feststehend betrachtet und wird durch die Linie xy angegeben. Der Wendekreis, welcher anfänglich um die Strecke n vom „Cambiumkreis" entfernt ist, rückt nach der ersten Theilung um m — d, der zweiten um m — 3d etc. weiter. Der constante Bruch m wird durch die Gerade a b, also das Weiterrücken des Wendekreises durch die Curve a b' angegeben (Fig. 4, Taf. XXIX).

Von ihm aus entfernt sich jede Wand immer um das Doppelte, da sich jede Zelle behufs Theilung auf das Doppelte ihres ursprünglichen Volumens vergrössert. Diese Annahme trifft freilich nur für die Mitte der Cambiumzone zu, nicht jedoch für die Ränder; indess ist dies für die rein theoretische Betrachtung nicht von Belang.

Hierbei sehen wir, dass die Wand α, welche sich zwar jedesmal um das Doppelte vom Wendekreis entfernt, von ihm in der achten Reihe dennoch überholt wird und sich noch nach der elften Theilung im Cambium findet, während die anderen Wände durch die neuen Theilungen schnell zum Holz oder zur Rinde gedrängt werden, so dass sich die Wand α in den Reihen 6 bis 11 nur noch in Mitten erheblich jüngerer Wände durch Dicke bedeutend auszeichnet.

Bei dieser Auffassung des Cambiums als einer Schicht gleichwerthiger Zellen kann man die Theilungsvorgänge ohne alle Verschiebungen der radialen Reihen gegen einander construiren. Denn, wenn man die Punkte der radialen Wandreihen nach demselben Gesetz von demselben — gleichviel feststehenden oder sich bewegenden — Wendekreise aus sich fortbewegen lässt, so müssen tangential neben einander liegende Punkte auch tangential neben einander bleiben und Wände, welche solche Punkte verbinden, ihre tangentiale Richtung behalten.

Da die Bewegung der Punkte auf den radialen Wandreihen aus der activen Thätigkeit einer Reihe von Einzelorganismen, dem Wachsthum der einzelnen Zellindividuen resultirt, so ist natürlich nicht anzunehmen, dass sie streng gesetzmässig vor sich gehe; vielmehr dürften geringe Verschiebungen immerhin möglich sein. Für eine solche Möglichkeit spricht das in der Längsrichtung erfolgende gleitende Wachsthum der Cambiumzellen; dagegen spricht der Umstand, dass gerade die alten Wände oft mehr oder weniger schief gestellt sind, also aus ihrer ursprünglichen, genau tangentialen Lage durch ungleiches Wachsthum der benachbarten Reihen allmählich herausgezerrt werden (Fig. 1, Taf. XXIX).

Was könnte nun das oben zunächst nur angenommene Weiterrücken des Wendekreises in Wirklichkeit bewirken?

Um diese Frage zu beantworten, wollen wir die Möglichkeiten untersuchen, wie der empirisch vorhandene Mehrzuwachs an Holz- als an Rindenzellen zustande kommen kann.

Denken wir uns den Wendekreis mitten durch das Cambium gehend, so kann der Mehrzuwachs an Holz nur durch ein lebhafteres Wachsthum, also nur durch schneller auf einander folgende Theilungen der dem Holze zugekehrten Cambiumhälfte vor sich gehen.

Nehmen wir dagegen für die beiden Hälften des Cambiums gleich lebhaftes Wachsthum an, was also nach den beiden Seiten gleichmässig abnimmt, so kann der Mehrzuwachs des Holzes nur dadurch vor sich gehen, dass der Wendekreis mehr auf der Bastseite liegt; oder mit andern Worten, dadurch dass sich mehr Cambiumzellen zu Holz- als zu Rindenzellen differenziren, wird bei gleichem Wachsthum der beiden Cambiumhälften der Wendekreis mehr nach der Rinde verschoben.

Die Richtigkeit dieser letzteren Annahme halte ich, nach dem völlig gleichen Aussehen der beiden Cambiumhälften zu urtheilen, für die sehr viel wahrscheinlichere.

Bleibt nun das Verhältniss zwischen dem Zuwachs an Holz und an Rinde dasselbe, werden also z. B. immer genau doppelt so viel Holz- als Rindenzellen erzeugt, so behält auch der Wendekreis seine Lage an derselben Stelle des Cambiums; ändert sich dagegen dies Verhältniss, werden z. B. zu Anfang und Ende der Vegetationsperiode gleich viel Holz- und Rindenzellen, in der Mitte derselben aber mehr Holzzellen abgegeben, so wird sich der Wendekreis anfänglich in der Mitte befinden, wird dann mehr nach der Rindenseite rücken, um schliesslich wieder nach der Mitte zurückzukehren.

Dieser letzte Fall würde also mit dem Taf. XXIX, Fig. 3 schematisch dargestellten zusammenfallen können.

Aus diesen ganzen Betrachtungen geht hervor, dass, wenn wir das Cambium lediglich als eine Schicht gleichwerthiger Zellen betrachten,

1. es in einzelnen Reihen an allen beliebigen Stellen tangentiale Wände geben wird, welche in Folge ihres Alters sich durch Dicke vor den übrigen derselben Radialreihe auszeichnen,

2. dass eine Zelle, welche lange Zeit als Initiale nur für die Phloëm- oder für die Xylemseite functionirt hat, entweder zur Seite gedrängt ihre Thätigkeit ganz verlieren kann, oder in die Lage versetzt wird, auch nach der entgegengesetzten Seite des Wendekreises Zellen abgeben zu können, und somit zur wirklichen Initiale zu werden,

3. dass endlich sogar die Hartig'schen Doppelinitialen für einzelne Reihen möglich sein müssen.

Wir haben nun oben bereits gesehen, dass dies bei unserer Auffassung des Cambiums theoretisch wahrscheinliche Auftreten vereinzelter alter Wände thatsächlich vorhanden ist. Das hiermit eng verknüpfte, bald hohe, bald geringe Theilungsvermögen der nicht dauernd theilungsfähigen Zellen wird durch die so sehr verschieden langen Kurzstäbe direct bewiesen.

Als Beleg dafür, dass auch die an dritter Stelle geforderten Hartig'schen Doppelinitialen, wenn man so will, bisweilen in Wirklichkeit vorkommen, will ich nur den oben beschriebenen 47zelligen Kurzstab anführen, auf den ich ganz besonderes Gewicht legen muss, weil seine Beschaffenheit meiner Meinung nach über die Zusammengehörigkeit der 47 Zellen keinen Zweifel übrig liess. Dass der Stab nicht als Theilstück eines durchschnittenen Langstabes aufzufassen war, bewies mir eine daneben befindliche Quertracheïdenreihe, welche, völlig intact, noch weit zu verfolgen war, und die durch höhere und tiefere Einstellung des Mikroskops genau in der Mitte des Präparats zu constatirende Lage desselben. Ausserdem waren seine beiden Enden etwas verbreitert, während er in der Mitte dünn und fadenförmig war. Diese Eigenschaft bewies nach dem oben über die Entstehung der Stäbe Gesagten, dass ich wirklich die beiden äussersten Enden des Stabes vor mir hatte, dass alle 47 Zellen und nur diese aus einer einzigen Zelle entstanden waren. Es ist also in diesem Falle zwei volle Jahre hindurch eine Doppelinitiale für diese Radialreihe wirksam gewesen.

Bisher haben wir die für das Auftreten dicker Wände günstigen Verhältnisse untersucht; im Folgenden wollen wir fragen, welches ist der für das Gegentheil, für das Zustandekommen der Sanio'schen Initiale günstigste Fall.

Wenn eine Zelle vom feststehenden Wendekreise im Verhältniss von 1 : 2 getheilt wird, so ist leicht einzusehen, dass, so oft sich auch ihr Lumen verdoppeln und halbiren möge, eine ihrer Tochterzellen stets wieder von ihm in demselben Verhältniss getheilt werden wird, und dass eine aus ihr hervorgehende Radialreihe nur junge dünne Wände zeigen wird. Denken wir uns also in allen den Fällen, wo durch die Lage einer Wand entweder auf einem festen oder in entsprechender Nähe vor einem weiterrückenden Wendekreise die Hartig'schen Doppelinitialen entstehen, an Stelle der Wand eine die Zellen im Verhältniss von 1 : 2 theilende Linie, so ist klar, dass die so gelegenen Zellen niemals Wände bilden werden, die so lange im Cambium verweilen können, dass sie sich durch Dicke vor den übrigen derselben Radialreihe erheblich auszeichnen würden; vielmehr werden in solchen Fällen immer zwei an Dicke mit einander correspondirende Wände zu finden sein.

Dies eben geschilderte Verhältniss zwischen Initialen und Wendekreis würde also, wenn die Sanio'sche Theorie ohne die Hülfshypothese der Verschiebungen radialer Reihen gegen einander auskommen wollte, wenigstens ideel obwalten müssen. Die mannigfaltige Verschiedenheit der einzelnen Reihen erklärte sich ungezwungen aus den ganz verschiedenen Theilungsstadien, in denen sich dieselben befinden.

In Wirklichkeit nun kommen nicht nur die extremen Fälle, d. i. die einfachen oder die Doppelinitialen vor, sondern auch alle Uebergänge, wie sie die Consequenz unserer Auffassungsweise verlangt, und zwar dies nicht nur ausnahmsweise, sondern fortwährend.

Den besten Beweis hierfür gaben die doppelten Radialreihen, welche auch dann, wenn sie durch Theilung der Initiale entstanden, keineswegs auch nur annähernd von dem Wendekreis, wo man ihn auch annehmen wollte, nach demselben Verhältniss getheilt werden, sondern sich sogar, wie wir gesehen haben, bisweilen ausschliesslich nach dem Holze oder nach der Rinde zu fortsetzen können.

Bemerkenswerth ist die Auffassung, welche Dr. Rösseler parallel der unseren in seiner Inauguraldissertation (Das Dickenwachsthum und die Entwicklungsgeschichte der secundären Gefässbündel bei den baumartigen Lilien. Berlin 1889. Pringsheim's Jahrb. Bd. XX.) in diesem Punkte hat. Wenn, führt er ungefähr aus (Seite 312), die Vermehrung der Radialreihen im Verdickungsringe in derselben natürlichen Weise erfolgte wie bei den Laub-

und Nadelhölzern — also durch Initialen — so müsste die Länge einer solchen aus einer Zelle entstandenen Doppelreihe in der Rinde zu der im Holze in einem Verhältniss stehen, welches dem für den Zuwachs von Holz und Rinde angegebenen wenigstens annähernd entspräche.

Um einen bestimmten Fall ins Auge zu fassen, so mag dies an einer Figur, welche Sanio selbst giebt, erläutert werden. Bei der Fig. 1, Taf. V (Jahrb. f. wissensch. Bot., Bd. IX.) bezeichnet er in der Reihe c die Zellen 7 und 8 als Initiale; folglich können in der Reihe b doch nur die Zellen 6' und 6'' oder im besten Falle 7' und 7'' die Initialen für die Doppelreihen sein. Die Initialen haben also mindestens viermal soviel Rinden- als Holzzellen abgegeben, und doch soll dies Bild gerade die Thätigkeit einer Initiale beweisen! Wie kommt denn da der notorische Mehrzuwachs an Holz für diese Reihe zustande?

Stellen wir zum Schluss die Thatsachen zusammen, welche gegen die Sanio'sche Initialentheorie sprechen, so ergeben sich folgende Hauptpunkte:

1. Die Initialentheorie vermag entweder die vereinzelten dicken, also ungleich älteren tangentialen Wände im Cambium nur durch Annahme erheblicher Verschiebungen der radialen Reihen gegen einander, also nur durch eine Hülfshypothese, die längeren Kurzstäbe überhaupt nicht zu erklären, oder

2. sie widerspricht, wenn sie durch Annahme ungleich höherer Theilungsfähigkeit einzelner Tochterzellen ohne Hülfshypothese die dicken Wände und alle Kurzstäbe erklärt, ihrem eigentlichen Sinne und wird durch solches Verwischen des Initialenbegriffes entbehrlich.

3. Es giebt kein äusseres Merkmal und keine individuelle Eigenschaft, welche nach den bisherigen Erfahrungen eine der Cambiumzellen vor den übrigen derselben Radialreihe auszeichneten:

a) Unter den Zellen einer Radialreihe haben stets mehrere in der Längs- und der radialen und tangentialen Querrichtung gleiche Dimension und zeigen alle in gleicher Weise die Plasmaströmung und die Primordialtüpfel (Russow: Bot. Centralbl. X., S. 63 und Strasburger: Bau und Wachsthum der Zellhäute S. 42).

b) Die Bildung von Stäben und neuen radialen Wänden, welche die Existenz einer Initiale beweisen sollten (Krabbe: Wachsthum des Verdickungsringes etc. und Mischke, Sanio: Jahrbücher f. wissensch. Bot. IX. S. 58. Russow: Bot. Centralbl. X., S. 63), zeigen auch Zellen, welche nicht dauernd theilungsfähig sind.

Was die ersteren betrifft, so haben wir oben gesehen, dass es ausser den früher ausschliesslich beobachteten Langstäben auch Kurzstäbe giebt; und die jungen radialen Wände habe ich auf meinen Querschnitten in allen Theilen, in den jungen, sich offenbar nicht mehr theilenden Xylem- und Phloëmzellen und in dem noch theilungsfähigen Cambium gefunden.

Die intercalare Theilung der Cambiumzellen.

Im zweiten Theil der vorliegenden Arbeit sind einige Beobachtungen mitgetheilt worden, welche gegen die Sanio'sche Initialentheorie sprechen. Die ungleich dickeren tangentialen Wände, welche nicht selten in den radialen Zellreihen des Cambiums zu finden sind, und das Vorkommen einzelner durch unverhältnissmässig viele Holzzellen reichender Kurzstäbe liessen sich mit der geringen Theilungsfähigkeit, welche den Tochterzellen der Initiale bisher zugeschrieben worden ist, und auch, dem Sinne jener Theorie entsprechend, nur zugestanden werden kann, nicht vereinbaren. Dagegen fanden beide, wenn man das Cambium lediglich als eine theilungsfähige Schicht gleichwerthiger Zellen ansieht, die, zu radialen Reihen angeordnet, sich durch intercalare Theilungen vermehren, eine genügende Erklärung.

Während bis dahin also nur negative Gründe entwickelt worden sind, soll im Folgenden durch positives Beweismaterial die Richtigkeit unserer, der Initialentheorie gerade entgegengesetzten Auffassung darzuthun versucht werden.

Da meine Schlussfolgerungen dem aus directen Beobachtungen abgeleiteten Theilungsgesetze, welches Herr Dr. Mischke in seiner Inauguraldissertation (Separat-Abdruck aus Bot. Centralbl. 1890, Bd. XLIV) aufgestellt hat, widersprach, so waren schon dieserhalb weitere den Gegenstand betreffende Untersuchungen nothwendig.

Für die Bereitwilligkeit, mit der Herr Dr. Mischke mir das bereits bei seiner Arbeit benutzte Material zur Verfügung gestellt hat, darf ich umsomehr nicht unterlassen, demselben auch an dieser Stelle meinen Dank auszusprechen, als er mit dankenswerther Uneigennützigkeit mir dadurch die denkbar leichteste Möglichkeit verschaffte, den Widerspruch unserer fast gleichzeitigen Untersuchungsresultate zu lösen.

Es ist schon früher betont worden, dass der Dickenunterschied der tangentialen Wände einer radialen Cambiumzellreihe — abgesehen von den früher behandelten, vereinzelten ungleich dickeren Wänden — zu gering ist, als dass man mit Sicherheit auf das relative Alter derselben schliessen könnte.

Günstiger verhalten sich die Wände des Wintercambiums, da dieselben während der langen Vegetationsruhe nicht ganz unverändert bleiben, sondern sich durch Dicke und Färbung — letzteres wenigstens bei meinem Alkoholmaterial — vor den so sehr viel jüngeren, im ersten Frühling gebildeten Wänden deutlich auszeichnen.

Diesen Umstand benutzend, wollen wir durch Vergleich aufeinanderfolgender Entwicklungsstadien zeigen, dass sich in der That die zu radialen Reihen angeordneten Zellen des Cambiums durch intercalare Theilungen vermehren.

Die im Folgenden benutzte Materialsammlung, welche in Intervallen von acht bis vierzehn Tagen durch Herrn Dr. Mischke einer üppig wachsenden, etwa 60jährigen Picea excelsa entnommen wurde, beginnt mit dem 15. April.

In diesem Stadium befindet sich zwischen Holz und Rinde eine Lage von sieben bis neun, meistens acht dünnwandigen Zellen, das noch völlig unveränderte Wintercambium (Fig. 1, Taf. XXX). Die Zellen sind alle nahezu einander gleich und lassen bisweilen — nach den von Sanio angegebenen Kennzeichen (relative Dicke der tangentialen Wände und grössere oder geringere Abrundung der Zellen an den Insertionsstellen der ersteren) — ihre genetische Zusammengehörigkeit zu grösseren oder kleineren Gruppen deutlich erkennen; besonders ist man über ihre Zwillingsnatur meist ausser Zweifel. Die relativ dicksten Wände finden sich in allen Theilen, bald in der Mitte der Schicht, bald mehr auf der Holz- oder Rindenseite.

Der Vergleich mit einem Herbststadium vom 28. Sept. ergab, dass während der winterlichen Vegetationsruhe keine wesentlichen Veränderungen eingetreten waren, nur treten die Dickenunterschiede der tangentialen Wände im Frühjahr doch nicht mehr so deutlich hervor wie im Herbst, auch haben sich die Zellen, wie genaue Messungen ergaben, in radialer Richtung um ein Viertel gestreckt.

Eine auffälligere Veränderung hatten die auf das Cambium nach aussen folgenden Siebröhren erlitten; während dieselben im Herbst dieselbe etwa quadratische Form wie die übrigen zeigten, waren sie zu Beginn der Vegetationsperiode sehr stark eingeschrumpft und unterschieden sich augenfällig von den übrigen normal gestalteten Siebröhren des vorigen Jahres.

Da diese Eigenschaft, um dies vorwegzunehmen, eine dauernde ist (Fig. 1 bis 3), so bietet sie eine Handhabe, den jeweiligen Zuwachs an Rindenzellen leicht zu constatiren, was für unsere weiteren Untersuchungen von Wichtigkeit sein wird[1]).

Am 24. April, unserem zweiten Stadium, haben die Cambiumzellen begonnen, sich in radialer Richtung etwas zu strecken, doch ist noch keine neue Theilung erfolgt; die letzte Cambiumzelle, welche sich schon am 15. April durch Grösse etwas auszeichnete, hat angefangen sich zu einer Siebröhre zu differenziren.

Am 3. Mai finden wir an Stelle der acht Wintercambiumzellen zwischen Holz und dem Ring eingeschrumpfter Siebröhren durchschnittlich acht durch relativ dicke, gelbliche Wände abgegrenzte Zellgruppen, welche auf der Holzseite aus ein bis drei, in der Mitte aus vier, dann nach der Rinde zu aus drei oder zwei dünnwandigen Zellen und dicht an der Rinde aus einzelnen, bereits differenzirten Siebröhren bestehen (Fig. 2, Taf. XXX).

---

1) 1. Dieser Kreis eingeschrumpfter Zellen, den ich auch bei anderen Bäumen derselben Species, sowie auch bei Abies pectinata, nicht aber bei Pinus beobachtet habe, ist nicht mit dem Wigand'schen Hornparenchym zu verwechseln. Letzteres, gleichfalls aus eingeschrumpften Siebröhren bestehend, entwickelt sich aus den gesammten Siebröhrenlagen, welche allmählich zu festen Massen comprimirt zwischen den sich nahernden Parenchymzellen zu finden sind.

2. Auf Grund des aus dem vorhergehenden Jahre stammenden Ringes eingeschrumpfter Siebröhren, der gleichfalls noch deutlich zu erkennen ist, kann man sich überzeugen, dass abgesehen von einzelnen eingesprengten Zellen nur einmal des Jahres ein zusammenhängender Ring parenchymatischer Rindenzellen gebildet wird, und dass man somit in der That bei den Abietineen das Alter der noch lebenden Rinde nach der Anzahl der vorhandenen Parenchymringe feststellen kann.

3. Da die vorjährigen Siebröhren schon während des folgenden Sommers anfangen einzuschrumpfen und sich auch in ihrer Färbung — besonders beim Alkoholmaterial — verändert haben, so dürften die Siebröhren hier, wie bei den Laubhölzern, überhaupt nur ein Jahr lang functionsfähig sein.

Die mittleren vierzelligen Gruppen sind unschwer als aus zwei Zellzwillingen, die dreizelligen als aus einem stets auf der Cambiumseite gelegenen Zwilling und einer einzelnen Zelle bestehend zu erkennen. Die zartesten, also jüngsten Wände enthalten stets die am meisten rindenwärts gelegenen vier- oder dreizähligen Gruppen. In Reihe I, Fig. 2 z. B. ist die Wand zwischen Zelle 15 und 16 die zarteste, dasselbe gilt von den Wänden 14/15 und 13/14 der Reihen V und VI u. s. w.

Diese vierzelligen Gruppen, welche Mischke bei einem gleichfalls am 3. Mai von Pinus silvestris entnommenen Untersuchungsobject fand, gaben ihm die Veranlassung, seine über die Sanio-schen Angaben hinausgehende Theilungsregel aufzustellen. Nach ihm sollten diese Gruppen durch die Thätigkeit einer Initiale entstehen, deren Tochterzellen sich durch zweimalige Theilung in vier Zellen theilten (cfr. S. 5 und 6 des Separatabdruckes).

Dass nun diese Auffassung nicht die richtige ist, sondern dass die Gruppen durch eine zweimalige intercalare Theilung des Wintercambiums entstehen und die abgrenzenden älteren Wände mit denen des Wintercambiums identisch sind, ist leicht aus der gleichen Anzahl an Zellgruppen und an Wintercambiumzellen ersichtlich.

Wir haben uns also vorzustellen, dass z. B. Reihe VI aus acht Mutterzellen entstanden ist, und zwar haben sich die ersten sechs Zellen je einmal getheilt; darauf sind, nachdem sich die Zellen wieder genügend radial gestreckt hatten, durch nochmalige Theilung die mittleren vierzelligen Gruppen, also Zelle 3—6, 7—10 und 11—14, entstanden.

Dass dies in der That die richtige Auffassung ist, geht aus dem folgenden Stadium vom 13. Mai hervor (Fig. 3, Taf. XXX). Hier finden sich nämlich an Stelle der vierzähligen Gruppen solche von acht Zellen, wie sie ja durch eine dreimalige Theilung entstehen müssen; z. B. Reihe I Zelle 16—23 und 24—31; II 10 bis 17; III 17—24; IV 10—17 und 18—25 u. s. w.

Wo die Gruppen kleiner sind, weist schon die Form der Zellen darauf hin, dass die intercalare Theilung an dieser Stelle nicht vollständig durchgeführt ist. So ist z. B. die Gruppe 25—30 III nur deswegen sechszählig, weil die Theilung in den am Rande der Zone lebhaftester Theilung gelegenen Zellen 29 und 30 noch unterblieben ist. Dasselbe gilt von den Zellen 11 und 12 derselben Reihe, den Zellen 24 II, 30 und 31 IV, 11, 12 und 13 I. Ja, es ist sogar auch in diesem Stadium, wenn auch wegen der angefangenen Differenzirung auf der Holz- und Rindenseite, mit einiger Mühe möglich, die ursprünglichen acht bis neun Gruppen zu reconstruiren. So besteht Reihe I aus den neun Gruppen 1—2, 3—6, 7—10, 11—15, 16—23, 24—31, 32—34, 35, 36 und 37; Reihe III aus den Gruppen 1—3, 4—6, 7—10, 11—16, 17—24, 25—30, 31—32, 33, 34 u. s. w.

Vergleichen wir nun die fünften bis sechsten Zellgruppen dieses Stadiums (Fig. 3) mit den gleichen der Fig. 2, so fällt auf, dass jene nur aus so wenig (gewöhnlich 2) Zellen bestehen, während die sechs- bis achtzähligen Gruppen der Fig. 3 doch eine zweite Theilung (in vier Zellen) voraussetzen. Wir müssen also annehmen, dass die fünften und sechsten Gruppen der Fig. 2 sich noch weiter theilen werden.

Bei anderen Reihen desselben Schnittes hatten sich diese Theilungen auch bereits theilweise vollzogen, und bei dem gleichalterigen Objecte von Pinus silvestris (3. Mai) reichten die Viertheilungen in einzelnen Reihen sogar bis zur siebenten und achten Gruppe; entsprechend dem um eine Zelle mächtigeren Wintercambium dieses Baumes.

Wir sehen also die Zelltheilungen auf der Holzseite etwas schneller erfolgen als auf der Rindenseite und dementsprechend die intercalaren Theilungen der ganzen Reihen nicht völlig gleichzeitig, sondern im Grossen und Ganzen mehr in centrifugaler Reihenfolge vor sich gehen.

Wenngleich dies schon durch directe Beobachtung aus den in centripetaler Richtung dicker werdenden Wänden ersichtlich ist, so aus den Wänden 28/27, 26/25 u. s. w. bis 14/13 der Reihe III, den Wänden 31/30, 29/28 u. s. w. bis 15/14 I, so wollen wir dies doch durch das folgende Stadium vom 19. Mai noch weiter zu demonstriren versuchen (Fig. 1, Taf. XXXI).

Dass hier bereits eine vierte intercalare Theilung stattgefunden hat, können wir nicht nur aus dem um sechs Tage späteren Datum schliessen, sondern auch aus dem Vorhandensein grösserer Zellgruppen folgern. So besteht die Gruppe 14—26 I aus 13 Zellen (ebenso die Gruppen 11—23 III und IV), die Gruppen 24—33 IV und 21—30 VI aus 10 Zellen. Noch grössere Gruppen von 15 und 16 Zellen waren an anderen Stellen des Präparates zu finden.

Es fragt sich nun, wie sind z. B. die vier zarten Wände der Gruppe 24—33 IV zu erklären? Gehören die Wände 24/25, 26/27 und 30/31, 32/33 derselben oder verschiedenen intercalaren Theilungen an? Um diese Frage zu beantworten, wollen wir diese Gruppe mit einer ebenso weit vom Ring eingeschrumpfter Siebröhren entfernten Zellgruppe der Fig. 3, Taf. XXX, nämlich Zelle 25—30 III, vergleichen. Innerhalb der letzteren ist in den Zellen 29 und 30, wie oben gezeigt, die dritte intercalare Theilung noch nicht erfolgt. Wir könnten also daraus schon schliessen, dass die Wände 30/31 und 32/33 noch der dritten, die Wände 24/25 und 26/27 dagegen schon der vierten intercalaren Theilung angehören.

Denn denken wir uns die letzteren weg, so erhalten wir eine vollständige dreimalige Theilung der Mutterzelle. Wir haben uns also vorzustellen, dass die vierte intercalare Theilung mit der Zelle 14 + 15 beginnend, wie wohl deutlich sichtbar, in centrifugaler Folge bereits bis zur Zelle 26 + 27 gekommen ist, während die Zwillinge 30 + 31 und 32 + 33 soeben erst durch die dritte intercalare Theilung entstanden sind. Wir verstehen damit, weshalb die Zellen 28 und 29 scheinbar übersprungen sind.

Dass die gegebene Erklärung die richtige ist, geht aus der in centrifugaler Folge abnehmenden Dicke der tangentialen Wände 14/15, 16/17 bis 26/27 und aus dem Vergleich mit der völlig analog gebauten Reihe VI, sowie den ähnlich sich verhaltenden Reihen III und I hervor.

In der letzteren reicht die vierte intercalare Theilung von Zelle 15—24; die Zelle 14 in dieser Gruppe dürfte sich nicht mehr, wohl aber 25 und 26 noch weiter theilen. Die engere Zusammengehörigkeit der Zellen innerhalb dieser aus einer Wintercambiumzelle hervorgegangenen Gruppe lässt sich durch Angabe der intercalaren Theilungen, welcher die einzelnen Wände angehören, wie folgt, ausdrücken: $0_{3}2_{434}1_{434}2_{43}0$. Hierin sind die Winterwände mit 0, die Wand der ersten intercalaren Theilung mit 1 etc. bezeichnet.

Noch übersichtlicher dürfte dies durch das Schema:

$$[(1 + 1) + (2 + 2)] + [(2 + 2) + (2 + 1)]$$

geschehen, in welchem (gleichfalls von oben nach unten) die Klammern den Untergruppen entsprechen.

Es sei nur noch auf die Reihe II hingewiesen, in der die Zellen 31—18 nach dem Schema:

$$[(1 + 1) + (2 + 2)] + [(2 + 2) + (2 + 2)]$$

zusammengehören und der Intercellularraum zwischen Zelle 31 und 32 offenbar einer Wand des Wintercambiums entspricht.

Das an dieser Fig. 1, Taf. XXXI ganz besonders deutliche gleichzeitige Auftreten der jüngsten Theilungen an verschiedenen Stellen ein und derselben Radialreihe ist bei Bäumen mit breiter Cambiumschicht eine häufige Erscheinung und findet in der centrifugalen Folge der Theilungen eine ungezwungene Erklärung.

Hierher gehört auch die bemerkenswerthe Beobachtung, dass nicht selten eine Reihe, eben intercalar getheilt, aus lauter kleinen Zellen besteht, während die Nachbarreihe, noch frei davon, dementsprechend grosslumige Zellen enthält. Auch diese — von Sanio übrigens richtig gezeichnete Erscheinung — kann ungezwungen doch wohl nur durch unsere Theorie erklärt werden.

In ähnlicher Weise, wie bisher, liessen sich die Theilungsvorgänge der beiden folgenden Stadien vom 27. Mai und 6. Juni untersuchen; doch konnten wegen der zu weit vorgeschrittenen Differenzirung nicht mehr die ganzen Reihen, sondern nur noch die in das Cambium hineinragenden Gruppen mit überzeugender Sicherheit reconstruirt werden. So bildeten z. B. in Fig. 2, Taf. XXXI die Zellen 23—41, Reihe II eine zusammenhängende Gruppe, in welcher Wand 23/24, 25/26 etc. bis 33/34 der fünften, die Wände 24/25, 28/29, 32/33, 35/36 und 37/38 der vierten intercalaren Theilung angehören.

Diese Gruppe hat das Schema (von oben nach unten)

$$[(1 + 1) + (1 + 2)] + [(2 + 4) + (4 + 4)];$$

Wand 36/37 ist also die älteste nächst den aus dem Wintercambium stammenden Wänden 22/23 und 41/42.

In der cambialen Region der Reihe I findet sich nur noch eine dem Wintercambium angehörige Wand, nämlich 30/31. Da die äusseren Grenzwände der hier zusammenstossenden Gruppen nicht mehr deutlich hervortraten, so war eine Reconstruction nicht wohl möglich; doch liess sich durch Vergleich mit der Nachbarreihe II und anderen (nicht gezeichneten) schliessen, dass die Wände 25/26, 27/28, 29/30 und 31/32 der fünften, die Wand 36/37 der vierten intercalaren Theilung angehören dürften.

Fig. 1, Taf. XXXII stellt die Thätigkeit der sechs ersten intercalaren Theilungen dar. In der mittelsten Reihe gehören die Zellen 33—62 einer Zellgruppe an. Die älteste nächst den beiden Winterwänden 32/33 und 62/63 ist die Wand 40/41. Der sechsten Theilung gehören die Wände 50/51, 52/53 etc. bis 60/61 an.

Die Gruppe hat also (von oben nach unten genommen) die Formel:

$$[(7 + 7) + (4 + 4)] + [(2 + 2) + (2 + 2)].$$

In der rechten Reihe gehören die Zellen 47—68, in der linken die Zellen 45—70 zusammen. Die erstere hat das Schema:

$$[(1 + 1) + (2 + 4)] + [(4 + 5) + (3 + 2)],$$

die letztere:

$$[(1 + 2) + (4 + 8)] + [(4 + 3) + (2 + 2)].$$

Wand 60/61 rechts und 55/56 links gehören also der ersten, Wand 55/56 rechts und die vier zarten Wände der Untergruppe 56—63 links der sechsten intercalaren Theilung an.

Aus den bisherigen Untersuchungen gewinnen wir folgende Resultate:

1. Das Cambium wächst durch intercalare Theilung seiner zu radialen Reihen angeordneten Zellen, und

2. die Wachsthumsintensität des Cambiums ist auf der Xylemseite stärker als auf der Phloëmseite und nimmt allmählich nach der Rindenseite zu ab, wodurch die Theilungen in centrifugaler Folge weiterschreiten.

Was nun wiederum die Initialentheorie betrifft, so ergiebt sich aus dem bisherigen, dass sich in den radialen Reihen des Cambiums keine Zelle findet, welche sich durch Wachsthumsintensität vor den übrigen irgendwie auszeichnete.

Höhere oder, wenn jemand vielleicht gar wollte, geringere Wachsthumsintensität, müsste man doch wenigstens als eine charakteristische Eigenschaft der Initiale vermuthen dürfen.

Nebenbei sei bemerkt, dass auch ein Ergebniss für die Zeitdauer von einer Zelltheilung bis zur folgenden aus obigen Untersuchungen resultirt. Da die Vegetation am 24. April mit radialer Streckung schon begonnen hatte, und die sechste intercalare Theilung am 6. Juni etwa zu einem Dritttheil beendet war, so kommen für die Xylemseite, wenn wir zwei Tage bis zum Beginn der sechsten Theilung zurückrechnen, auf 6 intercalare Theilungen 42 Tage, also durchschnittlich 7 Tage auf eine Theilung. Etwas langsamer erfolgen die Theilungen auf der Rindenseite; denn da wir bis zur Vollendung der letzten intercalaren Theilung noch etwa 5 Tage dürften hinzurechnen können, so kommen im Ganzen 48 Tage heraus; von einer Cambiumzelltheilung auf der Rindenseite bis zur anderen vergehen demnach etwa 8 Tage.

Der Wendekreis.

Aus der dauernden Function des Cambiums folgt, dass in jeder einzelnen radialen Reihe auch eine dauernd theilungsfähige Zelle vorhanden sein muss, und aus dem Wachsthum, gleichsam dem fortgesetzten Auseinandergehen des cambialen Gewebes, dass — abgesehen von der centrifugalen Bewegung des ganzen Cambiumcylinders — auf der Grenze zwischen den xylem- und den phloëmwärts auseinander rückenden Elementen ein Kreis indifferenter Punkte zustande kommen muss, den wir den Wendekreis genannt haben.

Die dauernde Theilungsfähigkeit der Zellen in ihrer Abhängigkeit von der Lage zum Wendekreis und die Abhängigkeit des Wendekreises von dem jeweiligen Zuwachs an Holz- und Rindenelementen sind früher ausführlich behandelt worden.

Versuchen wir nun die gewonnenen Vorstellungen auf den praktischen Fall der vorliegenden Untersuchung anzuwenden, so fällt uns der unverhältnissmässig geringe Zuwachs an Rindenzellen auf. Während durch die 6 ersten intercalaren Theilungen bereits über 50 junge Tracheïden gebildet wurden, finden sich nur 5—6 differenzirte Rindenzellen.

Diesem ganz ungleichen Verhältniss entspricht das Endergebniss an Holz- und Rindenzuwachs vom 27. September; denn dort finden wir im Ganzen 105—110 Xylem- und 10—11 Phloëmzellen, also zehnmal so viel Holz- als Rindenelemente.

Hieraus können wir schliessen, dass der vom Holz- und Rindenzuwachs abhängige Wendekreis und damit die wegen ihrer günstigen Lage dauernd theilungsfähigen Cambiumzellen der Rinde ausserordentlich nahe liegen müssen.

Betrachten wir nunmehr das Stadium vom 27. Mai und 6. Juni (Fig. 2, Taf. XXXI und Fig. 1, Taf. XXXII) und sehen allemal auf 3—4 Siebröhren je eine (schraffirt gezeichnete) Parenchymzelle folgen, während die darauf folgenden Zellen am 27. Mai meist frisch getheilt sind, so können wir bei Fig. 1, Taf. XXXI nur etwa die Zellen 32 I, 30 III, 32 IV und 29 VI als die auf dem Wendekreis gelegenen, dauernd theilungsfähigen Zellen oder, wenn jemand will, als Initialen der Reihen ansprechen. Wir können dies um so mehr, als die Zellen 34 IV und 31 VI, wie die dunkle Innenlamelle dieser Zellen beweist, angefangen haben, sich in Parenchymzellen zu differenziren.

Schliessen wir auf Grund dieses, durch Erfahrung gewonnenen Resultates rückwärts, so können wir in Fig. 3, Taf. XXX etwa die Zellen 33 I, 26 II, 31 III, 30 oder 31 IV etc. oder möglicherweise sogar der Rinde noch näher liegende Zellen als die Initialen mit einiger Wahrscheinlichkeit ansehen.

Dem entsprechend dürften in Fig. 2, Taf. XXX der Wendekreis über die Zellen 17 oder 18 IV, d. i. im allgemeinen über die sechste Zellgruppe (vom Holze aus) und endlich im Wintercambium über die sechste Zelle gehen.

Wir ersehen hieraus, dass die dauernd theilungsfähigen Zellen jedenfalls nicht auf der Zone lebhaftester Zelltheilung zu suchen sind, und dass die zartesten Wände zur „Feststellung der Initiale" ganz unbrauchbar sind.

Natürlich macht diese Untersuchungsweise nicht Anspruch auf mathematische Genauigkeit, da man ja zu sehr mit den lokalen Verschiedenheiten der immer wieder an einer anderen Stelle des Baumes herausgeschnittenen Untersuchungsobjecte und mit dem individuell stets verschiedenen Bau der Reihe zu rechnen hat.

Gleichwohl dürfte die Uebereinstimmung der Bilder, deren Auswahl bei der schwierigen Technik lediglich die Güte des Schnittes bestimmen musste, in Bezug auf Anzahl der Zellgruppen und die Gesetzmässigkeit der Veränderungen gross genug sein, um uns zu überzeugen, dass wir mit für unsere Zwecke genügender Genauigkeit dem wahren Sachverhalte wenigstens sehr nahe gekommen sein müssen und die Lage der wirklichen Initialen, wenn man so will, annähernd richtig bestimmt haben.

Nicht nur unsere, auf blosser Erfahrung beruhende Methode, die Initiale festzustellen, weicht von der Sanio'schen ab, sondern vor allem auch das Resultat ist ein erheblich anderes.

Im Winterstadium ist also nicht durchschnittlich die vierte Zelle, wie Mischke will, sondern die sechste Initiale; in Fig. 2, Taf. XXX nicht die neunte, wie Mischke nach seiner Theorie kaum anders schliessen konnte, sondern durchschnittlich die achtzehnte. Dem entsprechend ist bei Mischke's Fig. 1 die Initiale nicht in der fünften Gruppe (Reihe A, Zelle 15 und 16 und B 14 und 15), sondern, wie aus der Untersuchung desselben Objectes constatirt werden konnte, in der nicht mehr gezeichneten siebenten Gruppe (durchschnittlich die 21. Zelle) zu suchen.

Am 13. Mai ist die Initiale nicht zwischen der 16. u. 21. Zelle zu suchen, sondern ist durchschnittlich die 28.—29. Zelle unserer Fig. 3, Taf. XXX, am 19. Mai nicht die 20.—25., sondern die 31. Zelle etc.

Natürlich kann und soll dies Ergebniss das Verdienst des Herrn Dr. Mischke, welches ja der Hauptsache nach auf einem anderen Gebiet liegt, keineswegs herabsetzen, oder die von ihm aufgestellte Zuwachscurve berichtigen, sondern nur die durch unsere Auffassung bedingte Verschiedenheit der Resultate hervorheben.

Es ist wohl kaum nöthig, zu bemerken, dass diese Resultate, besonders die der Rinde so nahe Lage des Wendekreises, nur eben für unser Untersuchungsobject giltig sein können und bei einem Baum mit anderem Zuwachsverhältniss dementsprechend variiren werden. Bei einer Wurzel z. B. mit etwa vier- bis fünfmal grösserem Rinden- als Holzzuwachs wird naturgemäss der Wendekreis dem Holze fast ebenso nahe liegen, wie im obigen Beispiel der Rinde.

Um indessen nicht den Anschein zu erwecken, als hätten wir uns durch das Feststellen der Initialen, was eben nur auf eine andere Art geschehe, der Initialentheorie wieder genähert, so mag an dieser Stelle hervorgehoben werden, dass dadurch an unserer ursprüglichen Auffassung des Cambiums durchaus nichts geändert wird; denn unsere dauernd theilungsfähigen Zellen unterscheiden sich nach wie vor von den Initialen durch die wesentliche Eigenschaft, dass die Segmente der Initialen sich immer in eine wenigstens annähernd gleiche Anzahl — bei Sanio in 2—3, bei Mischke für den normalen Fall in 4 — Zellen theilen sollten, während die

Tochterzellen unserer dauernd theilungsfähigen Zellen sich nicht nur in sehr viel mehr, sondern hauptsächlich in sehr verschieden viele Zellen, sowohl hinter einander in derselben Reihe, als auch gleichzeitig in benachbarten Reihen theilen, je nach der Lage der Mutterzellen zum Wendekreis oder, was dasselbe ist, zu den Zellen der Nachbarreihen.

Es leuchtet ein, dass die intercalaren Theilungen, durch die sich die cambiale Zellschicht vergrössert, noch keineswegs die Existenz einer Initiale ausschliesst.

Man kann sich z. B. für unsern Fall ja denken, dass die von der dauernd theilungsfähigen Zelle xylemwärts abgegebenen Segmente sich eben intercalar theilen, und dass jedesmal oder ein- ums anderemal zugleich mit den intercalaren Theilungen auch rindenwärts eine Zelle abgegeben wird. Es könnte der Vorgang also allgemein so sein, wie er in der linken Reihe Fig. 1, Taf. XXXH, Gruppe 45—69 sich darstellt. Wenn nun dies richtig wäre, so müssten, abgesehen von den hier nicht zu berücksichtigenden Winterwänden, von dem Kreis der Initialen aus rinden- und xylemwärts nur verhältnissmässig zarte Wände zu finden sein.

Dass nun dem keineswegs so ist, beweist Fig. 2, Taf. XXXI Wand 30/31 I und Fig. 1, Taf. XXXII Wand 62/63. In der letzteren Figur liegen ungefähr die Zellen 65 I, 64 II, 67 III auf dem Wendekreise und somit die dickste Wand auf der Xylemseite.

Wenn Initialen vorhanden wären, so müssten aus den Segmenten derselben wenigstens nahezu immer die gleiche Anzahl Zellen — auch bei intercalarer Theilung — hervorgehen.

Doch auch dies findet, wie aus Fig. 1, Taf. XXXII leicht ersichtlich ist, nicht statt. In der linken Reihe müsste die Mutterzelle der Gruppe 45—70 offenbar Initiale gewesen sein. Nun haben wir gesehen, dass die Wand 55/56 die älteste der Gruppe ist. Somit ist also die Untergruppe 45—55 als Tochterzelle der Initiale anzusprechen. Da nun keine dieser Zellen sich noch weiter theilen dürfte, so wären demnach 11 Zellen aus einem Segment entstanden. Diese Anzahl entspräche nun in der That den Theilungen, welche bei Annahme von Initialen die Segmente erfahren mussten, wenn, wie hier, die theilungsfähige Schicht aus 11 bis 12 Zellen besteht.

In der rechten Reihe wären aus gleichem Grunde die Zellen 47—60 als Segment zu betrachten. Da sich die Zellen 57—60 voraussichtlich noch theilen werden, so entstehen hier aus dem Segment 18 Zellen.

In der mittleren Reihe vollends sehen wir die Gruppen 33—62 aus 30 Zellen bestehen. Da sich die inneren derselben offenbar noch weiter theilen werden, so erführe hier das Segment, welches wir möglicher Weise noch gar nicht in seinem ganzen Umfange vor uns haben, Theilung in über 30 Zellen, sicher also die dreifache Anzahl wie die Gruppe 45—55 der linken Reihe.

Diese Beispiele, welche sich noch beliebig vermehren liessen, dürften die bald hohe, bald geringe Anzahl der Theilungen, welche die Tochterzellen der dauernd theilungsfähigen Zellen nach unserer Auffassung des Cambiums erfahren müssen, genügend demonstriren und die Nichtexistenz der „Initialen" beweisen.

Wenn nun also das Cambium lediglich als theilungsfähige Schicht gleichwerthiger Zellen aufzufassen ist, so entsteht die Frage, was wird aus allen den Wänden, welche ja doch im Laufe der Zeit auf dem Wendekreise müssen entstehen können und wegen dieser ihrer Lage gezwungen wären, dauernd im Cambium zu verbleiben? Es leuchtet ein, dass, wenn diese Wände für immer fest ständen, bald sehr viele Radialreihen Doppelinitialen haben müssten.

Schliesslich müsste sogar der Fall eintreten können, den wir oben als Axiom für die Richtigkeit der Hartig'schen Theorie aufgestellt haben, dass nämlich in jeder einzelnen Radialreihe eine dicke, alte Wand zu finden wäre, und dass alle diese Wände genau auf der Peripherie eines Kreises lägen. Durch Annahme eines weiterrückenden Wendekreises entgehen wir dieser Schwierigkeit, wie wir früher gesehen haben, keineswegs, denn dann würde in der entsprechenden Entfernung vor dem Wendekreise dasselbe entstehen können. Ausserdem hat diese Forderung um so mehr Berechtigung, als ja die Wände infolge ihrer bald erlangten Dicke und des verringerten Wachsthums der radialen Wände an den Insertionsstellen den neuen Wänden, welche nur ungefähr auf demselben Kreise gebildet werden, gleichsam leichter Halt gewähren würden und sie leichter in den Stand setzen müssten, den Ring dicker Wände bilden zu helfen.

Thatsächlich nun finden wir keineswegs so viele dicke Wände auf einem Kreise im Cambium, wie die Consequenz unserer Auffassung verlangt.

Dies erklärt sich aus folgender Beobachtung. Je älter eine auf dem Wendekreise befindliche tangentiale Wand wird, um so mehr runden sich die Zellen an dieser Stelle gegen einander ab (Fig. 3, Taf. XXXI und Fig. 1, Taf. XXXII, Wand 62/65 II); darauf schieben sich die Zellen der Nachbarreihen allmählich in die entstandene Lücke hinein und drängen gleichsam die Reihe an dieser Stelle auseinander (Fig. 1, Taf. XXXI, 31/32 II). Auf diese Weise hören also die Reihen, in denen sich gerade auf dem Wendekreise eine Wand gebildet hat und dieselbe, ohne entweder holz- oder rindenwärts zu rücken, fest stehen bleiben würde, auf, im Cambium zu existiren.

Diesen Vorgang kann man von der ersten Abrundung der Zellen gegen einander bis zum gänzlichen Auseinanderweichen und Aufhören der Reihe in allen Uebergängen vielfach beobachten.

Bisweilen kommen auf diese Weise an solchen Stellen sogar mit Luft gefüllte Intercellulargänge zu Stande (Fig. 1, Taf. XXXI).

Findet diese Trennung einer Zellreihe nur von einer Seite her statt, was dann, wenn derselben auf der anderen Seite ein Markstrahl anliegt, stets der Fall ist, so erkennt man die auseinander weichende Reihe entweder an der Convergenz der radialen Wände oder, wenn dies, wie sehr häufig, nicht möglich ist, daran, dass die tangentialen Wände der sich hineindrängenden Zellen gegen die Zellen der eigenen Reihe erheblich dünner sind als gegen die der fremden (Fig. 4, Taf. XXXI).

Was die Mechanik dieses Vorganges betrifft, so kann man sich denselben folgendermassen denken.

Die beiden Lamellen solch einer tangentialen Wand verlieren allmählich mit zunehmendem Alter den innigen Contact, dessen Vorhandensein man bei jüngeren Wänden beobachtet. Der hohe hydrostatische Druck, unter welchem das Cambium wächst, muss in Folge dessen an dieser Stelle eine stärkere polygonale Abplattung der Zellen gegen einander und damit ein Schmalerwerden der tangentialen Wand bewirken. Gleichzeitig bleiben die von der dicken Wand getrennten Zellen allmählich im Wachsthum gegenüber den Zellen der Nachbarreihe, wie man an dem verminderten Querschnitt und an der geringeren Länge sehen kann, zurück. Man hat sich wohl vorzustellen, dass die dicke Wand dem Austausch der xylem- und phloëmwärts kommenden Nährstoffe grösseren Widerstand entgegensetzt als die dünnen Wände der Nachbarreihe und die ersteren dadurch benachtheiligt.

Das Ineinandergreifen dieser beiden Factoren muss natürlich zunächst die Trennung der beiden Lamellen und dann, wenn der Vorgang sich auf dem Wendekreis abspielt, das völlige Auseinanderweichen der Reihe bewirken.

Bei diesem Vorgang findet jedenfalls nicht ausschliesslich Gleiten, sondern auch — nach der Divergenz der tangentialen Wände zu urtheilen — vermehrtes locales Wachsthum der Zellmembran an der Stelle statt, wo sich die Zellen zwischen die Lamellen der Nachbarreihe hineindrängen.

Ausser dem oben beschriebenen vollständigen kommt auch bisweilen ein unvollständiges Auseinanderweichen der Reihe zu stande; wenn nämlich die Wand, nachdem sie lange auf dem Wendekreise verharrt und dementsprechend ein gewisses Alter erlangt hat, langsam durch die ja oft breite Cambiumschicht zum Holze rückt, so vollzieht sich derselbe Vorgang, doch so, dass dadurch die Reihe nicht aufhört weiter zu existiren, sondern nur eine locale Unterbrechung erleidet. Beispielsweise dürfte in Fig. 1, Taf. XXXII die mittlere Reihe an der Stelle, wo sich die Wand 62/63 befindet, bei ihrer weiteren Entwicklung solch eine theilweise Unterbrechung erleiden.

Dies Verschwinden einzelner Radialreihen aus dem Cambium, was übrigens bei den parenchymatischen Zellreihen der Markstrahlen in ähnlicher Weise stattfinden dürfte, ist durchaus nicht eben selten. Bisher sind die von diesem Vorgange verursachten Querschnittsbilder — wenigstens nach meiner Erfahrung — stets mit Spitzenwachsthum erklärt worden. Von der Unrichtigkeit dieser Auffassung kann man sich leicht durch Vergleich von Serienschnitten überzeugen; denn wenn Spitzenwachsthum vorläge, so müsste man ja bei den folgenden Schnitten immer mehr Zellen und schliesslich die ganze Reihe finden. An Stelle dessen bleiben aber die Zellen auf ihrer ganzen Länge – wenigstens annähernd – immer gleich weit von einander getrennt. So haben die Zellen der Fig. 5, Taf. XXXI auf acht Mikrotomschnitten, welche zusammen 0,6 mm, also einen grossen Theil der gesammten Zelllänge austrugen, immer annähernd dieselben Bilder ergeben[1]).

1) Dies soeben beschriebene Auseinanderweichen der Reihen, zweitens das wirkliche Spitzenwachsthum der sich zu Tracheïden differenzirenden Zellen und drittens das energischere Längenwachsthum der durch Quertheilung entstandenen Zellhälften, welche die Vermehrung der Reihen verursachen, sind die drei Momente, mit denen man beim Studium der oft so verwirrten Cambiumbilder zu rechnen hat.

Wir sehen also, um auf unser eigentliches Thema zurückzukommen, die Bildung einer tangentialen Wand auf dem Wendekreise der Reihe gleichsam zum Verhängniss werden. Man könnte darin gewissermassen ein Streben des Baumes nach einfachen Initialen sehen. Andererseits ist dieser so häufige Vorgang bezeichnend für die Entbehrlichkeit des Initialbegriffes; man braucht ja nur zu fragen: wo lag denn nun die Initiale, lag sie in dem zum Phloëm oder in dem zum Xylem zurückweichenden Zweige der Reihe?

Als Beispiel für das Auseinanderweichen einer Reihe gerade auf dem Wendekreise mag auf die Reihe II der Fig. 1, Taf. XXXI hingewiesen sein. Denn, wie oben gezeigt, befindet sich hier der Intercellularraum, dessen Bildung dem Auseinanderweichen der Reihe vorangeht, einerseits an Stelle einer Wand des Wintercambiums und andererseits auf dem Wendekreise, dessen Lage wir gerade in diesem Falle ganz besonders genau anzugeben vermochten.

Dieser Vorgang wurde, obgleich als Spitzenwachsthum fälschlicher Weise erklärt, nicht mit Unrecht von Mischke zur Feststellung der Initialen (S. 6 und Fig. 1 seiner Inauguraldissertation) benutzt, da ja in der That die Lage des Wendekreises hierdurch ziemlich genau angegeben wird.

Dies Kriterium kann daher, besonders bei gleichzeitigem Vergleich von Holz- und Rindenzuwachs, auch weitere Anwendung finden, nur muss man sich vor Verwechselungen mit anderen Erscheinungen hüten.

Bei Mischke's Fig. 1 dürften z. B. die Zellen a bis n — wenn sie überhaupt ein und derselben Reihe angehörig sind — folgenden Ursprunges sein.

Die Mutterzelle der Gruppe a—f ist die Hälfte einer durch Quertheilung verdoppelten Cambiumzelle, welche nicht auf dem Wendekreise lag. Dasselbe gilt von der Gruppe, der m und n angehören, nur mit dem Unterschiede, dass diese Mutterzelle, wie es scheint, zufällig die dauernd theilungsfähige Zelle der Reihe war. Es erfuhren hier also zwei, nicht unmittelbar nebeneinander liegende Zellen der Reihe, wie in den beiden früher mitgetheilten Fällen, sondern zwei durch eine dritte Zelle getrennte Elemente eine Quertheilung. Da nun auf die Quertheilung einer Cambiumzelle allemal ein energisches Längenwachsthum folgt, so konnten die Zellen a—g und m, n u. s. w. durchschnitten werden, während die übrigen Zellen derselben Reihe über oder unter dem Niveau des Schnittes liegen blieben.

Mit anderen Worten, wir haben es hier nicht mit dem Auseinanderweichen radialer Zellreihen im obigen Sinne oder mit dem Spitzenwachsthum der sich zu Dauerzellen differenzirenden Zellen, sondern mit dem energischeren Wachsthum der durch Quertheilung entstandenen Zellhälften zu thun.

Auch dieser Vorgang mit den dadurch bedingten Querschnittsbildern ist häufig genug und konnte durch Vergleich von Serienschnitten als Thatsache nachgewiesen werden.

Die Gestalt der Cambiumzelle.

Für das richtige Verständniss der Vorgänge im Cambium ist es nothwendig, die Gestalt der Cambiumzelle zu kennen. Da über dieselbe irrthümliche Ansichten in der Litteratur Platz gegriffen haben, so soll hier eine kurze Beschreibung folgen. Die Cambiumzellen haben die Form langgestreckter, prismatischer Körper mit rechteckigem Querschnitt; ihre Endigungen sind prosenchymatisch. Da sie sich behufs tangentialer Längstheilung auf ihrer ganzen Länge, also auch an den Spitzen, radial strecken, so gehen die „Spitzen" in keilförmige, etwas abgerundete Schneiden über. „Der Radialschnitt zeigt," wie Velten (Bot. Ztg. 1875, S. 811) richtig sagt, „die radial gestellten Querkanten, der Tangentialschnitt die Zuspitzung derselben." Indess ist die radiale Streckung an den Spitzen keineswegs so gross, dass die Zellen einer Radialreihe auch an ihren Endigungen immer im Contact mit einander blieben, vielmehr findet meist eine geringe Trennung statt, und es neigen die genetisch gleichalterigen Zellen mit ihren Endigungen zusammen. Auf einem durch die Spitzen einer Radialreihe geführten Querschnitt scheinen deswegen die Zellgruppen durch unverhältnissmässig dicke, tangentiale Wände von einander getrennt (Taf. XXX, Fig. 2, Reihe II).

Nach Mischke sind die Cambiumzellen „aufrechte Prismen, die an ihrem oberen und unteren Ende einseitig dachförmig zugeschärft sind, und deren schiefe Endflächen sich gegen die Radialebene neigen."

Dass diese Beschreibung unrichtig ist, darüber lassen Tangentialschnitte durch das Cambium keinen Zweifel. Die von Mischke in Fig. 6 zur Demonstration seiner Beschreibung gezeichneten schiefen

Wände findet man allerdings — wenn auch nur selten —, doch sind dieselben dann im Vergleich zu den Nachbarwänden viel zarter als in der Figur und dadurch schon als junge, die Cambiumzellen halbirende Querwände unverkennbar. Obwohl die Endigungen der Tracheïden aus solchen „einseitig dachförmigen Zuschärfungen" hervorgehen, so ist die Beibehaltung dieser Form schon wegen des fortgesetzten Längenwachsthums der Zellen undenkbar, vielmehr müssen sie sich naturgemäss, abgesehen von localen Ausnahmen, im Allgemeinen bald der von uns beschriebenen, langsam convergirenden, keilförmigen Zuschärfung nähern.

Der wesentliche Unterschied zwischen unserer und der älteren Beschreibung liegt darin, dass, während in Wirklichkeit die Zuspitzung der Zellenden mit dem Alter der Querwände zunimmt, nach Mischke und Krabbe die Initialen ihre dachförmige Zuschärfung durch schiefe Endflächen erhalten sollten, deren Neigung zur Radialebene immer annähernd dieselbe sein sollte. Dies beweist ganz klar die von Mischke angewandte Methode, aus der Entfernungsdifferenz der aneinander vorbeigeschobenen Zellspitzen in Cambium und Holz das nachträgliche Spitzenwachsthum der jungen Tracheïden zu berechnen. Dass mit der Voraussetzung, auf welcher diese Methode Mischke's beruht, auch die Resultate für das „gleitende Wachsthum" der Tracheïden hinfällig werden, braucht wohl kaum hervorgehoben zu werden.

Die ältere Beschreibung der Cambiumzelle hing natürlich mit der Vorstellung vom Vorhandensein einer Initiale und der Vermehrung der radialen Reihen durch „radiale Längstheilungen" zusammen und wurde durch die bei Coniferen nur vereinzelt, bei Laubhölzern dagegen häufig zu findenden schiefen Quertheilungen gestützt.

Es erübrigt, noch einmal auf das Längenwachsthum der Cambiumzellen und die Vermehrung der radialen Zellreihen durch Quertheilungen kurz einzugehen. Für das fortgesetzte Längenwachsthum spricht nicht nur die Länge der Tracheïden, welche trotz der wiederholten Quertheilungen der Cambiumzellen durchschnittlich am dicker werdenden Stamme constant bleibt oder sogar bis zu einer bestimmten Grenze zunimmt, sondern auch die auf Radialschnitten direct zu machende Beobachtung, dass die Tracheïden einer Reihe in centrifugaler Richtung an Länge zunehmen. Die scheinbaren Ausnahmen, welche man hiervon bisweilen findet, sind als Schwankungen des nachträglichen Spitzenwachsthums der Tracheïden unverkennbar, welches natürlich vom Längenwachsthum der Cambiumzellen zu unterscheiden ist. Da diejenigen Reihen, deren Zellen wirklich kürzer werden, auch auf genau radial geführten Schnitten schnell aufhören, so liegt die Vermuthung nahe, dass sie mit den oben beschriebenen auseinander weichenden Reihen identisch sind; denn die letzteren Zellen derselben, d. i. die den dicken Wänden zunächst liegenden, bleiben im Wachsthum hinter den übrigen zurück und zeigen sowohl einen verringerten Querschnitt, als auch eine geringere Länge im Vergleich zu den übrigen Cambiumzellen derselben Reihe.

Was die Quertheilung der Cambiumzellen anbelangt, so bleibt noch die Frage zu beantworten, ob die Wand von vornherein radial schief zur Zellaxe gebildet wird und wir es somit mit einer Ausnahme von dem bekannten Zelltheilungsgesetze zu thun haben, oder ob die Wand ursprünglich horizontal, d. i. senkrecht zur Zellaxe, angelegt, erst allmählich durch Streckung der Zellhälften in die schiefe Lage übergeht.

Obgleich es mir nicht gelungen ist, auf Tangentialschnitten wirkliche zarte Querwände im Cambium untrüglich nachzuweisen — und das dürfte wegen Verwechslung mit dem zu Rinden- oder Holzparenchym (das Holzparenchym, welches die Harzgänge umgiebt, cfr. Kny: Wandtafeln) sich differenzirenden Zellen nicht immer leicht sein — sondern immer nur schiefe Theilungen fand, so neige ich doch zur letzteren Annahme, zumal ich durch folgende Beobachtung darin bestärkt werde.

Im fertigen Holze sieht man nämlich auf Radialschnitten bisweilen eine Zellreihe plötzlich von zwei anderen fortgesetzt, deren Endigungen anfänglich mit senkrechten Querwänden auf einander stossen und sich dann allmählich mehr und mehr mit den Spitzen aneinander vorbeischieben. Die Erklärung dieser Beobachtung durch Quertheilung der Mutterzelle, deren Scheidewand, anfänglich horizontal bleibend, erst durch eine gelegentliche Schwankung schief gestellt wird, dürfte viel mehr Wahrscheinlichkeit für sich haben als die andere Möglichkeit, dass ja hier die Spitzen zweier verschiedener Reihen auf einander treffen können.

Schlusswort.

Ehe ich die Arbeit aus den Händen gebe und mit der Bitte um wohlwollende Beurtheilung dem geehrten botanischen Publikum unterbreite, glaube ich mich gegen einen zweifachen Vorwurf verwahren zu sollen, weil ein solcher einerseits — wenigstens bei oberflächlicher Durchsicht des Stoffes — nahe genug liegt und andererseits auch von Herren, welche ich für meine Untersuchungen zu interessiren gesucht habe, thatsächlich erhoben worden ist.

Man wird nämlich sagen: Meine Polemik gegen die Cambium-Initiale gehe von einer falschen Interpretation der Sanio'schen Abhandlung aus, denn derselbe habe sein Theilungsgesetz nur auf Grund von Untersuchungen an alten, also langsam wachsenden Stämmen aufgestellt und nirgends gesagt, dass er dasselbe auch auf junge, üppig wachsende Bäume ausgedehnt wissen wolle. Deswegen stehe eine Erweiterung des Theilungsgesetzes — und das sei doch nur das Resultat meiner Untersuchungen — mit dem Sanio'schen Initialbegriff durchaus nicht im Widerspruch. Damit werde aber ein grosser Theil meiner Ausführungen, so besonders die Verschiebungen der radialen Reihen gegen einander zu gänzlich müssigen Erörterungen und meine Polemik zu einer eitlen Spiegelfechterei gegen eine von mir selbst erst geschaffene Position; die Initiale bleibe nach wie vor bestehen; es sei das eben meine „dauernd theilungsfähige Cambiumzelle."

Was nun den ersten Punkt betrifft, so hat sich Sanio allerdings sehr vorsichtig ausgedrückt; aber er hat auch nicht gesagt, dass er seine Theilungsregel auf alte Bäume beschränkt wissen wolle, sondern diese nur als brauchbare Untersuchungsobjecte bezeichnet. So wie ich, haben ihn auch diejenigen Autoren, welche diesem Stoffe näher getreten sind, besonders Krabbe, Roeseler (cfr. oben S. 611) und Mischke verstanden. Wenn ferner andere Autoren nicht etwas Besonderes und allgemein Gültiges in dem Sanio'schen Theilungsgesetze gesehen hätten, so würde Russow in seiner Entgegnung (bot. Centralbl. X. S. 63) den Nachweis, dass die Bäume mit einer Initiale in die Dicke wachsen, nicht als ein

Verdienst Sanio's bezeichnet haben, und vor allen Dingen würde die Sanio'sche Theilungsregel in den Lehrbüchern nicht solche Verbreitung gefunden haben (cfr. de Bary: Vergleichende Anatomie S. 475, Strasburger: Das bot. Practicum S. 142 und Bau und Verrichtungen der Leitungsbahnen in den Pflanzen S. 32, Kny: Text zu den Wandtafeln S. 204, Tschirch: Angewandte Pflanzenanatomie I. S. 381 etc.).

Ausserdem lässt sich aus Sanio's eigenen Worten beweisen, dass ich ihn richtig verstanden habe. Wenn er nämlich sagt: „Später (bot. Ztg. 1863. p. 108 in der Anm.) theilte ich, der Hartig'schen und meiner früheren Ansicht entgegen, mit, dass ich bei Pinus silvestris drei eben tangential getheilte Cambiumzellen gefunden, wonach also die Bildungsschicht aus mehr als zwei Zellen zu bestehen scheine" und darauf im Gegensatz hierzu zu dem Schlusse gelangt, dass doch eine Initiale vorhanden sei, so heisst doch das nichts weiter als, Sanio würde den Initialbegriff auf das Cambium nicht angewandt haben, wenn er seine einmalige Beobachtung, das Bestehen der Bildungsschicht aus mehr als zwei Zellen, auch ferner bestätigt gefunden hätte. Hiernach muss doch der weitere Schluss berechtigt erscheinen, dass er es noch viel weniger gethan haben würde, wenn er, wie wir, gefunden hätte, dass das Cambium aus zehn und noch mehr theilungsfähigen Zellen bestehen kann.

Da nun die Sanio'sche Theilungsregel auch nicht einmal für alte, langsam wachsende Cambien zutrifft — ich erinnere nur an die vier- und sechsgliedrigen Kurzstäbe in schmalen Jahresringen von nur 11—14 Zellen und an vereinzelte dicke Wände in schmalen Cambien (cfr. Fig. 3 auf Taf. XXXI) — so muss man auch den von ihm gerade auf Grund seines Theilungsgesetzes eingeführten Initialbegriff fallen lassen.

Eine Erweiterung desselben ist doch nur bis zu einem gewissen Grade statthaft, und Mischke hatte, die Richtigkeit seiner Beobachtung vorausgesetzt, Recht, wenn er ihn beibehielt. Dagegen, ihn soweit zu verallgemeinern, dass er auch auf unser Theilungsgesetz passte, wäre historisch und auch sachlich unzulässig. Wollte man den Initialbegriff beibehalten, so könnte man mit demselben Recht auch für jeden Vegetationskegel eine Scheitelzelle annehmen, in der ja doch die Initiale so recht eigentlich ihr Analogon finden sollte. Denn, dass in einem Vegetationskegel nur eine Zelle — vermöge ihrer lokal bevorzugten Lage — dauernd theilungsfähig ist, daran wird niemand zweifeln; und doch unterscheidet man Vegetationskegel mit und ohne Scheitelzelle.

Aus den soeben entwickelten Gründen glaube ich berechtigt zu sein, die Sanio'sche Initiale durch den Begriff der dauernd theilungsfähigen Cambiummutterzelle zu ersetzen.

Figurenerklärung.

Tafel XXVII.

Fig. 1. Radialer Längsschnitt durch Holz, Cambium und Rinde von Pinus silvestris, welcher das Verhalten eines Stabes in den verschiedenen Gewebearten (Frühlingsholz, Harzgang (h), Herbstholz, Jungholz (x), Cambium (c), Siebröhren (r) und Rindenparenchym (p) zeigt. Im Frühjahrsholz zwei Tüpfelrudimente, im Holzparenchym des Harzganges ein Intercellularraum. 250 : 1.

Fig. 2—6. Verschiedene Querschnittsbilder von Stäben; Tangentialschnitte von Abies.

Fig. 2. Tracheïdenstück von Abies pectinata mit 7 Stäben.

Fig. 7. Die verschiedene Structur der Mittellamelle an vier Schnittpunkten eines Stabes mit Tracheïdenwänden. Die Mittellamelle des Stabes geht bei a continuirlich durch diejenige der Wand hindurch; bei b, c und d bildet sie mit derjenigen der Wände „Zwickel". Bei c hat eine Verschiebung der beiden primären Membranlamellen gegen einander stattgefunden und die schwach S förmige Trennungslinie in den Zwickelhälften verursacht. (Etwas schematisirt.)

Fig. 8. Zerreissungsstellen eines Stabes („Durchschmelzung") und zackigknorrige Verdickungen (cfr. Fig. 9 bei b). Pinus Strobus.

Fig. 9. Drei zweizellige Stäbe; bei a schalenförmige Einsenkung der Wand und Spaltung der Mittellamelle.

Fig. 10. Vierzelliger, breiter, bandartiger Stab von Pinus silvestris in der vierten bis siebenten Zelle eines 14zelligen Jahresringes, welcher tiefere Einsenkungen der begrenzenden Tracheïdenwände verursacht; p Parenchymzellen eines Harzganges.

Fig. 11—18. Tüpfelrudimente; vergl. Text S. 571 und 572.

Tafel XXVIII.

Fig. 1. Radialschnitt von Pinus silvestris; rechts der getüpfelten Wand 2 zweizellige breite Stäbe; bei b ein Tüpfelrudiment; bei a in beiden Zellen eine kurze frei endende Zwischenwand mit Hoftüpfel.

Fig. 2. Theilstück eines breiten, 6zelligen Kurzstabes von Araucaria imbricata mit zwei Tüpfeln und einem Rudiment.

Fig. 3. Frei endende zungenförmige Zwischenwand mit 4 Hoftüpfeln und ein breiter Stab auf einem Tangentialschnitt von Araucaria imbricata.

Fig. 4. Zwei Verwachsungsstellen tangentialer Wände, an die sich je eine Zwischenwand und ein (rechts isolirter) Stab anschliesst.

Fig. 5 (incl. a—d). Schematische Figuren der Verwachsungsstellen tangentialer Wände: Fig. 5 Radial-, a und d Tangential- und b und c Querschnitt; a und b eine seitliche, der radialen Wand anliegende, c und d eine in der Mitte des Tracheïdenlumens befindliche Verwachsung tangentialer Wände. Fig. 5 kann zu a und b und auch zu d und c gehören.

Fig. 6. Verwachsung der tangentialen Wände in der oberen Zelle, welcher zwei Stäbe in der unteren entsprechen.

Fig. 7. Stab und Verwachsung in den beiden ersten Zellen des Jahresringes.

Fig. 8. Das untere Ende eines mit Verwachsungen tangentialer Wande beginnenden breiten bandartigen Langstabes, welcher allmählich in einen dünnen fadenförmigen Rundstab überging. Pinus silvestris.

Fig. 9. Verwachsung (a) und dreigliedriger Kurzstab (b) neben einander bei Pinus Strobus.

Fig. 10. Zweigliedriger Stab mit tiefen Einsenkungen der begrenzenden tangentialen Wände.

Fig. 11. Eine durch Verwachsung bewirkte trichterförmige Einsenkung, welche durch die erste Frühlingsholzwand hindurch bis zur letzten Wintertracheïde reicht.

Fig. 12. Achtgliedriger breiter Stab von Araucaria imbricata.

Fig. 13. Drei Verwachsungsstellen tangentialer Wände; bei a deutet die Vereinigung dreier Wande auf nachträgliche Theilung hin.

Fig. 14. Ein der vorigen Figur fast analoger Fall, nur dass die Verwachsungsstelle der nachträglich getheilten Zelle bei a zu einem zweigliedrigen Kurzstab ausgezogen ist.

Fig. 15. Vierzelliger Kurzstab von Hippophaë rhamnoides, welcher durch drei dazwischen geschobene Zellen in vier einzelne Stabchen getheilt ist.

Tafel XXIX.

Fig. 1. Cambiumquerschnitt von Pinus austriaca mit zwei ausnehmend dicken, alten tangentialen Wänden.

Fig. 2. Zwei Cambiumzellen von Pinus Strobus, welche soeben unabhängig von einander durch radial schiefe Wände getheilt sind (die zarten Linien sind die bei tieferer Einstellung des Mikroskops sichtbaren Schnittlinien mit der unteren Fläche des Präparats)

Fig. 3. Schematische Figur zur Veranschaulichung des längeren Verharrens einer Wand α bei fortgesetzter intercalarer Theilung der Zellen A und B. Die Reihen 1—12 bedeuten die aufeinander folgenden Theilungsstadien, die Kurve a b' stellt den mit abnehmender Beschleunigung fortschreitenden Wendekreis dar, von dem aus sich die mit jeder neuen Theilung dicker werdende Wand stets um das Doppelte entfernt. Vergl. Text S. 607.

Fig. 4. Monströse Verwachsungen, Stab- und Zwischenwandbildungen dreier Holzzellen von Pinus silvestris.

Tafel XXX.

(Fig. 1—3, sowie Taf. XXXI, Fig. 1 und 2 und Taf. XXXII, Fig. 1 gehören zusammen und stellen die Theilungsvorgänge im Cambium eines üppig wachsenden Picea-Stammes vom 15. April bis zum 6. Juni dar. Oben in den Figuren allemal Phloëm, unten Xylem, im ersteren bildet ein Kreis eingeschrumpfter Siebelemente, im letzteren die dickwandigen englumigen Tracheïden die Wintergrenze. Die Untersuchungsobjecte waren demselben Stamme entnommen. Das Nähere vergl. Text S. 614—620.)

Fig. 1. Wintercambium. 15. April.

Fig. 2. Zweimalige intercalare Theilung. 3. Mai.

Fig. 3. Dreimalige intercalare Theilung. 13. Mai.

Tafel XXXI.

Fig. 1. Viermalige intercalare Theilung. 19. Mai.

Fig. 2. Fünfmalige intercalare Theilung. 27. Mai.

Fig. 3. Vereinzelte dicke alte Wand, mitten im Cambium einer sehr alten, langsam in die Dicke wachsenden Kiefer.

Fig. 4. Eine durch die Nachbarreihe im Cambium auseinander gedrängte Zellreihe. Pinus silvestris.

Fig. 5. Wie Fig. 4. Pinus Strobus.

Tafel XXXII.

Fig. 1. Sechsmalige intercalare Theilung. 6. Juni.

Fig. 2. Convergenz und Verschmelzung zweier Stabreihen. Pinus silvestris.

Fig. 3. Convergenz und Verschmelzung zwischen einem Stabe und der darunter liegenden radialen Wandreihe. Pinus silvestris.

Fig. 4. Grosse Verwachsungsstelle in der tiefer liegenden und partiellen Zwischenwand in der darüber befindlichen Zelle. Am Ende der letzteren ein Tüpfelrudiment. Thuja occidentalis

Fig. 5. Faltenbildung an dem Tracheïdenende. Pinus silv. (Radialschnitt.)

Fig. 6. Endständiges Tüpfelrudiment an einer partiellen Zwischenwand von Thuja occidentalis.

Fig. 7. Verwachsungsstelle mit Zwischenwand. Pinus Strobus.

Fig. 8. Faltenbildungen an den Enden durch Maceration isolirter Tracheïden.

Fig. 9. Verwachsungsstelle mit Zwischenwand und endständigem Tüpfelrudiment von Thuja occidentalis.

Fig. 10. Partielle Zwischenwand mit Hohlraum. Abies pectinata.

Fig. 11. Faltenbildung in der ersten Frühlingstracheide. Pinus Strobus.

Beiträge zur Biologie der Knospe.

Von

Dr. J. Grüss in Berlin.

Mit Tafel XXXIII—XXXVI.

I. Anatomie und Entwicklungsgeschichte der Knospendecke.

Während die Morphologie der Knospenschuppen, besonders die Beziehungen derselben zu den Laubblättern, das Interesse vieler in Anspruch nahm, trat die Frage nach den anatomischen Verhältnissen mehr und mehr in den Hintergrund. Die Anatomie der Knospendecken wurde von älteren Botanikern wenig oder garnicht behandelt. So erwähnt H. Schacht z. B., „dass der anatomische Bau der Knospenschuppen sehr einfach ist: sie bestehen aus Parenchym, dessen Wände sich mehr oder weniger verdicken. Ihre Oberhaut besitzt keine Spaltöffnung; sie enthalten auch keine Nahrungsstoffe für die Pflanze, sondern scheinen einzig und allein zum Schutz des jungen Triebes vor äusseren schädlichen Einflüssen und zwar namentlich für die Kälte bestimmt zu sein."

In neuerer Zeit zeigte K. Mikosch in seinen „Beiträgen zur Anatomie und Morphologie der Knospendecken dikotyler Holzgewächse", dass sich in dem Bau der Knospentegmente doch recht auffallende Unterschiede bemerkbar machen. Mikosch hat seine Aufmerksamkeit nur auf Dikotyledonen gerichtet; die Coniferen sind von ihm garnicht berücksichtigt worden.

Eine nähere Untersuchung der Knospenschuppen ist ferner von Göbel in seinen „Beiträgen zur Morphologie des Blattes" gegeben worden. In dieser Abhandlung, welche in erster Linie die Lösung gewisser morphologischer Streitfragen bezweckt, werden die Coniferen nur beiläufig erwähnt. Der Autor unterwirft nur Pinus austriaca in Bezug auf die anatomischen Verhältnisse der Deckschuppen einer eingehenderen Untersuchung, deren Resultate er dann zu einem Vergleich mit dem anatomischen Bau der Nadel benutzt.

Es ist somit nicht erforderlich, eine Anatomie und Entwicklungsgeschichte der Knospendecke von dikotyledonischen Gewächsen zu geben; nur das sei im Anschluss an die Vorarbeiten hervorgehoben, was zum Verständniss des vergleichenden Theiles dienen soll.

Nach Anlage der Knospe ist es für das pflanzliche Individuum das erste Erforderniss, seine jüngsten, zartesten Theile, das Meristem der Knospen durch eine geeignete Vorrichtung gegen äussere Einflüsse zu schützen. Dieselbe besteht ganz allgemein aus einer Knospendecke, welche sich aus einer grösseren oder geringeren Anzahl von Deckschuppen zusammensetzt. Anatomisch zeichnen sich die letzteren dadurch aus, dass ihre Unter- oder Aussenseite eine Epidermis besitzt, welche sich in einzelnen Fällen aus ungewöhnlich starken Sklerenchymzellen aufbaut. Es sind diese Elemente von langgestreckter Form und haben grade oder schiefe Querwände. Nicht blos die Oberhaut, sondern auch die unter ihr liegenden Parenchymzellen können sklerenchymatisch ausgebildet sein. In anderen Fällen durchziehen Stränge von dergleichen dickwandigen Zellen das sonst zarte Parenchym der Schuppe. Die Wandung dieser Zellen hat eine geschichtete Structur und ist mit Porenkanälchen durchsetzt, welche sich verzweigen und bei ihrer Einmündung breiter werden. Das Zelllumen kann ein minimales werden und selbst verschwinden. Mechanische Verstärkungen dieser Art finden besonders da statt, wo die Schuppen noch längere Zeit erhalten bleiben sollen. Beim Aufbruch der Knospe sterben die sie umhüllenden Tegmente ab; jedoch bleiben sie gleich festen Wänden aufrecht stehen, wenn sich die Epidermis aus festen sklerotischen Zellen zusammensetzt und dadurch eine genügende Steifheit erhält. Dieser Einrichtung begegnet man bei den meisten Coniferen, bei Eichen, bei der Schwarzpappel etc. Treten bei der Entfaltung der Knospe die Schuppen bald ausser Dienst, indem sie zusammenschrumpfen, so ist gewöhnlich die Oberhaut und die unter ihr liegenden Schichten aus zartwandigen Zellen aufgebaut, so z. B. bei Lonicera tartarica. Die Cuticula ist dünn; stärker wird sie bei Harz absondernden Knospen. Mit eigenthümlichen Leisten ist sie bei Artostaphylos alpina L. besetzt. Der Zellinhalt ist ein sehr mannigfaltiger; eigenthümlich ist häufig das Vorwalten von Phykoërythin, besonders in den subepidermalen Lagen.

Am Rande sind die Schuppen oft in Haare ausgefranzt, die auch auf der Schuppenoberfläche entstehen können. Sie sind einoder mehrzellig, verzweigt oder unverzweigt. Treten sie in grösserer Anzahl auf, so verfilzen sie sich und halten dadurch das Schuppenkleid der Knospe fester zusammen.

In den meisten Knospenschuppen bemerkt man einen Spaltraum, welcher sich durch das ganze Parenchym parallel der Schuppenoberseite hinzieht. Er entsteht auf eine rein mechanische Weise. Beim Knospenaufbruch findet am Grunde der Schuppen eine starke Zellvermehrung statt. Da nun die Epidermiszellen auf der Unterseite der äussersten Tegmente abgestorben sind, so muss das Wachsthum einseitig werden, kann also nur auf der Oberseite, wo sich noch theilungsfähige Zellen vorfinden, ergiebig sein. In Folge davon wird sich die Schuppe umbiegen und im Innern einen Spaltraum entstehen lassen, in welchem sich oft Drusen von Calciumoxalat bilden; auch in den inneren Schuppen ist der Spaltraum bemerkbar, denn ihr Wachsthum verläuft in ähnlicher Weise: die Zelltheilung ist am Grunde auf der Oberseite stärker als auf der Unterseite.

In das Parenchym der Schuppen erstrecken sich ein oder mehrere Gefässbündel, welche in der Regel von Bastzellen begleitet sind.

Die Widerstandsfähigkeit der Knospendecke wird erhöht, wenn die Anzahl der sie zusammensetzenden Schuppen grösser wird, oder auch, wenn diese selbst an Grösse und Stärke zunehmen. In diesem Falle werden die Sklerenchymzellen häufig durch collenchymatisch ausgebildete Parenchymzellen ersetzt, wodurch die Schuppe ebenfalls einen genügenden Grad von Festigkeit erhält. In Folge des einseitigen Wachsthums biegen sich die Schuppen um und werden dann ausser Function gesetzt. Dieser Zeitpunkt wird um so mehr hinausgeschoben, je grösser ihre Widerstandsfähigkeit ist. Auch durch Harzmassen, welche sich zwischen den Schuppen ablagern und sie mit einander verkleben, wird der Knospenaufbruch erschwert. Harzige Körper und Oeltropfen können in allen Parenchymzellen vorkommen; besonders aber sind sie in der Nähe von Harzgängen anzutreffen, welche die Schuppe durchziehen können.

In harzreichen Tegmenten tritt gewöhnlich auch Kork auf, welcher aus der Epidermis oder Subepidermis hervorgehen und centripetal oder centrifugal sein kann. Nur in den äussersten Hüllschuppen findet sich die Korkschicht, den innern fehlt sie.

Die Schuppen werden nach dem Rande hin schmäler und schmäler; im optischen Querschnitt einer Knospendecke folgen gewöhnlich auf eine dickere Zellschicht, welche der Schuppenmitte angehört, dünnere Schichten, da die Schuppen mit ihren Rändern übereinandergreifen.

Morphologisch sind die Knospenschuppen den Blättern oder deren Stipeln gleichwerthig. Aus einem am Vegetationspunkte erscheinenden Höcker kann eine Schuppe oder ein Blatt entstehen. Der Entwicklungsgang hängt von äusseren Einflüssen, wie Licht und Wärme, oder von inneren, wie der Nahrungszufuhr, ab. Diese alle bedingen, dass sich aus dem Höcker das eine oder das andere Organ bildet.

Die Coniferen.

Die Roth- und Weisstannen.

Am Sprossende haben die sich der Gipfelknospe anlegenden Nadeln gewöhnlich nicht mehr ihre normale Form: sie sind kleiner und werden etwas gekrümmt. Damit steht auch in Beziehung, dass bei den Rothtannen die eine Kante der Nadel, die der Knospe zugewendet ist, verschwindet, so dass eine fast dreiseitige Form gebildet wird. Weiterhin entwickeln sich die nachfolgenden Blattorgane, die also immer noch derselben Sprossaxe angehören, sobald sie sich vom Vegetationspunkt abgehoben haben, zu Schuppen und nicht mehr zu Nadeln.

In ihrer ersten Anlage sind die beiderlei Blattgebilde durchaus übereinstimmend: es sind Protuberanzen unterhalb des Vegetationspunktes, und erst in einem späteren Stadium treten die Verschiedenheiten zwischen Nadel und Schuppe auf. Der Blattgrund der letzteren wächst mehr in die Breite. Bei den inneren Tegmenten biegt sich ausserdem der obere Theil um, so dass der Vegetationskegel haubenartig bedeckt wird. Schliesslich hört die Ausbildung der Vorsprünge zu Schuppen auf, und obgleich noch zahlreiche Höcker auf dem Vegetationskegel angelegt werden, unterbleibt doch die weitere Entwicklung derselben; erst im nächsten Jahre beginnt ihr Wachsthum von neuem, sie wachsen dann zu Nadeln aus.

Anfangs bestehen die Schuppen nur aus meristematischem Gewebe, in welchem noch keinerlei Differenzirungen zu bemerken sind. Bald nach der Krümmung des blattartigen Organs treten in den Oberhautzellen der Schuppen-Unterseite Veränderungen ein. Das Plasma nimmt eine körnige Beschaffenheit an und färbt sich etwas gelblich. Gleichzeitig damit erfolgt allmählich eine Verdickung der Aussenwand, während die Innenwand erst später etwas stärker wird. Die Seiten verdicken sich bei den meisten Rothtannen derart, dass die Verdickung der Aussenwand keilförmig auf sie übergeht, oft noch die untere Partie der Wand frei lassend. Bei den Weisstannen werden häufig alle Wände gleichmässig verstärkt; bei Tsuga Douglasii Carr. dringt die Verdickung der Aussenwand gleichmässig in das Innere der Zelle ein; die anderen Wände bleiben dünn (s. Fig. 25).

Die Verdickung der Aussenwand erreicht ihren höchsten Grad in der Mitte der Schuppe; am Rande und nach der Spitze hin bleibt sie mehr und mehr im Rückstande. Letzteres geschieht auch bei den inneren Tegmenten, welche selbst im ausgewachsenen Zustand eine schwächere Oberhaut auf der Blattunterseite aufweisen. Während der Ruheperiode haben dieselben nur meristematisches Gewebe, deren Zellen theilweise mit Nährstoffen angefüllt sind. Diese werden im Frühjahr zum völligen Ausbau benutzt. Das Zelllumen kann bei einer ausgiebigen Verdickung bis auf einen schmalen Spalt reducirt werden. Die verstärkte Wandung zeigt nach ihrem Ausbau eine deutlich geschichtete Structur und ist dann mit Porenkanälchen durchsetzt, welche bei ihrer Einmündung in den Innenraum sich trichterartig erweitern (s. Fig. 1).

Auf der Schuppenoberseite bleiben die Oberhautzellen in der Regel dünnwandig. Bisweilen werden auch die subepidermalen Zellen sklerenchymatisch verstärkt, besonders in der Mitte der Unterseite, wo sie unter der Epidermis gleichsam eine Rippe bilden, welche die ganze Schuppe durchläuft. Das zartwandige Parenchym stirbt sehr frühzeitig besonders in den äusseren Schuppen ab, wobei sich die Membranen bräunen und wellig gefaltet werden. Eine Phellogenschicht geht gewöhnlich aus der Subepidermis hervor.

In der Mitte des Parenchyms wird das Gefässbündel angelegt und zu Seiten desselben je ein Harzgang.

Die Stelle der Sprossaxe, an welcher die vollständig ausgebildeten Schuppen inserirt sind, zeigt noch ein eigenthümliches Wachsthum; sie wuchert napfartig hervor, so dass die Spitze der Sprossaxe, welche den jungen Trieb für das nächste Jahr darstellt, eingesenkt erscheint. Diese Erhebung enthält parenchymatische Zellen, zwischen denen sich zahlreiche, mit Luft erfüllte Intercellularräume befinden. Einzelne Blattspuren, welche sich vom Gefässring des Stammes abzweigen, verlaufen in diesen Zellencomplex, erreichen die äussersten Schuppen der Knospe, in deren Grund sie eintreten, und verschwinden dann allmählich.

Was die anatomischen Verhältnisse der einzelnen Arten anbetrifft, so lassen sich bei ihnen nicht unbeträchtliche Unterschiede feststellen. Zunächst ist die Grösse und Breite der Oberhautzellen sehr schwankend; sie sind etwa 4 bis 6 mal so lang als breit, ihr Querschnitt ist quadratisch oder hat die Form eines Rechtecks, dessen längere Seiten die radialen Querwände sind.

Bei den Weisstannen enthalten die Parenchymzellen der Schuppen im allgemeinen viel Chlorophyll nebst harzig-öligen Bestandtheilen. Eine gewisse Beziehung besteht zwischen der Harzbildung und dem Vorkommen von Chlorophyll. Da, wo letzteres fehlt, bemerkt man eine auffallende Abnahme der harzigen Stoffe, welche sich dann nur noch in den Harzgängen vorfinden. Ausserdem werden, trotz des Chlorophyllreichthums, Spaltöffnungen nie ausgebildet.

Das Harz diffundirt durch die Zellwände der oberseitlichen Epidermis, welche dadurch oft blasig aufgetrieben werden, und lagert sich dann zwischen den Schuppen ab; durch die sklerenchymatischen Zellen der Schuppenunterseite, die noch mit einer starken Cuticula überzogen sind, dringt es nicht. Mitunter bilden sich die Parenchymzellen in der Nähe des die Mitte der Schuppe durchsetzenden Spaltraumes zu grossen blasenförmigen Oeldrüsen aus, besonders in den inneren Tegmenten. Durch Zerplatzen ergiessen sie ihren Inhalt in jenen Spaltraum, der oft ganz mit dem Sekret angefüllt ist.

Die Gattung Pinus.

Die Entwicklungsgeschichte der Knospen bei den Fichten und Tannen zeigte uns, wie von demselben Vegetationspunkt die Schuppen wie die Nadeln ausgingen. Etwas anders gestalten sich, wie bekannt, die Verhältnisse bei den Kiefern. Unterhalb des Stammvegetationspunktes entsteht eine Protuberanz, welche, in die Breite wachsend, bald den Stamm umgiebt; man erkennt leicht, dass dieses Organ eine Schuppe wird. Schon sehr früh entsteht in ihrer Axel ein neuer, secundärer Vegetationspunkt, welcher in ganz gleicher Weise nach und nach kleine Höcker ansetzt. Die ersten und äussersten derselben bilden sich zu denjenigen Tegmenten aus, welche die Schutzscheide des Kurztriebes vorstellen. Die innersten sind die embryonalen Nadeln. Gleich anfangs entfalten jene jungen Hülltegmente ein schnelles Wachsthum und greifen bald über die Spitze des jungen Kurztriebes herüber. Bei einzelnen Arten umgeben sie denselben auf allen Seiten dermassen, dass sie von den heranwachsenden Nadeln durchbrochen werden müssen. Ragen deren Spitzen erst hervor, so beginnen sie sogleich zu functioniren, da sich dann schon ihre Gefässbündel und Spaltöffnungen herangebildet haben. In die Deckschuppe, in deren Axel der Kurztrieb steht, tritt gewöhnlich ein kleines, rudimentäres Gefässbündel ein, welches sich kurz über der Insertion verläuft. Bildet sich nun eine überwinternde Knospe, so verbleiben die jüngsten Kurztriebe auf embryonalem Zustande, während die Deckschuppen, in deren Axeln sie inserirt sind, nach und nach weiter wachsen. Sie sklerotisiren ihre Epidermiswände in ähnlicher Weise wie die Fichten und Tannen, überragen schliesslich die Spitze der Knospe und hüllen dieselbe als Knospenschuppen fest ein. In vielen Fällen verkümmern die Kurztriebe der äussersten oder ersten Schuppen einer Knospe und gelangen nicht zur Entwicklung.

Die Parenchymzellen sterben im oberen Theil der Deckschuppe frühzeitig ab; ihre Membranen sind häufig gleichmässig, aber nicht sklerenchymatisch verdickt, da man in ihnen die Ansatzzonen nicht erkennen kann; sie sind in vielen Fällen wellig gebogen und legen sich an einander, so dass das Zelllumen ganz schwinden kann; das Gewebe erscheint nun dem Auge wie durch starken Druck zusammengepresst (Fig. 37). Im unteren Theil der Schuppe bleiben die

Parenchymzellen länger erhalten und enthalten oft Chlorophyll. Gewöhnlich werden zwei Harzgänge ausgebildet, welche rechts und links vom Gefässbündel die Schuppe durchziehen. Die der Oberhaut anliegenden Zellen können wie diese sklerotisirt werden oder andernfalls eine Phellogenschicht ausbilden, welche den Kork in der Regel centripetal entstehen lässt. Aus den Epidermiszellen der Schuppenunterseite können bei einigen Arten Köpfchendrüsen hervorgehen, in welchem Falle die Wandverdickung der Mutterzelle nur geringfügig zu nennen ist, während die Nachbarzellen wieder durch Sklerose ausgezeichnet sind.

Larix sibirica Led. und L. europaea L.

Die Entwicklungsgeschichte der Knospe schliesst sich an diejenige der Fichten an. Die Schuppen sind dadurch bemerkenswert, dass die Epidermis sich am Rande in Haare ausstülpt, welche verhältnissmässig lang sind und bisweilen einen dichten Filz bilden; sie sind gewöhnlich einzellig und unverzweigt. Die Epidermiszellen der Schuppenunterseite sind etwa sechsmal so lang als breit, und nur ihre Aussenwände sind stark verdickt und sklerotisirt. Die subepidermalen, dünnwandigen Zellen nehmen bald eine korkartige Beschaffenheit an und sind meist mit harzigen Substanzen angefüllt. Die inneren Schuppen verlieren den lamellösen Rand und die Membranverstärkung der unteren Epidermis, wogegen in ihren Parenchymzellen Chlorophyll erscheint. Aehnlich wie bei den Fichten treten in den hervorgewucherten Ringwall der Schuppen-Insertion Gefässbündel ein, die sich in den Tegmenten verlieren.

Zum Schlusse des anatomischen Theils sei es gestattet, eine allgemeine Uebersicht über die Einzelheiten im Bau der Knospenschuppen der Coniferen zu geben: Der weitaus grösste Theil der Coniferen bedeckt die jungen, embryonalen Triebe mit Knospenschuppen, welche auf ihrer Unterseite eine sehr widerstandsfähige Epidermis ausbilden. Dieselbe ist gewöhnlich aus sklerotisirten, länglichen Zellen zusammengesetzt, deren nach aussen gerichtete Wand stärker als die übrigen verdickt ist und eine sehr deutliche Schichtung zeigt. Es sind diese sklerenchymatischen Epidermiszellen meist mit spaltenförmigen, an ihrer Mündung breiter werdenden Poren versehen und mit einer dünnen, zarten Cuticula bedeckt. Das

Zelllumen ist wegen der starken Sklerotisirung der Zellwände oft ein sehr geringes und verschwindet in einzelnen Fällen fast ganz.

Mit diesen Daten haben wir das allgemeine Charakteristicum für die Epidermis der Schuppen-Unterseite bei den Gattungen: Picea, Abies, Tsuga, Pinus, Cedrus, Larix und Torreya.

Im Einzelnen können nun verschiedene Modificationen auftreten: Zunächst ist die Grösse und Breite der Oberhautzellen sehr schwankend. Vergleiche z. B. die oberste Zellreihe (d. i. die Epidermis der äussersten Schuppe) von Fig. 1 mit derjenigen von Fig. 2. Ferner kann die Sklerotisirung der Zellen eine sehr verschiedene Form annehmen. Die allgemeinste Art ist die, dass sich die Verdickung der Aussenwand keilförmig auf die radialen Seitenwände überträgt und dies bisweilen in dem Maasse, dass die Radialwände zusammenstossen. Die Wandungen können sodann auf allen Seiten gleich stark verdickt sein, wie z. B. bei Abies pinsapo Boiss. (Fig. 17). Ein andrer Fall ist der, dass die Sklerotisirung nur die Aussenwand der Zelle ergreift, während die übrigen Wandungen unverdickt bleiben. Hier ist Tsuga Douglasii Carr. zu erwähnen, bei welcher die Mächtigkeit dieser Verstärkung einen sehr hohen Grad erreicht (Fig. 15). Den Gegensatz dazu bildet Abies Webbiana Lindl., wo dieselbe sehr gering ist (Fig. 16). Endlich kann, was selten auftritt, die Membran fast unverdickt bleiben, wie bei Abies sibirica Ledeb. (Fig. 11) und Tsuga canadensis Dougl.

Die Epidermis der Schuppen-Oberseite setzt sich meist aus dünnwandigen Elementen zusammen.

Die Cuticula ist sehr zart und dünn, ausser bei Abies sibirica Ledeb. (Fig. 11), wo sie etwas stärker ist.

Spaltöffnungen fehlen den Schuppen gänzlich.

Mitunter, z. B. bei Pinus cembra L. und Pinus strobus L. kommt es vor, dass auf der Unterseite der Schuppen die Epidermiszellen zu kurzen papillenartigen Haaren auswachsen können.

Das Grund-Parenchym der Schuppen verhält sich im Allgemeinen ebenso wie die Epidermis, d. h. seine Zellen können entweder eine mechanische Verstärkung eingehen oder dünnwandig bleiben. Im ersteren Falle ergreift die Sklerotisirung von der Epidermis der Unterseite aus allmählich das innere Gewebe; im letzteren Falle verkorkt das Parenchym sehr bald, und zwar erstreckt sich die Verkorkung meistens nur auf den mittleren und oberen Theil der

Schuppe. Der untere enthält noch lebensfähige Zellen. Nur die äussersten Tegmente sind in der Regel vollständig abgestorben, die innersten dagegen, welche erst im Frühjahr fertig ausgebildet werden, enthalten zarte, rundliche Parenchymzellen, die häufig auseinanderweichen und Intercellular-Räume entstehen lassen. Schuppen, in denen das ganze Gewebe sklerotisirt ist, finden sich z. B. bei Pinus austriaca Höss. (Fig. 19).

Was die Gefässbündel anbetrifft, so fehlen sie entweder oder endigen kurz über der Insertion; selten durchziehen sie die ganze Knospenschuppe. Man kann sie als rudimentär bezeichnen, da das Phloëm sehr gering ausgebildet ist und sich von dem angrenzenden Grund-Parenchym schwer unterscheiden lässt. Ausserdem besteht auch das Xylem nur aus einigen wenigen Zellen, welche mit spiral-netzförmig verdickter Membran ausgestattet sind und keine regelmässige Anordnung zeigen.

Die Harzgänge liegen symmetrisch, je einer rechts und links vom Gefässbündel; doch können sie auch fehlen. Bei Abies balsamea Lindl. kommen sie ganz unregelmässig im Grund-Parenchym der Schuppe zerstreut vor und zeichnen sich hier durch ihre Grösse aus. Das Epithel besteht aus Zellen mit stärkeren oder dünneren Membranen.

Die bisher erwähnten Arten haben mit einigen Ausnahmen eine durch Sklerose verstärkte Epidermis. Indessen ist dies unter den Coniferen nicht allgemein verbreitet: eine nicht geringe Anzahl bringt Knospen hervor, deren Schuppen eine einfache Oberhaut besitzen. Zwar finden wir noch eine Membranverdickung der Zellaussenwand bei Cephalotaxus und einigen Podocarpeen, welche jedoch nicht eigentlich sklerotischer Art ist, da die starke Schichtung fehlt. Bei Podocarpus salicifolia Kl. et K. zeigt sich ausserdem die Eigenthümlichkeit, dass sich auch die Seitenwände keilförmig verdicken; andere Arten dieser Gattung weisen dies aber nicht auf. Die noch übrigen Coniferen besitzen Schuppen, deren Epidermis aus einfachen Zellen ohne Membranverdickung zusammengesetzt ist. Dieselben sind gewöhnlich 2- bis $2^1/_2$ mal so lang als breit mit geraden oder schiefgestellten Querwänden.

Die Cuticula ist gewöhnlich sehr dünn, kann aber auch stärker werden, wie z. B. bei Gingko biloba L., wo sie in den äusseren Knospenschuppen eine nicht unbeträchtliche Dicke erlangt.

Das Vorkommen von Spaltöffnungen liess sich bloss bei den Taxineen constatiren, wo dieselben auf beiden Seiten der Schuppe gebildet werden können. Hin und wieder liegen unter der Epidermis Bastzellen, bei Sciadopitys sogar in nicht geringer Menge, während sie bei Gingko, einigen Podocarpeen u. A. gänzlich fehlen. Das Grund-Parenchym enthält meist Stärke und Chlorophyll. Höchst merkwürdig ist es bei Dammara laurifolia Lindl. und Podocarpus salicifolia Kl. et K. Es ist bei ersterer durch das Vorkommen von Sklerenchymzellen ausgezeichnet, welche in grösserer Anzahl unter den zartwandigen Parenchymzellen zerstreut liegen; bei der letzteren Art bilden ähnliche Zellen oberhalb des Gefässbündels eine mehr oder weniger unterbrochene Schicht, die parallel der Blattoberseite ist. Bei Dammara sind die Sklerenchymzellen ausgezackt, bei Podocarpus mehr rundlich; bei beiden lässt ihre mit Poren durchsetzte Membran eine deutliche Schichtung erkennen.

Die Gefässbündel weichen nicht wesentlich von denjenigen ab, welche wir schon in den Schuppen mit sklerotischer Epidermis kennen gelernt haben. Nur das ist für sie charakteristisch, dass sie meist oberhalb (morphologisch betrachtet) eines Harzganges liegen, ausgenommen bei Gingko biloba L. und Dammara laurifolia Lindl., deren Schuppen mehr als ein Gefässbündel besitzen. Bei der ersteren erscheint nämlich in den inneren Tegmenten das Gefässbündel deutlich in zwei Stränge zertheilt, wobei mehrere Harzgänge in symmetrischer Anordnung vorkommen können. Die zweite Art, Dammara laurifolia, hat Knospenschuppen, in denen sehr viele Gefässbündel vorhanden sind. Mit diesen wechseln die Harzgänge ab, so dass also zwischen zwei Bündeln ein Harzgang gelegen ist.

Schliesslich sind noch diejenigen Coniferen zu erwähnen, welche zwar nicht eigentliche Knospen bilden, aber die Vegetationsperiode mit der Entwicklung schuppenartiger Blätter beginnen. Dies sind Araucaria Bidwilli Hook. und Cunninghamia sinensis R. Br. Bei diesen gleicht das Gewebe der schuppigen Organe demjenigen der Laubblätter, gelangt aber nicht zu derselben Ausbildung. Beide Arten bilden gewissermassen den Uebergang zu denjenigen Gattungen, wie z. B. den Cupressineen, welche gar keine Knospenschuppen produciren.

II. Die Functionen der Knospendecke.

1. Aufspeicherung von Nährstoffen.

Die Parenchymzellen der Tegmente einer ruhenden Knospe sind in einigen Fällen mit Nährstoffen dicht vollgepfropft. Dieselben bestehen zumeist aus Kohlenhydraten, aus Stärke und fetten Oelen. Ausser diesen kommen in den Zellen natürlich auch Eiweisskörper sowie Chlorophyllkörner vor, welche jene Nährstoffe erzeugen. Sobald nun die Knospe im Frühjahr aufbricht, leeren sich die Zellen, und die vorher aufgespeicherten Stoffe wandern nach dem Grunde der Schuppen, wo sie wahrscheinlich verbraucht werden; denn hier und zwar besonders auf der Schuppenoberseite findet eine starke Zellvermehrung statt. Haben sich die Schuppen umgebogen, so sind sie schon leer und die Membranen vertrocknet.

Das parenchymatische Gewebe der Schuppen von Cornus sanguinea L. und Vitis vinifera L. zeigt dünnwandige Zellen, welche mit Stärkekörnern angefüllt sind; bei Lonicera tartarica L. sind statt derselben Oeltropfen vorhanden.

Aehnlich ist es bei einigen Weiden. Man hat diese Oele von den ölig-harzigen Körpern zu unterscheiden, welche in den Harzgängen und oft in deren Umgebung zu finden sind. Dieselben diffundiren in einigen Fällen durch die Membranen des Schuppengewebes hindurch und lagern sich auf der Epidermis der Schuppenoberseite ab. Durch Aufnahme von Sauerstoff bräunen sich diese harzigen Exkrete, welche nicht wieder zurückgenommen werden.

In den äusseren Knospenschuppen leeren sich die Parenchymzellen schon sehr frühzeitig; in den innern gewöhnlich erst vor Aufbruch der Knospe.

Die Quantität der aufgespeicherten Nährstoffe wechselt ausserordentlich; ausser den oben angeführten Arten ist noch Acer dasycarpum L. zu nennen, in dessen Schuppengewebe sie in grosser Menge vorhanden sind. Den mit sklerotisirter Epidermis ausgestatteten Schuppen der Fichte fehlen sie meist ganz; dagegen häufen sie sich in den inneren häutigen Tegmenten an, welche erst im Frühling zur Entwicklung gelangen, sowie in dem inneren Gewebe des hervorgewucherten Ringwalls, wo dieselben aufsitzen.

2. Schutz gegen Wasserverlust.

Nach Anlage der Knospe werden zunächst die sie umhüllenden Tegmente ausgebildet. Ihre erste Function besteht darin, die innern meristematischen Theile gegen Wasserverlust zu schützen; schon während des Sommers und besonders im Herbst, wenn die Saftbewegung nachlässt, muss das zarte, embryonale Innere der Knospe vor übermässiger Transpiration bewahrt werden. Auch im Winter ist diese Function der Knospendecke nicht unterbrochen, denn dann kann der kalte Ostwind seine austrocknende Einwirkung auf das zarte Gewebe ausüben.

Um den Austritt von Wasserdampf hindern zu können, sind die äusseren Schuppen meist mit Korkschichten ausgerüstet; statt derselben können sie auch mit Haaren bedeckt sein, welche sich mit einander verfilzen. Ein drittes Mittel besteht in der Absonderung von Harz, welches zwischen den Schuppen abgelagert wird und häufig die ganze Knospe derartig einhüllt, dass sie gar nicht mehr zu erkennen ist.

Ueber die Harzbildung s. oben. Schuppen mit sklerotischem Zellgewebe, deren Aussenschicht immer mehr oder weniger cuticularisirt ist, vermögen ebenfalls die Transpiration herabzusetzen. Entfernt man z. B. von der Eichenknospe die äusseren, stärkeren Deckschuppen, so geht sie fast regelmässig zu Grunde, auch wenn Feuchtigkeit in gehöriger Menge vorhanden ist und die Temperatur gleichmässig erhalten bleibt. Die inneren, zarthäutigen Tegmente, welche sich aus lebenden, wasserreichen Parenchymzellen zusammensetzen, vertrockneten ebenso wie der embryonale Trieb. Die unverletzten Knospen, welche unter gleichen Bedingungen (auf abgeschnittenen Zweigen) gehalten wurden, entwickelten sich weiter. Knospen von Picea excelsa Lk. reagirten in einigen Fällen auf die Fortnahme der schützenden Organe in der Weise, dass sie sich einen Ersatz schufen: Anfang März wurde einigen starken Knospen der grösste Theil ihrer Schuppen fortgenommen. Mitte April ergab die anatomische Untersuchung derjenigen Knospen, welche nicht abgestorben waren, folgende Ergebnisse: Die embryonalen Nadeln auf dem Vegetationskegel zeigten eigenthümliche Falten, schienen aber sonst noch lebensfähig zu sein. Die innersten Knospenschuppen besassen auf ihrer Unterseite eine aus starken, sklerenchymatischen, aussen cuticularisirten Zellen bestehende Epidermis, während die Parenchymzellen abgestorben und grösstentheils zusammengeschrumpft waren. Bei normal wachsenden Knospen haben dieselben Schuppen zu derselben Zeit viel schwächer gebaute, fast zartwandige Zellen, welche ihre Membranen erst viel später verstärken, wenn bei beginnender Entfaltung der Knospe die äusseren Schuppen umbiegen und ausser Function treten.

Die inneren Schuppen sind hier also zu einer frühzeitigeren Entwicklung veranlasst worden. Andere Knospen, denen zu viel Schuppen abgenommen waren, gingen zu Grunde; die Epidermis der ihnen gelassenen Tegmente war wenig oder gar nicht verstärkt worden.

Bei einer Buchenknospe blieben nach Abnahme der ganzen Knospendecke die jungen Blätter viel länger erhalten als wie bei einer Eichenknospe. Der Grund liegt darin, dass jene behaart, diese dagegen unbehaart sind. Knospen der Rosskastanie, Aesculus hippocastanum L., kamen trotz Entfernung der Hülle zur Entfaltung; bei ihnen ist das Haarkleid der embryonalen Blätter viel vollkommener und dichter als dasjenige der Buchenblätter.

Die letzteren Versuche wurden an abgeschnittenen Zweigen gemacht, welche in Wasser gestellt waren. Endlich vertrockneten auch Knospen von Abies pinsapo Boiss., deren Harz durch Schwefelkohlenstoff fortgelöst wurde, in sehr kurzer Zeit.

Diese die Transpiration hindernden Einrichtungen: also die Absonderung von Harz und die Ausbildung von Korkschichten und Haarkleid werden von der Knospe in verschiedener Weise combinirt. Die Gruppirung ist folgende:

1. Die Knospendecke besteht aus Schuppen mit dünnwandiger oder sklerotisirter, in beiden Fällen aber cuticularisirter Oberhaut bei dick- oder zartwandigem Grundparenchym, dessen Zellen häufig absterben und zusammenschrumpfen: Fichten, Eichen (Fig. 20), Weiden, Rhododendron etc.

2. Die Knospe wird von Schuppen derselben Art umhüllt, zwischen denen sich Harz ablagert: die meisten Coniferen (z. B. Fig. 6 und 8), die Schwarzpappel etc.

3. Die schützenden Knospenschuppen enthalten Korkschichten: Linden, Ailanthus glandulosa L., Lonicera tartarica L. etc.

4. Die Schuppen oder auch nur die jungen Blätter sind mit Haaren bedeckt, die sich mit einander verfilzen können: Ahorn-Arten, Buchen.

5. In den äusseren Schuppen Korkschichten, zwischen den inneren sich verfilzende Haare: Eichen, Vitis vinifera L. etc.

6. In den äusseren Schuppen Korkschichten und zwischen denselben Harzablagerungen: Weisstannen (Fig. 18), Kiefern (Fig. 36), Birken (Fig. 23).

7. Zwischen den äusseren Schuppen Harzschichten; die inneren Schuppen sowie der embryonale Trieb mit Haarbekleidung versehen: Platanus orientalis L.

8. Die äusseren Schuppen enthalten Kork; zwischen ihnen wird Harz abgelagert, und die inneren Theile der Knospe sind mit sich verfilzenden Haaren bedeckt: Aesculus hippocastanum L.

3. Schutz gegen Temperaturerniedrigung.

Der Einwirkung der klimatischen Factoren: Wärme und Kälte auf das Meristem der Knospe muss sich die Pflanze in geeigneter Weise anpassen, wenn nicht ihr Verbreitungsgebiet in immer engere Grenzen gezogen werden soll. Eine zu starke Knospendecke würde die Vegetationsdauer verkürzen, indem die Knospe bei ihrem Aufbruch einen stärkeren Druck zu überwinden hätte, wodurch eine nutzlose, im Kampf um das Dasein nachtheilige Arbeit veranlasst würde. Dass die Knospe bei ihrem Aufbruch überhaupt einen Druck überwinden muss und dadurch in ihrer Entfaltung zurückgehalten wird, lässt sich folgendermassen zeigen: Man bringt zwei annähernd gleiche Kastanienknospen, von denen die eine ihrer Hüllschuppen beraubt ist, unter gleich günstigen Bedingungen zum Austreiben; dann entfaltet die entschälte ihre Blätter viel früher als die andere, welche erst ihre Hülle durchbrechen muss.

Eine zu schwache Knospendecke würde gegen die rauhen Witterungs-Einflüsse nicht schützen. Indessen hat man sich daran zu erinnern, dass eine auch noch so starke Knospenhülle durchaus nicht im Stande ist, das Eindringen einer länger andauernden Kälte abzuwehren.

Das ist aber immerhin möglich, wenn die Kälte nur kurze Zeit, etwa einige Stunden in der Nacht vor Sonnenaufgang, währt, kann doch selbst der Temperaturunterschied an geschützten und exponirten Orten 1°—2° betragen. Der Frühling eines Continental-Klimas ist reich an Nachtfrösten, und gewöhnlich sinkt kurz vor Sonnenaufgang das Quecksilber am meisten. Eine Kälte von —2° R.

steigerte sich z. B. in der Nacht vom 7. April 1890 grade zwischen 3 und 4 Uhr Morgens auf — 3° R. und ging um 7 Uhr schon wieder über 0°.

Beschädigungen in Folge der Einwirkung einer derartigen Temperaturschwankung auf das Plasma der inneren Theile vermag eine stärkere Knospendecke wohl zu verhindern. Es ist eine bekannte Thatsache, dass die Pflanzen der gemässigten Zone meist eine bedeutende Abkühlung ertragen, ohne zu erfrieren; eine nachfolgende plötzliche Temperaturerhöhung ist jedoch sehr schädlich. Sonnenstrahlen, welche auf gefrorenes Plasma treffen, bringen ihm den Tod. Die einzelnen Theile der Pflanze besitzen eine ungleiche Empfindlichkeit, und daher tritt häufig eine partielle Schädigung ein. Saftreiche, zarte Gewebe leiden mehr als ältere, welche ärmer an Zellwasser sind. In den meisten Fällen liegt die Hauptursache der Schädlichkeit eines plötzlichen Temperaturwechsels darin, dass durch die schnelle Wärmesteigerung den Zellen Wasser entzogen wird, welches nicht in demselben Maasse ersetzt werden kann, da die Leitung unterbrochen ist. Pflanzen, welche aus wärmeren Klimaten stammen, gehen schon einige Grade über 0° zu Grunde. Die aufbrechenden Knospen unserer Waldbäume ertragen noch unbeschadet eine Kälte von — 2° R.

Die Knospenhülle, hinsichtlich ihrer Function des Schutzes gegen Kälte oder vielmehr gegen plötzliche Temperaturschwankungen, tritt also besonders während der Uebergangsperiode von der kalten zur warmen Jahreszeit in Thätigkeit. Es fragt sich nun, auf welche Weise dies geschieht? — Die von der Knospe eventuell abgesonderten Harzmassen, sowie die Luftschichten, welche sich zwischen den Schuppen und in deren Spalträumen befinden, haben als schlechte Wärmeleiter den Zweck, bei Temperaturwechsel die Wärme resp. Kälte ganz allmählich auf die innern Theile fortschreiten zu lassen.

Wir erinnern uns hierbei, dass die inneren Tegmente einer ruhenden Knospe meist aus zartem meristematischen Gewebe bestehen. Erst im Frühling kommen sie zur Entwicklung, wachsen an ihrem Grund nach und halten auf diese Weise den jungen Trieb noch nach Knospenaufbruch längere Zeit unter Deckung. Dies ist der Fall bei den meisten Laubhölzern. Bei den Fichten werden die inneren Schuppen, nachdem sich die äusseren umgebogen haben, von dem jungen, hervorwachsenden Trieb mit emporgehoben und bilden dann gleichsam eine Kappe, welche in einigen Fällen erst sehr spät abgeworfen wird. Eine solche Kappenbildung (Fig. 3 b und 5 b stellen Kappen dar) tritt mehr bei den exponirten Endknospen und den ihnen genäherten Seitenknospen auf, bei den im Laube verborgenen, entfernteren weniger und kann sogar ganz unterbleiben.

Dass diese durch ihre Lage geschützt sind, lässt sich schon aus der Beobachtung schliessen, dass in kalten Nächten, wenn Bereifung eintritt, sich die Eiskrystalle hauptsächlich auf die Endknospen absetzen, welche für die Wärmeausstrahlung am günstigsten sind. Das Wärmegleichgewicht kann nicht sobald wiederhergestellt werden, da das pflanzliche Gewebe ein schlechter Wärmeleiter ist.

Bei den Kiefern werden sämmtliche Kurztriebe, welche die Knospendecke (s. oben) durchbrochen haben, noch von einer lang hervorwachsenden Schutzhülle umgeben, welche von den Nadeln schliesslich durchbrochen wird und mit der Kappe der Fichtenknospen zu vergleichen ist.

Alle diese Schutzmittel sind als mechanische zu bezeichnen; sie vermögen also, wenn im Frühjahr die für die Pflanzenwelt so verderblichen Spätfröste eintreffen, eine vor Sonnenaufgang eintretende, kurz andauernde Kälte wohl abzuschwächen. Hat diese aber — weil zu excessiv — trotzdem die inneren Theile ergriffen, so werden am Morgen doch die Sonnenstrahlen abgehalten, und die Wärme wird allmählich auf den gefrorenen inneren Theil übergeleitet. Das liess sich durch einen Versuch bestätigen: Am 2. Januar 1890 wurde ein abgeschnittener Zweig mit einer aufgebrochenen Knospe von Picea obovata Led., deren junger Spross noch von der Kappe bedeckt war, der Nachtkälte ausgesetzt. Das Minimum-Thermometer zeigte — 5° R. Trotzdem der Trieb am Morgen in Zimmertemperatur gebracht wurde, wuchs er unbeschädigt weiter. Leider liessen es die Verhältnisse nicht zu, den Versuch mit einem Triebe ohne Kappe zu wiederholen, da die Knospen häufig zu Grunde gehen.

Aufgebrochene Knospen von Picea Engelmanni Engelm., welche keine Kappe hatten und mit jener zusammen exponirt wurden, hielten nicht Stand und gingen zu Grunde. Allein man weiss hierbei nicht, was auf Rechnung der Kappe oder der Empfindlichkeit von Picea Engelmanni Engelm. zu setzen ist. Dass aber eher das Erstere anzunehmen ist, geht aus Folgendem hervor: Mit jenen Zweigen zusammen wurde auch ein solcher von Betula alba L. ausgesetzt, welcher Knospen von verschiedenen Entwicklungsstufen trug. Einige von ihnen hatten ihre Hülle schon verlassen, bei anderen ragten nur die Spitzen der jungen Blätter hervor oder waren noch ganz bedeckt. Die ersteren kamen um, die übrigen wuchsen weiter.

Der Schutz, den die nachwachsende Knospendecke gewährt, ist um so vollkommener, je mehr Schuppen von der Knospe producirt werden; auch die Grösse und Breite derselben ist dabei von Wichtigkeit. Um nun die Knospendecken mit einander vergleichen zu können, wurde ein sogenannter Wachsthumsquotient von ihnen aufgestellt. Bezeichnet man die ursprüngliche Länge der Knospenhülle, ehe die zuströmenden Säfte die Theile auseinanderschieben, mit L, sodann die Länge der Hülle beim Durchbruch der ersten Blätter mit L_x, so ist der Wachsthumsquotient Q das Verhältniss $\frac{L_x - L}{L}$; diese Grösse ist wenigstens annähernd constant.

Die mechanischen Schutzmittel der Knospe werden von den einzelnen Arten in verschiedener Weise ausgebildet; ebenso wechseln auch die Werthe des Wachsthums-Quotienten; so ist z. B. bei Symphoricarpus racemosus Mcbx. $Q = 0{,}16$ und bei Acer negundo L. $Q = 1{,}8$.

Dass äussere klimatische Einflüsse bei der Ausbildung der Schutzvorrichtungen eine grosse Rolle spielen, lässt sich mitunter ganz direct beobachten: Im Herbst, wenn noch ein warmer Nachsommer eintritt, findet man nicht selten bei einigen in unseren Gärten angepflanzten Fichten-Arten, wie Picea excelsa Lk., P. polita Carr., Abies balsamea Mill. u. a., die inneren, noch nicht ganz ausgebildeten Tegmente anders als in normaler Weise weitergebildet: sie ergrünen, nehmen die Gestalt von Formen an, die äusserlich und innerlich zwischen Schuppe und Nadel die Mitte halten, und können, wenn die Differenzirung ihrer Anlage noch nicht weit vorgeschritten war, förmlich zu breiten Nadeln auswachsen. Ganz im Innern der Knospe werden wieder häutige Schuppen erzeugt, welche wie die äussersten mit stark sklerotisirten Epidermiszellen ausgerüstet sind.

Am Ende der Sprossaxe folgte hier also auf mehrere Kreise echter Schuppen eine Zone mit ergrünten „Schuppennadeln“, wie man diese Organe nennen könnte; ihnen schlossen sich wieder Tegmente an, welche die inneren meristematischen Theile einhüllten. Die Abgrenzung der einzelnen Abtheilungen ist keine scharfe, sondern diese gehen allmählich in einander über.

Die anatomische Untersuchung bietet das Interessante, dass sich mit der äusseren Gestalt auch der innere Bau entsprechend ändert. Die Bastelemente unter der Epidermis treten in grösserer Anzahl auf als wie bei der normal ausgebildeten Nadel. In den Uebergangsformen nämlich ist der subepidermale Bastbeleg nur an der Stelle unterbrochen, welche den wenigen Spaltöffnungen entspricht, die auf der Blattoberseite in 2 Reihen angeordnet sind. Die gewöhnliche Nadel dagegen enthält vier, sich auf die eingebuchteten Seiten vertheilende Unterbrechungen mit entsprechender Vermehrung der Spaltöffnungen. Wir sehen ferner, dass gerade unter der Kante, welche nach aussen gerichtet ist, die Bastzellen in grösserer Anzahl auftreten. Sie sind gewöhnlich langgestreckt, laufen spitz zu und sind in einander eingekeilt. Die Wandung, welche deutlich geschichtet ist, zeigt Poren, welche sich an ihrer Einmündung in das Lumen etwas verbreitern. Wenn man weiter die Epidermis einer normal ausgebildeten Nadel mit derjenigen einer Zwischenform vergleicht, so bemerkt man bei der letzteren die Tendenz, ihre Zellen zu vergrössern.

Anders aber verhält es sich mit dem hypodermalen Gewebe und dem centralen Gefässstrang. Sowohl das Xylem als auch das Phloëm hat in der Schuppennadel eine Reduction erfahren. Ersteres ist in der Nadel aus circa 12 und mehr Reihen von Tracheïden, in unserer Uebergangsform aus kaum halb so viel zusammengesetzt. In demselben Maasse sind Phloëm und Grund-Parenchym, welche hier die scharfe Scheidung vermissen lassen, vermindert worden. Nicht nur der Inhalt der Parenchymzellen hat sich verändert, sondern auch ihre Anzahl hat abgenommen. Damit steht das vereinzelte Vorkommen der Spaltöffnungen in Verbindung.

Die in dem Parenchym verlaufenden Harzgänge sind nach dem Rande hingerückt, sonst aber ebenso gebaut wie diejenigen der Nadel.

Auf diese Blattorgane folgen andere, welche eine fast ununterbrochene Reihe von Abstufungen erkennen lassen und die noch mehr von dem morphologischen und anatomischen Bau der Nadelform abweichen. Sie werden nach und nach breiter, verlieren schliesslich ihre grüne Färbung und hüllen dann den Vegetationskegel als Tegmente ein.

Es giebt gewisse Arten, welche gar keine Knospenschuppen besitzen, oder deren Knospen der inneren, im Frühling hervorwachsenden Tegmente ermangeln. Diese Species sind häufig durch die verzögerte Entwicklung ihrer jungen Triebe ausgezeichnet. Die letzteren brechen erst dann hervor, wenn die Gefahr der Nachtfröste grösstentheils vorüber ist. Bei uns gehört z. B. die Robinie, Robinia pseudacacia L., zu denjenigen Bäumen, welche das Erscheinen der ersten, gegen Kälte sehr empfindlichen Laubblätter zeitlich weit hinausschieben; bei ihr sind die mechanischen Schutzmittel sehr gering; der Trieb hat nur ein paar kurze Schuppen bei Seite zu schieben, wenn er hervorbrechen will. Die Ribes-Arten öffnen ihre Knospen schon sehr frühzeitig, obgleich ihre Schutzdecke nur mässig stark ausgebildet ist; ähnlich verhält sich die Birke. Die jungen Triebe dieser beiden Arten vertragen viel excessivere Temperaturen als z. B. die Platane, Platanus orientalis L., deren Knospen spät zur Entfaltung kommen und noch mit starker Hülle beschützt werden.

Es hängt somit die Empfindlichkeit einer Art vom Plasma ab und beruht in letzter Instanz auf Vorgängen, welche sich in seinem Innern abspielen.

Um die Empfindlichkeit der einzelnen Arten, wenn Kälte auf ihre jungen Triebe einwirkt, näher zu untersuchen, wurden aufgebrochene Knospen den verschiedensten Temperaturen ausgesetzt.

Der Versuch, abgeschnittene Zweige von Kiefern zum Austreiben zu bringen, um sie dann dem Wechsel von Temperaturen zu unterstellen, konnte nicht unternommen werden. Die Knospen gingen schon vorher ein; nur diejenigen von Larix sibirica Ledeb. und in einem Falle von P. Cembra L. brachen auf. Es wurden daher ganze Pflanzen in Töpfen in eine höhere Temperatur gebracht. Dies liess sich leider nur mit Pinus maritima Poir. und Pinus pinea L. bewerkstelligen.

Beide wurden nach Durchbruch der Nadeln im März ins Freie gestellt. Die Temperatur sank eine Zeit lang des Nachts nicht unter 0° und stieg des Mittags durchschnittlich bis 18° R. Diese Witterung verursachte keinerlei Beschädigung; nur in dem Hautgewebe der jungen Nadeln von P. maritima Poir. traten Faltungen der Zellmembranen und Phycoërythrin auf. Dieser rothe Farbstoff fand sich nicht in dem unteren Theil der Nadeln vor, welche von der Kurztriebhülle umgeben ist.

Am 7. April trat in der Nacht eine Kälte von — 3° R. ein. Da zeigte es sich, dass die Zellen oberhalb der Schutzhülle meist abgestorben waren. Die Pinie dagegen blieb noch unbeschädigt.

Unzweifelhaft geht aus diesen Versuchen hervor, dass die Kurztriebhülle einen gleichen Zweck erfüllt wie die emporgetragene Kappe auf den jungen Trieben der Fichte: sie vermag bis zu einem gewissen Grade die schädlichen Wirkungen der Temperatur-Wechselfälle zu paralysiren.

Ausserdem kommt es auch auf die Gewebeform und den Entwicklungszustand an, denn die älteren Nadeln blieben unbeschädigt.

Bevor wir hierauf eingehen, zeigen wir, dass die Zellen der Pflanzen, der Kälte ausgesetzt, Wasser austreten lassen und dann wieder aufnehmen können, wenn die Temperatur steigt. Man kann dies sehr schön durch folgenden Versuch erkennen:

Betrachtet man ein junges Blatt von Ribes grossularia bei etwa 100facher Vergrösserung, so sieht man die das Pallisadengewebe durchsetzenden Luftgänge hindurchschimmern; die Oberfläche erscheint dadurch gefeldert. Wiederholt man die Beobachtung bei — 2° R., so verschwindet die Felderung, weil nun das Zellwasser in die Luftgänge eintritt; die Luft entweicht in Bläschen, und das Blatt wird durchsichtig. Etwaige Luftbläschen, welche vor den Spaltöffnungen an der Epidermis hängen bleiben, werden nachher wieder vom Gewebe zurückgenommen, wenn man auf das Blatt langsam eine höhere Temperatur einwirken lässt. Das Zellwasser wird dann vom Plasma wieder aufgenommen, und die Intercellularräume füllen sich wie vorher mit Luft. War die Temperatur zu niedrig, so wird das ausgetriebene Zellwasser nicht wieder aufgenommen, und die Zellen sterben ab.

Der Versuch ist am besten auf folgende Weise auszuführen: Ein Zweig von Ribes nigrum mit aufgebrochenen Knospen wird bei — 4° R. ausgesetzt. Nach einiger Zeit, wenn die Blätter durchsichtig geworden sind, schneidet man von einem derselben einen kleinen Theil ab und bringt ihn in Glycerin. Nun lässt man auf den Zweig langsam die Wärme einwirken und legt etwa 24 Stunden später, nachdem man sich überzeugt hat, dass das Blatt nicht abgestorben ist, den übrigen Theil ebenfalls in Glycerin. Vergleicht man beide Präparate, so ergiebt sich, dass im ersten Fall die Intercellularräume im Gewebe der Blattspitzen mit Flüssigkeit, im zweiten mit Luft erfüllt sind.

Das Gewebe ist, wie oben gesagt, um so empfindlicher, je wasserreicher es ist. Das ist bei P. maritima Poir. der Fall. Erhielt z. B. die Versuchspflanze einmal zu wenig Wasser, so hingen die jungen Triebe sofort schlaff herab, wogegen die in demselben Entwicklungszustande stehende Pinus pinea L. einen Wassermangel sehr viel länger ertragen konnte. Es sind auch die Zellen in den jungen Nadeln von P. maritima Poir. grösser und wasserreicher; sie machen, wie man sagen könnte, einen „zarten“ Eindruck. Werden sie der Kälte ausgesetzt, so wird bei ihnen der oben geschilderte Vorgang ebenfalls eintreten. Das Zellwasser dringt in die Lufträume und verdunstet dann leicht durch den Wind und die höher steigende Temperatur. Sie gehen eines Theils wenigstens, wie dies auch die Inturgescenz der Oberhautzellen andeutete, durch Wassermangel zu Grunde. An der Basis hält dagegen die Schutzhülle die Verdunstung auf, und daher können hier die Zellen ihr Wasser wieder zurücknehmen und blieben in unserem Falle erhalten.

In wieweit die Empfindlichkeit des Plasmas an diesen Vorgängen betheiligt ist, entzieht sich der Beurtheilung. Das Gefässbündel der Nadel wird von einem Gewebe grosser, fast nur Wasser und wenig Plasma enthaltender Zellen umgeben, deren Wandung mit behöften Tüpfeln versehen ist; sie scheiden sich scharf ab gegen die Parenchymzellen, in denen sich das Chlorophyll bildet, und welche die bekannten Wandfortsätze zeigen. Diese Zellenpartie ist „Transfusionsgewebe“ genannt worden. Vergleicht man die Querschnitte der Nadeln von P. maritima Poir. und P. Cembra L. mit einander, so ergiebt sich, dass die zwischen Transfusionsgewebe und Gefässbündel liegende Zellenpartie einen etwa doppelt so grossen Flächenraum einnimmt als wie bei der Zwiebelkiefer. Sie unterscheiden sich auch in Bezug auf den Zellinhalt. Derselbe ist im Gewebe der Strandkiefer wasserreicher, in demjenigen der Arve besteht er mehr aus harzigen, öligen Massen.

Durch grossen Oelgehalt ist auch das Gewebe der Nadeln von Larix sibirica Ledeb. und Pinus pumilio Haenke ausgezeichnet.

Die Nadeln aller dieser Coniferen haben, sobald sie ihre Hülle durchbrechen, schon in ihrem oberen Theil das Intercellularsystem ihres Pallisadengewebes ausgebildet. Bei Temperaturerniedrigung wird in saftreichen Nadeln das austretende Zellwasser in grösserer Quantität die intercellularen Gänge erfüllen, als wenn das Gewebe der Nadel reicher an Oel ist.

Die Nadeln von Pinus maritima Poir. werden also weit eher Einbusse an Zellwasser erleiden als diejenigen der übrigen, wenn die Kälte z. B. von Wind begleitet ist, oder wenn plötzliche Wärme durch die Sonnenstrahlen zugeführt wird.

Die jungen Nadeln von Pinus maritima Poir. mit ihren wasserreichen Zellen um das Gefässbündel gingen bei — 3° zu Grunde; diejenigen von Larix sibirica Led., bei denen jenes Gewebe bedeutend geringer entwickelt ist und in seinen Zellen mehr Oel enthält, konnten in einer Nacht noch eine Temperatur von — 6° R. unbeschädigt ertragen; bei — 7° R. gingen die aufbrechenden Knospen dieser Lärche, sowie eine solche von Pinus Cembra L. zu Grunde, einige hielten sich noch eine kurze Zeit, ehe sie abstarben.

Die Untersuchungen über diesen Gegenstand sind noch nicht zum Abschluss gebracht; doch lässt sich soviel schon nach diesen Versuchen sagen, dass die sogenannte Empfindlichkeit in einem gewissen Zusammenhang mit dem Wassergehalt steht. Ist dieser ein hoher, so kann das Gewebe bei Temperaturschwankungen auch eine grössere Einbusse an Zellsaft erleiden, als wenn es reicher an Oelen ist.

Genaueres wird sich erst sagen lassen, wenn der Wassergehalt der verschiedenen Knospen quantitativ bestimmt sein wird.

Ein sehr wasserreiches Gewebe in dem centralen Zellenstrang enthalten die jungen Kurztriebe der meisten südländischen Arten der Meerstrandskiefer P. maritima Poir. gleichen in dieser Hinsicht Cedrus Libani, P. longifolia Lam. und Abies pinsapo Boiss., welche gegen Spätfröste sehr empfindlich sind und unter Schutz gehalten werden müssen; in unseren Anlagen verliert besonders die spanische Tanne, welche von den eben erwähnten Arten oft im Freien gezogen wird, in Folge rauher Witterung gar häufig ihre jungen Triebe. Sowohl die gegen Wasserverdunstung gut eingerichtete mechanische Schutzdecke der Knospe als auch die Beschaffenheit des Zellgewebes der Kurztriebe ist mehr einem trockenen, milden Klima angepasst.

Der Abies pinsapo gleicht A. cephalonica und einige andere Weisstannen. Wetterfester sind im allgemeinen die Rothtannen. Das wasserreiche, zwischen Transfusionsgewebe und Gefässbündel liegende Gewebe nimmt bei diesen einen geringeren Raum ein als wie bei jenen und die Zellen desselben sind durchschnittlich reicher an harzig-öligen Stoffen. Das ergiebt sich, wenn man z. B. die Gefässbündel der Nadeln von Picea alba Lk. und P. nigra Lk. mit denen von Abies pinsapo und cephalonica mit einander vergleicht. Zu beachten ist hierbei, dass die Entwicklungsstufe der Objecte eine annähernd gleiche sein muss, etwa nach Abwerfen der Kappe, wenn die Differenzirungen des Gewebes schon mehr hervortreten.

Um den Einfluss der Kälte resp. der Temperaturschwankung specieller auf den Entwicklungszustand zu untersuchen, wurde eine junge geschlossene Blüthe von Prunus communis L. während einer Nacht ausgesetzt. Die Temperatur fiel auf —6° R. Nach einiger Zeit entfaltete sich die Blüthe in der Wärme vollständig. Bei näherer Betrachtung jedoch ergab sich, dass der Stempel erfroren und abgestorben war. Das Gewebe der äusseren Blüthentheile, des Kelches, der Blumenblätter und der Staubgefässe ist schon in der geschlossenen Blüthe ein sehr lockeres. Zwischen den Zellen befinden sich zahlreiche Luftgänge, in welche das Zellwasser bei Kälte eintreten kann. Der Fruchtknoten dagegen und besonders die Ovula enthalten ein dichtes, meristematisches Gewebe ohne Intercellularräume. Zu vermuthen ist, dass das Zellwasser, welches hier nicht während der Kälte in Intercellulargänge eintreten kann, im Plasma der Zelle Veränderungen bewirkt, wodurch das Absterben hervorgerufen wird — dass also die Empfindlichkeit mit dieser Erscheinung in einem gewissen Zusammenhange steht. Aus den Zellen der Staubgefässe kann das Wasser dagegen bequem herausgedrängt werden und dann die Intercellularräume anfüllen; es ist gleichsam eine Ableitung geschaffen. Das Gewebe kann also wegen der Intercellularräume in geeigneter Weise auf die Einwirkung der Kälte reagiren. Die schädliche Wirkung des plötzlichen Temperaturwechsels auf die meristematischen Zellen des Fruchtknotens ist hier wohl weniger in einer Entziehung von Zellwasser bei unterbrochener Zufuhr desselben zu suchen, als vielmehr darin, dass das Gleichgewicht der Plasma-Micellen gestört wird. Bei — 3° blieben die Blüthen intact.

Ein bemerkenswerthes System von Intercellulargängen findet sich bei den Picea-Arten in dem hervorgewucherten Ringwall der Knospen, wo die jungen, im Frühjahr nachwachsenden Schuppen aufsitzen.

In den Vegetationspunkten der meisten Coniferen wird der Zellraum grösstentheils von den rundlichen, glänzenden Zellkernen eingenommen, und das Gewebe ist fettreich; denn durch Behandlung mit Alkohol-Aether wird die Lichtbrechung herabgesetzt und theilweise Lösung des Zellinhaltes hervorgerufen. Wird hier, wenn sich die Gefässbündel herausgebildet haben, ein Austritt des flüssigen Zellinhalts nöthig, so kann derselbe auch erfolgen, da Luftgänge von der Spitze des Vegetationspunktes wenig weit entfernt sind. Aehnliches gilt vom Gewebe der jungen Nadeln. Haben diese ihre Hülle durchbrochen, so sind auch schon im Pallisadensystem Luftgänge entwickelt, bei einigen Arten in grösserer, bei anderen in geringerer Anzahl; am Grunde der Nadeln bei den Kiefern findet sich natürlich durch Hüllschuppen geschütztes, meristematisches Gewebe, dessen Zellen dicht an einander schliessen.

Was den Zellinhalt betrifft, so ist dieser in den Meristemzellen der Ovula und des Fruchtknotens von Prunus communis L. dichtes, feinkörniges und weniger lichtbrechendes Plasma.

In den Vegetationspunkten der Arve dagegen liegen in den Meristemzellen die grossen Zellkerne, durch starke Lichtbrechung ausgezeichnet, die bei einzelnen Arten Abstufungen zeigen kann; bei P. maritima Poir. z. B. ist sie nicht so intensiv wie bei der Zirbel, was bei jener auf höheren Wassergehalt hindeuten kann. Bei P. pumilio Haenke treten die Intercellularräume beinahe bis dicht an den Vegetationspunkt heran.

Die Kurztriebe von Larix lassen bekanntlich viele Nadeln entstehen, wodurch die Exhalation von Wasserdampf um so grösser wird und damit auch die Zufuhr zum Ersatz; doch ist auch hier eine Einrichtung geschaffen, durch welche der Austritt von Flüssigkeit bei Einwirkung von Kälte ohne Schaden für das Gewebe ermöglicht werden könnte. Unterhalb des Vegetationspunktes befindet sich eine grosse Höhlung, in welche das Zellwasser eventuell eintreten kann. Seine Verdunstung ist sehr erschwert; denn in dem Gewebe um diese Höhle finden sich Harzgänge, und das Ganze wird von einer Korkschicht umgeben, an welche sich aussen noch die strark verkorkten und mit sklerotisirten Epidermiszellen versehenen Deckschuppen heranlegen.

Alle diese Organisationseinrichtungen tragen dazu bei, dass Lärche, Arve und Legföhre am weitesten gegen die Grenze des ewigen Schnees vorzudringen vermögen. Die beiden letzteren schützen, wie wir später sehen werden, ihre jungen Triebe ausserdem noch durch starke Hüllen. Das wird um so nothwendiger, als diese Gewächse auf den Höhen sehr dem Winde ausgesetzt sind und Temperaturschwankungen wegen der leichten Wärmeaufnahme des Bodens bei Tage und der Wärmeabgabe bei Nacht sehr intensiv werden können.

Nach obigen Versuchen erhalten wir folgendes Ergebniss: „Ein junges, aus theilungsfähigen Zellen bestehendes Gewebe ist gegen Temperaturschwankungen um so widerstandsfähiger, je mehr es mit Intercellulargängen durchsetzt ist und je reicher das Plasma an ölig-fettigen Bestandtheilen ist."

Zur Bestätigung dieses Satzes seien noch einige Beispiele angeführt:

Aus der Verbreitung von Rhododendron ferrugineum L. kann man schliessen, dass diese Art zu den widerstandsfähigen Pflanzen gehört. Sobald sich bei derselben die jungen Blätter vom Vegetationspunkt abgehoben haben, entstehen auch schon die Luftlücken. Das ganze Gewebe der Knospe ist reich an Oelen. In den Deckschuppen entstehen sehr grosse Spalträume. Die Haltbarkeit der Tegmente wird durch eine Schicht von Sklerenchymzellen hergestellt, welche hier merkwürdiger Weise unter der Epidermis der Schuppenoberseite gelegen ist. Von den Erlen scheint Alnus viridis DC. am widerstandsfähigsten zu sein, da sie von allen andern im Gebirge am höchsten empordringt. Auch bei ihr ist das Gewebe der embryonalen Blätter schon sehr frühzeitig von intercellularen Kanälen durchsetzt; besonders zahlreich entstehen sie zu Seiten der Blattrippe, wo die Hauptwasserleitung für das Blattparenchym ausgebildet wird. Bei Temperaturerniedrigung kann also die Zellflüssigkeit leicht in jene Zwischenräume eintreten und nachher beim Steigen der Temperatur wieder in die Zelle zurückkehren. Die Verdampfung wird gehindert durch grosse Harzmassen, mit welchen die jungen Blätter überzogen sind. Im Ganzen ist das Knospengewebe weniger reich an Wasser als vielmehr an Oelen. Zahlreiche Tropfen desselben liegen in der Harzmasse, welche den Knospenraum anfüllt. Alnus glutinosa Gaertn. und Alnus incana DC. besitzen Knospen, welche im Vergleich mit Alnus viridis DC. nur in sehr geringer Menge oder auch garnicht Harz absondern. Dünne Schnitte, welche an der Luft liegen, färben sich braun und vertrocknen bald; solche von Alnus viridis DC. halten sich bedeutend länger, und auch das Plasma bräunt sich nicht so schnell. Das Oel resp. Harz verhindert also nicht nur die wahrscheinlich durch Oxydation hervorgerufene Veränderung des Zellinhaltes, sondern hält auch die Feuchtigkeit zurück. Man kann annehmen, dass in ähnlicher Weise unter natürlichen Bedingungen bei schnellem Temperaturwechsel das Zellwasser festgehalten wird. Die beiden anderen Arten steigen im Gebirge nicht so hoch.

Geöffnete Knospen von Alnus glutinosa konnten noch einen Frost von — 4° R. ertragen, jedoch nicht ohne Schaden, denn die äussersten Blätter starben ab.

Höher als die Schwarzerle steigt im Gebirge Alnus incana, die auch gegen Norden weiter vordringt. Sie ist der ersteren gegenüber dadurch im Vortheil, dass die jungen Blätter stark behaart sind. Diese Schutzvorrichtung ist wichtig, wenn eintretende Fröste von starkem Luftzug begleitet werden. Dem ist diese Art bei ihrem höheren Standort leicht ausgesetzt. Aus vielen Versuchen geht hervor, dass die aufbrechenden Knospen eine ruhige Kälte viel besser ertragen, als wenn dieselben ausserdem noch dem Winde exponirt werden. Die jungen Blätter von Lonicera tartarica halten noch bis — 4° R. aus; sie werden dabei ganz durchsichtig, weil das austretende Wasser die Luft aus den Intercellular-Räumen verdrängt. Hier kann leicht Verdunstung eintreten, da weiter keine Schutzmittel als nur die Mechanik der Spaltöffnungen vorhanden sind. Bei Luftzug wird nun ein grosser Theil des Wassers fortgenommen, der nicht so schnell zu ersetzen ist; ausserdem wird durch die Verdunstung die Temperatur noch herabgesetzt. Es ist daher erklärlich, dass die Blätter schon bei — 2° zu Grunde gehen, wenn sie dabei dem Winde ausgesetzt sind.

Dem Knospenbau der Alnus incana entspricht es also, wenn diese Art im Gebirge höher hinaufsteigt. Bei Alnus viridis ist das Haarkleid der jungen Blätter durch einen starken Ueberzug von Harz ersetzt. Die Schwarzerle liebt auch mehr die geschützten Bach- und Flussthäler. Die mechanische Schutzdecke ihrer Knospen ist nicht bedeutend; sie wird nur von zwei oder drei Tegmenten, welche die Stipeln der äussersten Blätter sind, gebildet. Sie sind mit Harzdrüsen bedeckt, und der Inhalt der Parenchymzellen ist grösstentheils harziger Natur; viele derselben enthalten Phycoërythrin, und zwischen ihnen befinden sich zahlreiche Luftlücken, sklerenchymatische Elemente fehlen. Der Wachsthumsquotient ist nur 0,6. Trotzdem schlägt die Erle früher aus als die Eiche Q. Robur L., und es ist auffällig, dass bei dieser die mechanischen Schutzeinrichtungen der Knospen bedeutend höher organisirt sind. Die Knospendecke ist durchschnittlich sechsschichtig. Auf der Unterseite der Schuppen besitzen die Epidermiszellen eine sehr starke Aussenwand. In den mittleren Lagen weisen die Zellen, welche etwa 2—4 mal so lang als dick sind, eine nicht unbedeutende Sklerose auf; ihre Wandung lässt die bekannten Tüpfelkanäle erkennen. Während die Knospenschuppen der Schwarzerle sehr hinfällig sind, bleiben sie bei der Eiche ziemlich lange erhalten und verlängern sich um ein Beträchtliches. Der Wachsthumsquotient dieser Hülle beträgt 1—1,2. Obwohl nun alle diese Verhältnisse viel günstiger sind als wie bei der Erle, so ist doch die Eiche keineswegs widerstandsfähiger. Halb aufgebrochene Knospen gehen bei — 3° zu Grunde, und selbst bei —1° treten schon Beschädigungen auf; bei der Erle, wie erwähnt, erst bei — 4°. Wir sehen daraus, dass die mechanischen Schutzvorrichtungen allein keineswegs zur Ertragung von Kälte ausreichen; wohl aber können sie zur Widerstandsfähigkeit mit beitragen.

Betrachten wir das meristematische Gewebe am Vegetationspunkt, so wird man sagen, dass dasselbe bei der Eiche ein „zartes“, bei der Erle ein „derbes“ Aussehen hat. Im ersteren Falle ist das Gewebe wegen seines Fettgehalts nicht so stark lichtbrechend und die Zellen schliessen, selbst noch in den jungen Blättern, welche die Knospendecke durchbrochen haben, lückenlos an einander. Legt man dünne Schnitte in Glycerin, so schrumpfen sie beträchtlich zusammen. Es ist der Wassergehalt, welcher in Verbindung mit dem lückenlosen Aufbau den „zarten“ Eindruck hervorbringt. Bei der Erle ist das Plasma fettreicher und das Gewebe mit Intercellularräumen stark durchsetzt.

Wir finden also hier dasselbe Gesetz ausgesprochen, wie es sich oben bei Untersuchung der Pflaumenblüthe schon ergeben hatte.

Die Wirkungen der ersten Nachtfröste vermeidet die Eiche dadurch, dass sie sehr spät ausschlägt; sie verlangt ein hohes Maass von Wärme, ehe sich ihre Knospen regen. Ist der Frühling im Anfange sehr warm, so schlägt die Eiche dem entsprechend früher aus; dann üben die meist nicht ausbleibenden Spätfröste eine verderbliche Wirkung. So waren z. B. am 8. April, als in der Nacht das Thermometer bis auf — 3° gefallen war, viele Knospen von denjenigen Exemplaren erfroren, welche Wind und Wetter am meisten ausgesetzt waren. Durch diese Beschädigung war der Baum allerdings nicht eingegangen, denn er hatte noch viele Knospen, welche nicht aufgebrochen waren. Diese öffneten sich später. Quercus sessiliflora Sm. entfaltet sich etwa 14 Tage später als die vorige und hatte durch jenen Frost garnicht gelitten. In den höheren Lagen des Gebirges würde der Knospenausschlag noch mehr verzögert werden, wodurch sich die Vegetationsdauer sehr verkürzen würde. Ausserdem könnten die selbst noch im Juni vorkommenden Spätfröste nicht ertragen werden, wie sie z. B. am Grimselhaus beobachtet wurden. In einem solchen Klima können nur noch Lärche, Zirbel und Legföhre Stand halten.

Ein sehr zartes, wasserreiches Gewebe findet sich auch im Knospenmeristem der Buche, Fagus silvatica L. Die Zellen in allen jungen Knospentheilen, im Stamm wie in den Blättern, schliessen dicht zusammen und sind sehr wasserreich, wie dies schon aus der Zusammenschrumpfung des ganzen meristematischen Gewebes bei Zusatz von Glycerin hervorgeht. Die etwa fünfschichtige Knospendecke besteht aus ziemlich festen Tegmenten, welche die inneren Knospentheile dicht einhüllen. Ihre Epidermiszellen sind im Querschnitt fast verschwindend. Die Parenchymzellen sind langgestreckt; die Wandung ist verdickt, doch nicht so, dass das Lumen verschwindet; sie enthalten Luft. Die jungen Blätter, in deren Pallisadengewebe sich die Luftgänge erst sehr spät, nach Aufbruch der Knospe, entwickeln, sind auf ihren Rippen dicht behaart. Da das Blatt fächerartig zusammengefaltet ist, treten die Haare hervor und hüllen es vollständig ein. Die Knospen von abgeschnittenen Zweigen entwickelten sich nicht, und es konnten also über die Empfindlichkeit derselben keine Versuche angestellt werden. Jedoch ist vielfach beobachtet worden, dass die Buche gegen Kälte sehr empfindlich ist; sie verhält sich in dieser Hinsicht wie die Eiche. Dieser gegenüber ist sie dadurch im Vortheil, dass die Knospenräume mit Haaren dicht ausgefüllt und die jungen Theile dicht damit umhüllt werden.

Dem entspricht es, wenn die Buche an der Nordseite der Grimsel bis ca. 1000 m emporsteigt, also beinahe ca. 170 m höher als die Eiche.

Dass die mechanischen Schutzmittel als Abwehr der Einwirkungen nicht lange anhaltender Fröste von Wichtigkeit sind, geht noch aus folgenden Vergleichen hervor:

Die Knospe von Acer platanoides L. wird vor ihrem gänzlichen Aufbruch von vier starken, dicht behaarten Tegmenten, den Hochblättern, umhüllt. Ehe diese aus einander schlagen, sind die jungen Laubblätter wenig weit entwickelt. Nur an den Rippen erscheinen schwache Luftgänge, welche beginnen, die durchsichtige Oberfläche in Felder zu zertheilen. Zwischen den Rippen befinden sich zarte, meristematische Parenchymzellen, die mit durchscheinendem Plasma erfüllt sind und noch lückenlos an einander gereiht sind. Die Oberfläche trägt zahlreiche Köpfchendrüsen. Die Blätter und Blüthen werden in diesem Stadium der Entwicklung nur von jenen vier Hochblättern geschützt. Knospen von Aesculus hippocastanum L., welche sich in gleichem Entwicklungsstadium befinden, werden von einer stärkeren Hülle bedeckt, und der Innenraum ist gänzlich ausgefüllt mit lufterfüllten Haaren, welche die jungen Theile dicht umkleiden. Die Köpfchendrüsen fehlen; im Uebrigen findet man hinsichtlich der anatomischen Beschaffenheit der embryonalen Blätter von Kastanien und Ahorn keinen auffallenden Unterschied.

Während der Nacht vom 20. Februar wurde ein Zweig der Kastanie mit verschiedenen Knospen ausgesetzt. Die Temperatur sank auf — 5° R. In der Folge zeigte es sich, dass die aufgebrochenen Knospen erfroren waren; die übrigen, deren Hüllen sich nur aus einander geschoben hatten, entwickelten sich weiter.

Ein anderer Versuch zeigte, dass bei — 6° R. sämmtliche Knospen zu Grunde gingen; bei — 4° R. halten sie sich noch.

Die von den Hochblättern bedeckten Knospen von Acer platanoides L. wurden in der Nacht vom 22. Februar ausgesetzt und wurden bei — 4° R. ertötet.

Diese Versuche zeigen hinlänglich, dass die mechanischen Schutzmittel den Zeitpunkt des Erfrierens hinausrücken können.

Bei — 4° R. erfroren noch die Knospen vom Weinstock und von der Platane, die möglicherweise noch um einige Grade eher zu Grunde gehen können. Bei beiden sind die embryonalen Theile behaart, jedoch sehr wasserreich und immerhin nicht so stark geschützt wie bei der Kastanie. Die Blätter der Platane erfrieren besonders an den Rippen, wo sich ein starkes Wassergewebe findet.

Von den Pappeln konnte keine eine Temperaturerniedrigung von — 5° R. ertragen. Am widerstandsfähigsten erwies sich Populus alba, deren aufgebrochene Knospen eine Kälte von — 4° R., wenn auch nicht unbeschädigt, ertragen können. Die äussersten Blätter gingen nach einiger Zeit allmählich ein. Sie behielten deshalb ihr frisches Aussehen, weil das Haarkleid das ausgetretene Zellwasser zurückhielt; dasselbe wurde aber vom Plasma nicht wieder aufgenommen.

Aehnlich verhielt sich Populus balsaminifera. Die hervorragenden Blattspitzen vertrockneten; die zarteren Blatttheile, welche bekanntlich eingerollt sind nnd ausserdem noch durch massenhafte Harzabscheidungen geschützt werden, kamen wohl auf, hatten jedoch ein sehr kümmerliches Ansehen.

Wegen ihres Harzgehaltes ist sie etwas widerstandsfähiger als Populus nigra, die Schwarzpappel, die schon bei — 3° beschädigt wird. Die Spitzen der aus den Knospen hervorragenden Blätter ersterben bei dieser Temperatur.

Die Blattränder sind bekanntlich eingerollt und werden schon dadurch geschützt; sie enthalten sehr zartes Meristem. Die Entwicklung der Luftgänge für etwaigen Wasseraustritt beginnt zu beiden Seiten der Mittelrippe und an der Blattspitze. Das wird um so mehr nöthig, als diese Stellen den grössten Wassergehalt haben resp. am ersten exponirt werden. Die meristematischen Zellen der übrigen Blatttheile schliessen dicht zusammen und ähneln denjenigen der Buche.

Die mittlere Blattspreite, sowie der Blattgrund halten sich noch bei — 3°, denn sie sind von einer 5—6 schichtigen Knospendecke beschützt. Letztere ist nicht so bald hinfällig, denn die äusseren Schuppen haben eine starke, aus festen Sklerenchymzellen zusammengesetzte Epidermis, welche derjenigen der Coniferen ähnlich ist. Die inneren Schuppen werden durch Sklerenchymstränge gestützt, welche das Parenchym durchsetzen. Die Function dieser Knospendecke reicht nicht über — 3° hinaus; denn bei — 4° erfriert die aufbrechende Knospe vollständig. Die harzreiche Knospe von P. balsaminifera ist also widerstandsfähiger, und wir erinnern uns bei dieser Gelegenheit, dass auch die Knospen der die höheren Gebirge bewohnenden Bäume und Sträucher durch ihren Reichthum an Harz und Oel ausgezeichnet sind.

Ein niedriges Maass von Wärme zum Ausschlagen erfordern die Arten der Gattung Ribes; sie gehören gleichsam zu den Frühlingsboten.

Die mechanischen Schutzmittel der Knospen sind nicht bedeutend; dagegen entwickeln sich in den embryonalen Theilen sehr bald die Luftgänge, und auch harzig-ölige Stoffe fehlen nicht, besonders bei R. nigrum L., welche die bekannten Oeldrüsen besitzt. Die letztere findet sich nicht selten in höheren Gebirgslagen. Die aufgebrochenen Knospen von R. nigrum und R. grossularia können noch eine Temperaturerniedrigung von — 5° R. ertragen.

Im Gegensatze dazu steht Robinia pseudacacia L. Ihre Knospen sind der Rinde gleichsam eingesenkt und werden nur von drei vorgeschobenen kleinen Schuppen überdeckt; zwischen denselben befinden sich Haare.

Die embryonalen Theile sind jedoch sehr zart, und ihre Luftgänge entwickeln sich ziemlich spät. Selbst lange nach erfolgtem Aufbruch zeigen die jungen Blätter noch zarte meristematische Stellen. Es ist daher nicht überraschend, dass die geöffnete Knospe bei — 3° getötet wird.

Trotzdem erträgt die Robinie das continentale Klima Europas. Sie verlangt zum Austreiben der Knospen ein hohes Maass von Wärme. Auf diese Weise geht sie den Frühjahrsfrösten aus dem Wege.

Zu den Bäumen, deren Knospen sehr wasserreich sind, gehört die Linde. Die sich regenden Knospen von Tilia platyphylla erfroren während einer Nacht, in der das Quecksilber nur bis auf — 4° R. fiel. Luftgänge entwickeln sich in den Blattspitzen erst bei Aufbruch der Knospe. T. microphylla leidet durch Spätfröste weniger, da sie etwa 14 Tage später ausschlägt.

Es ist selbstverständlich, dass die bekannten Einrichtungen, welche die Verdunstung und eine damit verbundene Temperaturerniedrigung hindern — Einrollung und Faltung der Blätter in der Knospe —, auch dazu dienen, die Wärme-Ausstrahlung herabzusetzen. Die Entziehung des bei Temperaturerniedrigung die Intercellular-Räume erfüllenden Zellwassers durch Luftzug wird auch noch durch eine eigenthümliche Stellung gehindert.

So bemerkt man z. B. bei den Rüstern, dass sich kurz nach Knospenaufbruch die Blätter in verschiedener Weise wenden. Ihre Unterseite, auf der sich die Spaltöffnungen sowie das Pallisadengewebe mit seinen Luftkanälen befindet, richtet sich immer gegen den Stamm, die Oberseite dagegen, die von einer lückenlosen Epidermis überzogen ist, richtet sich nach aussen. Besitzen die Blätter eine Haarbekleidung auf der Unterseite, wie z. B. Cornus mas L., so wird die Wendung nicht ausgeführt.

Wenn wir die Einzelheiten zusammenfassen, so ergiebt sich Folgendes:

Die Pflanze verwendet für ihre jüngsten, zartesten Theile, welche das Leben des Individuums gleichsam auf die nächste Vegetationsperiode hinüber zu leiten haben, mechanische und anatomische Schutzmittel.

Die mechanischen Schutzmittel bestehen in einer aus Schuppen zusammengesetzten Knospendecke. Abgesonderte Massen von Harz, sowie Ueberzüge der inneren Theile mit Haaren können die Wirksamkeit der Knospendecke erhöhen. Die inneren Tegmente verlängern sich im Frühjahr nach Knospenaufbruch. Diese mechanischen Schutzmittel mildern die Temperaturschwankungen und setzen auch die Transpiration herab.

Die anatomischen Schutzmittel des Triebes bestehen darin, dass sich in den jungen Knospentheilen frühzeitig ein System von Intercellular-Gängen entwickelt, in welche bei Temperaturerniedrigung das aus den Zellen herausgepresste Zellwasser eintreten und aus denen es nachher beim Steigen der Temperatur wieder zurückgenommen werden kann. Von Vortheil ist es, wenn der Zellinhalt mehr harzig-öliger Natur und weniger reichhaltig an Wasser ist.

Ein Gewebe, welches sich also aus lückenlos aneinanderschliessenden, wasserreichen Zellen zusammensetzt, ist empfindlicher als ein solches, das von intercellularen Gängen durchsetzt wird und dessen Zellen mehr Harz und Oel als Wasser enthalten.

In letzter Instanz beruht die Empfindlichkeit einer Knospe auf Vorgängen im Plasma, die sich der Beobachtung noch entziehen und durch welche erklärt wird, weshalb das in Folge zu hoher Kälte aus der Zelle herausgepresste Wasser nicht wieder zurückgenommen wird.

Die Knospen entwickeln sich nicht gleichzeitig, sondern in Folge der Verhältnisse die einen früher, die anderen später. Diese bleiben grösstentheils erhalten, wenn die ersteren durch Spätfröste zerstört werden.

Die schädlichen Wirkungen der Spätfröste werden überhaupt vermieden, wenn die Entwicklung eine sehr verzögerte ist, wenn die Knospe zum Aufbrechen ein hohes Maass von Wärme braucht.

Die Hauptfunction der Knospendecke einer ruhenden Knospe ist Schutz gegen Verdunstung des Zellwassers der inneren meristematischen Theile; sie beginnt schon während des Sommers, wenn die Knospen für die nächste Vegetationsperiode angelegt werden, und endet im Frühjahr, wenn die Hülle von dem jungen Trieb abgeworfen wird.

Bei einer aufbrechenden Knospe ist die Hauptfunction der Knospendecke, welche vor dem Aufbruch hervorwächst und kurze Zeit, bevor sie abgeworfen wird, zur völligen Ausbildung gelangt, — Schutz gegen hohe Temperaturschwankungen.

Die inneren Schuppen einer ruhenden Knospe sind embryonal und schutzbedürftig; sie werden bis zu ihrer völligen Ausbildung von den äusseren bis zu einem gewissen Grade vor Wasserverlust und Erfrieren bewahrt.

III. Die Anpassung der Knospendecke an Standort und Klima.

Wenn wir nun zur Frage übergehen, sind die mechanischen Schutzmittel der Knospe dem Standort der Pflanze gemäss und dem Klima, dem sie ausgesetzt ist, entsprechend gebaut, zeigen sie an beide eine gewisse Anpassung, so tritt uns schon von vornherein eine Schwierigkeit entgegen: es ist nämlich kaum anzunehmen, dass zwei Arten durch ganz gleiche Eigenthümlichkeiten des Plasmas ausgezeichnet sind, also eine gleiche Empfindlichkeit gegen die klimatischen Einflüsse besitzen. Es kann eine Art in rauheren Klimaten einheimisch sein und doch zur Bedeckung der jungen Triebe geringere mechanische Schutzmittel verwenden als eine andere unter milderem Klima, wenn bei jener das Plasma widerstandsfähiger ist als wie bei dieser. Indessen ist wohl anzunehmen, dass zwei Arten derselben Gattung sich in der Ausbildung ihrer Schutzvorrichtungen nicht so grundverschieden von einander verhalten, und es ist nicht ausgeschlossen, dass eine Art, wenn sie unter dem Einfluss des Klimas abändert, nicht nur die Widerstandsfähigkeit des Plasmas erhöht oder vermindert, sondern auch zugleich damit die mechanischen Schutzmittel verstärkt resp. abschwächt.

Für eine Vergleichung würde es also nicht zweckmässig sein, die Knospendecke einer Pinus-Art mit derjenigen einer Fichte neben ihren Beziehungen zu den klimatischen Verhältnissen ihres Standortes zu vergleichen, weil, wie wir oben gesehen haben, bei beiden die Entwicklung eine ganz verschiedene ist.

Ausserdem hat man zu beachten, dass man immer die Endknospen vergleicht. Die den Witterungs-Einflüssen weniger exponirten Seitenknospen werden im Allgemeinen von einer schwächeren Schuppenbekleidung umhüllt.

Es ist wohl a priori zu erwarten, dass sich gewisse Beziehungen zwischen den Schutzvorrichtungen für die jungen Triebe einerseits und dem Standort resp. klimatischen Verhältnissen andererseits werden auffinden lassen. Zur Lösung dieser Frage sind mehr die artenreichen Gattungen und gerade diejenigen der Coniferen sehr geeignet; denn die letzteren werden, ausgenommen in den eigentlichen Tropen, unter den verschiedensten Bedingungen des Klimas und des Bodens fast überall auf der Erde angetroffen. Gegen den Südpol hin gehen sie soweit, als sich überhaupt die Continente mit ihren Inseln erstrecken. In der nördlichen Hemisphäre, in welcher sie mehr als irgend eine andere Pflanzenform die Physiognomie ungeheurer Landstrecken bestimmen, ziehen sie sich am weitesten nach Norden hinauf. Dabei lassen sich die einzelnen Unterabtheilungen, so wie sie die Systematik begründet, ja selbst die einzelnen Arten in ihrer Verbreitung meistens durch scharfe Grenzlinien einschliessen, und somit tritt ihre Abhängigkeit von klimatischen Verhältnissen oft deutlich hervor.

Durch diese Thatsache werden wir zu der Erwägung geführt, dass eine Art unter milden Klimaten ihre Schutzvorrichtungen in schwächerem Maassstabe ausbildet. Es würde eine unnütze Verwendung des Baumaterials sein, wenn hier die mechanischen Schutzmittel in vollkommener Weise zur Entwicklung gelangten. Andererseits müssen aber, wenn eine Art in rauhere Klimate vordringt, die jungen Triebe besser geschützt werden, sei es nun durch die mechanisch-anatomischen Schutzmittel, sei es dadurch, dass die Zustände im Plasma (die Empfindlichkeit) eine Abänderung erfahren. Der entgegengesetzte Fall wäre der, dass eine Art in Folge günstigerer klimatischer Verhältnisse, wie man sagen könnte, verweichlicht, die Ausbildung ihrer Schutzvorrichtungen herabsetzt.

Die Birken.

Die Untersuchung erstreckt sich zunächst darauf, inwiefern die Schutzvorrichtungen der Knospe bei den einzelnen Arten den rauhen Witterungs-Einflüssen, also vorzüglich den Temperaturwechselfällen, angepasst sind.

Dem ewigen Eise nähert sich am meisten Betula nana. Nicht nur in den Alpen überschreitet sie die Baumgrenze, sondern auch im hohen Norden. Sie findet sich z. B. an der Eisbucht von Spitzbergen unter dem 78° N. B. Die junge Knospe, welche sich, wie die ganze Pflanze, durch ihre Kleinheit auszeichnet, ist gänzlich mit Harz ausgefüllt und mit Deckschuppen umhüllt, deren Unterseiten mit einer sehr starken Cuticula überzogen sind. Die Knospenschuppen von B. nigra, welche in den südlichen Vereinigten Staaten vorkommt, besitzen dagegen eine sehr zarte Cuticula.

Die Zellen im Vegetationspunkte der Schneebirke enthalten grosse, hellglänzende Zellkerne, und das Gewebe ist stark durchsetzt von harzig-öligen Massen. Beim Aufbruch der Knospe entstehen im Gewebe zahlreiche schizogene Lufträume, die sich bis dicht unter den Vegetationspunkt heranziehen; ebenso werden dieselben in den jungen Blättern sehr früh angelegt, und zwar besonders in der Mittelrippe. Hier ist die Hauptleitung für das zuströmende Wasser, welches bei Temperaturerniedrigung in jene Räume eintreten und nachher von den Zellen wieder aufgenommen werden kann. Das

Pallisadengewebe derjenigen Blätter, welche die Hülle verlassen, wird von Intercellulargängen schon vollständig durchsetzt. Bei fallender Temperatur wird das dieselben erfüllende Zellwasser an der Verdunstung ausser durch Verschluss der Spaltöffnungen noch durch die Harzmassen gehindert, welche von den bekannten Drüsen abgesondert werden.

Alle diese Schutzvorrichtungen treten bei der Schneebirke am vollkommensten auf. Was von ihren Zwischenzellräumen gesagt ist, gilt jedoch auch von B. humilis Schck., deren Knospen aber die Harzmassen fehlen. Da, wo diese Art auf Hochmooren vorkommt, verspätet sich bekanntlich der Eintritt des Frühlings, und es wird mit dem verzögerten Aufbruch der Knospen die Gefahr der Spätfröste in gleichem Maasse zurückgesetzt. B. nana schlägt allerdings auch sehr spät aus.

In viel späterem Entwicklungsstadium werden die intercellularen Räume in den Blättern der Schwarzbirke B. nigra angelegt, welche mehr in südlichere Gegenden vordringt. Als Ausgangspunkt für den Vergleich nimmt man am besten den Moment an, in welchem die jungen Blätter die Hülle durchbrechen. Unsere Weissbirke, B. alba L., welche häufig die Baumgrenze bildet, scheint die Mitte zu halten.

Durch einen Exponierungsversuch konnte bei dieser festgestellt werden, dass eine ganz aufgebrochene Knospe noch —4° R. ertragen kann; bei —5° R. während einer Nacht ging sie zu Grunde. Einige halb aufgebrochene Knospen, sowie solche, welche noch von der Hülle bedeckt waren, hielten Stand. Nicht alle Knospen brechen zu derselben Zeit auf; manche bleiben im Wachsthum zurück. Da kann der Fall eintreten, dass die ersteren durch kalte Nächte zum Absterben gebracht werden. Die halb geöffneten und die geschlossenen Knospen können dann den Frost noch ertragen und erhalten auf diese Weise das pflanzliche Individuum. Dieses Verhältniss wird um so günstiger, je länger die jungen Theile von der Hülle bedeckt bleiben. Der Wachsthums-Quotient der Knospenhülle, das Verhältniss von Zuwachs zur ursprünglichen Länge ist z. B. bei B. nigra = 1, bei B. alba = 1 bis 1,2 und bei B. humilis = 2. Das entspricht dem Standort. Auf den Gebirgen Sibiriens bildet die Weissbirke bis 1700 m noch Bestände; dann wird sie strauchartig. Diese Form ist wahrscheinlich die B. humilis Schck., welche im mittleren und nördlichen Europa, im ganzen nördlichen Asien und in Canada verbreitet ist. Die Weissbirke steht auf einer Stufe mit Picea obovata Ledeb., deren mit Kappe bedeckten Knospen (s. oben) ebenfalls — 5° R. ertragen können.

Von sämmtlichen Birken besitzt B. papyracea Ait. die stärkste Knospenhülle, deren Tegmente verhältnissmässig sehr dick und lang sind. Trotzdem ist der Wachsthums-Quotient = 1,3, ungefähr derselbe wie bei B. alba. Aufgebrochene Knospen starben bei — 4° ab, einer Kälte, welche diejenigen der Weissbirke noch ertrugen. Eine vergleichende anatomische Untersuchung ergab, dass sich in dem Pallisadengewebe der jungen Blätter bei B. alba die Intercellulargänge bedeutend weiter entwickelt hatten. Das tritt besonders am Grunde der Blattspreite deutlich hervor: bei B. papyracea sind Zwischenzellräume hier nur an der Hauptrippe vorhanden, bei B. alba ziehen sie sich fast durch das ganze Parenchym. Der obere Theil der Blätter ist bei beiden Species gut durchlüftet.

Diese anatomischen Verhältnisse machen die Stärke der Knospenhülle bei der Papierbirke erforderlich. Allerdings stehen die Knospenschuppen auch in gewisser Beziehung zur Grösse der Laubblätter, welche bei B. papyracea das höchste Maass erreichen. Während die übrigen Birken ein continentales Klima mit seinem an Spätfrösten reichen Frühling gut ertragen können, zieht sie mehr ein oceanisches Klima vor, wo hohe Temperaturschwankungen nicht vorkommen. Sie findet sich im östlichen Sibirien, Nord-Japan, auf Sitka und im westlichen Theil von Nord-Amerika.

Wenn die aufbrechende Knospe gegen Spätfröste geschützt wird, so muss die ruhende Knospe vor Wasserverlust in Folge übermässiger Transpiration bewahrt werden. Das bringt, wie oben erwähnt, die Pflanze mittelst Kork, Harz und Haarbekleidungen zu Stande. Die Epidermiszellen der Knospenschuppen unserer Betula alba L. (s. Fig. 25) haben nach aussen hin eine starke Zellwand. Sklerotische Elemente fehlen ganz. Eigentliche Korkzellen finden sich wohl in den subepidermalen Zellen, sind aber durchaus nicht allgemein. Die dünnwandigen Parenchymzellen sind meist mit harzigen Stoffen angefüllt. Die Schuppen selber und besonders die inneren meristematischen Theile sind fast ganz in Harz eingebettet, welches wahrscheinlich aus den bekannten mehrzelligen Köpfchendrüsen entsteht.

Vergleichen wir das Verbreitungsareal der Weissbirke mit demjenigen der Roth- oder Schwarzbirke, so ergiebt sich, dass bei dieser höhere Anforderungen in Bezug auf den Schutz gegen Wasserverdunstung gestellt werden. Diese Birke hat in den Vereinigten Staaten ihr Verbreitungsgebiet, welches sich bis in Florida hinein erstreckt. Es ist im Allgemeinen durch Trockenheit der Luft ausgezeichnet und seine Niederschläge, welche es meist vom mexikanischen Meerbusen empfängt, sind unregelmässig durch das ganze Jahr vertheilt. Dementsprechend findet man in den Schuppen eine starke Korkschicht, welche aus den subepidermalen Zellen centripetal entsteht (s. Fig. 23). Massenhaft Harz wird aus vielen Drüsen abgesondert und hält die Hülle fest zusammen. Ganz anders stellt sich die Sache bei Betula humilis Schck. dar (s. Fig. 21). Bei dieser wird das Meristem von etwa vier dicht zusammenschliessenden Tegmenten umhüllt, welche hinsichtlich ihres anatomischen Baues denen unserer B. alba sehr ähnlich sind. Aus den subepidermalen Zellen geht hier keine Korkschicht hervor, und die Harzdrüsen fehlen so gut wie ganz; nur am Grunde der Blätter und jüngeren Schuppen finden sich einzelne jener Köpfchendrüsen. Zur Bildung von Harzschichten zwischen den Knospentheilen kommt es nicht. Dieses Verhalten entspricht dem Standort; sie wächst im europäischen Waldgebiet in Torfbrüchen, in den Alpen in Hochmooren, also an feuchten Orten, wo die Gefahr eines allzugrossen Wasserverlustes ausgeschlossen ist.

Die Eichen.

Wie sich die Eichen gegen Temperaturerniedrigung verhalten, ist bereits oben mitgetheilt worden: die aufbrechenden Knospen unserer Q. Robur L. konnten eine Kälte von — 3° nicht ertragen. Trotzdem ist sie im Waldgebiet weit verbreitet; sie hat hier unter den ersten Frühjahrsfrösten wenig zu leiden, weil sie spät ausschlägt. Ausserdem entwickeln sich die Knospen nicht gleichzeitig, und wenn auch die ersten erfrieren, ist doch das Leben des Individuums nicht gefährdet, da noch die in der Entwicklung zurückgebliebenen die Kälte ertragen können.

Die mechanischen Schutzvorrichtungen der Knospe, welche bei unseren Eichen nicht unbedeutend sind, haben bei den immergrünen

Arten eine Reduction erfahren. Dieselben bewohnen zumeist die wärmeren Gegenden des Südens, wo der Frühling gleichmässig und frei von Spätfrösten ist. Das Plasma der jungen Triebe ist sehr empfindlich: eine in Entwicklung begriffene Knospe von Quercus virens Ait. ging schon bei — 1° R. zu Grunde.

Die Knospendecke unserer Eichen:

Quercus sessiliflora Sm. und Q. pedunculata Ehrh. ist etwa 6- bis 9schichtig (Fig. 20). Die äusseren Schuppen, morphologisch die Stipeln mit fehlendem Hauptblatt, besitzen eine nicht unbedeutende Steifheit. In dem anatomischen Bau lassen sich nur geringe Unterschiede erkennen. Bei Q. pedunculata Ehrh. haben die Epidermiszellen der Schuppen eine etwas dickere Aussenwand und die Subepidermis besteht aus ganz dünnwandigen Zellen; bei Q. sessiliflora Sm. haben die Oberhautzellen eine weniger starke Aussenwand, aber die darunterliegenden Elemente sind dickwandig.

Die unter dem Hautsystem liegenden Parenchymzellen haben bei beiden Arten stark sklerotische Wandungen mit fast verschwindendem Lumen, welche mit Poren durchsetzt werden. Bei Q. sessiliflora Sm. erscheinen sehr vereinzelt Haare zwischen den Schuppen, bei der anderen, der Sommer-Eiche, gar nicht. Die starken sklerotischen Zellen in dem Schuppengewebe dienen dazu, dem im Frühjahr weit hervorwachsenden Tegment eine gewisse Steifheit zu verleihen, damit dasselbe sich dem jungen Triebe anlegen und ihn gegen die schädlichen Temperaturschwankungen möglichst lange schützen kann. Anders gestaltet sich die Sache bei Quercus Ilex L., welche in den westlichen Mittelmeerländern verbreitet ist. Hier wird die Vegetation in der heissen Jahreszeit durch die Trockenheit der Atmosphäre unterbrochen, während welcher Periode die inneren meristematischen Theile besonders gegen Wasserverlust geschützt werden müssen. Das geschieht durch Kork und sich verfilzende Haare. Die Knospendecke (s. Fig. 26) besteht aus etwa drei bis fünf Reihen über einander lagernder Schuppen. Im Parenchym derselben tritt die Sklerotisirung der Zellwände mehr und mehr zurück; nur hin und wieder bemerkt man in den beiden äusseren Schuppenlagen Zellen mit starker Wandung, in den inneren Lagen fast ausschliesslich dünnwandige, meristematische Elemente.

Aus den Subepidermiszellen geht Kork hervor und zwischen den Schuppen befinden sich zahlreiche Haare, welche auf deren

Unterseite und besonders an deren Grunde entstehen. Die äussersten Schuppen werden häufig schmal und lang und sind über und über mit lufterfüllten Haaren besetzt. Auf diese Weise wird ein dichter Filz gebildet, welcher die Knospe gegen Wasserverlust schützt. Auch die jungen Blätter tragen ein Haarkleid.

Vergleicht man die Wachsthums-Quotienten der Knospendecken — die Verhältnisse von Zuwachs zur ursprünglichen Länge — mit einander, so ergiebt sich bei Quercus Ilex L. Q = 3,5; bei Quercus Robur L. Q = 1 bis 1,2. In Betreff jener ist man zu der Deutung geneigt, dass die lang hervorwachsende, mit vielen Haaren versehene Hülle an heissen Tagen gegen die Sonnenstrahlen zu schützen hat, und das ist um so mehr nöthig, als die stacheligen Blätter wenig Schatten geben. Bei unserer Eiche, welche im europäischen Waldgebiet zu Hause ist, wird die Gefahr der übermässigen Verdunstung geringer, da sich die Niederschläge über das ganze Jahr vertheilen; dem entsprechend ist der Wachsthums-Quotient kleiner und das Haarkleid fehlt.

Für die immergrünen Eichen, welche die wärmere gemässigte Zone bewohnen, kann Q. Ilex L. als typisch gelten: bei allen werden zwischen die meist zartwandiges Parenchym enthaltenden Tegmente zahlreiche Haare eingeschaltet. Die Unterschiede im anatomischen Bau der Knospenschuppen sind geringfügig; meist erstrecken sie sich auf die Verdickung der Zellwände. Bei Q. Grammuntia L. und Q. Fordii enthält nur die äusserste Schuppenlage im Parenchym vereinzelte dickwandige Zellen. Bei der in Klein-Asien vorkommenden Q. aegilops L. sind dieselben etwas zahlreicher, doch findet man in der dritten Schuppenlage nur noch zartwandige Zellen. Der Kork geht meist aus den subepidermalen Zellen hervor.

In dem Parenchymgewebe der Schuppen bei allen diesen immergrünen Eichen kommen also Sklerenchymzellen nur vereinzelt und dann meist in den äussersten Lagen der Knospendecke vor; sie bilden gewöhnlich keine zusammenhängende Schicht. Besonders legen sich diese dickwandigen Elemente dem Gefässbündel an und mögen wohl hauptsächlich dazu dienen, der vertrockneten Schuppe noch einen Halt zu gewähren, da sie sonst vollständig zusammenschrumpfen würde.

Die nordamerikanischen Arten lassen eine ähnliche Gesetzmässigkeit erkennen. Mit Q. Ilex L. lässt sich Q. virens Ait. vergleichen (s. Fig. 22). Die Knospendecke dieser Art ist vier- bis fünfschichtig. Die Schuppen sind sehr dünn und enthalten fast nur zartwandige Zellen. Sklerenchymelemente finden sich in geringer Anzahl im Parenchym der äussersten Schuppenlage, wo auch aus den subepidermalen Zellen Kork hervorgeht. Zwischen die Schuppen schieben sich zahleiche Haare ein. Diese Eiche findet sich in den südlichen Staaten von Nord-Amerika, ferner in den Gegenden des unteren Rio del Norte, wo sie in den als Post-oak-Land bezeichneten Eichenwäldern zu den herrschenden Arten gehört. Hier wird die Vegetation, ähnlich wie in den Mittelmeerländern, durch eine trockene Jahreszeit unterbrochen, welche von Juni bis Ende September reicht; dann folgen die Herbstregen, unter deren Einwirkung sich die Gewächse aufs Neue beleben. Im Gegensatz zu Q. virens Ait. steht Q. phellos, welche in den Staaten Georgia und Carolina zwischen dem Ocean und den Alleghanies an feuchten und sumpfigen Orten vorkommt. Die Knospendecke dieser Art weist vier bis fünf Lagen über einander lagernder Schuppen auf. Dieselben bestehen ganz aus zartem Gewebe; nur bis zur zweiten Lage haben diese häutigen Tegmente eine aus dickwandigen, aber verhältnissmässig kleinen Zellen sich zusammensetzende Epidermis und Subepidermis. Die inneren Schuppen erhalten erst dann ein stärkeres Hautgewebe, wenn sie hervorwachsen und die äusseren überragen. Die intertegmentaren Haarschichten fehlen gänzlich.

Einen ähnlichen Bau der Knospendecke zeigt Q. palustris Dur. (s. Fig. 24), die mehr nördlich in den Staaten Massachusetts, Ohio und Missouri verbreitet ist; auch sie wächst vorzugsweise an feuchten, sumpfigen Orten. Dem entspricht es, dass in ihren Knospendecken die Schuppen unmittelbar auf einander liegen, ohne dass sich zwischen dieselben Haare einschieben. In dem Gewebe dieser dünnhäutigen Tegmente entsteht kein Kork. Etwa bis zur fünften Lage haben die Schuppen auf ihrer Unterseite ein stärkeres Hautgewebe, indem die Zellen der Epidermis und die subepidermalen Elemente mit dickerer Wandung ausgestattet sind. Das Gewebe der inneren Schuppen ist meristematisch. Im Ganzen wird die Knospe von etwa 10 Schichten umgeben, von denen die inneren erst im Frühling zur Entwicklung gelangen und dann den Trieb, wie bei den nordeuropäischen Arten, gegen Spätfröste schützen.

Es zeigt sich also das Uebereinstimmende, dass auf beiden Kontinenten die Arten des Südens ihre jungen, ruhenden Triebe durch Kork, welcher aus den subepidermalen Zellen der Knospenschuppen hervorgeht, und durch intertegmentare Haarschichten gegen Wasserverlust sichern; die Arten des Nordens produciren eine Knospendecke, deren Schuppen meist zahlreicher sind; die äusseren derselben erhalten durch stärker oder schwächer ausgebildetes sklerenchymatisches Gewebe in entsprechender Weise eine grössere oder geringere Festigkeit, die inneren sind meristematisch, wachsen erst im Frühjahr aus und haben dann den jungen Trieb gegen Temperaturschwankungen zu schützen.

Die Pappeln.

Wir sahen, wie in dem Gewebe der Knospenschuppen bei den Eichen der wärmeren Gegenden die sklerotischen Zellen mehr und mehr schwanden und statt dessen die jungen Theile durch ein dichtes Haarkleid geschützt wurden.

Eine ähnliche Beobachtung macht man bei den Pappeln, bei denen jedoch das Haarkleid im allgemeinen mehr durch Harzabsonderungen ersetzt wird.

Unsere Schwarzpappel Populus nigra L., welche im ganzen europäischen Waldgebiet verbreitet ist, umhüllt ihre Knospen mit einer etwa sechsschichtigen Decke. Die äusseren Schuppen haben eine Epidermis, deren Zellen eine ungemein starke und sehr harte Aussenwand zeigen. Die Verdickung geht auch auf die radialen Seitenwände über, so dass diese polsterartig in den fast schwindenden Innenraum vorspringen; die Innenwand ist dünn. Bei den inneren Schuppen wird diese Wandverstärkung schwächer. Dafür treten aber im Parenchym ganze Bündel von Zellen mit allseitig verdickter Wandung und verschwindendem Lumen auf. Ein anderes Bild giebt uns ein Querschnitt durch die Knospenhülle der Populus pyramidalis Rozier. Die Anzahl der Schuppen ist vermindert. Dieselben sind dicker, aber das zartwandige Parenchym wird nicht von den erwähnten Strängen durchzogen. Die Epidermis der äussersten Schuppe hat zwar auch noch starkwandige Elemente, welche aber hinsichtlich der Dicke ihrer Wandungen keineswegs den betreffenden Oberhautzellen der Schwarzpappel gleichkommen. Zwischen den Schuppen der Pyramidenpappel lagert sich Harz, welches bei jener in weit geringerer Menge auftritt. Noch stärkere intertegmentare Harzschichten findet man in den Knospen der Balsampappel P. balsaminifera v. laurifolia. Die Schuppen, in denen Harzgänge verlaufen, sowie die jungen Blätter sind von Harz förmlich umflossen. Die Subepidermis der äussersten Schuppen zeichnet sich dadurch aus, dass aus ihr eine Korkschicht hervorgeht. Die Zellen der Oberhaut besitzen eine mässig starke Wandung, und die Parenchymzellen haben nur sehr zarte Zellhäute.

Die Knospenhülle der Weisspappel, P. alba, kommt hinsichtlich ihrer Stärke noch derjenigen der Schwarzpappel am nächsten, erreicht sie aber keineswegs; sie sondert bekanntlich kein Harz ab, sondern umkleidet die jungen Blätter mit einem dichten Haarfilz.

Im allgemeinen lieben die Pappeln einen feuchten Boden und sind dann weniger dem Wassermangel ausgesetzt. Indessen entspricht der Knospenbau immerhin der Verbreitung. Die Schwarzpappel findet sich in ganz Europa, Nord- und Mittelasien. In Italien, Ungarn, Süd-Russland, weiter ostwärts geht sie allmählich in die Pyramiden- oder italienische Pappel über, mit der sie nach Ansicht einiger Botaniker identificirt wird. Letztere sondert, wie wir sahen, reichlicher Harz ab. Die Weisspappel mit ihren zahlreichen Haaren in der Knospe soll aus Süd-Europa stammen. Die Balsampappel, P. balsaminifera v. laurifolia, welche bezüglich des Baus der Schutzhülle recht eigentlich den Gegensatz zur Schwarzpappel bildet, ist im südlichen Sibirien und Nord-China einheimisch. In den Thälern und in der Ebene beginnt hier die Sonne nach einer kurzen Frühlingsperiode sehr energisch zu wirken. Daher ist jene excessive Harzabsonderung erklärlich.

Die Roth- und Weisstannen.

Im europäischen Waldgebiet sind besonders zwei Arten sehr allgemein verbreitet: Picea excelsa Lk. und Abies alba Mill. (Abies pectinata D. C.). Die erstere steigt in den Alpen bis zu einer Höhe von 6000′ und zieht sich von hier bis nach Skandinavien und selbst bis zur Halbinsel Kola hin; nach Osten reicht ihr Verbreitungsgebiet ungefähr bis nach Kasan. Abies alba Mill. dagegen erreicht in den Alpen nur eine Höhe von 4000′, geht aber, besonders in Dalmatien, weiter nach Süden; auch in Italien findet sie sich. Im Norden überschreitet sie nicht den 51° N.B., während sie im Osten mit der Buchenzone gleichen Schritt hält. Gegen Temperaturwechsel ist sie sehr empfindlich und verliert bei uns häufig in Folge von Spätfrösten ihre Maitriebe. Dass sie in vertikaler Richtung noch so hoch steigt, darf nicht überraschen, da das Gebirge selbst gegen Abkühlung lokal Schutz gewähren kann. Ist es doch z. B. bekannt, dass die Südhänge des Bodens um so wärmer sind, die Nordhänge um so kälter, je grösser die Neigung der Fläche gegen den Horizont ist.

Picea excelsa Lk. leidet von den Temperaturschwankungen im Frühling weniger; sie ist der Abies alba Mill. gegenüber durch folgende Einrichtungen im Vortheil: Die Knospe ist von einer bedeutend grösseren Anzahl Schuppen bedeckt, und diese selbst sind in Folge ihres eigenartigen Baues und der Sklerose ihrer Epidermiszellen auf der Blatt-Unterseite mit viel stärkerem Hautgewebe ausgerüstet (vergl. Fig. 1 und 13). Während sich ferner bei der Entfaltung der Knospe die äussersten Tegmente nach aussen umbiegen, wachsen die innersten an ihrem meristematischen Grunde noch nach; sie verlängern sich und verstärken dabei ihre, sonst zartwandige Epidermis. Da ihr oberer Theil kapuzenartig umgebogen ist, werden sie gewöhnlich von dem hervorbrechenden Trieb mit emporgehoben, so dass derselbe gleichsam wie mit einer Kappe bedeckt wird. Das geschieht besonders bei den mehr exponirten Endknospen, bei den im Laube verborgenen Seitenknospen weniger und kann sogar ganz unterbleiben. Der Wachsthumsquotient der Schutzhülle ist also im Allgemeinen ein sehr hoher. Bei der Weisstanne zeigen zwar die innersten Knospenschuppen an ihrer Basis auch noch jenes Hervorwachsen, um den jungen Trieb länger zu schützen, aber höchstens 2—3 sehr zarte Häutchen werden von demselben noch mit emporgehoben; gewöhnlich aber bleiben auch diese an ihrem Grunde sitzen und sterben dann ab, in der Regel, ohne ihre, aus dünnwandigen Zellen bestehende Epidermis verstärkt zu haben. Das Harz, welches zwischen den älteren Schuppen abgelagert ist, kommt hierbei weniger in Betracht; seine Function ist nach Entfaltung der Knospe so gut wie beendet. Es diente dazu, wie wir früher sahen, den embryonalen Trieb gegen Wasserverlust zu schützen. Bei der Rothtanne wird letzteres durch die grosse Anzahl der Schuppen wohl auch, wenngleich in geringerem Grade, erreicht. Diese Verhältnisse entsprechen dem Standort. Der Verlust von Wasserdampf kann bei der Fichte leicht wieder ersetzt werden, denn dieselbe bedarf, soll sie sich überhaupt kräftig entwickeln, eines feuchtigkeitsreichen, frischen Bodens.

Weiter hinauf nach Norden und Nordosten wird unsere Fichte durch eine Varietät Picea excelsa var. medioxima vertreten, welche sich vor der gewöhnlichen Art dadurch auszeichnet, dass auch die subepidermalen Zellen der Schuppen stark sklerotisirt sind; ferner ist die Anzahl der Schuppen vermehrt.

Die Differenzen der Temperaturextreme sind im nördlichen Russland ganz bedeutend. Wärme und Kälte sind im Laufe des Jahres sehr ungünstig vertheilt und häufig auch während einzelner Tageszeiten. Es ist ein echtes Continentalklima, wo Früh- und Spätfröste regelmässig wiederkehren. Selbst im Sommer, nach überheissen Morgen, fällt oft des Nachmittags ein rauher Wind ein und mit ihm eine Temperaturerniedrigung, durch welche das Quecksilber im Thermometer um 12° herabgedrückt werden kann.

Im äussersten Nordosten Russlands und im Norden Sibiriens finden wir die Picea obovata Led. und an der Ostküste des Continents die Picea polita Carr., welche nach andern Autoren nur klimatische Spielarten der Picea excelsa sein sollen. Die erstere geht bis zum 67° und am Jenissei sogar noch weiter: bis zum 69 $^1/_2$° N.B. Die Schutzvorrichtungen der jungen Triebe von Picea obovata Led. gleichen denen unserer Picea excelsa Lk. (s. Fig. 4). Aber jene braucht zum Ausschlagen der Knospen ein weit höheres Maass von Wärme. Dadurch entgeht sie den Verderben bringenden Spätfrösten, welche die Picea excelsa Lk., wenn diese ein gleiches Verbreitungsgebiet wie jene hätte, noch nach ihrer Knospenentfaltung treffen würden.

Picea obovata Ledeb. kommt auf den Gebirgen Sibiriens vor. In der Ebene bewohnt sie zusammen mit Abies sibirica Ledeb. die Flussthäler. Diese bedeckt ihre Knospen nur mit wenigen kleinen Schuppen, deren Epidermiszellen die Membranen nur unbedeutend oder garnicht verdicken. Dagegen wird reichlich Harz abgesondert, welches die Knospen umfliesst. In der sibirischen Ebene und in den Thälern der Gebirge ist der Uebergang von Sommer zu Winter häufig ein sehr plötzlicher. So entwickelte sich nach G. Radde z. B. in den Thälern des Burreja-Gebirges der Pflanzenwuchs gegen Ende April derartig, dass die Schwarzbirke in zwei Tagen Blätter von einem Zoll Länge trieb. Die jungen Triebe müssten durch eine solche schnelle Temperaturzunahme sehr durch Wasserverlust leiden, wären sie nicht durch Harz dagegen geschützt.

Bei Picea obovata Ledeb. geschieht dies durch die Kappe der jungen Triebe. Zwischen beiden besteht also dasselbe Verhältniss wie zwischen Picea excelsa Lk. und Abies alba Mill.

Die jungen Triebe von P. obovata Ledeb. halten, wie oben schon erwähnt, bei —5° R. Stand, wenn sie noch von der Kappe bedeckt sind. Diese Art bildet im Ural zusammen mit der Lärche die Baumgrenze, welche hier im Frühjahr häufigen Temperatur-Wechselfällen unterworfen ist; sie findet sich ausser auf den sibirischen Gebirgen auch im Amurland, welches trotz der Nähe des Japanischen Meeres ein vollständig continentales, also an Spätfrösten reiches Klima hat. Die Schneemassen im Gebirge schmelzen dort sehr langsam, und im Frühjahr haben Seewinde zwar das Uebergewicht, werden aber doch auch von Landwinden unterbrochen, welche Temperaturerniedrigung veranlassen. Die sibirische Fichte scheint härter zu sein als die sibirische Weisstanne, bei welcher leider kein Exponirungsversuch unternommen werden konnte, da die Knospen nicht aufbrachen. Dass sie weniger widerstandsfähig ist, lässt sich somit nur aus ihrer Verbreitung schliessen. Sie erreicht höchstens am Jenissei den 67°, wird also um 2½° von der P. obovata Ledeb. überholt. In den Gebirgen steigt die letztere höher hinauf und ist dann den kalten Nordwinden ausgesetzt, wogegen die Weisstanne die geschützten Bachthäler nicht verlässt. Diesem Unterschied der Standorte entspricht wenigstens die Ausbildung der mechanischen Schutzmittel, denn die wenigen kleinen Schüppchen, mit denen Abies sibirica Ledeb. (s. Fig. 11) ihr Knospenmeristem umhüllt, setzen beim Hervorbrechen des jungen Triebes keine Kappe zusammen. Eine Form der Altai-Fichte findet sich auf den Hochalpen Nippons: es ist die Picea obovata japonica Maxim. Im Vergleich mit der Stammform hätte diese Art aus ihren Knospendecken einen grossen Theil ihrer Schuppen verloren (vergl. Fig. 4 und 6). Anatomisch fällt auf, dass ihre Epidermiszellen etwa um die Hälfte kleiner sind.

Dagegen werden besonders zwischen den äusseren Schuppen nicht unbeträchtliche Harzschichten abgesondert, welche sich bei P. obovata Ledeb. nicht finden. Die verminderte Anzahl der Tegmente könnte dem oceanischen Klima Japans entsprechen, in welchem hohe Temperaturschwankungen beim Beginn der Vegetationsperiode ausgeschlossen sind. Die Kappenbildung ist ebenfalls unvollkommener. Hinsichtlich der Harzausscheidung gleicht die Picea obovata var. japonica Maxim. anderen japanischen Arten, so z. B. der Picea polita Carr. Diese hat im Vergleich mit jener eine etwas stärkere Knospendecke. Einerseits hängt dies damit zusammen, dass ihre Nadeln und deswegen auch die Schuppen als gleichwerthige Bildungen der Sprossaxe grösser und stärker sind. Andererseits vielleicht mit der Empfindlichkeit; denn die Parenchymzellen der Nadeln sind grösser und, wie es scheint, wasserreicher als wie bei P. obovata Ledeb. Wie sich beide japanische Arten in Bezug auf ihre Widerstandsfähigkeit nach Fortnahme der mechanischen Schutzmittel verhielten, konnte nicht festgestellt werden, da abgeschnittene Zweige von P. polita Carr. nicht zum Austreiben gebracht werden konnten. In unserem Klima erweisen sich beide als hart.

Picea polita Carr. bewohnt die Gebirge der nordöstlichen Provinzen von Nippon. Die Verspätung ihrer Knospenentwicklung ist als eine Anpassung an klimatische Verhältnisse wohl anzusehen; denn viel früher als sie schlagen Arten aus dem milderen Südost-Asien aus, wenn sie unter denselben Bedingungen vegetiren. Von diesen Arten ist z. B. Gingko biloba L. anzuführen, welche ausser in China auch in den japanischen Niederungen vorkommt und ihre Knospen weit früher zur Entfaltung bringt. Sie erträgt unser Klima nur an geschützten Standorten; andernfalls leidet sie sehr durch Spätfröste. So waren z. B. viele Blätter von einem Exemplar während der Nacht zum 2. Juni 1890 durch Frost arg beschädigt worden, wogegen P. polita keinerlei Nachtheile erlitten hatte. Die jungen Triebe der letzteren waren noch vollständig unter Deckung ihrer Hülle; Gingko biloba, welche überhaupt keine Kappe ausbildet, hatte dagegen ihre fächerartigen Blätter schon gänzlich entfaltet.

Dass Gingko biloba mehr ein milderes Klima beansprucht, deuten schon die mechanischen Schutzvorrichtungen der Knospe an: es sind nur wenige Knospenschuppen vorhanden. Die innersten derselben sind leicht als Mittelformen zwischen Schuppe und Blatt zu erkennen. Das Zellgewebe an ihrer Insertion wuchert wenig oder gar nicht hervor, so dass also der Vegetationskegel nicht etwa wie bei Fichten und Tannen eingesenkt erscheint. Die Epidermis der Schuppen besteht aus dünnwandigen Zellen. Aus der subepidermalen Zellenschicht entsteht Kork, aber nur in den äussersten Schuppen. Intertegmentare Harzschichten fehlen. Dagegen nehmen diese bei den japanischen Weisstannen grosse Dimensionen an, besonders bei Abies Veitchii Carr. Diese zeigt eine sonderbare Eigenthümlichkeit: in den inneren Schuppen schwellen mitunter die zartwandigen, mit Harz erfüllten Zellen blasenförmig an, so dass sie etwa das sechsfache Volumen der Epidermiszellen erreichen; sie liegen dann fast in dem Spaltraum der Schuppe, in welchen sie häufig (durch Zerplatzen) ihren Inhalt ergiessen.

Auch Abies firma Sieb. et Zucc. sondert zwischen ihren Schuppen grosse Mengen Harz ab. Das Klima von Japan ist zwar ein feuchtes zu nennen; allein in den Monaten August und September herrscht Trockenheit vor und die sommerliche Hitze kann sich bis zu einem hohen Grade steigern (37° C.). In dieser Periode sind auch schon die Knospendecken mit ihren Harzschichten in der geschilderten Weise entwickelt. Bei der Ausbildung derselben mag auch vielleicht die Beschaffenheit des Standortes von Einfluss sein: ein lockerer, geschichteten Vulkanen angehörender Boden, wie z. B. der des Fusiyama, wo sich Abies Veitchii Carr. bis 7000′ hoch findet, wird sich möglicher Weise für Wasser als ziemlich durchlässig erweisen. Bestimmtes liesse sich darüber erst nach Untersuchung an Ort und Stelle sagen.

Ungleich günstiger für den Vergleich stellen sich die Arten des Himalaya. Hier wird das Erwachen der Vegetation durch den südlichen Monsun hervorgerufen; es können daher keine hohen Temperaturschwankungen vorkommen, welche der Pflanzenwelt nachtheilig wären.

Die untersuchten Arten Picea Morinda Lk., Abies Pindrow Spach. und Abies Webbiana Lindl. werden als schutzbedürftig bezeichnet und können unser Klima nicht ertragen. Dem entsprechend ist die Ausbildung der mechanischen Schutzvorrichtungen auf niedriger Stufe stehen geblieben; zur Kappenbildung kommt es bei ihnen nicht, was sich schon in der geringen Stärke der Knospendecke zu erkennen giebt. Bei Picea Morinda Lk. (s. Fig. 2) setzt sich dieselbe noch aus etwa 6 schwach gebauten Schichten zusammen (wobei man unter Schichten die über einander liegenden Schuppen zu verstehen hat).

Das Himalaya-Gebirge hat wegen des südlichen Monsun einen sehr feuchten Sommer; doch auch der Winter ist zumal in Sikkim nicht arm an Niederschlägen. Wenn der nördliche Monsun weht, so treten die über die indischen Abhänge weithin ausgebreiteten Schneemassen in Wirksamkeit. Der Austausch von kalten, aus der Höhe herabsinkenden und von warmen Luftschichten, welche aus den Thälern aufsteigen, verursacht zu jeder Jahreszeit Wolkenbildung. Die Schuppen der beiden Weisstannen (s. Fig. 16 und 27) enthalten sehr zartwandige, meist chlorophyllhaltige Zellen und sondern nur geringe Mengen Harz zwischen sich ab. Dieselben werden, bei der im westlichen Himalaya vorkommenden Abies Pindrow während des Winters, in welcher Jahreszeit dort die Niederschläge seltener werden, etwas vermehrt, jedoch nicht in dem Grade wie bei der spanischen Tanne.

Bei Abies Pindrow (s. Fig. 27) erhalten auch die Epidermiszellen eine etwas stärkere Aussenwand, bei A. Webbiana Ldl. (s. Fig. 16) und Picea Morinda Lk. fallen sie durch ihre Kleinheit auf und haben schwächer gebaute Wandungen.

Ein ähnliches Verhältniss von Verminderung oder Vermehrung der Schutzvorrichtungen der Knospe gegen Temperatur-Wechselfälle, je nachdem die betreffende Art ihr Verbreitungsareal nach Norden oder Süden zu, in rauhere oder mildere Gegenden vorschiebt, hatten wir auch, wie schon erwähnt, in Europa. Der Vergleich zwischen Picea excelsa Lk. und Abies alba Mill., welche von jener in vertikaler und in horizontaler Ausbreitung nach Norden hin überholt wird, ergab dies zur Genüge. Noch mehr aber tritt der Unterschied im Knospenbau der nördlichen und südlichen Arten hervor, wenn wir die Tannen und Fichten des Mittelmeergebietes zum Vergleich mit heranziehen. Hinsichtlich ihrer Knospenhülle gleichen sie fast alle: Abies pinsapo Boiss., Abies cephalonica Loud., Abies Nordmanniana Spach., Abies numidica De Lannoy mehr oder minder unserer Abies alba Mill. Die spanische Tanne steht, was die Sklerosebildung in den Oberhautzellen der Schuppen anbelangt, auf etwas höherer Stufe. Keine einzige von diesen Weisstannen entwickelt eine so grosse Anzahl von Knospenschuppen, noch sklerotisirt die Zellhäute in denselben, wie dies Picea excelsa Lk. thut. Dasselbe lässt sich auch von der Kappenbildung sagen. Am deutlichsten tritt uns die Gesetzmässigkeit entgegen, wenn wir den anatomischen Bau der Knospendecke bei Picea orientalis Lk. (Fig. 5 a) berücksichtigen, welche in den Randgebirgen Klein-Asiens nur 6000′ hoch steigt. Am Abchasischen Abhang des Kaukasus folgt die orientalische Fichte auf die Buchenregion. Das Klima an der Ostküste des Schwarzen Meeres ist demjenigen der Küstengebirge Anatoliens ähnlich: es steht unter der Herrschaft westlicher Seewinde und ist ungemein feucht und gleichmässig, indem der Kaukasus und die mesgische Gebirgskette den Wasserdampf verdichten und zugleich gegen die nördlichen und östlichen Steppenwinde Schutz gewähren; die Entwicklungsperiode im Frühling wird also eine stetige und nicht von Spätfrösten unterbrochene sein.

Lassen wir die Ansicht einiger Autoren gelten, dass Picea orientalis Lk. nur eine Varietät unserer gewöhnlichen Fichte ist, so haben die Knospen derselben durch den Einfluss des Klimas nicht nur den grössten Theil ihrer Schuppen eingebüsst, sondern es ist auch in diesen selbst die Sklerose der Epidermiszellen herabgesetzt worden.

Eine ähnliche Abänderung des Baues der Knospendecke kann auch durch Kultur erreicht werden, wie dies eine Garten-Varietät unserer Rothtanne, Picea excelsa var. clanbrasiliana Carr., zeigt, welche in Bezug auf Ausbildung der Knospenhülle der orientalischen Fichte gleicht. Die Kappe beider besteht aus wenigen häutigen Schüppchen (s. Fig. 5 b).

In den litoralen Regionen am Schwarzen Meere sind die Feuchtigkeitsverhältnisse für die Vegetation als günstige zu bezeichnen. Ihr Einfluss bei Ausbildung der mechanischen Schutzvorrichtungen einer ruhenden Knospe zeigt sich am besten bei Abies Nordmanniana Spach. (s. Fig. 14), welche ausser im östlichen Kaukasus besonders in den kolchischen Wäldern vorkommt. Die pontisch-mingrelische Küste gehört wie die Krim zu den Landschaften, wo die Niederschläge über das ganze Jahr sich so regelmässig vertheilen, dass die Vegetation durch Dürre niemals unterbrochen wird.

Die Knospendecke ist gegen Ende September dreischichtig. Die äussersten Tegmente sind verkorkt; die mittleren enthalten noch zum grössten Theil chlorophyllhaltige Parenchymzellen, und diejenigen der inneren Lage haben ganz dünnwandige Epidermiszellen. Die intertegmentaren Harzschichten sind zwar vorhanden; ihr radialer Durchmesser ist aber sehr gering.

Im Gegensatze zu den östlichen stehen die westlichen Zonen des Mittelmeergebietes. Die heissen Sommer sind hier regenlos. Die trockene Jahreszeit dauert z. B. in Gibraltar von Mai bis Ende September. Der Grund hierfür ist bekanntlich der, dass die nördlichen und östlichen Winde über ein trockenes Hochland und über Gebirgsketten wehen, welche der Luft die Feuchtigkeit entziehen, und dass andererseits sich der Einfluss der Sahara bemerklich macht. Diesem Klima ist Abies pinsapo Boiss. angepasst, welche in den südlichen Provinzen Spaniens verbreitet ist. Die Knospendecke (s. Fig. 17) war gegen Ende September etwa fünfschichtig. In allen fünf über einander liegenden Schuppen sind die Epidermiszellen stark sklerotisch ausgebildet. Das Parenchym der beiden äusseren Lagen und der dritten zum Theil sind stark verkorkt; die Zellen der inneren Schuppen sind mit Chlorophyllkörnern und harzigen Körpern angefüllt. Die äussersten Harzschichten erreichen eine bedeutende Stärke; nach der Mitte hin sind sie dünner, nehmen aber mit der Zeit noch zu. Sie alle bekommen durch die Tegmente ihren Halt, deren Festigkeit und Steifheit durch die stark sklerotisirte Oberhaut hergestellt wird; bei Abies Nordmanniana Spach. ist dieselbe weit weniger verstärkt. Es können also Abies pinsapo Boiss. und Abies Nordmanniana Spach., was die Ausbildung der die Transpiration hindernden Schutzmittel ihrer Knospen anbetrifft, als Gegensätze hingestellt werden (vergl. Fig. 14 und 17). Die erstere hat dieselben dem Klima entsprechend vervollkommnet, die letztere dagegen reducirt.

Der spanischen Tanne gleicht in diesen Beziehungen Abies cephalonica Lk., welche durch ganz Griechenland verbreitet ist. Mit Abies Nordmanniana Spach. lassen sich die Himalaya-Tannen zusammenstellen, welche mit dieser einem annähernd übereinstimmenden Klima ausgesetzt sind.

Im Mittelmeergebiet schreitet im Frühlinge die aus dem Winterschlafe erwachende Pflanzenwelt in ihrer Entwicklung gleichmässig fort; sie wird nicht durch Spätfröste gestört. Damit steht im Einklang, dass die Kappenbildung bei den Mittelmeer-Tannen unterbleibt. Wenn durch die sich steigernde Wärme die Harzschichten abschmelzen und die Triebe hervorbrechen, so bleiben die meisten Knospenschuppen an ihrer Insertion sitzen. Nur einige der innersten — etwa 3 bis 4 —, welche aber sehr zart und häutig sind und keine stark sklerotische Zellen aufweisen, werden mitunter von dem aufwachsenden Triebe mit emporgetragen, weil sie wegen des klebrigen Harzes haften bleiben.

Was die Arten Nord-Amerikas anbetrifft, so befolgen auch diese eine gleiche Gesetzmässigkeit wie die Arten des europäischen Waldgebietes, dass nämlich die Ausbildung der Knospendecke sich den klimatischen Einflüssen angepasst hat. Da ist vor allen Picea alba Lk. zu erwähnen, welche von den dortigen Nadelhölzern am weitesten nach Norden hinaufrückt. Ihre Wälder erstrecken sich in der Mitte des Kontinents ununterbrochen über 14 Breitegrade, vom 54°—70° N.B. In den Rocky-Mountains steigt sie bis zur alpinen Region hinauf; in west-östlicher Richtung reicht das Gebiet der weissen Fichte von einem Ocean bis zum andern, von der Behrings-Strasse bis Labrador, wo die Baumgrenze die niedrigste Breite auf der ganzen nördlichen Hemisphäre erreicht (59°). Die östlichen Küsten nannte Dove die Länder des kalten Frühlings. Der Nordwestwind weht hier über die mit grossen Eisflächen umgürteten Inseln des Polarmeeres und trägt die Kälte mit sich; so werden jene Inseln, mit dem offenen Polarmeere verglichen, Mittelpunkte der Kälte im Winter und Frühling; in ähnlicher Weise werden die Continente in der heissen Zone Centren der Hitze. In der nordischen Tannenzone muss also ein echt continentales Klima herrschen. Zu allen Jahreszeiten ist die Temperatur einem raschen und excessiven Wechsel unterworfen.

Temperaturwechsel von 16° C. innerhalb 24 Stunden sind gewöhnlich und selbst solche von 25° innerhalb derselben Zeit sollen mitunter vorkommen, indem auf die heissesten Tage oft durchdringend kalte Nächte folgen. In Uebereinstimmung mit diesen Witterungsverhältnissen besitzt die Knospe nicht nur eine ungewöhnlich grosse Anzahl von Deckschuppen — im Januar waren z. B. bei einer Knospe etwa 20 Schichten zu zählen — sondern die Tegmente sind auch sehr durch Sklerose verstärkt (s. Fig. 3a). Besonders in der Mediane der Schuppen ist wenigstens in den äusseren Schichten ausser der Epidermis fast das ganze Grundparenchym sklerotisirt.

Die von den Trieben emporgehobene Kappe besteht aus 6—8 Kreisen von Tegmenten und bleibt ziemlich lange erhalten (s. Fig. 3b).

Auf nicht so hoher Stufe stehen die mechanischen Schutzvorrichtungen der Knospen von Picea nigra Lk. In den dünnen, häutigen Schuppen ist nur die Epidermis sklerotisirt; die Anzahl ist durchschnittlich eine geringere, und die Kappe — wenn eine solche gebildet wird — besteht nur aus 3—4 Kreisen und wird bald abgeworfen. Sehr oft kommt es garnicht zur Bildung derselben. Die schwarze Fichte hat ihren Verbreitungsbezirk vom nordöstlichen Canada über Nova Scotia bis zu den Alleghanies, etwa zwischen 53° und 44° N. B.; doch geht sie auch weiter südlicher bis Carolina. In diesem Gebiet werden wegen des nahen Golf-Stromes die langen Winter gemildert, und es werden im Ganzen nicht so starke Temperaturschwankungen vorkommen, da hier ein Seeklima herrscht. Die Knospenentfaltung bei P. nigra Lk. verzögert sich ganz beträchtlich im Vergleich mit P. alba Lk. Am 1. Mai 1890 hatten z. B. die Knospen der ersteren Art kaum angefangen, sich zu regen, während bei der letzteren die Triebe schon völlig hervorgewachsen waren; allerdings waren dieselben am 10. Mai zum grössten Theil noch mit ihrer Kappe bedeckt.

Als diese nach einigen Tagen abgeworfen wurde, kamen auch die Knospen der schwarzen Fichte auf, deren Kappe sehr hinfällig ist und meistens schon gleich nach Knospenaufbruch abfällt. Die beiden Arten sind also gut gegen Spätfröste geschützt, die weisse Fichte durch ihre Kappenbildung, die schwarze in Folge des verzögerten Knospenaufbruches. Die erste hat aber den Vortheil vor der andern voraus, dass sie ihre Vegetationsperiode viel früher beginnen kann. Diese Einrichtungen stehen in Uebereinstimmung mit der Verbreitung. In den polaren Wäldern, wo durch die geringe Sommerwärme und die Strenge des Winters die Vegetationszeit auf eine kurze Zeitdauer eingeschränkt wird, ist die Verwendung und Vervollkommnung der mechanischen Schutzvorrichtungen das einzige Mittel gegen Spätfröste; denn eine Verzögerung der Knospenentfaltung würde eine Verkürzung der Vegetationsperiode mit sich bringen, wie sie die Pflanze nicht mehr ertragen kann. In südlicberen Gegenden ist die Sommerwärme eine höhere, daher kann der Verlust, den die Verspätung bewirkt, leicht wieder ausgeglichen werden.

Wenn wir uns der Küste des Stillen Oceans nähern, treffen wir auf eine Fichte, Picea sitchensis Carr., welche im ganzen Küstengebiet zwischen dem 57° und 40° N. B. und auf den Inseln Sitka und Vancouver verbreitet ist. Die Knospendecke (s. Fig. 7) besteht nur aus etwa 4—5 Schichten. Das Grundparenchym der Schuppen setzt sich aus zartwandigen Zellen zusammen, und selbst die Epidermis enthält nur kleine, nicht sehr stark sklerotische Elemente.

Eine Kappe wird wohl gebildet, ist aber nur unbedeutend und hält sich nicht lange. Die Knospenentfaltung wird nicht verzögert, sondern geschieht fast gleichzeitig mit derjenigen von Picea alba Lk. Alle diese Einrichtungen entsprechen vollständig den klimatischen Einflüssen, welche in jenem Gebiet herrschen. So ist z. B. die Durchschnittstemperatur von Sitka im Winter + 1° und im Sommer + 11°. Sobald man aber das Cascaden-Gebirge überschritten hat, beginnt das an Wechselfällen von Wärme und Kälte so reiche Continentalklima. Im südlichen Theil dieses Gebietes wird die weisse Fichte vertreten durch P. pungens Engelm. und P. Engelmanni Engelm. (s. Fig. 10).

Sie kommen in den felsigen Bergen von Nord-Mexico bis zu den Quellen des Missouri in einer Höhe von 3000—4000 m vor.

Während des Aprils fallen hier zuweilen noch heftige Schneestürme ein, und selbst Ende Mai sind mitunter die Bäume am Missouri noch nicht grün. Der Juli soll der einzige Monat sein, in dem es keine Nachtfröste giebt. Beide Fichten rüsten ihre jungen, hervorwachsenden Triebe mit starken Kappen aus, die auch lange erhalten bleiben.

In den Tegmenten ist gewöhnlich nur die Epidermis durch Sklerose verstärkt. Aber zwischen den Schuppen tritt hier Harz auf, durch welches dieselben, wenn die Kappe emporgehoben wird, gut zusammengehalten werden. Besonders bei P. pungens Engelm. (s. Fig. 8) sind in der Umhüllung der ruhenden Knospe intertegmentare Harzschichten von nicht unbedeutendem radialen Durchmesser. Die Einschaltung derselben, um die Abgabe von Wasserdampf aus den inneren Theilen zu verhüten, ist ein Erforderniss; denn von der Mitte des Juli hebt in ihrem Verbreitungsbezirk eine durchaus trockene Periode an, welche fast ohne atmosphärische Niederschläge bis zum Ende des Herbstes dauert. Den Gegensatz zu P. pungens Engelm. bildet die oben erwähnte schwarze Fichte, zwischen deren Knospenschuppen kein Harz zu finden ist; sie wächst vorzugsweise auf feuchtem Boden.

In der Region zwischen den Rocky-Mountains und der Küstenkette, bis zu welcher sich das Continentalklima noch nicht ändert und auch die Feuchtigkeitsverhältnisse für die Vegetation noch ungünstige sind, findet sich Abies concolor Lindl. Sie steigt in den Gebirgen Arizonas, Südkolorados, Südoregon etc. bis zu einer Höhe von 2700 m, also nicht so hoch wie P. Engelmanni Engelm. Diese Weisstanne lässt in ihren Knospenschuppen wieder eine stark sklerotische Membranverdickung erkennen und gleicht der Abies pinsapo Boiss. Sie bietet die bei Weisstannen seltener vorkommende Eigenthümlichkeit, dass auch die, den Oberhautzellen angrenzenden subepidermalen Zellen an der Verstärkung der Schuppen Theil nehmen. Die Anzahl derselben kommt zwar nicht derjenigen von P.. Engelmanni Engelm. gleich, ist aber gegenüber anderen Weisstannen eine erhöhte, und die Kappenbildung immerhin markirter. Sie bildet den Gegensatz zu Abies Fraseri Lindl., welche in dem wärmeren Klima von Carolina und Tenessee zu Hause ist. Nur wenige zarthäutige Schuppen abwechselnd mit grossen Mengen von Harz bedecken deren Knospen. An dem vorhandenen Exemplar liess sich keine Kappenbildung constatiren.

In den höheren Stellen des Alleghanies von Nord-Carolina folgt auf die Region von Abies Fraseri Lindl. die Picea nigra Lk., deren junge Triebe sehr spät hervorbrechen, also lange Zeit unter der vielschichtigen Knospenhülle verweilen und auf diese Weise gegen die kalten, von Labrador kommenden Winde geschützt sind.

Was die starken, intertegmentaren Harzschichten von Abies Fraseri Lindl. anbetrifft, so entsprechen dieselben der Trockenheit der Atmosphäre in den südlichen Staaten. Diese gleichen in ihrem Klima dem südlichen Europa.

Der Abies Fraseri Lindl. ist Abies nobilis Lindl. an die Seite zu stellen, bei welcher die Knospen gleichfalls massenhaft Harz absondern (s. Fig. 18). Die intertegmentaren Harzschichten verdicken sich in ausserordentlichem Grade, und die Schuppen sind stark verkorkt. Diese Weisstanne wächst im Oregon-Gebiet und in Ober-Californien. Die Entwicklung der Vegetation fällt, wie in Süd-Europa, in den Frühling und ist im Sommer unterbrochen, während welcher Zeit die jungen ruhenden Triebe vor Wasserverlust geschützt werden müssen. Diese klimatische Zone, welche nur im Winter reich an Niederschlägen ist, reicht bis zum Oregon. Von hier bis Alaska hinauf ist das Klima feuchter, und die Niederschläge vertheilen sich durch das ganze Jahr.

Die Feuchtigkeits-Verhältnisse der nördlichen und südlichen Westküste des Continents kommen in dem anatomischen Bau der Knospendecke von Tsuga Mertensiana Carr. (s. Fig. 9) und Tsuga Pattoniana Engelm. (s. Fig. 12) zum Ausdruck. Die erstere, welche auf den Inseln Vancouver und Sitka und in dem nördlichen Küstengebiet vorkommt, hat um die jungen, ruhenden Triebe gegen Ende September eine 4—5 schichtige Umhüllung. In dieser sind nur die äussersten Schuppen verkorkt, die inneren enthalten saftreiche, zartwandige Zellen.

Tsuga Pattoniana Engelm., deren Gebiet sich durch die kalifornischen Gebirge erstreckt, besitzt Knospendecken, die (in derselben Zeit untersucht) etwa achtschichtig sind. Bis zur fünften oder sechsten Lage sind dieselben verkorkt. Noch weiter nach Süden, von Kalifornien bis nach Neu-Mexiko herunter, findet sich die Tsuga Douglasi Carr. (s. Fig. 15). Die Knospen derselben weisen intertegmentare Harzschichten auf und sind mit Schuppen umkleidet, deren Epidermiszellen eine sehr starke Aussenwand erkennen lassen. Bei der Ausbildung derselben zeigt sich die Eigenthümlichkeit, dass die sklerotische Wandverdickung gleichmässig von aussen nach innen fortschreitet, ohne auf die radialen Seitenwände keilförmig überzugehen.

Entsprechend dem milden Seeklima, in welchem der Frühling stetig und ohne Spätfröste fortschreitet, brechen die jungen Triebe bei allen drei Tsuga-Arten ohne Kappe hervor. Die Douglas-Tanne kann sogar unser Klima nicht ausreichend ertragen und durch Spätfröste sehr geschädigt werden.

Den Tannen und Fichten reihen sich die im Mittelmeergebiet und im gemässigten Himalaya vorkommenden Cedern an. Ihre Knospen werden von wenigen häutigen Schüppchen geschützt, welche beim Knospenaufbruch den klimatischen Einflüssen gemäss keine Kappe zusammensetzen. Die Entwicklungsgeschichte der Knospe schliesst sich an diejenige der Fichten an, nur sind die Schuppen kleiner und werden nicht in so reichlichem Maasse entwickelt. Aehnlich wie bei den Picea-Arten findet eine, wenn auch geringe Hervorwucherung der Schuppen-Insertion statt, so dass der Vegetationspunkt schwach eingesenkt erscheint. Abweichend von der Fichte lösen sich hier die embryonalen Laubblätter von demselben sogleich ab und ragen in der Knospenhülle bald über den Vegetationspunkt hinweg. Auf die jungen Laubblätter bei Cedrus Libani L., deren Gewebe sehr zart und wasserreich ist, folgen nach einigen Zwischenformen die äussersten Organe der Knospe, kleine, häutige Schüppchen, deren Epidermiszellen ziemlich grosslumig (im Verhältniss zu denen von Picea excelsa Lk.) sind und eine geringe, gleichmässige Wandverstärkung zeigen.

Im allgemeinen lässt sich sagen, dass die Weisstannen mit ihren harzreichen Knospen mehr die südlichen, wärmeren Gebiete einnehmen, und sich besonders gegen Trockenheit der Atmosphäre schützen müssen; die Rothtannen dagegen, mit ihren harzarmen Knospen, beherrschen mehr die Physiognomie nördlicher Landstriche, wo sie weniger unter Feuchtigkeitsmangel leiden, aber im Beginn der Vegetationsperiode ihre jungen Triebe gegen Temperaturschwankungen zu sichern haben.

Die Kiefern.

Die ruhende Knospe wird von Schuppen bedeckt, in deren Axeln keine Kurztriebe entstehen. Wenn diese hervorbrechen und die Schuppen bei Seite schieben, so ist jeder von ihnen noch von einer besonderen Hülle allseitig umgeben, die wir als Kurztriebhülle bezeichnen wollen. Dieselbe wächst mit den Nadeln empor und muss von diesen durchbrochen werden. Sie ist mit der Kappe der Fichten zu vergleichen und hat auch dieselbe Function, nämlich, die jungen Nadeln gegen die Frühjahrsfröste zu schützen. Während der Ruheperiode bestehen die Schuppen dieser Kurztriebhülle aus wachsthumsfähigen Zellen und verharren also, wie ihre später zu beschützenden Nadeln in embryonalem Zustande. Demgemäss müssen sie während der Zeit von ihrer Anlage bis zum Knospenaufbruch unter Deckung bleiben und vor Wasserverlust bewahrt werden. Das wird bewirkt durch die äusseren Knospenschuppen und oft auch noch durch die inneren, in deren Axeln die embryonalen Kurztriebe mit ihren unentwickelten Hüllen inserirt sind.

Wir betrachten zunächst die Schutzdecke der ruhenden Knospen, durch welche die Transpiration gehindert wird. Da fällt besonders Pinus pumilio Haenke, die Krummholzkiefer, auf, deren Knospen schon Ende September in höchst vollkommener Weise gegen Wasserverlust geschützt werden. Etwa 5 Reihen von Tegmenten, die durch grosse Mengen von Harz mit einander verklebt sind, liegen über einander. Ihre Epidermiszellen besitzen auffallend stark sklerotisirte Zellwände; die Lumina können bis auf ein Minimum verschwinden, ja die Sklerose ergreift besonders in der Mediane häufig noch das subepidermale Gewebe, dessen Zellen in radialer Richtung (von der Mitte der Sprossaxe gerechnet) wie zusammengepresst erscheinen. Die Zellwände sind in tangentialer Richtung meist wellenförmig gebogen.

Wenn die Knospendecke vollständig ausgebildet ist, so besteht sie (im November) aus ca. 8—10 Schichten (s. Fig. 28).

Die Krummholzkiefer ist bekanntlich in den mitteleuropäischen Gebirgen verbreitet und strebt wie die Arve der Grenze des ewigen Schnees zu. Man sollte nun meinen, dass diese letztere das Meristem ihrer Knospen in analoger Weise mit starken Schutzvorrichtungen versehen müsste. Das trifft jedoch keineswegs zu. Im November war die Knospendecke von Pinus Cembra L. (s. Fig. 29) gewöhnlich drei-, höchstens vierschichtig. Die Schuppen der beiden äussersten Lagen haben eine aus sehr starken Sklerenchymzellen bestehende Epidermis. Die Wandverdickung geht aber nicht auf die Zellwände der Subepidermis über, aus welcher in den Aussenschuppen der Knospe bisweilen eine schwache Korkschicht entsteht. Die Schuppen der vierten Lage weisen nur zartwandige Zellen auf. Die Parenchymzellen sind meist reich an harzig-öligen Bestandtheilen, jedoch fehlen intertegmentare Harzschichten oder sind nur von geringer Ausdehnung. Eigenthümlich ist, dass bisweilen aus den Oberhautzellen ölreiche Drüsen hervorgehen.

Der Unterschied im Bau der Knospendecke beider Arten entspricht dem Standort. P. Cembra L. gedeiht in den Alpen nur da, wo ein fester, für Wasser schwer durchdringbarer Untergrund ist. Gewöhnlich findet sich in ihren Beständen auch humusreicher Waldboden.

Demgemäss braucht die Wasserverdunstung aus dem Knospenmeristem nicht so sehr erschwert zu werden, da der Verlust an Zellwasser leicht wieder ersetzbar ist. In dieser Hinsicht lässt sich mit der Arve die Lärche zusammenstellen. Dieselbe liebt ebenfalls einen steinigen, frischen Boden. Beide bilden zumeist im Urgebirge grosse Bestände, wo die aus Gneis und krystallinischem Schiefer bestehenden Schichten, mit Kalkstein verglichen, verhältnissmässig impermeabel für die Tagewässer sind. Im Bau der Knospendecke gleicht die Lärche auch mehr der Arve als der Legföhre, denn wie jene, wird die ruhende Knospe nur von wenigen über einander liegenden Schüppchen bedeckt.

Bei der Krummholzkiefer werden die zahlreichen Schichten der Knospendecke, sowie die grosse Menge des abgesonderten Harzes, um das Meristem gegen Wasserverlust zu schützen, leicht erklärlich, wenn wir die Beschaffenheit des Standortes in Betracht ziehen: Auf abschüssigem Terrain wächst die Legföhre am liebsten. Sie ist eine der bescheidensten Pflanzen und bekleidet mit ihren dichten Sträussen grosse, kahle und trockene Kalkwände, besonders an südseitigen Abhängen in der Höhe von 1500 bis 2100 m.

Ein interessantes, charakteristisches Beispiel für die Standorte von Arve, Lärche und Legföhre beobachtet man im Suldenthal unter der Ortler Spitze. In dem lockeren Moränenschutt hat sich die Legföhre angesiedelt und führt hier einen harten Kampf um das Dasein. Zu beiden Seiten der Schutthalde, wo sich fester Untergrund mit feuchtem humusreichen Waldboden befindet, stehen Arven und Lärchen in dichtem Bestand.

In dem asiatischen Waldgebiet findet die Zirbelkiefer wohl ähnliche Wachsthumsbedingungen wie in den Alpen. So ist z. B. das ganze Amurland, wo sie zu den herrschenden Waldbäumen gehört, im Sommer starken Regengüssen ausgesetzt. Die Gebirge sind fast nur Urgebirge; ihr Untergrund besteht aus Granit, Syenit, krystallinischem Schiefer etc., ist also für Wasser weniger durchlässig.

Wie P. Cembra L. erhalten sich P. Strobus L. und P. Koraiensis Sieb. et Zucc., von denen sich die erstere in dem kanadischen Seengebiet, die letztere auf Korea, Kamschatka und Nord-Japan findet, beide also unter Trockenheit kaum zu leiden haben. Der Krummholzkiefer gleicht in Sonderheit unsere Waldkiefer mit ihren sechs- bis achtschichtigen Knospendecken (s. Fig. 37), welche mitunter in Harz förmlich eingebettet sind. Sie gedeiht bekanntlich auf dürren unfruchtbaren Sandstrecken, wo die übrigen Waldbäume nicht mehr fortkommen können.

Von den Arten des Mittelmeergebietes, wo die Vegetation im Sommer ruht, sei P. pinaster Sol., welche die sandigen, unfruchtbaren Küsten bewohnt, als typische Form erwähnt. Ende September sind die Knospen mit einer festen vierschichtigen Hülle umgeben (s. Fig. 31). Die Schuppen, zwischen denen sich intertegmentare Harzschichten ablagern, sind stark verkorkt; ihr Phellogen geht aus der Subepidermis hervor.

Der Strandkiefer nahe stehen die Pinie P. pinea L. und die Aleppokiefer P. halepensis Mill., bei denen die Schutzvorrichtungen der Knospen (im November) keine so hohe Vollkommenheit zeigten. Der Grund dafür mag wohl der sein, dass die Untersuchungsobjecte keine die Periode der Trockenheit überdauernden Knospen waren. Aehnlich verhielten sich P. madeirensis Sm. nnd P. Paroliniana Webb. Bei allen tritt meistens die Eigenthümlichkeit hervor, dass sich die Schuppenoberhaut, verglichen mit derjenigen von P. pumilio Haenke, aus kleineren Zellen zusammengesetzt, welche auch schwächere Wandungen aufweisen.

Zu den Mittelmeer-Arten wird P. austriaca Höss. gerechnet, welche in Oesterreich und Ungarn in das nördliche Waldgebiet hineinragt. Die Knospen sind im Vergleich mit denen von P. pinaster Sol. weniger gut geschützt. Die Bedekung ist zwar (im Oktober) fünf- bis sechsschichtig (s. Fig. 19); allein nur zwei Schuppen liegen mit ihrer Mediane über einander, die übrigen Schichten kommen auf die dünneren Ränder. Das Hautgewebe, sowie das Parenchym der Schuppen enthält nur Zellen mit starken, meist sklerenchymatischen Wandungen, deren Mächtigkeit von den Aussentheilen nach dem Innern der Knospe zu ällmählich abnimmt. Korkzellen fehlen, und Harzablagerungen zwischen den Tegmenten sind nicht vorhanden oder nur in geringer Menge. Die Schwarzkiefer bewohnt im Süden die Gebirge, wo sie ein angemessen feuchtes Klima, wie im Norden wiederfindet. Dass sie keine grosse Trockenheit verträgt, geht aus verschiedenen Erscheinungen hervor. So hört sie z. B. am Athos 700′ unter den obersten Edeltannen zu wachsen auf, in dem feuchten Waldgebiet des westlichen Kaukasus und der Krim steigt sie in ein tieferes Niveau herab als wie in Oesterreich, und am Taurus liegt ihre Höhengrenze 1000′ tiefer als die des Wachholder. Die Ursache ist die, dass die Berge den aus dem Meere aufsteigenden Wasserdampf niederschlagen und so zu einer Quelle der Feuchtigkeit werden, und dass ferner oberhalb der Wolkenregion der Dampfgehalt der Luft rasch abnimmt.

Unter den Arten des Himalaya zeigt sich die Anpassung des Baues der Knospendecke an die klimatischen Verhältnisse am besten bei Pinus Khasia Royle. Die ruhende Knospe wurde im October nur von 1—2 Reihen über einander lagernder Schuppen bedeckt (s. Fig. 33). Ihr Gewebe enthält keine Korkschichten, und die Wandungen der verhältnissmässig kleinen Epidermiszellen sind wenig verdickt.

In den Khasia-Bergen, welche in der Nähe des Meerbusens von Bengalen gelegen sind, steigert sich die Regenmenge während des Sommers zur äussersten Ergiebigkeit; doch auch während des Winters ist das Klima feucht, obwohl dann die Niederschläge seltener werden; die Feuchtigkeit wird durch reichlichen Thau und fast beständigen Nebel geliefert.

Von Pinus longifolia Lam. und Pinus excelsa Wall. (s. Fig. 34) gilt Aehnliches. Die erstere steigt bis zur Ebene in die Dhuns oder Vorgebirgsthäler hinab. In ihren Knospendecken finden sich weder Kork- noch Harzschichten. Die Schuppen sind dünnhäutig; die Wandungen ihrer Parenchymzellen sind zwar schwach verdickt, zeigen aber keine oder nur eine undeutliche Schichtung; an den Rändern, welche die dünnen Zwischenschichten im optischen Querschnitt der Knospendecke bilden, sind die Zellen sehr verlängert. In den innern Schuppen ist das Gewebe schwach collenchymatisch, eine Form, die nicht zum Schutze gegen Trockenheit dient.

Bei Pinus excelsa Wall. (s. Fig. 34) finden sich geringe Harzausscheidungen zwischen den äusseren Tegmenten, und die Epidermiszellen haben eine etwas stärkere Aussenwand. Sie steigt höher als die langnadelige Kiefer und erreicht noch im südlichen Himalaya die Baumgrenze. Beide Arten haben eine etwa drei- bis vierschichtige Knospendecke, die sich aus dünnen, häutigen Schuppen zusammensetzt, also entsprechend dem Klima, welches unter dem Einfluss des Monsums ein feuchtes ist, und auch während der regenlosen Zeit wegen häufigen Thaus und Nebels nicht ein trockenes genannt werden kann.

Es wäre eine Wiederholung, wenn wir die übrigen Arten eingehend behandeln wollten. Als interessant sei nur noch eine gewisse Aehnlichkeit, gewissermassen ein Parallelismus der bezüglichen anatomischen Einrichtungen bei europäischen und amerikanischen Arten hervorgehoben, welche annähernd gleichen klimatischen Bedingungen unterworfen sind. Da lassen sich besonders die Arten des Mittelmeeres mit denjenigen Californiens zusammenstellen, wo ebenfalls die Vegetation im Sommer durch Trockenheit der Atmosphäre unterbrochen wird. Im Bau der Knospendecken walten Harz- und Korkschichten vor, deren Mächtigkeit dem Standort entsprechend entwickelt wird. Diese Beziehung zeigt sich z. B. bei Pinus Jeffreyi Murr., welche am Shasta auf unfruchtbarem, sandigem Boden noch fortkommen kann. Ihre Knospendecken (s. Fig. 36) sind etwa fünfschichtig, und die Schuppen derselben mit starker Epidermis und Korklagen ausgerüstet. Sie gleicht in dieser Beziehung der Pinus pinaster Sol. Aehnlich verhalten sich Pinus deflexa Torr. und Pinus ponderosa Dougl., wogegen bei P. monophylla Torr. et Fremont und P. insignis Dougl. die Korklagen zurücktreten, aber die Knospen sehr harzreich sind. Mit unserer Waldkiefer ist P. inops Sol. zu vergleichen, welche in Carolina, so wie jene auf trockenem Sandboden zu finden ist. Die Epidermiszellen der Schuppen sind stark sklerotisch, und zwischen den 5—6 Reihen über einander lagernden Tegmenten werden massenhafte Harzausscheidungen abgelagert.

Gegen hohe Temperaturschwanknngen im Frühjahr sind die Kiefern in etwas anderer Weise geschützt als die Fichten. Bei diesen werden, wie wir gesehen hatten, die jungen Triebe von einer Kappe bedeckt, die aus den inneren, jüngsten Knospenschuppen gebildet wird. Sobald bei den Kiefern die Knospendecke durchbrochen wird, kommen die jungen Nadeln noch keineswegs zum Vorschein, sondern dieselben werden noch von einer scheidenartigen Hülle, der „Kurztriebhülle", umgeben, die anfangs mit ihnen im Wachsthum gleichen Schritt hält. Sie wird aus einzelnen Schuppen zusammengesetzt, von denen die äusseren nach kurzer Zeit, die inneren nach und nach ihr Wachsthum einstellen. Diese letzteren werden schliesslich von den Nadeln durchbohrt. Wir sehen ohne weiteres, dass die Kurztriebhülle denselben Zweck hat, wie die Kappe auf den jungen Trieben der Fichten. Von den europäischen Arten sind Arve und Legföhre der Ungunst des Klimas am meisten ausgesetzt. Sie bilden in den Alpen die Baumgrenze, wo die Temperaturschwankungen im Frühjahr um so extremer werden, als sich ein isolirter Gipfel wie eine Insel im Meere verhält: er wird kühler bei Nacht und wärmer des Mittags als das umgebende Fluidum. Je mehr Gipfel ein Gebirge hat, je ausgedehnter es ist, desto mehr tritt diese Erscheinung hervor.

„Was die etwa“, sagt Mühry, „sich vorfindenden Beweise für die Einwirkung der grösseren Massenhaftigkeit des erhobenen Bodens auf die Temperatur betrifft, so fehlen hier nicht, der Erwartung gemäss, Bestätigungen für die Theorie, dass damit die Absorption von Sonnenwärme im Sommer und bei Tage zunimmt, wie auch deren Emission im Winter und bei Nacht.“

Während die ruhenden Knospen der Arven und Legföhren, wie oben gezeigt, dem Standorte entsprechend ungleich stark gegen Wasserverlust geschützt sind — diejenigen der Legföhre weit stärker als wie die der Arve —, so sind der Erwartung gemäss die Kurztriebhüllen beider Arten von annähernd gleicher Stärke (s. Fig. 30 und 32, deren Objecte aus dem Zillerthal nahe der Berliner Hütte entstammen). Beide, Arve wie Legföhre, leiden gleich sehr unter den Unbilden des Klimas: sie schützen durch jene Hüllen ihre jungen Triebe gegen dieselben extremen Schwankungen der Temperatur. Um nun diese mechanischen Schutzmittel zu vergleichen, macht man die Schnitte am besten durch die Basis der Kurztriebe, welche am meisten des Schutzes bedarf, da sich hier die wachsthumsfähigen meristematischen Zonen der Nadeln befinden.

Bei Pinus mughus Scop. (s. Fig. 30) sind die Kurztriebhüllen fünf- bis achtschichtig. Die äussersten Schuppen sind kurz und stark; die Sklerose ergreift nicht nur das Hautgewebe, sondern auch die darunter liegenden Zelllagen. Die inneren sind häutig und enthalten starkwandiges Zellgewebe nur in dem oberen Theil.

Bei P. Cembra sind die Kurztriebhüllen nur vier- bis fünfschichtig (s. Fig. 32). Die einzelnen Schuppen sind aber dicker und kräftiger. Sie haben ein in hohem Grade sklerotisirtes Hautgewebe: die nach aussen gerichtete Zellwand der Epidermiszellen ist im allgemeinen stärker als wie die bei P. mughus Scop.

Es sind also im Grossen und Ganzen die Kurztriebhüllen beider Arten von gleicher Stärke; denn wenn dieselben bei P. mughus Scop.

aus mehr Schichten bestehen, so sind letztere bei P. Cembra dicker und kräftiger.

Der erwähnte Zweck der Kurztriebhüllen wird nicht der einzige sein; vielmehr werden dieselben das noch nicht ausgebildete Gewebe der jungen Nadeln auch gegen die Einwirkung der Sonnenstrahlen schützen und so eine übermässige Transpiration verhindern. Dieser Gedanke drängt sich uns bei der Betrachtung der Mittelmeer-Arten auf. Die Kurztriebhüllen derselben sind schwächer gebaut, aber doch nicht vollständig reducirt: der basale Querschnitt zeigt bei P. maritima Poir. und bei P. halepensis Mill. meist vier Lamellen, die aus zartem Gewebe bestehen. Erst P. longifolia Lam. bildet recht eigentlich den Gegensatz zu P. mughus Scop. und besonders zu P. Cembra L. In dem Gebiet der langnadeligen Kiefer wird, wie schon erwähnt, der Frühling durch den südlichen Monsum hervorgerufen, ist also reich an Niederschlägen und frei von Spätfrösten. Die Kurztriebhüllen (s. Fig. 35) sind an der Basis zwei- bis vierschichtig und weisen nur zartwandiges Gewebe auf; auch die Epidermiszellen der lamellösen Schuppen besitzen nur eine geringe Wandstärke.

Bei der asiatischen Zirbelkiefer erfordern dagegen die Vegetationsbedingungen wie bei der europäischen Art eine starke, kräftige Kurztriebhülle; denn das Klima im Norden ist ein kontinentales, und die Arve steigt auch hier in den Gebirgen bis 2200 m hinan. Oberhalb dieser Grenze kann sie vor den hier vorkommenden heftigen Nord- und Nordwestwinden nicht mehr fortkommen. Ihre Zweige sind dann, wie G. Radde bei der Besteigung des Sochondo fand, an vielen Stellen von den Nadeln entblösst. Im Bau der Kurztriebhülle weicht die asiatische Art kaum ab von der europäischen.

Das Kapitel über die Widerstandsfähigkeit junger Triebe gegen Kälte ist keineswegs geschlossen. Ehe sich noch weitere Schlüsse ziehen lassen, insbesondere darüber, wie die Widerstandsfähigkeit mit dem anatomischen Bau zusammenhängt, sind vor allem die vergleichenden Beobachtungen über das Erfrieren der jungen Triebe fortzusetzen. Darauf bezügliche Mittheilungen werde ich nicht verfehlen beizubringen.

Schliesslich entledige ich mich der angenehmen Pflicht, Herrn Prof. Schwendener für die mir stets in liebenswürdiger Weise ertheilten Rathschläge, sowie für die vielen Anregungen, die ich von ihm empfangen habe, meinen herzlichsten Dank auszusprechen.

Figurenerklärung.

Fig. 1. Querschnitt durch die Knospendecke von Picea excelsa Lk. Die einzelnen Schichten sind die über einander liegenden Schuppen. Der Schnitt wurde dargestellt am 17. XI. 89.

Fig. 2. Querschnitt durch die Knospendecke von Picea morinda Lk.; dargestellt im März 90.

Fig. 3 a Querschnitt durch die Knospendecke von Picea alba Lk. 11. I. 90.

Fig. 3 b. Eine Kappe, welche die jungen Triebe von Picea alba Lk. beim Hervorwachsen bedeckt.

Fig. 4. Querschnitt durch die Knospendecke von Picea obovata Ledeb. 30. IX. 90.

Fig. 5 a. Querschnitt durch die Knospendecke von Picea orientalis Lk. 17. XI. 89.

Fig. 5 b. Eine Kappe von Picea orientalis Lk.

Fig. 6. Querschnitt durch die Knospendecke von Picea obovata var. japonica Maxim. 10. X. 90.

Fig. 7. Querschnitt durch die Knospendecke von Picea sitchensis Carr. 27. XI. 89.

Fig. 8. Querschnitt durch die Knospendecke von Picea pungens Engelm. 30. IX. 90.

Fig. 9. Querschnitt durch die Knospendecke von Tsuga Mertensiana Carr. 12. X. 90.

Fig. 10. Querschnitt durch die Knospendecke von Picea Engelmanni Engelm. 9. X. 90.

Fig. 11. Querschnitt durch die Knospendecke von Abies sibirica Ledeb. 29. IX. 90.

Fig. 12. Querschnitt durch die Knospendecke von Tsuga Pattoniana Engelm. 13. X. 90.

Fig. 13. Querschnitt durch die Knospendecke von Abies pectinata DC. 23. IX. 90.

Fig. 14. Querschnitt durch die Knospendecke von Abies Nordmanniana Spach. 23. IX. 90.

Fig. 15. Querschnitt durch die Knospendecke von Tsuga Douglasii Carr. 1. X. 90.

Fig. 16. Querschnitt durch die Knospendecke von Abies Webbiana Ldl. 1. X. 90.

Fig. 17. Querschnitt durch die Knospendecke von Abies pinsapo Boiss. 27. IX. 90.

Fig. 18. Querschnitt durch die Knospendecke von Abies nobilis Lindl. 1. X. 90.

Fig. 19. Querschnitt durch die Knospendecke von Pinus austriaca Höss. 7. X. 90.

Fig. 20. Querschnitt durch die Knospendecke von Quercus sessiliflora Sm. 25. XII. 89.

Fig. 21. Querschnitt durch die Knospendecke von Betula humilis Schrnk. 24. III. 89.

Fig. 22. Querschnitt durch die Knospendecke von Quercus virens Ait.

Fig. 23. Querschnitt durch die Knospendecke von Betula nigra L.

Fig. 24. Querschnitt durch die Knospendecke von Quercus palustris Dur. 15. X. 90.

Fig. 25. Querschnitt durch die Knospendecke von Betula alba L.

Fig. 26. Querschnitt durch die Knospendecke von Quercus Ilex L.

Fig. 27. Querschnitt durch die Knospendecke von Abies Pindrow Spach. 23. IX. 90.

Fig. 28. Querschnitt durch die Knospendecke von Pinus Mughus Scop. 20. XI. 89.

Fig. 29. Querschnitt durch die Knospendecke von Pinus Cembra L. 31. I. 90.

Fig. 30. Querschnitt durch die Basis der Kurztriebhülle von Pinus Mughus Scop. 15. VII. 90. Das Material stammt aus dem Zillerthal, nahe der „Berliner Hütte".

Fig. 31. Querschnitt durch die Knospendecke von Pinus pinaster Sol. 25. IX. 90.

Fig. 32. Querschnitt durch die Basis der Kurztriebhülle von P. Cembra L. 15. VII. 90. Das Material stammt aus dem Zillerthal, nahe der „Berliner Hütte".

Fig. 33. Querschnitt durch die Knospendecke von Pinus Khasia Royle. 8. X. 90.

Fig. 34. Querschnitt durch die Knospendecke von P. excelsa Wall. 30. IX. 90.

Fig. 35. Querschnitt durch die Basis der Kurztriebhülle von Pinus longifolia Lam. 27. IX. 90.

Fig. 36. Querschnitt durch die Knospendecke von Pinus Jeffreyi Murr 29. IX. 90.

Fig. 37. Querschnitt durch die Knospendecke von Pinus silvestris L. 2. I. 90.

Inhalt

des vorliegenden 4. Heftes, Band XXIII.

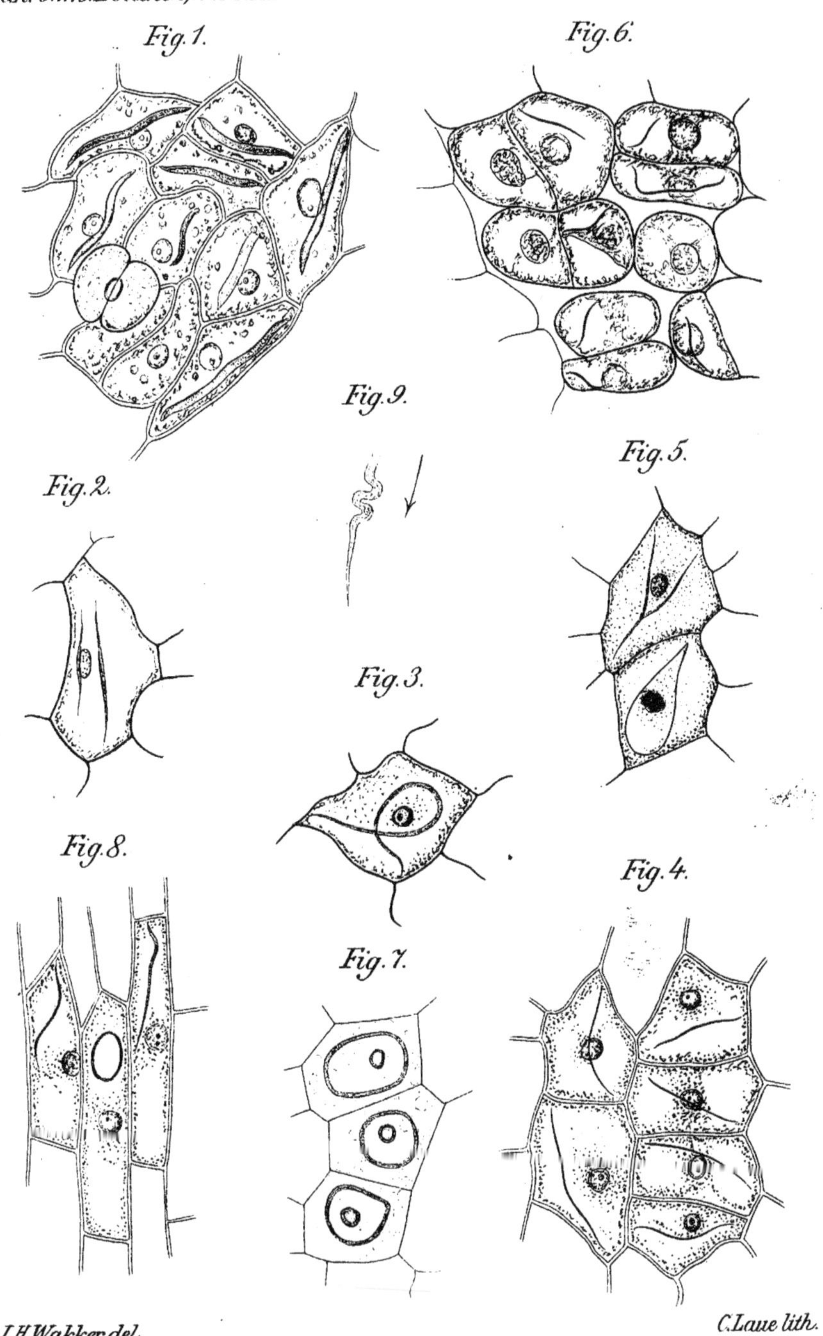

J. H. Wakker del. C. Laue lith.

CPSIA information can be obtained
at www.ICGtesting.com
Printed in the USA
BVHW072032051118
532207BV00016B/720/P